ŒUVRES CHOISIES

DE

CHATEAUBRIAND

POISSY. — IMPRIMERIE ARBIEU.

ŒUVRES

CHOISIES DE

CHATEAUBRIAND

COMPRENANT :

ATALA, RENÉ, LE DERNIER DES ABENCERAGES, LE GÉNIE DU CHRISTIANISME.
LES MARTYRS, L'ITINÉRAIRE DE PARIS A JÉRUSALEM, LES NATCHEZ, LE PARADIS PERDU,
LES QUATRE STUART, LES VOYAGES EN AMÉRIQUE ET EN ITALIE,
LES MÉLANGES LITTÉRAIRES, MOISE ET LES POÉSIES.

NOUVELLE ÉDITION
ILLUSTRÉE DE QUARANTE MAGNIFIQUES GRAVURES SUR ACIER

TOME HUITIÈME

PARIS

J. POULAIN ET Cⁱᵉ, LIBRAIRES-ÉDITEURS

7, RUE BONAPARTE.

1859

LE
PARADIS PERDU
DE MILTON

REMARQUES.

Je prie le lecteur de consulter l'*Avertissement* placé en tête de l'*Essai sur la littérature anglaise*, et de revoir dans l'*Essai* même les chapitres relatifs à la vie et aux ouvrages de Milton.

Si je n'avais voulu donner qu'une traduction *élégante* du *Paradis perdu*, on m'accordera peut-être assez de connaissance de l'art pour qu'il ne m'eût pas été impossible d'atteindre la hauteur d'une traduction de cette nature; mais c'est une traduction littérale dans toute la force du terme que j'ai entreprise, une traduction qu'un enfant et un poëte pourront suivre sur le texte, ligne à ligne, mot à mot, comme un dictionnaire ouvert sous leurs yeux. Ce qu'il m'a fallu de travail pour arriver à ce résultat, pour dérouler une longue phrase d'une manière lucide sans hacher le style, pour arrêter les périodes sur la même chute, la même mesure, la même harmonie; ce qu'il m'a fallu de travail pour tout cela ne peut se dire. Qui m'obligeait à cette exactitude dont il y aura si peu de juges, et dont on me saura si peu de gré? Cette conscience que je mets à tout, et qui me remplit de remords quand je n'ai pas fait ce que j'ai pu faire. J'ai refondu trois fois la traduction sur le *manuscrit* et le *placard*; je l'ai remaniée quatre fois d'un bout à l'autre sur les *épreuves*; tâche que je ne me serais jamais imposée si je l'eusse d'abord mieux comprise.

Au surplus, je suis loin de croire avoir évité tous les écueils de ce travail; il est impossible qu'un ouvrage d'une telle étendue, d'une telle difficulté, ne renferme pas quelque contre-sens. Toutefois il y a plusieurs manières d'entendre les mêmes passages; les Anglais eux-mêmes ne sont pas toujours d'accord sur le texte, comme on peut le voir dans les glossateurs. Pour éviter de se jeter dans des controverses interminables, je prie le lecteur de ne pas confondre un *faux* sens avec un sens *douteux*, ou susceptible d'interprétations diverses.

Je n'ai nullement la prétention d'avoir rendu intelligibles des descriptions empruntées de l'Apocalypse, ou tirées des prophètes, telles que *ces mers de verre qui sont fondées en vue, ces roues qui tournent dans des roues*, etc. Pour trouver un sens un peu clair à ces descriptions, il en aurait fallu retrancher la moitié : j'ai exprimé le tout par un rigoureux mot à mot, laissant le champ libre à l'interprétation des nouveaux Swedenborg qui entendront cela couramment.

Milton emprunte quelquefois l'ancien jargon italien : *d'autour d'Ève sont lancés des dards de désir qui souhaite la présence d'Ève*. Je ne sais pas si c'est le désir qui *souhaite*; ce pourrait bien être le *dard* ; je n'ai donc pu exprimer que ce que je comprenais (si toutefois je comprenais), étant persuadé qu'on peut comprendre de pareilles choses de cent façons.

Si de longs passages présentent des difficultés, quelques traits rapides n'en offrent pas moins : que signifie ce vers :

Your fear itself of death removes the fear.

« Votre crainte même de la mort écarte la crainte. »

Il y a des commentaires immenses là-dessus ; en voici un : « Le serpent » dit : Dieu ne peut vous punir sans cesser d'être juste ; s'il n'est plus juste » il n'est plus Dieu ; ainsi vous ne devez point craindre sa menace ; autre- » ment vous êtes en contradiction avec vous-même, puisque c'est préci- » sément votre crainte qui détruit votre crainte. » Le commentateur ajoute pour achever l'explication « qu'il est bien fâché de ne pouvoir répandre » un plus grand jour sur cet endroit. »

Dans l'invocation, au commencement du viie livre, on lit :

I have presum'd
(An earthly guest) and drawn empyreal air,
Thy temp'ring.

J'ai traduit comme mes devanciers : *tempéré par toi*. Richardson prétend que Milton fait ici allusion à ces voyageurs qui, pour monter au haut du Ténériffe, emportent des éponges mouillées, et se procurent de cette manière un air respirable ; voilà beaucoup d'autorités : cependant je crois que *Thy temp'ring* veut dire tout simplement *ta température*. *Thy* est le pronom possessif, et non le pronom personnel *thee*. *Temp'ring* me semble un mot forgé par Milton comme tant d'autres : la *température* de la muse, son *air*, son *élément natal*. Je suis persuadé que c'est là le sens simple et naturel de la phrase ; l'autre sens me paraît un sens subtil et détourné : toutefois je n'ai pas osé le rejeter, parce qu'on a tort quand on a raison contre tout le monde.

Dans la description du cygne le poëte se sert d'une expression qui donne également ces deux sens : « *Ses ailes lui servaient de manteau superbe*, » ou bien : « *Il formait sur l'eau une légère écume.* » J'ai conservé le premier sens adopté par la plupart des traducteurs, tout en regrettant l'autre.

Dans l'invocation du livre IX, la ponctuation qui m'a semblé la meilleure m'a fait adopter un sens nouveau : après ces mots *Heroic deemed*, il y a un point et une virgule, de sorte que *chief mastery* me paraît devoir être pris, par exclamation, dans un sens ironique ; en effet la période qui suit est ironique. Le passage devient ainsi beaucoup plus clair que quand on unit *chief mastery* avec le membre de phrase qui le précède.

Vers la fin du dernier discours qu'Adam tient à Ève pour l'engager à ne pas aller seule au travail, il règne beaucoup d'obscurité ; mais je pense que cette obscurité est ici un grand art du poëte. Adam est troublé ; un pressentiment l'avertit, il ne sait presque plus ce qu'il dit : il y a quelque chose qui fait frémir dans ces ténèbres tendues tout à coup sur les pensées du premier homme prêt à accorder la permission fatale qui doit le perdre lui et sa race.

J'avais songé à mettre à la fin de ma traduction un tableau des différents sens que l'on peut donner à tels ou tels vers du *Paradis perdu*, mais j'ai été arrêté par cette question que je n'ai cessé de me faire dans le cours de mon travail : Qu'importe tout cela aux lecteurs et aux auteurs d'aujourd'hui ? Qu'importe maintenant la conscience en toute chose ? Qui lira mes commentaires ? Qui s'en souciera ?

J'ai calqué le poëme de Milton à la vitre ; je n'ai pas craint de changer le régime des verbes lorsqu'en restant plus *français* j'aurais fait perdre à l'original quelque chose de sa précision, de son originalité ou de son énergie : cela se comprendra mieux par des exemples.

Le poëte décrit le palais infernal ; il dit :

```
                                    Many a row
Of starry lamps. . . . . . . . .
      . . . . . . . . . Yielded light
As from a sky
```

J'ai traduit : « Plusieurs rangs de lampes étoilées.... émanent la lumière comme un firmament. » Or, je sais qu'*émaner* en français n'est pas un verbe actif ; un firmament n'*émane pas de la lumière*, la lumière *émane d'un firmament* : mais traduisez ainsi, que devient l'image ? Du moins le lecteur pénètre ici dans le génie de la langue anglaise ; il apprend la différence qui existe entre les régimes des verbes dans cette langue et dans la nôtre.

Souvent, en relisant mes pages, j'ai cru les trouver obscures ou traînantes, j'ai essayé de faire mieux : lorsque la période a été debout *élégante* ou *claire*, au lieu de *Milton* je n'ai rencontré que *Bitaubé* ; ma prose lucide n'était plus qu'une prose commune ou artificielle, telle qu'on en trouve dans tous les écrits communs du genre classique. Je suis revenu à ma première traduction. Quand l'obscurité a été invincible, je l'ai laissée ; à travers cette obscurité on sentira encore le dieu.

REMARQUES.

Dans le second livre du *Paradis Perdu*, on lit ce passage :

> No rest : through many a dark and dreary vale
> They pass'd and many a region dolorous,
> O'er many a frozen, many a fiery Alp,
> Rocks, caves, lakes, fens, bogs, dens, and shades of death,
> A universe of death, which God by curse
> Created evil, for evil only good,
> Where all life dies, death lives, and nature breeds,
> Perverse, all monstrous, all prodigious things,
> Abominable, inutterable, and worse
> Than fables yet have feign'd, or fear conceiv'd,
> Gorgons, and Hydras, and Chimeras dire.

« Elles traversent maintes vallées sombres et désertes, maintes régions douloureuses, par-dessus maintes Alpes de glace et maintes Alpes de feu : rocs, grottes, lacs, mares, gouffres, antres et ombres de mort; univers de mort, que Dieu dans sa malédiction créa mauvais, bon pour le mal seulement; univers où toute vie meurt, où toute mort vit, où la nature perverse engendre toutes choses monstrueuses, toutes choses prodigieuses, abominables, inexprimables, et pires que ce que la fable inventa ou la frayeur conçut : Gorgones et Hydres et Chimères effroyables. »

Ici le mot répété *many* est traduit par notre vieux mot *maintes*, qui donne à la fois la traduction littérale et presque la même consonnance. Le fameux vers monosyllabique, si admiré des Anglais :

> Rocks, caves, lakes, fens, bogs, dens, and shades of death,

j'ai essayé de le rendre par les monosyllabes *rocs, lacs, mares, gouffres, antres* et *ombres de mort*, en retranchant les articles : Le passage rendu de cette manière produit des effets d'harmonie semblables ; mais, j'en conviens, c'est un peu aux dépens de la syntaxe. Voici le même passage, traduit dans toutes les règles de la grammaire par Dupré de Saint-Maur :

« En vain traversaient-elles des vallées sombres et hideuses, des régions
» de douleur, des montagnes de glace et de feu ; en vain franchissaient-
» elles des rochers, des fondrières, des lacs, des précipices, et des marais
» empestés ; elles retrouvaient toujours d'épouvantables ténèbres, les om-
» bres de la mort, que Dieu forma dans sa colère, au jour qu'il créa les
» maux inséparables du crime. Elles ne voyaient que des lieux où la vie
» expire, et où la mort seule est vivante : la nature perverse n'y produit
» rien que d'énorme et de monstrueux; tout en est horrible, inexpri-
» mable, et pire encore que tout ce que les fables ont feint, ou que la
» crainte s'est jamais figuré de Gorgones, d'Hydres et de Chimères dévo-
» rantes. »

Je ne parle point de ce que le traducteur prête ici au texte ; c'est au lecteur à voir ce qu'il gagne ou perd par cette paraphrase ou par mon mot à mot. On peut consulter les autres traductions, examiner ce que mes prédécesseurs ont *ajouté* ou *omis* (car ils passent en général les endroits difficiles), peut-être en résultera-t-il cette conviction que la version littérale est ce qu'il y a de mieux pour faire connaître un auteur tel que Milton.

J'en suis tellement convaincu, que dans l'*Essai sur la littérature anglaise*, en citant quelques passages du *Paradis perdu*, je me suis légèrement éloigné du texte : eh bien ! qu'on lise les mêmes passages dans la traduction *littérale* du poëme, et l'on verra, ce me semble, qu'ils sont beaucoup mieux rendus, même pour l'harmonie.

Tout le monde, je le sais, a la prétention d'exactitude : je ressemble peut-être à ce bon abbé Leroy, *curé de Saint-Herbland de Rouen et prédicateur du roi* : lui aussi a traduit Milton, et en vers ! Il dit : « Pour ce qui est » de notre traduction, son principal mérite, comme nous l'avons dit, *c'est* » *d'être fidèle.* »

Or, voici comme il est fidèle, de son propre aveu. Dans les notes du vii⁰ chant, on lit : J'ai substitué ceci à la fable de Bellérophon, m'étant proposé » d'en purger cet ouvrage. . . . . J'ai adapté, au reste, les » plaintes de Milton de façon qu'elles puissent convenir encore plus à un » homme de mérite. . . . . Ici j'ai changé ou retranché un long » récit de l'aventure d'Orphée mis à mort par les Bacchantes sur le mont » Rhodope. »

Changer ou *retrancher* l'admirable passage où Milton se compare à Orphée déchiré par ses ennemis !

« La Muse ne put défendre son fils ! »

Je ne crois pas néanmoins qu'il faille aller jusqu'à cette précision de Luneau de Boisjerman : « ne pas avoir besoin de répétition, comme qui » serait non de pouvoir d'un seul coup. » La traduction interlinéaire de Luneau est cependant utile; mais il ne faut pas trop s'y fier; car, par une inadvertance étrange, en suivant le mot à mot, elle fourmille de contre-sens; souvent la glose au-dessous donne un sens opposé à la traduction interlinéaire.

Ce que je viens de dire sera mon excuse pour les chicanes de langue que l'on pourrait me faire. Je passe condamnation sur tout, pourvu qu'on m'accorde que le portrait, quelque mauvais qu'on le trouve, est ressemblant.

J'ai déjà signalé (1) les difficultés grammaticales de la langue de Milton; une des plus grandes vient de l'introduction de plusieurs nominatifs indirects dans une période régie par un principal nominatif, de sorte que tout à coup vous retrouvez un *he*, un *their* qui vous étonnent, qui vous obligent à un effort de mémoire ou qui vous forcent à remonter la période pour retouver la *personne* ou les *personnes* auxquelles ce *he* ou ce *their* appartiennent. Une autre espèce d'obscurité naît de la concision et de l'ellipse; faut-il donc s'étonner de la variété et des contre-sens des traductions dans ces passages ? Ai-je rencontré plus juste ? je le crois, mais je n'en suis pas sûr : il ne me paraît même pas clair que Milton ait toujours bien lui-même rendu sa pensée; ce haut génie s'est contenté quelquefois de l'à peu près, et il a dit à la foule : « Devine si tu peux. »

Le nominatif absolu des Grecs, si fréquent dans le style antique de Milton, est très-inélégant dans notre langue. *Thou Looking on* pour *thee Looking on.* Je l'ai cependant employé sans égard à son étrangeté, aussi frappante en anglais qu'en français.

(1) Avertissement de l'*Essai*.

Les ablatifs absolus du latin, dont le *Paradis perdu* abonde, sont un peu plus usités dans notre langue ; mais en les conservant j'ai parfois été obligé d'y joindre un des temps du verbe *être* pour faire disparaître une amphibologie.

C'est ainsi encore que j'ai complété quelques phrases non complètes. Milton parle des serpents *qui bouclent Mégère* : force est ici de dire *qui forment des boucles sur la tête de Mégère*.

Bentley prétend que, Milton étant aveugle, les éditeurs ont introduit dans le *Paradis perdu* des interpolations qu'il n'a pas connues : c'est peut-être aller loin ; mais il est certain que la cécité du chantre d'Éden a pu nuire à la correction de son ouvrage. Le poëte composait la nuit ; quand il avait fait quelques vers, il sonnait ; sa fille ou sa femme descendait ; il dictait : ce premier jet, qu'il oubliait nécessairement bientôt après, restait à peu près tel qu'il était sorti de son génie. Le poëme fut ainsi conduit à sa fin par inspirations et par dictées ; l'auteur ne put en revoir l'ensemble ni sur le manuscrit ni sur les épreuves. Or il y a des négligences, des répétitions de mots, des cacophonies qu'on n'aperçoit, et pour ainsi dire, qu'on n'entend qu'avec l'œil, en parcourant les épreuves. Milton isolé, sans assistance, sans secours, presque sans amis, était obligé de faire des changements dans son esprit, et de relire son poëme d'un bout à l'autre dans sa mémoire. Quel prodigieux effort de souvenir ! et combien de fautes ont dû lui échapper !

De là ces phrases inachevées, ces sens incomplets, ces verbes sans régimes, ces noms et ces pronoms sans relatifs, dont l'ouvrage fourmille. Le poëte commence une phrase au *singulier* et l'achève au *pluriel*, inadvertance qu'il n'aurait jamais commise s'il avait pu voir les épreuves. Pour rendre en français ces passages, il faut changer les *nombres* des pronoms, des noms et des verbes ; les personnes qui connaissent l'art savent combien cela est difficile. Le poëte ayant à son gré mêlé les nombres, a naturellement donné à ses mots la quantité et l'euphonie convenables ; mais le pauvre traducteur n'a pas la même faculté ; il est obligé de mettre sa phrase sur ses pieds : s'il opte pour le *singulier*, il tombe dans les verbes de la première conjugaison, sur un *aima*, sur un *parla* qui viennent heurter une voyelle suivante ; s'en tient-il au *pluriel?* il trouve un *aimaient*, un *parlaient* qui appesantissent et arrêtent la phrase au moment où elle devrait voler. Rebuté, accablé de fatigue, j'ai été cent fois au moment de planter là tout l'ouvrage. Jusqu'ici les traductions de ce chef-d'œuvre ont été moins de véritables traductions que des *épitomés* ou des *amplifications paraphrasées* dans lesquelles le sens général s'aperçoit à peine à travers une foule d'idées et d'images dont il n'y a pas un mot dans le texte. Comme je l'ai dit (1), on peut se tirer tant bien que mal d'un morceau choisi ; mais soutenir une lutte sans cesse renouvelée pendant douze chants, c'est peut-être l'œuvre de patience la plus pénible qu'il y ait au monde.

(1) Avertissement de l'*Essai*.

Dans les sujets riants et gracieux, Milton est moins difficile à entendre, et sa langue se rapproche davantage de la nôtre. Toutefois les traducteurs ont une singulière monomanie : ils changent les pluriels en singuliers, les singuliers en pluriels, les adjectifs en substantifs, les articles en pronoms, les pronoms en articles. Si Milton dit *le* vent, *l'*arbre, *la* fleur, *la* tempête, etc., ils mettent *les* vents, *les* arbres, *les* fleurs, *les* tempêtes, etc.; s'il dit un esprit *doux*, ils écrivent la *douceur* de l'esprit : s'il dit *sa* voix, ils traduisent *la* voix, etc. Ce sont là de très-petites choses sans doute : cependant il arrive, on ne sait comment, que de tels changements répétés produisent à la fin du poëme une prodigieuse altération : ces changements donnent au génie de Milton cet air de lieu-commun qui s'attache à une phraséologie banale.

Je n'ai rien ajouté au texte; j'ai seulement quelquefois été obligé de suppléer le mot *collectif* par lequel le poëte a oublié de lier les parties d'une longue énumération d'objets.

J'ai négligé çà et là des explétives redondantes qui embarrassaient la phrase sans ajouter à sa beauté, et qui n'étaient là évidemment que pour la mesure du vers : le sobre et correct Virgile lui-même a recours à ces explétives. On trouvera dans ma traduction *synodes*, *mémoriaux*, *recordés*, *conciles*, que les traducteurs n'ont osé risquer, et qu'ils ont rendus par *assemblées*, *emblèmes*, *rappelés*, *conseils*, etc.; c'est à tort selon moi. Milton avait l'esprit rempli des idées et des controverses religieuses; quand il fait parler les démons, il rappelle *ironiquement* dans son langage les cérémonies de l'Église romaine; quand il parle *sérieusement* il emploie la langue des théologiens protestants. Il m'a semblé que cette observation oblige à traduire avec rigueur l'expression miltonienne, faute de quoi on ne ferait pas sentir cette partie intégrante du génie du poëte, la partie religieuse. Ainsi, dans une description du matin, Milton parle de la charmante heure de *Prime* : je suis persuadé que *Prime* est ici le nom d'un office de l'Église; il ne veut pas dire *première*; malgré ma conviction je n'ai pas risqué le mot *prime*, quoiqu'à mon avis il fasse beauté, en rappelant la prière matinale du monde chrétien.

> L'astre avant-coureur de l'aurore,
> Du soleil qui s'approche annonce le retour,
> Sous le pâle horizon l'ombre se décolore :
> Lève-toi dans nos cœurs, chaste et bienheureux jour.
> RACINE.

Une autre beauté, selon moi, qui se tire encore du langage chrétien, c'est l'affectation de Satan à parler comme le Très-Haut; il dit toujours ma *droite* au lieu de mon bras : j'ai mis une grande attention à rendre ces tours; ils caractérisent merveilleusement l'orgueil du prince des ténèbres.

Dans les cantiques que le poëte fait chanter aux anges et qu'il emprunte de l'Écriture, il suit l'hébreu, et il ramène quelques mots en refrain au bout du verset : ainsi *praise* termine presque toutes les strophes de l'hymne d'Adam et d'Ève au lever du jour. J'ai pris garde à cela, et je reproduis à la chute le mot *louange* : mes prédécesseurs n'ayant peut-être pas remarqué le retour de ce mot, ont fait perdre aux vers leur harmonie lyrique.

Lorsque Milton peint la création il se sert rigoureusement des paroles de la Genèse, de la traduction anglaise : je me suis servi des mots français de la traduction de Sacy, quoiqu'ils diffèrent un peu du texte anglais : en des matières aussi sacrées j'ai cru ne devoir reproduire qu'un texte approuvé par l'autorité de l'Église.

J'ai employé, comme je l'ai dit encore (1), de vieux mots; j'en ai fait de nouveaux, pour rendre plus fidèlement le texte; c'est surtout dans les mots négatifs que j'ai pris cette licence; on trouvera donc *inadoré, imparité, inabstinence, etc.* On compte cinq ou six cents mots dans Milton qu'on ne trouve dans aucun dictionnaire anglais. Johnson, parlant du grand poëte s'exprime ainsi :

Trough all his greater works there prevails an uniform peculiarity of DICTION, *a mode and cast of expression which bears little ressemblance to that of any former writer, and which is so far removed from common use, that an unlearned reader, when he first opens his book, finds himself surprised by a new language.... our language, says Addison, sunk under him.*

« Dans tous les plus grands ouvrages de Milton prévalent une uniforme
» singularité de diction, un mode et un tour d'expression qui ont peu de
» ressemblance avec ceux d'aucun écrivain précédent, et qui sont si éloi-
» gnés de l'usage ordinaire, qu'un lecteur non lettré, quand il ouvre son
» livre pour la première fois, se trouve surpris par une langue nouvelle....
» Notre langue, dit Addison, s'abat (ou *s'enfonce* ou *coule bas*) sous lui. »

Milton imite sans cesse les anciens ; s'il fallait citer tout ce qu'il imite, on ferait un in-folio de notes : pourtant quelques notes seraient curieuses et d'autres seraient utiles pour l'intelligence du texte.

Le poëte, d'après la Genèse, parle de l'esprit qui féconda l'abîme. Du Bartas avait dit :

D'une même façon l'esprit de l'Éternel
Semble couver ce gouffre.

L'*obscurité* ou les *ténèbres visibles* rappellent l'expression de Sénèque : *non ut per tenebras videamus, sed ut ipsas.*

Satan levant sa tête au-dessus du lac de feu est une image empruntée à l'Enéide :

Pectora quorum inter fluctus arrecta.

Milton faisant dire à Satan que régner dans l'enfer est digne d'ambition traduit Grotius : *Regnare dignum est ambitu, etsi in Tartaro.*

La comparaison des anges tombés aux feuilles de l'automne est prise de l'Iliade et de l'Énéide. Lorsque, dans son invocation, le poëte s'écrie qu'il

---

(1) Avertissement de l'*Essai*.

va chanter des choses qui n'ont encore été dites ni en prose ni en vers, il imite à la fois Lucrèce et Arioste :

> Cosa non detta in prosa mai, ne in rima.

Le *lasciate ogni speranza* est commenté ainsi d'une manière sublime : Régions de chagrins, obscurité plaintive où l'espérance ne peut jamais venir, elle qui vient à tous : « *hope never comes that comes to all.* »

Lorsque Milton représente des anges *tournant les uns sur la lance, les autres sur le bouclier,* pour signifier tourner à droite et à gauche, cette façon de parler poétique est empruntée d'un usage commun chez les Romains : le légionnaire tenait la lance de la main droite et le bouclier de la main gauche : *declinare ad hastam vel ad scutum* ; ainsi Milton met à contribution les historiens aussi bien que les poëtes ; et en ayant l'air de ne rien dire, il vous apprend toujours quelque chose. Remarquez que la plupart des citations que je viens d'indiquer se trouvent dans les trois cents premiers vers du *Paradis perdu* : encore ai-je négligé d'autres imitations d'Ézéchiel, de Sophocle, du Tasse, etc.

Le mot *saison* dans le poëme doit être quelquefois traduit par le mot *heure* : le poëte, sans vous le dire, s'est fait Grec ou plutôt s'est fait Homère, ce qui lui était tout naturel ; il transporte dans le dialecte anglais une expression hellénique.

Quand il dit que le nom de la femme est tiré de celui de l'homme, qui le comprendra si l'on ne sait que cela est vrai d'après le texte de la Vulgate, *virago*, et d'après la langue anglaise *woman*, ce qui n'est pas vrai en français. Quand il donne à Dieu l'*empire carré* et à Satan l'empire *rond*, voulant par là faire entendre que Dieu gouverne le ciel et Satan le monde ; il faut savoir que saint Jean, dans l'Apocalypse, dit : « *Civitas Dei in quadro posita.* »

Il y aurait mille autres remarques à faire de cette espèce, surtout à une époque où les trois quarts des lecteurs ne connaissent pas plus l'Écriture sainte et les Pères de l'Église qu'ils ne savent le chinois.

Jamais style ne fut plus figuré que celui de Milton : ce n'est point Ève qui est douée d'une majesté virginale, c'est la *majestueuse virginité* qui se trouve dans Ève ; Adam n'est point inquiet, c'est l'*inquiétude* qui agit sur Adam ; Satan ne rencontre pas Ève par hasard, c'est le *hasard* de Satan qui rencontre Ève ; Adam ne veut pas empêcher Ève de s'absenter, il cherche à dissuader l'*absence* d'Ève. Les comparaisons, à cause même de ces tours, sont presque intraduisibles : assez rarement empruntées des images de la nature, elles sont prises des usages de la société, des travaux du laboureur et du matelot, des réminiscences de l'histoire et de la mythologie ; ce qui rappelle, pour le dire en passant, que Milton était aveugle, et qu'il tirait de ses souvenirs une partie de son génie. Une comparaison admirable et qui n'appartient qu'à lui, est celle de cet homme sorti un matin des fumées d'une grande ville pour se promener dans les fraîches campagnes, au milieu des moissons, des troupeaux, et rencontrant une jeune fille plus belle que tout cela : c'est Satan échappé du gouffre de l'enfer qui rencontre Ève au milieu des retraites fortunées d'Éden. On voit aussi, par la vie de Milton, qu'il remémore dans cette comparaison le temps de sa jeunesse : dans une des promenades matinales qu'il faisait autour de Londres s'offrit à sa vue une jeune femme d'une beauté extraordinaire : il en devint passionnément amoureux, ne la retrouva jamais, et fit le serment de ne plus aimer.

Au reste, Milton n'est pas toujours logique ; il ne faudra pas croire ma traduction fautive quand les idées manqueront de conséquence et de justesse.

Ce qu'il faut demander au chantre d'Éden, c'est de la poésie, et de la poésie la plus haute à laquelle il soit donné à l'esprit humain d'atteindre ; tout vit chez cet homme, les êtres moraux comme les êtres matériels : dans un combat, ce ne sont pas les dards qui voûtent le ciel ou qui forment une voûte enflammée, ce sont les *sifflements* mêmes de ces dards ; les personnages n'accomplissent pas des actions, ce sont leurs *actions* qui agissent comme si elles étaient elles-mêmes des personnages. Lorsqu'on est si divinement poëte, qu'on habite au plus sublime sommet de l'Olympe, la critique est ridicule en essayant de monter là : les reproches que l'on peut faire à Milton sont des reproches d'une nature inférieure ; ils tiennent de la terre où ce dieu n'habite pas. Que dans un homme une qualité s'élève à une hauteur qui domine tout, il n'y a point de taches que cette qualité ne fasse disparaître dans son éclat immense.

Si Milton, très-admiré en Angleterre, est assez peu lu ; s'il est moins populaire que Shakespeare, qui doit une partie de cette popularité au rajeunissement qu'il reçoit chaque jour sur la scène, cela tient à la gravité du poëte, au sérieux du poëme et à la difficulté de l'idiome miltonien. Milton, comme Homère, parle une langue qui n'est pas la langue vulgaire ; mais avec cette différence que la langue d'Homère est une langue simple, naturelle, facile à apprendre, au lieu que la langue de Milton est une langue composée, savante, et dont la lecture est un véritable travail. Quelques morceaux choisis du *Paradis perdu* sont dans la mémoire de tout le monde ; mais, à l'exception d'un millier de vers de cette sorte, il reste onze mille vers qu'on a lus rapidement, péniblement, ou qu'on n'a jamais lus.

Voilà assez de *remarques* pour les personnes qui savent l'anglais et qui attachent quelque prix à ces choses-là ; en voilà beaucoup trop pour la foule des lecteurs : à ceux-ci il importe fort peu qu'on ait fait ou qu'on n'ait pas fait un contre-sens, et ils se contenteraient tout aussi bien d'une version commune, amplifiée ou tronquée.

On dit que de nouvelles traductions de Milton doivent bientôt paraître ; tant mieux ! on ne saurait trop multiplier un chef-d'œuvre : mille peintres copient tous les jours les tableaux de Raphaël et de Michel-Ange. Si les nouveaux traducteurs ont suivi mon système, ils reproduiront à peu près ma traduction ; ils feront ressortir les endroits où je puis m'être trompé : s'ils ont pris le système de la traduction libre, le mot à mot de mon humble travail sera comme le germe de la belle fleur qu'ils auront habilement développée.

Me serait-il permis d'espérer que si mon essai n'est pas trop malheureux, il pourra amener quelque jour une révolution dans la manière de traduire? Du temps d'Ablancourt les traductions s'appelaient de *belles infidèles*; depuis ce temps-là on a vu beaucoup d'infidèles qui n'étaient pas toujours belles : on en viendra peut-être à trouver que la fidélité, même quand la beauté lui manque, a son prix.

Il est des génies heureux qui n'ont besoin de consulter personne, qui produisent sans effort avec abondance des choses parfaites : je n'ai rien de cette facilité naturelle, surtout en littérature; je n'arrive à quelque chose qu'avec de longs efforts; je refais vingt fois la même page, et j'en suis toujours mécontent : mes *manuscrits* et mes *épreuves* sont, par la multitude des corrections et des renvois, de véritables broderies dont j'ai moi-même beaucoup de peine à retrouver le fil (1). Je n'ai pas la moindre confiance en moi : peut-être même ai-je trop de facilité à recevoir les avis qu'on veut bien me donner; il dépend presque du premier venu de me faire changer ou supprimer tout un passage : je crois toujours que l'on juge et que l'on voit mieux que moi.

Pour accomplir ma tâche, je me suis environné de toutes les disquisitions des scoliastes; j'ai lu toutes les traductions françaises, italiennes et latines que j'ai pu trouver. Les traductions latines, par la facilité qu'elles ont à rendre *littéralement* les mots et à suivre des inversions, m'ont été très-utiles.

J'ai quelques amis que depuis trente ans je suis accoutumé à consulter : je leur ai encore proposé mes doutes dans ce dernier travail; j'ai reçu leurs notes et leurs observations; j'ai discuté avec eux les points difficiles; souvent je me suis rendu à leur opinion; quelquefois ils sont revenus à la mienne. Il m'est arrivé, comme à Louis Racine, que les Anglais m'ont avoué ne pas comprendre le passage sur lequel je les interrogeais. Heureux encore une fois ces esprits qui savent tout et n'ont besoin de personne; moi, faible, je cherche des appuis, et je n'ai point oublié le précepte du maître :

> Faites choix d'un censeur solide et salutaire
> Que la raison conduise et le savoir éclaire,
> Et dont le crayon sûr d'abord aille chercher
> L'endroit que l'on sent faible et qu'on se veut cacher.

Dans tout ce que je viens de dire, je ne fais point mon apologie, je cherche seulement une excuse à mes fautes. Un traducteur n'a droit à aucune gloire; il faut seulement qu'il montre qu'il a été patient, docile et laborieux.

Si j'ai eu le bonheur de faire connaître Milton à la France; je ne me plaindrai pas des fatigues que m'a causées l'excès de ces études : tant il y a cependant que pour éviter de nouveau l'avenir probable d'une vie fidèle, je ne recommencerais pas un pareil travail; j'aimerais mieux mille fois subir toute la rigueur de cet avenir.

---

(1) C'est l'excuse pour les fautes d'impression si nombreuses dans mes ouvrages. Les compositeurs fatigués se trompent, malgré eux, par la multitude des changements, des retranchements ou des additions.

VERS.

Le vers héroïque anglais consiste dans la mesure sans rime, comme le vers d'Homère en grec et de Virgile en latin : la rime n'est ni une adjonction nécessaire, ni le véritable ornement d'un poëme ou de bons vers, spécialement dans un long ouvrage : elle est l'invention d'un âge barbare, pour relever un méchant sujet ou un mètre boîteux. A la vérité elle a été embellie par l'usage qu'en ont fait depuis quelques fameux poëtes modernes, cédant à la coutume ; mais ils l'ont employée à leur grande vexation, gêne et contrainte, pour exprimer plusieurs choses (et souvent de la plus mauvaise manière) autrement qu'ils ne les auraient exprimées. Ce n'est donc pas sans cause que plusieurs poëtes du premier rang, italiens et espagnols, ont rejeté la rime des ouvrages longs et courts. Ainsi a-t-elle été bannie depuis longtemps de nos meilleures tragédies anglaises, comme une chose d'elle-même triviale, sans vraie et agréable harmonie pour toute oreille juste. Cette harmonie naît du convenable nombre, de la convenable quantité des syllabes, et du sens passant avec variété d'un vers à un autre vers ; elle ne résulte pas du tintement de terminaisons semblables ; faute qu'évitaient les doctes anciens, tant dans la poésie que dans l'éloquence oratoire. L' mission de la rime doit être comptée si peu pour défaut (quoiqu'elle puisse paraître telle aux lecteurs vulgaires), qu'on la doit regarder plutôt comme le premier exemple offert en anglais, de l'ancienne liberté rendue au poëme héroïque affranchi de l'incommode et moderne entrave de la rime.

THE VERSE.

« The measure is English heroic verse without rime, as that of Homer in Greek, and of Virgil in Latin; rime being no necessary adjunct or true ornament of poem or good verse, in longer works especially, but the invention of a barbarous age, to set off wretched matter and lame metre; graced indeed since by the use of some famous modern poets, carried away by custom, but much to their own vexation, hinderance, and constraint, to express many things otherwise, and for the most part worse, than else they would have expressed them. Not without cause, therefore, some both Italian and Spanish poets of prime note have rejected rime both in longer and shorter works, as have also, long since, our best English tragedies; as a thing of itself, to all judicious ears, trivial and of no true musical delight, which consists only in apt numbers, fit quantity of syllables, and the sense variously drawn out from one verse into another, not in the jingling sound of like endings, a fault avoided by the learned ancients both in poetry and all good oratory. This neglect then of rime so little to be taken for a defect (though it may seem so perhaps to vulgar reader), that it rather is to be esteemed an example set, the first in English, of ancient liberty recovered to heroic poem from the troublesome and modern bondage of riming. »

LIVRE PREMIER

ARGUMENT.

Ce premier livre expose d'abord brièvement tout le sujet, la désobéissance de l'homme, et d'après cela la perte du Paradis où l'homme était placé. Ce livre parle ensuite de la première cause de la chute de l'homme, du serpent, ou plutôt de Satan dans le serpent qui, se révoltant contre Dieu et attirant de son côté plusieurs légions d'anges, fut, par le commandement de Dieu, précipité du ciel avec toute sa bande dans le grand abîme. Après avoir passé légèrement sur ce fait, le poème ouvre au milieu de l'action : il présente Satan et ses anges maintenant tombés en enfer. L'enfer n'est pas décrit ici comme placé dans le centre du monde (car le ciel et la terre peuvent être supposés n'être pas encore faits et certainement pas encore maudits), mais dans le lieu des ténèbres extérieures, plus convenablement appelé Chaos. Là, Satan avec ses anges, couché sur lec la brûlant, foudroyé et évanoui, au bout d'un certain espace de temps revient à lui comme de la confusion d'un songe. Il appelle celui qui, le premier après lui en puissance et en dignité, gît à ses côtés. Ils confèrent ensemble de leur misérable chute. Satan réveille toutes ses légions, jusqu'alors demeurées confondues de la même manière. Elles se lèvent : leur nombre, leur ordre de bataille; leurs principaux chefs, nommés d'après les idoles connues par la suite en Chanaan et dans les pays voisins. Satan leur adresse un discours, les console par l'espérance de regagner le ciel ; il leur parle enfin d'un nouveau monde, d'une nouvelle espèce de créatures qui doivent être un jour formées, selon une antique prophétie ou une tradition répandue dans le ciel. Que les anges existassent longtemps avant la création visible, c'était l'opinion de plusieurs anciens Pères. Pour discuter le sens de la prophétie, et déterminer ce qu'on peut faire en conséquence, Satan s'en réfère à un grand conseil; ses associés adhèrent à cet avis : Pandæmonium, palais de Satan, s'élève soudainement bâti de l'abîme : les pairs infernaux y siégent en conseil.

BOOK THE FIRST.

THE ARGUMENT.

This first book proposes, first in brief, the whole subject, man's disobedience, and the loss thereupon of Paradise, wherein he was placed : then touches the prime cause of his fall, the serpent, or rather Satan in the serpent, who, revolting from God, and drawing to his side many legions of angels, was, by the command of God, driven out of Heaven, with all his crew, into the great deep. Which action passed over, the poem hastens into the midst of things, presenting Satan with his angels now falling into Hell, described here, not in the centre (for Heaven and earth may be supposed as yet not made, certainly not yet accursed), but in a place of utter darkness, fitliest called Chaos : here Satan, with his angels lying on the burning lake, thunderstruck and astonished, after a certain space recovers, as from confusion, calls up him who next in order and dignity lay by him : they confer of their miserable fall. Satan awakens all his legions, who lay till then in the same manner confounded : they rise; their numbers, array of battle; their chief leaders named, according to the idols known afterwards in Canaan and the countries adjoining. To these Satan directs his speech, comforts them with hope yet of regaining Heaven, but tells them lastly of a new world and new kind of creature to be created, according to an ancient prophecy or report in Heaven. For that angels were, long before this visible creation, was the opinion of many ancient Fathers. To find out the truth of this prophecy, and what to determine thereon, he refers to a full council. What his associates thence attempt. Pandæmonium, the palace of Satan, rises, suddenly built out of the deep : the infernal peers there sit in council.

I.

La première désobéissance de l'homme et le fruit de cet arbre défendu, dont le mortel goût apporta la mort dans le monde, et tous nos malheurs, avec la perte d'Éden, jusqu'à ce qu'un homme plus grand nous rétablît et reconquît le séjour bienheureux, chante, Muse céleste ! Sur le sommet secret d'Oreb et de Sinaï tu inspiras le berger qui le premier apprit à la race choisie comment, dans le commencement, le ciel et la terre sortirent du chaos. Ou si la colline de Sion, le ruisseau de Siloë qui coulait rapidement près l'oracle de Dieu, te plaisent davantage, là j'invoque ton aide pour mon chant aventureux : ce n'est pas d'un vol tempéré qu'il veut prendre l'essor au-dessus des monts d'Aonie, tandis qu'il poursuit des choses qui n'ont encore été tentées ni en prose ni en vers.

Et toi, ô Esprit ! qui préfères à tous les temples un cœur droit et pur, instruis-moi, car tu sais ! Toi, au premier instant tu étais présent : avec tes puissantes ailes éployées, comme une colombe tu couvas l'immense

I.

Of Man's first disobedience, and the fruit
Of that forbidden tree, whose mortal taste
Brought death into the world, and all our woe,
With loss of Eden, till one greater Man
Restore us, and regain the blissful seat,
Sing, heavenly Muse! that on the secret top
Of Oreb, or of Sinai, didst inspire
That shepherd who first taught the chosen seed,
In the beginning, how the heavens and earth
Rose out of chaos : or, if Sion hill
Delight thee more, and Siloa's brook that flow'd
Fast by the oracle of God : I thence
Invoke thy aid to my adventurous song,
That with no middle flight intends to soar
Above the Aonian mount, while it pursues
Things unattempted yet in prose or rhyme.
  And chiefly thou, o Spirit, that dost prefer
Before all temples the upright heart and pure,
Instruct me, for thou know'st : Thou from the first
Wast present, and with mighty wings outspread
Dove-like sat'st brooding on the vast abyss,
And mad'st it pregnant : what in me is dark

abîme et tu le rendis fécond. Illumine en moi ce qui est obscur, élève et soutiens ce qui est abaissé, afin que de la hauteur de ce grand argument je puisse affirmer l'éternelle Providence, et justifier les voies de Dieu aux hommes.

Dis d'abord, car ni le ciel ni la profonde étendue de l'enfer ne dérobent rien à ta vue; dis quelle cause, dans leur état heureux si favorisé du ciel, poussa nos premiers parents à se séparer de leur Créateur, à transgresser sa volonté pour une seule restriction, souverains qu'ils étaient du reste du monde. Qui les entraîna à cette honteuse révolte? L'infernal serpent. Ce fut lui, dont la malice animée d'envie et de vengeance, trompa la mère du genre humain : son orgueil l'avait précipité du ciel avec son armée d'anges rebelles, par le secours desquels aspirant à monter en gloire au-dessus de ses pairs, il se flatta d'égaler le Très-Haut, si le Très-Haut s'opposait à lui. Plein de cet ambitieux projet contre le trône et la monarchie de Dieu, il alluma au ciel une guerre impie et un combat téméraire, dans une attente vaine.

Le souverain pouvoir le jeta flamboyant, la tête en bas, de la voûte éthérée; ruine hideuse et brûlante: il tomba dans le gouffre sans fond de la perdition, pour y rester chargé de chaînes de diamant, dans le feu qui punit: il avait osé défier aux armes le Tout-Puissant! Neuf fois

    Illumine, what is low raise and support;
    That to the heighth of this great argument
    I may assert eternal Providence,
    And justify the ways of God to men.
      Say first, for Heaven hides nothing from thy view,
    Nor the deep tract of Hell ; say first, what cause
    Moved our grand parents, in that happy state,
    Favour'd of Heaven so highly, to fall off
    From their Creator, and transgress his will
    For one restraint, lords of the world besides.
    Who first seduced them to that foul revolt?
    The infernal Serpent; he it was; whose guile,
    Stirr'd up with envy and revenge, deceiv'd
    The mother of mankind ; what time his pride
    Had cast him out from Heaven, with all his host
    Of rebel angels, by whose aid aspiring
    To set himself in glory above his peers,
    He trusted to have equall'd the Most High,
    If he opposed; and with ambitious aim
    Against the throne and monarchy of God
    Raised impious war in Heaven and battle proud.
      With vain attempt. Him the Almighty Power
    Hurl'd headlong flaming from the ethereal sky,
    With hideous ruin and combustion, down
    To bottomless perdition, there to dwell
    In adamantine chains and penal fire,

l'espace qui mesure le jour et la nuit aux hommes mortels, lui, avec son horrible bande, fut étendu vaincu, roulant dans le gouffre ardent, confondu quoique immortel. Mais sa sentence le réservait encore à plus de colère, car la double pensée de la félicité perdue et d'un mal présent à jamais, le tourmente. Il promène autour de lui des yeux funestes, où se peignent une douleur démesurée et la consternation, mêlées à l'orgueil et à l'inébranlable haine.

D'un seul coup d'œil et aussi loin que perce le regard des anges, il voit le lieu triste, dévasté et désert : ce donjon horrible, arrondi de toute part, comme une grande fournaise flamboyait. De ces flammes point de lumière ! mais des ténèbres visibles servent seulement à découvrir des vues de malheur ; régions de chagrins, obscurité plaintive, où la paix, où le repos, ne peuvent jamais habiter, l'espérance jamais venir, elle qui vient à tous ! mais là des supplices sans fin, là un déluge de feu, nourri d'un soufre qui brûle sans se consumer.

Tel est le lieu que l'éternelle justice prépara pour ces rebelles ; ici elle ordonna leur prison dans les ténèbres extérieures ; elle leur fit cette part trois fois aussi éloignée de Dieu et de la lumière du ciel, que le centre de la création l'est du pôle le plus élevé. Oh ! combien cette demeure ressemble peu à celle d'où ils tombèrent !

    Who durst defy the Omnipotent to arms.
Nine times the space that measures day and night
To mortal men, he with his horrid crew
Lay vanquish'd, rolling in the fiery gulf,
Confounded though immortal : but his doom
Reserved him to more wrath ; for now the thought
Both of lost happiness and lasting pain
Torments him ; round he throws his baleful eyes,
That witness'd huge affliction and dismay,
Mix'd with obdurate pride and stedfast hate.
    At once, as far as angels ken, he views
The dismal situation waste and wild ;
A dungeon horrible, on all sides round,
As one great furnace, flam'd ; yet from those flame
No light, but rather darkness visible
Served only to discover sights of woe,
Regions of sorrow, doleful shades, where peace
And rest can never dwell ; hope never comes,
That comes to all ; but torture without end
Still urges, and a fiery deluge, fed
With ever-burning sulphur unconsum'd.
    Such place eternal justice had prepar'd
For those rebellious ; here their prison ordain'd
In utter darkness ; and their portion set
As far removed from God and light of Heaven,
As from the centre thrice to the utmost pole,

Là bientôt l'archange discerne les compagnons de sa chute, ensevelis dans les flots et les tourbillons d'une tempête de feu. L'un d'eux se vautrait parmi les flammes à ses côtés, le premier en pouvoir après lui et le plus proche en crime : longtemps après connu en Palestine, il fut appelé Béelzébuth. Le grand ennemi (pour cela nommé Satan dans le ciel), rompant par ces fières paroles l'horrible silence, commence ainsi :

« Si tu es celui... Mais combien déchu, combien différent de celui
» qui revêtu d'un éclat transcendant parmi les heureux royaumes de la
» lumière, surpassait en splendeur des myriades de brillants esprits!...
» Si tu es celui qu'une mutuelle ligue, qu'une seule pensée, qu'un
» même conseil, qu'une semblable espérance, qu'un péril égal dans une
» entreprise glorieuse, unirent jadis avec moi, et qu'un malheur égal
» unit à présent dans une égale ruine, tu vois de quelle hauteur, dans
» quel abîme, nous sommes tombés! tant IL se montra le plus puissant
» avec son tonnerre! Mais qui jusqu'alors avait connu l'effet de ces
» armes terribles! Toutefois, malgré ces foudres, malgré tout ce que le
» vainqueur dans sa rage peut encore m'infliger, je ne me repens
» point, je ne me change point : rien (quoique changé dans mon éclat
» extérieur) ne changera cet esprit fixe, ce haut dédain né de la con-
» science du mérite offensé, cet esprit qui me porta à m'élever contre

    Oh! how unlike the place from whence they fell!
      There the companions of his fall, o'erwhelm'd
    With floods and whirlwinds of tempestuous fire,
    He soon discerns; and weltering by his side,
    One nexte himself in power, and next in crime,
    Long after known in Palestine, and named
    Beëlzebub : to whom the arch-enemy
    And thence in Heaven call'd Satan, with bold words
    Breaking the horrid silence, thus began :
      « If thou beest he... but, oh! how fallen! how chang'd
    From him, who in the happy realms of light,
    Clothed with transcendent brightness : didst outshine
    Myriads, though bright!.... If he, whom mutual league,
    United thoughts and counsels, equal hope
    And hazard in the glorious enterprise,
    Join'd with me once, now misery hath join'd
    In equal ruin : into what pit thou seest
    From what height fallen : so much the stronger prov'd
    He with his thunder; and till then who knew
    The force of those arms? Yet not for those,
    Nor what the potent victor in his rage
    Can else inflict, do I repent, or change
    (Though chang'd in outward lustre), that fix'd mind
    And high disdain from sense of injur'd merit,
    That with the Mightiest rais'd me to contend,
    And to the fierce contention brought along

» le plus Puissant, entraînant dans ce conflit furieux la force innombra-
» ble d'esprits armés qui osèrent mépriser sa domination : ils me préfé-
» rèrent à lui, opposant à son pouvoir suprême un pouvoir contraire ;
» et, dans une bataille indécise au milieu des plaines du ciel, ils ébran-
» lèrent son trône.

» Qu'importe la perte du champ de bataille ! tout n'est pas perdu.
» Une volonté insurmontable, l'étude de la vengeance, une haine im-
» mortelle, un courage qui ne cèdera ni ne se soumettra jamais, qu'est-
» ce autre chose que n'être pas subjugué ? Cette gloire, jamais sa colère
» ou sa puissance ne me l'extorquera. Je ne me courberai point ; je ne
» demanderai point grâce d'un genou suppliant ; je ne déifierai point
» son pouvoir qui, par la terreur de ce bras, a si récemment douté de
» son empire. Cela serait bas en effet ; cela serait une honte et une igno-
» minie au-dessous même de notre chute ! Puisque par le destin la force
» des dieux, la substance céleste ne peut périr ; puisque l'expérience
» de ce grand événement, dans les armes non affaiblies, ayant gagné
» beaucoup en prévoyance, nous pouvons, avec plus d'espoir de succès,
» nous déterminer à faire, par ruse ou par force, une guerre éternelle,
» irréconciliable à notre grand ennemi, qui triomphe maintenant, et
» qui, dans l'excès de sa joie, régnant seul, tient la tyrannie du ciel. »

   Innumerable force of spirits arm'd,
   That durst dislike his reign ; and me preferring,
   His utmost power with adverse power opposed
   In dubious battle on the plains of Heaven,
   And shook his throne.
        What though the field be lost!
   All is not lost ; the unconquerable will,
   And study of revenge, immortal hate,
   And courage never to submit or yield,
   And what is else not to be overcome ?
   That glory never shall his wrath or might
   Extort from me : to bow and sue for grace
   With suppliant knee, and deify his power,
   Who from the terrour of this arm so late
   Doubted his empire ; that were low indeed ;
   That were an ignominy and shame beneath
   This downfall ! since, by fate, the strength of gods
   And this empyreal substance cannot fail ;
   Since, through experience of this great event,
   In arms not worse, in foresight much advanced,
   We may with more successful hope resolve
   To wage by force or guile eternal war,
   Irreconcileable to our grand foe,
   Who now triumphs, and in the excess of joy,
   Sole reigning, holds the tyranny of Heaven. »
   So spake the apostate angel, though in pain ;

Ainsi parlait l'ange apostat, quoique dans la douleur ; se vantant à haute voix, mais déchiré d'un profond désespoir. Et à lui répliqua bientôt son fier compagnon :

« O prince ! ô chef de tant de trônes ! qui conduisis à la guerre sous
» ton commandement les séraphins rangés en bataille ! qui, sans frayeur,
» dans de formidables actions, mis en péril le Roi perpétuel des cieux
» et à l'épreuve son pouvoir suprême, soit qu'il le tînt de la force, du
» hasard, ou du destin ; ô chef ! je vois trop bien et je maudis l'événement
» fatal qui, par une triste déroute et une honteuse défaite, nous a ravi
» le ciel. Toute cette puissante armée est ainsi plongée dans une horrible
» destruction, autant que des dieux et des substances divines peuvent
» périr ; car la pensée et l'esprit demeurent invincibles, et la vigueur
» bientôt revient, encore que toute notre gloire soit éteinte et notre
» heureuse condition engouffrée ici dans une infinie misère. Mais quoi ?
» Si lui notre vainqueur (force m'est de le croire le Tout-Puissant,
» puisqu'il ne fallait rien moins qu'un tel pouvoir pour dompter un
» pouvoir tel que le nôtre), si ce vainqueur nous avait laissé entiers
» notre esprit et notre vigueur, afin que nous puissions endurer et sup-
» porter fortement nos peines, afin que nous puissions suffire à sa colère
» vengeresse, ou lui rendre un plus rude service comme ses esclaves

  Vaunting aloud, but rack'd with deep despair :
  And him thus answer'd soon his bold compeer :
   « O prince, o chief of many throned powers,
  That led th' embattel'd seraphim to war
  Under thy conduct, and, in dreadful deeds
  Fearless, endanger'd Heaven's perpetual King,
  And put to proof his high supremacy,
  Whether upheld by strength, or chance, or fate :
  Too well I see and rue the dire event,
  That with sad overthrow and foul defeat
  Hath lost us Heaven, and all this mighty host
  In horrible destruction laid thus low ;
  As far as gods and heavenly essences
  Can perish : for the mind and spirit remains
  Invincible, and vigour soon returns ;
  Though all our glory extinct, and happy state
  Here swallow'd up in endless misery.
  But what ? if he our Conquerour (whom I now
  Of force believe Almighty, since no less
  Than such could have o'erpower'd such force as ours
  Have left us this our spirit and strength entire,
  Strongly to suffer and support our pains,
  That we may so suffice his vengeful ire,
  Or do him mightier service, as his thralls
  By right of war, whate'er his business be,
  Here in the heart of Hell to work in fire,

» par le droit de la guerre, ici, selon ses besoins, dans le cœur de l'enfer,
» travailler dans le feu, ou porter ses messages dans le noir abîme ? Que
» nous servirait alors de sentir notre force non diminuée ou l'éternité de
» notre être, pour subir un éternel châtiment ? »

Le grand ennemi répliqua par ces paroles rapides :

« Chérubin tombé, être faible et misérable, soit qu'on agisse ou qu'on
» souffre. Mais sois assuré de ceci : faire le bien ne sera jamais notre
» tâche ; faire toujours le mal sera notre seul délice, comme étant le
» contraire de la haute volonté de celui auquel nous résistons. Si donc
» sa providence cherche à tirer le bien de notre mal, nous devons tra-
» vailler à pervertir cette fin, et à trouver encore dans le bien des
» moyens du mal. En quoi souvent nous pourrons réussir de manière
» peut-être à chagriner l'ennemi, et, si je ne me trompe, détourner ses
» plus profonds conseils de leur but marqué.

» Mais vois ! le vainqueur courroucé a rappelé aux portes du ciel
» ses ministres de poursuite et de vengeance. La grêle de soufre lancée
» sur nous dans la tempête passée, a abattu la vague brûlante qui du
» précipice du ciel nous reçut tombants. Le tonnerre, avec ses ailes de
» rouges éclairs, et son impétueuse rage, a peut-être épuisé ses traits, et
» cesse, maintenant, de mugir à travers l'abîme vaste et sans bornes. Ne

    Or do his errands in the gloomy deep ?
What can it then avail, though yet we feel
Strength undiminish'd, or eternal being,
To undergo eternal punishment ? »
Whereto with speedy words the arch-fiend replied :
    « Fallen cherub, to be weak is miserable,
Doing or suffering : but of this be sure,
To do ought good never will be our task ;
But ever to do ill our sole delight,
As being the contrary to his high will,
Whom we resist. If then his providence
Out of our evil seek to bring forth good,
Our labour must be to pervert that end,
And out of good still to find means of evil :
Which oft-times may succeed, so as perhaps
Shall grieve him, if I fail not, and disturb
His inmost counsels from their destined aim.
    » But see ! the angry victor hath recall'd
His ministers of vengeance and pursuit
Back to the gates of Heaven : the sulphurous hail,
Shot after us in storm, o'erblown hath laid
The fiery surge, that from the precipice
Of Heaven received us falling ; and the thunder,
Wing'd with red lightning and impetuous rage,
Perhaps hath spent his shafts, and ceases now
To bellow through the vast and boundless deep.

» laissons pas échapper l'occasion que nous cède le dédain ou la fureur
» rassasiée de notre ennemi. Vois-tu au loin cette plaine sèche, aban-
» donnée et sauvage, séjour de la désolation, vide de lumière, hors de
» celle que la lueur de ces flammes noires et bleues lui jette pâle et
» effrayante ? Là, tendons à sortir des ballottements de ces vagues de
» feu ; là, reposons-nous, si le repos peut habiter là. Rassemblant nos
» légions affligées, examinons comment nous pourrons dorénavant nuire
» à notre ennemi, comment nous pourrons réparer notre perte, surmon-
» ter cette affreuse calamité ; quel renforcement nous pouvons tirer de
» l'espérance, sinon, quelle résolution du désespoir. »

Ainsi parlait Satan à son compagnon le plus près de lui, la tête levée au-dessus des vagues, les yeux étincelants ; les autres parties de son corps affaissées sur le lac, étendues longues et larges, flottaient sur un espace de plusieurs arpents. En grandeur il était aussi énorme que celui que les fables appellent, de sa taille monstrueuse, Titanien, ou né de la terre, lequel fit la guerre à Jupiter ; Briarée ou Tiphon, dont la caverne s'ouvrait près de l'ancienne Tarse. Satan égalait encore cette bête de mer, Léviathan, que Dieu, de toutes ses créatures, fit la plus grande entre celles qui nagent dans le cours de l'Océan : souvent la bête dort sur l'écume norwégienne ; le pilote de quelque petite barque

> Let us not slip the occasion, whether scorn,
> Or satiate fury yield it from our foe.
> Seest thou yon dreary plain, forlorn and wild,
> The seat of desolation, void of light,
> Save what the glimmering of these livid flames
> Casts pale and dreadful ? Thither let us tend
> From off the tossing of these fiery waves;
> There rest, if any rest can harbour there;
> And, reassembling our afflicted powers,
> Consult how we may henceforth most offend
> Our enemy ; our own loss how repair ;
> How overcome this dire calamity ;
> What reinforcement we may gain from hope,
> If not, what resolution from despair. »
> Thus Satan, talking to his nearest mate,
> With head uplift above the waves, and eyes
> That sparkling blaz'd ; his other parts besides,
>   Prone on the flood, extended long and large,
> Lay floating many a rood ; in bulk as huge
> As whom the fables name of monstrous size,
> Titanian, or Earth-born, that warr'd on Jove ;
> Briareos or Typhon, whom the den
> By ancient Tarsus held ; or that sea-beast
> Leviathan, which God of all his works
> Created hugest that swim the ocean stream :
> Him, haply, slumbering on the Norway foam,

égarée au milieu des ténèbres la prend pour une île (ainsi le racontent les matelots) : il fixe l'ancre de son écorce d'écaille, s'amarre sous le vent à son côté, tandis que la nuit investit la mer, et retarde l'aurore désirée. Ainsi, énorme en longueur le chef ennemi gisait enchaîné sur le lac brûlant; jamais il n'eût pu se lever ou soulever sa tête, si la volonté et la haute permission du régulateur de tous les cieux ne l'avaient laissé libre dans ses noirs desseins; afin que par ses crimes réitérés il amassât sur lui la damnation, alors qu'il cherchait le mal des autres; afin qu'il pût voir, furieux, que toute sa malice n'avait servi qu'à faire luire l'infinie bonté, la grâce, la miséricorde sur l'homme par lui séduit; à attirer sur lui-même, Satan, triple confusion, colère et vengeance.

Soudain au-dessus du lac l'archange dresse sa puissante stature : de sa main droite et de sa gauche les flammes repoussées en arrière, écartent leurs pointes aiguës, et, roulées en vagues, laissent au milieu une horrible vallée. Alors, ailes déployées, il dirige son vol en haut, pesant sur l'air sombre qui sent un poids inaccoutumé, jusqu'à ce qu'il s'abatte sur la terre aride, si terre était ce qui toujours brûle d'un feu solide, comme le lac brûle d'un liquide feu. Telles apparaissent dans leur couleur (lorsque la violence d'un tourbillon souterrain a transporté

> The pilot of some small night-founder'd skiff,
> Deeming some island, oft (as seamen tell),
> With fixed anchor in his scaly rind;
> Moors by his side under the lee, while night
> Invests the sea, and wished morn delays.
> So stretch'd out huge in length the arch-fiend lay,
> Chain'd on the burning lake, nor ever thence
> Had risen or heav'd his head, but that the will
> And high permission of all-ruling Heaven
> Left him at large to his own dark designs;
> That with reiterated crimes he might
> Heap on himself damnation, while he sought
> Evil to others; and enraged might see
> How all his malice served but to bring forth
> Infinite goodness, grace, and mercy shown
> On man by him seduced; but on himself
> Treble confusion, wrath, and vengeance pour'd
>
>   Forthwith upright he rears from off the pool
> His mighty stature; on each hand the flames,
> Driven backward, slope their pointing spires, and, roll'd
> In billows, leave in the midst a horrid vale.
> Then with expanded wings he steers his flight
> Aloft, incumbent on the dusky air
> That felt unusual weight, till on dry land
> He lights; if it were land, that ever burn'd
> With solid, as the lake with liquid fire;

une colline arrachée du Pelore ou des flancs déchirés du tonnant Etna), telles apparaissent les entrailles combustibles et inflammables qui là concevant le feu, sont lancées au ciel par l'énergie minérale à l'aide des vents, et laissent un fond brûlé, tout enveloppé d'infection et de fumée : pareil fut le sol de repos que toucha Satan de la plante de ses pieds maudits. Béelzébuth, son compagnon le plus proche, le suit, tous deux se glorifiant d'être échappés aux eaux stygiennes comme les dieux par leurs propres forces recouvrées, non par la tolérance du suprême pouvoir.

« Est-ce ici la région, le sol, le climat, dit alors l'archange perdu ;
» est-ce ici le séjour que nous devons changer contre le ciel, cette
» morne obscurité contre cette lumière céleste? Soit! puisque celui qui
» maintenant est souverain, peut disposer et décider de ce qui sera
» justice. Le plus loin de lui est le mieux, de lui qui, égalé en raison,
» s'est élevé au-dessus de ses égaux par la force. Adieu, champs
» fortunés où la joie habite pour toujours! salut, horreurs! salut,
» monde infernal! Et toi, profond enfer, reçois ton nouveau possesseur.
» Il t'apporte un esprit que ne changeront ni le temps ni le lieu.
» L'esprit est à soi-même sa propre demeure, il peut faire en soi un ciel
» de l'enfer, un enfer du ciel. Qu'importe où je serai, si je suis toujours

  And such appear'd in hue, as when the force
Of subterranean wind transports a hill
Torn from Pelorus, or the shatter'd side
Of thundering Ætna, whose combustible
And fuel'd entrails thence conceiving fire,
Sublimed with mineral fury, aid the winds,
And leave a singed bottom all involv'd
With stench and smoke: such resting found the sole
Of unblest feet. Him follow'd his next mate;
Both glorying to have 'scaped the Stygian flood,
As gods, and by their own recover'd strength,
Not by the sufferance of supernal power.
  « Is this the region, this the soil, the clime,
Said then the lost archangel, this the seat
That we must change for Heaven? this mournful gloom
For that celestial light? Be it so, since he,
Who now is sovran, can dispose and bid
What shall be right: farthest from him is best,
Whom reason hath equall'd, force hath made supreme
Above his equals. Farewell, happy fields,
Where joy for ever dwells! Hail, horrours; hail,
Infernal world! and thou, profoundest Hell,
Receive thy new possessour; one who brings
A mind not to be changed by place or time.
The mind is its own place and in itself
Can make a Heaven of Hell, a Hell of Heaven.

» le même et ce que je dois être, tout, quoique moindre que celui que
» le tonnerre a fait plus grand ! Ici du moins nous serons libres. Le
» Tout-Puissant n'a pas bâti ce lieu pour l'envier ; il ne voudra pas
» nous en chasser. Ici nous pourrons régner en sûreté ; et, à mon avis,
» régner est digne d'ambition, même en enfer ; mieux vaut régner en
» enfer que servir dans le ciel.

» Mais laisserons-nous donc nos amis fidèles, les associés, les copar-
» tageants de notre ruine, étendus, étonnés sur le lac d'oubli ? Ne les
» appellerons-nous pas à prendre avec nous la part de ce manoir mal-
» heureux, ou, avec nos armes ralliés, à tenter une fois de plus s'il
» est encore quelque chose à regagner au ciel, ou à perdre dans
» l'enfer ? »

Ainsi parla Satan, et Béelzébuth lui répondit :

« Chef de ces brillantes armées, qui par nul autre que le Tout-
» Puissant n'auraient été vaincues, si une fois elles entendent cette voix,
» le gage le plus vif de leur espérance au milieu des craintes et des
» dangers ; cette voix si souvent retentissante dans les pires extrémités,
» au bord périlleux de la bataille quand elle rugissait ; cette voix, signal
» le plus rassurant dans tous les assauts, soudain elles vont reprendre un
» nouveau courage et revivre, quoiqu'elles languissent à présent, gé-

> What matter where, if I be still the same,
> And what I should be, all, but less than he
> Whom thunder hath made greater ! Here at least
> We shall be free ; the Almighty hath not built
> Here for his envy ; will not drive us hence :
> Here we may reign secure ; and in my choice
> To reign is worth ambition, though in Hell :
> Better to reign in Hell, than serve in Heaven.
> » But wherefore let we then our faithful friends,
> The associates and copartners of our loss,
> Lie thus astonish'd on the oblivious pool ;
> And call them not to share with us their part
> In this unhappy mansion ; or once more
> With rallied arms to try what may be yet
> Regain'd in Heaven, or what more lost in Hell ? »
> So Satan spake, and him Beëlzebub
> Thus answer'd : « Leader of those armies bright,
> Which but the Omnipotent none could have foil'd,
> If once they hear that voice, their liveliest pledge
> Of hope in fears and dangers, head so oft
> In worst extremes, and on the perilous edge
> Of battle when it raged, in all assaults
> Their surest signal, they will soon resume
> New courage, and revive, though now they lie
> Grovelling and prostrate on yon lake of fire,
> As we, erewhile, astounded and amazed :

» missantes et prosternées sur le lac de feu, comme nous tout à l'heure
» assourdis et stupéfaits : qui s'en étonnerait, tombées d'une si perni-
» cieuse hauteur ! »

Béelzébuth avait à peine cessé de parler, et déjà le grand ennemi s'avançait vers le rivage : son pesant bouclier, de trempe éthérée, massif, large et rond, était rejeté derrière lui; la large circonférence pendait à ses épaules, comme la lune dont l'orbe, à travers un verre optique, est observé le soir par l'astronome toscan, du sommet de Fiesole ou dans le Valdarno, pour découvrir de nouvelles terres, des rivières et des montagnes sur son globe tacheté. La lance de Satan (près de laquelle le plus haut pin scié sur les collines de Norwége pour être le mât de quelque grand vaisseau amiral, ne serait qu'un roseau) lui sert à soutenir ses pas mal assurés sur la marne brûlante; bien différents de ces pas sur l'azur du ciel! Le climat torride voûté de feu, le frappe encore d'autres plaies : néanmoins il endure tout, jusqu'à ce qu'il arrive au bord de la mer enflammée. Là il s'arrête.

Il appelle ses légions, formes d'anges fanées, qui gisent aussi épaisses que les feuilles d'automne jonchant les ruisseaux de Vallombreuse, où les ombrages Étruriens décrivent l'arche élevée d'un berceau; ainsi surnagent des varechs dispersés, quand Orion, armé des vents impé-

> No wonder, fallen such a pernicious height.
>   He scarce had ceased, when the superior fiend
> Was moving toward the shore; his ponderous shield,
> Ethereal temper, massy, large, and round,
> Behind him cast; the broad circumference
> Hung on his shoulders, like the moon, whose orb
> Through optic glass the Tuscan artist views
> At evening, from the top of Fesolé,
> Or in Valdarno, to descry new lands,
> Rivers or mountains in her spotty globe.
> His spear, to equal which the tallest pine,
> Hewn on Norwegian hills to be the mast
> Of some great admiral, were but a wand,
> He walk'd with to support uneasy steps
> Over the burning marle; not like those steps
> On Heaven's azure : and the torrid clime
> Smote on him sore besides, vaulted with fire:
> Nathless he so endured, till on the beach
> Of that inflamed sea he stood, and call'd
> His legions, angel forms, who lay intranced,
> Thick as autumnal leaves that strow the brooks
> In Vallombrosa, where the Etrurian shades
> High over-arch'd imbower; or scatter'd sedge
> Afloat, when with fierce winds Orion arm'd
> Hath vex'd the Red-sea coast, whose waves o'erthrew
> Busiris and his Memphian chivalry,

tueux, a battu les côtes de la mer Rouge; mer dont les vagues renversèrent Busiris et la cavalerie de Memphis, tandis qu'ils poursuivaient d'une haine perfide les étrangers de Gessen, qui virent du sûr rivage les carcasses flottantes, les roues des chariots brisés : ainsi semées abjectes, perdues, les légions gisaient, couvrant le lac, dans la stupéfaction de leur changement hideux.

Satan élève une si grande voix, que tout le creux de l'enfer en retentit.

« Princes, potentats, guerriers, fleurs du ciel jadis à vous, maintenant
» perdu! une stupeur telle que celle-ci peut-elle saisir des esprits
» éternels, ou avez-vous choisi ce lieu après les fatigues de la bataille,
» pour reposer votre valeur lassée, pour la douceur que vous trouvez à
» dormir ici, comme dans les vallées du ciel? ou bien, dans cette abjecte
» posture, avez-vous juré d'adorer le vainqueur? Il contemple à présent
» chérubins et séraphins, roulant dans le gouffre, armes et enseignes
» brisées, jusqu'à ce que bientôt ses rapides ministres, découvrant des
» portes du ciel leur avantage, et descendant nous foulent aux pieds
» ainsi languissants, ou nous attachent à coups de foudre au fond de cet
» abîme. Éveillez-vous! levez-vous! ou soyez à jamais tombés! »

Ils l'entendirent et furent honteux et se levèrent sur l'aile, comme

    While with perfidious hatred they pursued
    The sojourners of Goshen, who beheld
    From the safe shore their floating carcases
    And broken chariot-wheels: so thick bestrown,
    Abject and lost, lay these, covering the flood,
    Under amazement of their hideous change.
    He call'd so loud, that all the hollow deep
    Of hell resounded: « Princes, potentates,
    Warriors, the flower of Heaven, once yours, now lost,
    If such astonishment as this can seize
    Eternal spirits: or have ye chosen this place
    After the toil of battle to repose
    Your wearied virtue, for the ease you find
    To slumber here, as in the vales of Heaven?
    Or in this abject posture have ye sworn
    To adore the Conquerour? who now beholds
    Cherub and seraph rolling in the flood,
    With scatter'd arms and ensigns, till anon
    His swift pursuers from Heaven gates discern
    The advantage, and descending tread us down
    Thus drooping, or with linked thunderbolts
    Transfix us to the bottom of this gulf.
    Awake, arise, or be for ever fallen! »
     They heard, and were abash'd, and up they sprung
    Upon the wing; as when men wont to watch
    On duty, sleeping found by whom they dread,

quand des sentinelles accoutumées à veiller au devoir, surprises endormies par le commandant qu'elles craignent, se lèvent, et se remettent elles-mêmes en faction avant d'être bien éveillées. Non que ces esprits ignorent le malheureux état où ils sont réduits, ou qu'ils ne sentent pas leurs affreuses tortures; mais bientôt ils obéissent innombrables à la voix de leur général.

Comme quand la puissante verge du fils d'Amram, au jour mauvais de l'Egypte, passa ondoyante le long du rivage, et appela la noire nuée de sauterelles, touées par le vent d'orient, qui se suspendirent sur le royaume de l'impie Pharaon de même que la nuit, et en ténébrèrent toute la terre du Nil : ainsi, sans nombre furent aperçus ces mauvais anges, planant sous la coupole de l'enfer, entre les inférieures, les supérieures et les environnantes flammes, jusqu'à ce qu'un signal donné, la lance levée droite de leur grand sultan, ondoyant pour diriger leur course, ils s'abattent, d'un égal balancement, sur le soufre affermi, et remplissent la plaine. Ils formaient une multitude telle que le Nord populeux n'en versa jamais de ses flancs glacés pour franchir le Rhin ou le Danube, alors que ses fils barbares tombèrent comme un déluge sur le Midi, et s'étendirent, au-dessous de Gibraltar, jusqu'aux sables de la Libye.

Rouse and bestir themselves ere well awake.
Nor did they not perceive the evil plight
In which they were, or the fierce pains not feel;
Yet to their general's voice they soon obey'd,
Innumerable. As when the potent rod
Of Amram's son, in Ægyt's evil day,
Waved round the coast, up call'd a pitchy cloud
Of locust, warping on the eastern wind,
That o'er the realm of impious Pharaon hung
Like night, and darken'd all the land of Nile;
So numberless were those bad angels seen,
Hovering on wing under the cope of Hell,
Twixt upper, nether, and surrounding fires:
Till, as a signal given, the uplifted spear
Of their great sultan waving to direct
Their course, in even balance down they light
On the firm brimstone, and fill all the plain.
A multitude, like which the populous North
Pour'd never from her frozen loins, to pass
Rhene or the Danaw, when her barbarous sons
Came like a deluge on the South, and spread
Beneath Gibraltar to the Libyan sands.

Forthwith from every squadron and each band
The heads and leaders thither haste, where stood
Their great commander; godlike shapes and forms
Excelling human, princely dignities,

Incontinent de chaque escadron, et de chaque bande, les chefs et les conducteurs se hâtèrent là où leur grand général s'était arrêté. Semblables à des dieux par la taille et par la forme, surpassant la nature humaine, royales dignités, puissances, qui siégeaient autrefois dans le ciel, sur des trônes : quoique dans les archives célestes on ne garde point maintenant la mémoire de leurs noms, effacés et rayés, par leur rébellion, du livre de vie. Ils n'avaient pas encore acquis leurs noms nouveaux parmi les fils d'Ève ; mais lorsque, errant sur la terre, avec la haute permission de Dieu pour l'épreuve de l'homme, ils eurent, à force d'impostures et de mensonges, corrompu la plus grande partie du genre humain, ils persuadèrent aux créatures d'abandonner Dieu leur créateur, de transformer souvent la gloire invisible de celui qui les avait faits, dans l'image d'une brute ornée de gaies religions pleines de pompes et d'or, d'adorer les démons pour divinités : alors ils furent connus aux hommes sous différents noms et par diverses idoles, dans le monde païen.

Muse, redis-moi ces noms alors connus : qui le premier, qui le dernier se réveilla du sommeil sur ce lit de feu, à l'appel de leur grand empereur; quels chefs, les plus près de lui en mérites, vinrent un à un ou il se tenait sur le rivage chauve, tandis que la foule pêle-mêle, se tenait encore au loin.

And powers, that erst in Heaven sat on thrones;
Though of their names in heavenly records now
Be no memorial, blotted out and raz'd
By their rebellion from the book of life.
Nor had they yet among the sons of Eve
Got them new names; till, wandering o'er the earth,
Through God's high sufferance for the trial of man,
By falsities and lies the greatest part
Of mankind they corrupted to forsake
God their creator, and the invisible
Glory of him that made them to transform
Oft to the image of a brute, adorn'd
With gay religions full of pomp and gold,
And devils to adore for deities;
Then were they known to men by various names,
And various idols through the heathen world.

Say, Muse, their names then known, who first, who last,
Roused from the slumber on that fiery couch
At their great emperour's call; as next in worth
Came singly where he stood on the bare strand,
While the promiscuous crowd stood yet aloof.

The chief were those, who, from the pit of Hell
Roaming to seek their prey on earth, durst fix
Their seats long after next the seat of God,
Their altars by his altar, gods adored
Among the nations round; and durst abide

LIVRE I.

Ces chefs furent ceux qui, sortis du puits de l'enfer, rôdant pour saisir leur proie sur la terre, eurent l'audace, longtemps après, de fixer leurs siéges auprès de celui de Dieu, leurs autels contre son autel, dieux adorés parmi les nations d'alentour; et ils osèrent habiter près de Jehovah, tonnant hors de Sion, ayant son trône au milieu des chérubins : souvent même ils placèrent leurs châsses jusque dans son sanctuaire, abominations et avec des choses maudites, ils profanèrent ses rites sacrés, ses fêtes solennelles, et leurs ténèbres osèrent affronter sa lumière.

D'abord s'avance Moloch, horrible roi, aspergé du sang des sacrifices humains, et des larmes des pères et des mères, bien qu'à cause du bruit des tambours et des timbales retentissantes, le cri de leurs enfants ne fût pas entendu, lorsque, à travers le feu, ils passaient à l'idole grimée. Les Ammonites l'adorèrent dans Rabba et sa plaine humide, dans Argob et dans Basan, jusqu'au courant de l'Arnon le plus reculé: non content d'un si audacieux voisinage, il amena, par fraude, le très-sage cœur de Salomon à lui bâtir un temple droit en face du temple de Dieu, sur cette montagne d'opprobre; et il fit son bois sacré de la riante vallée d'Hinnon, de là nommée Tophet et la noire Géhenne, type de l'enfer.

Après Moloch vient Chamos, l'obscène terreur des fils de Moab, depuis

    Jehovah thundering out of Sion, throned
Between the cherubim : yea, often placed
Within his sanctuary itself their shrines,
Abominations, and with cursed things
His holy rites and solemn feasts profaned;
And whit their darkness durst affront his light.
    First Moloch, horrid king, besmear'd with blood
Of human sacrifice, and parents' tears;
Though for the noise of drums and timbrels loud
Their children's cries unheard, that pass'd through fire
To his grim idol. Him the Ammonite
Worshipp'd in Rabba and her watery plain,
In Argob, and in Basan, to the stream
Of utmost Arnon. Nor content with such
Audacious neighbourhood, the wisest heart
Of Salomon he led by fraud to build
His temple right against the temple of God,
On that opprobrious hill; and made his grove
The pleasant valley of Hinnom, Tophet thence
And black Gehenna call'd, the type of Hell.
    Next Chemos, the obscene dread of Moab's sons,
From Aroar to Nebo, and the wild
Of southmost Abarim; in Hesebon
And Horonaim, Seon's realm, beyond
The flowery dale of Sibma clad with vines.
And Elealé, to th' Asphaltic pool:

Aroer à Nébo et au désert du plus méridional Abarim ; dans Hesébon et Héronaïm, royaume de Séon, au delà de la retraite fleurie de Sibma, tapissée de vignes, et dans Éléadé, jusqu'au lac Asphaltite. Chamos s'appelait aussi Péor, lorsqu'à Sittim il incita les Israélites dans leur marche du Nil, à lui faire de lubriques oblations qui leur coûtèrent tant de maux. De là il étendit ses lascives orgies jusqu'à la colline du Scandale, près du bois de l'homicide Moloch, l'impudicité tout près de la haine ; le pieux Josias les chassa dans l'enfer.

Avec ces divinités vinrent celles qui du bord des flots de l'antique Euphrate jusqu'au torrent qui sépare l'Égypte de la terre de Syrie, portent les noms généraux de Baal et d'Astaroth ; ceux-là mâles, celles-ci femelles : car les esprits prennent à leur gré l'un ou l'autre sexe, ou tous les deux à la fois ; si ténue et si simple est leur essence pure : elle n'est ni liée ni cadenassée par des jointures et des membres, ni fondée sur la fragile force des os, comme la lourde chair ; mais dans telle forme qu'ils choisissent, dilatée ou condensée, brillante ou obscure, ils peuvent exécuter leurs résolutions aériennes, et accomplir les œuvres de l'amour ou de la haine. Pour ces divinités, les enfants d'Israël abandonnèrent souvent leur force vivante, et laissèrent infréquenté son autel légitime, se prosternant bassement devant des dieux animaux. Ce fut pour cela

> Peor his other name, when he enticed
> Israel in Sittim, on their march from Nile,
> To do him wanton rites, which cost them woe.
> Yet thence his lustful orgies he enlarged
> Ev'n to that hill of Scandal, by the grove
> Of Moloch homicide, lust hard by hate ;
> Till good Josiah drove them thence to Hell.
> With these came they, who, from the bordeling flood
> Of old Euphrates to the brook that parts
> Ægypt from Syrian ground, had general names
> Of Baalim and Ashtaroth ; those male,
> These feminine : for spirits, when they please,
> Can either sex assume, or both ; so soft
> And uncompounded is their essence pure ;
> Not tied or manacled with joint or limb,
> Nor founded on the brittle strength of bones,
> Like cumbrous flesh ; but in what shape they choose,
> Dilated or condensed, bright or obscure,
> Can execute their aery purposes,
> And works of love or enmity fulfil.
> For those the race of Israel oft forsook
> Their living strength, and unfrequented left
> His righteous altar, bowing lowly down
> To bestial gods ; for which their heads as low
> Bow'd down in battle, sunk before the spear
> Of despicable foes. With these in troop

LIVRE I.

que leurs têtes inclinées aussi bas dans les batailles, se courbèrent devant la lance du plus méprisable ennemi.

Avec ces divinités en troupe, parut Astoreth, que les Phéniciens nomment Astarté, reine du ciel, ornée d'un croissant; à sa brillante image nuitamment en présence de la lune, les vierges de Sidon payent le tribut de leurs vœux et de leurs chants. Elle ne fut pas aussi non chantée dans Sion, où son temple s'élevait sur le mont d'Iniquité : temple que bâtit ce roi, ami des épouses, dont le cœur, quoique grand, séduit par de belles idolâtres, tomba devant d'infâmes idoles.

A la suite d'Astarté vient Thammuz, dont l'annuelle blessure dans le Liban attire les jeunes Syriennes, pour gémir sur sa destinée dans de tendres complaintes, pendant tout un jour d'été; tandis que le tranquille Adonis, échappant de sa roche native, roule à la mer son onde supposée rougie du sang de Thammuz, blessé tous les ans. Cette amoureuse histoire infecta de la même ardeur les filles de Jérusalem, dont les molles voluptés sous le sacré portique, furent vues d'Ézéchiel, lorsque conduit par la vision, ses yeux découvrirent les noires idolâtries de l'infidèle Juda.

Après Thammuz, il en vint un qui pleura amèrement, quand l'Arche captive mutila sa stupide idole, têtes et mains émondées dans son propre

      Came Astoreth, whom the Phœnicians call'd
      Astarte, queen of Heaven, with crescent horns;
      To whose bright image nightly by the moon
      Sidonian virgins paid their vows and songs:
      In Sion also not unsung, where stood
      Her temple on the Offensive mountain', built
      By that uxorious king, whose heart, though large,
      Beguiled by fair idolatresses, fell
      To idols foul.   Thammuz came next behind,
      Whose annual wound in Lebanon allured
      The Syrian damsels to lament his fate
      In amorous ditties, all a summer's day;
      While smooth Adonis from his native rock
      Ran purple to the sea, supposed with blood
      Of Thammuz yearly wounded: the love-tale
      Infected Sion's daughters with like heat;
      Whose wanton passions in the sacred porch
      Ezekiel saw, when, by the vision led,
      His eye survey'd the dark idolatries
      Of alienated Judah.   Next came one
      Who mourn'd in earnest, when the captive ark
      Maim'd his brute image, head and hands lopp'd off
      In his own temple, on the grunsel edge,
      Where he fell flat and shamed his worshippers:
      Dagon his name; sea monster, upward man
      And downward fish: yet had his temple high

sanctuaire, sur le seuil de la porte où elle tomba à plat, et fit honte à ses adorateurs : Dagon est son nom ; monstre marin, homme par le haut, poisson par le bas. Et cependant son temple, élevé haut dans Azot, fut redouté le long des côtes de la Palestine, dans Gath et Ascalon, et Accaron, et jusqu'aux bornes de la frontière de Gaza.

Suivait Rimmon, dont la délicieuse demeure était la charmante Damas sur les bords fertiles d'Abana et de Pharphar, courants limpides. Lui aussi fut hardi contre la maison de Dieu : une fois il perdit un lépreux et gagna un roi, Achaz son imbécile conquérant, qu'il engagea à mépriser l'autel du Seigneur et à le déplacer pour un autel à la syrienne, sur lequel Achaz brûla ses odieuses offrandes, et adora les dieux qu'il avait vaincus.

Après ces démons, parut la bande de ceux qui, sous des noms d'antique renommée, Osiris, Iris, Orus et leur train, monstrueux en figures et en sorcelleries, abusèrent la fanatique Égypte et ses prêtres qui cherchèrent leurs divinités errantes, cachées sous des formes de bêtes plutôt que sous des formes humaines.

Point n'échappa Israël à la contagion, quand d'un or emprunté il forma le veau d'Oreb. Le roi rebelle doubla ce péché à Béthel et à Dan, assimilant son Créateur au bœuf puissant ; ce Jehovah qui, dans une

> Rear'd in Azotus, dreaded through the coast
> Of Palestine, in Gath, and Ascalon,
> And Accaron, and Gaza's frontier bounds.
>   Him follow'd Rimmont, whose delightful seat
> Was fair Damascus, on the fertile banks
> Of Abbana and Pharphar, lucid streams.
> He also against the house of God was bold
> A leper once he lost, and gain'd a king,
> Achaz, his sottish conquerour, whom he drew
> God's altar to disparage, and displace
> For one of Syrian mode, whereon to burn
> His odious offerings, and adore the gods
> Whom he had vanquish'd. After these appear'd
> A crew, who under names of old renown,
> Osiris, Isis, Orus, and their train,
> With monstrous shapes and sorceries abused
> Fanatic Ægypt and her priests, to seek
> Their wandering gods, disguised in brutish forms
> Rather than human. Nor did Israel 'scape
> The infection, when their borrow'd gold compos'd
> The calf in Oreb ; and the rebel king
> Doubled that sin in Bethel and in Dan,
> Likening his Maker to the grazed ox ;
> Jehovah, who in one night, when he pass'd
> From Ægypt marching, equall'd with one stroke
> Both her first-born and all her bleating gods.

nuit, lorsqu'il passa dans sa marche à travers l'Égypte, rendit égaux d'un seul coup ses premiers-nés et ses dieux bêlants.

Bélial parut le dernier; plus impur esprit, plus grossièrement épris de l'amour du vice pour le vice même, ne tomba du ciel. Pour Bélial, aucun temple ne s'élevait, aucun autel ne fuma : qui cependant est plus souvent que lui dans les temples et sur les autels, quand le prêtre devient athée comme les fils d'Éli qui remplirent de prostitutions et de violences la maison de Dieu? Il règne aussi dans les palais et dans les cours, dans les villes dissolues où le bruit de la débauche, de l'injure et de l'outrage, monte au-dessus des plus hautes tours : et quand la nuit obscurcit les rues, alors vagabondent les fils de Bélial gonflés d'insolence et de vin; témoin les rues de Sodome, et cette nuit dans Gabaa, lorsque la porte hospitalière exposa une matrone pour éviter un rapt plus odieux.

Ces démons étaient les premiers en rang et en puissance ; le reste serait long à dire, bien qu'au loin renommé ; dieux d'Ionie que la postérité de Javan tint pour dieux, mais confessés dieux plus récents que le Ciel et la Terre, leurs parents vantés: Titan, premier-né du ciel avec son énorme lignée et son droit d'aînesse usurpé par Saturne, plus jeune que lui; Saturne traité de la même sorte par le plus puissant Jupiter, son propre

>   Belial came last, than whom a spirit more lewd
> Fell not from Heaven, or more gross to love
> Vice for itself : to him no temple stood
> Or altar smok'd; yet who more oft than he
> In temples and at altars, when the priest
> Turns atheist, as did Eli's sons, who fill'd
> With lust and violence the house of God?
> In courts and palaces he also reigns,
> And in luxurious cities, where the noise
> Of riot ascends above their loftiest towers,
> And injury, and outrage : and when night
> Darkens the streets, then wander forth the sons
> Of Belial, flown with insolence and wine:
> Witness the streets of Sodom, and that night
> In Gibeah, when the hospitable door
> Exposed a matron to avoid worse rape.
>   These were the prime in order and in might;
> The rest were long to tell, though far renown'd;
> The Ionian gods, of Javan's issue, held
> Gods, yet confess'd later than Heaven and Earth,
> Their boasted parents. Titan, Heaven's first-born,
> With his enormous brood, and birthright seized
> By younger Saturn: he from mightier Jove,
> His own and Rhea's son, like measure found;
> So Jove usurping reign'd : these first in Crete
> And Ida known ; thence on the snowy top

fils et fils de Rhée ; ainsi Jupiter, usurpant, régna. Ces dieux d'abord connus en Crète et sur l'Ida, de là sur le sommet neigeux du froid Olympe, gouvernèrent la moyenne région de l'air, leur plus haut ciel, ou sur le rocher de Delphes, ou dans Dodone, et dans toutes les limites de la terre Dorique. L'un d'eux, avec le vieux Saturne, fuit sur l'Adriatique aux champs de l'Hespérie, et par delà la Celtique, erra dans les îles les plus reculées.

Tous ces dieux, et beaucoup d'autres, vinrent en troupe, mais avec des regards baissés et humides, tels cependant qu'on y voyait une obscure lueur de joie d'avoir trouvé leur chef non désespéré, de s'être trouvés eux-mêmes non perdus dans la perdition même. Ceci refléta sur le visage de Satan comme une couleur douteuse : mais bientôt reprenant son orgueil accoutumé, avec de hautes paroles qui avaient l'apparence, non la réalité de la dignité, il ranime doucement leur défaillant courage e dissipe leur crainte.

Alors sur-le-champ, il ordonne qu'au bruit guerrier des clairons et des trompettes retentissantes, son puissant étendard soit levé. Cet orgueilleux honneur est réclamé comme un droit par Azazel, grand chérubin ; il déferle de l'hast brillant l'enseigne impériale, qui haute et pleinement avancée brille comme un météore s'écoulant dans le vent : les perles et le riche éclat de l'or y blasonnaient les armes et les trophées séraphiques.

Of cold Olympus, rul'd the middle air,
Their highest heaven, or on the Delphian cliff,
Or in Dodona, and through all the bounds
Of Doric land : or who with Saturn old
Fled over Adria to the Hesperian fields,
And o'er the Celtic roam'd the utmost isles.
    All these and more came flocking, but with looks
Downcast and damp ; yet such wherein appear'd
Obscure some glimpse of joy, to have found their chief
Not in despair, to have found themselves not lost
In loss itself ; which on his countenance cast
Like doubtful hue : but he, his wonted pride
Soon recollecting, with high words, that bore
Semblance of worth, not substance, gently raised
Their fainting courage, and dispell'd their fears.
    Then straight commands, that at the warlike sound
Of trumpets loud and clarions, be uprear'd
His mighty standard ; that proud honour claim'd
Azazel as his right, a cherub tall ;
Who forthwith from the glittering staff unfurl'd
The imperial ensign, which, full high advanced,
Shone like a meteor, streaming to the wind,
With gems and golden lustre rich imblaz'd,
Seraphic arms and trophies ; all the while
Sonorous metal blowing martial sounds ;
At wich the universal host up sent

LIVRE I.

Pendant tout ce temps l'airain sonore souffle des sons belliqueux, auxquels l'universelle armée renvoie un cri qui déchire la concavité de l'enfer, et épouvante au delà, l'empire du Chaos et de la vieille Nuit.

En un moment, à travers les ténèbres, sont vues dix mille bannières qui s'élèvent dans l'air avec des couleurs orientales ondoyantes. Avec ces bannières se dresse une forêt énorme de lances; et les casques pressés apparaissent, et les boucliers se serrent dans une épaisse ligne d'une profondeur incommensurable. Bientôt les guerriers se meuvent en phalange parfaite, au mode dorien des flûtes et des suaves hautbois : un tel mode élevait à la hauteur du plus noble calme les héros antiques s'armant pour le combat; au lieu de la fureur, il inspirait une valeur réglée, ferme, incapable d'être entraînée par la crainte de la mort, à la fuite ou à une retraite honteuse. Cette harmonie ne manque pas de pouvoir pour tempérer et apaiser, avec des accords religieux, les pensées troublées, pour chasser l'angoisse, et le doute et la frayeur, et le chagrin, et la peine des esprits mortels et immortels.

Ainsi respirant la force unie, avec un dessein fixé, marchaient en silence les anges déchus, au son du doux pipeau qui charmait leurs pas douloureux sur le sol brûlant; et alors avancés en vue, ils s'arrêtent; horrible front d'effroyable longueur, étincelant d'armes, à la ressem-

> A shout that tore Hell's concave, and beyond
> Frighted the reign of Chaos and old Night.
> All in a moment through the gloom were seen
> Ten thousand banners rise into the air
> With orient colours waving: with them rose
> A forest huge of spears; and thronging helms
> Appear'd, and serried shields in thick array
> Of depth immeasurable: anon they move
> In perfect phalanx to the Dorian mood
> Of flutes and soft recorders; such as raised
> To heighth of noblest temper heroes old
> Arming to battle; and, instead of rage,
> Deliberate valor breathed, firm, and unmoved
> With dread of death to flight or foul retreat;
> Nor wanting power to mitigate and 'suage
> With solemn touches troubled thoughts, and chase
> Anguish, and doubt, and fear, and sorrow, and pain,
> From mortal or immortal minds.
>   Thus they,
> Breathing united force, with fixed thought,
> Moved on in silence, to soft pipes that charm'd
> Their painful steps o'er the burnt soil : and now
> Advanced in view they stand, a horrid front
> Of dreadful length and dazzling arms, in guise
> Of warriours old with order'd spear and shield,
> Awaiting what command their mighty chief

blance des guerriers de jadis, rangés sous le bouclier et la lance, attendant l'ordre que leur puissant général avait à leur imposer. Satan, dans les files armées, darde son regard expérimenté, et bientôt voit à travers tout le bataillon la tenue exacte de ces guerriers, leurs visages, et leurs statures comme celles des dieux : leur nombre finalement il résume.

Et alors son cœur se dilate d'orgueil, et, s'endurcissant dans sa puissance, il se glorifie. Car depuis que l'homme fut créé, jamais force pareille n'avait été réunie en corps ; nommée auprès de celle-ci, elle ne mériterait pas qu'on s'y arrêtât plus qu'à cette petite infanterie combattue par les grues ; quand même on y ajouterait la race gigantesque de Phlégra avec la race héroïque qui lutta devant Thèbes et Ilion où, de l'un et de l'autre côté, se mêlaient des dieux auxiliaires ; quand on y joindrait ce que le roman ou la fable raconte du fils d'Uther entouré de chevaliers bretons et armoricains ; quand on rassemblerait tous ceux qui depuis, baptisés ou infidèles, joutèrent dans Aspremont, ou Montauban, ou Damas, ou Maroc, ou Trébisonde, où ceux que Biserte envoya de la rive africaine, lorsque Charlemagne avec tous ses pairs tomba près de Fontarabie.

Ainsi cette armée des esprits, loin de comparaison avec toute mortelle prouesse, respectait cependant son redoutable chef. Celui-ci au-dessus du reste par sa taille et sa contenance, superbement dominateur, s'élevait

> Had to impose : he through the armed files
> Darts his experienced eye, and soon traverse
> The whole battalion views, their order due,
> Their visages and stature as of gods;
> Their number last he sums.
>   And now his heart
> Distends with pride, and, hardening in his strength,
> Glories; for never, since created man,
> Met such imbodied force, as nam'd with hese
> Could merit more than that small infantry
> Warr'd on by cranes ; though all the giant brood
> Of Phlegra with the heroic race were join'd
> That fought at Thebes and Ilium, on each side
> Mix'd with auxiliar gods; and what resounds
> In fable or romance of Uther's son,
> Begirt with British and Armoric knights ;
> And all who since, baptiz'd or infidel,
> Jousted in Aspramont or Montalban,
> Damasco, or Morocco, or Trebisond
> Or whom Biserta sent from Afric shore,
> When Charlemain, whith all his peerage, fell
> By Fontarabia.
>   Thus far these beyond
> Compare of mortal prowess, yet observ'd
> Their dread commander : he, above the rest
> In shape and gesture proudly eminent,

LIVRE I.

comme une tour. Sa forme n'avait pas encore perdu toute sa splendeur originelle ; il ne paraissait rien moins qu'un archange tombé, un excès de gloire obscurcie : comme lorsque le soleil nouvellement levé, tondu de ses rayons, regarde à travers l'air horizontal et brumeux ; ou tel que cet astre derrière la lune, dans une sombre éclipse, répand un crépuscule funeste sur la moitié des peuples, et par la frayeur des révolutions tourmente les rois ; ainsi obscurci, brillait encore au-dessus de tous ses compagnons l'archange. Mais son visage est labouré des profondes cicatrices de la foudre et l'inquiétude est assise sur sa joue fanée ; sous les sourcils d'un courage indompté et d'un orgueil patient, veille la vengeance. Cruel était son œil ; toutefois il s'en échappait des signes de remords et de compassion, quand Satan regardait ceux qui partagèrent, ou plutôt ceux qui suivirent son crime (il les avait vus autrefois bien différents dans la béatitude), condamnés maintenant pour toujours à avoir leur lot dans la souffrance ! millions d'esprits mis pour sa faute à l'amende du ciel, et jetés hors des éternelles splendeurs pour sa révolte, néanmoins demeurés fidèles combien que leur gloire flétrie. Comme quand le feu du ciel a écorché les chênes de la forêt ou les pins de la montagne, avec une tête passée à la flamme, leur tronc majestueux, quoique nu, reste debout sur la lande brûlée.

> Stood like a tower : his form had yet not lost
> All her original brightness, nor appear'd
> Less than archangel ruin'd, and the excess
> Of glory obscur'd : as when the sun new-risen
> Looks through the horizontal misty air,
> Shorn of his beams ; or from behind the moon,
> In dim eclipse, disastrous twilight sheds
> On half the nations, and with fear of change
> Perplexes monarchs : darken'd so, yet shone
> Above them all the archangel : but his face
> Deep scars of thunder had intrench'd, and care
> Sat on his faded cheek ; but, under brows
> Of dauntless courage and considerate pride,
> Waiting revenge : cruel his eye, but cast
> Signs of remorse and passion, to behold
> The fellows of his crime, the followers rather
> (Far other once beheld in bliss), condemn'd
> For ever now to have their lot in pain !
> Millions of spirits for his fault amerced
> Of Heaven, and from eternal splendours flung
> For his revolt ; yet faithful how they stood,
> Their glory wither'd : as when Heaven's fire
> Hat scath'd the forest oaks or mountain pines,
> With singed top, their stately growth, though bare,
> Stands on the blasted heath.

Satan se prépare à parler; sur quoi les rangs doublés des bataillons se courbent d'une aile à l'autre aile, et l'entourent à demi de tous ses pairs : l'attention les rend muets. Trois fois il essaie de commencer; trois fois, en dépit de sa fierté, des larmes telles que les anges en peuvent pleurer, débordent. Enfin des mots entrecoupés de soupirs forcent le passage.

« O myriades d'esprits immortels! ô puissances, qui n'avez de pareils
» que le Tout-Puissant! il ne fut pas inglorieux, ce combat, bien que
» l'événement fût désastreux, comme l'attestent ce séjour et ce terrible
» changement, odieux à exprimer. Mais quelle faculté d'esprit, pré-
» voyant et présageant d'après la profondeur de la connaissance du passé
» ou du présent, aurait craint que la force unie de tant de dieux, de
» dieux tels que ceux-ci, fût jamais repoussée? Car qui peut croire,
» même après cette défaite, que toutes ces légions puissantes, dont l'exil
» a rendu le ciel vide, manqueront à se relever, et à reconquérir leur
» séjour natal? Quant à moi, toute l'armée céleste est témoin, si des
» conseils divers, ou des dangers par moi évités, ont ruiné nos espé-
» rances. Mais celui qui règne monarque dans le ciel était jusqu'alors
» demeuré en sûreté assis sur son trône, maintenu par une ancienne
» réputation, par le consentement, ou l'usage; il nous étalait en plein

He now prepar'd
To speak; whereat their doubled ranks they bend
From wing to wing, and half inclose him round
With all his peers : attention held them mute.
Thrice he assay'd, and thrice, in spite of scorn,
Tears, such as angels weep, burst forth; at last
Words interwove with sighs found out their way:
  « O myriads of immortal spirits! O powers
Matchless, but with the Almighty; and that strife
Was not inglorious, though the event was dire,
As this place testifies, and this dire change
Hateful to utter : but what power of mind,
Foreseeing or presaging, from the depth
Of knowledge past or present, could have fear'd
How such united force of gods, how such
As stood like these, could ever know repulse?
For who can yet believe, though after loss,
That all these puissant legions, whose exile
Hat emptied Heaven, shall fail to reascend
Self-rais'd, and repossess their native seat?
For me, be witness all the host of Heaven,
If counsels different or dangers shunn'd
By me have lost our hopes : but he, who reigns
Monarch in Heaven, till then as one secure
Sat on his throne, upheld by old repute,
Consent, or custom; and his regal state

» son faste royal, mais il nous cachait sa force, ce qui nous tenta à notre
» tentative et causa notre chute.

» Dorénavant nous connaissons sa puissance et nous connaissons la
» nôtre, de manière à ne provoquer ni craindre une nouvelle guerre,
» provoquée. Le meilleur parti qui nous reste est de travailler dans un
» secret dessein, à obtenir de la ruse et de l'artifice ce que la force n'a
» pas effectué, afin qu'à la longue il apprenne du moins ceci de nous :
» Celui qui a vaincu par la force, n'a vaincu qu'à moitié son ennemi.

» L'espace peut produire de nouveaux mondes : à ce sujet un bruit
» courait dans le ciel, qu'avant peu le Tout-Puissant avait l'intention de
» créer, et de placer dans cette création une race, que les regards de sa
» préférence favoriseraient à l'égal des fils du ciel. Là, ne fût-ce que
» pour découvrir, se fera peut-être notre première irruption ; là ou
» ailleurs : car ce puits infernal ne retiendra jamais des esprits célestes
» en captivité, ni l'abîme ne les couvrira longtemps de ses ténèbres.
» Mais ces projets doivent être mûris en plein conseil. Plus d'espoir de
» paix, car qui songerait à la soumission ? Guerre donc ! guerre ouverte
» ou cachée, doit être résolue. »

Il dit; et pour approuver ses paroles, volèrent en l'air des millions
d'épées flamboyantes, tirées de dessus la cuisse des puissants chérubins;

Put forth at full: but still his strength conceal'd,
Which tempted our attempt, and wrougth our fall.
   Henceforth his might we know, and know our own;
So as not either to provoke, or dread
New war, provok'd : our better part remains
To work in close design, by fraud or guile,
What force effected not; that he no less
At length from us may find : Who overcomes
By force, hath overcome but half his foe.
   Space may produce new worlds, whereof so rife
There went a fame in Heaven, that he ere long
Intended to create, and therein plant
A generation, whom his choice regard
Should favour equal the sons of Heaven.
Thither, if but to pry, shall be perhaps
Our first eruption; thither or elsewhere:
For this infernal pit shall never hold
Celestial spirits in bondage, nor the abyss
Long under darkness cover. But these thoughts
Full counsel must mature : peace is despair'd;
For who can think submission? war then, war,
Open or understood, must be resolv'd. »
   He spake; and, to confirm his words, outflew
Millions of flaming swords, drawn from the thighs
Of mighty cherubim; the sudden blaze
Far round illumined Hell: highly they rag'd

la lueur subite au loin à l'entour illumine l'enfer : les démons poussent des cris de rage contre le Très-Haut, et furieux, avec leurs armes saisies, ils sonnent sur leurs boucliers retentissants le glas de guerre, hurlant un défi à la voûte du ciel.

A peu de distance s'élevait une colline dont le sommet terrible rendait, par intervalles, du feu et une roulante fumée; le reste entier brillait d'une croûte lustrée; indubitable signe que dans les entrailles de cette colline était cachée une substance métallique, œuvre du soufre. Là, sur les ailes de la vitesse, une nombreuse brigade se hâte, de même que des bandes de pionniers armés de pics et de bêches, devancent le camp royal pour se retrancher en plaine, ou élever un rempart. Mammon les conduit; Mammon, le moins élevé des esprits tombés du ciel, car dans le ciel même ses regards et ses pensées étaient toujours dirigés en bas; admirant plus la richesse du pavé du ciel où les pas foulent l'or, que toute chose divine ou sacrée dont on jouit dans la vision béatifique. Par lui d'abord, les hommes aussi, et par ses suggestions enseignés, saccagèrent le centre de la terre, et avec des mains impies pillèrent les entrailles de leur mère, pour des trésors qu'il vaudrait mieux cacher. Bientôt la bande de Mammon eut ouvert une large blessure dans la montagne, et extrait de ses flancs des côtes d'or. Personne ne doit s'étonner si les richesses

**Against the Highest, and fierce, with grasped arms,
Clash'd on their sounding shields the din of war,
Hurling defiance toward the vault of Heaven.**
  There stood a hille not far, whose grisly top
Belch'd fire and rolling smoke ; the rest entire
Shone with a glossy scurf; undoubted sign
That in his womb was hid metallic ore,
The work of sulphur. Thither, wing'd with speed,
A numerous brigad hasten'd; as when bands
Of pioneers, with spade and pickaxe arm'd,
Forerun the royal camp, to trench a field,
Or cast a rampart. Mammon led them on ;
Mammon, the least erected spirit that fell
From Heaven; for ev'n in Heaven his looks and thoughts
Were always downward bent; admiring more
The riches of Heaven's pavement, trodden gold,
Than augth divine or holy esle enjoy'd
In vision beatific: by him first,
Men also, and by his suggestion taught,
Ransack'd the centre, and with impious hands
Rifled the bowels of their mother earth
For treasures better hid. Soon had his crew
Open'd into the hill a spacious wound,
And digg'd out ribs of gold. Let none admire
That riches grow in Hell; that soil may best
Deserve the precious bane. And here let those

croissent dans l'enfer; ce sol est le plus convenable au précieux poison. Et ici que ceux qui se vantent des choses mortelles et qui s'en émerveillant disent Babel et les ouvrages des rois de Memphis ; que ceux-là apprennent combien leurs plus grands monuments de renommée, de force et d'art, sont aisément surpassés par les esprits réprouvés : ils accomplissent en une heure ce que dans un siècle les rois, avec des labeurs incessants et des mains innombrables, achèvent à peine.

Tout auprès, sur la plaine, dans maints fourneaux préparés sous lesquels passe une veine de feu liquide, éclusée du lac, une seconde troupe avec un art prodigieux fait fondre le minerai massif, sépare chaque espèce, et écume les scories des lingots d'or. Une troisième troupe aussi promptement forme dans la terre des moules variés, et de la matière des bouillants creusets, par une dérivation étonnante, remplissent chaque profond recoin : ainsi dans l'orgue, par un seul souffle de vent divisé entre plusieurs rangs de tuyaux, tout le jeu respire.

Soudain un immense édifice s'éleva de la terre, comme une exhalaison, au son d'une symphonie charmante et de douces voix : édifice bâti ainsi qu'un temple, où tout autour étaient placés des pilastres et des colonnes doriques surchargées d'une architrave d'or : il n'y manquait ni corniches ni frises avec des reliefs gravés en bosse. Le plafond était d'or

> Who boast in mortal things, and wondering tell
> Of Babel, and the works of Memphian kings,
> Learn how their greatest monuments of fame,
> And strength, and art, are easily outdone
> By spirits reprobate; and in an hour
> What in an age they with incessant toil
> And hands innumerable scarce perform.
>   Nigh on the plain, in many cells prepar'd,
> That underneath had veins of liquid fire
> Sluic'd from the lake, a second multitude
> With wondrous art founded the massy ore,
> Severing each kind, and scumm'd the bullion dross :
> A third as soon had form'd within the ground
> A various mould, and from the boiling cells
> By strange conveyance fill'd each hollow nook :
> As in an organ, from one blast of wind,
> To many a row of pipes the sound-board breathes.
>   Anon out of the earth a fabric huge
> Rose, like an exhalation, with the sound
> Of dulcet symphonies and voices sweet ;
> Built like a temple, where pilasters round
> Were set, and doric pillars overlaid
> With golden architrave : nor did there want
> Cornice or frieze with bossy sculptures graven ;
> The roof was fretted gold. Not Babylon,
> Nor great Alcairo such magnificence

ciselé. Ni Babylone, ni Memphis, dans toute leur gloire n'égalerent une pareille magnificence pour enchâsser Bélus ou Sérapis, leurs dieux, ou pour introniser leurs rois, lorsque l'Égypte et l'Assyrie rivalisaient de luxe et de richesses.

La masse ascendante arrêta fixe sa majestueuse hauteur : et sur-le-champ les portes ouvrant les battants de bronze, découvrent au large en dedans ses amples espaces sur un pavé nivelé et poli : sous l'arc de la voûte pendent, par une subtile magie, plusieurs files de lampes étoilées et d'étincelants falots qui nourris de naphte et d'asphalte, émanent la lumière comme un firmament.

La foule empressée entre en admirant, et les uns vantent l'ouvrage, les autres l'ouvrier. La main de cet architecte fut connue dans le ciel par la structure de plusieurs hautes tours où des anges portant le sceptre faisaient leur résidence et siégeaient comme des princes : le Monarque Suprême les éleva à un tel pouvoir, et les chargea de gouverner, chacun dans sa hiérarchie, les milices brillantes.

Le même architecte ne fut point ignoré ou sans adorateurs dans l'antique Grèce ; et dans la terre d'Ausonie, les hommes l'appelèrent Mulciber. Et la Fable disait comme il fut précipité du ciel, jeté par Jupiter en courroux par dessus les créneaux de cristal : du matin jusqu'au midi il

> Equall'd in all their glories, to inshrine
> Belus or Serapis, their gods; or seat
> Their kings, when Ægypt with Assyria strove
> In wealth and luxury. The ascending pile
> Stood fix'd her stately heighth : and straight the doors,
> Opening their brazen folds, discover wide
> Within her ample spaces o'er the smooth
> And level pavement : from the arched roof,
> Pendent by subtle magic, many a row
> Of starry lamps and blazing cressets, fed
> With naphtha and asphaltus, yielded light
> As from a sky. The hasty multitude
> Admiring enter'd, and the work some praise,
> And some the architect : his hand was known
> In Heaven by many a tower'd structure high,
> Where sceptred angels held their residence,
> And sat as princes ; whom the Supreme King
> Exalted to such power, and gave to rule,
> Each in his hierarchy, the orders bright.
> Nor was his name unheard or unador'd
> In ancient Greece ; and in Ausonian land
> Men call'd him Mulciber ; and how he fell
> From heaven they fabled, thrown by angry Jove
> Sheer o'er the crystal battlements : from morn
> To noon he fell, from noon to dewy eve,
> A summer's day ; and with the setting sun

'roula, du midi jusqu'au soir d'un jour d'été; et avec le soleil couchant, il s'abattit du zénith, comme une étoile tombante, dans Lemnos, île de l'Ægée : ainsi les hommes le racontaient, en se trompant, car la chute de Mulciber, avec cette bande rebelle, avait eu lieu longtemps auparavant. Il ne lui servit de rien à présent d'avoir élevé de hautes tours dans le ciel; il ne se sauva point à l'aide de ses machines; mais il fut envoyé la tête la première, avec sa horde industrieuse, bâtir dans l'enfer.

Cependant les hérauts ailés, par le commandement du souverain pouvoir, avec un appareil redoutable, et au son des trompettes, proclament dans toute l'armée la convocation d'un conseil solennel qui doit se tenir incontinent à Pandæmonium, la grande capitale de Satan et de ses pairs. Leurs sommations appellent de chaque bande et de chaque régiment régulier les plus dignes en rang ou en mérite; ils viennent aussitôt, par troupes de cent et de mille, avec leurs cortèges. Tous les abords sont obstrués; les portes et les larges parvis s'encombrent, moins surtout l'immense salle (quoique semblable à un champ couvert, où de vaillants champions étaient accoutumés à chevaucher en armes, et devant le siège du soudan, à défier la fleur de la chevalerie païenne, au combat à mort ou au courre d'une lance). L'essaim des esprits fourmille épais, à la fois sur la terre et dans l'air froissé du sifflement de leurs ailes bruyantes. Au

Dropp'd from the zenith like a falling star,
On Lemnos, the Ægean isle : thus they relate,
Erring ; for he with this rebellious rout
Fell long before ; nor aught avail'd him now
To have built in Heaven high towers; nord did he'scape
By all his engines ; but was headlong sent
With his industrious crew to build in Hell.
 Meanwhile the winged heralds, by command
Of sovran power, with awful ceremony
And trumpet's sound, throughout the host proclaim
A solemn council forthwith to be held
At Pandæmonium, the high capital
Of Satan and his peers : their summons call'd
From every band and squared regiment
By place or choice the worthiest ; they anon
With hundreds and with thousands trooping came
Attended : all access was throng'd ; the gates
And porches wide, but chief the spacious hall
(Though like a cover'd field, where champions bold
Wont ride in arm'd, and at the soldan's chair
Defied the best of Panim chivalry,
To mortal combat, or career with lance).
Thick swarm'd, both on the ground and in the air,
Brush'd with the hiss of rustling wings. As bees
In spring-time, when the sun with Taurus rides,
Pour forth their populous youth about the hive

printemps, quand le soleil marche avec le Taureau, des abeilles répandent en grappes autour de la ruche leur populeuse jeunesse : elles voltigent çà et là parmi la fraîche rosée et les fleurs, ou sur une planche unie, faubourg de leur citadelle de paille, nouvellement frottée de baume, elles discourent et délibèrent de leurs affaires d'État : aussi épaisse la troupe aérienne fourmillait et était serrée, jusqu'au moment du signal donné.

Voyez la merveille! Ceux qui paraissaient à présent surpasser en grandeur les géants, fils de la Terre, à présent moindres que les plus petits nains, s'entassent sans nombre dans un espace étroit : ils ressemblent à la race des pygmées au delà de la montagne de l'Inde, ou bien à des fées dans leur orgie de minuit, à la lisière d'une forêt, ou au bord d'une fontaine, que quelque paysan en retard voit ou rêve qu'il voit, tandis que sur sa tête la lune siége arbitre et incline plus près de la terre sa pâle course : appliqués à leurs danses ou à leurs jeux, ces esprits légers charment l'oreille du paysan avec une agréable musique ; son cœur bat à la fois de joie et de frayeur.

Ainsi des esprits incorporels réduisirent à la plus petite proportion leur stature immense, et furent au large, quoique toujours sans nombre, dans la salle de cette cour infernale. Mais loin dans l'intérieur, et

```
             In clusters : they among fresh dews and flowers
          Fly to and fro, or on the smoothed plank,
          The suburb of their straw-built citadel,
          New rubb'd with balm, expatiate, and confer
          Their state-affairs : so thick the aery crowd
          Swarm'd and were straiten'd ; till, the signal given,
          Behold a wonder ! They, but now who seem'd
          In bigness to surpass earth's giant sons,
          Now less than smallest dwarfs, in narrow room
          Throng numberless, like that pygmean race
          Beyond the Indian mount ; or faery elves,
          Whose midnight revels, by a forest side,
          Or fountain, some belated peasant sees,
          Or dreams he sees, while over-head the moon
          Sits arbitress, and nearer to the earth
          Wheels her pale course : they, on their mirth and dance
          Intent, with jocund music charm his ear :
          At once with joy and fear his heart rebounds.
          Thus incorporeal spirits to smallest forms
          Reduc'd their shapes immense, and were at large,
          Though without number still, amidst the hall
          Of that infernal court.  But far within,
          And in their own dimensions, like themselves,
          The great seraphic lords and cherubim
          In close recess and secret conclave sat;
          A thousand demi-gods on golden seats,
```

dans leurs propres dimensions, semblables à eux-mêmes, les grands seigneurs séraphiques et chérubins se réunissent en un lieu retiré, et en secret conclave; mille demi-dieux assis sur des siéges d'or, conseil nombreux et complet! Après un court silence et la semonce lue, la grande délibération commença.

>Frequent and full. After short silence then,
>And summons read, the great consult began.

LIVRE SECOND.

ARGUMENT.

La délibération commencée, Satan examine si une autre bataille doit être hasardée pour recouvrer le ciel : quelques-uns sont de cet avis, d'autres en dissuadent. Une troisième proposition, suggérée d'abord par Satan, est préférée; on conclut à éclaircir la vérité de cette prophétie ou de cette tradition du ciel, concernant un autre monde, et une autre espèce de créatures égales ou peu inférieures aux anges, qui devaient être formées à peu près dans ce temps. Embarras pour savoir qui sera envoyé à cette difficile recherche. Satan, leur chef, entreprend seul le voyage; il est honoré et applaudi. Le conseil ainsi fini, les esprits prennent différents chemins, et s'occupent à différents exercices suivant que leur inclination les y porte, pour passer le temps jusqu'au retour de Satan. Celui-ci, dans son voyage, arrive aux portes de l'enfer; il les trouve fermées, et qui siegeait là pour les garder. Par qui enfin elles sont ouvertes. Satan découvre l'immense gouffre entre l'enfer et le ciel. Avec quelles difficultés il le traverse : dirigé par le Chaos, puissance de ce lieu, il parvient à la vue du monde nouveau qu'il cherchait.

BOOK THE FIRST.

THE ARGUMENT.

The consultation begun, Satan debates whether another battle be to be hazarded for the recovery of Heaven : some advise it, others dissuade. A third proposal is preferred, mentioned before by Satan, to search the truth of that prophecy or tradition in Heaven concerning another world, and another kind of creature, equal, or not much inferior, to themselves, about this time to be created : their doubt who shall be sent on this difficult search : Satan their chief undertakes alone the voyage, is honoured and applauded. The council thus ended, the rest betake them several ways, and to several employments, as their inclinations lead them, to entertain the time till Satan return. He passes on his journey to Hell gates; finds them shut, and who sat there to guard them; by whom at length they are opened, and discover to him the great gulf between Hell and Heaven ; with what difficulty he passes through directed by Chaos, the power of that place, to the sight of this new world which he sought.

II:

Haut, sur un trône d'une magnificence royale, qui effaçait de beaucoup en éclat la richesse d'Ormus et de l'Inde, ou des contrées du splendide Orient, dont la main la plus opulente fait pleuvoir sur ses rois barbares les perles et l'or, Satan est assis, porté par le mérite, à cette mauvaise prééminence. Du désespoir si haut élevé au delà de l'espérance, il aspire encore plus haut : insatiable de poursuivre une vaine guerre contre les cieux, et non instruit par son succès, il déploya de la sorte ses imaginations orgueilleuses :

« Pouvoirs et Dominations ! divinités du ciel ! puisque aucune profon-
» deur ne peut retenir dans ses abîmes une vigueur immortelle, quoique
» opprimés et tombés, je ne regarde pas le ciel comme perdu. De cet
» abaissement des vertus célestes relevées paraîtront plus glorieuses et
» plus redoutables que s'il n'y avait pas eu de chute, et rassurées par
» elles-mêmes contre la crainte d'une seconde catastrophe. Un juste droit
» et les lois fixées du ciel m'ont d'abord créé votre chef, ensuite un
» choix libre et ce qui, en outre, dans le conseil ou dans le combat, a
» été acheté de quelque valeur : cependant notre malheur est du moins

II.

High on a throne of royal state which far
Outshone the wealth of Ormus and of Ind,
Or where the gorgeous East with richest hand
Showers on her kings Barbaric pearl and gold,
Satan exalted sat, by merit rais'd
To that bad eminence : and, from despair
Thus high uplifted beyond hope, aspires
Beyond thus high ; insatiate to pursue
Vain war with Heaven, and, by success untaught,
His proud imaginations thus display'd :
« Powers and Dominions, deities of Heaven,
For since no deep within her gulf can hold
Immortal vigour, though oppress'd and fall'n,
I give not Heaven for lost. From this descent
Celestial virtues rising, will appear
More glorious and more dread than from no fall,
And trust themselves to fear no second fate.
Me though just right, and the fix'd laws of heaven,
Did first create your leader; next, free choice,
Whit what besides, in counsel or in fight,
Hath been achiev'd of merit : yet this loss,

» jusque-là assez bien réparé, puisqu'il m'a établi beaucoup plus en sû-
» reté sur un trône non envié, cédé d'un plein consentement. Dans le
» ciel, le plus heureux état qu'une dignité accompagne, peut attirer la
» jalousie de chaque inférieur : mais ici qui envierait celui que la plus
» haute place expose le plus en avant, comme votre boulevard, aux
» coups du Foudroyant, et le condamne à la plus forte part des souf-
» frances sans terme? Là où il n'est aucun bien à disputer, là aucune
» dispute ne peut naître des factions, car nul sûrement ne réclamera la
» préséance dans l'enfer; nul dont la portion du présent malheur est si
» petite, par un esprit ambitieux n'en convoitera une plus grande. Donc
» avec cet avantage pour l'union, et cette constante fidélité, et cet ac-
» cord plus ferme qu'il ne peut l'être dans le ciel, nous venons mainte-
» nant réclamer notre juste héritage d'autrefois; plus assurés de pros-
» pérer que si la prospérité nous en assurait elle-même. Et quelle voie
» est la meilleure, la guerre ouverte, ou la guerre cachée? C'est ce que
» nous débattrons à présent. Que celui qui peut donner un avis, parle. »

Satan se tut ; et près de lui Moloch, roi portant le sceptre, se leva; Moloch, le plus fort, le plus furieux des esprits qui combattirent dans le ciel, à présent plus furieux par le désespoir. Sa prétention est d'être réputé égal en force à l'Éternel, et, plutôt que d'être moins, il ne se sou-

> Thus far at least recover'd, hath much more
> Establish'd in a safe unenvied throne,
> Yielded with full consent. The happier state
> In Heaven, which follows dignity, might draw
> Envy from each inferior ; but who here
> Will envy whom the highest place exposes
> Foremost to stand against the Thunderer's aim,
> Your bulwark, and condemns to greatest share
> Of endless pain? Where there is then no good
> For which to strive, no strife can grow up there
> From faction ; for none sure will claim in Hell
> Precedence ; none, whose portion in so small
> Of present pain, that with ambitious mind
> Will covet more. With this advantage then
> To union, and firm faith, and firm accord,
> More than can be in Heaven, we now return
> To claim our just inheritance of old,
> Surer to prosper than prosperity
> Could have assur'd us : and, by what best way,
> Whether of open war or covert guile,
> We now debate : who can advise, may speak. »
>
> He ceased ; and next him Moloch, scepter'd king,
> Stood up the strongest and the fiercest spirit
> That fought in Heaven, now fiercer by despair ;
> His trust was with the Eternal to be deem'd
> **Equal in strength;** and rather than be less

ciait pas du tout d'exister : délivré de ce soin d'être, il était délivré de toute crainte. De Dieu ou de l'enfer, ou de pire que l'enfer il ne tenait compte : et d'après cela, il prononça ces mots :

« Mon avis est pour la guerre ouverte : aux ruses très-inexpert, point
» ne m'en vante. Que ceux-là qui ont besoin, trament, mais quand il en
» est besoin, non à présent. Car tandis qu'ils sont assis complotant, fau-
» dra-t-il que des millions d'esprits qui restent debout armés, et soupi-
» rant après le signal de la marche, languissent ici fugitifs du ciel et
» acceptent pour leur demeure cette sombre et infâme caverne de la
» honte, prison d'une tyrannie qui règne par nos retardements! Non :
» plutôt armés de la furie et des flammes de l'enfer, tous à la fois, au-
» dessus des remparts du ciel préférons de nous frayer un chemin irré-
» sistible, transformant nos tortures en des armes affreuses contre l'au-
» teur de ces tortures : alors pour répondre au bruit de son foudre
» tout-puissant, il entendra le tonnerre infernal, et pour éclairs il verra
» un feu noir et l'horreur lancés d'une égale rage parmi ses anges, son
» trône même enveloppé du bitume du Tartare et d'une flamme étrange,
» tourments par lui-même inventés. Mais peut-être la route paraît diffi-
» cile et roide pour escalader à tire d'aile un ennemi plus élevé! Ceux
» qui se l'imaginent peuvent se souvenir (si le breuvage assoupissant de

  Car'd not to be at all : with that care lost
Went all his fear : of God, or Hell, or worse,
He reck'd not, and these words thereafter spake :
 « My sentence is for open war : of wiles
More unexpert, I boast not: them let those
Contrive who need, or when they need, not now.
For, while they sit contriving, shall the rest,
Millions that stand in arms, and longing wait
The signal to ascend, sit lingering here
Heaven's fugitives, and for their dwelling-place
Accept this dark opprobrious den of shame,
The prison of his tyranny who reigns
By our delay? no, let us rather choose,
Arm'd with Hell-flames and fury, all at once
O'er Heaven's high towers to force resistless way,
Turning our tortures into horrid arms
Against the torturer; when to meet the noise
Of his almighty engine he shall hear
Infernal thunder; and, for lightning, see
Black fire and horrour shot with equal rage
Among his angels; and his throne itself
Mix'd with Tartarean sulphur, and strange fire,
His own invented torments. But perhaps
The way seems difficult, and steep, to scale
With upright wings against a higher foe.
Let such bethink them, if the sleepy drench

» ce lac d'oubli ne les engourdit pas encore) que de notre propre mou-
» vement nous nous élevons à notre siége natif; la descente et la chute
» nous sont contraires. Dernièrement, lorsque le fier ennemi pendait
» sur notre arrière-garde rompue, nous insultant, et qu'il nous poursui-
» vait à travers le gouffre, qui n'a senti avec quelle contrainte et
» quel vol laborieux nous nous coulions bas ainsi? L'ascension est donc
» aisée.

» On craint l'événement : faudra-t-il encore provoquer notre plus fort
» à chercher quel pire moyen sa colère peut trouver à notre destruction,
» s'il est en enfer une crainte d'être détruit davantage? Que peut-il y
» avoir de pis que d'habiter ici, chassés de la félicité, condamnés dans ce
» gouffre abhorré à un total malheur; dans ce gouffre où les ardeurs
» d'un feu inextinguible doivent nous éprouver sans espérance de finir,
» nous les vassaux de la colère, quand le fouet inexorable et l'heure de
» la torture nous appellent au châtiment? Plus détruits que nous le
» sommes, nous serions entièrement anéantis; il nous faudrait expirer.
» Que craignons-nous donc! Pourquoi balancerions-nous à allumer son
» plus grand courroux qui, monté à la plus grande fureur, nous consu-
» merait et annihilerait à la fois notre substance? beaucoup plus heureux
» que d'être misérables et éternels! Ou si notre substance est réellement

    Of that forgetful lake benumb not still,
    That in our proper motion we ascend
    Up to our native seat: descent and fall
    To us is adverse. Who but felt of late,
    When the fierce foe hung on our broken rear
    Insulting, and pursued us through the deep,
    With what compulsion and laborious flight
    We sunk thus low? Th'ascent is easy then.
    The event is fear'd; should we again provoke
    Our stronger, some worse way his wrath may find
    To our destruction; if there be in Hell
    Fear to be worse destroy'd. What can be worse
    Than to dwell here, driven out from bliss, condemn'd
    In this abhorred deep to utter woe;
    Where pain of unextinguishable fire
    Must exercise us, without hope of end,
    The vassals of his anger, when the scourge
    Inexorably, and the torturing hour
    Calls us to penance? More destroy'd than thus,
    We should be quite abolish'd, and expire.
    What fear we then? what doubt we to incense
    His utmost ire? which, to the highth enrag'd,
    Will either quite consume us, and reduce
    To nothing this essential; happier far
    Than miserable to have eternal being!
    Or if our substance be indeed divine,

» divine et ne peut cesser d'être, nous sommes dans la pire condition de
» ce côté-ci du néant, et nous avons la preuve que notre pouvoir suffit
» pour troubler son ciel, et pour alarmer par des incursions perpétuelles
» son trône fatal, quoique inaccessible : si ce n'est là la victoire, du
» moins c'est vengeance. »

Il finit en sourcillant : et son regard dénonçait une vengeance désespérée, une dangereuse guerre pour tout ce qui serait moins que des dieux. Du côté opposé se leva Bélial, d'une contenance plus gracieuse et plus humaine.

Les cieux n'ont pas perdu une plus belle créature : il semblait créé pour la dignité et les grands exploits; mais en lui tout était faux et vide, bien que sa langue distillât la manne, qu'il pût faire passer la plus mauvaise raison pour la meilleure, embrouiller et déconcerter les plus mûrs conseils. Car ses pensées étaient basses; ingénieux aux vices, mais craintif et lent aux actions plus nobles : toutefois il plaisait à l'oreille, et avec un accent persuasif il commença ainsi :

« Je serais beaucoup pour la guerre ouverte, ô pairs, comme ne res-
» tant point en arrière en fait de haine, si ce qui a été allégué comme
» principale raison pour nous déterminer à une guerre immédiate, n'é-
» tait pas plus propre à m'en dissuader, et ne me semblait être de sinis-

And cannot cease to be, we are at worst
On this side nothing; and by proof we fell
Our power sufficient to disturb his Heaven,
And with perpetual inroads to alarm,
Though inaccessible, his fatal throne :
Which, if not victory, is yet revenge. »

He ended frowning, and his look denounc'd
Desperate revenge, and battle dangerous
To less than gods. On the other side up rose
Belial, in act more graceful and humane :
A fairer person lost not Heaven ; he seem'd
For dignity compos'd, and high exploit :
But all was false and hollow ; though his tongue
Dropt manna, and could make the worse appear
The better reason, to perplex and dash
Maturest counsels ; for his thoughts were low ;
To vice industrious, but to nobler deeds
Tim'rous and slothful : yet he pleas'd the ear,
And with persuasive accent thus began :

« I should be much for open war, o peers,
As not behind in hate, if what was urged,
Main reason to persuade immediate war,
Did not dissuade me most, and seem to cast
Ominous conjecture on the whole success :
When he, who most excels in fact of arms,
In what he counsels and in what excels

» tre augure pour tout le succès : celui qui excelle le plus dans les faits
» d'armes, plein de méfiance dans ce qu'il conseille et dans la chose en
» quoi il excelle, fonde son courage sur le désespoir et sur un entier
» anéantissement comme le but auquel il vise après quelque cruelle
» revanche.

» Premièrement, quelle revanche? les tours du ciel sont remplies de
» gardes armés qui rendent tout accès impossible. Souvent leurs légions
» campent au bord de l'abîme ou d'une aile obscure fouillent au loin et
» au large les royaumes de la nuit, sans crainte de surprise. Quand nous
» nous ouvrirons un chemin par la force; quand tout l'enfer sur nos pas
» se lèverait dans la plus noire insurrection, pour confondre la plus pure
» lumière du ciel; notre grand ennemi tout incorruptible demeurerait
» encore sur son trône non souillé, et la substance éthérée, incapable de
» tache, saurait bientôt expulser son mal, et purger le ciel du feu
» intérieur.

» Ainsi repoussés, notre finale espérance est un plat désespoir : il
» nous faut exciter le Tout-Puissant vainqueur à épuiser toute sa rage
» et à en finir avec nous; nous devons mettre notre soin à n'être plus;
» triste soin! Car qui voudrait perdre, quoique remplies de douleur,
» cette substance intellectuelle, ces pensées qui errent à travers l'éter-

```
        Mistrustful, grounds his courage on despair
        And utter dissolution, as the scope
        Of all his aim, after some dire revenge.
        First, what revenge? The towers of Heaven are fill'd
        With armed watch, that render all access
        Impregnable; oft on the bordering deep
        Encamp their legions; or, with obscure wing
        Scout far and wide into the realm of night,
        Scorning surprise. Or could we break our way
        By force, and at our heels all Hell should rise,
        With blackest insurrection, to confound
        Heaven's purest light; yet our great enemy
        All incorruptible, would on his throne
        Sit unpolluted, and th' ethereal mould,
        Incapable of stain, would soon expel
        Her mischief, and purge off the baser fire,
        Victorious. Thus repulsed, our final hope
        Is flat despair. We must exasperate
        Th' Almighty victor to spend all his rage,
        And that must end us; that must be our cure,
        To be no more. Sad cure! for who would lose,
        Though full of pain, this intellectual being,
        Those thoughts that wander through eternity,
        To perish rather, swallow'd up and lost
        In the wide womb of uncreated night,
        Devoid of sense and motion? And who knows,
```

» nité, pour périr englouti et perdu dans les larges entrailles de la nuit
» incréée, privé de sentiment et de mouvement? Et qui sait, même
» quand cela serait bon, si notre ennemi courroucé peut et veut nous
» donner cet anéantissement? Comment il le peut, est douteux ; comme
» il ne le voudra jamais, est sûr. Voudra-t-il, lui sage, lâcher à la fois
» son ire, apparemment par impuissance et par distraction, pour accor-
» der à ses ennemis ce qu'ils désirent et pour anéantir dans sa colère
» ceux que sa colère sauve afin de les punir sans fin?

» Qui nous arrête donc, disent ceux qui conseillent la guerre? Nous
» sommes jugés, réservés, destinés à un éternel malheur. Quoi que nous
» fassions, que pouvons-nous souffrir de plus, que pouvons-nous souffrir
» de pis?

» Est-ce donc le pire des états que d'être ainsi siégeant, ainsi délibé-
» rant, ainsi en armes? Ah! quand nous fuyions vigoureusement, pour-
» suivis et frappés du calamiteux tonnerre du ciel, et quand nous sup-
» pliions l'abîme de nous abriter, cet enfer nous paraissait alors un
» refuge contre ces blessures; ou quand nous demeurions enchaînés sur
» le lac brûlant, certes c'était un pire état! — Que serait-ce si l'haleine
» qui alluma ces pâles feux se réveillait, leur soufflait une septuple rage et
» nous rejetait dans les flammes; ou si là haut la vengeance intermittente

    Let this be good, whether our angry foe
    Can give it, or will ever? how he can,
    Is doubtful; that he never will, is sure.
    Will he, so wise, let loose at once his ire,
    Belike through impotence, or unaware,
    To give his enemies their wish, and end
    Them in his anger, whom his anger saves
    To punish endless?
        Wherefore cease we then?
    Say they who counsel war; we are decreed,
    Reserv'd, and destin'd to eternal woe ;
    Whatever doing, what can we suffer more,
    What can we suffer worse?
        Is this then worst,
    Thus sitting, thus consulting, thus in arms?
    What, when we fled amain, pursued and struck
    With Heaven's afflicting thunder, and besought
    The deep to shelter us? this Hell then seem'd
    A refuge from those wounds : or when we lay
    Chain'd on the burning lake? that sure was worse.
    What if the breath, that kindled those grim fires,
    Awak'd, should blow them into seven-fold rage,
    And plunge us in the flames? or, from above,
    Should intermitted vengeance arm again
    His red right hand to plague us? What if all
    Her stores were open'd, and this firmament

» réarmait sa droite rougie pour nous tourmenter? Que serait-ce si tous
» ses trésors s'ouvraient et si ce firmament de l'enfer versait ses cata-
» ractes de feu; horreurs suspendues menaçant un jour nos têtes de
» leur effroyable chute? Tandis que nous projetons ou conseillons une
» guerre glorieuse, saisis peut-être par une tempête brûlante, nous se-
» rons lancés et chacun sur un roc transfixés jouets et proies des tour-
» billons déchirants ou plongés à jamais, enveloppés de chaînes, dans ce
» bouillant océan. Là nous y converserons avec nos soupirs éternels,
» sans répit, sans miséricorde, sans relâche, pendant des siècles dont la
» fin ne peut être espérée : notre condition serait pire.

» Ma voix vous dissuadera donc pareillement de la guerre ouverte ou
» cachée. Car que peut la force ou la ruse contre Dieu, ou qui peut
» tromper l'esprit de celui dont l'œil voit tout d'un seul regard? De la
» hauteur des cieux il s'aperçoit et se rit de nos délibérations vaines,
» non moins tout-puissant qu'il est à résister à nos forces, qu'habile à
» déjouer nos ruses et nos complots.

» Mais vivrons-nous ainsi avilis? La race du ciel restera-t-elle ainsi
» foulée aux pieds, ainsi bannie, condamnée à supporter ici ces chaînes
» et ces tourments?... Cela vaut mieux que quelque chose de pire,
» selon moi, puisque nous sommes subjugués par l'inévitable sort et le

Of Hell should spout her cataracts of fire,
Impendent horrors, threatening hideous fall
One day upon our heads? While we perhaps,
Designing or exhorting glorious war,
Caught in a fiery tempest shall be hurl'd
Each on his rock transfix'd, the sport and prey
Of wracking whirlwinds; or for ever sunk
Under yon boiling ocean, wrapt in chains;
There to converse with everlasting groans,
Unrespited, unpitied, unrepriev'd,
Ages of hopeless end? This would be worse.
 » War therefore, open or conceal'd, alike
My voice dissuades; for what can force or guile
With him, or who deceive his mind, whose eye
Views all things as one view? He from Heaven's high
All these our motions vain sees, and derides;
Not more almighty to resist our might,
Than wise to frustrate all our plots and wiles.
Shall we then live thus vile? the race of Heaven,
Thus trampled, thus expell'd to suffer here
Chains and these torments? better these than worse,
By my advice, since fate inevitable
Subdues us, and omnipotent decree,
The victor's will. To suffer, as to do,
Our strength is equal, nor the law unjust
That so ordains: this was at first resolv'd,

» décret tout-puissant, la volonté du vainqueur. Pour souffrir, comme
» pour agir, notre force est pareille; la loi qui en a ordonné ainsi n'est
» pas injuste : ceci dès le commencement aurait été compris, si nous
» avions été sages en combattant un si grand ennemi, et quand ce qui
» pouvait arriver était si douteux.

» Je ris quand ceux qui sont hardis et aventureux à la lance, se font
» petits lorsqu'elle vient à leur manquer; ils craignent d'endurer ce
» qu'ils savent pourtant devoir suivre : l'exil, ou l'ignominie, ou les
» chaînes, ou les châtiments, loi de leur vainqueur.

» Tel est à présent notre sort; lequel si nous pouvons nous y sou-
» mettre et le supporter, notre suprême ennemi pourra, avec le temps,
» adoucir beaucoup sa colère; et peut-être si loin de sa présence, ne
» l'offensant pas, il ne pensera pas à nous, satisfait de la punition subie.
» De là ces feux cuisants se ralentiront, si son souffle ne ranime pas leurs
» flammes. Notre substance, pure alors, surmontera la vapeur insup-
» portable, ou y étant accoutumée ne la sentira plus; ou bien encore
» altérée à la longue, et devenue conforme aux lieux en tempérament
» et en nature, elle se familiarisera avec la brûlante ardeur qui sera
» vide de peine. Cette horreur deviendra douceur, cette obscurité,
» lumière. Sans parler de l'espérance que le vol sans fin des jours à

    If we were wise against so great a foe
    Contending, and so doubtful what might fall.
    I laugh, when those, who at the spear are bold
    And venturous, if that fail them, shrink and fear
    What yet they know must follow, to endure
    Exile, or ignominy, or bonds, or pain,
    The sentence of their conqueror.
                        This is now
    Our doom; which if we can sustain and bear,
    Our supreme foe in time may much remit
    His anger; and perhaps, thus far remov'd,
    Not mind us not offending, satisfied
    With what is punish'd; whence these raging fires
    Will slacken, if his breath stir not their flames.
    Our purer essence then will overcome
    Their noxious vapour; or, inured, not feel;
    Or chang'd at length, and to the place conform'd
    In temper and in nature will receive,
    Familiar the fierce heat, and void of pain;
    This horrour will grow mild, this darkness, light:
    Besides what hope the never-ending flight
    Of future days may bring, what chance, what change
    Worth waiting: since our present lot appears
    For happy though but ill, for ill not worst,
    If we procure not to ourselves more woe. »

» venir peut nous apporter, des chances, des changemens valant la
» peine d'être attendus : puisque notre lot présent peut passer pour
» heureux, quoiqu'il soit mauvais, de mauvais il ne deviendra pas pire,
» si nous ne nous attirons pas nous-mêmes plus de malheurs. »

Ainsi Bélial, par des mots revêtus du manteau de la raison, conseillait un ignoble repos, paisible bassesse, non la paix. Après lui, Mammon parla :

« Nous faisons la guerre (si la guerre est le meilleur parti) ou
» pour détrôner le Roi du Ciel, ou pour regagner nos droits perdus.
» Détrôner le Roi du ciel, nous pouvons espérer cela, quand le Destin
» d'éternelle durée cédera à l'inconstant Hasard, et quand le Chaos
» jugera le différend. Le premier but, vain à espérer, prouve que le
» second est aussi vain ; car est-il pour nous une place dans l'étendue
» du ciel, à moins que nous ne subjuguions le Monarque suprême du
» ciel ? Supposons qu'il s'adoucisse, qu'il fasse grâce à tous, sur la
» promesse d'une nouvelle soumission, de quel œil pourrions-nous
» humiliés demeurer en présence, recevoir l'ordre strictement imposé
» de glorifier son trône en murmurant des hymnes, de chanter à sa
» divinité des *alleluia* forcés, tandis que lui siégera impérieusement
» notre souverain envié ; tandis que son autel exhalera des parfums

> Thus Belial, with words cloth'd in reason's garb,
> Counsell'd ignoble ease and peaceful sloth,
> Not peace : and after him thus Mammon spake :
>   « Either to disinthrone the King of Heaven
> We war, if war be best ; or to regain
> Our own right lost. Him to unthrone we then
> May hope, when everlasting Fate shall yield
> To fickle Chance, and Chaos judge the strife :
> The former, vain to hope, argues as vain
> The latter : for what place can be for us
> Within Heaven's bounds, unless Heaven's Lord Supreme
> We overpower? Suppose he should relent
> And publish grace to all , on promise made
> Of new subjection ; with what eyes could we
> Stand in his presence humble, and receive
> Strict laws imposed, to celebrate his throne
> With warbled hymns, and to his Godhead sing
> Forced halleluiahs ; while he lordly sits
> Our envied sovran, and his altar breathes
> Ambrosial odours and ambrosial flowers,
> Our servile offerings ? This must be our task
> In Heaven, this our delight : how wearisome
> Eternity so spent in worship paid
> To whom we hate !

» d'ambroisie et des fleurs d'ambroisie, nos serviles offrandes? Telle
» sera notre tâche dans le ciel, telles seront nos délices. Oh! combien
» ennuyeuse une éternité ainsi consumée en adorations offertes à celui
» qu'on hait!

» N'essayons donc pas de ravir de force ce qui, obtenu par le con-
» sentement, serait encore inacceptable, même dans le ciel, l'honneur
» d'un splendide vasselage! Mais cherchons plutôt notre bien en nous;
» et vivons de notre fond pour nous-mêmes, libres quoique dans ce
» vaste souterrain ne devant compte à personne, préférant une dure
» liberté au joug léger d'une pompe servile. Notre grandeur sera alors
» beaucoup plus frappante, lorsque nous créerons de grandes choses
» avec de petites, lorsque nous ferons sortir l'utile du nuisible, un état
» prospère d'une fortune adverse ; lorsque, dans quelque lieu que ce
» soit, nous lutterons contre le mal, et tirerons l'aise de la peine, par
» le travail et la patience.

» Craignons-nous ce monde profond d'obscurité? Combien de fois
» parmi les nuages noirs et épais le souverain Seigneur du ciel s'est-il
» plu à résider, sans obscurcir sa gloire, à couvrir son trône de la ma-
» jesté des ténèbres d'où rugissent les profonds tonnerres en réunissant
» leur rage : le ciel alors ressemble à l'enfer! De même qu'il imite notre

Let us not then pursue,
By force impossible, by leave obtain'd
Unacceptable, though in Heaven, our state
Of splendid vassalage : but rather seek
Our own good from ourselves ; and from our own
Live to ourselves; though in this vast recess,
Free, and to none accountable, preferring
Hard liberty before the easy yoke
Of servile pomp. Our greatness will appear
Then most conspicuous, when great things of small,
Useful of hurtful, prosperous of adverse,
We can create; and in what place soe'er
Thrive under evil, and work ease out of pain
Through labour and endurance.
                            This deep world
Of darkness do we dread? How oft amidst
Thick clouds and dark doth heaven's all-ruling Sire
Choose to reside, his glory unobscur'd,
And with the majesty of darkness round
Covers his throne, from whence deep thunders roa
Mustering their rage, and Heaven resembles Hell !
As he our darkness, cannot we his light
Imitate when we please? This desert soil
Wants not her hidden lustre, gems and gold ;
Nor want we skill or art, from whence to raise
Magnificence; and what can Heaven show more?

» nuit, ne pouvons-nous, quand il nous plaira, imiter sa lumière? Ce
» sol désert ne manque point de trésor caché, diamants et or ; nous ne
» manquons point non plus d'habileté ou d'art pour en étaler la ma-
» gnificence : et qu'est-ce que le ciel peut montrer de plus? Nos
» supplices aussi par longueur de temps, peuvent devenir notre élément,
» ces flammes cuisantes devenir aussi bénignes qu'elles sont aujourd'hui
» cruelles; notre nature se peut changer dans la lueur, ce qui doit
» éloigner de nous nécessairement le sentiment de la souffrance. Tout
» nous invite donc aux conseils pacifiques et à l'établissement d'un
» ordre stable : nous examinerons comment en sûreté nous pouvons
» le mieux adoucir nos maux présents, eu égard à ce que nous sommes
» et au lieu où nous sommes, renonçant entièrement à toute idée de
» guerre. Vous avez mon avis. »

A peine a-t-il cessé de parler qu'un murmure s'élève dans l'assemblée : ainsi lorsque les rochers creux retiennent le son des vents tumultueux qui, toute la nuit, ont soulevé la mer; alors leur cadence rauque berce les matelots excédés des veilles, et dont la barque, ou la pinasse, par fortune, a jeté l'ancre dans une baie rocailleuse, après la tempête : de tels applaudissements furent ouïs quand Mammon finit ; et son discours plaisait, conseillant la paix : car un autre champ de bataille

          Our torments also may in length of time
          Become our elements; these piercing fires
          As soft as now severe; our temper chang'd
          Into their temper; wich must needs remove
          The sensible of pain. All things invite
          To peaceful counsels, and the stettled state
          Of order; how in safety best we may
          Compose our present evils, with regard
          Of what we are, and where; dismissing quite
          All thoughts of war. Ye have what I advise. »

            He scarce had finish'd, when such murmur fill'd
          The assembly, as when hollow rocks retain
          The sound of blustering winds, which all night long
          Had roused the sea, now with hoarse cadence lull
          Sea-faring men o'er-watch'd, whose bark by chance,
          Or pinnace anchors in a craggy bay
          After the tempest : such applause was heard
          As Mammon ended; and his sentence pleased,
          Advising peace : for such another field
          They dreaded worse than Hell : so much the fear
          Of thunder and the sword of Michaël
          Wrought still within them : and no less desire
          To found this nether empire : which might rise,
          By policy and long process of time,
          In emulation opposite to Heaven.

était plus craint des esprits rebelles que l'enfer; tant la frayeur du tonnerre et de l'épée de Michel agissait encore sur eux. Et ils ne désiraient pas moins de fonder cet empire inférieur qui pourrait s'élever par la politique et le long progrès du temps rival de l'empire opposé du ciel.

Quand Béelzébuth s'en aperçut (nul, Satan excepté, n'occupe un plus haut rang), il se leva avec une contenance sérieuse, et en se levant il sembla une colonne d'Etat. Profondément sur son front sont gravés les soins publics et la réflexion; le conseil d'un prince brillait encore sur son visage majestueux, bien qu'il ne soit plus qu'une ruine. Sévère, il se tient debout, montrant ses épaules d'Atlas capables de porter le poids des plus puissantes monarchies. Son regard commande à l'auditoire, et tandis qu'il parle, il attire l'attention calme comme la nuit, ou comme le midi d'un jour d'été.

« Trônes et puissances impériales, enfants du ciel, vertus éthérées,
» devons-nous maintenant renoncer à ces titres, et, changeant de style,
» nous appeler princes de l'enfer? Car le vote populaire incline à de-
» meurer ici, et à fonder ici un croissant empire : sans doute! tandis
» que nous rêvons! nous ne savons donc pas que le Roi du ciel nous a
» assigné ce lieu, notre donjon, non comme une retraite sûre (hors de
» l'atteinte de son bras puissant, pour y vivre affranchis de toute juri-

  Which when Beëlzebub perceived, than whom,
Satan except, none higher sat, with grave
Aspect he rose, and in his rising seem'd
A pillar of state : deep on his front engraven
Deliberation sat and public care;
And princely counsel in his face yet shone,
Majestic, though in ruin: sage he stood
With Atlantean shoulders, fit to bear
The weight of mightiest monarchies: his look
Drew audience and attention, still as night
Or summer's noontide air, while thus he spake:

  « Thrones and imperial Powers, Offspring of Heaven,
Ethereal virtues; or these titles now
Must we renounce, and, changing style, be call'd
Princes of Hell? for so the popular vote
Inclines here to continue, and build up here
A growing empire: doubtless; while we dream,
And know not that the King of Heaven hath doom'd
This place our dungeon; not our safe retreat
Beyond his potent arm, to live exempt
From Heaven's high jurisdiction, in new league
Banded against his throne; but to remain
In strictest bondage, though thus far remov'd,
Under th'inevitable curb, reserv'd
His captive multitude. For he, be sure,

» diction du ciel dans une nouvelle ligue formée contre son trône);
» mais pour y demeurer dans le plus étroit esclavage, quoique si loin
» de lui, sous le joug inévitable réservé à sa multitude captive? Quant à
» lui, soyez-en certains, dans la hauteur des cieux ou dans la profondeur
» de l'abîme, il régnera le premier et le dernier, seul roi, n'ayant perdu
» par notre révolte aucune partie de son royaume. Mais sur l'enfer il
» étendra son empire, et il nous gouvernera ici avec un sceptre de fer,
» comme il gouverne avec un sceptre d'or les habitants du ciel.

» Que signifie donc de siéger ainsi, délibérant de paix ou de guerre?
» Nous nous étions déterminés à la guerre, et nous avons été défaits
» avec une perte irréparable. Personne n'a encore demandé ou imploré
» des conditions de paix. Car quelle paix nous serait accordée à nous
» esclaves, sinon durs cachots, et coups, et châtiments arbitrairement
» infligés? Et quelle paix pouvons-nous donner en retour, sinon celle
» qui est en notre pouvoir, hostilités et haine, répugnance invincible,
» et vengeance, quoique tardive; néanmoins complotant toujours cher-
» cher comment le conquérant peut moins moissonner sa conquête, et
» peut moins se réjouir en faisant ce qu'en souffrant nous sentons le
» plus, nos tourments? L'occasion ne nous manquera pas; nous n'aurons
» pas besoin, par une expédition périlleuse, d'envahir le ciel, dont les

In highth or depth, still first and last will reign
Sole king, and of his kingdom lose no part
By our revolt; but over Hell extend
His empire, and with iron scepter rule
Us here, as with his golden those in Heaven.
 What sit we then projecting peace and war?
War hath determin'd us, and foil'd with loss
Irreparable: terms of peace yet none
Vouchsaf'd or sought; for what peace will be given
To us enslav'd, but custody severe,
And stripes, and arbitrary punishment
Inflicted? and what peace can we return,
But to our power hostility and hate,
Untam'd reluctance, and revenge, though slow,
Yet ever plotting how the conqueror least
May reap his conquest, and may least rejoice
In doing what we most in suffering feel?
Nor will occasion want, nor shall we need
With dangerous expedition to invade
Heaven, whose high walls fear no assault, or siege,
Or ambush from the deep.
    What if we find
Some easier enterprise? There is a place
(If ancient and prophetic fame in Heaven
Err not), another world, the happy seat
Of some new race call'd Man, about this time

LIVRE II. 61

» hautes murailles ne redoutent ni siége ni assaut, ni les embûches de
» l'abîme.
» Ne pourrions-nous trouver quelque entreprise plus aisée? Si l'an-
» cienne et prophétique tradition du ciel n'est pas mensongère, il est
» un lieu, un autre monde, heureux séjour d'une nouvelle créature
» appelée l'Homme. A peu près dans ce temps, elle a dû être créée
» semblable à nous, bien que moindre en pouvoir et en excellence ;
» mais elle est plus favorisée de celui qui règle tout là-haut. Telle a été
» la volonté du Tout-Puissant prononcée parmi les dieux, et qu'un
» serment, dont fut ébranlée toute la circonférence du ciel, confirma.
» Là doivent tendre toutes nos pensées, afin d'apprendre quelles créa-
» tures habitent ce monde ; quelle est leur forme et leur substance ;
» comment douées ; quelle est leur force et leur faiblesse ; si elles
» peuvent le mieux être attaquées par la force ou par la ruse. Quoique le
» ciel soit fermé et que son souverain arbitre siège en sûreté dans sa
» propre force, le nouveau séjour peut demeurer exposé aux confins
» les plus reculés du royaume de ce Monarque, et abandonné à la dé-
» fense de ceux qui l'habitent : là peut-être pourrions-nous achever
» quelque aventure profitable, par une attaque soudaine ; soit qu'avec
» le feu de l'enfer nous dévastions toute sa création entière, soit que

> To be created like to us, though less
> In power and excellence: but favour'd more
> Of him who rules above: so was his will
> Pronounc'd among the gods, and by an oath,
> That shook Heaven's whole circumference, confirm d.
> Thither let us bend all our thoughts, to learn
> What creatures there inhabit; of what mould
> Or substance; how indued, and what their power,
> And where their weakness; how attempted best,
> By force or subtlety. Though Heaven be shut,
> And Heaven's high Arbitrator sit secure
> In his own strength, this place may lie exposed,
> The utmost border of his kingdom, left
> To their defence who hold it: here perhaps
> Some advantageous act may be achiev'd
> By sudden onset; either with Hell-fire
> To waste his whole creation, or possess
> All as our own, and drive, as we were driven,
> The puny habitants, or, if not drive,
> Seduce them to our party, that their God
> May prove their foe, and with repenting hand
> Abolish his own works. This would surpass
> Common revenge, and interrupt his joy
> In our confusion, and our joy upraise
> In his disturbance: when his darling sons,
> Hurl'd headlong to partake with us, shall curse

» nous nous en emparions comme de notre propre bien, et que nous en
» chassions (ainsi que nous avons été chassés) les faibles possesseurs.
» Ou si nous ne les chassons pas, nous pourrons les attirer à notre
» parti, de manière que leur Dieu deviendra leur ennemi, et d'une
» main repentante détruira son propre ouvrage. Ceci surpasserait une
» vengeance ordinaire, et interromprait la joie que le vainqueur
» éprouve de notre confusion : notre joie naîtrait de son trouble, alors
» que ses enfants chéris, précipités pour souffrir avec nous, maudiraient
» leur frêle naissance, leur bonheur flétri, flétri si tôt. Avisez si cela
» vaut la peine d'être tenté, ou si nous devons, accroupis ici dans les
» ténèbres, couver de chimériques empires. »

Ainsi Béelzébuth donna son conseil diabolique, d'abord imaginé, et en partie proposé par Satan. Car de qui, si ce n'était de l'auteur de tout mal, pouvait sortir cet avis d'une profonde malice, de frapper la race humaine dans sa racine, de mêler et d'envelopper la terre avec l'enfer, tout cela en dédain du grand Créateur ?

Mais ces mépris des démons ne serviront qu'à augmenter sa gloire.

Le dessein hardi plut hautement à ces états infernaux, et la joie brilla dans tous les yeux ; on vote d'un consentement unanime. Béelzébuth reprend la parole :

Their frail original and faded bliss,
Faded so soon. Advise, if this be worth
Attempting; or to sit in darkness here
Hatching vain empires. »
      Thus Beëlzebub
Pleaded his devilish counsel, first devis'd
By Satan, and in part propos'd. For whence,
But from the author of all ill, could spring
So deep a malice, to confound the race
Of mankind in one root, and earth with Hell
To mingle and involve, done all to spite
The great Creator ? But their spite still serves
His glory to augment. The bold design
Pleas'd highly those infernal states, and joy
Sparkled in all their eyes; with full assent
They vote: whereat his speech he thus renews:

« Well have ye judg'd well ended long debate,
Synod of gods! and, like to what ye are,
Great things resolv'd, which from the lowest deep,
Will once more lift us up, in spite of fate,
Nearer our ancient seat; perhaps in view
Of those bright confines, whence, with neighbouring arm
And opportune excursion, we may chance
Re-enter Heaven ; or else in some mild zone
Dwell, not unvisited of Heaven's fair light,

« Bien avez-vous jugé, bien fini ce long débat, synode des dieux !
» Et vous avez résolu une chose grande comme vous l'êtes, une chose
» qui, du plus profond de l'abîme, nous élèvera encore une fois, en
» dépit du sort, plus près de notre ancienne demeure, Peut-être à la
» vue de ces frontières brillantes, avec nos armes voisines et une incur-
» sion opportune, avons-nous des chances de rentrer dans le ciel, ou, du
» moins, d'habiter sûrement une zone tempérée, non sans être visités
» de la belle lumière du ciel : au rayon du brillant orient nous nous
» délivrerons de cette obscurité ; l'air doux et délicieux, pour guérir
» les escarres de ces deux feux corrosifs, exhalera son baume.

» Mais d'abord qui enverrons-nous à la recherche de ce nouveau
» monde ? Qui jugerons-nous capable de cette entreprise ? Qui tentera
» d'un pas errant le sombre abîme, infini, sans fond, et, à travers
» l'obscurité palpable, trouvera son chemin sauvage ? Ou qui déploiera
» son vol aérien, soutenu par d'infatigables ailes sur le précipice abrupte
» et vaste, avant d'arriver à l'île heureuse ? Quelle force, quel art
» peuvent alors lui suffire ? Ou quelle fuite secrète le fera passer en
» sûreté à travers les sentinelles serrées et les stations multipliées des
» anges veillants à la ronde ? Ici il aura besoin de toute sa circonscrip-
» tion ; et nous n'avons pas besoin dans ce moment de moins de discer-

    Secure; and at the brightening orient beam
Purge off this gloom : the soft delicious air,
To heal the scar of these corrosive fires,
Shall breathe her balm.
                But, first, whom shall we send
In search of this new world ? whom shall we find
Sufficient ? who shall tempt with wandering feet
The dark unbottom'd infinite abyss,
And through the palpable obscure find out
His uncouth way, or spread his aery flight,
Upborne with undefatigable wings
Over the vast abrupt, ere he arrive
The happy isle ? What strength, what art can then
Suffice, or what evasion bear him safe
Through the strict senteries and stations thick
Of angels watching round ? here he had need
All circumspection, and we now no less
Choice in our suffrage: for on whom we send,
The weight of all, and our last hope, relies. »

    This said, he sat; and expectation held
His look suspense, awaiting who appear'd
To second, or oppose, or undertake
The perilous attempt : but all sat mute,
Pondering the danger with deep thoughts; and each
In other's countenance read his own dismay,

« nement dans nôtre suffrage; car sur celui que nous enverrons, reposera
» le poids de notre entière et dernière espérance. »

Cela dit, il s'assied, et l'expectation tient son regard suspendu, attendant qu'il se présente quelqu'un pour seconder, combattre ou entreprendre la périlleuse aventure : mais tous demeurent assis et muets, pesant le danger dans de profondes pensées ; et chacun, étonné, lit son propre découragement dans la contenance des autres. Parmi la fleur et l'élite de ces champions qui combattirent contre le ciel, on ne peut trouver personne assez hardi pour demander ou accepter seul le terrible voyage : jusqu'à ce qu'enfin Satan, qu'une gloire transcendante place à présent au-dessus de ses compagnons, dans un orgueil monarchique plein de la conscience de son haut mérite, parla de la sorte sans émotion :

« Postérité du ciel, Trônes empyrées, c'est avec raison que nous
» sommes saisis d'étonnement et de silence, quoique non intimidés !
» Long et dur est le chemin qui de l'enfer conduit à la lumière ;
» notre prison est forte ; cette énorme convexité de feu, violent pour
» dévorer, nous entourne neuf fois : et les portes d'un diamant brû-
» lant, barricadées contre nous, prohibent toute sortie. Ces portes-ci
» passées (si quelqu'un les passe), le vide profond d'une nuit informe,
» large bâillant, le reçoit, et menace de la destruction entière de son être

> Astonish'd : none among the choice and prime
> Of those Heaven-warring champions could be found,
> So hardy, as to proffer or accept,
> Alone, the dreadful voyage ; till at last
> Satan, whom now transcendent glory raised
> Above his fellows, with monarchal pride,
> Concious of highest worth, unmov'd thus spake :
>
> « O progeny of Heaven, empyreal Thrones,
> With reason hath deep silence and demur
> Seiz'd us, though undismay'd. Long is the way
> And hard, that out of Hell leads up to light :
> Our prison strong ; this huge convex of fire,
> Outrageous to devour ; immures us round
> Ninefold ; and gates of burning adamant
> Barr'd over us prohibit allegress.
> These pass'd, if any pass, the void profound
> Of unessential night receives him next.
> Wide gaping, and with utter loss of being
> Threatens him, plung'd in that abortive gulf.
> If thence he 'scape into whatever world,
> Or unknown region, what remains him less
> Than unknown dangers and as hard escape ?
> But I should ill become this throne, o peers,
> And this imperial sovranty, adorn'd
> With splendour, arm'd with power, if ought propos'd

» celui qui se prolongera dans le gouffre avorté. Si de là l'explorateur
» s'échappe dans un monde, quel qu'il soit, ou dans une région in-
» connue, que lui reste-t-il? des périls inconnus, une évasion difficile!
» Mais je conviendrais mal à ce trône, ô pairs, à cette souveraineté
» impériale ornée de splendeur, armée de pouvoir, si la difficulté ou le
» danger d'une chose proposée et jugée d'utilité publique pouvait me
» détourner de l'entreprendre. Pourquoi assumerais-je sur moi les
» dignités royales? Je ne refuserais pas de régner et je refuserais
» d'accepter une aussi grande part de périls que d'honneur! part éga-
» lement due à celui qui règne, et qui lui est d'autant plus due qu'il
» siége plus honoré au-dessus du reste!

» Allez donc, Trônes puissants, terreur du ciel, quoique tombés,
» allez essayer dans notre demeure (tant qu'ici sera notre demeure) ce
» qui peut le mieux adoucir la présente misère et rendre l'enfer plus
» supportable, s'il est des soins, ou un charme pour suspendre, ou trom-
» per, ou ralentir les tourments de ce malheureux séjour. Ne cessez de
» veiller contre un ennemi qui veille, tandis qu'au loin parcourant les
» rivages de la noire destruction, je chercherai la délivrance de tous.
» Cette entreprise, personne ne la partagera avec moi. »

Ainsi disant, le monarque se leva et prévint toute réplique : prudent

And judged of public moment, in the shape
Of difficulty, or danger, could deter
Me from attempting.   Wherefore do I assume
These royalties, and not refuse to reign,
Refusing to accept as great a share
Of hazard as of honour, due alike
To him who reigns, and so much to him due
Of hazard more, as he above the rest
High honour'd sits?

» Go, therefore, mighty Powers,
Terrour of Heaven, though fall'n! intend at home,
While here shall be our home, what best may ease
The present misery, and render Hell
More tolerable, if there be cure or charm
To respite, or deceive, or slack the pain
Of this ill mansion.   Intermit no watch
Against a wakeful foe; while I abroad
Through all the coasts of dark destruction seek
Deliverance for us all : this enterprise
None shall partake with me. »

Thus saying rose
The monarch, and prevented all reply ;
Prudent, lest from his resolution rais'd
Others among the chiefs might offer now,
Certain to be refus'd, what erst they fear'd;

il a peur que d'autres chefs, enhardis par sa résolution, ne vinssent offrir à présent, certains d'être refusés, ce qu'ils avaient redouté d'abord ; et ainsi refusés, ils seraient devenus ses rivaux dans l'opinion ; achetant à bon marché la haute renommée que lui, Satan, doit acquérir au prix de dangers immenses.

Mais les esprits rebelles ne craignaient pas plus l'aventure que la voix qui la défendait, et avec Satan ils se levèrent : le bruit qu'ils firent en se levant tous à la fois fut comme le bruit du tonnerre, entendu dans le lointain. Ils s'inclinèrent devant leur général avec une vénération respectueuse, et l'exaltèrent comme un dieu égal au Très-Haut qui est le plus élevé dans le ciel. Ils ne manquèrent pas d'exprimer par leurs louanges combien ils prisaient celui qui, pour le salut général, méprisait le sien : car les esprits réprouvés ne perdent pas toute leur vertu, de peur que les méchants ne puissent se vanter sur la terre de leurs actions spécieuses qu'excite une vaine gloire, ou qu'une secrète ambition recouvre d'un vernis de zèle.

Ainsi se terminèrent les sombres et douteuses délibérations des démons se réjouissant dans leur chef incomparable. Comme quand du sommet des montagnes les nues ténébreuses, se répandant tandis que l'aquilon dort, couvrent la face riante du ciel, l'élément sombre verse sur le

And, so refus'd, might in opinion stand
His rivals: winning cheap the high repute,
Which he through hazard huge must earn.
But they
Dreaded not more the adventure, than his voice
Forbidding ; and at once with him they rose:
Their rising all at once, was as the sound
Of thunder heard remote. Towards him they bend
With awful reverence prone ; and as a god
Extol him equal to the Highest in Heaven.
Nor fail'd they to express how much they prais'd,
That for the general safety he despis'd
His own: for neither do the spirits damn'd
Lose all their virtue; lest bad men should boast
Their specious deeds on earth, which glory excites,
Or close ambition varnish'd o'er with zeal.

Thus they their doubtful consultations dark
Ended, rejoicing in their matchless chief:
As when from mountain tops the dusky clouds
Ascending, while the north-wind sleeps, o'erspread
Heaven's cheerful face: the louring element
Scowls o'er the darken'd landskip snow, or shower:
If chance the radiant sun with farewell sweet
Extend his evening beam, the fields revive,
The birds their notes renew, and bleating herds

paysage obscurci la neige ou la pluie ; si par hasard le brillant soleil, dans un doux adieu, allonge son rayon du soir, les campagnes revivent, les oiseaux renouvellent leurs chants, et les brebis bêlantes témoignent leur joie qui fait retentir les collines et les vallées. Honte aux hommes ! Le démon s'unit au démon damné dans une ferme concorde ; les hommes seuls, de toutes les créatures raisonnables, ne peuvent s'entendre, bien qu'ils aient l'espérance de la grâce divine ; Dieu proclamant la paix, ils vivent néanmoins entre eux dans la haine, l'inimitié et les querelles ; ils se font des guerres cruelles, et dévastent la terre pour se détruire les uns les autres ; comme si (ce qui devrait nous réunir) l'homme n'avait pas assez d'ennemis infernaux qui jour et nuit veillent pour sa destruction.

Le concile stygien ainsi dissous, sortirent en ordre les puissants pairs infernaux : au milieu d'eux marchait leur grand souverain, et il semblait seul l'antagoniste du ciel non moins que l'empereur formidable de l'enfer : autour de lui, dans une pompe suprême et une majesté imitée de Dieu, un globe de chérubins de feu l'enferme avec des drapeaux blasonnés et des armes effrayantes. Alors on ordonne de crier au son royal des trompettes le grand résultat de la session finie. Aux quatre vents, quatre rapides chérubins approchent de leur bouche le bruyant métal dont le son est expliqué par la voix du héraut : le profond abime l'entendit au

> Attest their joy, that hill and valley rings.
> O shame to men ! devil with devil damn'd
> Firm concord holds : men only disagree
> Of creatures rational, though under hope
> Of heavenly grace ; and, God proclaiming peace,
> Yet live in hatred, enmity, and strife,
> Among themselves, and levy cruel wars,
> Wasting the earth, each other to destroy :
> As if, which might induce us to accord,
> Man had not hellish foes enow besides,
> That day and night for his destruction wait.
>
> The Stygian council thus dissolv'd ; and forth
> In order came the grand infernal peers ;
> Midst came their mighty paramount, and seem'd
> Alone the antagonist of Heaven, nor less
> Than Hell's dread emperour, with pomp supreme
> And God-like imitated state : him round
> A globe of fiery seraphim enclosed,
> With bright imblazoury and horrent arms.
> Then of their session ended they bid cry
> With trumpets' regal sound the great result,
> Toward the four winds four speedy cherubim.
> Put to their mouths the sounding alchymy,
> By herald's voice explain'd : the hollow abyss
> Heard far and wide ; and all the host of Hell

loin, et tout l'ost de l'enfer renvoya des cris assourdissants et de grandes acclamations.

De là l'esprit plus à l'aise, et en quelque chose relevé par une fausse et présomptueuse espérance, les bataillons formés se débandèrent; chaque démon à l'aventure prend un chemin divers, selon que l'inclination ou un triste choix le conduit irrésolu ; il va où il croit plus vraisemblablement faire trêve à ses pensées agitées, et passer les heures ennuyeuses jusqu'au retour du grand chef.

Les uns, dans la plaine ou dans l'air sublime, sur l'aile ou dans une course rapide, se disputent, comme aux jeux Olympiques ou dans les champs pythiens ; les autres domptent leur coursier de feu, ou évitent la borne avec les roues rapides, ou alignent le front des brigades. Comme quand, pour avertir des cités orgueilleuses, la guerre semble régner parmi le ciel troublé, des armées se précipitent aux batailles dans les nuages; de chaque avant-garde les cavaliers aériens piquent en avant, lances baissées, jusqu'à ce que les épaisses légions se joignent; par des faits d'armes, d'un bout de l'empyrée à l'autre, le firmament est en feu.

D'autres esprits plus cruels avec une immense rage typhéenne, déchirent collines et rochers, et chevauchent sur l'air en tourbillons ; l'enfer peut à peine contenir l'horrible tumulte. Tel Alcide revenant d'Œ-

    With deafening shout return'd them loud acclaim.

    Thence more at ease their minds, and somewhat rais'd
By false presumptuous hope, the ranged powers
Disband ; and, wandering, each his several way
Pursues, as inclination or sad choice
Leads him perplex'd, where he may likeliest find
Truce to his restless thoughts, and entertain
The irksome hours, till his great chief return.

    Part, on the plain, or in the air sublime,
Upon the wing or in swift race contend,
As at the Olympian games, or Pythian fields:
Part curb their fiery steeds, or shun the goal
With rapid wheels, or fronted brigades form.
As when to warn proud cities war appears
Wag'd in the troubled sky, and armies rush
To battle in the clouds, before each van
Prick forth the aery knights, and couch their spears
Till thickest legions close; with feats of arms
From either end of Heaven the welkin burns.

    Others, with vast Typhœan rage more fell,
Rend up both rocks and hills, and ride the air
In whirlwind : Hell scarce holds the wild uproar.
As when Alcides, from Œchalia crown'd
With conquest, felt the envenom'd robe, and tore
Through pain up by the roots Thessalian pines

chalie, couronné par la victoire, sentit l'effet de la robe empoisonnée, de douleur il arracha par les racines les pins de la Thessalie, et du sommet de l'OEta il lança Lycas dans la mer d'Eubée.

D'autres esprits plus tranquilles, retirés dans une vallée silencieuse, chantent sur des harpes, avec des sons angéliques, leurs propres héroïques combats et le malheur de leur chute par la sentence des batailles ; ils se plaignaient de ce que le destin soumet le courage indépendant à la force ou à la fortune. Leur concert était en parties : mais l'harmonie (pouvait-elle opérer un moindre effet, quand des esprits immortels chantent?), l'harmonie suspendait l'enfer, et tenait dans le ravissement la foule pressée.

En discours plus doux encore (car l'éloquence charme l'âme, la musique, les sens), d'autres assis à l'écart sur une montagne solitaire s'entretiennent de pensées plus élevées, raisonnent hautement sur la Providence, la prescience, la volonté et le destin : destin fixé, volonté libre, prescience absolue ; ils ne trouvent point d'issue, perdus qu'ils sont dans ces tortueux labyrinthes. Ils argumentent beaucoup du mal et du bien, de la félicité et de la misère finale, de la passion et de l'apathie, de la gloire et de la honte : vaine sagesse ! fausse philosophie ! laquelle cependant peut, par un agréable prestige, charmer un moment leur douleur

    And Lichas from the top of OEta threw
Into the Euboic sea.
                    Others, more mild,
Retreated in a silent valley, sing
With notes angelical to many a harp
Their own heroic deeds, and hapless fall
By doom of battle, and complain that fate
Free virtue should enthral to force or chance.
Their song was partial : but the harmony
(What could it less when spirits immortal sing?)
Suspended Hell, and took with ravishment
The thronging audience.
                   In discourse more sweet
(For eloquence the soul, song charms the sense)
Others apart sat on a hill retir'd,
In thoughts more elevate, and reason'd high
Of Providence, foreknowledge, will, and fate,
Fix'd fate, free will, foreknowledge absolute,
And found no end, in wandering mazes lost.
Of good and evil much they argued then,
Of happiness and final misery,
Passion and apathy, and glory and shame ;
Vain wisdom all, and false philosophy :
Yet with a pleasing sorcery could charm
Pain for a while or anguish, and excite

ou leur angoisse, exciter leur fallacieuse espérance, ou armer leur cœur endurci d'une patience opiniâtre comme d'un triple acier.

D'autres, en escadrons et en grosses troupes, cherchent, par de hardies aventures, à découvrir au loin si dans ce monde sinistre, quelque climat peut-être ne pourrait leur offrir une habitation plus supportable : ils dirigent par quatre chemins leur marche ailée, le long des rivages des quatre rivières infernales qui dégorgent dans le lac brûlant leurs ondes lugubres : le Styx abhorré, fleuve de la haine mortelle; le triste Achéron profond et noir fleuve de la douleur; le Cocyte, ainsi nommé des grandes lamentations entendues sur son onde contristée; l'ardent Phlégéthon, dont les vagues en torrents de feu s'enflamment avec rage.

Loin de ces fleuves, un lent et silencieux courant, le Léthé, fleuve d'oubli, déroule son labyrinthe humide. Qui boit de son eau oublie sur-le-champ son premier état et son existence, oublie à la fois la joie et la douleur, le plaisir et la peine.

Au delà du Léthé, un continent gelé s'étend sombre et sauvage, battu de tempêtes perpétuelles, d'ouragans, de grêle affreuse qui ne fond point sur la terre ferme, mais s'entasse en monceaux et ressemble aux ruines d'un ancien édifice. Partout ailleurs, neige épaisse et glace, abîme profond semblable au marais Serbonian, entre Damiette et le vieux mont

---

Fallacious hope; or arm th' obdured breast
With stubborn patience as with triple steel.

Another part, in squadrons and gross bands,
On bold adventure to discover wide
That dismal world, if any clime perhaps,
Might yield them easier habitation, bend
Four ways their flying march, along the banks
Of four infernal rivers, that disgorge
Into the burning lake their baleful streams:
Abhorred Styx, the flood of deadly hate;
Sad Acheron, of sorrow black and deep;
Cocytus, nam'd of lamentation loud
Heard on the rueful stream; fierce Phlegethon,
Whose waves of torrent fire inflame with rage.

Far off from these, a slow and silent stream,
Lethe, the river of oblivion, rolls
Her watery labyrinth; whereof who drinks,
Forthwith his former state and being forgets,
Forgets both joy and grief, pleasure and pain.

Beyond this flood a frozen continent
Lies dark and wild, beat with perpetual storms
Of whirlwind and dire hail, which on firm land
Thaws not; but gathers heaps, and ruin seems
Of ancient pile : all else deep snow and ice;
A gulf profound as that Serbonian bog

Casius, où des armées entières ont été englouties. L'air desséchant brûle glacé, et le froid accomplit les effets du feu.

Là, traînés à de certaines époques par les furies aux pieds des harpies, tous les anges damnés sont conduits : ils ressentent tour à tour l'amer changement des cruels extrêmes, extrêmes devenus plus cruels par le changement. D'un lit de feu ardent transportés dans la glace où s'épuise leur douce chaleur éthérée, ils transissent quelque temps immobiles, fixés et gelés tout à l'entour; de là ils sont rejetés dans le feu. Ils traversent dans un bac le détroit du Léthé en allant et venant : leur supplice s'en accroît; ils désirent et s'efforcent d'atteindre, lorsqu'ils passent, l'eau tentatrice; ils voudraient, par une seule goutte, perdre dans un doux oubli leurs souffrances et leurs malheurs, le tout en un moment et si près du bord ! Mais le destin les en écarte, et pour s'opposer à leur entreprise, Méduse, avec la terreur d'une Gorgone, garde le gué : l'eau se dérobe d'elle-même au palais de toute créature vivante, comme elle fuyait la lèvre de Tantale.

Ainsi errantes dans leur marche confuse et abandonnée, les bandes aventureuses, pâles et frissonnant d'horreur, les yeux hagards, voient pour la première fois leur lamentable lot, et ne trouvent point de repos; elles traversent maintes vallées sombres et désertes, maintes régions dou-

> Betwixt Damiata and mount Casius old,
> Where armies whole have sunk : the parching air
> Burns frore, and cold performs the effect of fire.
>   Thither by harpy-footed furies hal'd,
> At certain revolutions, all the damn'd
> Are brought; and feel by turns the bitter change
> Of fierce extremes, extremes by change more fierce,
> From beds of raging fire to starve in ice
> Their soft ethereal warmth; and there to pine
> Immovable, infix'd, and frozen round,
> Periods of time, thence hurried back to fire,
> They ferry over this Lethean sound
> Both to and fro, their sorrow to augment,
> And wish and struggle, as they pass, to reach
> The tempting stream, with one small drop to lose
> In sweet forgetfulness all pain and woe,
> All in one moment, and so near the brink,
> But fate withstands, and to oppose the attempt
> Medusa, with Gorgonian terrour, guards
> The ford, and of itself the water flies
> All taste of living wight, as once it fled
> The lip of Tantalus.
>   Thus roving on
> In confus'd march forlorn, th' adventurous bands,
> With shuddering horrour pale, and eyes aghast,
> Wiew'd first their lamentable lot, and found

loureuses par-dessus maintes Alpes de glace et maintes Alpes de feu : rocs, grottes, lacs, mares, gouffres, antres et ombres de mort ; univers de mort, que Dieu dans sa malédiction créa mauvais, bon pour le mal seulement ; univers où toute vie meurt, où toute mort vit ; où la nature perverse engendre des choses monstrueuses, des choses prodigieuses, abominables, inexprimables, pires que ce que la Fable inventa ou la frayeur conçut : Gorgones et Hydres et Chimères effroyables.

Cependant l'adversaire de Dieu et de l'homme, Satan, les pensées enflammées des plus hauts desseins, a mis ses ailes rapides, et vers les portes de l'enfer explore sa route solitaire : quelquefois il parcourt la côte à main droite, quelquefois la côte à main gauche ; tantôt de ses ailes nivelées il rase la surface de l'abîme, tantôt pointant haut il prend l'essor vers la convexité ardente. Comme quand au loin, à la mer, une flotte découverte est suspendue dans les nuages ; serrée par les vents de l'équinoxe, elle fait voile du Bengale ou des îles de Ternate et de Tidor, d'où les marchands apportent les épiceries : ceux-ci, sur les vagues commerçantes, à travers le vaste océan Éthiopien jusqu'au Cap, font route vers le pôle, malgré la marée et la nuit : ainsi se montre au loin le vol de l'ennemi ailé.

Enfin, les bornes de l'enfer s'élèvent jusqu'à l'horrible voûte, et le

    No rest: through many a dark and dreary vale
They pass'd, and many a region dolorous,
O'er many a frozen, many a fiery Alp,
Rocks, caves, lakes, fens, bogs, dens, and shades of death,
A universe of death, which God by curse
Created evil, for evil only good ;
Where all life dies, death lives, and nature breeds,
Perverse, all monstrous, all prodigious things,
Abominable, inutterable, and worse
Than fables yet have feign'd, or fear conceiv'd,
Gorgons, and Hydras, and Chimeras dire.
    Meanwhile, the adversary of God and man,
Satan, with thoughts inflam'd of highest design,
Puts on swift wings, and towards the gates of Hell
Explores his solitary flight: sometimes
He scours the right-hand coast, sometimes the left;
Now shaves with level wing the deep, then soars
Up to the fiery concave towering high.
As when far off at sea a fleet descried
Hangs in the clouds, by equinoctial winds
Close sailing from Bengala, or the isles
Of Ternate and Tidore, whence merchants bring
Their spicy druks: they, on the trading flood,
Through the wide Æthiopian to the Cape,
Ply stemming nightly toward the pole: so seem'd
Far off the flying fiend.

trois fois triples portes apparaissent : ces portes sont formées de trois lames d'airain, de trois lames de fer, de trois lames de roc de diamant, impénétrables, palissadées d'un feu qui tourne à l'entour et ne se consume point.

Là devant les portes, de l'un et de l'autre côté, sont assises deux formidables figures : l'une ressemblait jusqu'à la ceinture à une femme et à une femme belle, mais elle finissait sale en replis écailleux, volumineux et vastes, en serpent armé d'un mortel aiguillon. A sa ceinture une meute de chiens de l'enfer, ne cessant jamais d'aboyer avec de larges gueules de Cerbère, faisait retentir un hideux fracas. Cependant si quelque chose troublait le bruit de ces dogues, ils pouvaient à volonté rentrer en rampant aux entrailles du monstre, et y faire leur chenil : toutefois, là même encore ils aboyaient et hurlaient sans être vus. Beaucoup moins abhorrés que ceux-ci étaient les chiens qui tourmentaient Scylla, lorsqu'elle se baignait dans la mer par laquelle la Calabre est séparée du rauque rivage de Trinacrie; un cortège moins laid suit la sorcière de nuit ; appelée en secret, chevauchant dans l'air, elle vient, alléchée par l'odeur du sang d'un enfant, danser avec les sorciers de Laponie, tandis que la lune en travail s'éclipse à leurs enchantements.

L'autre figure, si l'on peut appeler figure ce qui n'avait rien de distinct

>   At last appear
> Hell bounds, high reaching to the horrid roof,
> And thrice three fold the gates; three folds were brass.
> Three iron, three of adamantine rock,
> Impenetrable, impal'd with circling fire,
> Yet unconsum'd.
>   Before the gates there sat
> On either side a formidable shape;
> The one seem'd woman to the waist, and fair,
> But ended foul in many a scaly fold,
> Voluminous and vast, a serpent arm'd
> With mortal sting : about her middle round
> A cry of hell-hounds never ceasing bark'd
> With wide Cerberean mouths full loud, and rung
> A hideous peal : yet, when they list, would creep,
> If ought disturb'd their noise, into her womb,
> And kennel there : yet there still bark'd and howl'd
> Within unseen.   Far less abhorr'd than these
> Vex'd Scylla, bathing in the sea that parts
> Calabria from the hoarse Trinacrian shore:
> Nor uglier follow the night-hag, when, call'd
> In secret, riding through the air she comes,
> Lur'd with the smell of infant blood, to dance
> With Lapland witches, while the labouring moon
> Eclipses at their charms.
>   The other shape,

en membres, jointures, articulations, ou si l'on peut nommer substance ce qui semblait une ombre (car chacune semblait l'une et l'autre); cette figure était noire comme la nuit, féroce comme dix furies, terrible comme l'enfer; elle brandissait un effroyable dard : ce qui paraissait sa tête portait l'apparence d'une couronne royale.

Déjà Satan approchait, et le monstre se levant de son siége, s'avança aussi vite par d'horribles enjambées : l'enfer trembla à sa marche. L'indomptable ennemi regarda avec étonnement ce que ceci pouvait être; il s'en étonnait et ne craignait pas : excepté Dieu et son Fils, il n'estime ni ne craint chose créée, et avec un regard de dédain, il prit le premier la parole.

« D'où viens-tu, et qui es-tu, forme exécrable, qui oses, quoique
» grimée et terrible, mettre ton front difforme au travers de mon che-
» min à ces portes? Je prétends les franchir, sois-en sûre, sans t'en de-
» mander la permission. Retire-toi, ou sois payée de ta folie : née de
» l'enfer, apprends par expérience à ne point disputer avec les esprits du
» ciel. »

A quoi le gobelin plein de colère, répondit :

« Es-tu cet ange traître? es-tu celui qui le premier rompit la paix et la
» foi du ciel jusqu'alors non rompues, et qui, dans l'orgueilleuse rébel-

If shape it might be call'd, that shape had none
Dintinguishable in member, joint, or limb;
Or substance might be call'd that shadow seem'd,
For each seem'd either; black it stood as night,
Fierce as ten furies, terrible as Hell,
And shook a dreadful dart; what seem'd his head
The likeness of a kingly crown had on.

Satan was now at hand, and from his seat
The monster moving onward came as fast,
With horrid strides; Hell trembled as he strode.
The undaunted fiend what this might be admir'd;
Admir'd, not fear'd : God and his Son except,
Created thing nought valued he, nor shunn'd;
And with disdainful look thus first began:

« Whence and what art thou, execrable shape,
That darest, though grim and terrible, advance
Thy miscreated front athwart my way
To yonder gates? through them I mean to pass,
That be assur'd, without leave ask'd of thee:
Retire, or taste thy folly, and learn by proof,
Hell-born, not to contend with spirits of Heaven. »

To whom the goblin full of wrath replied:

« Art thou that traitor angel, art thou he,
Who firts broke peace in Heaven, and faith, till then

» lion de tes armes, entraîna après lui la troisième partie des fils du ciel
» conjurés contre le Très-Haut? pour lequel fait, toi et eux rejetés de
» Dieu, êtes ici condamnés à consumer des jours éternels dans les tour-
» ments et la misère. Et tu te comptes parmi les esprits du ciel, proie de
» l'enfer! Et tu exhales bravade et dédains, ici où je règne en roi, et,
» ce qui doit augmenter ta rage, où je suis ton seigneur et roi ? Arrière !
» à ton châtiment, faux fugitif! A ta vitesse ajoute des ailes, de peur
» qu'avec un fouet de scorpions je ne hâte ta lenteur, où qu'à un seul
» coup de ce dard tu ne te sentes saisi d'une étrange horreur d'angoisses
» non encore éprouvées. »

Ainsi dit la pâle Terreur : et ainsi parlant et ainsi menaçant, son aspect devient dix fois plus terrible et plus difforme. D'un autre côté, enflammé d'indignation, Satan demeurait sans épouvante; il ressemblait à une brûlante comète qui met en feu l'espace de l'énorme Ophiucus dans le ciel arctique, et qui de sa crinière horrible secoue la peste et la guerre. Les deux combattants ajustent à la tête l'un de l'autre un coup mortel, leurs fatales mains ne comptent pas en frapper un second, et ils échangent d'affreux regards : comme quand deux noires nuées, chargées de l'artillerie du ciel, viennent mugissant sur la mer Caspienne, elles s'arrêtent un moment front à front suspendues, jusqu'à ce que le vent leur souffle le

 Unbroken, and in proud rebellious arms
Drew after him the third part of Heaven's sons
Conjur'd against the Highest ; for which both thou
And they, outcast from God, are here condemn'd
To waste eternal days in woe and pain?
And reckon'st thou thyself with spirits of Heaven,
Hell-doom'd and breath'st defiance here and scorn
 Where I reign king ; and, to enrage thee more,
Thy king and lord? Back to thy punishment,
False fugitive, and to thy speed add wings
Lest with a whip of scorpions I pursue
Thy lingering, or with one stroke of this dart
Strange horrour seize thee, and pangs unfelt before. »

 So spake the grisly Terrour ; and in shape,
So speaking, and so threatening, grew tenfold
More dreadful and deform : on the other side,
Incens'd with indignation, Satan stood
Unterrified, and like a comet burn'd,
That fires the length of Ophiuchus huge
In the arctic sky, and from his horrid hair
Shakes pestilence and war. Each at the head
Levell'd his deadly aim ; their fatal hands
No second stroke intend ; and such a frown
Each cast at the other, as when two black clouds,
With Heaven's artillery fraught, come rattling on
Over the Caspian ; then stand front to front,

signal de se joindre dans leur noire rencontre au milieu des airs. Les puissants champions se regardent d'un œil si sombre, que l'enfer devient plus obscur au froncement de leur sourcil ; tant ces rivaux étaient semblables ! car jamais ni l'un ni l'autre ne doivent plus rencontrer qu'une seule fois un si grand ennemi (1). Et maintenant auraient été accomplis des faits terribles dont tout l'enfer eût retenti, si la sorcière à serpents, qui se tenait assise près de la porte infernale et qui gardait la fatale clef, se levant avec un affreux cri, ne se fût jetée entre les combattants.

« O père ! que prétend ta main contre ton unique fils ? quelle fureur,
» ô fils ! te pousse à tourner ton dard mortel contre la tête de ton père ?
» Et sais-tu pour qui ? Pour celui qui est assis là-haut et qui rit de toi,
» son esclave, destiné à exécuter quoi que ce soit que sa colère, qu'il
» nomme justice, te commande ; sa colère, qui un jour vous détruira
» tous les deux. »

Elle dit : à ces mots le fantôme infernal pestiféré s'arrêta. Satan répondit alors par ces paroles :

« Ton cri si étrange et tes paroles si étranges nous ont tellement séparés que ma main, soudain arrêtée, veut bien ne pas encore te dire
» par des faits ce qu'elle prétend. Je veux auparavant savoir de toi quelle

> Hovering a space, till winds the signal blow
> To join their dark encounter in mid air :
> So frown'd the mighty combatants, that Hell
> Grew darker at their frown ; so match'd they stood;
> For never but once more was either like
> To meet so great a foe : and now great deeds
> Had been achiev'd, whereof all Hell had rung,
> Had not the snaky sorceress, that sat
> Fast by Hell-gate, and kept the fatal key,
> Ris'n, and with hideous outcry rush'd between.
>
> « O father, what intends thy hand, she cried,
> Against thy only son ? What fury, o son,
> Possesses thee, to bend that mortal dart
> Against thy father's head ? and know'st for whom?
> For him who sits above, and laughs the while
> At thee ordain'd his drudge, to execute
> Whate'er his wrath, which he calls justice, bids;
> His wrath, which one day will destroy ye both. »
>
> She spake, and at her words the hellish pest
> Forbore ; then these to her Satan return'd :
>
> « So strange thy outcry, and thy words so strange
> Thou interposest, that my sudden hand,

(1) Le Christ.

» chose tu es, toi ainsi à double forme, et pourquoi, dans cette vallée de
» l'enfer me rencontrant pour la première fois, tu m'appelles ton père,
» et pourquoi tu appelles ce spectre mon fils ? Je ne te connais pas ; je ne
» vis jamais jusqu'à présent d'objet plus détestable que lui et toi. »
La portière de l'enfer lui répliqua :
« M'as-tu donc oubliée, et semblé-je à présent à tes yeux si horrible,
» moi jadis réputée si belle dans le ciel ? Au milieu de leur assemblée et
» à la vue de séraphins entrés avec toi dans une hardie conspiration
» contre le Roi du ciel, tout d'un coup une douleur cruelle te saisit, tes
» yeux obscurcis et éblouis nagèrent dans les ténèbres, tandis que ta tête
» jeta des flammes épaisses et rapides : elle se fendit largement du côté
» gauche ; semblable à toi en forme et en brillant maintien, alors écla-
» tante et divinement belle, je sortis de ta tête, déesse armée. L'étonnne-
» ment saisit tous les guerriers du ciel ; ils reculèrent d'abord effrayés et
» m'appelèrent Péché et me regardèrent comme un mauvais présage.
» Mais bientôt familiarisés avec moi, je leur plus, et mes grâces sédui-
» santes gagnèrent ceux qui m'avaient le plus en aversion, toi principa-
» lement. Contemplant très-souvent en moi ta parfaite image, tu devins
» amoureux, et tu goûtas en secret avec moi de telles joies, que mes en-
» trailles conçurent un croissant fardeau.

    Prevented, spares to tell thee yet by deeds
What intends ; till first I know of thee,
What it thing thou art, thus double-form'd ; and why,
In this infernal vale first met, thou call'st
Me father, and that phantasm call'st my son :
I know thee not, nor ever saw till now
Sight more detestable than him and thee. »
    To whom thus the portress of Hell-gate replied :
« Hast thou forgot me then, and do I seem
Now in thine eye so foul, once deem'd so fair
In Heaven ? when at the assembly, and in sight
Of all the seraphim with thee combin'd
In bold conspiracy against Heaven's King,
All on a sudden miserable pain
Surpris'd thee ; dim thine eyes, and dizzy swum
In darkness, while thy head flames thick and fast
Threw fort ; till on the left side opening wide,
Likest to thee in shape and countenance bright,
Then shining heavenly fair, a goddess arm'd,
Out of thy head I sprung : amazement seiz'd,
All the host of Heaven ; back they recoil'd afraid
At first, and call'd me SIN, and for a sign
Portentous held me : but, familiar grown,
I pleas'd, with attractive graces won
The most averse, thee chiefly, who full oft
Thyself in me thy perfect image viewing

» Cependant la guerre éclata et l'on combattit dans les champs du ciel.
» A notre puissant ennemi (pouvait-il en être autrement) demeura une
» victoire éclatante, à notre parti la perte et la déroute dans tout l'em-
» pyrée. En bas nos légions tombèrent, précipitées la tête la première du
» haut du ciel, en bas, dans cet abîme, et moi avec elles dans la chute
» générale. En ce temps-là, cette clef puissante fut remise dans mes
» mains, avec ordre de tenir ces portes à jamais fermées, afin que per-
» sonne ne les passe, si je ne les ouvre.

» Pensive, je m'assis solitaire, mais je ne demeurai pas assise long-
» temps : mes flancs fécondés par toi et maintenant excessivement grossis
» éprouvèrent des mouvements prodigieux, et les poignantes douleurs de
» l'enfantement. Enfin, cet odieux rejeton que tu vois de toi engendré,
» se frayant la route avec violence, déchira mes entrailles, lesquelles
» étant tordues par la terreur et la souffrance, toute la partie inférieure
» de mon corps devint ainsi déformée. Mais lui, mon ennemi-né, en sor-
» tit, brandissant son fatal dard, fait pour détruire. Je fuis et je criai :
» Mort ! L'enfer trembla à cet horrible nom, soupira du fond de toutes
» ses cavernes, et répéta : Mort ! Je fuyais ; mais le spectre me poursui-
» vit, quoique, à ce qu'il semblait, plus enflammé de luxure que de
» rage : beaucoup plus rapide que moi, il m'atteignit, moi, sa mère, tout

Becam'st enamour'd; and such joy thou took'st
With me in secret, that my womb conceiv'd
A growing burden. Meanwhile war arose,
And fields were fought in Heaven ; wherein remain'd
(For what could else ?) to our almighty foe
Clear victory, to our part loss and rout
Through all the empyrean: down they fell
Driven headlong from the pitch of Heaven, down
Into this deep, and in the general fall
I also; at which time this powerful key
Into my hand was given, with charge to keep
These gates for ever shut, which none can pass
Without my opening. Pensive here I sat
Alone, but long I sat not, till my womb,
Pregnant by thee and now excessive grown,
Prodigious motion felt and rueful throes.
At last this odious offspring whom thou seest,
Thine own begotten, breaking violent way,
Tore through my entrails, that, with fear and pain
Distorted, all my nether shape thus grew
Transform'd : but he, my inbred enemy,
Forth issued, brandishing his fatal dart
Made to destroy : I fled, and cried out, *Death !*
Hell trembled at the hideous name, and sigh'd
From all her caves, and back resounded, *Death !*
« I fled, but he pursued, though more, it seems,

» épouvantée. Dans des embrassements forcenés et souillés engendrant
» avec moi, de ce rapt vinrent ces monstres aboyants qui poussant un cri
» continu m'entourent, comme tu le vois, conçus d'heure en heure,
» d'heure en heure enfantés, avec une douleur infinie pour moi. Quand
» ils le veulent, ils rentrent dans le sein qui les nourrit ; ils hurlent et
» rongent mes entrailles, leur festin ; puis sortant derechef, ils m'assié-
» gent de si vives terreurs que je ne trouve ni repos ni relâche.

» Devant mes yeux, assise en face de moi, l'effrayante Mort, mon fils
» et mon ennemi, excite ces chiens. Et moi, sa mère, elle m'aurait bientôt
» dévorée, faute d'une autre proie, si elle ne savait que sa fin est enve-
» loppée dans la mienne, si elle ne savait que je deviendrai pour elle un
» morceau amer, son poison, quand jamais cela arrivera : ainsi l'a pro-
» noncé le Destin. Mais toi, ô mon père, je t'en préviens, évite sa flèche
» mortelle ; ne te flatte pas vainement d'être invulnérable sous cette ar-
» mure brillante, quoique de trempe céleste : car à cette pointe mortelle,
» hors celui qui règne là-haut, nul ne peut résister. »

Elle dit : et le subtil ennemi profite aussitôt de la leçon ; il se radoucit
et répond ainsi avec calme :

« Chère fille, puisque tu me réclames pour ton père et que tu me fais
» voir mon fils si beau (ce cher gage des plaisirs que nous avons eus en-

  Inflamed with lust than rage, and, swifter far,
  Me overtook, his mother, all dismay'd
  And, in embraces forcible and foul
  Engendering with me, of that rape begot
  These yelling monsters, that with ceaseless cry
  Surround me, as thou saw'st; hourly conceiv'd
  And hourly born, with sorrow infinite
  To me : for, when they list, into the womb
  That bred them they return, and howl and gnaw
  My bowels, their repast ; then bursting forth
  Afresh with conscious terrours vex me round,
  That rest or intermission none I find.

  « Before mine eyes in opposition sits
  Grim Death, my son and foe, who sets them on;
  And me his parent would full soon devour
  For want of other prey, but that he knows
  His end with mine involv'd ; and knows that
  Should prove a bitter morsel, and his bane,
  Whenever that shall be ; so Fate pronounc'd.
  But thou, o father, I forewarn thee, shun
  His deadly arrow ; neither vainly hope
  To be invulnerable in those bright arms,
  Though temper'd heavenly ; for that mortal dint
  Save he who reigns above, none can resist. »

  She finish'd and the subtle fiend his lore
  Soon learn'd, now milder, and thus answer'd smooth:

» semble dans le ciel, de ces joies alors douces, aujourd'hui tristes à rap-
» peler à cause du changement cruel tombé sur nous d'une manière im-
» prévue, et auquel nous n'avions pas pensé) ; chère fille, apprends que
» je ne viens pas en ennemi, mais pour vous délivrer de ce morne et
» affreux séjour des peines, vous deux, mon fils et toi, et toute la troupe
» des esprits célestes qui, pour nos justes prétentions armées tombèrent
» avec nous.

» Envoyé par eux, j'entreprends seul cette rude course, m'exposant
» seul pour tous ; je vais poser mes pas solitaires sur l'abîme sans fond,
» et dans mon enquête errante, chercher à travers l'immense vide,
» s'il ne serait pas un lieu prédit, lequel, à en juger par le concours de
» plusieurs signes, doit être maintenant créé vaste et rond. C'est un sé-
» jour de délices, placé sur la lisière du ciel, habité par des êtres de
» droite stature, destinés peut-être à remplir nos places vacantes ; mais
» ils sont tenus plus éloignés, de peur que le ciel, surchargé d'une puis-
» sante multitude, ne vînt à exciter de nouveaux troubles. Que ce soit
» cela, ou quelque chose de plus secret, je cours m'en instruire ; le se-
» cret une fois connu, je reviendrai aussitôt et je vous transporterai, toi
» et la mort, dans un séjour où vous demeurerez à l'aise, où en haut et
» en bas vous volerez silencieusement, sans être vus, dans un doux air

    « Dear daughter, since thou claim'st me for thy sire,
And my fair son here show'st me, the dear pledge
Of dalliance had with thee in Heaven, and joys
Then sweet, now sad to mention, through dire change
Befall'n us, unforeseen, unthought of : know,
I come no enemy, but to set free
From out this dark and dismal house of pain,
Both him and thee, and all the heavenly host
Of spirits, that, in our just pretences arm'd,
Fell with us from on high : from them I go
This uncouth errand sole, and one for all
Myself expose ; with lonely steps to tread
Th' unsounded deep, and through the void immense
To search with wandering quest a place foretold
Should be, and, by concurring signs, ere now
Created, vast and round, a place of bliss
In the purlieus of Heaven, and therein plac'd
A race of upstart creatures, to supply
Perhaps our vacant room ; though more remov'd,
Lest Heaven surcharg'd, with potent multitude,
Might hap to move new broils. Be this, or ought
Than this more secret, now design'd, I haste
To know ; and, this once known, shall soon return,
And bring ye to the place where thou and Death
Shall dwell at ease, and up and down unseen
Wing silently the buxom air, imbalm'd

» embaumé de parfums Là, vous serez nourris et repus sans mesure ;
» tout sera votre proie. »

Il se tut, car les deux formes parurent hautement satisfaites, et la Mort grimaça horrible un sourire épouvantable, en apprenant que sa faim serait rassasiée ; elle bénit ses dents réservées à cette bonne heure d'abondance. Sa mauvaise mère ne se réjouit pas moins et tint ce discours à son père :

« Je garde la clef de ce puits infernal par mon droit et par l'ordre
» du Roi tout-puissant du ciel : il m'a défendu d'ouvrir ces portes ada-
» mantines : contre toute violence, la Mort se tient prête à interposer son
» dard, sans crainte d'être vaincue d'aucun pouvoir vivant. Mais que
» dois-je aux ordres d'en haut, au commandement de celui qui me hait,
» et qui m'a poussée ici en bas dans ces ombres du profond Tartare, pour
» y demeurer assise dans un emploi odieux, ici confinée moi habitante du
» ciel et née du ciel, ici plongée dans une perpétuelle agonie, environnée
» des terreurs et des clameurs de ma propre géniture, qui se nourrit de
» mes entrailles ? Tu es mon père, tu es mon auteur, tu m'as donné
» l'être : à qui dois-je obéir si ce n'est à toi ? qui dois-je suivre ? Tu me
» transporteras bientôt dans ce nouveau monde de lumière et de bonheur,
» parmi les dieux qui vivent tranquilles ; où voluptueuse, assise à ta

    With odours; there ye shall be fed and fill'd
Immeasurably; all things shall be your prey. »
    He ceas'd, for both seem'd highly pleas'd, and Death
Grinn'd horrible a ghastly smile, to hear
His famine should be fill'd ; and bless'd his maw
Destin'd to that good hour : no less rejoic'd
His mother bad, and thus bespake her sire:
    « The key of this infernal pit by due,
And by command of Heaven's all-powerful King,
I keep, by him forbidden to unlock
These adamantine gates; against all force
Death ready stands to interpose his dart,
Fearless to be o'ermatch'd by living might.
But what owe I to his commands above,
Who hates me, and hath hither thrust me down
Into this gloom of Tartarus profound,
To sit in hateful office, here confin'd,
Inhabitant of Heaven and heavenly-born,
Here, in perpetual agony and pain,
With terrours and with clamours compass'd round
Of mine own brood, that on my bowels feed?
Thou art my father, thou my author, thou
My being gav'st me; whom should I obey
But thee? whom follow? thou wilt bring me soon
To that new world of light and bliss, among
The gods who live at ease; where I shall reign

» droite, comme il convient à ta fille et à ton amour, je régnerai sans
» fin. »

Elle dit, et prit à son côté la clef fatale, triste instrument de tous nos maux, et, traînant vers la porte sa croupe bestiale, elle lève sans délai l'énorme herse qu'elle seule pouvait lever, et que toute la puissance stygienne n'aurait pu ébranler. Ensuite elle tourne dans le trou de la clef les gardes compliquées, et détache sans peine les barres et les verrous de fer massif ou de solide roc. Soudain volent ouvertes, avec un impétueux recul et un son discordant, les portes infernales : leurs gonds firent gronder un rude tonnerre qui ébranla le creux le plus profond de l'Érèbe.

Le Péché les ouvrit, mais les fermer surpassait son pouvoir; elles demeurent toutes grandes ouvertes : une armée, ailes étendues, marchant enseignes déployées, aurait pu passer à travers avec ses chevaux et ses chars rangés en ordre sans être serrés; si larges sont ces portes! comme la bouche d'une fournaise, elles vomissent une surabondante fumée et une flamme rouge.

Aux yeux de Satan et des deux spectres, apparaissent soudain les secrets du vieil abîme : sombre et illimité océan, sans borne, sans dimensions où la longueur, la largeur, et la profondeur, le temps, et l'espace,

>   At thy right hand voluptuous, as beseems
> Thy daughter and thy darling, without end. »
>   Thus saying, from her side fatal key,
> Sad instrument of all our woe, she took ;
> And, towards the gate rolling her bestial train,
> Forthwith the huge portcullis high up drew,
> Which but herself not all the Stygian powers
> Could once have mov'd; then in the key-hole turns
> The intricate wards, and every bolt and bar
> Of massy iron or solid rock with ease
> Unfastens: on a sudden open fly
> With impetuous recoil and jarring sound
> The infernal doors, and on their hinges grate
> Harsh thunder, that the lowest bottom shook
> Of Erebus.
>   She open'd, but to shut
> Excell'd her power; the gates wide open stood,
> That with extended wings a banner'd host,
> Under spread ensigns marching, might pass through
> With horse and chariots rank'd in loose array;
> So wide they stood! and like a furnace mouth
> Cast forth redounding smoke and ruddy flame.
>   Before their eyes in sudden view appear
> The secrets of the hoary deep; a dark
> Illimitable ocean, without bound,
> Without dimension, where length, breadth, and highth,

sont perdus ; où la Nuit aînée et le Chaos, aïeux de la Nature, maintiennent une éternelle anarchie au milieu du bruit des éternelles guerres, et se soutiennent par la confusion.

Le chaud, le froid, l'humide, et le sec, quatre fiers champions, se disputent la supériorité, et mènent au combat leurs embryons d'atomes. Ceux-ci, autour de l'enseigne de leurs factions, dans leurs clans divers, pesamment ou légèrement armés, aigus, émoussés, rapides ou lents, essaiment leurs populations aussi innombrables que les sables de Barca ou que l'arène torride de Cyrène, enlevés pour prendre parti dans la lutte des vents, et pour servir de lest à leurs ailes légères. L'atome auquel adhère un plus grand nombre d'atomes gouverne un moment. Le Chaos siége surarbitre, et ses décisions embrouillent de plus en plus le désordre par lequel il règne : après lui, juge suprême, le Hasard gouverne tout.

Dans ce sauvage abîme, berceau de la nature, et peut-être son tombeau ; dans cet abîme qui n'est ni mer, ni terre, ni air, ni feu, mais tous ces éléments qui, confusément mêlés dans leurs causes fécondes, doivent ainsi se combattre toujours, à moins que le tout-puissant Créateur n'arrange ses noirs matériaux pour former de nouveaux mondes ; dans ce sauvage abîme, Satan, le prudent ennemi, arrêté sur le bord de l'enfer,

    And time, and place, are lost; where eldest Night
And Chaos, ancestors of Nature, hold
Eternal anarchy, amidst the noise
Of endless wars, and by confusion stand.
For hot, cold, moist, and dry, four champions fierce,
Strive here for mastery, and to battle bring
Their embryon atoms; they around the flag
Of each his faction, in their several clans,
Light-arm'd or heavy, sharp, smooth, swift, or slow,
Swarm populous, unnumber'd as the sands
Of Barca or Cyrene's torrid soil,
Levied to side with warring winds, and poise
Their lighter wings. To whom these most adhere,
He rules a moment : Chaos umpire sits,
And by decision more embroils the fray,
By which he reigns: next him high arbiter
Chance governs all.
           Into this wild abyss,
The womb of nature, and perhaps her grave,
Of neither sea, nor shore, nor air, nor fire,
But all these in their pregnant causes mix'd
Confus'dly, and wich thus must ever fight,
Unless the Almighty Maker them ordain
His dark materials to create more worlds ;
Into this wild abyss the wary fiend
Stood on the brink of Hell, and look'd a while,

regarde quelque temps : il réfléchit sur son voyage, car ce n'est pas un petit détroit qu'il lui faudra traverser. Son oreille est assourdie de bruits éclatants et destructeurs non moins violents (pour comparer les grandes choses aux petites) que ceux des tempêtes de Bellone quand elle dresse ses foudroyantes machines pour raser quelque grande cité; ou moins grand serait le fracas si cette structure du ciel s'écroulait, et si les éléments mutinés avaient arraché de son axe la terre immobile. Enfin Satan, pour prendre son vol, déploie ses ailes égales à de larges voiles; et, enlevé dans la fumée ascendante, il repousse du pied le sol.

Pendant plusieurs lieues porté comme sur une chaire de nuages, il monte audacieux; mais ce siége lui manquant bientôt, il rencontre un vaste vide : tout surpris, agitant en vain ses ailes, il tombe comme un plomb à dix mille brasses de profondeur. Il serait encore tombant à cette heure, si par un hasard malheureux, la forte explosion de quelque nuée tumultueuse imprégnée de feu et de nitre ne l'eût rejeté d'autant de milles en haut : cet orage s'arrêta, éteint dans une syrte spongieuse qui n'était ni mer, ni terre sèche. Satan, presque englouti, traverse la substance crue, moitié à pied, moitié en volant; il lui faut alors rames et voiles.

Un griffon, dans le désert, poursuit d'une course ailée sur les mon

Pondering his voyage; for no narrow frith
He had to cross. Nor was his ear less peal'd
With noises loud and ruinous (to compare
Great things with small), than when Bellona storms,
With all her battering engines bent to rase
Some capital city; or less than if this frame
Of Heaven were falling, and these elements
In mutiny had from her axle torn
The stedfast earth. At last his sail-broad vans
He spreads for flight, and in the surging smoke
Uplifted spurns the ground.
      Thence many a league,
As in a cloudy chair, acending rides
Audacious; but, that seat soon failing, meets
A vast vacuity : all unawares
Fluttering his pennons vain, plumb down he drops;
Ten thousand fathom deep; and to this hour
Down had been falling, had not by ill chance
The strong rebuff of some tumultuous cloud,
Instinct with fire and nitre, hurried him
As many miles aloft: that fury staid,
Quench'd in a boggy syrtis, neither sea,
Nor good dry land: nigh founder'd on he fares,
Treading the crude consistence, half on foot,
Half flying; behoves him now both oar and sail.

As when a gryphon, through the wilderness

tagnes ou les vallées marécageuses, l'Arimaspien qui ravit subtilement à sa garde vigilante l'or conservé ; ainsi l'ennemi continue avec ardeur sa route à travers les marais, les précipices, les détroits, à travers les éléments rudes, denses ou rares ; avec sa tête, ses mains, ses ailes, ses pieds, il nage, plonge, guée, rampe, vole.

Enfin, une étrange et universelle rumeur de sons sourds et de voix confuses, née du creux des ténèbres, assaillit l'oreille de Satan avec la plus grande véhémence. Intrépide, il tourne son vol de ce côté, pour rencontrer le pouvoir quelconque ou l'esprit du profond abîme, qui réside dans ce bruit, afin de lui demander de quel côté se trouve la limite des ténèbres la plus rapprochée confinant à la lumière.

Soudain voici le trône du Chaos et son noir pavillon se déploie immense sur le gouffre de ruines. La Nuit, vêtue d'une zibeline noire, siège sur le trône à côté du Chaos : fille aînée des êtres, elle est la compagne de son règne. Auprès d'eux se tiennent Orcus et Ades, et Demogorgon au nom redouté, ensuite la Rumeur, et le Hasard, et le Tumulte, et la Confusion toute brouillée, et la Discorde aux mille bouches différentes. Satan hardiment va droit au Chaos.

« Vous, pouvoirs et esprits de ce profond abîme, Chaos et antique
» Nuit, je ne viens point à dessein, en espion explorer ou troubler les

   With winged course, o'er hill or moory dale,
   Pursues the Arimaspian, who by stealth
   Had from his wakeful custody purloin'd
   The guarded gold; so eagerly the fiend
   O'er bog, or steep, through strait, rough, dense, or rare,
   With head, hands, wings, or feet, pursues his way,
   And swims, or sinks, or wades, or creeps, or flies.

    At length a universal hubbub wild
   Of stunning sounds and voices all confus'd,
   Borne through the hollow dark, assaults his ear
   With loudest vehemence: thither he plies,
   Undaunted, to meet there whatever power
   Or spirit of the nethermost abyss
   Might in that noise reside, of whom to ask
   Which way the nearest coast of darkness lies
   Bordering on light; when straight behold the throne
   Of Chaos, and his dark pavilion spread
   Wide on the wasteful deep: with him enthron'd
   Sat sable-vested Night, eldest of things,
   The consort of his reign; and by them stood
   Orcus and Ades, and the dreaded name
   Of Demogorgon; Rumour next, and Chance,
   And Tumult and Confusion all embroil'd ;
   And Discord with a thousand various mouths.
   To whom Satan turning boldly, thus:
        « Ye powers,

» secrets de votre royaume ; mais contraint d'errer dans ce sombre dé-
» sert, mon chemin vers la lumière m'a conduit à travers votre vaste
» empire ; seul et sans guide, à demi perdu, je cherche le sentier le plus
» court qui mène à l'endroit où vos obscures frontières touchent au
» ciel. Ou si quelque autre lieu, envahi sur votre domaine, a dernière-
» ment été occupé par le Roi éthéré, c'est afin d'arriver là que je
» voyage dans ces profondeurs. Dirigez ma course : bien dirigée elle
» n'apportera pas une médiocre récompense à vos intérêts, si de cette
» région perdue toute usurpation étant chassée, je la ramène à ses ténè-
» bres primitives et à votre sceptre (mon voyage actuel n'a pas d'autre
» but) ; j'y planterai de nouveau l'étendard de l'antique Nuit. A vous
» tous les avantages, à moi la vengeance. »

Ainsi Satan. Ainsi le vieil anarque, avec une voix chevrotante et un visage décomposé, lui répondit :

« Je te connais, étranger ; tu es ce chef puissant des anges, qui der-
» nièrement fit tête au Roi-du ciel et fut renversé. Je vis et j'entendis,
» car une si nombreuse milice ne put fuir en silence à travers l'abîme
» effrayé, avec ruine sur ruine, déroute sur déroute, confusion pire que
» la confusion : les portes du ciel versèrent par millions ses bandes victo-
» rieuses à la poursuite. Je suis venu résider ici sur mes frontières : tout

>   And spirits of this nethermost abyss,
>   Chaos and ancient Night, I come no spy,
>   With purpose to explore or to disturb
>   The secrets of your realm ; but, by constraint
>   Wandering this darksome desert, as my way
>   Lies through your spacious empire up to light,
>   Alone, and without guide, half lost, I seek
>   What readiest path leads where your gloomy bound
>   Confine with Heaven ; or if some other place,
>   From your dominion won, th' ethereal King
>   Possesses lately, thither to arrive
>   I travel this profound ; direct my course ;
>   Directed, no mean recompense it brings
>   To your behoof, if I that region lost,
>   All usurpation thence expell'd reduce
>   To her original darkness and your sway,
>   (Which is my present journey) and once more
>   Erect the standard there of ancient Night :
>   Your be th' advantage all, mine the revenge. »
>   Thus Satan ; and him thus the anarch old,
>   With faltering speech and visage incompos'd,
>   Answer'd :
>   « I know thee, stranger, who thou art ;
>   That mighty leading angel, who of late
>   Made head against Heaven's King, though overthrown.
>   I saw and heard ; for such a numerous host

» mon pouvoir suffit à peine pour sauver le peu qui me reste à défendre
» et sur lequel empiètent encore vos divisions intestines qui affaiblissent
» le sceptre de la vieille Nuit. D'abord l'enfer, votre cachot, s'est étendu
» long et large sous mes pieds ; ensuite dernièrement, le ciel et la terre,
» un autre monde, pendent au-dessus de mon royaume, attachés par une
» chaîne d'or à ce côté du ciel d'où vos légions tombèrent. Si votre mar-
» che doit vous faire prendre cette route, vous n'avez pas loin ; le dan-
» ger est d'autant plus près. Allez, hâtez-vous : ravages, et dépouilles,
» et ruines sont mon butin. »

Il dit, et Satan ne s'arrête pas à lui répondre : mais plein de joie que son océan trouve un rivage, avec une ardeur nouvelle et une force renouvelée, il s'élance dans l'immense étendue comme une pyramide de feu : à travers le choc des éléments en guerre qui l'entourent de toutes parts, il poursuit sa route, plus assiégé et plus exposé que le navire Argo quand il passa le Bosphore entre les rochers qui s'entre-heurtent ; plus en péril qu'Ulysse, lorsque d'un côté évitant Charybde, sa manœuvre le portait dans un autre gouffre.

Ainsi Satan s'avançait avec difficulté et un labeur pénible ; il s'avançait avec difficulté et labeur. Mais une fois qu'il eut passé, bientôt après, quand l'homme tomba, quelle étrange altération ! le Péché et la Mort,

    Fled not in silence through the frighted deep,
With ruin upon ruin ; rout on rout,
Confusion worse confounded ; and Heaven-gates
Pour'd out by millions her victorious bands
Pursuing. I upon my frontiers here
Keep residence ; if all I can will serve,
That little which is left so to defend,
Encroach'd on still through your intestine broils
Weakening the sceptre of old Night : first Hell,
Your dungeon, stretching far and wide beneath ;
Now lately Heaven, and earth, another world,
Hung o'er my realm, link'd in a golden chain
To that side Heaven from whence your legions fell.
If that way be your walk, you have not far ;
So much the nearer danger : go, and speed :
Havock, and spoil, and ruin, are my gain. »
    He ceas'd ; and Satan staid not to reply ;
But, glad that now his sea should find a shore,
With fresh alacrity and force renew'd,
Springs upward, like a pyramid of fire,
Into the wild expanse ; and through the shock
Of fighting elements, on all sides round
Environ'd, wins his way ; harder beset
And more endanger'd, than when Argo pass'd
Through Bosphorus betwixt the justling rocks :
Or when Ulysses on the larboard shunn'd
Charybdis, and by the other whirlpool steer'd.

suivant de près la trace de l'ennemi (telle fut la volonté du ciel), pavèrent un chemin large et battu sur le sombre abîme dont le gouffre bouillonnant souffrit avec patience qu'un pont d'une étonnante longueur s'étendît de l'enfer à l'orbe extérieur de ce globe fragile. Les esprits pervers, à l'aide de cette communication facile, vont et viennent pour tenter ou punir les mortels, excepté ceux que Dieu et les saints anges gardent par une grâce particulière.

Mais enfin l'influence sacrée de la lumière commence à se faire sentir, et des murailles du ciel, un rayon pousse au loin dans le sein de l'obscure nuit une aube scintillante : ici la nature commence l'extrémité la plus éloignée ; le Chaos se retire, comme de ses ouvrages avancés ; ennemi vaincu, il se retire avec moins de tumulte et moins d'hostile fracas. Satan, avec moins de fatigue, et bientôt avec aisance, guidé par une douteuse lumière, glisse sur les vagues apaisées, et comme un vaisseau battu des tempêtes, haubans et cordages brisés, il entre joyeusement au port. Dans l'espace plus vide ressemblant à l'air, l'archange balance ses ailes déployées, pour contempler de loin et à loisir le ciel empyrée : si grande en est l'étendue qu'il ne peut déterminer si elle est carrée ou ronde. Il découvre les tours d'opale, les créneaux ornés d'un vivant saphir, jadis sa demeure natale ; il aperçoit attaché au bout d'une chaîne d'or ce

> So he with difficulty and labour hard
> Mov'd on, with difficulty and labour he;
> But he once past, soon after, when man fell
> (Strange alteration !), Sin and Death amain
> Following his track (such was the will of Heaven),
> Pav'd after him a broad and beathen way
> Over the dark abyss, whose boiling gulf
> Tamely endur'd a bridge of wondrous length,
> From Hell continued reaching th' utmost orb
> Of this frail world ; by which the spirits perverse
> With easy intercourse pass to and fro
> To tempt or punish mortals, except whom
> God and good angels guard by special grace.
>   But now at last the sacred influence
> Of light appears, and from the walls of Heaven
> Shoots far into the bosom of dim Night
> A glimmering dawn : here Nature first begins
> Her farthest verge, and Chaos to retire
> As from her outmost works, a broken foe,
> With tumult less and with less hostile din ;
> That Satan, with less toil, and now with ease,
> Wafts on the calmer wave by dubious light :
> And, like a weather-beaten vessel, holds
> Gladly the port, though shrouds and tackle torn ;
> Or in the emptier waste, resembling air,
> Weighs his spread wings, at leisure to behold

monde suspendu, égal à une étoile de la plus petite grandeur serrée près de la lune. Là Satan, tout chargé d'une pernicieuse vengeance, maudit et dans une heure maudite, se hâta.

> Far off th' empyreal Heaven, extended wide
> In circuit, undetermin'd square or round,
> With opal towers and battlements adorn'd
> Of living sapphire, once his native seat;
> And fast by, hanging in a golden chain,
> This pendent world, in bigness as a star
> Of smallest magnitude close by the moon,
> Thither, full fraught with mischievous revenge,
> Accurs'd, and in a cursed hour, he hies.

LIVRE TROISIÈME.

ARGUMENT.

Dieu, siégeant sur son trône, voit Satan qui vole vers ce monde nouvellement créé. Il le montre à son fils assis à sa droite. Il prédit le succès de Satan, qui pervertira l'espèce humaine. L'Eternel justifie sa justice et sa sagesse de toute imputation, ayant créé l'homme libre et capable de résister au tentateur. Cependant il déclare son dessein de faire grâce à l'homme, parce qu'il n'est pas tombé par sa propre méchanceté comme Satan, mais par la séduction de Satan. Le Fils de Dieu glorifie son Père pour la manifestation de sa grâce envers l'homme; mais Dieu déclare encore que cette grâce ne peut être accordée à l'homme si la justice divine ne reçoit satisfaction : l'homme a offensé la majesté de Dieu en aspirant à la divinité; et c'est pourquoi, dévoué à la mort avec toute sa postérité, il faut qu'il meure, à moins que quelqu'un ne soit trouvé capable de répondre pour son crime et de subir sa punition. Le Fils de Dieu s'offre volontairement pour rançon de l'homme. Le Père l'accepte, ordonne l'incarnation, et prononce que le Fils soit exalté au-dessus de tous, dans le ciel et sur la terre. Il commande à tous les anges de l'adorer. Ils obéissent, et chantant en chœur sur leurs harpes, ils célèbrent le Fils et le Père. Cependant Satan descend sur la convexité nue de l'orbe le plus extérieur de ce monde, où errant le premier, il trouve un lieu appelé dans la suite le limbe de vanité: quelles personnes et quelles choses volent à ce lieu. De là l'ennemi arrive aux portes du ciel. Les degrés par lesquels on y monte décrits, ainsi que les eaux qui coulent au-dessus du firmament. Passage de Satan à l'orbe du soleil. Il y rencontre Uriel, régent de cet orbe, mais il prend auparavant la forme d'un ange inférieur, et prétextant un pieux désir de contempler la nouvelle création et l'homme que Dieu y a placé, il s'informe de la demeure de celui-ci : Uriel l'en instruit, Satan s'abat d'abord sur le sommet du Mont Niphates.

BOOK III.

THE ARGUMENT.

God, sitting on his throne, sees Satan flying towards this world, then newly created : shows him to the Son, who sat at his right hand, foretells the success of Satan in perverting mankind; clears his own justice and wisdom from all imputation, having created man free, and able enough to have withstood his tempter; yet declares his purpose of grace towards him, in regard he fell not of his own malice, as did Satan, but by him seduced. The Son of God renders praises to his Father for the manifestation of his gracious purpose towards man; but God again declares, that grace cannot be extended towards man without the satisfaction of divine justice : man hath offended the majesty of God by aspiring to Godhead, and therefore, with all his progeny devoted to death must die, unless some one can be found sufficient to answer for his offence, and undergo his punishment. The Son of God freely offers himself a ransom for man; the Father accepts him, ordains his incarnation, pronounces his exaltation above all names in Heaven and earth; commands all the angels to adore him; they obey, and, hymning to their harps in full quire, celebrate the Father and the Son. Meanwhile, Satan alights upon the bare convex of this world's outermost orb; where wandering he first finds a place, since called the Limbo of Vanity; what persons and things fly up thither; thence comes to the gate of Heaven, described ascending by stairs, and the waters above the firmament that flow about it; his passage thence to the orb of the sun; he finds there Uriel, the regent of that orb, but first changes himself into the shape of a meaner angel; and pretending a zealous desire to behold the new creation, and man whom God had placed here, inquires of him the place of his habitation, and is directed; alights first on mount Niphates.

III.

Salut, lumière sacrée, fille du ciel, née la première ou de l'Éternel rayon coéternel! Ne puis-je pas te nommer ainsi sans être blâmé? Puisque Dieu est la lumière, et que de toute éternité il n'habita jamais que dans une lumière inaccessible, il habita donc en toi, brillante effusion d'une brillante essence increée. Ou préfères-tu t'entendre appeler ruisseau de pur éther? Qui dira ta source? Avant le soleil, avant les cieux, tu étais, et à la voix de Dieu tu couvris, comme d'un manteau, le monde s'élevant des eaux ténébreuses et profondes, conquête faite sur l'infini vide et sans forme.

Maintenant je te visite de nouveau d'une aile plus hardie, échappé du lac Stygien, quoique longtemps retenu dans cet obscur séjour. Lorsque, dans mon vol, j'étais porté à travers les ténèbres extérieures et moyennes,

III.

Hail, holy Light! offspring of Heaven first-born,
Or of th' Eternal co-eternal beam,
May I express thee unblam'd? since God is light,
And never but unapproached light
Dwelt from eternity, dwelt then in thee,
Bright effluence of bright essence increate:
Or hear'st thou rather pure ethereal stream,
Whose fountain who shall tell? Before the sun,
Before the heavens thou wert, and at the voice
Of God, as with a mantle, didst invest
The rising world of waters dark and deep,
Won from the void and formless infinite.
  Thee I revisit now with bolder wing,
Escap'd the Stygian pool, though long detain'd
In that obscure sojourn; while in my flight
Through utter and through middle darkness borne,
With other notes than to th' Orphean lyre,
I sung of Chaos and eternal Night;

j'ai chanté, avec des accords différents de ceux de la lyre d'Orphée, le Chaos et l'éternelle Nuit. Une muse céleste m'apprit à m'aventurer dans la noire descente et à la remonter, chose rare et pénible. Sauvé, je te visite de nouveau, et je sens ta lampe vitale et souveraine. Mais toi tu ne reviens point visiter des yeux qui roulent en vain pour rencontrer ton rayon perçant, et ne trouvent point d'aurore, tant une goutte sereine a profondément éteint leurs orbites, ou un sombre tissu les a voilés.

Cependant je ne cesse d'errer aux lieux fréquentés des Muses, claires fontaines, bocages ombreux, collines dorées du soleil, épris que je suis de l'amour des chants sacrés. Mais toi surtout, ô Sion, toi et les ruisseaux fleuris qui baignent tes pieds saints et coulent en murmurant, je vous visite pendant la nuit. Je n'oublie pas non plus ces deux mortels, semblables à moi en malheur (puissé-je les égaler en gloire!) l'aveugle Thamyris et l'aveugle Méonides, Tirésias et Phinée, prophètes antiques. Alors je me nourris des pensées qui produisent d'elles-mêmes les nombres harmonieux, comme l'oiseau qui veille chante dans l'obscurité : caché sous le plus épais couvert, il soupire ses nocturnes complaintes.

Ainsi avec l'année reviennent les saisons ; mais le jour ne revient pas pour moi ; je ne vois plus les douces approches du matin et du soir, ni la fleur du printemps, ni la rose de l'été, ni les troupeaux, ni la face divine

> Taught by the heavenly muse to venture down
> The dark descent, and up to reascend,
> Though hard and rare: these I revisit safe,
> And feel thy sovran vital lamp; but thou
> Revisit'st not these eyes, that roll in vain
> To find thy piercing ray, and find no dawn ;
> So thick a drop serene hath quench'd their orbs
> Or dim suffusion veil'd.
>   Yet not the more
> Cease I to wander where the Muses haunt,
> Clear spring, or shady grove, or sunny hill,
> Smit with the love of sacred song ; but chief
> Thee, Sion, and the flowery brooks beneath,
> That wash thy hallow'd feet, and warbling flow,
> Nightly I visit ; nor sometimes forget
> Those other two equall'd with me in fate,
> So where I equall'd with them in renown,
> Blind Thamyris and blind Mæonides,
> And Tiresias and Phineus, prophets old :
> Then feed on thoughts, that voluntary move
> Harmonious numbers; as the wakeful bird
> Sings darkling, and in shadiest covert hid,
> Tunes her nocturnal note.
>   Thus with the year
> Seasons return, but not to me returns
> Day, or the sweet approach of even or morn,

de l'homme. Des nuages et des ténèbres qui durent toujours, m'environnent. Retranché des agréables voies des humains, le livre des belles connaissances ne me présente qu'un blanc universel, où les ouvrages de la nature sont effacés et rayés pour moi : la sagesse à l'une de ses entrées m'est entièrement fermée.

Brille d'autant plus intérieurement, ô céleste lumière ! que toutes les puissances de mon esprit soient pénétrées de tes rayons ! mets des yeux à mon âme, disperse et dissipe loin d'elle tous les brouillards, afin que je puisse voir et dire des choses invisibles à l'œil mortel.

Déjà le Père tout-puissant, du haut du ciel, du pur empyrée, où il siége sur un trône au-dessus de toute hauteur, avait abaissé son regard pour contempler à la fois ses ouvrages et les ouvrages de ses ouvrages. Autour de lui les saintetés du ciel se pressaient comme des étoiles et recevaient de sa vue une béatitude qui surpasse toute expression ; à sa droite était assise la radieuse image de sa gloire, son Fils unique. Il aperçut d'abord sur la terre nos deux premiers parents, les deux seuls êtres de l'espèce humaine, placés dans le jardin des délices, goûtant d'immortels fruits de joie et d'amour, joie non interrompue, amour sans rival dans une heureuse solitude. Il aperçut aussi l'enfer et le gouffre entre l'enfer et la création ; il vit Satan côtoyant le mur du ciel, du côté de la nuit,

>
> Or sight of vernal bloom, or summer's rose,
> Or flocks, or herds, or human face divine ;
> But cloud instead, and ever-during dark
> Surrounds me, from the cheerful ways of men
> Cut off, and for the book of knowledge fair
> Presented with a universal blank
> Of nature's works, to me expung'd and ras'd,
> And wisdom at one entrance quite shut out.
>   So much the rather thou, celestial Light,
> Shine inward, and the mind through all her powers
> Irradiate; there plant eyes, all mist from thence
> Purge and disperse, that I may see and tell
> Of things invisible to mortal sight.
>   Now had th' almighty Father from above,
> From the pure empyrean where he sits
> High thron'd above all highth, bent down his eye,
> His own works and their works at once to view.
> About him all the sanctities of Heaven
> Stood thick as stars, and from his sight receiv'd
> Beatitude past utterance; on his right
> The radiant image of his glory sat,
> His only Son : on earth he first beheld
> Our two first parents, yet the only two
> Of mankind, in the happy garden plac'd,
> Reaping immortal fruits of joy and love,
> Uninterrupted joy, unrivall'd love,

dans l'air sublime et sombre, et près de s'abattre, avec ses ailes fatiguées et un pied impatient, sur la surface aride de ce monde qui lui semble une terre ferme, arrondie et sans firmament : l'archange est incertain si ce qu'il voit est l'océan ou l'air. Dieu l'observant de ce regard élevé dont il découvre le présent, le passé et l'avenir, parla de la sorte à son Fils unique en prévoyant cet avenir :

« Unique fils que j'ai engendré, vois-tu quelle rage transporte notre
» adversaire? Ni les bornes prescrites, ni les barreaux de l'enfer, ni
» toutes les chaînes amoncelées sur lui, ni même du profond Chaos l'in-
» terruption immense, ne l'ont pu retenir ; tant il semble enclin à une
» vengeance désespérée qui retombera sur sa tête rebelle. Maintenant,
» après avoir rompu tous ses liens, il vole non loin du ciel, sur les limites
» de la lumière, directement vers le monde nouvellement créé et vers
» l'homme placé là, dans le dessein d'essayer s'il pourra le détruire par
» la force, ou, ce qui serait pis, le pervertir par quelque fallacieux arti-
» fice ; et il le pervertira : l'homme écoutera ses mensonges flatteurs, et
» transgressera facilement l'unique commandement, l'unique gage de son
» obéissance ; il tombera lui et sa race infidèle.

» A qui sera la faute ? A qui, si ce n'est à lui seul ! Ingrat ! il avait de
» moi tout ce qu'il pouvait avoir ; je l'avais fait juste et droit, capable de

> In blissful solitude: he then survey'd
> Hell and the gulf between, and Satan there
> Coasting the wall of Heaven on this side night
> In the dun air sublime, and ready now
> To stoop with wearied wings, and willing feet,
> On the bare outside of this world, that seem'd
> Firm land imbosom'd without firmament,
> Uncertain which, in ocean or in air.
> Him God beholding from his prospect high,
> Wherein past, present, future, he beholds,
> Thus to his only Son foreseeing spake :
> « Only begotten Son, seest thou what rage
> Transports our adversary? whom no bounds
> Prescrib'd, no bars of Hell, nor all the chains
> Heap'd on him there, nor yet the main abyss
> Wide interrupt, can hold; so bent he seems
> On desperate revenge, that shall redound
> Upon his own rebellious head.   And now,
> Through all restraint broke loose, he wings his way
> Not far off Heaven, in the precincts of light,
> Directly towards the new-created world,
> And man there plac'd, with purpose to assay
> If him by force he can destroy, or, worse,
> By some false guile pervert; and shall pervert:
> For man will hearken to his glozing lies,
> And easily transgress the sole command,

» se soutenir, quoique libre de tomber. Je créai tels tous les pouvoirs
» éthérés et tous les esprits, ceux qui se soutinrent et ceux qui tombè-
» rent : librement se sont soutenus ceux qui se sont soutenus, et tombés
» ceux qui sont tombés. N'étant pas libres, quelle preuve sincère auraient-
» ils pu donner d'une vraie obéissance, de leur constante foi ou de leur
» amour? Lorsqu'ils n'auraient fait seulement que ce qu'ils auraient été
» contraints de faire, et non ce qu'ils auraient voulu, quelle louange en
» auraient-ils pu recevoir ? quel plaisir aurais-je trouvé dans une obéis-
» sance ainsi rendue, alors que la volonté et la raison (raison est aussi
» choix), inutiles et vaines, toutes deux dépouillées de liberté, toutes
» deux passives, eussent servi la nécessité, non pas moi ?

» Ainsi créés, comme il appartenait de droit, ils ne peuvent donc jus-
» tement accuser leur créateur, ou leur nature, ou leur destinée, comme
» si la prédestination, dominant leur volonté, en disposât par un décret
» absolu, ou par une prescience suprême. Eux-mêmes ont décrété leur
» propre révolte; moi non : si je l'ai prévue, ma prescience n'a eu au-
» cune influence sur leur faute, qui n'étant pas prévue n'en aurait pas
» moins été certaine. Ainsi sans la moindre impulsion, sans la moindre
» ombre de destinée ou de chose quelconque par moi immuablement
» prévue, ils pèchent, auteurs de tout pour eux-mêmes, à la fois en ce

Sole pledge of his obedience : so will fall,
He and his faithless progeny. Whose fault?
Whose but his own? Ingrate, he had of me
All he could have : I made him just and right,
Sufficient to have stood, though free to fall.
Such I created all th' ethereal powers
And spirits, both them who stood and them who fail'd
Freely they stood who stood, and fell who fell.
Not free, what proof could they have given sincere
Of true allegiance, constant faith, or love ?
Where only, what they needs must do, appear'd,
Not what they would : what praise could they receive?
What pleasure I from such obedience paid,
When will and reason (reason also is choice),
Useless and vain, of freedom both despoil'd,
Made passive both, had serv'd Necessity,
Not me?

» They therefore, as to right belong'd,
So were created, nor can justly accuse
Their maker, or their making, or their fate;
As if predestination over rul'd
Their will, dispos'd y absolute decree
Or high foreknowledge : they themselves decreed
Their own revolt, not I ; if I forknew
Foreknowledge had no influence on their fault,
Which had no less prov'd certain unforeknown.

» qu'ils jugent et en ce qu'ils choisissent : car ainsi je les ai créés libres,
» et libres ils doivent demeurer jusqu'à ce qu'ils s'enchaînent eux-mêmes.
» Autrement, il me faudrait changer leur nature, révoquer le haut dé-
» cret irrévocable, éternel, par qui fut ordonnée leur liberté ; eux seuls
» ont ordonné leur chute.

» Les premiers coupables tombèrent par leur propre suggestion, ten-
» tés par eux-mêmes, par eux-mêmes dépravés ; l'homme tombe déçu
» par les premiers coupables. L'homme, à cause de cela, trouvera
» grâce ; les autres n'en trouveront point. Par là miséricorde et par
» la justice, dans le ciel et sur la terre, ainsi ma gloire triomphera ;
» mais la miséricorde, la première et la dernière, brillera la plus
» éclatante. »

Tandis que Dieu parlait, un parfum d'ambroisie remplissait tout le ciel, et répandait parmi les bienheureux esprits élus le sentiment d'une nouvelle joie ineffable. Au-dessus de toute comparaison, le Fls de Dieu se montrait dans une très-grande gloire : en lui brillait tout son Père substantiellement exprimé. Une divine compassion apparut visible sur son visage, avec un amour sans fin et une grâce sans mesure ; il les fit connaître à son Père, en lui parlant de la sorte :

« O mon Père, miséricordieuse a été cette parole qui a terminé ton

  So without least impulse or shadow of fate,
  Or aught by me immutably foreseen,
  They trespass, authors to themselves in all
  Both what they judge and what they choose; for so
  I form'd them free, and free they must remain,
  Till they entrall themselves: I else must change
  Their nature, and revoke the high decree
  Unchangeable, eternal, which ordain'd
  Their freedom: they themselves ordain'd their fall.

  » The first sort by their own suggestion fell,
  Self-tempted, self-deprav'd: man falls deceiv'd
  By th' other first: man therefore shall find grace,
  The other none: in mercy and justice both,
  Through Heaven and earth, so shall my glory excel:
  But mercy, first and last, shall brightest shine. »

  Thus while God spake, ambrosial fragrance fill'd
  All Heaven, and in the blessed spirits elect
  Sense of new joy ineffable diffus'd.
  Beyond compare the Son of God wast seen
  Most glorious: in him all his Father shone
  Substantially express'd; and in his face
  Divine compassion visibly appear'd,
  Love without end, and without measure grace,
  Which uttering, thus he to his Father spake:

  « O Father, gracious was that word which clos'd
  Thy sovran sentence that man should find grace ;

» arrêt suprême : L'HOMME TROUVERA GRACE ! Pour cette parole le ciel et
» la terre publieront tes louanges par les innombrables concerts des
» hymnes et des sacrés cantiques : de ces cantiques ton trône environné
» retentira de toi à jamais béni. Car l'homme serait-il finalement perdu ?
» l'homme, ta créature dernièrement encore si aimée, ton plus jeune
» fils, tomberait-il circonvenu par la fraude, bien qu'en y mêlant sa
» propre folie ! Que cela soit loin de toi, que cela soit loin de toi, ô Père,
» toi qui juges de toutes les choses faites, et qui seul juges équitablement !
» Ou l'adversaire obtiendra-t-il ainsi ses fins et te frustera-t-il des tiennes ?
» Satisfera-t-il sa malice, et réduira-t-il ta bonté à néant ? ou s'en retour-
» nera-t-il plein d'orgueil, quoique sous un plus pesant arrêt, et cepen-
» dant avec une vengeance satisfaite, entraînant après lui dans l'enfer la
» race entière des humains, par lui corrompue ? Ou veux-tu toi-même
» abolir ta création, et défaire, pour cet ennemi, ce que tu as fait pour
» ta gloire ? Ta bonté et ta grandeur pourraient être mises ainsi en ques-
» tion, et blasphémées sans être défendues. »

Le grand Créateur lui répondit :

« O mon fils ! en qui mon âme a ses principales délices, Fils de mon
» sein, Fils qui est seul mon Verbe, ma sagesse et mon effectuelle puis
» sance, toutes tes paroles ont été comme sont mes pensées, toutes,

For which both Heaven and earth shall high extol
Thy praises, with th' innumerable sound
Of hymns and sacred songs, wherewith thy throne
Encompass'd shall resound thee ever blest.
For should man finally be lost, should man,
Thy creature late so lov'd, thy youngest son,
Fall circumvented thus by fraud, though join'd
With his own folly? that be from thee far,
That far be from thee, Father, who art judge
Of all things made, and judgest only right.
Or shall the adversary thus obtain
His end, and frustrate thine? shall he fulfil
His malice, and thy goodness bring to nought;
Or proud return, though to his heavier doom,
Yet with revenge accomplish'd, and to Hell
Draw after him the whole race of mankind,
By him corrupted? or wilt thou thyself
Abolish thy creation, and unmake,
For him, what for thy glory thou hast made?
So should thy goodness and thy greatness both
Be question'd and blasphem'd without defence. »
    To whom the great Creator thus replied:
« O son, in whom my soul hath chief delight,
Son of my bosom, Son, who art alone
My word, my wisdom, and effectual might,
All hast thou spoken as my thoughts are; all

» comme ce que mon éternel dessein a décrété, l'homme ne périra pas
» tout entier, mais se sauvera qui voudra ; non cependant par une vo-
» lonté de lui-même, mais par une grâce de moi, librement accordée.
» Une fois encore je renouvellerai les pouvoirs expirés de l'homme,
» quoique forfaits et assujettis par le péché à d'impurs et exorbitants
» désirs. Relevé par moi, l'homme se tiendra debout une fois encore, sur
« le même terrain que son mortel ennemi ; l'homme sera par moi relevé,
» afin qu'il sache combien est débile sa condition dégradée, afin qu'il ne
» rapporte qu'à moi sa délivrance, et à nul autre qu'à moi.

« J'en ai choisi quelques-uns, par une grâce particulière élus au-dessus
» des autres : telle est ma volonté. Les autres entendront mon appel ; ils
» seront souvent avertis de songer à leur état criminel, et d'apaiser au
» plus tôt la Divinité irritée tandis que la grâce offerte les y invite.
» Car j'éclairerai leurs sens ténébreux d'une manière suffisante, et
» j'amollirai leur cœur de pierre, afin qu'ils puissent prier, se re-
» pentir, et me rendre l'obéissance due : à la prière, au repentir, à
» l'obéissance due (quand elle ne serait que cherchée avec une inten-
» tion sincère), mon oreille ne sera point sourde, mon œil fermé. Je
» mettrai dans eux, comme un guide, mon arbitre, la conscience : s'ils
» veulent l'écouter, ils atteindront lumière après lumière ; celle-ci bien

As my eternal purpose hath decreed:
Man shall not quite be lost, but sav'd who will,
Yet not of will in him, but grace in me
Freely vouchsaf'd : once more I will renew
His lapsed powers, though forfeit, and enthrall'd
By sin to foul exorbitant desires:
Upheld by me, yet once more he shall stand
On even ground against his mortal foe ;
By me upheld, that he may know how frail
His fallen condition is, and to me owe
All his deliverance, and to none but me.

» Some I have chosen of peculiar grace,
Elect above the rest ; so is my will :
The rest shall hear me call, and oft be warn'd
Their sinful state, and to appease betimes
Th' incensed Deity, while offer'd grace
Invites ; for I will clear their senses dark,
What may suffice, and soften stony hearts
To pray, repent, and bring obedience due.
To prayer, repentance, and obedience due,
Though but endeavour'd with sincere intent,
Mine ear shall not be slow, mine eye not shut.
And I will place within them as a guide,
My umpire, conscience, whom if they will hear,
Light after light, well us'd, they shall attain;
And to the end, persisting, safe arrive.

LIVRE III.

» employée, et eux persévérant jusqu'à la fin, ils arriveront en sûreté.

» Ma longue tolérance et mon jour de grâce, ceux qui les négligeront et les mépriseront ne les goûteront jamais ; mais l'endurci sera plus endurci, l'aveugle plus aveuglé, afin qu'ils trébuchent et tombent plus bas. Et nuls que ceux-ci je n'exclus de la miséricorde.

» Mais cependant tout n'est pas fait : l'homme désobéissant rompt déloyalement sa foi, et pèche contre la haute suprématie du ciel ; affectant la divinité, et perdant tout ainsi, il ne laisse rien pour expier sa trahison : mais consacré et dévoué à la destruction, lui et toute sa postérité doivent mourir. Lui ou la justice doit mourir, à moins que pour lui un autre ne soit capable, s'offrant volontairement de donner la rigide satisfaction : mort pour mort.

» Dites, pouvoirs célestes, où nous trouverons un pareil amour ? Qui de vous se fera mortel pour racheter le mortel crime de l'homme ? et quel juste sauvera l'injustice ? Une charité si tendre habite-t-elle dans tout le ciel ? »

Il adressait cette demande, mais tout le chœur divin resta muet, et le silence était dans le ciel. En faveur de l'homme ni patron ni intercesseur ne paraît, ni encore moins qui ose attirer sur sa tête la proscription mortelle, et payer rançon. Et alors, privée de rédemption, la race humaine

» This my long sufferance and my day of grace
They who neglect and scorn, shall never taste;
But hard be harden'd, blind be blinded more,
That they may stumble on, and deeper fall
And none but such from mercy I exclude.
 » But yet all is not done ; man disobeying
Disloyal, breaks his fealty, and sins
Against the high supremacy of Heaven,
Affecting God-head, and so losing all,
To expiate his treason hath nought left;
But to destruction sacred and devote,
He, with his whole posterity, must die ;
Die he or justice must; unless for him
Some other able, and as willing, pay
The rigid satisfaction; death for death.
 » Say, heavenly powers, where shall we find such love
Which of ye will be mortal, to redeem
Man's mortal crime, and just th' unjust to save?
Dwells in all Heaven charity so dear? »
 He ask'd, but all the heavenly quire stood mute;
And silence was in Heaven: on man's behalf
Patron or intercessor none appear'd ;
Much less that durst upon his own head draw
The deadly forfeiture, and ransom set,
And now without redemption all mankind
Must have been lost, adjudg'd to death and Hell

entière eût été perdue, adjugée, par un arrêt sévère, à la mort et à l'enfer, si le Fils de Dieu, en qui réside la plénitude de l'amour divin, n'eût ainsi renouvelé sa plus chère médiation.

« Mon Père, ta parole est prononcée : L'HOMME TROUVERA GRACE. La
» grâce ne trouvera-t-elle pas quelque moyen de salut, elle qui, le plus
» rapide des messagers ailés, trouve un passage pour visiter tes créa-
» tures, et venir à toutes, sans être prévue, sans être implorée, sans être
» cherchée ? Heureux l'homme si elle le prévient ainsi ! Il ne l'appellera
» jamais à son aide, une fois perdu et mort dans le péché : endetté et
» ruiné, il ne peut fournir pour lui ni expiation, ni offrande.

» Me voici donc, moi pour lui, vie pour vie ; je m'offre : sur moi laisse
» tomber ta colère ; compte-moi pour homme. Pour l'amour de lui, je
» quitterai ton sein, et je me dépouillerai volontairement de cette gloire
» que je partage avec toi ; pour lui je mourrai satisfait. Que la mort
» exerce sur moi toute sa fureur : sous son pouvoir ténébreux je ne de-
» meurerai pas longtemps vaincu. Tu m'as donné de posséder la vie en
» moi-même à jamais ; par toi je vis, quoique à présent je cède à la Mort ;
» je suis son dû en tout ce qui peut mourir en moi.

» Mais cette dette payée, tu ne me laisseras pas sa proie dans l'impur
» tombeau ; tu ne souffriras pas que mon âme sans tache habite là pour

> By doom severe, had not the Son of God,
> In whom the fulnels dwells of love divine,
> His dearest mediation thus renew'd :
>   « Father, thy word is pass'd ; man shall find grace ;
> And shall grace not find means? that finds her way
> The speediest of thy winged messengers,
> To visit all thy creatures, and to all
> Comes unprevented, unimplor'd, unsought?
> Happy for man, so coming : he her aid
> Can never seek, once dead in sins and lost ;
> Atonement for himself or offering meet,
> Indebted and undone, hath none to bring.
>   Behold me then ; me for him, life or life,
> I offer : on me let thine anger fall ;
> Account me man ; I for his sake will leave
> Thy bosom, and this glory next to thee
> Freely put off, and for him lastly die
> Well pleas'd ; on me let Death wreak all his rage ;
> Under his gloomy power I shall not long
> Lie vanquish'd ; thou hast given me to possess
> Life in myself for ever ; by thee I live,
> Though now to Death I yield, and am his due
> All that of me can die.
>   » Yet that debt paid,
> Thou wilt not leave me in the loathsome grave
> His prey, nor suffer my unspotted soul

» jamais avec la corruption ; mais je ressusciterai victorieux et je subju-
» guerai mon vainqueur dépouillé de ses dépouilles vantées. La Mort re-
» cevra alors sa blessure de mort et rampera inglorieuse, désarmée de
» son dard mortel. Moi, à travers les airs, dans un grand triomphe, j'em-
» mènerai l'enfer captif malgré l'enfer, et je montrerai les pouvoirs des
» ténèbres enchaînés. Toi, charmé à cette vue, tu laisseras tomber du
» ciel un regard, et tu souriras, tandis qu'élevé par toi, je confondrai
» tous mes ennemis, la Mort la dernière, et avec sa carcasse je rassasie-
» rai le sépulcre. Alors, entouré de la multitude par moi rachetée, je
» rentrerai dans le ciel après une longue absence ; j'y reviendrai, ô mon
» Père, pour contempler ta face sur laquelle aucun nuage de colère ne
» restera, mais où l'on verra la paix assurée et la réconciliation ;
» désormais la colère n'existera plus, mais en ta présence la joie sera en-
» tière. »

Ici ses paroles cessèrent, mais son tendre aspect silencieux paraît encore, et respirait un immortel amour pour les hommes mortels, au-dessus duquel brillait seulement l'obéissance filiale. Content de s'offrir en sacrifice, il attend la volonté de son Père. L'admiration saisit tout le ciel, qui s'étonne de la signification de ces choses, et ne sait où elles tendent. Bientôt le Tout-Puissant répliqua ainsi :

> For ever with corruption there to dwell:
> But I shall rise victorious, and subdue
> My vanquisher, spoil'd of his vaunted spoil,
> Death his death's wound shall then receive, and stoop,
> Inglorious, of his mortal sting disarm'd.
> I through the ample air in triumph high
> Shall lead Hell captive, maugre Hell, and show
> The powers of darkness bound. Thou, at the sight
> Pleas'd, out of Heaven shalt look down and smile;
> While, by thee rais'd, I ruin all my foes,
> Death last, and with his carcase glut the grave:
> Then, with the multitude of my redeem'd,
> Shall enter Heaven, long absent, and return;
> Father, to see thy face, wherein no cloud
> Of anger shall remain, but peace assur'd
> And reconcilement: wrath shall be no more
> Thenceforth, but in thy presence joy entire. »
>
>   His words here ended, but his meek aspect
> Silent yet spake, and breath'd immortal love
> To mortal men, above which only shone
> Filial obedience: as a sacrifice
> Glad to be offer'd, he attends the will
> Of his great Father. Admiration seiz'd
> All Heaven, what this might mean, and whither tend,
> Wondering; but soon th' Almighty thus replied:

« O toi sur la terre et dans le ciel, seule paix trouvée pour le genre
» humain sous le coup de la colère ! ô toi, unique objet de ma complai-
» sance ! tu sais combien me sont chers tous mes ouvrages ; l'homme ne
» me l'est pas moins, quoique le dernier créé, puisque pour lui je te sé-
» parerai de mon sein et de ma droite, afin de sauver (en te perdant
» quelque temps) toute la race perdue. Toi donc qui peux seul la rache-
» ter, joins à ta nature la nature humaine, et sois toi-même homme
» parmi les hommes sur la terre ; fais-toi chair, quand les temps seront
» accomplis, et sors du sein d'une vierge par une naissance miraculeuse.
» Sois le chef du genre humain dans la place d'Adam, quoique fils d'A-
» dam. Comme en lui périssent tous les hommes, en toi, ainsi que d'une
» seconde racine, seront rétablis tous ceux qui doivent l'être ; sans toi,
» personne. Le crime d'Adam rend coupables tous ses fils ; ton mérite,
» qui leur sera imputé, absoudra ceux qui, renonçant à leurs propres
» actions, justes ou injustes, vivront en toi transplantés, et de toi rece-
» vront une nouvelle vie. Ainsi l'homme, comme cela est juste, donnera
» satisfaction pour l'homme ; il sera jugé et mourra ; et en mourant il se
» relèvera, et en se relevant relèvera avec lui tous ses frères rachetés
» par son sang précieux. Ainsi l'amour céleste l'emportera sur la haine
» infernale, en se donnant à la mort, en mourant pour racheter si chère-

« O thou, in Heaven and earth the only peace
Found out for mankind under wrath ! O thou,
My sole complacence ! well thou know'st how dear
To me are all my works ; nor man the least,
Though last created ; that for him I spare
Thee from my bosom and right hand, to save,
By losing thee a while, the whole race lost.
Thou, therefore, whom thou only canst redeem,
Their nature also to thy nature join :
And be thyself man among men on earth,
Made flesh, when time shall be, of virgin seed,
By wondrous birth : be thou in Adam's room
The head of all mankind, though Adam's son.
As in him perish all men, so in thee,
As from a second root, shall be restor'd,
As many as are restor'd ; without thee none.
His crime makes guilty all his sons ; thy merit,
Imputed, shall absolve them, who renounce
Their own both righteous and unrighteous deeds,
And live in thee transplanted, and from thee
Receive new life. So man, as is most just,
Shall satisfy for man, be judged and die ;
And dying rise, and rising with him raise
His brethren, ransom'd with his own dear life.
So heavenly love shall outdo hellish hate,
Giving at death, and dying to redeem

» ment ce que la haine infernale a si aisément détruit, ce qu'elle conti-
» nuera de détruire dans ceux qui, lorsqu'ils le peuvent, n'acceptent
» point la grâce.

» O mon Fils ! en descendant à l'humaine nature, tu n'amoindris ni
» ne dégrades la tienne. Parce que tu es, quoique assis sur un trône dans
» la plus haute béatitude, égal à Dieu, jouissant également du bonheur
» divin ; parce que tu as tout quitté pour sauver un monde d'une entière
» perdition ; parce que ton mérite, plus encore que ton droit de nais-
» sance, Fils de Dieu, t'a rendu plus digne d'être ce Fils, étant beaucoup
» plus encore que grand et puissant ; parce que l'amour a abondé en toi
» plus que la gloire, ton humiliation élèvera avec toi à ce trône ton
» humanité. Ici tu t'assiéras incarné, ici tu régneras à la fois Dieu et
» homme, à la fois Fils de Dieu et de l'homme, établis par l'onction Roi
» universel.

» Je te donne tout pouvoir : règne à jamais, et revêts-toi de tes mé-
» rites : je te soumets, comme chef suprême, les Trônes, les Princes, les
» Pouvoirs, les Dominations : tous les genoux fléchiront devant toi, les
» genoux de ceux qui habitent au ciel ou sur la terre, ou sous la terre,
« en enfer. Quand glorieusement entouré d'un cortége céleste, tu appa-
» raîtras sur les nuées, quand tu enverras les archanges, tes hérauts,

   So dearly to redeem what hellish hate
   So easily destroy'd, and still destroys
   In those who, when they may, accept not grace.
    Nor shalt thou, by descending to assume
   Man's nature, lessen or degrade thine own.
   Because thou hast, though thron'd in highest bliss
   Equal to God, and equally enjoying
   God-like fruition, quitted all to save
   A world from utter loss; and hast been found
   By merit more than birthright, Son of God,
   Found worthiest to be so by being good,
   Far more than great or high; because in thee
   Love hath abounded more than glory abounds :
   Therefore thy humiliation shall exalt
   With thee thy manhood also to this throne;
   Here shalt thou sit incarnate, here shalt reign
   Both God and man, Son both of God and man
   Anointed universal King.
       All power
   I give thee; reign for ever, and assume
   Thy merits; under thee, as head supreme,
   Thrones, Princedoms, Powers, Dominions, I reduce
   All knees to thee shall bow, of them that bide
   In Heaven, or earth, or under earth in Hell.
   When thou, attended gloriously from Heaven,
   Shalt in the sky appear, and from thee send

» annoncer ton redoutable jugement, aussitôt des quatre vents les vi-
» vants appelés, de tous les siècles passés les morts ajournés, se hâteront
» à la sentence générale; si grand sera le bruit qui réveillera leur som-
» meil! Alors dans l'assemblée des saints, tu jugeras les méchants, hom-
» mes et anges : convaincus, ils s'abîmeront sous ton arrêt. L'enfer, rem-
» pli de ses multitudes, sera fermé pour toujours. Cependant le monde
» sera consumé; de ses cendres sortira un ciel nouveau, une nouvelle
» terre où les justes habiteront. Après leurs longues tribulations, ils ver-
» ront des jours d'or, fertiles en actions d'or, avec la joie et le triom-
» phant amour et la vérité belle. Alors tu déposeras ton sceptre royal,
» car il n'y aura plus besoin de sceptre royal; Dieu sera tout en tous.
» Mais vous, anges, adorez celui qui, pour accomplir tout cela, meurt ;
» adorez le Fils et honorez-le comme moi. »

Le Tout-Puissant n'eut pas plutôt cessé de parler, que la foule des anges (avec une acclamation forte comme celle d'une multitude sans nombre, douce comme provenante de voix saintes) fit éclater la joie : le ciel retentit de bénédictions, et d'éclatants *hosanna* remplirent les régions éternelles. Les anges révérencieusement s'inclinèrent devant les deux trônes, et avec une solennelle adoration, ils jetèrent sur le parvis leurs couronnes entremêlées d'or et d'amarante ; immortel amarante ! Cette

    The summoning archangels to proclaim
Thy dread tribunal, forthwith from all winds
The living, and forthwith the cited dead
Of all past ages, to the general doom
Shall hasten : such a peal shall rouse their sleep.
Then, all thy saints assembled, thou shalt judge
Bad men and angels ; they arraign'd shall sink
Beneath thy sentence ; Hell, her numbers full,
Thenceforth shall be for ever shut.   Meanwhile
The world shall burn, and from her ashes spring
New Heaven and earth, wherein the just shall dwell,
And after all their tribulations long
See golden days, fruitful of golden deeds,
With joy and love triumphing, and fair truth :
Then thou thy regal sceptre shalt lay by,
For regal sceptre then no more shall need ;
God shall be all in all.   But, all ye gods,
Adore him, who to compass all this dies ;
Adore the Son, and honour him as me. »

    No sooner had th' Almighty ceas'd, but all
The multitude of angels with a shout,
Loud as from numbers without number, sweet
As from blest voices, uttering joy; Heaven rung
With jubilee, and loud hosannas fill d
Th' eternal regions.   Lowly reverent
Towards either throne they bow, and to the ground

fleur commença jadis à s'épanouir près de l'arbre de vie, dans le paradis terrestre; mais bientôt après le péché de l'homme elle fut reportée au ciel où elle croissait d'abord : là elle croit encore; elle fleurit en ombrageant la fontaine de Vie et les bords du fleuve de la Félicité, qui au milieu du ciel roule son onde d'ambre sur des fleurs élysiennes. Avec ces fleurs d'amarante jamais fanées, les esprits élus attachent leur resplendissante chevelure entrelacée de rayons.

Maintenant ces guirlandes détachées sont jetées éparses sur le pavé étincelant qui brillait comme une mer de jaspe, et souriait empourpré des roses célestes. Ensuite couronnés de nouveau, les anges saisissent leurs harpes d'or toujours accordées, et qui, brillantes à leur côté, étaient suspendues comme des carquois. Par le doux prélude d'une charmante symphonie, ils introduisent leur chant sacré et éveillent l'enthousiasme sublime. Aucune voix ne se tait; pas une voix qui ne puisse facilement se joindre à la mélodie, tant l'accord est parfait dans le ciel!

« Toi, ô Père, ils te chantèrent le premier, tout-puissant, immuable,
» immortel, infini, Roi éternel; toi, auteur de tous les êtres, fontaine de
» lumière ; toi, invisible dans les glorieuses splendeurs où tu es assis sur
» un trône inaccessible, et même lorsque tu ombres la pleine effusion
» de tes rayons, et qu'à travers un nuage arrondi autour de toi comme

With solemn adoration down they cast
Their crowns inwove with amaranth and gold;
Immortal amaranth ! a flower which once
In Paradise, fast by the tree of life,
Began to bloom; but soon for man's offence
To Heaven remov'd, where first it grew, there grows,
And flowers aloft shading the fount of Life,
And where the river of Bliss through midst of Heaven
Rolls o'er elysian flowers her amber stream;
With these, that never fade, the spirits elect
Bind their resplendent locks inwreath'd with beams;
Now in loose garlands thick thrown off, the bright
Pavement, that like a sea of jasper shone,
Impurpled with celestial roses smil'd.
Then crown'd again their golden harps they took,
Harps ever tun'd, that glittering by their side
Like quivers hung, and with preamble sweet
Of charming symphony they introduce
Their sacred song, and waken raptures high;
No voice exempt, no voice but well could join
Melodious part: such concord is in Heaven!
   « Thee, Father, first they sung, omnipotent,
Immutable, immortal, infinite,
Eternal King; thee, author of all being,
Fountain of light, thyself invisible
Amidst the glorious brightness where thou sit'st

» un radieux tabernacle, les bords de tes vêtements, obscurcis par leur
» excessif éclat, apparaissent : cependant encore le ciel est ébloui, et les
» plus brillants séraphins ne s'approchent qu'en voilant leurs yeux de
» leurs deux ailes.

» Ils te chantèrent ensuite, ô toi, le premier de toute la création, Fils
» engendré, divine ressemblance sur le clair visage de qui brille le Père
» tout-puissant, sans nuage rendu visible, et qu'aucune créature ne
» pourrait autrement regarder ailleurs. En toi imprimée la splendeur de
» sa gloire habite ; transfusé dans toi son vaste esprit réside. Par toi il
» créa le ciel des cieux et toutes les puissances qu'il renferme, et par toi
» il précipita les ambitieuses Dominations. Ce jour-là, tu n'épargnas
» point le terrible tonnerre de ton Père : tu n'arrêtas pas les roues de
» ton chariot flamboyant, qui ébranlaient la structure éternelle du ciel,
» tandis que tu passais sur le cou des anges rebelles dispersés : revenu
» de la poursuite, tes saints, par d'immenses acclamations, t'exaltèrent,
» toi, unique Fils de la puissance de ton Père, exécuteur de sa fière ven-
» geance sur ses ennemis! Non pas de même sur l'homme!....... Tu ne
» condamnas pas avec tant de rigueur l'homme tombé par la malice des
» esprits rebelles, ô Père de grâce et de miséricorde ; mais tu inclines
» beaucoup plus à la pitié. Ton cher et unique Fils n'eut pas plutôt

Thron'd inaccessible; but when thou shad'st
The full blaze of thy beams, and through a cloud
Drawn round about thee like a radiant shrine,
Dark with excessive bright thy skirts appear,
Yet dazzle Heaven; that brightest seraphim
Approach not, but with both wings veil their eyes.
» Thee next they sung of all creation first,
Begotten Son, divine similitude,
In whose conspicuous countenance, without cloud
Made visible, th' almighty Father shines,
Whom else no creature can behold: on thee
Impress'd the effulgence of his glory abides;
Transfus'd on thee his ample spirit rests.
He Heaven of Heavens and all the powers therein
By thee created, and by thee threw down
Th' aspiring Dominations: thou that day
Thy Father's dreadful thunder dids not spare,
Nor stop thy flaming chariot-wheels, that shook
Heaven's everlasting frame; while o'er the necks
Thou drovest of warring angels disarray'd.
Back from pursuit thy powers with loud acclaim
Thee only extoll'd, Son of thy Father's might,
To execute fierce vengeance on his foes;
Not so on man; him, through their malice fall'n
Father of mercy and grace, thou dids not doom
So strictly; but much more to pity incline.

» aperçu ta résolution de ne pas condamner avec tant de rigueur l'homme
» fragile, mais d'incliner beaucoup plus à la pitié, que pour apaiser ta
» colère, pour finir le combat entre la miséricorde et la justice, que l'on
» discernait sur ta face, ton Fils, sans égard à la félicité dont il jouissait
» assis près de toi, s'offrit lui-même à la mort, pour l'offense de l'homme.
» O amour sans exemple, amour qui ne pouvait être trouvé que dans
» l'amour divin! Salut, Fils de Dieu, Sauveur des hommes! Ton nom
» dorénavant sera l'ample matière de mon chant! Jamais ma harpe n'ou-
» bliera ta louange, ni ne la séparera de la louange de ton Père. »

Ainsi les anges dans le ciel, au-dessus de la sphère étoilée, passaient leurs heures fortunées dans la joie à chanter des hymnes. Cependant descendu sur le ferme et opaque globe de ce monde sphérique, Satan marche sur la première convexité qui, enveloppant les orbes inférieurs lumineux, les sépare du chaos et de l'invasion de l'antique nuit. De loin, cette convexité semblait un globe ; de près elle semble un continent sans bornes, sombre, désolé et sauvage, exposé aux tristesses d'une nuit sans étoiles et aux orages toujours menaçants du chaos qui gronde alentour ; ciel inclément, excepté du côté de la muraille du ciel quoique très-éloignée ; là quelque petit reflet d'une clarté débile se glisse, moins tourmenté par la tempête mugissante.

> No sooner did thy dear and only Son
> Perceive thee purpos'd not to doom frail man
> So strictly, but much more to pity inclin'd ;
> He, to appease thy wrath, and end the strife
> Of mercy and justice in thy face discern'd,
> Regardless of the bliss wherein he sat
> Second to thee, offer'd himself to die
> For man's offense. O unexampled love,
> Love no where to be found, less than divine!
> Hail. Son of God ! Saviour of men ! Thy name
> Shall, be the copious matter of my song
> Henceforth, and never shall my harp thy praise
> Forget, nor from thy Father's praise disjoin. »
>   Thus they in Heaven, above the starry sphere,
> Their happy hours in joy and hymning spent.
> Meanwhile upon the firm opacous globe
> Of this round world, whose first convex divides
> The luminous inferiour orbs, inclos'd
> From chaos and the inroad of darkness old,
> Satan alighted walks : a globe far off
> It seem'd, now seems a boundless continent,
> Dark, waste, and wild, under the frown of night
> Starless, expos'd, and ever-threatening storms
> Of chaos blustering round, inclement sky ;
> Save on that side, which from the wall of Heaven,
> Though distant far, some small reflection gains

Ici marchait à l'aise l'ennemi dans un champ spacieux. Quand un vautour, élevé sur l'Immaüs (dont la chaîne neigeuse enferme le Tartare vagabond), quand ce vautour abandonne une région dépourvue de proie, pour se gorger de la chair des agneaux ou des chevreaux d'un an sur les collines qui nourrissent les troupeaux, il vole vers les sources du Gange ou de l'Hydaspe, fleuves de l'Inde; mais, dans son chemin, il s'abat sur les plaines arides de Séricane, où les Chinois conduisent, à l'aide du vent et des voiles, leurs légers chariots de roseaux : ainsi, sur cette mer de terre battue du vent, l'ennemi marchait seul çà et là, cherchant sa proie; seul, car de créature vivante ou sans vie, on n'en trouve aucune dans ce lieu, aucune encore; mais là, dans la suite, montèrent de la terre, comme une vapeur aérienne, toutes les choses vaines et transitoires, lorsque le péché eut rempli de vanité les œuvres des hommes.

Là volèrent à la fois et les choses vaines et ceux qui sur les choses vaines bâtissent leurs confiantes espérances de gloire, de renommée durable, ou de bonheur dans cette vie ou dans l'autre; tous ceux qui sur la terre ont leur récompense, fruit d'une pénible superstition ou d'un zèle aveugle, ne cherchant rien que les louanges des hommes, trouvent ici une rétribution convenable, vide comme leurs actions. Tous les ouvrages imparfaits des mains de la nature, les ouvrages avortés, monstrueux,

> Of glimmering air, less vex'd with tempest loud.
>   Here walk'd the fiend at large in spacious field.
> As when a vulture on Imaus bred,
> Whose snowy ridge the roving Tartar bounds,
> Dislodging from a region scarce of prey
> To gorge the flesh of lambs or yeanling kids,
> On hills where flocks are fed, flies toward the springs
> Of Ganges or Hydaspes, Indian streams;
> But in his way lights on the barren plains
> Of Sericana, where Chineses drive
> With sails and wind their cany waggons light:
> So on this windy sea of land the fiend
> Walk'd up and down alone, bent on his prey;
> Alone, for other creature in this place,
> Living or lifeless, to be found was none;
> None yet, but store hereafter from the earth
> Up hither like aerial vapours flew
> Of all things transitory and vain, when sin
> With vanity had fill'd the works of men :
> Both all things vain, and all who in vain things
> Built their fond hopes of glory or lasting fame,
> Or happiness in this or th' other life;
> All who have their reward on earth, the fruits
> Of painful superstition and blind zeal,
> Nought seeking, but the praise of men, here find
> Fit retribution, empty as their deeds:

bizarrement mélangés, après s'être dissous sur la terre, fuient ici, errent ici vainement jusqu'à la dissolution finale. Ils ne vont pas dans la lune voisine, comme quelques-uns l'ont rêvé : les habitants de ces champs d'argent sont plus vraisemblablement des saints transportés ou des esprits tenant le milieu entre l'ange et l'homme.

Ici arrivèrent d'abord de l'ancien monde, les enfants des fils et des filles mal assortis, ces géants avec leurs vains exploits quoique alors renommés : après eux arrivèrent les bâtisseurs de Babel dans la plaine de Sennaar, lesquels toujours remplis de leur vain projet bâtiraient encore s'ils savaient avec quoi de nouvelles Babels. D'autres vinrent un à un : celui qui pour être regardé comme un dieu, sauta de gaieté de cœur dans les flammes de l'Etna, Empédocles; celui qui pour jouir de l'Élysée de Platon, se jeta dans la mer, Cléombrote. Il serait trop long de dire les autres, les embryons, les idiots, les ermites, les moines blancs, noirs, gris, avec toutes leurs tromperies. Ici rôdent les pèlerins qui allèrent si loin chercher mort sur le Golgotha, celui qui vit dans le ciel ; ici se retrouvent les hommes qui, pour être sûrs du paradis, mettent en mourant la robe d'un dominicain ou d'un franciscain, et s'imaginent entrer ainsi déguisés. Ils passent les sept planètes; ils passent les étoiles fixes, et cette sphère cristalline dont le balancement produit la trépida-

    All the unaccomplish'd works of nature's hand,
    Abortive, monstrous, or unkindly, mix'd,
    Dissolv'd on earth, fleet hither, and in vain,
    Till final dissolution, wander here;
    Not in the neighbouring moon, as some have dream'd;
    Those argent fields more likely habitants,
    Translated saints, or middle spirits hold
    Betwixt the angelical and human kind.
      Hither, of ill-join'd sons and daughters born,
    First from the ancient world those giants came
    With many a vain exploit, though then renown'd :
    The builders next of Babel on the plain
    Of Sennaar, and still with vain design
    New Babels, had they wherewithal, would build ;
    Others came single ; he, who to be deem'd
    A god, leap'd fondly into Ætna flames,
    Empedocles; and he who, to enjoy
    Plato's Elysium, leap'd into the sea,
    Cleombrotus; and many more too long,
    Embryos and idiots, eremites and friars,
    White, black, and gray, with all their trumpery.
    Here pilgrims roam, that stray'd so far to seek
    In Golgotha him dead, who lives in Heaven;
    And they, who to be sure of Paradise,
    Dying put on the weeds of Dominick,
    Or in Franciscan think to pass disguis'd ;

tion dont on a tant parlé, et ils passent ce ciel qui le premier fut mis en mouvement. Déjà saint Pierre, au guichet du ciel, semble attendre les voyageurs avec ses clefs; maintenant au bas des degrés du ciel, ils lèvent le pied pour monter, mais regardez ! Un vent violent et croisé, soufflant en travers de l'un et de l'autre côté, les jette à dix mille lieues à la renverse dans le vague de l'air. Alors vous pourriez voir capuchons, couvrechefs, robes, avec ceux qui les portent, ballottés et déchirés en lambeaux; reliques, chapelets, indulgences, dispenses, pardons, bulles, jouets des vents. Tout cela pirouette en haut et vole au loin par-dessus le dos du monde, dans le limbe vaste et large, appelé depuis le *paradis des fous;* lieu qui dans la suite des temps a été inconnu à peu de personnes, mais qui alors n'était ni peuplé ni frayé.

L'ennemi, en passant, trouva ce globe ténébreux; il le parcourut longtemps, jusqu'à ce qu'enfin la lueur d'une lumière naissante attira en hâte de ce côté ses pas voyageurs. Il découvre au loin un grand édifice qui par des degrés magnifiques s'élève à la muraille du ciel. Au sommet de ces degrés apparaît, mais beaucoup plus riche, un ouvrage semblable à la porte d'un royal palais, embelli d'un frontispice de diamants et d'or. Le portique brillait de perles orientales étincelantes, inimitables sur terre par aucun modèle ou par le pinceau. Les degrés étaient semblables à

> They pass the planets seven, and pass the fix'd,
> And that crystalline sphere whose balance weighs
> The trepidation talk'd, and that first mov'd :
> And now saint Peter at Heav'n's wicket seems
> To wait them with his keys, and now at foot
> Of Heav'n's ascent they lift their feet, when, lo !
> A violent cross wind from either coast
> Blows them transverse ten thousand leagues awry
> Into the devious air : then might ye see
> Cowls, hoods, and habits, with their wearers, toss'd
> And flutter'd into rags; then reliques, beads,
> Indulgences, dispenses, pardons, bulls,
> The sport of winds : all these, upwirl'd aloft,
> Fly o'er the backside of the world far off,
> Into a limbo large and broad, since call'd
> The Paradise of Fools, to few unknown
> Long after, now unpeopled, and untrod.
>   All this dark globe the fiend found as he pass'd,
> And long he wander'd, till at last a gleam
> Of dawning light turn'd thitherward in haste
> His travell'd steps: far distant he descries,
> Ascending by degrees magnificent
> Up to the wall of Heaven, a structure high;
> At top whereof, but far more rich, appear'd
> The work as of a kingly palace gate,
> With frontispiece of diamond and gold

ceux sur lesquels Jacob vit monter et descendre des anges (cohorte de célestes gardiens), lorsque pour fuir Ésaü, allant à Padan-Aram, il rêva la nuit dans la campagne de Luza, sous le ciel ouvert, et s'écria en s'éveillant : « C'est ici la porte du ciel. »

Chaque degré renfermait un mystère : cette échelle des degrés n'était pas toujours là; mais elle était quelquefois retirée invisible dans le ciel : au-dessous roulait une brillante mer de jaspe ou de perles liquides, sur laquelle ceux qui, dans la suite, vinrent de la terre, faisaient voile conduits par des anges, ou volaient au-dessus du lac, ravis dans un char que tiraient des coursiers de feu. Les degrés descendaient alors en bas, soit pour tenter l'ennemi par une ascension aisée, soit pour aggraver sa triste exclusion des portes de la béatitude.

Directement en face de ces portes et juste au-dessus de l'heureux séjour du paradis, s'ouvrait un passage à la terre ; passage large, beaucoup plus large que ne le fut dans la suite des temps celui qui, quoique spacieux, descendait sur le mont Sion et sur la terre promise, si chère à Dieu. Par ce chemin pour visiter les tribus heureuses, les anges porteurs des ordres suprêmes passaient et repassaient fréquemment : d'un œil de complaisance le Très-Haut regardait lui-même les tribus depuis Panéas, source des eaux du Jourdain, jusqu'à Bersabée, où la Terre-Sainte con-

 Imbellish'd; thick with sparkling orient gems
The portal shone, inimitable on earth
By model or by shading pencil, drawn.
The stairs were such as whereon Jacob saw
Angels ascending and descending, bands
Of guardians bright, when he from Esau fled
To Padan-Aram in the field of Luz,
Dreaming by night under the open sky,
And waking cried : « This is the gate of Heaven. »
 Each stair mysteriously was meant, nor stood
There always, but drawn up to Heaven sometimes
Viewless ; and underneath a bright sea flow'd
Of jasper, or of liquid pearl, whereon
Who after came from earth, sailing arriv'd,
Wafted by angels ; or flew o'er the lake,
Rapt in a chariot drawn by fiery steeds.
The stairs were then let down, whether to dare
The fiend by easy ascent, or aggravate
His sad exclusion from the doors of bliss.
 Direct against which open'd from beneath,
Just o'er the blissful seat of Paradise,
A passage down to th' earth, a passage wide;
Wider by far than that of after-times
Over mount Sion, and, though that were large,
Over the Promis'd Land, to God so dear;
By which, to visit of those happy tribes,

fine à l'Égypte et au rivage d'Arabie. Telle paraissait cette vaste ouverture où des limites étaient mises aux ténèbres, semblables aux bornes qui arrêtent le flot de l'océan. De là parvenu au degré inférieur de l'escalier, qui par des marches d'or monte à la porte du ciel, Satan regarde en bas : il est saisi d'étonnement à la vue soudaine de l'univers.

Quand un espion a marché toute une nuit avec péril, à travers des sentiers obscurs et déserts ; au réveil de la réjouissante aurore, il gagne enfin le sommet de quelque colline haute et raide : inopinément à ses yeux se découvre l'agréable perspective d'une terre étrangère vue pour la première fois, ou d'une métropole fameuse ornée de pyramides et de tours étincelantes que le soleil levant dore de ses rayons : l'esprit malin fut frappé d'un pareil étonnement, quoiqu'il eût autrefois vu le ciel ; mais il éprouve beaucoup moins d'étonnement que d'envie, à l'aspect de tout ce monde qui paraît si beau

Il regardait l'espace tout à l'entour (et il le pouvait facilement étant placé si haut au-dessus du pavillon circulaire de l'ombre vaste de la nuit), depuis le point oriental de la Balance jusqu'à l'étoile laineuse qui porte Andromède loin des mers atlantiques au delà de l'horizon ; ensuite il regarde en largeur d'un pôle à l'autre, et, sans plus tarder, droit en bas dans la première région du monde il jette son vol précipité. Il suit avec

On high behests his angels to and fro
Pass'd frequent, and his eye with choice regard,
From Paneas, the fount of Jordan's flood,
To Beërsaba, where the Holy Land
Borders on Ægypt and the Arabian shore;
So wide the opening seem'd, where bounds were set
To darkness, such as bound the ocean wave.
Satan from hence, now on the lower stair,
That scal'd by steps of gold to Heaven-gate,
Looks down with wonder at the sudden view
Of all this world at once.
      As when a scout,
Through dark and desert ways with peril gone
All night, at last by break of cheerful dawn
Obtains the brow of some high-climbing hill,
Which to his eye discovers unaware
The goodly prospect of some foreign land
First seen, or some renown'd metropolis,
With glistering spires and pinnacles adorn'd,
Which now the rising sun gilds with his beams :
Such wonder seiz'd, though after Heaven seen,
The spirit malign, but much more envy seiz'd,
At sight of all this world beheld so fair.

Round he surveys (and well might, where he stood
So high above the circling canopy
Of night's extended shade), from eastern point

aisance, à travers le pur marbre de l'air, sa route oblique parmi d'innombrables étoiles, qui de loin brillaient comme des astres, mais qui de près semblaient d'autres mondes ; ce sont d'autres mondes ou des îles de bonheur, comme ces jardins des Hespérides renommés dans l'antiquité : champs fortunés, bocages, vallées fleuries, îles trois fois heureuses ! Mais qui habitait là heureux ? Satan ne s'arrêta pas pour s'en enquérir.

Au-dessus de toutes les étoiles, le soleil d'or, égal au ciel en splendeur, attire ses regards : vers cet astre il dirige sa course dans le calme firmament ; mais si ce fut par le haut ou par le bas, par le centre ou par l'excentrique ou par la longitude, c'est ce qu'il serait difficile de dire. Il s'avance au lieu d'où le grand luminaire dispense de loin la clarté aux nombreuses et vulgaires constellations, qui se tiennent à une distance convenable de l'œil de leur seigneur. Dans leur marche elles forment leur danse étoilée en nombres qui mesurent les jours, les mois et les ans ; elles se pressent d'accomplir leurs mouvements variés vers son vivifiant flambeau, ou bien elles sont tournées par son rayon magnétique qui échauffe doucement l'univers, et qui dans toute partie intérieure avec une bénigne pénétration, quoique non aperçu darde une invisible vertu jusqu'au fond de l'abîme ; tant fut merveilleusement placée sa station brillante.

> Of Libra to the star fleecy that bears
> Andromeda far off Atlantic seas
> Beyond th' horizon : then from pole to pole
> He views in breadth; and without longer pause
> Downright into the world's first region throws
> His flight precipitant; and winds with ease
> Through the pure marble air his oblique way
> Amongst innumerable stars, that shone
> Stars distant, but nigh hand seem'd other worlds;
> Or other worlds they seem'd, or happy isles,
> Like those Hesperian gardens, fam'd of old,
> Fortunate fields and groves and flowery voles,
> Thrice happy isles ; but who dwelt happy there
> He stay'd not to inquire.
>   Above them all,
> The golden sun, in splendour likest Heaven,
> Allur'd his eye : thither his course he bends
> Through the calm firmament; but up or down,
> By centre or eccentric, hard to tell,
> Or longitude, where the great luminary,
> Aloof the vulgar constellations thick,
> That from his lordly eye keep distance due,
> Dispenses light from far; they, as they move
> Their starry dance in numbers that compute
> Days, months, and years, towards his all-cheering lamp
> Turn swift their various motions ; or, are turn'd

Là aborde l'ennemi : une pareille tache n'a peut-être jamais été aperçue de l'astronome, à l'aide de son verre optique, dans l'orbe luisant du soleil. Satan trouva ce lieu éclatant au delà de toute expression, comparé à quoi que ce soit sur la terre, métal ou pierre. Toutes les parties n'étaient pas semblables, mais toutes étaient également pénétrées d'une lumière rayonnante, comme le fer ardent l'est du feu : métal, partie semblait d'or, partie d'argent fin ; pierre partie paraissait escarboucle ou chrysolite, partie rubis ou topaze, tels qu'aux douze pierres qui brillaient sur le pectoral d'Aaron : ou c'est encore la pierre souvent imaginée plutôt que vue ; pierre que les philosophes ici-bas ont en vain si longtemps cherchée; quoique par leur art puissant, ils fixent le volatil Hermès, évoquent de la mer sous ses différentes figures le vieux Protée réduit à travers un alambic à sa forme primitive.

Quelle merveille y a-t-il donc si ces champs, si ces régions exhalent un élixir pur, si les rivières roulent l'or potable, quand par la vertu d'un seul toucher le grand alchimiste, le soleil (tant éloigné de nous) produit, mêlées avec les humeurs terrestres, ici dans l'obscurité, tant de précieuses choses de couleurs si vives, et d'effets si rares !

Ici le démon, sans être ébloui, rencontre de nouveaux sujets d'admirer ; son œil commande au loin, car la vue ne rencontre ici ni obstacle,

> By his magnetic beam, that gently warms
> The universe, and to each inward part
> With gentle penetration, though unseen,
> Shoots invisible virtue even to the deep;
> So wondrously was set his station bright.
>   There lands the fiend; a spot like which perhaps
> Astronomer in the sun's lucent orb
> Through his glaz'd optic tube yet never saw.
> The place he found beyond expression bright,
> Compar'd with aught on earth, metal or stone;
> Not all parts like, but all alike inform'd
> With radiant light, as glowing iron with fire:
> If metal, part seem'd gold, part silver clear;
> If stone, carbuncle most or chrysolite,
> Ruby or topaz, to the twelve that shone
> In Aaron's breast-plate; and a stone besides
> Imagin'd rather oft than elsewhere seen,
> That stone, or like to that, which here below
> Philosophers in vain so long have sought,
> In vain, though by their powerful art they bind
> Volatil Hermes, and call up unbound
> In various shapes old Proteus from the sea,
> Drain'd through alimbeck to his native form.
>   What wonder then if fields and regions here
> Breathe forth elixir pure, and rivers run
> Potable gold; when with one virtuous touch,

LIVRE III.   115

ni ombre, mais tout est soleil : ainsi quand à midi ses rayons culminants tombent du haut de l'équateur, comme alors ils sont dardés perpendiculaires, sur aucun lieu à l'entour l'ombre d'un corps opaque ne peut descendre.

Un air qui n'est nulle part aussi limpide, rendait le regard de Satan plus perçant pour les objets éloignés : il découvre bientôt, à portée de la vue, un ange glorieux qui se tenait debout, le même ange que saint Jean vit aussi dans le soleil. Il avait le dos tourné, mais sa gloire n'était point cachée. Une tiare d'or des rayons du soleil couronnait sa tête ; non moins brillante, sa chevelure sur ses épaules où s'attachent des ailes, flottait ondoyante : il semblait occupé de quelque grande fonction, ou plongé dans une méditation profonde. L'esprit impur fut joyeux, dans l'espoir de trouver à présent un guide qui pût diriger son vol errant au paradis terrestre; séjour heureux de l'homme, fin du voyage de Satan et où commencèrent nos maux.

Mais d'abord l'ennemi songe à changer sa propre forme qui pourrait autrement lui susciter péril ou retard; soudain il devient un adolescent chérubin, non de ceux du premier ordre, mais cependant tel que sur son visage souriait une céleste jeunesse, et que sur tous ses membres était répandue une grâce convenable, tant il sait bien feindre! Sous une petite

  Th' arch-chymic sun (so far from us remote)
  Produces, with terrestrial humour mix'd,
  Here in the dark so many precious things,
  Of colour glorious and effect so rare?
   Here matter new to gaze the devil met
  Undazzled ; far and wide his eye commands;
  For sight no obstacle found here, nor shade,
  But all sun-shine: as when his beams at noon
  Culminate from th' equator, as they now
  Shot upward still direct, whence no way round
  Shadow from body opaque can fall: and th' air,
  No where so clear, sharpen'd his visual ray
  To objects distant far; whereby he soon
  Saw within ken a glorious angel stand,
  The same whom John saw also in the sun :
  His back was turn'd, but not his brightness hid;
  Of beaming sunny rays a golden tiar
  Circled his head ; nor less his locks behind
  Illustrious on his shoulders fledg'd with wings
  Lay waving, round : on some great charge employ'd
  He seem'd, or fix'd, in cogitation deep.
  Glad was the spirit impure, as now in hope
  To find who might direct his wandering flight
  To Paradise, the happy seat of man,
  His journey's end, and our beginning woe.
   But first he casts to change his proper shape,

couronne ses cheveux roulés en boucles se jouaient sur ses deux joues; il portait des ailes dont les plumes de diverses couleurs étaient semées de paillettes d'or; son habit court était fait pour une marche rapide, et il tenait devant ses pas pleins de décence une baguette d'argent.

Il ne s'approcha pas sans être entendu; comme il avançait, l'ange brillant, averti par son oreille, tourna son visage radieux : il fut reconnu sur-le-champ pour l'archange Uriel, l'un des sept qui, en présence de Dieu et les plus voisins de son trône, se tiennent prêts à son commandement. Ces sept archanges sont les yeux de l'Éternel; ils parcourent tous les cieux, ou en bas à ce globe ils portent ses prompts messages sur l'humide et sur le sec, sur la terre et sur la mer. Satan aborde Uriel et lui dit :

« Uriel, toi qui, des sept esprits glorieusement brillants qui se tien-
» nent debout devant le trône élevé de Dieu, es accoutumé, interprète
» de sa grande volonté à la transmettre le premier au plus haut ciel où
» tous ses fils attendent ton ambassade! ici sans doute, par décret su-
» prême, tu obtiens le même honneur, et comme un des yeux de l'Éter-
» nel, tu visites souvent cette nouvelle création. Un désir indicible de
» voir et de connaître les étonnants ouvrages de Dieu, mais particuliè-
» rement l'homme, objet principal de ses délices et de sa faveur, l'homme

    Which else might work him danger or delay.
And now a stripling cherub he appears,
Not of the prime, yet such as in his face
Youth smil'd celestial, and to every limb
Suitable grace diffus'd, so well he feign'd;
Under a coronet his flowing hair
In curls on either cheek play'd; wings he wore
Of many a colour'd plume, sprinkled with gold;
His habit fit for speed succinct; and held
Before his decent steps a silver wand.

    He drew not nigh, unheard; the angel bright,
Ere he drew nigh, his radiant visage turn'd,
Admonish'd by his ear, and straight was known
Th' archangel Uriel, one of the seven
Who in God's presence nearest to his throne
Stand ready at command, and are his eyes
That run through all the Heavens, or down to th' earth
Bear his swift errands, over moist and dry,
O'er sea and land : him Satan thus accosts.

    « Uriel, for thou of those seven spirits that stand
In sight of God's high throne, gloriously bright,
The first art wont his great authentic will
Interpreter through highest Heaven to bring,
Where all his sons thy embassy attend;
And here art likeliest by supreme decree
Like honour to obtain, and as his eye

» pour qui il a ordonné tous ces ouvrages si merveilleux ; ce désir m'a
» fait quitter les chœurs de chérubins, errant seul ici. O le plus brillant
» des séraphins, dis dans lequel de ces deux orbes l'homme a sa rési-
» dence fixée, ou si, n'ayant aucune demeure fixe, il peut habiter à son
» choix tous ces orbes éclatants ; dis-moi où je puis trouver, où je puis
» contempler, avec un secret étonnement, ou avec une admiration ou-
» verte, celui à qui le Créateur a prodigué des mondes, et sur qui il a
» répandu toutes ces grâces. Tous deux ensuite et dans l'homme et dans
» toutes ces choses, nous pourrons, comme il convient, louer le Créateur
» qui a justement précipité au plus profond de l'enfer ses ennemis
» rebelles, et qui, pour réparer cette perte, a créé cette nouvelle et
» heureuse race d'hommes pour le mieux servir, sages sont toutes ses
» voies! »

Ainsi parla le faux dissimulateur sans être reconnu, car ni l'homme ni l'ange ne peuvent discerner l'hypocrisie : c'est le seul mal qui dans le ciel et sur la terre marche invisible, excepté à Dieu et par la permission de Dieu : souvent, quoique la Sagesse veille, le Soupçon dort à la porte de la Sagesse et résigne sa charge à la Simplicité : la Bonté ne pense point au mal, là où il ne me semble pas y avoir de mal. Ce fut cela qui cette fois trompa Uriel, bien que régent du soleil et regardé comme

> To visit oft this new creation round;
> Unspeakable desire to see, and know
> All these his wondrous works, but chiefly man,
> His chief delight and favour, him for whom
> All these his works so wondrous he ordain'd,
> Hath brought me from the quires of cherubim
> Alone thus wandering. Brightest seraph, tell
> In which of all these shining orbs hath man
> His fixed seat, or fixed seat hath none,
> But all these shining orbs his choice to dwell;
> That I may find him, and, with secret gaze
> Or open admiration, him behold,
> On whom the great Creator hath bestow'd
> Worlds, and on whom hath all these graces pour'd:
> That both in him and all things, as is meet,
> The universal Maker we may praise;
> Who justly hath driven out his rebel foes
> To deepest Hell, and, to repair that loss,
> Created this new happy race of men
> To serve him better : wise are all his ways. »
>   So spake the false dissembler unperceiv'd;
> For neither man or angel can discern
> Hypocrisy, the only evil that walks
> Invisible, except to God alone,
> By his permissive will, through Heaven and earth:
> And oft, though Wisdom wake, Suspicion sleeps

l'esprit des cieux dont la vue est la plus perçante. A l'impur et perfide imposteur, il répondit dans sa sincérité :

« Bel ange, ton désir qui tend à connaître les œuvres de Dieu, afin
» de glorifier par là le grand Ouvrier, ne conduit à aucun excès qui en-
» coure le blâme ; au contraire, plus ce désir paraît excessif, plus il mé-
» rite de louanges, puisqu'il t'amène seul ici de ta demeure empyrée,
» pour t'assurer par le témoignage de tes yeux de ce que peut-être
» quelques-uns se sont contentés d'entendre seulement raconter dans le
» ciel. Car merveilleux, en vérité, sont les ouvrages du Très-Haut,
» charmants à connaître, et tous dignes d'être à jamais gardés avec dé-
» lices dans la mémoire ! Quel esprit créé pourrait en calculer le nom-
» bre, ou comprendre la sagesse infinie qui les enfanta, mais qui en cacha
» les causes profondes?

» Je le vis, quand, à sa parole, la masse informe, moule matériel de
» ce monde, se réunit en monceau, la Confusion entendit sa voix, le
» farouche Tumulte se soumit à des règles, le vaste Infini demeura li-
» mité.

» A sa seconde parole, les ténèbres fuirent, la lumière brilla, l'ordre
» naquit du désordre. Rapides à leurs différentes places se hâtèrent
» les éléments grossiers, la terre, l'eau, l'air, le feu : la quintessence

           At Wisdom's gate, and to Simplicity
           Resigns her charge, while Goodness thinks no ill
           Where no ill seems; which now for once beguil'd
           Uriel, though regent of the sun, and held
           The sharpest-sighted spirit of all in Heaven
           Who to the fraudulent impostor foul,
           In his uprightness, answer thus return'd :

             « Fair angel, thy desire which tends to know
           The works of God, thereby to glorify
           The great work-master, leads to no excess
           That reaches blame, but rather merits praise
           The more it seems excess, that led thee hither
           From thy empyreal mansion thus alone,
           To witness with thine eyes what some perhaps,
           Contented with report, hear only in Heaven:
           For wonderful indeed are all his works,
           Pleasant to know, and worthiest to be all
           Had in remembrance always with delight:
           But what created mind can comprehend
           Their number; or the wisdom infinite
           That brought them forth, but hid their causes deep?

             » I saw, when at his word the formless mass,
           This world's material mould, came to a heap:
           Confusion heard his voice, and wild Uproar
           Stood rul'd; stood vast infinitude confin'd.

» éthérée du ciel s'envola en haut ; animée sous différentes formes, elle roula orbiculaire et se convertit en étoiles sans nombre, comme tu le vois : selon leur motion chacune eut sa place assignée, chacune sa course ; le reste en circuit mure l'univers.

» Regarde en bas ce globe, dont ce côté brille de la lumière réfléchie qu'il reçoit d'ici : ce lieu est la terre, séjour de l'homme. Cette lumière est le jour de la terre, sans quoi la nuit envahirait cette moitié du globe terrestre comme l'autre hémisphère. Mais la lune voisine (ainsi est appelée cette belle planète opposée) interpose à propos son secours : elle trace son cercle d'un mois, toujours finissant, toujours renouvelant au milieu du soleil, par une lumière empruntée, sa face triforme. De cette lumière elle se remplit et elle se vide tour à tour pour éclairer la terre ; sa pâle domination arrête la nuit. Cette tache que je te montre est le paradis, demeure d'Adam ; ce grand ombrage est son berceau : tu ne peux manquer ta route ; la mienne me réclame. »

Il dit et se retourna. Satan s'inclinant profondément devant un esprit supérieur, comme c'est l'usage dans le ciel où personne ne néglige de rendre le respect et les honneurs qui sont dus, prend congé : vers la côte de la terre au-dessous, il se jette en bas de l'écliptique : rendu plus agile

» Till at his second bidding darkness fled,
Light shone, and order from disorder sprung.
Swift to their several quaters hasted then
The cumbrous elements, earth, flood, air, fire ;
And this ethereal quintessence of Heaven
Flew upward, spirited with various forms,
That roll'd orbicular, and turn'd to stars
Numberless, as thou seest, and how they move ;
Each had his place appointed, each his course ;
The rest in circuit walls this universe.
  Look downward on that globe, whose hither side
With light from hence, though but reflected, shines
That place is earth, the seat of man ; that light
His day, which else, as th' other hemisphere,
Night would invade ; but there the neighbouring moon
So call that opposite fair star, her aid
Timely interposes ; and her monthly round
Still ending, still renewing, through mid Heaven,
With borrow'd light her countenance triform,
Hence fills and empties to enlighten th' earth ;
And in her pale dominion checks the night.
That spot to which I point, is Paradise,
Adam's abode ; those lofty shades his bower.
Thy way thou canst not miss, me mine requires. »
  Thus said, he turn'd ; and Satan, bowing low,
As to superiour spirits is wont in Heaven,

par l'espoir du succès, il précipite son vol perpendiculaire en tournant comme une roüe aérienne ; il ne s'arrêta qu'au moment où sur le sommet du Niphates il s'abattit.

> Where honour due and reverence none neglects,
> Took leave; and toward the coast of earth beneath,
> Down from th' ecliptic, sped with hop'd success,
> Throws his steep flight in many an aery wheel;
> Nor stay'd till on Niphate's top he lights.

LIVRE QUATRIÈME.

ARGUMENT.

Satan, à la vue d'Éden et près du lieu où il doit tenter l'entreprise hardie qu'il a seul projetée contre Dieu et contre l'homme, flotte dans le doute et est agité de plusieurs passions, la frayeur, l'envie et le désespoir. Mais enfin il se confirme dans le mal; il s'avance vers le paradis, dont l'aspect extérieur et la situation sont décrits. Il en franchit les limites; il se repose sous la forme d'un cormoran, sur l'arbre de vie, comme le plus haut du jardin, pour regarder autour de lui. Description du jardin; première vue d'Adam et d'Ève par Satan; son étonnement à l'excellence de leur forme et à leur heureux état; sa résolution de travailler à leur chute. Il entend leurs discours; il apprend qu'il leur était défendu sous peine de mort de manger du fruit de l'arbre de science: il projette de fonder là-dessus sa tentation en leur persuadant de transgresser l'ordre: il les laisse quelque temps pour en apprendre davantage sur leur état par quelque autre moyen. Cependant Uriel descendant sur un rayon du soleil, avertit Gabriel (qui avait sous sa garde la porte du paradis) que quelque mauvais esprit s'est échappé de l'abîme, qu'il a passé à midi par la sphère du soleil sous la forme d'un bon ange, qu'il est descendu au paradis et s'est trahi après par ses gestes furieux sur la montagne: Gabriel promet de le trouver avant le matin. La nuit venant, Adam et Ève parlent d'aller à leur repos. Leur bosquet décrit; leur prière du soir. Gabriel faisant sortir ses escadrons de veilles de nuit pour faire la ronde dans le paradis, détache deux forts anges vers le berceau d'Adam, de peur que le malin esprit ne fût là faisant du mal à Adam et Ève endormis. Là ils trouvent Satan à l'oreille d'Ève, occupé à la tenter dans un songe, et ils l'amènent, quoiqu'il ne le voulût pas, à Gabriel. Questionné par celui-ci, il répond dédaigneusement, se prépare à la résistance; mais empêché par un signe du ciel, il fuit hors du paradis.

BOOK IV.

THE ARGUMENT.

Satan, now in prospect of Eden, and nigh the place where he must now attempt the bold enterprise which he undertook alone against God and man, falls into many doubts with himself, and many passions, fear, envy, and despair; but at length confirms himself in evil; journeys on to Paradise, whose outward prospect and situation is described; overleaps the bounds: sits in the shape of a cormorant on the tree of Life, as the highest in the garden, to look about him. The garden described; Satan's first sight of Adam and Eve: his wonder at their excellent form and happy state, but with resolution to work their fall; over hears their discourse, thence gathers that the tree of Knowledge was forbidden them to eat of, under penalty of death; and thereon intends to found his temptation, by seducing them to transgress: then leaves them awhile to know further of their state by some other means. Meanwhile, Uriel, descending on a sunbeam, warns Gabriel, who had in charge the gate of Paradise, that some evil spirit had escaped the deep, and passed at noon by his sphere in the shape of a good angel down to Paradise, discovered after by his furious gestures in the mount. Gabriel promises to find him ere morning. Night coming on, Adam and Eve discourse of going to the irrest; their bower described; their evening worship. Gabriel, drawing forth his bands of nightwatch to walk the rounds of Paradise, appoints two strong angels to Adam's bower, lest the evil spirit should be there doing some harm to Adam or Eve sleeping; there they find him at the ear of Eve, tempting her in a dream, and bring him, though unwilling, to Gabriel; by whom questioned, he scornfully answers, prepares resistance; but, hindered by a sign from Heaven, flies out of Paradise.

IV.

Oh! que ne se fit-elle entendre, cette voix admonitrice dont l'apôtre qui vit l'Apocalypse fut frappé quand le dragon, mis dans une seconde déroute, accourut furieux pour se venger sur les hommes; voix qui criait avec force dans le ciel : *Malheur aux habitants de la terre!* Alors, tandis qu'il en était temps, nos premiers parents eussent été avertis de la venue de leur secret ennemi; ils eussent peut-être ainsi échappé à son piége mortel. Car à présent Satan, à présent enflammé de rage, descendit pour la première fois sur la terre; tentateur avant d'être accusateur du genre humain, il vint pour faire porter la peine de sa première bataille perdue, et de sa fuite dans l'enfer, à l'homme innocent et fragile. Toutefois, quoique téméraire et sans frayeur, il ne se réjouit pas dans sa vitesse; il n'a point de sujet de s'enorgueillir en commençant son affreuse entreprise. Son dessein, maintenant près d'éclore, roule et bouillonne dans son sein tumultueux, et comme une machine infernale, il recule sur lui-même.

L'horreur et le doute déchirent les pensées troublées de Satan, et

IV.

O for that warning voice, which he, who saw
Th' Apocalypse, heard cry in Heaven aloud,
Then when the dragon, put to second rout,
Came furious down to be reveng'd on men,
« Woe to th' inhabitants on earth ! » that now,
While time was, our first parents had been warn'd
The coming of their secret foe, and 'scap'd,
Haply so 'scap'd his mortal snare; for now
Satan, now first inflam'd with rage, came down,
The tempter ere th' accuser of mankind,
To wreak on innocent frail man his loss
Of that first battle, and his flight to Hell:
Yet not rejoicing in his speed, though bold,
Far off and fearless, nor with cause to boast,
Begins his dire attempt; which, nigh the birth,

jusqu'au fond soulèvent l'enfer au dedans de lui ; car il porte l'enfer en lui et autour de lui; il ne peut pas plus fuir lui-même en changeant de place. La conscience éveille le désespoir qui sommeillait, éveille dans l'archange le souvenir amer de ce qu'il fut, de ce qu'il est, et de ce qu'il doit être : de pires actions doivent amener de plus grands supplices. Quelquefois sur Éden, qui maintenant se déploie agréable à sa vue, il attache tristement son regard malheureux ; quelquefois il le fixe sur le ciel et sur le soleil, resplendissant alors dans sa haute tour du midi. Après avoir tout repassé dans son esprit, il s'exprima de la sorte avec des soupirs :

« O toi qui, couronné d'une gloire incomparable, regardes du haut de
» ton empire solitaire comme le Dieu de ce monde nouveau! toi, à la vue
» duquel toutes les étoiles cachent leurs têtes amoindries ; je crie vers
» toi, mais non avec une voix amie ; je ne prononce ton nom, ô soleil,
» que pour te dire combien je hais tes rayons! Ils me rappellent l'état
» dont je suis tombé et combien autrefois je m'élevais glorieux au-dessus
» de ta sphère.

» L'orgueil et l'ambition m'ont précipité : j'ai fait la guerre dans le
» ciel au Roi du ciel, qui n'a point d'égal. Ah ! pourquoi ? il ne méritait
» pas de moi un pareil retour, lui qui m'avait créé ce que j'étais dans un
» rang éminent ; il ne me reprocherait aucun de ses bienfaits ; son ser-

    Now rolling boils in his tumultuous breast,
    And like a devilish engine back recoils
    Upon himself: horrour and doubt distract
    His troubled thoughts, and from the bottom stir
    The Hell within him; for within him Hell
    He brings, and round about him, nor from Hell
    One step, no more than from himself, can fly
    By change of place : now conscience wakes despair
    That slumber'd ; wakes the bitter memory
    Of what he was, what is, and what must be
    Worse ; of worse deeds worse sufferings must ensue.
    Sometimes towards Eden, which now in his view
    Lay pleasant, his griev'd look he fixes sad ;
    Sometimes towards Heaven and the full-blazing sun,
    Which now sat high in his meridian tower.
    Then, much revolving, thus in sighs began.

    » O thou, that, with surpassing glory crown'd,
    Look'st from thy sole dominion like the God
    Of this new world ; at whose sight all the stars
    Hide their diminish'd heads ; to thee I call,
    But with no friendly voice ; and add thy name,
    O sun, to tell thee how I hate thy beams,
    That bring to my remembrance from what state
    I fell, how glorious once above thy sphere,
    Till pride and worse ambition threw me down,
    Warring in Heaven against Heaven's matchless King.

» vice n'avait rien de rude. Que pouvais-je faire de moins que de lui
» offrir des louanges, hommage si facile ! que de lui rendre des actions
» de grâces ? combien elles lui étaient dues ! Cependant toute sa bonté
» n'a opéré en moi que le mal, n'a produit que la malice. Élevé si haut,
» j'ai dédaigné la sujétion ; j'ai pensé qu'un degré plus haut je devien-
» drais le Très-Haut ; que dans un moment j'acquitterais la dette im-
» mense d'une reconnaissance éternelle, dette si lourde ; toujours payer,
» toujours devoir. J'oubliais ce que je recevais toujours de lui ; je ne
» compris pas qu'un esprit reconnaissant en devant ne doit pas, mais
» qu'il paye sans cesse, à la fois endetté et acquitté. Était-ce donc là un
» fardeau ? Oh ! que son puissant destin ne me créa-t-il un ange infé-
» rieur ! je serais encore heureux ; une espérance sans bornes n'eût pas
» fait naître l'ambition. Cependant, pourquoi non ? quelque autre pou-
» voir aussi grand aurait pu aspirer au trône et m'aurait, malgré mon
» peu de valeur, entraîné dans son parti. Mais d'autres pouvoirs aussi
» grands ne sont pas tombés ; ils sont restés inébranlables, armés au de-
» dans et au dehors contre toute tentation. N'avais-tu pas la même vo-
» lonté libre et la même force pour résister ? Tu l'avais ; qui donc et
» quoi donc pourrais-tu accuser, si ce n'est le libre amour du ciel qui
» agit également envers tous ?

    Ah, wherefore ? he deserv'd no such return
    From me, whom he created what I was
    In that bright eminence, and with his good
    Upbraided none ; nor was his service hard.
    What could be less than to afford him praise,
    The easiest recompense, and pay him thanks,
    How due ! yet all his good prov'd ill in me,
    And wrought but malice ; lifted up so high,
    I'sdain'd subjection, and thought one step higher
    Would set me highest, and in a moment quit
    The debt immense of endless gratitude,
    So burdensome ; still paying, still to owe:
    Forgetful what from him I still receiv'd ;
    And understood not that a grateful mind
    By owing owes not, but still pays, at once
    Indebted and discharg'd : what burden then ?
    O ! had his powerful destiny ordain'd
    Me some inferiour angel I had stood
    Then happy ; no unbounded hope had rais'd
    Ambition ! Yet why not ? some other power
    As great might have aspir'd, and me, though mean,
    Drawn to his part ; but other powers as great
    Fell not, but stand unshaken, from within
    Or from without, to all temptations arm'd.
    Hadst thou the same free will and power to stand ?
    Thou hadst : whom hast thou then or what to accuse,

LIVRE IV. 125

» Qu'il soit donc maudit cet amour, puisque l'amour ou la haine,
» pour moi semblables, m'apportent l'éternel malheur! Non! sois mau-
» dit toi-même, puisque par ta volonté contraire à celle de Dieu, tu as
» choisi librement ce dont tu te repens si justement aujourd'hui!

» Ah! moi, misérable! par quel chemin fuir la colère infinie et l'in-
» fini désespoir? Par quelque chemin que je fuie, il aboutit à l'enfer;
» moi-même je suis l'enfer; dans l'abîme le plus profond est au dedans
» de moi un plus profond abîme qui, large ouvert, menace sans cesse de
» me dévorer; auprès de ce gouffre, l'enfer où je souffre semble le ciel.

» Oh! ralentis tes coups! n'est-il aucune place laissée au repentir, au-
» cune à la miséricorde? aucune, il faut la soumission. Ce mot, l'orgueil
» et ma crainte de la honte aux yeux des esprits de dessous me l'interdi-
» sent; je les séduisis avec d'autres promesses, avec d'autres assurances
» que des assurances de soumission, me vantant de subjuguer le Tout-
» Puissant! Ah! malheureux que je suis! ils savent peu combien chè-
» rement je paye cette jactance si vaine, sous quels tourments intérieu-
» rement je gémis, tandis qu'ils m'adorent sur le trône de l'enfer! Le
» plus élevé avec le sceptre et le diadème, je suis tombé le plus bas,
» seulement supérieur en misères! telle est la joie que trouve l'am-
» bition.

But Heaven's free love dealt equally to all?
  » Be then his love accursed; since love or hate,
To me alike, it deals eternal woe.
Nay curs'd be thou; since against his thy will
Chose freely what it now so justly rues.

  » Me miserable! which way shall I fly
Infinite wrath, and infinite despair?
Which way I fly is Hell; myself am Hell;
And in the lowest deep, a lower deep
Still threatening to devour me opens wide,
To which the Hell I suffer seems a Heaven.

  » O! then at last relent: is there no place
Left for repentance, none for pardon left?
None left, but by submission; and that word
Disdain forbids me, and my dread of shame
Among the spirits beneath; whom I seduc'd
With other promises and other vaunts
Than to submit; boasting I could subdue
Th' Omnipotent. Ah me! they little know
How dearly I abide that boast so vain,
Under what torments inwardly I groan,
While they adore me on the throne of Hell.
With diadem and sceptre high advanc'd,
The lower still I fall; only supreme
In misery: such joy ambition finds.

» Mais supposé qu'il soit possible que je me repente, que j'obtienne
» par un acte de grâce mon premier état, ah! la hauteur du rang ferait
» bientôt renaître la hauteur des pensées : combien serait rétracté vite
» ce qu'une feinte soumission aurait juré ! L'allégement du mal dés-
» avouerait comme nuls et arrachés par la violence des vœux prononcés
» dans la douleur. Jamais une vraie réconciliation ne peut naître là où
» les blessures d'une haine mortelle ont pénétré si profondément. Cela
» ne me conduirait qu'à une pire infidélité, et à une chute plus pesante.
» J'achèterais cher une courte intermission payée d'un double supplice.
» Il le sait celui qui me punit; il est aussi loin de m'accorder la paix que
» je suis loin de la mendier. Tout espoir exclus, voici qu'au lieu de nous
» rejetés, exilés, il a créé l'homme, son nouveau délice, et pour l'homme
» ce monde. Ainsi, adieu espérance, et avec l'espérance, adieu crainte,
» adieu remords. Tout bien est perdu pour moi. Mal, sois mon bien :
« par toi au moins je tiendrai l'empire divisé entre moi et le Roi du
» ciel; par toi je régnerai peut-être sur plus d'une moitié de l'uni-
» vers, ainsi que l'homme et ce monde nouveau l'apprendront en peu de
» temps. »

Tandis qu'il parlait de la sorte, chaque passion obscurcissait son visage
trois fois changé par la pâle colère, l'envie et le désespoir, passions qui

» But say I could repent, and could obtain
By act of grace my former state; how soon
Would high recall high thoughts, how soon unsay
What feign'd submission swore ! Ease would recant
Vows made in pain, as violent and void.
For never can true reconcilement grow
Where wounds of deadly hate have pierc'd so deep;
Which would but lead me to a worse relapse
And heavier fall; so should I purchase dear
Short intermission bought with double smart
This knows my punisher; therefore as far
From granting he, as I from begging peace:
All hope excluded thus, behold, instead
Of us out-cast, exil'd, his new delight,
Mankind created, and for him this world.
So, farewell, hope; and with hope, farewell, fear;
Farewell, remorse: all good to me is lost;
Evil, be thou my good; by thee at least
Divided empire with Heaven's Kind I hold,
By thee, and more than half perhaps will reign;
As man ere long and this new world shall know. »

Thus while he spake, each passion dimm'd his fac
Thrice chang'd with pale ire, envy, and despair;
Which marr'd his borrow'd visage, and betray'd
Him counterfeit, if any eye beheld:
For heavenly minds from such distempers foul

défiguraient son visage emprunté, et auraient trahi son déguisement si quelque œil l'eût aperçu, car les esprits célestes sont toujours exempts de ces honteux désordres. Satan s'en ressouvint bientôt et couvrit ses perturbations d'un dehors de calme : artisan de fraude, ce fut lui qui le premier pratiqua la fausseté sous une apparence sainte, afin de cacher sa profonde malice renfermée dans la vengeance. Toutefois il n'était pas encore assez exercé dans son art pour tromper Uriel une fois prévenu : l'œil de cet archange l'avait suivi dans la route qu'il avait prise ; il le vit sur le mont Assyrien plus défiguré qu'il ne pouvait convenir à un esprit bienheureux ; il remarqua ses gestes furieux, sa contenance égarée alors qu'il se croyait seul, non observé, non aperçu.

Satan poursuit sa route et approche de la limite d'Éden. Le délicieux paradis, maintenant plus près, couronne de son vert enclos, comme d'un boulevard champêtre, le sommet aplati d'une solitude escarpée ; les flancs hirsutes de ce désert, hérissés d'un buisson épais, capricieux et sauvage, défendent tout abord. Sur sa cime croissaient à une insurmontable hauteur les plus hautes futaies de cèdres, de pins, de sapins, de palmiers, scène sylvaine ; et comme leurs rangs superposent ombrages sur ombrages, ils forment un théâtre de forêts de l'aspect le plus majestueux. Cependant, plus haut encore que leurs cimes, montait la muraille ver-

Are ever clear. Whereof he soon aware,
Each perturbation smooth'd with outward calm,
Artificer of fraud ; and was the first
That practis'd falsehood under saintly show,
Deep malice to conceal, couch'd with revenge :
Yet not enough had practis'd to deceive
Uriel once warn'd ; whose eye pursued him down
The way he went, and on th' Assyrian mount
Saw him disfigur'd, more than could befall
Spirit of appy sort : his gestures fierce
He mark'd, and mad demeanour, then alone,
As he supposed, all unobserv'd, unseen.
So on he fares, and to the border comes
Of Eden, where delicious Paradise,
Now nearer, crowns with her enclosure green,
As with a rural mound, the champaign head
Of a steep wilderness, whose hairy sides
With thicket overgrown, grotesque and wild,
Access denied ; and over-head up grew
Insuperable high of loftiest shade,
Cedar, and pine, and fir, and branching palm,
A sylvan scene ; and, as the ranks ascend
Shade above shade, a woody theatre
Of stateliest view. Yet higher than their tops
The verdurous wall of Paradise up sprung ;
Which to our general sire gave prospect large

doyante du paradis : elle ouvrait à notre premier père une vaste perspective sur les contrées environnantes de son empire.

Et plus haut que cette muraille, qui s'étendait circulairement au-dessous de lui, apparaissait un cercle des arbres les meilleurs et chargés des plus beaux fruits. Les fleurs et les fruits dorés formaient un riche émail de couleurs mêlées : le soleil y imprimait ses rayons avec plus de plaisir que dans un beau nuage du soir, ou dans l'arc humide, lorsque Dieu arrose la terre.

Ainsi charmant était ce paysage. A mesure que Satan s'en approche, il passe d'un air pur dans un air plus pur qui inspire au cœur des délices et des joies printanières, capables de chasser toute tristesse, hors celle du désespoir. De douces brises, secouant leurs ailes odoriférantes, dispensaient des parfums naturels, et révélaient les lieux auxquels elles dérobèrent ces dépouilles embaumées. Comme aux matelots qui ont cinglé au delà du cap de Bonne-Espérance, et ont déjà passé Mosambique, les vents du nord-est apportent, loin en mer, les parfums de Saba du rivage aromatique de l'Arabie-Heureuse; charmés du retard, ces navigateurs ralentissent encore leur course ; et, pendant plusieurs lieues, réjoui par la senteur agréable, le vieil Océan sourit : ainsi ces suaves émanations accueillent l'ennemi qui venait les empoisonner. Il en était plus satisfait

> Into his nether empire neighbouring round :
> And higher than that wall a circling row
> Of goodliest trees, loaden with fairest fruit,
> Blossoms and fruits at once of golden hue,
> Appear'd, with gay enamell'd colours mix'd
> On which the sun more glad impress'd his beams,
> Than in fair evening cloud, or humid bow,
> When God hath shower'd the earth.
>   So lovely seem'd
> That landscape : and of pure, now purer air
> Meets his approach, and to the heart inspires
> Vernal delight and joy, able to drive
> All sadness but despair: now gentle gales,
> Fanning their odoriferous wings, dispense
> Native perfumes, and whisper whence they stole
> Those balmy spoils. As when to them who sail
> Beyond the cape of Hope, and now are pass'd
> Mozambic, off at sea north-east winds blow
> Sabean odours from the spicy shore
> Of Araby the bless'd; with such delay
> Well pleas'd they slack their course, and many a league
> Cheer'd with the grateful smell old Ocean smiles :
> So entertain'd those odorous sweets the fiend
> Who came their bane ; though with them better pleas'd
> Than Asmodeus with the fishy fume,
> That drove him, though enamour'd, from the spouse

que ne le fut Asmodée de la fumée du poisson qui le chassa, quoique amoureux, d'auprès de l'épouse du fils de Tobie ; la vengeance le força de fuir de la Médie jusqu'en Égypte, où il fut fortement enchaîné.

Pensif et avec lenteur, Satan a gravi le flanc de la colline sauvage et escarpée ; mais bientôt il ne trouve plus de route pour aller plus loin ; tant les épines entrelacées comme une haie continue, et l'exubérance des buissons, ferment toute issue à l'homme ou à la bête qui prend ce chemin. Le paradis n'avait qu'une porte, et elle regardait l'orient du côté opposé ; ce que l'archifélon ayant vu, il dédaigna l'entrée véritable ; par mépris, d'un seul bond léger il franchit toute l'enceinte de la colline et de la plus haute muraille, et tombe en dedans sur ses pieds.

Comme un loup rôdant, contraint par la faim de chercher les nouvelles traces d'une proie, guette le lieu où les pasteurs ont enfermé leurs troupeaux dans des parcs en sûreté, le soir au milieu des champs ; il saute facilement par-dessus les claies, dans la bergerie : ou comme un voleur âpre à débarrasser de son trésor un riche citadin dont les portes épaisses, barrées et verrouillées, ne redoutent aucun assaut, il grimpe aux fenêtres ou sur les toits : ainsi le premier grand voleur escalade le bercail de Dieu, ainsi depuis escaladèrent son Église les impurs mercenaires.

Of Tobit's son, and with a vengeance sent
From Media post to Ægypt, there fast bound.
  Now to th' ascent of that steep savage hill
Satan had journey'd on, pensive and slow;
But further way found none ; so thick entwin'd,
As one continued brake, the undergrowth
Of shrubs and tangling bushes had perplex'd
All path of man or beast that pass'd that way.
One gate there only was, and that look'd east
On the other side : which when the arch-felon saw
Due entrance he disdain'd ; and, in contempt,
At one slight bound high overleap'd all bound
Of hill or highest wall, and sheer within
Lights on his feet.
                    As when a prowling wolf,
Whom hunger drives to seek new haunt for prey
Watching where shepherds pen their flocks at eve
In hurdled cotes amid the fields secure,
Leaps o'er the fence with ease into the fold :
Or as a thief, bent to unhoard the cash
Of some rich burgher, whose substantial doors,
Cross barr'd and bolted fast, fear no assault,
In at the window climbs, or o'er the tiles ;
So clomb this first grand thief into God's fold ;
So since into his church lew'd hirelings climb.
  Thence up he flew ; and on the tree of Life,

Satan s'envola, et sur l'arbre de vie (l'arbre du milieu et l'arbre le plus haut du paradis) il se posa semblable à un cormoran. Il n'y regagna pas la véritable vie, mais il médita la mort de ceux qui vivaient; il ne pensa point à la vertu de l'arbre qui donne la vie, et dont le bon usage eût été le gage de l'immortalité; mais il se servit seulement de cet arbre pour étendre sa vue au loin; tant il est vrai que nul ne connaît, Dieu seul excepté, la juste valeur du bien présent; mais on pervertit les meilleures choses par le plus lâche abus, ou par le plus vil usage.

Au-dessous de lui, avec une nouvelle surprise, dans un étroit espace, il voit renfermée pour les délices des sens de l'homme, toute la richesse de la nature, ou plutôt il voit un ciel sur la terre; car ce bienheureux paradis était le jardin de Dieu, par lui-même planté à l'orient d'Éden. Éden s'étendait à l'est depuis Auran jusqu'aux tours royales de la Grande-Séleucie, bâtie par les rois grecs, ou jusqu'au lieu où les fils d'Éden habitèrent longtemps auparavant, en Telassar. Sur ce sol agréable, Dieu traça son plus charmant jardin; il fit sortir de la terre féconde les arbres de la plus noble espèce pour la vue, l'odorat et le goût. Au milieu d'eux était l'arbre de vie, haut, élevé, épanouissant son fruit d'ambroisie d'or végétal. Tout près de la vie, notre mort, l'arbre de la science, croissait; science du bien acheté cher par la connaissance du mal.

> The middle tree and highest there that grew,
> Sat like a cormorant; yet not true life
> Thereby regain'd, but sat devising death
> To them who liv'd; nor on the virtue thought
> Of that life-giving plant, but only us'd
> For prospect, what well us'd had been the pledge
> Of immortality. So little knows
> Any, but God alone, to value right
> The good before him; but perverts best things
> To worst abuse, or to their meanest use.
>   Beneath him with new wonder now he views,
> To all delight of human sense expos'd,
> In narrow room, nature's whole wealth, yea more,
> A Heaven on earth: for blissful Paradise
> Of God the garden was, by him in th' east
> Of Eden planted; Eden stretch'd her line
> From Auran eastward to the royal towers
> Of great Seleucia, built by Grecian kings;
> Or where the sons of Eden long before
> Dwelt in Telassar. In this pleasant soil
> His far more pleasant garden God ordain'd:
> Out of the fertile ground he caus'd to grow
> All trees of noblest kind for sight, smell, taste;
> And all amid them stood the tree of Life,
> High eminent, blooming ambrosial fruit
> Of vegetable gold; and next to life,

Au midi, à travers Éden passait un large fleuve; il ne changeait point de cours, mais sous la montagne raboteuse il se perdait engouffré : Dieu avait jeté cette montagne comme le sol de son jardin élevé sur le rapide courant. L'onde, à travers les veines de la terre poreuse qui l'attirait en haut par une douce soif, jaillissait fraîche fontaine, et arrosait le jardin d'une multitude de ruisseaux. De là, ces ruisseaux réunis tombaient d'une clairière escarpée et rencontraient au-dessous le fleuve qui ressortait de son obscur passage : alors divisé en quatre branches principales, il prenait des routes diverses, errant par des pays et des royaumes fameux, dont il est inutile ici de parler.

Disons plutôt, si l'art le peut dire, comment de cette fontaine de saphir les ruisseaux tortueux roulent sur des perles orientales et des sables d'or; comment, en sinueuses erreurs sous les ombrages abaissés, ils épandent le nectar, visitent chaque plante, et nourrissent des fleurs dignes du paradis. Un art raffiné n'a point arrangé ces fleurs en couches, ou en bouquet curieux; mais la nature libérale les a versées avec profusion sur la colline, dans le vallon, dans la plaine, là où le soleil du matin échauffe d'abord la campagne ouverte, et là où le feuillage impénétrable rembrunit à midi les bosquets.

Tel était ce lieu; asile heureux et champêtre d'un aspect varié, bos-

> Our death, the tree of Knowledge, grew fast by,
> Knowledge of good, bought dear by knowing ill.
>
> Southward through Eden went a river large,
> Nor chang'd his course, but through the shaggy hill
> Pass'd underneath ingulf'd; for God had thrown
> That mountain as his garden-mould, high rais'd
> Upon the rapid current, which through veins
> Of porous earth with kindly thirst up drawn,
> Rose a fresh fountain, and with many a rill
> Water'd the garden; thence united fell
> Down the steep glade, and met the nether flood,
> Which from his darksome passage now appears,
> And now, divided into four main streams,
> Runs diverse, wandering many a famous realm
> And country, whereof here needs no account;
> But rather to tell how, if art could tell,
> How from that sapphire fount the crisped brooks,
> Rolling on orient pearl and sands of gold,
> With mazy errour under pendent, shades
> Ran nectar, visiting each plant, and fed
> Flowers worthy of Paradise; which not nice art
> In beds and curious knots, but nature boon
> Pour'd forth profuse on hill, and dale, and plain;
> Both where the morning sun first warmly smote
> The open field, and were the unpierc'd shade
> Imbrown'd the noontide bowers.

quets dont les arbres riches pleurent des larmes de baumes et de gommes parfumées; bocages dont le fruit, d'une écorce d'or poli, se suspend aimable et d'un goût délicieux; fables vraies de l'Hespérie si elles sont vraies, c'est seulement ici. Entre ces bosquets sont interposés des clairières, des pelouses rases, des troupeaux paissant l'herbe tendre; ou bien des monticules plantés de palmiers s'élèvent; le giron fleuri de quelque vallon arrosé déploie ses trésors; fleurs de toutes couleurs, et la rose sans épines.

D'un autre côté sont des antres et des grottes ombragées qui servent de fraîches retraites; la vigne, les enveloppant de son manteau, étale ses grappes de pourpré, et rampe élégamment opulente. En même temps des eaux sonores tombent de la déclivité des collines; elles se dispersent, ou dans un lac qui étend son miroir de cristal à un rivage dentelé et couronné de myrtes, elles unissent leur cours. Les oiseaux s'appliquent à leur chœur; des brises, de printanières brises, soufflant les parfums des champs et des bocages, accordent à l'unisson les feuilles tremblantes, tandis que l'universel Pan, dansant avec les Grâces et les Heures, conduit un printemps éternel. Ni la charmante campagne d'Enna, où Proserpine cueillant des fleurs, elle-même fleur plus belle, fut cueillie par le sombre Pluton (Cérès, dans sa peine, la chercha par toute la terre); ni

> Thus was this place
> A happy rural seat of various view:
> Groves whose rich trees wept odorous gums and balm;
> Others, whose fruit, burnish'd with golden rind,
> Hung amiable, Hesperian fables true,
> If true, here only, and of delicious taste.
> Betwixt them lawns, or level downs, and flocks
> Grazing the tender herb, were interpos'd;
> Or palmy hillock, or the flowery lap
> Of some irriguous valley spread her store:
> Flowers of all hue, and without thorn the rose.
>
> Another side, umbrageous grots and caves
> Of cool recess, o'er which the mantling vine
> Lays forth her purple grape, and gently creeps
> Luxuriant: meanwhile murmuring waters fall
> Down the slope hills, dispers'd, or in a lake,
> That to the fringed bank with myrtle crown'd
> Her crystal mirrour holds, unite their streams.
> The birds their quire apply; airs, vernal airs,
> Breathing the smell of field and grove, attune
> The trembling leaves; while universal Pan,
> Knit with the Graces and the Hours in dance,
> Led on th' eternal spring. Not that fair field
> Of Enna, where Proserpine gathering flowers,
> Herself a fairer flower, by gloomy Dis
> Was gather'd which cost Ceres all that pain

l'agréable bois de Daphné, près l'Oronte, ni la source inspirée de Castalie, ne peuvent se comparer au paradis d'Éden ; encore moins l'île Nisée qu'entoure le fleuve Triton, où le vieux Cham (appelé Ammon par les Gentils, et Jupiter Lydien) cacha Amalthée et son fils florissant, le jeune Bacchus, des yeux de Rhéa sa marâtre. Le mont Amar où les rois d'Abyssinie gardent leurs enfants (quoique supposé par quelques-uns le véritable paradis) ; ce mont, sous la ligne Éthiopique, près de la source du Nil, entouré d'un roc brillant que l'on met tout un jour à monter, est loin d'approcher du jardin d'Assyrie, où l'ennemi vit sans plaisir tous les plaisirs, toutes les créatures vivantes, nouvelles et étranges à la vue.

Deux d'entre elles, d'une forme bien plus noble, d'une stature droite et élevée, droite comme celle des dieux, vêtues de leur dignité native dans une majesté nue, paraissent les seigneurs de tout, et semblaient dignes de l'être. Dans leurs regards divins brillait l'image de leur glorieux auteur, avec la raison, la sagesse, la sainteté sévère et pure ; sévère, mais placée dans cette véritable liberté filiale qui fait la véritable autorité dans les hommes. Ces deux créatures ne sont pas égales, de même que leurs sexes ne sont pas pareils : Lui formé pour la contemplation et le courage ; Elle pour la mollesse et la grâce séduisante ; Lui pour Dieu seulement ; Elle pour Dieu en Lui. Le beau et large front de l'homme et son œil su-

> To seek her through the world ; nor that sweet growe
> Of Daphne by Orontes, and th' inspir'd
> Castalian spring, might with this Paradise
> Of Eden strive ; nor that Nyseian isle
> Girt with the river Triton, where old Cham,
> Whom Gentiles Ammon call, and Libyan Jove,
> Hid Amaltea, and her florid son,
> Young Bacchus, from his stepdame Rhea's eye;
> Nor where Abassin kings their issue guard.
> Mount Amara, though this by some suppos'd
> True Paradise, under the Ethiop line
> By Nilus head, enclos'd with shining rock.
> A whole day's journey high but wide remote
> From this Assyrian garden, where the fiend
> Saw, undelighted, all delight, all kind
> Of living creatures, new to sight and strange.
>   Two of far nobler shape, erect and tall,
> Godlike, erect, with native honour clad,
> In naked majesty, seem'd lords of all ;
> And worthy seem'd : for in their looks divine
> The image of their glorious Maker shone,
> Truth, wisdom, sanctitude severe and pure ;
> Severe, but in true filial freedom plac'd :
> Whence true authority in men : though both
> Not equal, as their sex not equal, seem'd ;
> For contemplation he and valour form'd,

blime annoncent la suprême puissance ; ses cheveux d'hyacinthe, partagés sur le devant, pendent en grappe d'une manière mâle, mais non au-dessous de ses fortes épaules. La femme porte comme un voile sa chevelure d'or qui descend éparse et sans ornement jusqu'à sa fine ceinture, se roule en capricieux anneaux, comme la vigne replie ses attaches; symbole de la dépendance, mais d'une dépendance demandée avec une douce autorité, par la femme accordée, par l'homme mieux reçue ; accordée avec une soumission contenue, un décent orgueil, une tendre résistance, un amoureux délai. Aucune partie mystérieuse de leurs corps n'était alors cachée ; alors la honte coupable n'existait point : honte déshonnête des ouvrages de la nature, honneur déshonorable, enfant du péché, combien avez-vous troublé la race humaine avec des apparences, de pures apparences de pureté ! Vous avez banni de la vie de l'homme sa plus heureuse vie, la simplicité et l'innocence sans tache !

Ainsi passait le couple nu ; il n'évitait ni la vue de Dieu, ni celle des anges, car il ne songeait point au mal ; ainsi passait, en se tenant par la main, le plus beau couple qui depuis s'unit jamais dans les embrassements de l'amour : Adam le meilleur des hommes qui furent ses fils ; Ève, la plus belle des femmes qui naquirent ses filles.

Sous un bouquet d'ombrage, qui murmure doucement sur un gazon

> For softness she and sweet attractive grace;
> He for God only, she for God in him:
> His fair large front and eye sublime declar'd
> Absolute rule; and hyacinthine locks
> Round from his parted forelock manly hung
> Clustering, but not beneath his shoulders broad:
> She, as a veil, down to the slender waist
> Her unadorned golden tress wore
> Dishevell'd, but in wanton ringlets wav'd
> As the vine curls her tendrils; which implied
> Subjection, but requir'd with gentle sway.
> And by her yielded, by him best receiv'd ;
> Yielded with coy submission, modest pride,
> And sweet, reluctant, amorous delay.
> Nor those mysterious parts were then conceal'd;
> Then was not guilty shame : dishonest shame
> Of nature's works, honour dishonourable,
> Sin-bred, how have ye troubled all mankind
> With shows instead, mere shows of seeming pure,
> And banish'd from man's life his happiest life,
> Simplicity and spotless innocence!
>   So pass'd they naked on, nor shunn'd the sight
> Of God or angel ; for they thought no ill ;
> So hand in hand they pass'd, the loveliest pair
> That ever since in love's embraces met:
> Adam the goodliest man of men since born

vert, ils s'assirent au bord d'une limpide fontaine. Ils ne s'étaient fatigués au labeur de leur riant jardinage, qu'autant qu'il le fallait pour rendre le frais zéphyr plus agréable, le repos plus paisible, la soif et la faim plus salutaires. Ils cueillirent les fruits de leur repas du soir ; fruits délectables que cédaient les branches complaisantes, tandis qu'ils reposaient inclinés sur le mol duvet d'une couche damassée de fleurs. Ils suçaient des pulpes savoureuses, et à mesure qu'ils avaient soif, ils buvaient dans l'écorce des fruits l'eau débordante.

A ce festin ne manquaient ni les doux propos, ni les tendres sourires, ni les jeunes caresses naturelles à des époux si beaux, enchaînés par l'heureux lien nuptial, et qui étaient seuls. Autour d'eux folâtraient les animaux de la terre, depuis devenus sauvages, et que l'on chasse dans les bois ou dans les déserts, dans les forêts ou dans les cavernes. Le lion en jouant se cabrait, et dans ses griffes berçait le chevreau ; les ours, les tigres, les léopards, les panthères gambadaient devant eux ; l'informe éléphant, pour les amuser, employait toute sa puissance, et contournait sa trompe flexible ; le serpent rusé, s'insinuant tout auprès, entrelaçait en nœud gordien sa queue repliée, et donnait de sa fatale astuce une preuve non comprise. D'autres animaux couchés sur le gazon et rassasiés de pâture, regardaient au hasard, ou ruminaient à moitié endor-

> His sons, the fairest of her daughters Eve.
>   Under a tuft of shade, that on a green
> Stood whispering soft, by a fresh fountain-side
> They sat them down ; and, after no more toil
> Of their sweet gardening labour, than suffic'd
> To recommend cool zephyr, and made ease
> More easy, wholesome thirst and appetite
> More grateful, to their supper-fruits they fell;
> Nectarine fruits, which the compliant boughs
> Yielded them, side-long as they sat recline
> On the soft downy bank damask'd with flowers.
> The savoury pulp they chew, and in the rind,
> Still as the thirsted, scoop the brimming stream:
> Nor gentle purpose nor endearing smiles
> Wanted, nor youthful dalliance, as beseems
> Fair couple, link'd in happy nuptial league,
> Alone as they. About them frisking play'd
> All beast of th' earth, since wild, and of all chase
> In wood or wilderness, forest or den :
> Sporting the lion ramp'd, and in his paw
> Dandled the kid ; bears, tigers, ounces, pards,
> Gamboll'd before them : the unwieldy elephant,
> To make them mirth, used all his might, an wreath
> His lithe proboscis : close the serpent sly,
> Insinuating, wove with Gordian twine
> His braided train, and of his fatal guile

mis. Le soleil baissé hâtait sa carrière inclinée vers les îles de l'Océan, et dans l'échelle ascendante du ciel, les étoiles qui introduisent la nuit se levaient. Le triste Satan, encore dans l'étonnement où il avait été d'abord, put à peine recouvrer sa parole faillie.

« O enfer! qu'est-ce que mes yeux voient avec douleur? à notre place et
» si haut dans le bonheur sont élevées des créatures d'une autre substance,
» nées de la terre peut-être et non purs esprits, cependant peu inférieurs
» aux brillants esprits célestes. Mes pensées s'attachent à elles avec sur-
» prise; je pourrais les aimer, tant la divine ressemblance éclate vivement
» en elles, et tant la main qui les pétrit a répandu de grâces sur leur
» forme! Ah! couple charmant, vous ne vous doutez guère combien votre
» changement approche; toutes vos délices vont s'évanouir et vous livrer
» au malheur : malheur d'autant plus grand que vous goûtez maintenant
» plus de joie! Couple heureux! mais trop mal gardé pour continuer long-
» temps d'être si heureux : ce séjour élevé, votre ciel est mal fortifié pour
» un ciel, et pour forclore un ennemi tel que celui qui maintenant y est
» entré : non que je sois votre ennemi décidé ; je pourrais avoir pitié de
» vous ainsi abandonnés, bien que de moi on n'ait pas eu pitié.

» Je cherche à contracter avec vous une alliance, une amitié mutuelle,
» si étroite, si resserrée, qu'à l'avenir j'habite avec vous ou que vous

Gave proof unheeded; others on the grass
Couch'd, and now fill'd with pasture gazing sat,
Or bedward ruminating; for the sun,
Declin'd, was hasting now with prone career
O th' ocean isles, and in th' ascending scale
Of Heaven the stars that usher evening rose;
When Satan still in gaze, as first he stood,
Scarce thus at lenght fail'd speech recover'd sad:
« O Hell! what do mine eyes with grief behold?
Into our room of bliss thus high advanc'd
Creatures of other mould, earth-born perhaps,
Not spirits, yet to heavenly spirits bright
Little inferiour; whom my thoughts pursue
With wonder, and could love; so lively shines
In them divine ressemblance, and such grace
The hand that form'd them on their shape hath pour'd.
Ah! gentle pair, ye little think how nigh
Your change approaches, when all these delights
Will vanish, and deliver ye to woe;
More woe, the more your taste is now of joy;
Happy, but for so happy ill secur'd
Long to continue : and this high seat your Heaven
Ill fenc'd for Heaven to keep out such a foe
As now is enter'd : yet no purpos'd foe
To you, whom I could pity thus forlorn,
Though I unpitied.

» habitiez avec moi. Ma demeure ne plaira peut-être pas à vos sens au-
» tant que ce beau paradis ; cependant telle qu'elle est, acceptez-la ;
» c'est l'ouvrage de vôtre Créateur, il me donna ce qu'à mon tour libé-
» ralement je donne. L'enfer, pour vous recevoir tous les deux, ouvrira
» ses plus larges portes, et enverra au-devant de vous tous ses rois. Là
» vous aurez la place que vous n'auriez pas dans ces enceintes étroites,
» pour loger votre nombreuse postérité. Si le lieu n'est pas meilleur, re-
» merciez celui qui m'oblige, malgré ma répugnance, à me venger sur
» vous qui ne m'avez fait aucun tort, de lui qui m'outragea. Et quand je
» m'attendrirais à votre inoffensive innocence (comme je le fais), une juste
» raison publique, l'honneur, l'empire que ma vengeance agrandira par
» la conquête de ce nouveau monde, me contraindraient à présent de
» faire ce que sans cela j'abhorrerais, tout damné que je suis. »

Ainsi s'exprima l'ennemi, et par la nécessité (prétexte des tyrans) ex-
cusa son projet diabolique.

De sa haute station sur le grand arbre, il s'abattit parmi le troupeau
folâtre des quadrupèdes : lui-même devenu tantôt l'un d'entre eux, tantôt l'autre, selon que leur forme sert mieux son dessein. Il voit de plus
près sa proie ; il épie, sans être découvert, ce qu'il peut apprendre encore
de l'état des deux époux par leurs paroles ou par leurs actions. Il mar-

    League with you I seek,
And mutual amity, so strait, so close.
That I with you must dwell, or you with me
Henceforth : my dwelling haply may not please,
Like this fair Paradise, your sense ; yet such
Accept your Maker's work ; he gave it me,
Which I as freely give : Hell shall unfold,
To entertain you two, her widest gates,
And send forth all her kings : there will be room,
Not like these narrow limits, to receive
Your numerous offspring : if no better place,
Thank him who puts me loth to this revenge
On you, who wrong me not, for him who wrong'd.
And should I at your harmless innocence
Melt, as I do, yet public reason just,
Honour and empire with revenge enlarg'd,
By conquering this new world, compels me now
To do what else, though damn'd, I should abhor. »
 So spake the fiend, and with necessity,
The tyrant's plea, excus'd his devilish deeds.
 Then from his lofty stand on that high tree
Down he alights among the sportful herd
Of those four-footed kinds ; himself now one,
Now other, as their shape served best his end,
Nearer to view his prey, and unespied,
To mark what of their state he more might learn,

che autour d'eux, lion à l'œil étincelant ; il les suit comme un tigre, lequel a découvert par hasard deux jolis faons, jouant à la lisière d'une forêt : la bête cruelle se rase, se relève, change souvent la couche de son guet : comme un ennemi il choisit le terrain d'où s'élançant, il puisse saisir plus sûrement les deux jeunes faons chacun dans une de ses griffes. Adam, le premier des hommes, adressant ce discours à Ève, la première des femmes, rendit Satan tout oreille, pour entendre couler les paroles d'une langue nouvelle.

« Unique compagne qui seule partages avec moi tous ces plaisirs et
» qui m'es plus chère que tout, il faut que le pouvoir qui nous a faits,
» et qui a fait pour nous ce vaste monde, soit infiniment bon, et qu'il
» soit aussi généreux qu'il est bon et aussi libre dans sa bonté qu'il est
» infini. Il nous a tirés de la poussière et placés ici dans toute cette féli-
» cité, nous qui n'avons rien mérité de sa main, et qui ne pouvons rien
» faire dont il ait besoin : il n'exige autre chose de nous que ce seul de-
» voir, que cette facile obligation ; de tous les arbres du paradis qui por-
» tent des fruits variés et délicieux, nous ne nous interdirons que l'arbre
» de science, planté près de l'arbre de vie ; si près de la vie croît la
» mort! Qu'est-ce que la mort? quelque chose de terrible sans doute ;
» car, tu le sais, Dieu a prononcé que goûter à l'arbre de science c'est la

        By word or action mark'd : about them round
        A lion now he stalks with fiery glare
        Then as a tiger, who by chance hat spied
        In some purlieu two gentle fawns at play,
        Straight couches closes ; then, rising, changes oft
        His couchant watch, as one who chose his ground,
        Whence rushing he might surest seize them both,
        Grip'd in each paw : when Adam, first of men,
        To first of women, Eve, thus moving speech,
        Turn'd him all ear to hear new utterance flow:
           « Sole partner and sole part of all these joys,
        Dearer thyself than all; needs must the Power
        That made us, and for us this ample world,
        Be infinitely good, and of his good
        As liberal and free as infinite ;
        That rais'd us from the dust, and plac'd us here
        In all this happiness; who at his hand
        Have nothing merited, nor can perform
        Aught where of he hath need; he who requires
        From us no other service than to keep
        This one, this easy charge, of all the trees
        In Paradise that bear delicious fruit
        So various, not to taste that only tree
        Of Knowledge, planted by the tree of Life;
        So near grows death to life, whate'er death is ;
        Some dreadful thing no doubt: for well thou know's

» mort. Voilà la seule marque d'obéissance qui nous soit imposée, parmi
» tant de marques de pouvoir et d'empire à nous conférées, et après que
» la domination nous a été donnée sur toutes les autres créatures qui pos-
» sèdent la terre, l'air et la mer. Ne trouvons donc pas rude une légère
» prohibition, nous qui avons d'ailleurs le libre et ample usage de toutes
» choses, et le choix illimité de tous les plaisirs. Mais louons Dieu à ja-
» mais, glorifions sa bonté ; continuons, dans notre tâche délicieuse, à
» élaguer ces plantes croissantes, à cultiver ces fleurs ; tâche qui, fût-
» elle fatigante, serait douce avec toi. »

Ève lui répondit :

« O toi, pour qui et de qui j'ai été formée, chair de ta chair, et sans
» qui mon être est sans but! ô mon guide et mon chef, ce que tu as dit
» est juste et raisonnable. Nous devons en vérité à notre Créateur des
» louanges et des actions de grâces journalières : moi principalement qui
» jouis de la plus heureuse part en possédant, toi supérieur par tant
» d'imparités et qui ne peux trouver un compagnon semblable à toi.

» Souvent je me rappelle ce jour où je m'éveillai du sommeil pour la
» première fois; je me trouvai posée à l'ombre sur des fleurs, ne sa-
» chant, étonnée, ce que j'étais, où j'étais, d'où et comment j'avais été
» portée là. Non loin de ce lieu, le son murmurant des eaux sortait

      God hath pronounc'd it death to taste that tree;
      The only sign of our obedience left
      Among so many signs of power and rule
      Conferr'd upon us; and dominion given
      Over all other creatures that possess
      Earth, air, and sea. Then let us not think hard
      One easy prohibition, who enjoy
      Free leave so large to all things else, and choice
      Unlimited of manifold delights;
      But let us ever praise Him, and extol
      His bounty : following our delightful task
      To prune these growing plants, and tend these flowers;
      Which, were it toilsome, yet with thee were sweet. »
        To whom thus Eve replied :
                    « O thou, for whom
    And from whom I was form'd, flesh of thy flesh,
    And without whom am to no end, my guide
    And head! what thou hast said is just and right :
    For we to Him indeed all praises owe,
    And daily thanks: I chiefly, who enjoy
    So far the happier lot, enjoying thee,
    Pre-eminent by so much odds; while thou
    Like consort to thyself canst no where find.
      » That day I oft remember, when from sleep
      first awak'd, and found myself repos'd
      Under a shade on flowers; much wondering where

» d'une grotte, et les eaux se déployaient en nappe liquide : alors elles
» demeuraient tranquilles et pures comme l'étendue du ciel. J'allai là avec
» une pensée sans expérience ; je me couchai sur le bord verdoyant,
» pour regarder dans le lac uni et clair qui me semblait un autre firma-
» ment. Comme je me baissais pour me regarder, juste à l'opposé, une
» forme apparut dans le cristal de l'eau, s'y penchant pour me regar-
» der ; je tressaillis en arrière ; elle tressaillit en arrière ; charmée, je re-
» vins bientôt ; charmée, elle revint aussitôt avec des regards de sym-
» pathie et d'amour. Mes yeux seraient encore attachés sur cette image,
» je m'y serais consumée d'un vain désir, si une voix ne m'eût ainsi
» avertie :

» Ce que tu vois, belle créature, ce que tu vois là, est toi-même ;
» avec toi cet objet vient et s'en va : mais suis-moi, je te conduirai là où
» ce n'est point une ombre qui attend ta venue et tes doux embrasse-
» ments. Celui dont tu es l'image, tu en jouiras inséparablement. Tu
» lui donneras une multitude d'enfants semblables à toi-même, et tu se-
» ras appelée la mère du genre humain. »

« Que pouvais-je faire, sinon suivre, invisiblement conduite ? Je t'en-
» trevis, grand et beau en vérité, sous un platane, cependant tu me sem-
» blas moins beau, d'une grâce moins attrayante, d'une douceur moins

And what I was, whence thither brought, and how.
Not distant far from thence a murmuring sound
Of waters issued from a cave, and spread
Into a liquid plain ; then stood unmov'd,
Pure as the expanse of Heaven : I thither went
With unexperienc'd thought, and laid me down
On the green bank, to look into the clear
Smooth lake, that to me seem'd another sky.
As I bent down to look ; just opposite
A shape within the watery gleam appear'd,
Bending to look on me : I started back,
It started back ; but pleas'd I soon return'd,
Pleas'd it return'd as soon with answering looks
Of sympathy and love : there I had fix'd
Mine eyes till now, and pin'd with vain desire,
Had not a voice thus warn'd me : « What thou seest.
What there thou seest, fair creature, is thyself ;
With thee it came and goes : but follow me,
And I will bring thee where no shadow stays
Thy coming, and thy soft embraces ; he
Whose image thou art, him thou shalt enjoy
Inseparably thine ; to him shalt bear
Multitudes like thyself, and thence be call'd
Mother of human race. »
　　　　　« What could I do
But follow straight, invisibly thus led ?

» aimable que cette molle image des eaux. Je retourne sur mes pas, tu
» me suis et tu t'écries : — Reviens, belle Ève ! qui fuis-tu ? De celui que
» tu fuis, tu es née ; tu es sa chair, ses os. Pour te donner l'être, je t'ai
» prêté de mon propre côté, du plus près de mon cœur, la substance et
» la vie, afin que tu sois à jamais à mon côté, consolation inséparable
» et chérie. Partie de mon âme, je te cherche ! je réclame mon autre
» moitié. — De ta douce main tu saisis la mienne ; je cédai, et depuis ce
» moment j'ai vu combien la beauté est surpassée par une grâce mâle,
» et par la sagesse qui seule est vraiment belle. »

Ainsi parla notre commune mère, et avec des regards pleins d'un charme conjugal non repoussé, dans un tendre abandon elle s'appuie embrassant à demi notre premier père ; la moitié de son sein gonflé et nu caché sous l'or flottant de ses tresses éparses, vient rencontrer le sein de son époux. Lui, ravi de sa beauté et de ses charmes soumis, Adam sourit d'un amour supérieur, comme Jupiter sourit à Junon lorsqu'il féconde les nuages qui répandent les fleurs de mai : Adam presse d'un baiser pur les lèvres de la mère des hommes. Le démon détourne la tête d'envie ; toutefois d'un œil méchant et jaloux il les regarde de côté et se plaint ainsi à lui-même :

« Vue odieuse, spectacle torturant ! ainsi ces deux êtres emparadisés

    Till I espied thee, fair indeed and tall,
Under a platane, yet, methought less fair,
Less winning soft, less amiably mild,
Than that smooth watery image. Back I turn'd;
Thou following cry'dst aloud: « Return, fair Eve ;
Whom fly'st thou ? whom thou fly'st, of him thou art,
His flesh, his bone ; to give thee being I lent
Out of my side to thee, nearest my heart,
 Substantial life ; to have thee by my side
Henceforth an individual solace dear :
Part of my soul, I seek thee, and thee claim,
My other half : » with that thy gentle hand
Seiz'd mine : I yielded ; and from that time see
How beauty is excell'd by manly grace
And wisdom ; which alone is truly fair. »
    So spake our general mother : and, with eyes
Of conjugal attraction unreprov'd
And meek surrender, half embracing lean'd
On our first father ; half her swelling breast
Naked met his, under the flowing gold
Of her loose tresses hid : he in delight
Both of her beauty and submissive charms,
Smil'd with superiour love ; as Jupiter
On Juno smiles, when he impregns the clouds
That shed May-flowers ; and press'd her matron lip
With kisses pure. Aside the devil turn'd

» dans les bras de l'un de l'autre, se formant un plus heureux Éden.
» posséderont leur pleine mesure de bonheur sur bonheur, tandis que
» moi je suis jeté à l'enfer où ne sont ni joie, ni amour, mais où brûle
» un violent désir (de nos tourments, tourment qui n'est pas le moin-
» dre), désir qui n'étant jamais satisfait, se consume dans le supplice de
» la passion !

» Mais que je n'oublie pas ce que j'ai appris de leur propre bouche ;
» il paraît que tout ne leur appartient pas : un arbre fatal s'élève ici et est
» appelé l'arbre de la science ; il leur est défendu d'y goûter. La science dé-
» fendue ? cela est suspect, déraisonnable. Pourquoi leur maître leur
» envierait-il la science ? Est-ce un crime de connaître ? Est-ce la mort ?
» Existent-ils seulement par ignorance ? Est-ce là leur état fortuné, preuve
» de leur obéissance et de leur foi ? Quel heureux fondement posé pour
» y bâtir leur ruine ! Par là j'exciterai dans leur esprit un plus grand
» désir de savoir et de rejeter un commandement envieux, inventé dans
» le dessein de tenir abaissés ceux que la science élèverait à la hauteur
» des dieux : aspirant à devenir tels ils goûtent et meurent ! Quoi de
» plus vraisemblable ? Mais d'abord avec de minutieuses recherches,
» marchons autour de ce jardin et ne laissons aucun recoin sans l'avoir
» examiné. Le hasard, mais le hasard seul, peut me conduire là où je

For envy; yet with jealous leer malign
Ey'd them askance, and to himself thus plain'd:
 « Sight hateful, sight tormenting! thus these two,
Imparadis'd in one another's arms,
The happier Eden, shall enjoy their fill
Of bliss on bliss; while I to Hell am thrust,
Where neither joy nor love, but fierce desire,
Among our other torments not the least,
Still unfulfill'd, with pain of longing pines.
 Yet let me not forget what I have gain'd
From their own mouths; all is not theirs, it seems
One fatal tree there stands, of Knowledge call'd
Forbidden them to taste: knowledge forbidden?
Suspicious, reasonless. Why should their Lord
Envy them that? can it be sin to know?
Can it be death? and do they only stand
By ignorance? is that their happy state,
The proof of their obedience and their faith?
Oh! fair foundation laid whereon to build
Their ruin! Hence I will excite their minds
With more desire to know, and to reject
Envious commands, invented with design
To keep them low, whom knowledge might exalt
Equal with gods; aspiring to be such,
They taste and die: what likelier can ensue?
But first with narrow search I must walk round

» rencontrerai quelque esprit du ciel, errant au bord d'une fontaine, ou
» retiré dans l'épaisseur de l'ombre; j'apprendrai de lui ce que j'ai en-
» core à apprendre. Vivez tandis que vous le pouvez encore, couple
» heureux encore! jouissez, jusqu'à ce que je revienne, de ces courts
» plaisirs; de longs malheurs vont les suivre! »

Ainsi disant il tourne dédaigneusement ailleurs ses pas superbes, mais avec une circonspection artificieuse, et il commença sa recherche à travers les bois et les plaines, sur les collines et dans les vallées.

Cependant aux extrémités de l'occident, où le ciel rencontre l'océan et la terre, le soleil couchant descendait avec lenteur, et frappait horizontalement de ses rayons du soir la porte orientale du paradis. C'était un roc d'albâtre montant jusqu'aux nues, et que l'on découvrait de loin. Un sentier tortueux, accessible du côté de la terre, menait à une entrée élevée ; le reste était un pic escarpé qui surplombait en s'élevant et qu'on ne pouvait gravir.

Entre les deux piliers du roc, se tenait assis Gabriel, chef des gardes angéliques ; il attendait la nuit. Autour de lui s'exerçait à des jeux héroïques la jeunesse du ciel désarmée ; mais près d'elle des armures divines, des cuirasses, des boucliers, des casques et des lances suspendues en faisceaux, brillaient du feu du diamant et de l'or.

  This garden, and no corner leave unspied;
A chance but chance may lead where I may meet
Some wandering spirit of Heaven by fountain-side,
Or in thick shade retir'd, from him to draw
What further would be learn'd. Live while ye may
Yet happy pair; enjoy, till I return,
Short pleasures; for long woes are to succeed. »
  So saying, his proud step he scornful turn'd,
But with sly circumspection, and began
Through wood, through waste, o'er hill, o'er dale his roam.
  Meanwhile in utmost longitude; where Heaven
With earth and ocean meets, the setting sun
Slowly descended, and with right aspect
Against the eastern gate of Paradise
Levell'd his evening rays : it was a rock
Of alabaster, pil'd up to the clouds,
Conspicuous far, winding with one ascent
Accessible from earth, one entrance high;
The rest was craggy cliff, that overhung
Still as it rose, impossible to climb.
  Betwixt these rocky pillars Gabriel sat,
Chief of the angelic guards, awaiting night;
About him exercis'd heroic games
Th' unarm'd youth of Heaven; but nigh at hand
Celestial armory, shields, helms, and spears,
Hung high, with diamond flaming and with gold.

Là descendit Uriel glissant à travers le soir sur un rayon du soleil, rapide comme une étoile qui tombe en automne à travers la nuit, lorsque des vapeurs enflammées sillonnent l'air ; elle apprend au marinier de quel point de la boussole il se doit garder des vents impétueux. Uriel adresse à Gabriel ces paroles hâtées :

« Gabriel, ton rang t'a fait obtenir pour ta part l'emploi de veiller avec
» exactitude à ce qu'aucune chose nuisible ne puisse approcher ou en-
» trer dans cet heureux séjour. Aujourd'hui, vers le haut du midi, est
» venu à ma sphère un esprit désireux, en apparence, de connaître un
» plus grand nombre des ouvrages du Tout-Puissant, et surtout l'homme,
» la dernière image de Dieu. Je lui ai tracé sa route toute rapide, et j'ai
» remarqué sa démarche aérienne. Mais sur la montagne qui s'élève
» au nord d'Éden, et où il s'est d'abord arrêté, j'ai bientôt découvert
» ses regards étrangers au ciel, obscurcis par de mauvaises passions. Je
» l'ai encore suivi des yeux, mais je l'ai perdu de vue sous l'ombrage.
» Quelqu'un de la troupe bannie, je crains, s'est aventuré hors de
» l'abîme pour élever de nouveaux troubles : ton soin est de le trouver. »

Le guerrier ailé lui répondit :

« Uriel, il n'est pas étonnant qu'assis dans le cercle brillant du soleil,
» ta vue parfaite s'étende au loin et au large. A cette porte personne ne

    Thither came Uriel, gliding through the even
On a sun-beam, swift as a shooting star
In autumn thwart the night, when vapours fir'd
Impress the air, and shows the mariner
From what point of his compass to beware
Impetuous winds: he thus began in haste:
    « Gabriel, to thee thy course by lot hath given
Charge and strict watch, that to this happy place
No evil thing approach or enter in.
This day at highth of noon came to my sphere
A spirit, zealous, as he seem'd, to know
More of th' Almighty's works, and chiefly man,
God's latest image : I describ'd his way,
Bent all on speed, and mark'd his aery gait ;
But in the mount that lies from Eden north,
Where he first lighted, soon discern'd his looks
Alien from Heaven, with passions foul obscur'd :
Mine eye pursued him still, but under shade
Lost sight of him : one of the banish'd crew,
I fear, hath ventured from the deep, to raise
New troubles ; him thy care must be to find. »
    To whom the winged warriour thus return'd :
    « Uriel, no wonder if thy perfect sight,
Amid the sun's bright circle where thou sit'st,
See far and wide: in at this gate none pass
The vigilance here plac'd, but such as come

LIVRE IV. 145

» passe, la vigilance ici placée, personne qui ne soit bien connu comme
» venant du ciel : depuis l'heure du midi, aucune créature du ciel ne
» s'est présentée : si un esprit d'une autre espèce a franchi pour quel-
» que projet ces limites de terre, il est difficile, tu le sais, d'arrêter
» une substance spirituelle par une barrière matérielle ; mais si dans
» l'enceinte de ces promenades s'est glissé un de ceux que tu dis,
» sous quelque forme qu'il se soit caché, je le saurai demain au lever du
» jour. »

Ainsi le promit Gabriel, et Uriel retourna à son poste sur ce même rayon lumineux dont la pointe, maintenant élevée, le porte obliquement en bas au soleil tombé au-dessous des Açores ; soit que le premier orbe, incroyablement rapide, eût roulé jusque-là dans sa révolution diurne, soit que la terre moins vite, par une fuite plus courte vers l'est, eût laissé là le soleil, peignant de reflets de pourpre et d'or les nuages qui sur son trône occidental lui font cortége.

Maintenant le soir s'avançait tranquille, et le crépuscule grisâtre avait revêtu tous les objets de sa grave livrée ; le silence l'accompagnait, les animaux et les oiseaux étaient retirés, ceux-là à leurs couches herbeuses, ceux-ci dans leurs nids. Le rossignol seul veillait ; toute la nuit il chanta sa complainte amoureuse, le silence était ravi.

Well known from Heaven; and since meridian hour
No creature thence. If spirit of other sort,
So minded, have o'erleap'd these earthly bounds
On purpose, hard thou know'st it to exclude
Spiritual substance with corporeal bar.
But if within the circuit of these walks
In whatsoever shape he lurk, of whom
Thou tell'st, by morrow dawning I shall know. »
  So promis'd he; and Uriel to his charge
Return'd on that bright beam, whose point now rais'd
Bore him slope downward to the sun, now fallen
Beneath the Azores; whether the prime orb,
Incredible how swift, had thither roll'd
Diurnal; or this less voluble earth,
By shorter flight to th'east, had left him there,
Arraying with reflected purple and gold
The clouds that on his western throne attend.
  Now came still evening on, and twilight gray
Had in her sober livery all things clad;
Silence accompanied: for beast and bird,
They to their grassy couch, these to their nests,
Were slunk, all but the wakeful nightingale;
She all night long her amorous descant sung;
Silence was pleas'd.
              Now glow'd the firmament
With living sapphires: Hesperus, that led

Bientôt le firmament étincela de vivants saphirs. Hespérus, qui conduisait la milice étoilée, marcha le plus brillant, jusqu'à ce que la lune se levant dans une majesté nuageuse, reine manifeste, dévoila sa lumière de perle, et jeta son manteau d'argent sur l'ombre.

Adam s'adressant à Ève :

« Belle compagne, l'heure de la nuit, et toutes choses allées au repos, nous invitent à un repos semblable. Dieu a rendu le travail et le repos, comme le jour et la nuit, alternatifs pour l'homme : la rosée du sommeil tombant à propos avec sa douce et assoupissante pesanteur, abaisse nos paupières. Les autres créatures tout le long du jour errent oisives, non employées, et ont moins besoin de repos : l'homme a son ouvrage quotidien assigné de corps ou d'esprit ; ce qui déclare sa dignité et l'attention que le ciel donne à toutes ses voies. Les animaux au contraire rôdent à l'aventure désœuvrés, et Dieu ne tient pas compte de ce qu'ils font. Demain avant que le frais matin annonce dans l'orient la première approche de la lumière, il faudra nous lever et retourner à nos agréables travaux. Nous avons à émonder là-bas ces berceaux fleuris, ces allées vertes, notre promenade à midi, qu'embarrasse l'excès des rameaux : ils se rient de notre insuffisante culture et demanderaient plus de mains que les nôtres pour élaguer leur folle croissance. Ces

> The starry host, rode brightest, till the moon,
> Rising in clouded majesty, at lenght,
> Apparent queen, unveil'd her peerless light,
> And o'er the dark her silver mantle threw.
>   When Adam thus to Eve:
>   « Fair consort, th' hour
> Of night, and all things now retir'd to rest,
> Mind us of like repose; since God hath set
> Labour and rest, as day and night, to men
> Successive; and the timely dew of sleep,
> Now falling with soft slumbrous weight, inclines
> Our eyelids: other creatures all day long
> Rove idle, unemploy'd, and less need rest:
> Man hath his daily work of body or mind
> Appointed, which declares his dignity,
> And the regard of Heaven on all his ways;
> While other animals unactive range,
> And of their doings God takes no account.
> To-morrow, ere fresh morning streak the east
> With first approach of light, we must be risen,
> And at our pleasant labour, to reform
> Yon flowery arbours, yonder alleys green,
> Our walk at noon, with branches overgrown,
> That mock our scant manuring, and require
> More hands than ours to lop their wanton growth:
> Those blossoms also, and those dropping gums,

» fleurs aussi, et ces gommes qui tombent, restent à terre, raboteuses et
» désagréables à la vue; elles veulent être enlevées, si nous désirons
» marcher à l'aise : maintenant, selon la volonté de la nature, la nuit
» nous commande le repos. »

Ève, ornée d'une parfaite beauté, lui répondit :

« Mon auteur et mon souverain, tu commandes, j'obéis : ainsi Dieu
» l'ordonne; Dieu est ta loi, tu es la mienne. N'en savoir pas davantage
» est la gloire de la femme, et sa plus heureuse science. En causant avec
» toi j'oublie le temps; les heures et leurs changements également me
» plaisent. Doux est le souffle du matin; doux le lever du matin avec le
» charme des oiseaux matineux; agréable est le soleil lorsque, dans ce
» délicieux jardin, il déploie ses premiers rayons sur l'herbe, l'arbre,
» le fruit et la fleur brillante de rosée; parfumée est la terre fertile après
» de molles ondées; charmant est le venir d'un soir paisible et gracieux,
» charmante la nuit silencieuse avec son oiseau solennel, et cette lune si
» belle et ces perles du ciel qui forment sa cour étoilée : mais ni le souf-
» fle du matin quand il monte avec le charme des oiseaux matineux, ni
» le soleil levant sur ce délicieux jardin, ni l'herbe, ni le fruit, ni la fleur
» qui brille de rosée, ni le parfum après une ondée, ni le soir paisible et
» gracieux, ni la nuit silencieuse avec son oiseau solennel, ni la prome-

*

That lie bestrown, unsightly and unsmooth,
Ask riddance, if we mean to tread with ease;
Meanwhile, as nature wills, night bids us rest. »
    To whom thus Eve, with perfect beauty adorn'd:
    « My authour and disposer, what thou bid'st
Unargued I obey; so God ordains;
God is thy law, thou mine : to know no more
Is woman's happiest knowledge and her praise.
With thee conversing, I forget all time;
All seasons, and their change, all please alike.
Sweet is the breat of morn, her rising sweet,
Whit charm of earliest birds; pleasant the sun,
When first on this delightful land he spreads
His orient beams, on herb, tree, fruit, and flower,
Glistering with dew; fragrant the fertile earth
After soft showers; and sweet the coming on
Of grateful evening mild; then silent night,
With this her solemn bird, and this fair moon,
And these the gems of Heaven, her starry train :
But neither breath of morn, when she ascends
With charm of earliest birds; nor rising sun
On this delightful land; nor herb, fruit, flower,
Glistering with dew; nor fragrance after showers;
Nor grateful evening mild : nor silent night,
With this her solemn bird; nor walk by moon,
Or glittering starlight, without thee is sweet.

» nade aux rayons de la lune ou à la tremblante lumière de l'étoile, n'ont
» de douceur sans toi.

» Mais pourquoi ces étoiles brillent-elles la nuit entière? Pour qui ce
» glorieux spectacle, quand le sommeil a fermé tous les yeux? »

Notre commun ancêtre répliqua :

« Fille de Dieu et de l'homme, Ève accomplie, ces astres ont leur
» course à finir, autour de la terre, du soir au lendemain : de contrée
» en contrée, afin de dispenser la lumière préparée pour des nations
» qui ne sont pas nées encore, ils se couchent et se lèvent, car il serait
» à craindre que des ténèbres totales ne regagnassent pendant la nuit
» leur antique possession, et qu'elles n'éteignissent la vie dans la nature
» et en toutes choses. Non-seulement ces feux modérés éclairent; mais,
» par une chaleur amie de diverse influence, ils fomentent, échauffent,
» tempèrent, nourrissent, ou bien ils communiquent une partie de leur
» vertu stellaire à toutes les espèces d'êtres qui croissent sur la terre, et
» les rendent plus aptes à recevoir la perfection du plus puissant rayon
» du soleil. Ces astres, quoique non aperçus dans la profondeur de la
» nuit, ne brillent donc pas en vain. Ne pense pas que s'il n'était point
» d'homme, le ciel manquât de spectateurs, et Dieu, de louanges : des
» millions de créatures spirituelles marchent invisibles dans le monde,

> But wherefore all night long shine these? for whom
> This glorious sight, when sleep hath shut all eyes? »
>   To whom our general ancestor replied :
>   « Daughter of God and man, accomplish'd Eve,
> These have their course to finish round the earth,
> By morrow evening; and from land to land
> In order, though to nations yet unborn,
> Ministering light prepar'd, they set and rise;
> Lest total darkness should by night regain
> Her old possession, and extinguish life
> In nature and all things; which these soft fires
> Not only enlighten, but with kindly heat
> Of various influence foment and warm,
> Temper or nourish, or in part shed down
> Their stellar virtue on all kinds that grow
> On earth, made hereby apter to receive
> Perfection from the sun's more potent ray.
> These then, though unbeheld in deep of night,
> Shine not in vain : nor think, though men were none,
> That Heaven would want spectators, God want praise:
> Millions of spiritual creatures walk the earth
> Unseen, both when we wake, and when we sleep:
> All these with ceaseless praise his works behold
> Both day and night. How often from the steep
> Of echoing hill or thicket have we heard
> Celestial voices to the midnight air,

LIVRE IV. 149

» quand nous veillons et quand nous dormons; par des cantiques sans
» fin elles louent les ouvrages du Très-Haut qu'elles contemplent jour et
» nuit. Que de fois sur la pente d'une colline à écho, ou dans un bosquet
» n'avons-nous pas entendu des voix célestes à minuit (seules ou se ré-
» pondant les unes aux autres) chanter le grand Créateur! Souvent en
» troupes quand ils sont de veilles, ou pendant leurs rondes nocturnes,
» au son d'instruments divinement touchés, les anges joignent leurs
» chants en pleine harmonie, ces chants divisent la nuit, et élèvent nos
» pensées vers le ciel. »

Ils parlent ainsi, et main en main ils entrent solitaires sous leur fortuné berceau : c'était un lieu choisi par le Planteur souverain, quand il forma toutes choses pour l'usage délicieux de l'homme. La voûte de l'épais couvert était un ombrage entrelacé de laurier et de myrte, et ce qui croissait plus haut était d'un feuillage aromatique et ferme. De l'un et de l'autre côté l'acanthe et des buissons odorants et touffus élevaient un mur de verdure; de belles fleurs, l'iris de toutes les nuances, les roses et le jasmin, dressaient leurs tiges épanouies et formaient une mosaïque. Sous les pieds la violette, le safran, l'hyacinthe, en riche marqueterie brodaient la terre, plus colorée qu'une pierre du plus coûteux dessin.

Aucune autre créature, quadrupède, oiseau, insecte ou reptile, n'osait

Sole, or responsive each to other's note,
Singing their great Creator ! oft in bands
While they keep watch, or nightly rounding walk,
With Heavenly touch of instrumental sounds,
In full harmonic number join'd, their songs
Divide the night, and lift our thoughts to Heaven. »

Thus talking, hand in hand along they pass'd
On to their blissful bower: it was a place
Chosen by the sovran Planter, when he fram'd
All things to man's delightful use : the roof
Of thickest covert was inwoven shade,
Laurel and myrtle, and what higher grew
Of firm and fragrant leaf : on either side
Acanthus and each odorous bushy shrub
Fenc'd up the verdant wall; each beauteous flower,
Iris all hues, roses, and jessamine,
Rear'd high their flourish'd heads between, and wrought
Mosaic; underfoot the violet,
Crocus, and hyacinth, with rich inlay
Broider'd the ground, more colour'd than with stone
Of costliest emblem. Other creature here,
Bird, beast, insect, or worm, durst enter none,
Such was their awe of man. In shadier bower,
More sacred and sequester'd, though but feign'd,
Pan or Sylvanus never slept; nor Nymph,

entrer en ce lieu; tel était leur respect pour l'homme. Jamais, même dans les fictions de la Fable, sous un berceau ombragé plus sacré, et plus écarté; jamais Pan ou Sylvain ne dormirent, Nymphe ni Faune n'habitèrent. Là, dans un réduit fermé avec des fleurs, des guirlandes et des herbes d'une suave odeur, Ève épousée embellit pour la première fois sa couche nuptiale, et les cœurs célestes chantèrent l'épithalame. Ce jour-là, l'ange de l'hymen amena Ève à notre père dans sa beauté nue, plus ornée, plus charmante que Pandore que les dieux dotèrent de tous leurs dons (oh! trop semblable à elle par le triste événement), alors que conduite par Hermès au fils imprudent de Japhet, elle enlaça l'espèce humaine dans ses beaux regards, afin de venger Jupiter de celui qui avait dérobé le feu authentique.

Ainsi arrivés à leur berceau ombragé, Ève et Adam tous deux s'arrêtèrent, tous deux se retournèrent, et sous le ciel ouvert ils adorèrent le Dieu qui fit à la fois le ciel, l'air, la terre, le ciel qu'ils voyaient, le globe resplendissant de la lune, et le pôle étoilé.

« Tu as aussi fait la nuit, Créateur tout-puissant! et tu as fait le jour
» que nous avons employé et fini dans notre travail prescrit, heureux
» de notre assistance mutuelle, et de notre mutuel amour, couronne de
» toute cette félicité ordonnée par toi! Et tu as fait ce lieu délicieux

    Nor Faunus haunted. Here, in close recess,
With flowers, garlands, and sweet-smelling herbs,
Espoused Eve deck'd first her nuptial bed;
And Heavenly quires the hymenæan sung,
What day the genial angel to our sire
Brought her in naked beauty more adorn'd,
More lovely, than Pandora, whom the gods
Endow'd with all their gifts; and, oh! too like
In sad event, when to th' unwiser son
Of Japhet brought by Hermes she ensnar'd
Mankind with her fair looks, to be aveng'd
On him who had stole Jove's authentic fire.
    Thus, at their shady lodge arriv'd, both stood,
Both turn'd, and under open sky ador'd
The God that made both sky, air, earth, and Heaven.
Which they beheld, the moon's resplendent globe,
And starry pole.
          « Thou also madest the night,
Maker omnipotent, and thou the day,
Which we, in our appointed work employ'd,
Have finish'd, happy in our mutual help
And mutual love, the crown of all our bliss
Ordain'd by thee: and this delicious place,
For us too large, where thy abundance wants
Partakers, and uncropt falls to the ground.
But thou hast promis'd from us two a race

» trop vaste pour nous, où l'abondance manque de partageants et tombe
» sur le sol non moissonnée. Mais tu nous a promis une race issue de
» nous qui remplira la terre, qui glorifiera avec nous ta bonté infinie,
» et quand nous nous éveillons, et quand nous cherchons, comme à
» cette heure, le sommeil, ton présent. »

Ils dirent ainsi unanimes, n'observant d'autres rites qu'une adoration pure que Dieu aime le mieux. Ils entrèrent en se tenant par la main dans l'endroit le plus secret de leur berceau, et n'ayant point la peine de se débarrasser de ces incommodes déguisements que nous portons, ils se couchèrent l'un près de l'autre. Adam ne se détourna pas, je pense, de sa belle épouse, ni Ève ne refusa pas les rites mystérieux de l'amour conjugal, malgré tout ce que disent austèrement les hypocrites de la pureté, du paradis, de l'innocence, diffamant comme impur ce que Dieu déclare pur, ce qu'il commande à quelques-uns, ce qu'il permet à tous. Notre Créateur ordonne de multiplier : qui ordonne de s'abstenir, si ce n'est notre destructeur, l'ennemi de Dieu et de l'homme ?

Salut, amour conjugal, mystérieuse loi, véritable source de l'humaine postérité, seule propriété dans le paradis où tous les autres biens étaient en commun! Par toi l'ardeur adultère fut chassée des hommes et reléguée parmi le troupeau des bêtes; par toi, fondées sur la raison loyale, juste

    To fill the earth, who shall with us extol
Thy goodness infinite ; both when we wake,
And when we seek, as now, thy gift of sleep. »
    This said unanimous, and other rites
Observing none, but adoration pure,
Which God likes best, into their inmost bower
Handed they went; and, eas'd the putting off
These troublesome disguises which we wear,
Straight side by side were laid ; nor turn'd, I ween,
Adam from his fair spouse, nor Eve the rites
Mysterious of connubial love refus'd :
Whatever hypocrites austerely talk
Of purity, and place, and innocence ;
Defaming as impure what God declares
Pure, and commands to some, leaves free to all.
Our Maker bids increase; who bids abstain,
But our destroyer, foe to God and man ?
    Hail, wedded love, mysterious law, true source
Of human offspring, sole propriety
In Paradise of all things common else :
By thee adulterous lust was driven from men
Among the bestial herds to range ; by thee
Founded in reason, loyal, just, and pure,
Relations dear, and all the charities
Of father, son, and brother, first were known.
Far be it that I should write thee sin or blame,

et pure, les relations chéries et toutes les charités du père, du fils et du frère, furent connues pour la première fois. Loin de moi d'écrire que tu sois un péché ou une honte, ou de penser que tu ne conviennes pas au lieu le plus sacré, toi, source perpétuelle des douceurs domestiques, toi, dont le lit a été déclaré chaste et insouillé pour le présent et pour le passé, et dans lequel sont entrés les saints et les patriarches. Ici l'amour emploie ses flèches dorées, ici il allume son flambeau durable et agite ses ailes de pourpre; ici il règne et se délecte. Il n'est point dans le sourire acheté des prostituées sans passion, sans joie que rien ne rend chères; il n'est point dans des jouissances passagères, ni parmi les favorites de cour, ni dans une danse mêlée, ni sous le masque lascif, ni dans le bal de minuit, ni dans la sérénade que chante un amant affamé, à sa fière beauté, qu'il ferait mieux de quitter avec dédain. Bercés par les rossignols, Adam et Ève dormaient en se tenant embrassés; sur leurs membres nus le dôme fleuri faisait pleuvoir des roses, dont le matin réparait la perte. Dors, couple béni! O toujours plus heureux si tu ne cherches pas un plus heureux état, et si tu sais ne pas savoir davantage!

Déjà la nuit de son cône ténébreux avait mesuré la moitié de sa course vers le plus haut de cette vaste voûte sublunaire; et les chérubins, sortant de leur porte d'ivoire à l'heure accoutumée, étaient armés pour leurs

Or think thee unbefitting holiest place;
Perpetual fountain of domestic sweets,
Whose bed is undefil'd and chaste pronounc'd,
Present, or past, as saints and patriarchs us'd.
Here Love his golden shafts employs, here lights
His constant lamp, and waves his purple wings;
Reigns here and revels; not in the bought smile
Of harlots, loveless, joyless, unendear'd,
Casual fruition; nor in court-amours,
Mix'd dance, or wanton mask, or midnight ball,
Or serenate, which the starved lover sings
To his proud fair, best quitted with disdain.
These, lull'd by nightingales, embracing slept,
And on their naked limbs the flowery roof
Shower'd roses, which the morn repair'd. Sleep on,
Blest pair; and, O yet happiest, if ye seek
No happier state, and know to know no more!
  Now had night measur'd with her shadowy cone
Half way up hill this vast sublunar vault,
And from their ivory port the cherubim,
Forth issuing at th' accustom'd hour, stood arm'd
To their night-watches in warlike parade;
When Gabriel to his next in power thus spake:
  « Uzziel, half these draw off, and coast the south
With strictest watch; these other wheel the north:
Our circuit meets full west. »

nocturnes dans une tenue de guerre; lorsque Gabriel dit à celui qui approchait le plus de son pouvoir :

« Uzziel, prends la moitié de ces guerriers et côtoie le midi avec la plus stricte surveillance; l'autre moitié tournera au nord : notre ronde se rencontrera à l'ouest. »

Ils se divisent comme la flamme, la moitié tournant sur le bouclier, l'autre sur la lance. Gabriel appelle deux esprits adroits et forts qui se tenaient près de lui, il leur donne cet ordre :

« Ithuriel et Zéphon, de toute la vitesse de vos ailes, parcourez ce jardin; ne laissez aucun coin sans l'avoir visité, mais surtout l'endroit où habitent ces deux belles créatures qui dorment peut-être à présent, se croyant à l'abri du mal. Ce soir, vers le déclin du soleil, quelqu'un est arrivé; il dit d'un infernal esprit lequel a été vu dirigeant sa marche vers ce lieu (qui l'aurait pu penser?), échappé des barrières de l'enfer et à mauvais dessein sans doute : en quelque endroit que vous le rencontriez, saisissez-le et amenez-le ici. »

En parlant de la sorte il marchait à la tête de ses files radieuses qui éclipsaient la lune. Ithuriel et Zéphon vont droit au berceau, à la découverte de celui qu'ils cherchaient. Là ils le trouvèrent tapi comme un crapaud, tout près de l'oreille d'Ève, essayant par son art diabolique

       As flame they part,
Half wheeling to the shield, half to the spear.
From these two strong and subtle spirits he call'd
That near him stood, and gave them thus in charge.

 « Ithuriel and Zephon, with wing'd speed
Search through this garden, leave unsearch'd no nook;
But chiefly where those two fair creatures lodge,
Now laid perhaps asleep, secure of harm.
This evening from the sun's decline arriv'd,
Who tells of some infernal spirit seen
Hitherward bent (who could have though?) escap'd
The bars of Hell, on errand bad no doubt:
Such, where ye find, seize fast, and hither bring. »

 So saying, on he led his radiant files,
Dazzling the moon; these to the bower direct
In search of whom they sought: him they found
Squat like a toad, close at the ear of Eve,
Assaying by his devilish art to reach
The organs of her fancy, and with them forge
Illusions, as he litst, phantasms and dreams;
Or if, inspiring venom, he might taint
Th' animal spirits, that from pure blood arise
Like gentle breaths from rivers pure, thence raise
At least distemper'd, discontended thoughts,
Vain hopes, vain aims, inordinate desires,

d'atteindre les organes de son imagination et de forger avec eux des illusions à son gré, de fantômes et songes ; ou bien en soufflant son venin, il tâchait d'infecter les esprits vitaux qui s'élèvent du pur sang, comme de douces haleines s'élèvent d'une rivière pure : de là du moins pourraient naître ces pensées déréglées et mécontentes, ces vaines espérances, ces projets vains, ces désirs désordonnés, enflés d'opinions hautaines qui engendrent l'orgueil.

Tandis qu'il était ainsi appliqué, Ithuriel le touche légèrement de sa lance, car aucune imposture ne peut endurer le contact d'une trempe céleste, et elle retourne de force à sa forme naturelle. Découvert et surpris, Satan tressaille : comme quand une étincelle tombe sur un amas de poudre nitreuse préparée pour le tonneau, afin d'approvisionner un magasin sur un bruit de guerre ; le grain noir dispersé par une soudaine explosion, embrase l'air : de même éclata dans sa propre forme, l'ennemi. Les deux beaux anges reculèrent d'un pas à demi étonné de voir si subitement le terrible monarque. Cependant non émus de frayeur, ils l'accostent bientôt :

« Lequel es-tu de ces esprits rebelles adjugés à l'enfer ?. Viens-tu
» échappé de ta prison ? Et pourquoi transformé, te tiens-tu comme un
» ennemi en embuscade, veillant ici au chevet de ceux qui dorment ? »

Blown up with high conceits ingendering pride.

Him thus intent Ithuriel with his spear
Touch'd lightly; for no falsehood can endure
Touch'd of celestial temper, but returns
Of force to its own likeness ; up he starts
Discover'd and surpris'd. As when a spark
Lights on a heap of nitrous powder, laid
Fit for the tun, some magazine to store
Against a rumour'd war ; the smutty grain,
With sudden blazze diffus'd, inflames the air;
So started up in his own shape the fiend.
Back stepp'd those two fair angels, half amaz'd
So sudden to behold the grisly kind;
Yet thus, unmov'd with fear, accost him soon:

« Which of those rebel spirits adjudg'd to Hell
Com'st thou, escap'd thy prison? and, transform'd,
Why sat'st thou like an enemy in wait,
Here watching at the head of these that sleep? »

« Know ye not then, said Satan, fill'd with scorn,
Know ye not me ? ye knew me once no mate
For you, there sitting where ye durst not soar:
Not to know me argues yourselves unknown,
The lowest of your throng ; or, if ye know,
Why ask ye, and superfluous begin
Your message, like to end as much in vain? »

« Vous ne me reconnaissez donc pas, reprit Satan plein de dédain ;
» vous ne me connaissez pas, moi? vous m'avez pourtant connu autre-
» fois, non votre camarade, mais assis où vous n'osiez prendre l'essor.
» Ne pas me connaître, c'est vous avouer vous-mêmes inconnus, et les
» plus infimes de votre bande. Ou si vous me connaissez, pourquoi m'in-
» terroger et commencer d'une manière superflue votre mission, qui
» finira d'une manière aussi vaine ? »

Zéphon lui rendant mépris pour mépris :

« Ne crois pas, esprit révolté, que ta forme restée la même, ou que
» ta splendeur non diminuée, doivent être connues, comme lorsque tu
» te tenais dans le ciel droit et pur. Cette gloire quand tu cessas d'être
» bon, se sépara de toi. Tu ressembles à présent à ton péché, et à la
» demeure obscure et souillée de ta condamnation. Mais viens; car il
» faudra, sois-en sûr, que tu rendes compte à celui qui nous envoie, et
» dont la charge est de conserver ce lieu inviolable, et de préserver
» ceux-ci de tout mal. »

Ainsi parla le chérubin : sa grave réprimande, sévère dans une beauté pleine de jeunesse, lui donnait une grâce invincible. Le démon resta confus; il sentait combien la droiture est imposante, et il voyait combien dans sa forme, la vertu est aimable; il le voyait, et gémissait de l'avoir

> To whom thus Zephon, answering scorn with scorn:
>
> « Think not, revolted spirit, thy shape the same,
> Or undiminish'd brightness, to be known,
> As when thou stood'st in Heaven upright and pure ;
> That glory then, when thou no more wast good,
> Departed from thee: and thou resemblest now
> Thy sin and place of doom obscure and foul.
> But come, for thou, be sure, shalt give account
> To him who sent us, whose charge is to keep
> This place inviolable, and these from harm. »
>
> So spake the cherub; and his grave rebuke,
> Severe in youthful beauty, added grace
> Invincible : abash'd the devil stood,
> And felt how awful goodness is, and saw
> Virtue in her shape how lovely; saw, and pin'd
> His loss : but chiefly to find here observ'd
> His lustre visibly impair'd; yet seem'd
> Undaunted.
>
> « If I must contend, said he,
> Best with the best, the sender, not the sent,
> Or all at once; more glory will be won,
> Or less be lost. »
>
> « Thy fear, said Zephon bold,
> Will save us trial what the least can do

perdue, mais surtout de trouver qu'on s'était aperçu de l'altération sensible de son éclat. Toutefois il paraissait encore intrépide.

« Si je dois combattre, dit-il, que ce soit le chef contre le chef, contre
» celui qui envoie, non contre celui qui est envoyé, ou contre tous à la
» fois, plus de gloire sera gagnée; ou moins perdue. »

« Ta frayeur, dit le hardi Zéphon, nous épargnera l'épreuve de ce
» que le moindre d'entre nous peut faire seul contre toi, méchant, et par
» conséquent faible. »

L'ennemi ne répliqua point, étouffant de rage; mais, comme un orgueilleux coursier dans ses freins, il marche la tête haute, rongeant son mors de fer : combattre ou fuir lui parut inutile; une crainte d'en haut avait dompté son cœur, non autrement étonné. Maintenant ils approchaient du point occidental où les gardes de demi-ronde s'étaient tout juste rencontrés, et réunis ils formaient un escadron attendant le prochain ordre. Gabriel, leur chef, placé sur le front, leur crie :

« Amis, j'entends le bruit d'un pied agile qui se hâte par ce chemin,
» et à une lueur je discerne maintenant Ithuriel et Zéphon à travers
» l'ombre. Avec eux s'avance un troisième personnage d'un port de
» roi, mais d'une splendeur pâle et fanée : à sa démarche, et à sa farou-
» che contenance, il paraît être le prince de l'enfer, qui probablement

Single against thee, wicked, and thence weak. »
The fiend replied not, overcome with rage;
But, like a proud steed rein'd, went haughty on,
Champing his iron curb; to strive or fly
He held it vain; awe from above had quell'd
His heart, not else dismay'd. Now drew they nigh
The western point, where those half-rounding guards
Just met, and closing stood in squadron join'd,
Awaiting next command. To whom their chief,
Gabriel, from the front thus call'd aloud:

« O friends! I hear the tread of nimble feet
Hasting this way, and now by glimpse discern
Ithuriel and Zephon through the shade;
And with them comes a third of regal port,
But faded splendour wan; who by his gait
And fierce demeanour seems the prince of Hell,
Not likely to part hence without contest:
Stand firm; for in his look defiance lours. »

He scarce had ended, when those two approach'd,
And brief related whom they brought, where found,
How busied, in what form and posture couch'd.

To whom with stern regard thus Gabriel spake:

« Why hast thou, Satan, broke the bounds prescrib'd
To thy transgressions? and disturb'd the charge

» ne partira pas d'ici sans conteste : demeurez fermes, car son regard se
» couvre et nous défie. »

A peine a-t-il fini de parler, qu'Ithuriel et Zéphon le joignent, lui racontent brièvement qui ils amènent, où ils l'ont trouvé, comment occupé, sous quelle forme et dans quelle posture il était couché. Gabriel parla de la sorte avec un regard sévère :

« Pourquoi, Satan, as-tu franchi les limites prescrites à tes révoltes ?
» Pourquoi viens-tu troubler dans leur emploi ceux qui ne veulent pas
» se révolter à ton exemple ? Mais ils ont le pouvoir et le droit de te
» questionner sur ton entrée audacieuse dans ce lieu, où tu t'occupais,
» à ce qu'il semble, à violer le sommeil et à inquiéter ceux dont Dieu a
» placé la demeure ici dans la félicité. »

Satan répondit avec un sourcil méprisant :

« Gabriel, tu avais dans le ciel la réputation d'être sage, et je te tenais
» pour tel ; mais la question que tu me fais me met en doute. Qu'il vive
» en enfer celui qui aime son supplice ! Qui ne voudrait, s'il en trouvait
» le moyen, s'échapper de l'enfer, quoiqu'il y soit condamné ? Toi-même
» tu le voudrais sans doute ; tu t'aventurerais hardiment vers le lieu,
» quel qu'il fût, le plus éloigné de la douleur, où tu pusses espérer chan-
» ger la peine en plaisir, et remplacer le plus tôt possible la souffrance

Of others, who approve not to transgress
By thy example, but have power and right
To question thy bold entrance on this place ;
Employ'd, it seems, to violate sleep, and those
Whose dwelling God hath planted here in bliss ? »

To whom thus Satan, with contemptuous brow:

« Gabriel, thou hadst in Heaven th' esteem of wise,
And such I held thee ; but this question ask'd
Puts me in doubt. Lives there who loves his pain !
Who would not, finding way, break loose from Hell,
Though thither doom'd ? thou wouldst thyself, no doubt,
And boldly venture to whatever place
Farthest from pain, where thou mightst hope to change
Torment with ease, and soonest recompense
Dole with delight ; which in this place I sought.
To thee no reason, who know'st only good,
But evil hast not tried : and wilt object
His will who bounds us ? Let him surer bar
His iron gates, if he intends our stay
In that dark durance : thus much what was ask'd.
The rest is true, they found me where they say ;
But that implies not violence or harm. »
Thus he in scorn. The warlike angel moved,
Disdainfully half smiling, thus replied:

» par la joie : c'est ce que j'ai cherché dans ce lieu. Ce ne sera pas là
» une raison pour toi, qui ne connais que le bien, et n'as pas essayé du
» mal. M'objecteras-tu la volonté de celui qui nous enchaîna ? Qu'il bar-
» ricade plus sûrement ses portes de fer, s'il prétend nous retenir dans cette
» sombre géhenne! En voilà trop pour la question. Le reste est vrai : ils
» m'ont trouvé où ils le disent, mais cela n'implique ni violence ni tort. »

Il dit ainsi avec dédain. L'ange guerrier ému, moitié souriant avec mépris, lui répliqua :

« Ah! quelle perte a fait le ciel d'un juge pour juger ce qui est sage,
» depuis que Satan est tombé, renversé par sa folie! maintenant il re-
» vient échappé de sa prison, gravement en doute s'il doit tenir pour
» sages, ou non, ceux qui lui demandent quelle audace l'a conduit ici
» sans permission, hors des limites de l'enfer à lui prescrites ; tant il
» juge sage de fuir la peine, n'importe comment, et de se dérober à son
» châtiment! Présomptueux, juge ainsi jusqu'à ce que la colère que tu
» as encourue en fuyant, rencontre sept fois ta fuite, et qu'à coup de
» fouet elle reconduise à l'enfer cette sagesse qui ne t'a pas encore assez
» appris qu'aucune peine ne peut égaler la colère infinie provoquée. Mais
» pourquoi es-tu seul ? Pourquoi tout l'enfer déchaîné n'est-il pas venu
» avec toi ? Le supplice est-il moins supplice pour tes compagnons ? est-

« Oh! loss of one in Heaven to judge of wise,
Since Satan fell, whom folly overthrew;
And now returns him from his prison 'scap'd;
Gravely in doubt whether to hold them wise
Or not, who ask what boldness brought him hither
Unlicens'd from his bounds in Hell prescrib'd :
So wise he judges it to fly from pain
However, and to 'cape his punishment!
So judge thou still, presumptuous; till the wrath,
Which thou incurr'st by flying, meet thy flight
Sevenfold, and scourge that wisdom back to Hell,
Which taught thee yet no better, that no pain
Can equal anger infinite provok'd.
But wherefore thou alone ? wherefore with thee
Came not all Hell broke loose? is pain to them
Less pain, less to be fled; or thou than they
Less hardy to endure? Courageous chief!
The first in flight from pain! hadst thou alledg'd
To thy deserted host this cause of flight,
Thou surely hadst not come sole fugitive. »

To which the fiend thus answer'd, frowning stern:

« Not that I less endure, or shrink from pain,
Insulting angel! well thou know'st I stood
Thy fiercest; when in battle to thy aid
The blasting vollied thunder made all speed,

» il moins à fuir, ou bien es-tu moins ferme qu'eux à l'endurer? Chef
» courageux ! le premier à te soustraire aux tourments, si tu avais allé-
» gué à ton armée désertée par toi cette raison de fuite, certainement tu
» ne serais pas venù seul fugitif. »

A quoi l'ennemi répondit sourcillant, terrible :

« Tu sais bien, ange insultant, que je n'ai pas moins de courage à
» supporter la peine, et que je ne recule pas devant elle : j'ai bravé ta
» plus grande fureur, quand dans la bataille la noire volée du tonnerre
» vint à ton aide en toute hâte, et seconda ta lance autrement non redou-
» tée. Mais tes paroles jetées au hasard, comme toujours, montrent ton
» inexpérience de ce qu'il convient de faire à un chef fidèle, d'après les
» durs essais et les mauvais succès du passé : il ne doit pas tout risquer
» dans les chemins du péril, qu'il n'a pas lui-même reconnus. Ainsi
» donc, j'ai entrepris le premier de voler seul à travers l'abîme désolé et
» de découvrir ce monde nouvellement créé, sur lequel, dans l'enfer, la
» renommée n'a pas gardé le silence. Ici je suis venu dans l'espoir de
» trouver un séjour meilleur, d'établir sur la terre ou dans le milieu de
» l'air mes puissances affligées; dussions-nous, pour en prendre posses-
» sion, essayer encore une fois ce que toi et tes élégantes légions oseront
» contre nous. Ce leur est une besogne plus facile de servir leur Sei-

    And seconded thy else not dreaded spear.
    But still thy words at random, as before,
    Argue thy inexperience what behoves
    From hard assays and ill successes past
    A faithful leader ; not to hazard all
    Through ways of danger by himself untried :
    I, therefore, I alone first undertook
    To wing the desolate abyss, and spy
    This new-created world, whereof in Hell
    Fame is not silent; here in hope to find
    Better abode, and my afflicted powers
    To settle here on earth or in mid air ;
    Though for possession put to try once more
    What thou and thy gay legions dare against ;
    Whose easier business were to their Lord
    High up in Heaven, with songs to hymn his throne,
    And practis'd distances to cringe, not fight. »

    To whom the warriour angel soon replied :

    « To say and straight unsay, pretending first
    Wise to fly pain, professing next the spy,
    Argues no leader, but a liar trac'd,
    Satan, and couldst thou faithful add ? O name,
    O sacred name of faithfulness profan'd !
    Faithful to whom ? to thy rebellious crew ?
    Army of fiends, fit body to fit head.

» gneur au haut du ciel, de chanter des hymnes à son trône, de s'incli-
» ner à des distances marquées, que de combattre! »

L'ange guerrier répondit aussitôt :

« Dire et se contredire, prétendre d'abord qu'il est sage de fuir la
» peine, professer ensuite l'espionnage, montre non un chef, mais un
» menteur avéré, Satan. Et oses-tu te donner le titre de fidélité? O nom,
» nom sacré de fidélité profanée! Fidèle à qui? à ta bande rebelle, ar-
» mée de pervers, digne corps d'une digne tête! Était-ce là votre disci-
» pline et votre foi jurée, votre obéissance militaire, de rompre notre
» serment d'allégeance au Pouvoir suprême reconnu? Et toi, rusé hypo-
» crite, aujourd'hui champion de la liberté, qui jadis plus que toi flatta,
» s'inclina, et servilement adora le redoutable Monarque du ciel? Pour-
» quoi, sinon dans l'espoir de le déposséder et de régner toi-même?
» Mais écoute à présent ce que je te conseille : Loin d'ici! fuis là d'où
» tu as fui : si à compter de cette heure tu te montres dans ces limites
» sacrées, je te traîne enchaîné au puits infernal; je t'y scellerai de ma-
» nière que désormais tu ne mépriseras plus les faciles portes de l'enfer,
» trop légèrement barrées. »

Ainsi il menaçait : mais Satan ne fait aucune attention à ces menaces,
mais sa rage croissant, il répliqua :

Was this your discipline and faith engag'd,
Your military obedience, to dissolve
Allegiance to th' acknowledg'd Power supreme?
And thou, sly hypocrite, who now wouldst seem
Patron of liberty! who more than thou
Once fawn'd, and cring'd, and servilely ador'd
Heaven's awful Monarch? wherefore, but in hope
To dispossess him, and thyself to reign?
But mark what I aread thee now: Avaunt,
Fly thither whence thou fled'st: if from this hour
Within these hallow'd limits thou appear,
Back to th' infernal pit I drag thee chain'd,
And seal thee so, as henceforth not to scorn
The facile gates of Hell, too slightly barr'd. »

So threaten'd he: but Satan to no threats
Gave heed, but waxing more in rage replied:

« Then, when I am thy captive, talk of chains,
Proud limitary cherub : but ere then
Far heavier load thyself expect to feel
From my prevailing arm; though Heaven's King
Ride on thy wings, and thou with thy compeers,
Us'd to the yoke, draw'st his triumphant wheels
In progress through the road of Heaven star-pav'd. »

While thus he spake, th' angelic squadron bright

LIVRE IV.

« Alors que je serai ton captif, parle de chaînes, fier chérubin de
» frontière ; mais avant cela, attends-toi toi-même à sentir le poids
» beaucoup plus pesant de mon bras vainqueur, bien que le Roi du ciel
» chevauche sur tes ailes, et qu'avec tes compères, façonnés au joug, tu
» tires ses roues triomphantes dans sa marche sur le chemin du ciel pavé
» d'étoiles. »

Tandis qu'il parle, les angéliques escadrons devinrent rouges de feu ; aiguisant en croissant les pointes de leur phalange, ils commencent à l'entourer de leurs lances en arrêt : telle, dans un champ de Cérès mûr pour la moisson, une forêt barbelée d'épis ondoie et s'incline de quelque côté que le vent la balaye ; le laboureur inquiet regarde ; il craint que, sur l'aire, les gerbes, son espérance, ne laissent que du chaume. De son côté, Satan, alarmé, rassemblant toute sa force, s'élève dilaté, inébranlable comme le Ténériffe ou l'Atlas. Sa tête atteint le ciel, et sur son casque l'horreur siége comme un panache ; sa main ne manquait point de ce qui semblait une lance et un bouclier.

Des faits terribles se fussent accomplis ; non-seulement le paradis dans cette commotion, mais peut-être la voûte étoilée du ciel, ou au moins tous les éléments, seraient allés en débris, confondus et déchirés par la violence de ce combat, si l'Éternel, pour prévenir cet horrible tumulte,

> Turn'd fiery red, sharpening in mooned horns
> Their phalanx, and began to hem him round
> With ported spears, as thick as when a field
> Of Ceres, ripe for harvest, waving bends
> Her bearded grove of ears, which way the wind
> Sways them ; the careful plowman doubting stands,
> Lest on the threshing floor his hopeful sheaves
> Prove chaff. On th' other side, Satan, alarm'd,
> Collecting all his might, dilated stood,
> Like Teneriff or Atlas, unremov'd :
> His stature reach'd the sky, and on his crest
> Sat horrour plum'd, nor wanted in his grasp
> What seem'd both spear and shield.
>   Now dreadful deeds
> Might have ensued ; nor only Paradise
> In this commotion, but the starry cope
> Of Heaven perhaps or all the elements
> At least had gone to wrack, disturb'd and torn
> With violence of this conflict ; had not soon
> Th' Eternal, to prevent such horrid fray,
> Hung forth in Heaven his golden scales, yet seen
> Betwixt Astrea and the Scorpion sign,
> Wherein all things created first he weigh'd,
> The pendulous round earth with balanc'd air
> In counterpoise ; now ponders all events,

n'eût aussitôt suspendu ses balances d'or, que l'on voit encore entre Astrée et le signe du Scorpion. Dans ses balances, le Créateur pesa d'abord toutes les choses créées, la terre ronde et suspendue avec l'air pour contre-poids; maintenant, il y pèse les événements, les batailles et les royaumes : il mit deux poids dans les bassins, dans l'un le départ, dans l'autre le combat; le dernier bassin monta rapidement et frappa le fléau. Gabriel s'en apercevant, dit à l'ennemi :

« Satan, je connais ta force et tu connais la mienne; ni l'une ni l'autre ne nous est propre, mais elles nous ont été données. Quelle folie donc de vanter ce que les armes peuvent faire, puisque ni ta force, ni la mienne ne sont que ce que permet le ciel, quoique la mienne soit à présent doublée, afin que je te foule aux pieds comme la fange! Pour preuve regarde en haut; lis ton destin dans ce signe céleste où tu es pesé, et vois combien tu es léger, combien faible si tu résistes. »

L'ennemi leva les yeux, et reconnut que son bassin était monté en haut. C'en est fait; il fuit en murmurant, et avec lui fuirent les ombres de la nuit.

> Battles and realms: in these he put two weights,
> The sequel each of parting and of fight:
> The latter quick upflew and kick'd the beam;
> Which Gabriel spying, thus bespake the fiend:
>
> « Satan, I know thy strength, and thou know'st mine
> Neither our own, but given: what folly then
> To boast what arms can do? since thine no more
> Than Heaven permits, nor mine, though doubl'd now
> To trample thee as mire: for proof look up,
> And read thy lot in yon celestial sign;
> Where thou art weigh'd, and shown how light, how weak,
> If thou resist. »
>   The fiend look'd up, and knew
> His mounted scale aloft: nor more; but fled
> Murmuring, and with him fled the shades of night.

LIVRE CINQUIÈME.

ARGUMENT.

Le matin approchait; Ève raconte à Adam son rêve fâcheux, Il n'aime pas ce rêve, cependant il la console. Ils sortent pour leurs travaux du jour : leur hymne du matin à la porte de leur berceau. Dieu, afin de rendre l'homme inexcusable, envoie Raphaël pour l'exhorter à l'obéissance, lui rappeler son état libre, le mettre en garde contre son ennemi qui est proche, lui apprendre quel est cet ennemi, pourquoi il est son ennemi, et tout ce qu'il est utile en outre à Adam de connaître. Raphaël descend au paradis; sa figure décrite; sa venue découverte au loin par Adam, assis à la porte de son berceau. Adam va à la rencontre de l'ange, l'amène à sa demeure et lui offre les fruits les plus choisis cueillis par Ève ; leurs discours à table. Raphaël accomplit son message, fait souvenir Adam de son état et de son ennemi; à la demande d'Adam il raconte quel est cet ennemi, comment il l'est devenu : en commençant son récit à la première révolte de Satan dans le ciel, il dit la cause de cette révolte; comment l'esprit rebelle entraîna ses légions après lui dans les parties du Nord; comment il les incita à se révolter avec lui, les persuada tous, excepté Abdiel, le séraphin, qui combat ses raisons, s'oppose à lui et l'abandonne.

BOOK V.

THE ARGUMENT.

Morning approached, Eve relates to Adam her troublesome dream ; he likes it not, yet comforts her : they come forth to their day-labours: their morning hymn at the door of their bower. God, to render man inexcusable, sends Raphael to admonish him of his obedience, of his free estate, of his enemy near at hand; who he is, and why his enemy, and whatever else may avail Adam to know. Raphael comes down to Paradise ; his appearance described ; his coming discerned by Adam afar off, sitting at the door of his bower; he goes out to meet him, brings him to his lodge, entertains him with the choicest fruits of Paradise got together by Eve ; their discourse at table: Raphael performs his message, minds Adam of his state and of his enemy; relates, at Adam's request, who that enemy is, and how he came to be so, beginning from his first revolt in Heaven, and the occasion thereof; how he drew his legions after him to the parts of the north, and there incited them to rebel with him persuading all but only Abdiel, a seraph, who in argument dissuades and opposes him, then forsakes him.

V.

Déjà le Matin avançant ses pas de rose dans les régions de l'est, semait la terre de perles orientales, lorsque Adam s'éveilla, telle était sa coutume ; car son sommeil léger comme l'air, entretenu par une digestion pure et des vapeurs douces et tempérées, était légèrement dispersé par le seul bruit des ruisseaux fumants, des feuilles agitées (éventail de l'Aurore), et par le chant matinal et animé des oiseaux sur toutes les branches : il est d'autant plus étonné de trouver Ève non éveillée, la chevelure en désordre et les joues rouges comme dans un repos inquiet. Il se soulève à demi, appuyé sur le coude ; penché amoureusement sur elle, il contemple avec des regards d'un cordial amour la beauté qui, éveillée ou endormie, brille de grâces particulières. Alors d'une voix douce, comme quand Zéphyr souffle sur Flore, touchant doucement la main d'Ève, il murmure ces mots :

« Éveille-toi, ma très-belle, mon épouse, mon dernier bien trouvé, le
» meilleur et le dernier présent du ciel, mon délice toujours nouveau !
» Éveille-toi ! Le matin brille et la fraîche campagne nous appelle ; nous

V.

Now Morn, her rosy steps in th' eastern clime
Advancing, sow'd the earth with orient pearl,
When Adam wak'd, so custom'd; for his sleep
Was aery-light, from pure digestion bred,
And temperate vapours bland, which th' only sound
Of leaves and fuming rills, Aurora's fan,
Lightly dispers'd, and the shrill matin song
Of birds on every bough : so much the more
His wonder was to find unwaken'd Eve
With tresses discompos'd, and glowing cheek,
As through unquiet rest: he, on his side
Leaning half-rais'd, with looks of cordial love
Hung over her enamour'd, and beheld
Beauty, which, whether waking or asleep,
Shot forth peculiar graces; then with voice
Mild, as when Zephyrus on Flora breathes,
Her hand soft touching, whisper'd thus:
        « Awake,
My fairest, my espous'd, my latest found,

LIVRE V.

» perdons les prémices du jour, le moment de remarquer comment
» poussent nos plantes soignées, comment fleurit le bocage de citronnier,
» d'où coule la myrrhe, et ce que distille le balsamique roseau, com-
» ment la nature peint ses couleurs, comment l'abeille se pose sur la
» fleur pour en extraire la douceur liquide. »

Ainsi murmurant, il l'éveille; mais jetant sur Adam un œil effrayé, et l'embrassant, elle parla ainsi :

« O toi, le seul en qui mes pensées trouvent tout repos, ma gloire, ma
» perfection! que j'ai de joie de voir ton visage et le matin revenu! Cette
» nuit (jusqu'à présent je n'ai jamais passé une nuit pareille), je rêvais
» (si je rêvais), non de toi comme je fais souvent, non des ouvrages du
» jour passé, ou du projet du lendemain, mais d'offense et de trouble
» que mon esprit ne connut jamais avant cette nuit accablante. Il m'a
» semblé que quelqu'un, attaché à mon oreille, m'appelait avec une
» voix douce, pour me promener; je crus que c'était la tienne; elle di-
» sait : « Pourquoi dors-tu, Ève? Voici l'heure charmante, fraîche, silen-
» cieuse, sauf où le silence cède à l'oiseau harmonieux de la nuit, qui
» maintenant éveillé soupire sa plus douce chanson, enseignée par l'a-
» mour. La lune, remplissant tout son orbe, règne, et avec une plus
» agréable clarté fait ressortir sur l'ombre la face des choses; c'est en

Heaven's last, best gift, my ever-new delight!
Awake; the morning shines, and the fresh field
Call us; we lose the prime, to mark how spring
Our tended plants, how blows the citron-grove,
What drops the myrrh, and what the balmy reed,
How nature paints her colours, how the bee
Sits on the bloom extracting liquid sweet. »

Such whispering wak'd her, but with startled eye
On Adam, whom embracing, thus she spake:

« O sole in whom my thoughts find all repose,
My glory, my perfection! glad I see
Thy face, and morn return'd; for I this night
(Such night till this I never pass'd) have dream'd,
(If dream'd) not, as I oft am wont, of thee,
Works of day past, or morrow's next design;
But of offence and trouble, which my mind
Knew never till this irksome night. Methought
Close at mine ear one call'd me forth to walk
With gentle voice; I thought it thine : it said :

« Why sleep'st thou, Eve? now is the pleasant time,
The cool, the silent, save where silence yields
To the night-warbling bird, that now awake
Tunes sweetest his love labour'd song; now reigns
Full-orb'd the moon, and with more pleasing light
Shadowy sets off the face of things; in vain,

» vain si personne ne regarde. Le ciel veille avec tous ses yeux, pour
» qui contempler, si ce n'est toi, ô désir de la nature? A ta vue, toutes
» les choses se réjouissent, attirées par ta beauté pour l'admirer tou-
» jours avec ravissement. »

» Je me suis levée à ton appel, mais je ne t'ai point trouvé. Pour te
» chercher, j'ai dirigé alors ma promenade ; il m'a semblé que je passais
» seule des chemins qui m'ont conduite tout à coup à l'arbre de la science
» défendue ; il paraissait beau, beaucoup plus beau à mon imagination
» que pendant le jour. Et comme je le regardais en m'étonnant, une
» figure se tenait auprès, semblable par la forme et les ailes à l'un de
» ceux-là du ciel que nous avons vus souvent : ses cheveux humides de
» rosée exhalaient l'ambroisie ; il contemplait l'arbre aussi ;

» Et il disait : « O belle plante, de fruit surchargée, personne ne dai-
» gne-t-il te soulager de ton poids et goûter de ta douceur, ni Dieu, ni
» homme? La science est-elle si méprisée? L'envie, ou quelque réserve,
» défend-elle de goûter? Le défende qui voudra, nul ne me privera plus
» longtemps de ton bien offert : pourquoi autrement est-il ici ? »

» Il dit et ne s'arrêta pas, mais d'une main téméraire il arrache, il
» goûte. Moi je fus glacée d'une froide horreur à des paroles si hardies,
» confirmées par une si hardie action. Mais lui, transporté de joie :

    If none regard: Heaven wakes with all his eyes
    Whom to behold but thee, nature's desire?
    In whose sight all things joy, with ravishment
    Attracted by thy beauty still to gaze. »

    » I rose as at thy call, but found thee not:
    To find thee I directed then my walk ;
    And on, methought, alone I pass'd through ways
    That brought me on a sudden to the tree
    Of interdicted knowledge : fair it seem'd,
    Much fairer to my fancy than by day :
    And, as I wondering look'd, beside it stood
    One shap'd and wing'd like one of those from Heaven
    By us oft seen; his dewy locks distill'd
    Ambrosia : on that tree he also gaz'd ;

    » And, « O fair plant, said he, with fruit surcharg'd,
    Deigns none to ease thy load, and taste thy sweets ;
    Nor God, nor man ? is knowledge so despis'd ?
    Or envy, or what reserve forbids to taste ?
    Forbid who will, none shall from me withhold
    Longer thy offer'd good ; why else set here ? »

    » This said; he paus'd not, but with venturous arm
    He pluck'd, he tasted; me damp horrour chill'd
    At such bold words vouch'd with a deed so bold:
    But he thus, overjoy'd :

» O fruit divin, doux par toi-même, mais beaucoup plus doux
» ainsi cueilli ; défendu ici ce semble, comme ne convenant qu'à des
» dieux, et cependant capable de faire dieux des hommes ! Et pourquoi
» pas, puisque plus le bien est communiqué, plus il croît abondant,
» puisque l'auteur de ce bien n'est pas offensé, mais honoré davantage ?
» Ici, créature heureuse ! Ève, bel ange, partage avec moi : quoique tu
» sois heureuse, tu peux être plus heureuse, encore, bien que tu ne
» puisses être plus digne du bonheur. Goûte ceci et sois désormais parmi
» les dieux, toi-même déesse, non plus à la terre confinée, mais comme
» nous tantôt tu seras dans l'air, tantôt tu monteras au ciel par ton pro-
» pre mérite, et tu verras de quelle vie vivent là les dieux, et tu vivras
» d'une pareille vie. »

» Parlant ainsi il approche, et me porte jusqu'à la bouche la partie
» de ce même fruit qu'il tenait, et qu'il avait arraché : l'odeur agréable
» et savoureuse éveilla si fort l'appétit, qu'il me parut impossible de ne
» pas goûter. Aussitôt je m'envole avec l'esprit au haut des nues, et au-
» dessous de moi je vois la terre se déployer immense, perspective
» étendue et variée. Dans cette extrême élévation, m'étonnant de mon
» vol et de mon changement, mon guide disparaît tout à coup ; et moi,
» ce me semble, je suis précipitée en bas, et je tombe endormie. Mais,

« O fruit divine,
Sweet of thyself, but much more, sweet thus cropt,
Forbidden here, it seems, as only fit
For gods, yet able to make gods of men :
And why not gods of men, since good, the more
Communicated, more abundant grows,
The authour not impair'd, but honour'd more ?
Here, happy creature, fair angelic Eve ;
Partake thou also ; happy though thou art,
Happier thou mayst be, worthier canst not be :
Taste this, and be henceforth among the gods
Thyself a goddess ; not to earth confin'd,
But sometimes in the air, as we ; sometimes
Ascend to Heaven, by merit thine, and see
What life the gods live there, and such live thou. »

» So saying, he drew nigh, and to me held,
Even to my mouth of that same fruit held part
Which he had pluck'd : the pleasant savoury smell
So quicken'd appetite, that I, methought,
Could not but taste. Forthwith up to the clouds
With him I flew ; and underneath beheld
The earth outstretch'd immense, a prospect wide,
And various. Wondering at my flight and change
To this high exaltation ; suddenly
My guide was gone, and I, methought, sunk down,
And fell asleep : but, oh ! how glad I wak'd

» oh! que je fus heureuse lorsque je me réveillai, de trouver que cela
» n'était qu'un songe! »

Ainsi Ève raconta sa nuit, et ainsi Adam lui répondit attristé :

« Image la plus parfaite de moi-même, et ma plus chère moitié, le
» trouble de tes pensées cette nuit dans le sommeil m'affecte comme toi ;
» je ne puis aimer ce songe décousu provenu du mal, je le crains : ce-
» pendant le mal, d'où viendrait-il ? Aucun mal ne peut habiter en toi,
» créature si pure. Mais sache que dans l'âme il existe plusieurs facultés
» inférieures qui servent la raison comme leur souveraine. Entre celles-
» ci, l'imagination exerce le principal office : de toutes les choses exté-
» rieures que représentent les cinq sens éveillés, elle se crée des fantai-
» sies, des formes aériennes, que la raison assemble ou sépare, et dont
» elle compose tout ce que nous affirmons, ou ce que nous nions, et ce
» que nous appelons notre science ou notre opinion. La raison se retire
» dans sa cellule secrète, quand la nature repose : souvent pendant son
» absence l'imagination, qui se plaît à contrefaire, veille pour l'imiter ;
» mais joignant confusément les formes, elle produit souvent un ouvrage
» bizarre, surtout dans les songes, assortissant mal des paroles et des ac-
» tions récentes, ou depuis longtemps passées.

» Je trouve ainsi, à ce qu'il me paraît, quelques traces de notre der-

To find this but a dream ! » Thus Eve her night
Related, and thus Adam answer'd sad:

« Best image of myself, and dearer half,
The trouble of thy thoughts this night in sleep
Affects me equally; nor can I like
This uncouth dream, of evil sprung, I fear:
Yet evil whence? in thee can harbour none,
Created pure. But know, that in the soul
Are many lesser faculties, that serve
Reason as chief; among these fancy next
Her office holds; of all external things,
Which the five watchful senses represent,
She forms imaginations, aery shapes,
Which reason, joining or disjoining, frames
All what we affirm or what deny, and call
Our knowledge or opinion; then retires
Into her private cell, when nature rests.
Oft in her absence mimic fancy wakes
To imitate her; but, misjoining shapes,
Wild work produces oft, and most in dreams;
Ill matching words and deeds long past, or late.

» Some such resemblances, methinks, I find
Of our last evening's talk in this thy dream
But with addition stange ; yet be not sad:
Evil into the mind of God or man

» nière conversation du soir dans ton rêve, mais avec une addition
» étrange. Cependant ne sois pas triste ; le mal peut aller et venir dans
» l'esprit de Dieu ou de l'homme sans leur aveu, et n'y laisser ni tache
» ni blâme ; ce qui me donne l'espoir que ce que tu abhorrais de rêver
» dans le sommeil, éveillée tu ne consentirais jamais à le faire. N'aie
» donc pas le cœur abattu ; ne couvre pas de nuages ces regards qui ont
» coutume d'être plus radieux et plus sereins que ne l'est à la terre le
» sourire d'un beau matin. Levons-nous pour nos fraîches occupations
» parmi les bocages, les fontaines et les fleurs, qui entr'ouvrent à présent
» leur sein rempli des parfums les plus choisis, réservés de la nuit, et
» gardés pour toi. »

Il ranimait ainsi sa belle épouse, et elle était ranimée ; mais silencieusement ses yeux laissèrent tomber un doux pleur ; elle les essuya avec ses cheveux ; deux autres précieuses larmes se montraient déjà à leur source de cristal ; Adam les cueillit dans un baiser avant leur chute, comme les signes gracieux d'un tendre remords et d'une timidité pieuse qui craignait d'avoir offensé.

Ainsi tout fut éclairci, et ils se hâtèrent vers la campagne. Mais au moment où ils sortirent de dessous la voûte de leur berceau d'arbres, ils se trouvèrent d'abord en pleine vue du jour naissant et du soleil, à peine

> May come and go, so unapprov'd ; and leave
> No spot or blame behind : which gives me hope
> That what in sleep thou didst abhor to dream,
> Waking thou never wilt consent to do.
> Be not dishearten'd then ; nor cloud those looks,
> That wont to be more cheerful and serene
> Than when fair morning first smiles on the world :
> And let us to our fresh employments rise
> Among the groves, the fountains, and the flowers,
> That open now their choicest bosom'd smells,
> Reserv'd from night, and kept for thee in store. »
>
> So cheer'd he his fair spouse, and she was cheer'd,
> But silently a gentle tear let fall
> From either eye, and wip'd them with her hair :
> Two other precious drops, that ready stood,
> Each in their crystal sluice, he ere they fell
> Kiss'd, as the gracious signs of sweet remorse,
> And pious awe that fear'd to have offended.
>
> So all was clear'd, and to the field they haste.
> But first, from under shady arborous roof
> Soon as they forth were come to open sight
> Of day-spring and the sun, who, scarce up-risen,
> With wheels yet hovering o'er the ocean-brim,
> Shot parallel to th' earth his dewy ray,
> Discovering in wide landskip all the east

levé, qui effleurait encore des roues de son char l'extrémité de l'océan, lançait parallèles à la terre ses rayons remplis de rosée, découvrant dans un paysage immense tout l'orient du paradis et les plaines heureuses d'Éden : ils s'inclinèrent profondément, adorèrent, et commencèrent leurs prières, chaque matin dûment offertes en différent style ; car ni le style varié, ni le saint enthousiasme, ne leur manquait pour louer leur Créateur en justes accords prononcés ou chantés, sans préparation aucune. Une éloquence rapide coulait de leurs lèvres, en prose ou en vers nombreux, si remplis d'harmonie qu'ils n'avaient besoin ni du luth ni de la harpe pour ajouter à leur douceur.

« Ce sont là tes glorieux ouvrages, Père du bien, ô Tout-Puissant.
» Elle est tienne cette structure de l'univers, si merveilleusement belle !
» Quelle merveille es-tu donc toi-même, Être inénarrable, toi qui, assis
» au-dessus des cieux, es pour nous ou invisible, ou obscurément entrevu
» dans tes ouvrages les plus inférieurs, lesquels pourtant font éclater au
» delà de toute pensée ta bonté et ton pouvoir divin !

» Parlez, vous qui pouvez mieux dire, vous, fils de la lumière, anges!
» car vous le contemplez, et avec des cantiques et des chœurs de sym-
» phonies, dans un jour sans nuit, plein de joie, vous entourez son trône,
» vous dans le ciel !

Of Paradise and Eden's happy plains,
Lowly they bow'd adoring, and began
Their orisons, each morning duly paid
In various style ; for neither various style
Nor holy rapture wanted they to praise
Their Maker, in fit strains pronounc'd, or sung
Unmeditated ; such prompt eloquence
Flow'd from their lips, in prose or numerous verse,
More tuneable than needed lute or harp
To add more sweetness; and they thus began :

« These are thy glorious works, Parent of good,
Almighty ! Thine this universal, frame,
Thus wondrous fair; thyself how wondrous then !
Unspeakable, who sit'st above these Heavens,
To us invisible, or dimly seen
In these thy lowest works ; yet these declare
Thy goodness beyond thought, and power divine

» Speak, ye who best can tell, ye sons of light,
Angels; for ye behold him, and with songs
And choral symphonies, day without night,
Circle his throne rejoicing : ye in Heaven ;
On earth join all ye creatures to extol
Him first, him last, him midst, and without end.

» Fairest of stars, last in the train of night,

LIVRE V.

» Sur la terre, que toutes les créatures le glorifient, lui le premier,
» lui le dernier, lui le milieu, lui sans fin !

» O la plus belle des étoiles, la dernière du cortége de la nuit, si plutôt
» tu n'appartiens pas à l'aurore, gage assuré du jour, toi dont le cercle
» brillant couronne le riant matin, célèbre le Seigneur dans ta sphère,
» quand l'aube se lève, à cette charmante première heure !

» Toi, soleil, à la fois l'œil et l'âme de ce grand univers, reconnais-le
» plus grand que toi, fais retentir sa louange dans ta course éternelle,
» et quand tu gravis le ciel, et quand tu atteins la hauteur du midi, et
» lorsque tu tombes !

» Lune, qui tantôt rencontres le soleil dans l'orient, qui tantôt fuis
» avec les étoiles fixes, fixées dans leur orbe qui fuit ; et vous, autres
» feux errants, qui tous cinq figurez une danse mystérieuse, non sans
» harmonie, chantez la louange de celui qui des ténèbres appela la
» lumière !

» Air, et vous, éléments, les premiers-nés des entrailles de la na-
» ture, vous qui dans un quaternaire parcourez un cercle perpétuel ;
» vous qui, multiformes, mélangez et nourrissez toutes choses, que vos
» changements sans fin varient de notre grand Créateur la nouvelle
» louange !

If better thou belong not to the dawn,
Sure pledge of day, that crown'st the smiling morn
With thy brigh circlet; praise him thy sphere
While day arises, that sweet hour of prime.

» Thou sun, of this great world both eye and soul,
Acknowledge him thy greater; sound his praise
In thy eternal course, both when thou climb'st,
And when high noon hast gain'd, and when thou fall'st.

» Moon, that now meet'st the orient sun, now fly'st,
With the fix'd stars fix'd in their orb that flies;
And ye five other wandering fires, that move
In mystic dance not without song, resound
His praise, who out of darkness call'd up light.

» Air, and ye elements, the eldest birth
Of nature's womb, that in quaternion run
Perpetual circle, multiform, and mix
And nourish all things; let your ceaseless change
Vary to our great Maker still new praise.

» Ye mists and exhalations, that now rise
From hill or streaming lake, dusky or gray,
Till the sun paint your fleecy skirts with gold,
In honour to th' world's great Authour rise;
Whether to deck with clouds th' uncolour'd sky,
Or wet the thirsty earth with falling showers,

» Vous, brouillards et exhalaisons qui en ce moment, gris ou ternes,
» vous élevez de la colline ou du lac fumeux, jusqu'à ce que le soleil
» peigne d'or vos franges laineuses, levez-vous en l'honneur du grand
» Créateur du monde! et soit que vous tendiez de nuages le ciel déco-
» loré, soit que vous abreuviez le sol altéré avec des pluies tombantes,
» en montant ou en descendant, répandez toujours sa louange !

» Sa louange, vous, ô vents qui soufflez des quatre parties de la terre,
» soupirez-la avec douceur ou force ! Inclinez vos têtes, vous pins. Vous,
» plantes de chaque espèce, en signe d'adoration, balancez-vous !

» Fontaines, et vous qui gazouillez tandis que vous coulez, mélodieux
» murmures, en gazouillant dites sa louange !

» Unissez vos voix, vous toutes, âmes vivantes : oiseaux qui montez
» en chantant à la porte du ciel, sur vos ailes et dans vos hymnes, élevez
» sa louange !

» Vous qui glissez dans les eaux et vous qui vous promenez sur la
» terre, qui la foulez avec majesté, ou qui rampez humblement, soyez
» témoins que je ne garde le silence ni le matin, ni le soir ; je prête ma
» voix à la colline ou à la vallée, à la fontaine ou au frais ombrage, et
» mon chant les instruit de sa louange.

» Salut, universel Seigneur ! sois toujours libéral pour ne nous don-

---

Rising or falling, still advance his praise.

» His praise, ye winds, that from four quarters blow,
Breathe soft or loud ; and wave your tops, ye pines,
With every plant, in sign of worship wave.

» Fountains, and ye that warble, as ye flow,
Melodious murmurs, warbling tune his praise.

» Join voices, all ye living souls: ye birds,
That singing up to Heaven-gate ascend,
Bear on your wings and in your notes his praise.

» Ye that in waters glide, and ye that walk
The earth, and stately tread, or lowly creep ;
Witness if I be silent, morn or even,
To hill or valley, fountain or fresh shade;
Made vocal by my song, and taught his praise.

» Hail, universal Lord! be bounteous still
To give us only good; and if the night
Have gather'd aught of evil or conceal'd,
Disperse it, as now light dispels the dark. »

So pray'd they innocent, and to their thoughts
Firm peace recover'd soon, and wonted calm.
On to their morning's rural work they haste,
Among sweet dews and flowers, where any row
Of fruit-trees over-woody reach'd too far

» ner que le bien. Et si la nuit a recueilli ou caché quelque chose
» de mal, disperse-le, comme la lumière chasse maintenant les té-
» nèbres. »

Innocents ils prièrent, et leurs pensées recouvrèrent promptement une paix ferme et le calme accoutumé. Ils s'empressèrent à leur ouvrage champêtre du matin, parmi la rosée et les fleurs, là où quelques rangs d'arbres fruitiers, surchargés de bois, étalaient trop leurs branches touffues, et avaient besoin qu'une main réprimât leurs embrassements inféconds; ils amènent la vigne pour la marier à son ormeau ; elle, épousée, entrelace autour de lui ses bras nubiles et lui apporte en dot ses grappes adoptées, afin d'orner son feuillage stérile. Le puissant Roi du ciel vit avec pitié nos premiers parents occupés de la sorte; il appelle à lui Raphaël, esprit sociable qui daigna voyager avec Tobie et assura son mariage avec la vierge sept fois mariée.

« Raphaël, dit-il, tu sais quel désordre sur la terre Satan, échappé de
» l'enfer à travers le gouffre ténébreux, a élevé dans le paradis; tu sais
» comment il a troublé cette nuit le couple humain, et comment il pro-
» jette de perdre en lui du même coup la race humaine. Va donc; cause
» la moitié de ce jour avec Adam comme un ami avec un ami; tu le trou-
» veras dans quelque berceau ou sous quelque ombrage, retiré à l'abri

Their pamper'd boughs, and needed hands to check
Fruitless embraces: or they led the vine
To wed her elm ; she, spous'd, about him twines
Her marriageable arms, and with her brings
Her dower, the adopted clusters, to adorn
His barren leaves. Them thus employ'd beheld
With pity Heaven's high King, and to him call'd
Raphael, the sociable spirit, that deign'd
To travel with Tobias, and secur'd
His marriage with the seven-times-wedded maid.

« Raphael, said he, thou hear'st what stir on earth
Satan, from Hell 'cap'd through the darksome gulf,
Hathrais'd in Paradise ; and how disturb'd
This night the human pair; how he designs
In them at once to ruin all mankind :
Go therefore, half this day as friend with friend
Converse with Adam ; in what bower or shade
Thou find'st him from the heat of noon retir'd,
To respite his day-labour with repast,
Or with repose; and such discourse bring on,
As may advise him of his happy state,
Happiness in his power left free to will,
Left to his own free will; his will through free,
Yet mutable; whence warn him to beware
He swerve not, too secure: tell him with I

» de la chaleur du midi pour se délasser un moment de son travail quo-
» tidien, par la nourriture ou par le repos. Tiens-lui des discours tels
» qu'ils lui rappellent son heureux état, le bonheur qu'il possède laissé
» libre à volonté, laissé à sa propre volonté libre, à sa volonté qui,
» quoique libre, est changeante ; avertis-le de prendre garde de s'égarer
» par trop de sécurité. Dis-lui surtout son danger et de qui il vient; dis-
» lui quel ennemi, lui-même récemment tombé du ciel, complote à pré-
» sent de faire tomber les autres d'un pareil état de félicité : par la vio-
» lence? non, car elle serait repoussée ; mais par la fraude et les men-
» songes. Fais-lui connaître tout cela, de peur qu'ayant volontairement
» transgressé, il n'allègue la surprise, n'ayant été ni averti ni prévenu. »

Ainsi parla l'éternel Père, et il accomplit toute justice. Le saint ailé ne diffère pas après avoir reçu sa mission ; mais du milieu de mille célestes ardeurs où il se tenait voilé de ses magnifiques ailes, il s'élève léger et vole à travers le ciel. Les chœurs angéliques, s'écartant des deux côtés, livrent un passage à sa rapidité à travers toutes les routes de l'empyrée, jusqu'à ce qu'arrivé aux portes du ciel, elles s'ouvrent largement d'elles-mêmes, tournant sur leurs gonds d'or : ouvrages divins du souverain Architecte. Aucun nuage, aucune étoile interposés n'obscurcissant sa vue, il aperçoit la terre, toute petite qu'elle est, et ressemblant assez aux au-

His danger, and from whom ; what enemy,
Late fall'n himself from Heaven, is plotting now
The fall of others from like state of bliss;
By violence? no, for that shall be withstood;
But by deceit and lies : this let him know,
Lest, wilfully transgressing, he pretend
Surprisal, unadmonish'd, unforewarn'd. »

So spake th' Eternal Father; and fulfill'd
All justice: nor delay'd the winged saint
After his charge receiv'd ; but from among
Thousand celestial ardours, where he stood
Veil'd with his gorgeous wings, up springing light
Flew through the midst of Heaven : th' angelic quires
On each hand parting, to his speed gave way
Through all th' empyreal road ; till, at the gate
Of Heaven arriv'd, the gate self-open'd wide
On golden hinges turning, as by work
Divine the sovran Architect had fram'd.
From hence not cloud, or, to obstruct his sight,
Star interpos'd, bower small he sees,
Not unconform to other shining globes,
Earth, and the garden of God, with cedars crown'd
Above all hills : as when by night the glas
Of Galileo, less assur'd, observes
Imagin'd lands and regions in the moon ;

tres globes lumineux; il découvre le jardin de Dieu couronné de cèdres au-dessus de toutes les collines : ainsi, mais moins sûrement, pendant la nuit le verre de Galilée observe dans la lune des terres et des régions imaginaires; ainsi le pilote parmi les Cyclades voyant d'abord apparaître Délos ou Samos, les prend pour une tache de nuage. Là en bas Raphaël hâte son vol précipité, et, à travers le vaste firmament éthéré, vogue entre des mondes et des mondes. Tantôt l'aile immobile, il est porté sur les vents polaires; tantôt son aile, éventail vivant, frappe l'air élastique, jusqu'à ce que parvenu à la hauteur de l'essor des aigles, il semble à tous les volatiles un phénix, regardé par tous avec admiration comme cet oiseau unique, alors que pour enchâsser ses reliques dans le temple brillant du Soleil, il vole vers la Thèbes d'Égypte.

Tout à coup, sur le sommet oriental du paradis, l'ange s'abat et reprend sa propre forme, séraphin ailé. Pour ombrager ses membres divins il porte six ailes; la paire qui revêt chacune de ses larges épaules revient, ornement royal, comme un manteau sur sa poitrine; la paire du milieu entoure sa taille ainsi qu'une zone étoilée, borde ses reins et ses cuisses d'un duvet d'or, et de couleurs trempées dans le ciel; la dernière paire ombrage ses pieds, et s'attache à ses talons en plume maillée, couleur du firmament : semblable au fils de Maïa, il se tient debout et secoue ses

> Or pilot, from amidst the Cyclades
> Delos or Samos first appearing, kens
> A cloudy spot. Down thither prone in flight
> He speeds and through the vast ethereal sky
> Sails between worlds and worlds, with steady wing :
> Now on the polar winds, then with quick fan
> Winnows the buxom air; till, within soar
> Of towering eagles, to all the fowls he seems
> A phœnix, gaz'd by all that sole bird,
> When, to enshrine his reliques in the Sun's
> Bright temple, to Egyptian Thebes he flies.
>   At once on th' eastern cliff of Paradise
> He lights, and to his proper shape returns
> A seraph wing'd : six wings he wore, to shade
> His lineaments divine : the pair that clad
> Each shoulder broad, came mantling o'er his breast
> With regal ornament: the middle pair
> Girt like a starry zone his waist, and round
> Skirted his loins and thighs with downy gold
> And colours dipt in Heaven : the third his feet
> Shadow'd from either heel with feather'd mail,
> Sky-tinctur'd grain. Like Maia's son he stood,
> And shook his plumes, that heavenly fragrance fill'd
> The circuit wide.
>   Straight knew him all the bands

plumes qui remplissent d'un parfum céleste la vaste enceinte d'alentour.

Incontinent toutes les troupes d'anges de garde le reconnurent et se levèrent en honneur de son rang et de son message suprême, car elles pressentirent qu'il était chargé de quelque haut message. Il passe leurs tentes brillantes et il. entre dans le champ fortuné au travers des bocages de myrrhe, des odeurs florissantes de la cassie, du nard et du baume; désert de parfums. Ici la nature folâtrait dans son enfance et se jouait à volonté dans ses fantaisies virginales, versant abondamment sa douceur, beauté sauvage au-dessus de la règle et de l'art; ô énormité de bonheur!

Raphaël s'avançait dans la forêt aromatique; Adam l'aperçut; il était assis à la porte de son frais berceau, tandis que le soleil à son midi dardait à plomb ses rayons brûlants pour échauffer la terre dans ses plus profondes entrailles (chaleur plus forte qu'Adam n'avait besoin) : Ève dans l'intérieur du berceau, attentive à son heure, préparait pour le dîner des fruits savoureux, d'un goût à plaire au véritable appétit et à ne pas ôter, par intervalles, la soif d'un breuvage de nectar que fournissent le lait, la baie ou la grappe. Adam appelle Ève.

« Accours ici, Eve; contemple quelque chose digne de ta vue : à l'o-
» rient, entre ces arbres, quelle forme glorieuse s'avance par ce chemin !
» elle semble une autre aurore levée à midi. Ce messager nous apporte

> Of angels under watch; and to his state,
> And to his message high, in honour rise :
> For on some message high they guess'd him bound.
> Their glittering tents he pass'd, and now is com
> Into the blissful field, through groves of myrrh,
> And flowering odours, cassia, nard, and balm
> A wilderness of sweets : for nature here
> Wanton'd as in her prime, and play'd at will
> Her virgin fancies, pouring forth more sweet,
> Wild above rule or art, enormous bliss.
>
> Him through the spicy forest onward come
> Adam discern'd, as in the door he sat
> Of his cool bower, while now the mounted sun
> Shot down direct his fervid rays to warm
> Earth's inmost womb, more warmth than Adam needs:
> And Eve within, due at her hour prepar'd
> For dinner savoury fruits, of taste to please
> True appetite, and not disrelish thirst
> Of nectarous draughts between, from milky stream,
> Berry or grape : to whom thus Adam call'd :
>
> « Haste hither, Eve, and worth thy sight behold,
> Eastward among those trees, what glorious shape
> Comes this way moving; seems an other morn
> Ris'n on mid-noon; some great behest from Heaven
> To us perhaps he brings, and will vouchsafe

» peut-être quelque grand commandement du ciel et daignera ce jour
» être notre hôte. Mais va vite, et ce que contiennent tes réserves ap-
» porte-le; prodigue l'abondance convenable pour honorer et recevoir
» notre divin étranger. Nous pouvons bien offrir leurs propres dons à
» ceux qui nous les donnent, et répandre largement ce qui nous est lar-
» gement accordé, ici où la nature multiplie sa fertile production et en
» s'en débarrassant devient plus féconde; ce qui nous enseigne à ne point
» épargner. »

Ève lui répond :

« Adam, moule sanctifié d'une terre inspirée de Dieu, peu de provi-
» sions sont nécessaires, là où ces provisions en toutes les saisons mûris-
» sent pour l'usage suspendues à la branche, excepté des fruits qui, dans
» une réserve frugale, acquièrent de la consistance pour nourrir, et per-
» dent une humidité superflue. Mais je me hâterai, et de chaque rameau
» et de chaque tige, de chaque plante et de chaque courge succulente,
» j'arracherai un tel choix pour traiter notre hôte angélique, qu'en le
» voyant il avouera qu'ici sur la terre Dieu a répandu ses bontés comme
» dans le ciel. »

Elle dit et part à la hâte avec des regards empressés; préoccupée de
pensées hospitalières. Comment choisir ce qu'il y a de plus délicat? quel

    This day to be our guest. But go with speed,
And, what thy stores contain, bring forth; and pour
Abundance, fit to honour and receive
Our heavenly stranger: well we may afford
Our givers their own gifts, and large bestow
From large bestow'd, where nature multiplies
Her fertile growth, and by disburdening grows
More fruitful; which instructs us not to spare. »
    To whom thus Eve:
              « Adam, earth's hallow'd moul
Of God inspir'd; small store will serve, where store,
All seasons, ripe for use hangs on the stalk;
Save what by frugal storing firmness gains
To nourish, and superfluous moist consumes.
But I will haste, and from each bough and brake,
Each plant and juiciest gourd, will pluck such choice
To entertain our angel-guest, as he
Beholding shall confess, that here on earth
God hath dispens'd his bounties as in Heaven.

    So saying, with dispatchful looks in haste
She turns, on hospitable thoughts intent:
What choice to choose for delicacy best,
What order, so contrived as not to mix
Tastes, not well join'd, inelegant; but bring
Taste after taste upheld with kindliest change:

ordre pour ne pas mêler les goûts, pour ne pas les assortir inélégants, mais pour qu'une saveur succède à une saveur relevée par le changement le plus agréable? Ève court, et de chaque tendre tige elle cueille ce que la terre, cette mère qui porte tout, donne à l'Inde orientale ou occidentale, aux rivages du milieu, dans le Pont, sur la côte punique, ou sur les bords qui virent régner Alcinoüs; fruits de toute espèce, d'une écorce raboteuse ou d'une peau unie, renfermés dans une bogue ou dans une coquille; large tribut qu'Ève recueille et qu'elle amoncelle sur la table d'une main prodigue. Pour boisson elle exprime de la grappe un vin doux inoffensif; elle écrase différentes baies, et des douces amandes pressées, elle mélange une crème onctueuse : elle ne manque point de vases convenables et purs pour contenir ces breuvages. Puis elle sème la terre de roses, et des parfums de l'arbrisseau qui n'ont point été exhalés par le feu.

Cependant notre premier père pour aller à la rencontre de son hôte céleste s'avance hors du berceau, sans autre suite que celle de ses propres perfections : en lui était toute sa cour; cour plus solennelle que l'ennuyeuse pompe que traînent les princes, alors que leur riche et long cortége de pages chamarrés d'or, de chevaux conduits en main, éblouit les spectateurs et les laisse la bouche béante. Dès qu'il fut en

> Bestirs her then, and from each tender stalk,
> Whatever earth, all-bearing mother, yields
> In India East or West, or middle shore
> In Pontus or the Punic coast, or where
> Alcinous reign'd; fruit of all kinds, in coat
> Rough, or smooth rind, or bearded husk, or shell,
> She gathers, tribute large, and on the board
> Heaps with unsparing hand. For drink the grap
> She crushes, inoffensive must, and meathe
> From many a berry, and from sweet kernels press'd
> She tempers dulcet creams; nor these to hold
> Wants her fit vessels pure; then strows the ground
> With rose and odours from the shrub unfum'd.
>
> Meanwhile our primitive great sire, to meet
> His god-like guest, walks forth; without more train
> Accompanied than with his own complete
> Perfections : in himself was all his state;
> More solemn than the tedious pomp that waits
> On princes, when their rich retinue long
> Of horses led, and grooms besmear'd with gold,
> Dazzles the crowd, and sets them all agape.
> Nearer his presence Adam, though not aw'd,
> Yet with submiss approach and reverence meek,
> As to a superiour nature bowing low,
> Thus said:

présence de l'archange, Adam, quoique non intimidé, toutefois, avec un abord soumis et une douceur respectueuse, s'inclinant profondément comme devant une nature supérieure, lui dit :

« Natif du ciel (car aucun autre lieu que le ciel ne peut renfermer
» une si glorieuse forme) puisque en descendant des trônes d'en haut tu
» as consenti à te priver un moment de ces demeures fortunées, et à
» honorer celles-ci, daigne avec nous, qui ne sommes ici que deux, et
» qui cependant, par un don souverain, possédons cette terre spacieuse,
» daigne te reposer sous l'ombrage de ce berceau : viens t'asseoir pour
» goûter ce que ce jardin offre de plus choisi, jusqu'à ce que la chaleur
» du midi soit passée, et que le soleil plus refroidi décline. »

L'angélique vertu lui répondit avec douceur :

« Adam, c'est pour cela même que je viens ici : tu es créé tel, ou tu
» as ici un tel séjour pour demeure, que cela peut souvent inviter les
» esprits mêmes du ciel à te visiter. Conduis-moi donc où ton berceau
» surombrage ; car de ces heures du milieu du jour jusqu'à ce que le
» soir se lève, je puis disposer. »

Ils arrivèrent à la demeure silvaine qui, semblable à la retraite de Pomone, souriait parée de fleurs et de senteurs charmantes. Mais Ève, non parée excepté d'elle-même (plus aimablement belle qu'une nymphe

> « Native of Heaven, (for other place
> None can than Heaven such glorious shape countain,
> Since, by descending from the thrones above,
> Those happy places thou hast deign'd awhile
> To want, and honour these; vouchsafe with us
> Two only, who yet by sovran gift possess
> This spacious ground, in yonder shady bower
> To rest; and what the garden choicest bears
> To sit and taste, till this meridian heat
> Be over, and the sun more cool decline. »
>
> Whom thus the angelic Virtue answer'd mild:
>
> « Adam, I therefore came; nor art thou such
> Created, or such place hast here to dwell,
> As may not oft invite, though spirits of Heaven,
> To visit thee : lead on then where thy bower
> O'ershades; for these mid-hours till evening rise,
> I have at will. »
>
> So to the sylvan lodge
> They came, that like Pomona's arbour smil'd,
> With flowerets deck'd, and fragrant smells; but Eve,
> Undeck'd save with herself, more lovely fair
> Than wood-nymph, or the fairest goddess feign'd
> Of three that in mount Ida naked strove,
> Stood to entertain her guest from Heaven no veil
> She needed, virtue-proof; no thought infirm

des bois, ou que la plus belle des trois déesses fabuleuses qui luttèrent nues sur le mont Ida), Ève se tenait debout pour servir son hôte du ciel : couverte de sa vertu, elle n'avait pas besoin de voile; aucune pensée infirme n'altérait sa joue. L'ange lui donna le salut, la sainte salutation employée longtemps après pour bénir Marie, seconde Ève.

« Salut, mère des hommes, dont les entrailles fécondes rempliront
» le monde de tes fils, plus nombreux que ces fruits variés dont les
» arbres de Dieu ont chargé cette table ! »

Leur table était un gazon élevé et touffu, entouré de siéges de mousse. Sur son ample surface carrée, d'un bout à l'autre, tout l'automne était entassé, quoique alors le printemps et l'automne dansassent ici main en main. Adam et l'ange discoururent quelque temps (ils ne craignaient pas que les mets refroidissent). Notre père commença de la sorte :

« Céleste étranger, qu'il te plaise goûter ces bontés que notre nour-
» ricier, de qui tout bien parfait descend sans mesure, a ordonné
» à la terre de nous céder pour aliment et pour délice; nourriture
» peut-être insipide pour des natures spirituelles. Je sais seulement
» ceci : un Père céleste donne à tous. »

L'Ange répondit

          Alter'd her cheek. On whom the angel Hail
Bestow'd; the holy salutation us'd
Long after to blest Mary, second Eve:

      « Hail, mother of mankind, whose fruitful womb
Shall fill the world more numerous with thy sons,
Than with these various fruits the trees of God
Have heap'd this table ! »

                    Rais'd of grassy turf
Their table was, and mossy seats had round,
And on her ample square from side to side
All autumn pil'd; though spring and autumn here
Danc'd hand in hand. A while discourse they hold;
No fear lest dinner cool; when thus began
Our authour:

        « Heavenly stranger, please to taste
These bounties, which our Nourisher, from whom
All perfect good, unmeasured out, descends,
To us for food and for delight hath caus'd
The earth to yield; unsavoury food, perhaps,
To spiritual natures: only this I know,
That one celestial Father gives to all. »

    To whom the angel:

          « Therefore what he gives
(Whose praise be ever sung) to man in part

LIVRE V. 181

« Ainsi ce qu'il donne (sa louange soit à jamais chantée) à l'homme
» en partie spirituel, peut n'être pas trouvé une ingrate nourriture par
» les plus purs esprits. Les substances intellectuelles demandent la
» nourriture comme vos substances rationnelles ; les unes et les autres
» ont en elles la faculté inférieure des sens au moyen desquels elles
» écoutent, voient, sentent, touchent et goûtent : le goût raffine, digère,
» assimile, et transforme le corporel en incorporel.

» Sache que tout ce qui a été créé a besoin d'être soutenu et nourri :
» parmi les éléments, le plus grossier alimente le plus pur : la terre
» et la mer nourrissent l'air, l'air nourrit ces feux éthérés, et d'abord
» la lune, comme le plus abaissé ; de là sur sa face ronde ces taches,
» vapeurs non purifiées qui ne sont point encore converties en sa sub-
» stance. La lune, de son continent humide, exhale aussi l'aliment aux
» orbes supérieurs. Le soleil, qui dispense la lumière à tous, reçoit de
» tous en humides exhalaisons ses récompenses alimentaires, et le soir
» il fait son repas avec l'Océan. Quoique dans le ciel les arbres de vie
» portent un fruitage d'ambroisie et que les vignes donnent le nectar;
» quoique chaque matin nous enlevions sur les rameaux des rosées de
» miel, que nous trouvions le sol couvert d'un grain perlé; cependant
» ici Dieu a varié sa bonté avec tant de nouvelles délices, qu'on peut

   Spiritual, may of purest spirits be found
   No ingrateful food: and food alike those pure
   Intelligential substances require,
   As doth your rational; and both countain
   Within them every lower faculty
   Of sense, whereby they hear, see, smell, touch, taste ;
   Tasting concoct, digest, assimilate,
   And corporeal to incorporeal turn.

    « For know, whatever was created needs
    To be sustain'd and fed : of elements
    The gro-ser feeds the purer; earth the sea ;
    Earth and the sea feed air ; the air those fires
    Ethereal ; and as lowest first the moon ;
    Whence in her visage round those spots, unpurg'd
    Vapours not yet into her substance turn'd.
    Nor doth the moon no nourishment exhale
    From her moist continent to higher orbs.
    The sun, that light imparts to all, receives
    From all his alimental recompense
    In humid exhalations, and at even
    Sups with the Ocean. Though in Heaven the trees
    Of life, ambrosial fruitage bear, and vines
    Yield nectar; though from off the boughs each morn
    We brush mellifluous dews; and find the ground
    Cover'd with pearly grain : yet God hath here

» comparer ce jardin au ciel ; et pour ne pas goûter à ces dons, ne pense
» pas que je sois assez difficile. »

Ainsi l'Ange et Adam s'assirent et tombèrent sur leurs mets. L'Ange mangea non pas en apparence, en fumée, le dire commun des théologiens, mais avec la vive hâte d'une faim réelle et la chaleur digestive pour transsubstancier : ce qui surabonde transpire facilement à travers les esprits. Il ne faut pas s'en étonner, si, par le feu du noir charbon, l'empirique alchimiste peut transmuer, ou croit qu'il est possible de transmuer les métaux les plus grossiers en or ausssi parfait que celui de la mine.

Cependant à table Eve servait nue, et couronnait d'agréable liqueur leurs coupes à mesure qu'elles se vidaient. Oh ! innocence digne du paradis! Si jamais les fils de Dieu eussent pu avoir une excuse pour aimer, c'eût été alors, c'eût été à cette vue ! Mais dans ces cœurs, l'amour pudique régnait, et ils ignoraient la jalousie, l'enfer de l'amant outragé.

Quand ils furent rassasiés de mets et de breuvages, sans surcharger la nature, soudain il vint à la pensée d'Adam de ne pas laisser passer l'occasion que lui donnait ce grand entretien, de s'instruire des choses au-dessus de sa sphère, de s'enquérir des êtres qui habitent dans le ciel, dont il voyait l'excellence l'emporter de si loin sur la sienne, et dont les

    Varied his bounty so with new delights,
    As may compare with Heaven; and to taste
    Think not I shall be nice. »
           So down they sat,
    And to their viands fell; nor seemingly
    The angel, nor in mist, the common gloss
    Of theologians; but with keen dispatch
    Of real hunger, and concoctive heat
    To transubstantiate : what redounds, transpires
    Through spirits with ease: nor wonder; if by fire
    Of sooty coal th' empiric alchemist
    Can turn, or holds it possible to turn,
    Metals of drossiest ore to perfect gold,
    As from the mine.
        Meanwhile at table Eve
    Minister'd naked, and their flowing cups
    With pleasant liquours crown'd. O innocence
    Deserving Paradise! if ever, then,
    Then had the sons of God excuse to have been
    Enamour'd at that sight; but in those hearts
    Love unlibidinous reign'd, nor jealousy
    Was understood, the injur'd lover's Hell.

    Thus when with meats and drinks they had suffic'd,
    Not burden'd nature, sudden mind arose
    In Adam, not to let th' occasion pass,

formes radieuses (splendeur divine), dont la haute puissance, surpassaient de si loin les formes et la puissance humaines. Il adresse ainsi ce discours circonspect au ministre de l'empyrée :

« Toi qui habites avec Dieu, je connais bien à présent ta bonté dans
» cet honneur fait à l'homme, sous l'humble toit duquel tu as daigné
» entrer et goûter ces fruits de la terre qui, n'étant pas nourriture
» d'anges, sont néanmoins acceptés par toi, de sorte que tu sembles
» ne pas avoir été nourri aux grands festins du ciel : cependant quelle
» comparaison ! »

Le hiérarque ailé répliqua :

« O Adam, il est un seul Tout-Puissant, de qui toutes choses pro-
» cèdent et à qui elles retournent, si leur bonté n'a pas été dépravée :
» toutes ont été créées semblables en perfection ; toutes formées d'une
» seule matière première, douées de diverses formes, de différents
» degrés de substance, et de vie dans les choses qui vivent. Mais ces
» substances sont plus raffinées, plus spiritualisées et plus pures, à
» mesure qu'elles sont plus rapprochées de Dieu, ou qu'elles tendent
» à s'en rapprocher plus, chacune dans leurs diverses sphères actives
» assignées, jusqu'à ce que le corps s'élève à l'esprit dans les bornes
» proportionnées à chaque espèce.

Given him by this great conference, to know
Of things above his world, and of their being,
Who dwell in Heaven, whose excellence he saw
Transcend his own so far ; whose radiant forms,
Divine effulgence, whose high power, so far
Exceeded human ; and his wary speech
Thus to th' empyreal minister he fram'd :

« Inhabitant with God, now knew I well
Thy favour, in this honour done to man ;
Under whose lowly roof thou hast vouchsaf'd
To enter, and these earthly fruits to taste,
Food not of angels, yet accepted so ;
As that more willingly thou couldst not seem
At Heaven's high feasts to have fed ; yet what compare ? »

To whom the winged hierarch replied :

« O Adam, one Almighty is, from whom
All things proceed, and up to him return,
If not deprav'd from good, created all
Such to perfection, one first matter all,
Endued with various forms, various degrees
Of substance, and, in things that live, of life ;
But more refin'd, more spirituous and pure,
As nearer to him plac'd, or nearer tending
Each in their several active spheres assign'd,
Till body up to spirit work, in bounds

» Ainsi de la racine s'élance plus légère la verte tige; de celle-ci
» sortent les feuilles plus aériennes, enfin la fleur parfaite exhale ses
» esprits odorants. Les fleurs et leur fruit, nourriture de l'homme,
» volatilisés dans une échelle graduelle, aspirent aux esprits vitaux,
» animaux, intellectuels; ils donnent à la fois la vie et le sentiment,
» l'imagination et l'entendement, d'où l'âme reçoit la raison.

» La raison discursive ou intuitive est l'essence de l'âme : la raison
» discursive vous appartient le plus souvent, l'intuitive appartient sur-
» tout à nous; ne différant qu'en degrés, en espèce elles sont les
» mêmes.

» Ne vous étonnez donc pas que ce que Dieu a vu bon pour vous,
» je ne le refuse pas, mais que je le convertisse, comme vous, en ma
» propre substance. Un temps peut venir où les hommes participe-
» ront à la nature des anges, où ils ne trouveront ni diète incommode,
» ni nourriture trop légère. Peut-être nourris de ces aliments corporels,
» vos corps pourront à la longue devenir tout esprits, perfectionnés par
» le laps de temps, et sur des ailes s'envoler comme nous dans l'éther;
» ou bien ils pourront habiter, à leur choix, ici ou dans le paradis cé-
» leste, si vous êtes trouvés obéissants, si vous gardez inaltérable un
» amour entier et constant à celui dont vous êtes la progéniture. En

>Proportion'd to each kind.
» So from the root
Springs lighter the green stalk, from thence the leaves
More aery, last the bright consummate flower
Spirits odorous breathes : flowers and their fruit,
Man's nourishment, by gradual scale sublim'd,
To vital spirits aspire, to animal,
To intellectual ; give both life and sense,
Fancy and understanding : whence the soul
Reason receives ; and reason his her being,
Discursive or intuitive : discourse
Is oftest yours, the latter most is ours,
Differing but in degree, of kind the same.
Wonder not then, what God for you saw good
If I refuse not, but convert, as you,
To proper substance. Time may come, when men
With angels may participate, and find
No inconvenient diet, nor too light fare:
And from these corporal nutriments perhaps
Your bodies may at last turn all to spirit,
Improv'd by tract of time, and, wing'd, ascend
Ethereal, as we; or may, at choice,
Here or in heavenly Paradise dwell ;
If ye be found obedient, and retain
Unalterably firm his love entire,

» attendant, jouissez de toute la félicité que cet heureux état comporte,
» incapable qu'il est d'une plus grande. »

Le patriarche du genre humain répliqua :

« O esprit favorable, hôte propice, tu nous as bien enseigné le che-
» min qui peut diriger notre savoir, et l'échelle de nature qui va du
» centre à la circonférence; de là en contemplation des choses créées
» nous pouvons monter par degrés jusqu'à Dieu. Mais dis-moi ce que
» signifie cet avertissement ajouté : Si vous êtes trouvés obéissants?
» Pouvons-nous donc lui manquer d'obéissance, ou nous serait-il pos-
» sible de déserter l'amour de celui qui nous forma de la poussière, et
» nous plaça ici, comblés au delà de toute mesure d'un bonheur au
» delà de celui que les désirs humains peuvent chercher ou conce-
» voir. »

L'Ange :

« Fils du ciel et de la terre, écoute! Que tu sois heureux, tu le dois
» à Dieu; que tu continues de l'être, tu le devras à toi-même, c'est-à-
» dire à ton obéissance : reste dans cette obéissance. C'est là l'avertisse-
» ment que je t'ai donné : retiens-le. Dieu t'a fait parfait, non im-
» muable; il t'a fait bon, mais il t'a laissé maître de persévérer; il a
» ordonné que ta volonté fût libre par nature, qu'elle ne fût pas réglée

Whose progeny you are. Meanwhile enjoy
Your fill what happiness this happy state
Can comprehend, incapable of more. »

To whom the patriarch of mankind replied :

« O favourable spirit, propitious guest,
Well hast thou taught the way that might direct
Our knowledge, and the scale of nature set
From centre to circumference : whereon,
In contemplation of created things,
By steps we may ascend to God. But say.
What meant that caution join'd : If ye be found
Obedient? Can we want obedience then
To him, or possibly his love desert,
Who form'd us from the dust, and plac'd us here
Full to the utmost measure of what bliss
Human desires can seek or apprehend? »

To whom the angel :

« Son of Heaven and earth,
Attend : That thou art happy, owe to God;
That thou continuest such, owe to thyself,
That is to thy obedience; therein stand.
This was that caution given thee : be advis'd.
God made thee perfect, not immutable;
And good he made thee, but to persevere

» par le destin inévitable, ou par l'inflexible nécessité. Il demande notre
» service volontaire, non pas notre service forcé : un tel service n'est et
» ne peut être accepté par lui : car comment s'assurer que des cœurs
» non libres agissent volontairement ou non, eux qui ne veulent que ce
» que la destinée les force de vouloir, et qui ne peuvent faire un autre
» choix ? Moi-même et toute l'armée des anges qui restons debout en
» présence du trône de Dieu, notre heureux état ne dure, comme vous
» le vôtre, qu'autant que dure notre obéissance : nous n'avons point
» d'autre sûreté. Librement nous servons parce que nous aimons libre-
» ment, selon qu'il est dans notre volonté d'aimer ou de ne pas aimer ;
» par ceci nous nous maintenons ou nous tombons. Quelques-uns sont
» tombés parce qu'ils sont tombés dans la désobéissance ; et ainsi du
» haut du ciel ils ont été précipités dans le plus profond enfer : ô chute!
» de quel haut état de béatitude dans quel malheur ? »

Notre grand ancêtre :

« Attentif à tes paroles, divin instructeur, je les ai écoutées d'une
» oreille plus ravie que du chant des chérubins, quand la nuit, des
» coteaux voisins, ils envoient une musique aérienne. Je n'ignorais pas
» avoir été créé libre de volonté et d'action ; nous n'oublierons jamais
» d'aimer notre Créateur, d'obéir à celui dont l'unique commandement

He left it in thy power; ordain'd thy will
By nature free, not over-rul'd by fate
Inextricable, or strict necessity:
Our voluntary service he requires,
Not our necessitated; such with him
Finds no acceptance, nor can find; for how
Can hearts, not free, be tried whether they serve
Willing or no, who will but what they must
By destiny, and can no other choose?
Myself, and all th' angelic host, that stand
In sight of God, enthron'd, our happy state
Hold, as you yours, while our obedience holds;
On other surety none: freely we serve,
Because we freely love, as in our will
To love or not; in this we stand or fall:
And some are fall'n, to disobedience fall'n,
And so from Heaven to deepest Hell: O fall
From what high state of bliss, into what woe! »

       To whom our great progenitor:

                                « Thy words
Attentive, and with more delighted ear,
Divine instructor, I have heard, than when
Cherubic songs by night from neighbouring hills
Aerial music send: nor knew I not
To be both will and deed created free;

» est toutefois si juste : mes constantes pensées m'en ont toujours assuré,
» et m'en assureront toujours. Cependant ce que tu dis de ce qui s'est
» passé dans le ciel, fait naître en moi quelque doute, mais un plus vif
» désir encore, si tu y consens, d'en entendre le récit entier; il doit être
» étrange et digne d'être écouté dans un religieux silence. Nous avons
» encore beaucoup de temps, car à peine le soleil achève la moitié de sa
» course, et commence à peine l'autre moitié dans la grande zone du
» ciel. »

Telle fut la demande d'Adam : Raphaël, consentant après une courte pause, parla de la sorte :

« Quel grand sujet tu m'imposes, ô premier des hommes! tâche dif-
» ficile et triste! car comment retracerai-je aux sens humains les invi-
» sibles exploits d'esprits combattant? comment, sans en être affligé,
» raconter la ruine d'un si grand nombre d'anges autrefois glorieux et
» parfaits, tant qu'ils restèrent fidèles? Comment enfin dévoiler les se-
» crets d'un autre monde, qu'il n'est peut-être pas permis de révéler?
» Cependant pour ton bien toute dispense est accordée. Ce qui est au-
» dessus de la portée du sens humain, je le décrirai de manière à l'ex-
» primer le mieux possible, en comparant les formes spirituelles aux
» formes corporelles : si la terre est l'ombre du ciel, les choses, dans

   Yet that we never shall forget to love
   Our Maker, and obey him whose command
   Single is yet so just, my constant thoughts
   Assur'd me, and still assure : though what thou tell'st
   Hath pass'd in Heaven, some doubt within me move,
   But more desire to hear, if thou consent,
   The full relation, which must needs be strange,
   Worthy of sacred silence to be heard ;
   And we have yet large day; for scarce the sun
   Hath finish'd half his journey, and scarce begins
   His other half in the great zone of Heaven. »

   Thus Adam made request ; and Raphael,
   After short pause assenting, thus began:

   « High matter thou enjoin'st me, O prime of men,
   Sad task and hard; for how shall I relate
   To human sense th' invisible exploits
   Of warring spirits? how, without remorse,
   The ruin of so many glorious once
   And perfect while they stood? how last unfold
   The secrets of another world, perhaps
   Not lawful to reveal? yet for thy good
   This is dispens'd ; and what surmounts the reach
   Of human sense, I shall delineate so,
   By likening spiritual to corporeal forms,
   As may express them best; though what if earth
   Be but the shadow of Heaven, and thing therein

» l'une et l'autre, ne peuvent-elles se ressembler plus qu'on ne le croit
» sur la terre?

» Alors que ce monde n'était pas encore, le chaos informe régnait où
» roulent à présent les cieux, où la terre demeure à présent en équilibre
» sur son centre : un jour (car le temps, quoique dans l'éternité, appli-
» qué au mouvement, mesure toutes les choses qui ont une durée par le
» présent, le passé et l'avenir), un de ces jours qu'amène la grande année
» du ciel, les armées célestes des anges, appelées de toutes les extrémités
» du ciel par une convocation souveraine, s'assemblèrent innombrables
» devant le trône du Tout-Puissant, sous leurs hiérarques, en ordre
» brillant. Dix mille bannières levées s'avancèrent ; étendards et gonfalons
» entre l'arrière et l'avant-garde flottaient en l'air et servaient à distinguer
» les hiérarchies, les rangs et les degrés, ou dans leurs tissus étincelants
» portaient blasonnés de saints mémoriaux, des actes éminents de zèle et
» d'amour, recordés. Lorsque dans des cercles d'une circonférence indici-
» ble, les légions se tinrent immobiles, orbes dans orbes, le Père infini, près
» duquel était assis le Fils dans le sein de la béatitude, parla, comme du
» haut d'un mont flamboyant dont l'éclat avait rendu le sommet invi-
» sible :

« — Écoutez tous, vous, anges, race de la lumière, Trônes, Domina-

Each to other like, more than on earth is thought?
    » As yet this world was not, and Chaos wild
Reign'd where these Heavens now roll, where earth now rests
Upon her centre pois'd ; when on a day
(For time, though in eternity, applied
To motion, measures all things durable
By present, past, and future), on such day
As Heaven's great year brings forth. the empyreal host
Of angels, by imperial summons call'd,
Innumerable before the Almighty's throne
Forthwith, from all the ends of Heaven, appear'd
Under their hierarchs in orders bright :
Ten thousand thousand ensigns high advanc'd,
Standards and gonfalons 'twixt van and rear
Stream in the air, and for distinction serve
Of hierarchies, of orders, and degrees ;
Or in their glittering tissues bear imblaz'd
Holy memorials, acts of zeal and love
Recorded eminent. Thus when in orbs
Of circuit inexpressible they stood,
Orb within orb, the Father infinite,
By whom in bliss imbosom'd sat the Son,
Amidst, as from a flaming mount, whose top
Brightness had made invisible, thus spake:

    « Hear, all ye angels, progeny of light,

» tions, Principautés, Vertus, Puissances, écoutez mon décret qui de-
» meurera irrévocable : ce jour j'ai engendré celui que je déclare mon
» Fils unique, et sur cette sainte montagne j'ai sacré celui que vous
» voyez maintenant à ma droite. Je l'ai établi votre chef et j'ai juré par
» moi-même que tous les genoux dans les cieux fléchiraient devant lui,
» et le confesseraient Seigneur. Sous le règne de ce grand vice-gérant
» demeurez unis, comme une seule âme indivisible, à jamais heureux.
» Qui lui désobéit me désobéit, rompt l'union : ce jour-là, rejeté de
» Dieu et de la vision béatifique, il tombe profondément abîmé dans
» les ténèbres extérieures, sa place ordonnée sans rédemption, sans
» fin. » —

» Ainsi dit le Tout-Puissant. Tous parurent satisfaits de ces paroles;
» tous le parurent, mais tous ne l'étaient pas.

» Ce jour, comme les autres jours solennels, ils l'employèrent en
« chants et en danses autour de la colline sacrée (danses mystiques que
» la sphère étoilée des planètes et des étoiles fixes, dans toutes ses révo-
» lutions, imite de plus près par ses labyrinthes tortueux, excentriques,
» entrelacés, jamais plus réguliers que quand ils paraissent le plus irré-
» guliers); dans leurs mouvements l'harmonie divine adoucit si bien ses
» tons enchanteurs, que l'oreille de Dieu même écoute charmée.

Thrones, Dominations, Princedoms, Virtues, Powers;
Hear my decree, wich unrevok'd shall stand:
This day I have begot whom I declare
My only Son, and on this holy hill
Him have anointed, whom ye now behold
At my right hand; your head I him appoint;
And by myself have sworn, to him shall bow
All knees in Heaven, and shall confess him Lord;
Under his great vice-gerent reign abide
United, as one individual soul,
For ever happy: him who disobeys,
Me disobeys, breaks union; and that day,
Cast out from God and blessed vision, falls
Into utter darkness, deep ingulf'd, his place
Ordain'd without redemption, without end. »

« So spake th' Omnipotent, and with his words
All seem'd well pleas'd; all seem'd, but were not all.

That day, as other solemn days, they spent
In song and dance about the sacred hill;
Mystical dance, which yonder starry sphere
Of planets, and of fix'd, in all her wheels
Resembles nearest, mazes intricate,
Eccentric, intervolv'd, yet regular
Then most, when most irregular they seem;
And in their motions harmony divine

» Le soir approchait (car nous avons aussi notre soir et notre matin,
» non par nécessité, mais pour variété délectable) : après les danses, les
» esprits furent désireux d'un doux repas. Comme ils se tenaient tous
» en cercle, des tables s'élevèrent et furent soudain chargées de la
» nourriture des anges. Le nectar couleur de rubis, fruit des vignes
» délicieuses qui croissent dans le ciel, coule dans des coupes de perles,
» de diamants et d'or massif. Couchés sur les fleurs et couronnés de
» fraîches guirlandes, ils mangent, ils se désaltèrent, et dans une aima-
» ble communion, boivent à longs traits l'immortalité et la joie. Aucune
» surabondance n'est à craindre là où une pleine mesure est la seule
» limite à l'excès, en présence du Dieu de toute bonté, qui leur versait
» d'une main prodigue, se réjouissant de leur plaisir.

» Cependant la nuit d'ambroisie, exhalée avec les nuages de cette
» haute montagne de Dieu, d'où sortent la lumière et l'ombre, avait
» changé la face brillante du ciel en un gracieux crépuscule (car la
» nuit ne vient point là sous un plus sombre voile), et une rose parfu-
» mée de rose disposa tout au repos, hors les yeux de Dieu qui ne
» dorment jamais. Dans une vaste plaine, beaucoup plus vaste que ne
» le serait le globe de la terre déployé en plaine (tels sont les parvis de
» Dieu), l'armée angélique, dispersée par bandes et par files, étendit

So smooth her charming tones, that God's own ear
Listens delighted.
  » Evening now approach'd;
(For we have also our evening and our morn,
We ours for change delectable, not need)
Forthwith from dance to sweet repast they turn
Desirous; all in circles as they stood,
Tables are set, and on a sudden pil'd
With angels' food; and rubied nectar flow
In pearl, in diamond, and massy gold,
Fruit of delicious vines, the growth of Heaven.
On flowers repos'd, and with fresh flowerest crown'd,
They eat, they drink, and in communion sweet
Quaff immortality and joy, secure
Of surfeit, where full measure only bounds
Excess, before the all-bounteous King, who shower'd
With copious hand, rejoicing in their joy.

 » Now when ambrosial night with clouds exhal'd
From that high mount of God, whence light and shade
Spring both, the face of brightest Heaven had chang'd
To grateful twilight (for night comes not there
In darker veil), and roseate dew dispos'd
All but th' unsleeping eyes of God to rest;
Wide over all the plain, and wider far
Than all this globous earth in plain outspread,

LIVRE V.

» son camp le long des ruisseaux vivants, parmi les arbres de vie ; pavil-
» lons sans nombre soudain dressés ; célestes tabernacles où les anges som-
» meillent caressés de fraîches brises, excepté ceux qui, dans leur course,
» alternent toute la nuit, autour du trône suprême, des hymnes mélo-
» dieux.

« Mais il ne veillait pas de la sorte, Satan (ainsi l'appelle-t-on mainte-
» nant, son premier nom n'est plus prononcé dans le ciel). Lui parmi
» les premiers, sinon le premier des archanges, grand en pouvoir, en fa-
» veur, en prééminence, lui cependant saisi d'envie contre le Fils de
» Dieu, honoré ce jour-là de son Père, et proclamé Messie Roi consacré,
» ne put par orgueil supporter cette vue, et il se crut dégradé. De là
» concevant un dépit et une malice profonde, aussitôt que minuit eut
» amené l'heure obscure la plus amie du sommeil et du silence, il réso-
» lut de se retirer avec toutes ses légions, et, contempteur du trône su-
» prême, à le laisser désobéi et inadoré. Il éveilla son premier subor-
» donné, et lui parla ainsi à voix basse :

» — Dors-tu, compagnon cher ? quel sommeil peut clore tes paupières ?
» ne te souvient-il plus du décret d'hier, échappé si tard aux lèvres du
» Souverain du ciel ? Tu es accoutumé à me communiquer tes pensées ;
» je suis habitué à te faire part des miennes : éveillés nous ne faisons

(Such are the courts of God) the angelic throng,
Dispers'd in bands and files, their camp extend
By living streams among the trees of life,
Pavilions numberless and sudden rear'd,
Celestial tabernacles, where they slept
Fann'd with cool winds; save those, who, in their course,
Melodious hymns about the sovran throne
Alternate all night long.
 » But not so wak'd
Satan; so call him now: his former name
Is heard no more in Heaven: he of the first,
If not the first archangel, great in power,
In favour and pre-eminence, yet fraught
With envy against the Son of God, that day
Honour'd by his great Father, and proclaim'd
Messiah King anointed, could not bear
Through pride that sight, and thought himself impair'd.
Deep malice thence conceiving and disdain,
Soon as mid night brough on the dusky hour
Friendliest to sleep and silence, he resolv'd
With all his legions to dislodge, and leave
Unworshipt, unobey'd, the throne supreme,
Contemptuous; and his next subordinate
Awakening, thus to him in secret spake : —

« Sleep'st thou, companion dear? what sleep can close

» qu'un ; comment donc ton sommeil pourrait-il à présent nous rendre
» dissidents ? De nouvelles lois, tu le vois, nous sont imposées : de nou-
» velles lois de celui qui règne peuvent faire naître, en nous qui servons,
» de nouveaux sentiments et de nouveaux conseils pour débattre les
» chances qui peuvent suivre : dans ce lieu il ne serait pas sûr d'en dire
» davantage. Assemble les chefs de toutes ces myriades que nous condui-
» sons ; disons-leur que par ordre, avant que la nuit obscure ait retiré
» son ombrageux nuage, je dois me hâter, avec tous ceux qui sous moi
» font flotter leurs bannières, de revoler promptement vers le lieu
» où nous possédons les quartiers du nord, pour faire les préparatifs
» convenables à la réception de notre Roi, le grand Messie, et de ses
» nouveaux commandements ; son intention est de passer promptement
» en triomphe au milieu de toutes hiérarchies et de leur dicter des
» lois. —
» Ainsi parla le perfide archange, et il versa une maligne influence
» dans le sein inconsidéré de son compagnon ; celui-ci appelle ensemble,
» ou l'un après l'autre, les chefs qui commandent, sous lui-même com-
» mandant. Il leur dit, comme il en était chargé, que par ordre du Très-
» Haut, avant que la nuit, avant que la sombre nuit ait abandonné le
» ciel, le grand étendard hiérarchique doit marcher en avant ; il leur en

Thy eyelids? and remember'st what decree
Of yesterday, so late hath pass'd the lips
Of Heaven's Almighty? Thou to me thy thoughts
Wast wont, I mine to thee was wont to impart :
Both waking we were one; how then can now
Thy sleep dissent? New laws thou seest impos'd ;
New laws from him who reigns, new minds may raise
In us who serve, new counsels, to debate
What doubtful may ensue : more in this plac
To utter is not safe. Assemble thou
Of all those myriads which we lead the chief ;
Tell them, that by command, ere yet dim night
Her shadowy cloud withdraws, I am to haste,
And all who under me their banners wave,
Homeward, with flying march, where we possess
The quarters of the north ; there to prepare
Fit entertainment to receive our King,
The great Messiah, and his new commands,
Who speedily through all the hierarchies
Intends to pass triumphant, and give laws. » —

« So spake the false archangel, and infus'd
Bad influence into th' unwary breast
Of his associate : he together calls,
Or several one by one, the regent powers,
Under him regent ; he tells, as was taught,
That the Most High commanding, now ere night,

» dit la cause suggérée, et jette parmi eux des mots ambigus et jaloux,
» afin de sonder ou de corrompre leur intégrité. Tous obéirent au signal
» accoutumé, et à la voix supérieure de leur grand potentat; car grand
» en vérité était son nom, et haut son rang dans le ciel : son air, pareil
» à celui de l'étoile du matin qui guide le troupeau étoilé, les séduisit, et
» ses impostures entraînèrent à sa suite la troisième partie de l'ost du
» ciel.

» Cependant l'œil éternel dont le regard découvre les plus secrètes
» pensées, du haut de sa montagne sainte et du milieu des lampes d'or
» qui brûlent nuitamment devant lui, vit, sans leur lumière, la rébellion
» naissante ; il vit en qui elle se formait, comment elle se répandait
» parmi les fils du matin, quelles multitudes se liguaient pour s'opposer
» à son auguste décret. Et souriant, il dit à son Fils unique :

« — Fils, en qui je vois ma gloire dans toute sa splendeur, héritier
» de tout mon pouvoir ! une chose maintenant nous touche de près; il
» s'agit de notre omnipotence, des armes que nous prétendons employer
» pour maintenir ce que de toute ancienneté nous prétendons de divinité
» et d'empire. Un ennemi s'élève avec l'intention d'ériger son trône égal
» aux nôtres, dans tout le vaste septentrion. Non content de cela, il a en
» pensée d'éprouver dans une bataille ce qu'est notre force ou notre

Now ere dim night had disincumber'd Heaven
The great hierarchal standard was to move;
Tells the suggested cause, and casts between
Ambiguous words and jealousies, to sound
Or taint integrity : but all obey'd
The wonted signal and superiour voice
Of their great potentate; for great indeed
His name, and high was his degree in Heaven:
His countenance, as the morning-star that guides
The starry flock, allur'd them ; and with lies
Drew after him the third part of Heaven's host.

» Meanwhile th' eternal eye, whose sight discerns
Abstrusest thoughts, from forth his holy mount,
And from within the golden lamps that burn
Nightly before him saw without their light
Rebellion rising ; saw in whom, how spread
Among the sons of morn, what multitudes
Were banded to oppose his high decree ;
And smiling, to his only Son thus said :

« Son, thou in whom my glory I behold
In full resplendence, heir of all my might,
Nearly it now concerns us to be sure
Of our omnipotence, and with what arms
We mean to hold what anciently we claim
Of deity or empire : such a foe

» droit. Songeons-y donc, et dans ce danger, rassemblons promptement
» les forces qui nous restent ; servons-nous-en dans notre défense, de
» crainte de perdre par mégarde notre haute place, notre sanctuaire,
» notre montagne. »

» Le Fils lui répondit d'un air calme et pur, ineffable, serein et brillant de divinité :

« — Père tout-puissant, tu as justement tes ennemis en dérision ;
» dans ta sécurité tu ris de leurs vains projets, de leurs vains tu-
» multes, sujet de gloire pour moi, qu'illustre leur haine, quand ils
» verront toute la puissance royale à moi donnée pour dompter leur
» orgueil, et pour leur apprendre par l'événement si je suis habile à
» réprimer les rebelles, ou si je dois être regardé comme le dernier dans
» le ciel. » —

» Ainsi parla le Fils.

» Mais Satan avec ses forces était déjà avancé dans sa course ailée : ar-
» mée innombrable comme les astres de la nuit, ou comme ces gouttes
» de rosée, étoiles du matin, que le soleil convertit en perles sur chaque
» feuille et sur chaque fleur. Ils passèrent des régions, puissantes ré-
» gences de séraphins, de potentats et de Trônes dans leurs triples de-
» grés ; régions auxquelles ton empire, Adam, n'est pas plus que ce jar-

Is rising, who intends to erect his throne
Equal to ours, thoughout the spacious north ;
Nor so content, hath in his thought to try
In battle, what our power is, or our right.
Let us advise, and to this hazard draw
With speed what force is left, and all employ
In our defence ; lest unawares we lose
This our high place, our sanctuary, our hill. »

» To whom the Son, with calm aspect and clear,
Lightning divine, ineffable, serene,
Made answer : —

« Mighty Father, thou thy foes
Justly hast in derision, and, secure,
Laugh'st at their vain designs and tumults vain,
Matter to me of glory, whom their hate
Illustrates, when they see all regal power
Given me to quell their pride, and in event
Know whether I be dextrous to subdue
Thy rebels, or be found the worst in Heaven. »

» So spake the Son :

« But Satan, with his powers,
Far was advanc'd on winged speed : an host
Innumerable as the stars of night,
Or stars of morning, dew-drops, which the sun
Impearls on every leaf and every flower.

» din n'est à toute la terre et à toute la mer, au globe entier étendu en
» longueur.

» Ces régions passées, ils arrivèrent enfin aux limites du nord, et Satan
» à son royal séjour, placé haut sur une colline, étincelant au loin comme
» une montagne élevée sur une montagne avec des pyramides et des
» tours taillées dans des carrières de diamants et dans des rochers d'or ;
» palais du grand Lucifer (ainsi cette structure est appelée dans la langue
» des hommes), que peu de temps après affectant l'égalité avec Dieu, en
» imitation de la montagne où le Messie fut proclamé à la vue du ciel,
» Satan nomma la *montagne d'Alliance ;* car ce fut là qu'il assem-
» bla toute sa suite, prétendant qu'il en avait reçu l'ordre, pour dé-
» libérer sur la grande réception à faire à leur Roi, prêt à venir.
» Avec cet art calomnieux qui contrefait la vérité, il captiva ainsi leurs
» oreilles :

« — Trônes, Dominations, Principautés, Vertus, Puissances, si ces
» titres magnifiques restent encore, et ne sont pas purement de vains
» noms, depuis que par décret un autre s'est enflé de tout pouvoir, et
» nous a éclipsés par son titre de Roi consacré ! pour lui nous avons fait
» en toute hâte cette marche de minuit, nous nous sommes assemblés ici
» en désordre, uniquement pour délibérer avec quels nouveaux hon-

    Regions they pass'd, the mighty regencies
Of seraphim, and potentates, and Thrones,
In their triple degrees; regions, to which
All thy dominion, Adam, is no more
Than what this garden is to all the earth,
And all the sea, from one entire globose
Stretch'd into longitude; which having pass'd
At length into the limits of the north
They came ; and Satan to his royal seat,
High on a hill, far blazing, as a mount
Rais'd on a mount, with pyramids and towers
From diamond quarries hewn and rocks of bold;
The palace of great Lucifer (so call
That structure in the dialect of men
Interpreted), which not long after, he,
Affecting all equality with God,
In imitation of that mount whereon
Messiah was declar'd in sight of Heaven,
The mountain of the Congregation call'd;
For thither he assembled all his train,
Pretending so commanded to consult
About the great reception of their King,
Thither to come ; and with calumnious art
Of counterfeited truth thus held their ears: —

    « Thrones, Dominations, Princedoms, Virtues, Powers;
If these magnific titles yet remain

» neurs nous pouvons le mieux recevoir celui qui vient de recevoir de
» nous le tribut du genou, non encore payé, vile prosternation ! A un
» seul, c'était déjà trop ; mais le payer double, comment l'endurer ? le
» payer au premier et à son image maintenant proclamée ! Mais qu'im-
» porte si de meilleurs conseils élèvent nos esprits, et nous apprennent à
» rejeter ce joug ?

» Voulez-vous tendre le cou ? Préférez-vous fléchir un genou as-
» soupli ? Vous ne le voudrez pas, si je me flatte de vous bien con-
» naître, ou si vous vous connaissez vous-mêmes pour natifs et fils du
» ciel que personne ne posséda avant nous. Si nous ne sommes pas
» tous égaux, nous sommes tous libres, également libres : car les rangs
» et les degrés ne jurent pas avec la liberté, mais s'accordent avec elle.
» Qui donc, en droit ou en raison, peut s'arroger la monarchie parmi
» ceux qui, de droit, vivent ses égaux, sinon en pouvoir et en éclat, du
» moins en liberté ?

» Qui peut introduire des lois et des édits parmi nous, nous qui, même
» sans lois, n'errons jamais ? Beaucoup moins celui-ci peut-il être notre
» maître, et prétendre à notre adoration au détriment de ces titres im-
» périaux, qui attestent que notre être est fait pour gouverner, non pour
» servir ! » —

    Not merely titular, since by decree
Another now hath to himself ingross'd
All power, and us eclips'd under the name
Of King anointed, for whom all this haste
Of midnight march, and hurried meeting here,
This only to consult how we may best,
With what may be devis'd of honours new,
Receive him coming to receive from us
Knee-tribute yet unpaid, prostration vile!
Too much to one! but double how endur'd
To one, and to his image now proclaim'd?
But what if better counsels might erect
Our minds, and teach us to cast off this yoke?
Will ye submit your necks, and choose to bend
The supple knee? Ye will not, if I trust
To know ye right, or if ye know yourselves
Natives and sons of Heaven, possess'd before
By none; and if not equal all, yet free,
Equally free; for orders and degrees
Jar not with liberty, but well consist.
Who can in reason then, or right, assume
Monarchy over such as live by right
His equals, if in power and splendour less,
In freedom equal? or can introduce
Law and edict on us, who without law
Err not: much less for this to be our lord,
And look for adoration, to th' abuse

» Jusque-là ce hardi discours avait été écouté sans contrôle, lors-
» que parmi les séraphins Abdiel (personne avec plus de ferveur n'a-
» dorait Dieu et n'obéissait aux divins commandements), se leva, et
» dans le feu d'un zèle sévère s'opposa ainsi au torrent de la furie de
» Satan :
« — O argument blasphématoire, faux et orgueilleux ! paroles qu'au-
» cune oreille ne pouvait s'attendre à écouter dans le ciel, moins encore
» de toi que de tous les autres, ingrat, élevé si haut toi-même au-dessus
» de tes pairs ?
» Peux-tu, avec une obliquité impie, condamner ce juste décret
» de Dieu, prononcé et juré : que devant son Fils unique, investi par
» droit du sceptre royal, toute âme dans le ciel ploiera le genou, et
» par cet honneur dû le confessera Roi légitime ? Il est injuste, dis-tu,
» tout net injuste de lier par des lois celui qui est libre, et de laisser l'é-
» gal régner sur des égaux, un sur tous avec un pouvoir auquel nul autre
» ne succédera.
» Donneras-tu des lois à Dieu ? Prétends-tu discuter des points de li-
» berté avec celui qui t'a fait ce que tu es, qui a formé les puissances du
» ciel comme il lui a plu, et qui a circonscrit leur être ? Cependant, en-
» seignés par l'expérience, nous savons combien il est bon, combien il est

Of those imperial titles, which assert
Our being ordain'd to govern, not to serve. »

» Thus far his bold discourse without controul
Had audience; when among the seraphim,
Abdiel, than whom none with more zeal ador'd
The Deity, and divine commands obey'd,
Stood up, and in a flame of zeal severe
The current of his fury thus oppos'd:

« O argument blasphemous, false and proud,
Words which no ear ever to hear in Heaven
Expected, least of all from thee, ingrate,
In place thyself so high above thy peers.
Canst thou with impious obloquy condemn
The just decree of God, pronounc'd and sworn,
That to his only Son by right endued
With regal sceptre, every soul in Heaven
Shall bend the knee, and in that honour due
Confess him rightful King? unjust, thou say'st,
Flatly unjust, to bind with laws the free,
And equal over equals to let reign,
One over all with unsucceeded power.

» Shalt thou give law to God ? shalt thou dispute
With him the points of liberty, who made
Thee what thou art, and form'd the powers of Heaven
Such as he pleas'd, and circumscrib'd their being ?

» est attentif à notre bien et à notre dignité, combien il est loin de sa
» pensée de nous amoindrir, incliné qu'il est plutôt à exalter notre heu-
» reux état, en nous unissant plus étroitement sous un chef. Mais, quand
» on t'accorderait qu'il est injuste que l'égal règne monarque sur des
» égaux, toi-même, quoique grand et glorieux, penses-tu que toi ou
» toutes les natures angéliques réunies en une seule, égalent son Fils en-
» gendré? Par lui comme par sa parole, le Père tout-puissant a fait
» toutes choses, même toi et tous les esprits du ciel, créés par lui dans
» leurs ordres brillants ; il les a couronnés de gloire, et à leur gloire les
» a nommés Trônes, Dominations, Principautés, Vertus, Puissances ;
» essentielles Puissances! non par son règne obscurcies, mais rendues
» plus illustres, puisque lui, notre chef, ainsi réduit, devient un de
» nous. Ses lois sont nos lois; tous les honneurs qu'on lui rend nous re-
» viennent.

» Cesse donc cette rage impie et ne tente pas ceux-ci ; hâte-toi d'a-
» paiser le Père irrité et le Fils irrité, tandis que le pardon, imploré
» à temps, peut être obtenu. »

» Ainsi parla l'ange fervent ; mais son zèle non secondé fut jugé hors
» de saison ou singulier et téméraire. L'apostat s'en réjouit et lui répli-
» qua avec plus de hauteur :

Yet, by experience taught, we know how good,
And of our good and of our dignity
How provident he is ; how far from thought
To make us less, bent rather to exalt
Our happy state, under one head more near
United. But to grant it thee unjust,
That equal over equals monarch reign:
Thyself, though great and glorious, dost thou count,
Or all angelic nature join'd in one,
Equal to him begotten Son? by whom,
As by his word, the mighty Father made
All things, ev'n thee ; and all the spirits of Heaven
By him created in their bright degrees;
Crown'd them with glory, and to their glory nam'd
Thrones, Dominations, Princedoms, Virtues, Powers,
Essential Powers! nor by his reign obscur'd,
But more illustrious made ; since he the head
One of our number thus reduc'd becomes;
His laws our laws ; all honour to him done
Returns our own. Cease then this impious rage
And tempt not these ; but hasten to appease
Th' incensed Father and th' incensed Son,
While pardon may be found in time besought. »

» So spake the fervent angel ; but his zeal
None seconded, as out of season judg'd,
Or singular and rash : whereat rejoic'd

« — Nous avons donc été formés, dis-tu, et, œuvre de seconde main, transférés par tâche du Père à son Fils ? Assertion étrange et nouvelle ! Nous voudrions bien savoir où tu as appris cette doctrine : qui a vu cette création lorsqu'elle eut lieu ? Te souviens-tu d'avoir été fait, et quand le Créateur te donna l'être ? Nous ne connaissons point de temps où nous n'étions pas comme à présent ; nous ne connaissons personne avant nous: engendrés de nous-mêmes, sortis de nous-mêmes par notre propre force vive, lorsque le cours de la fatalité eut décrit son plein orbite, et que notre naissance fut mûre, nous naquîmes de notre ciel natal, fils éthérés. Notre puissance est de nous; notre droite nous enseignera les faits les plus éclatants, pour éprouver celui qui est notre égal. Tu verras alors si nous prétendons nous adresser à lui par supplications et environner le trône suprême en le suppliant ou en l'assiégeant. Ce rapport, ces nouvelles, porte-les à l'Oint du Seigneur, et fuis avant que quelque malheur n'interrompe ta fuite. » —

» Il dit : et comme le bruit des eaux profondes un murmure rauque répondit à ces paroles applaudies de l'ost innombrable. Le flamboyant séraphin n'en fut pas moins sans crainte, quoique seul et entouré d'ennemis ; intrépide, il réplique :

« — O abandonné de Dieu, ô esprit maudit, dépouillé de tout bien !

Th' apostate, and, more haughty, thus replied: —
« That we were form'd then, say'st thou? and the work
Of secondary hand by task transferr'd
From Father to his Son? strange point and new!
Doctrine which we would know whence learn'd: who saw
When this creation was? Remember'st thou
Thy making, while the Maker gave thee being?
We know no time when we where not as now;
Know none before us; self-begot, self-rais'd
By our own quickening power, when fatal course
Had circled his full orb, the birth mature
Of this our native Heaven, ethereal sons.
Our puissance is our own ; our own right hand
Shall teach us highest deeds, by proof to try
Who is our equal : then thou shalt behold
Whether by supplication we intend
Address, and to begirt the almighty throne
Beseeching or besieging. This report,
These tidings carry to th' anointed King;
And fly, ere evil intercept thy flight. »

» He said; and, as the sound of waters deep,
Hoarse murmur echo'd to his words applause
Through the infinite host; nor less for that
The flaming seraph fearless, though alone,
Encompass'd round with foes, thus answer'd bold :

» je vois ta chute certaine ; et ta bande malheureuse, enveloppée dans
» cette perfidie, est atteinte de la contagion de ton crime et de ton châti-
» ment.

» Désormais ne t'agite plus pour savoir comment tu secoueras le
» joug du Messie de Dieu ; ces indulgentes lois ne seront plus désormais
» invoquées : d'autres décrets sont déjà lancés contre toi sans appel. Ce
» sceptre d'or, que tu repousses, est maintenant une verge de fer pour
» meurtrir et briser ta désobéissance. Tu m'as bien conseillé : je fuis,
» non toutefois par ton conseil et devant tes menaces ; je fuis ces tentes
» criminelles et réprouvées, dans la crainte que l'imminente colère éclat-
» tant dans une flamme soudaine, ne fasse aucune distinction. Attends-
» toi à sentir bientôt sur ta tête son tonnerre, feu qui dévore. Alors tu
» apprendras, en gémissant, à connaître celui qui t'a créé quand tu con-
» naîtras celui qui peut t'anéantir. » —

» Ainsi parle le séraphin Abdiel, trouvé fidèle parmi les infidèles, fi-
» dèle seul. Chez d'innombrables imposteurs, immuable, inébranlé, non
» séduit, non terrifié, il garda sa loyauté, son amour et son zèle. Ni le
» nombre ni l'exemple ne purent le contraindre à s'écarter de la vérité,
» ou à altérer, quoique seul, la constance de son esprit. Il se retira du
» milieu de cette armée ; pendant un long chemin, il passa à travers les

« O alienate from God, O spirit accurs'd,
Forsaken of all good ! I see thy fall
Determin'd, and thy hapless crew, involv'd
In this perfidious fraud, contagion spread
Both of thy crime and punishment.   Henceforth
No more be troubled how to quit the yoke
Of God's Messiah ; those indulgent laws
Will not be now vouchsaf'd ; other decrees
Against thee are gone forth without recall :
That golden sceptre, which thou dids reject,
Is now an iron rod, to bruise and break
Thy disobedience.   Well thou didst advise :
Yet not for thy advice or threats I fly
These wicked tents devoted ; lest the wrath
Impendent, raging into sudden flame,
Distinguish not : for soon expect to feel
His thunder on thy head, devouring fire.
Then who created thee lamenting learn ;
When, who can uncreate thee, thou shalt know. »

» So spake the seraph Abdiel, faithful found
Among the faithless, faithful only he ;
Among innumerable false, unmov'd,
Unshaken, unseduc'd, unterrified,
His loyalty he kept, his love, his zeal :
Nor number nor example with him wrought
To swerve from truth, or change his constant mind,

» dédains ennemis ; il les soutint, supérieur à l'injure, ne craignant rien
» de la violence ; avec un mépris rendu, il tourna le dos à ces orgueil-
« leuses tours vouées à une prompte destruction. »

>   Though single. From amidst them forth he pass'd,
>   Long way through hostile scorn ; which he sustain'd
>   Superiour, nor of violence fear'd aught;
>   And, with retorted scorn, his back he turn'd
>   On those proud towers to swift destruction doom'd. »

LIVRE SIXIÈME.

ARGUMENT.

Raphaël continue à raconter comment Michel et Gabriel furent envoyés pour combattre contre Satan et ses anges. La première bataille décrite. Satan, avec ses puissances, se retire pendant la nuit : il convoque un conseil, invente des machines diaboliques qui, au second jour de la bataille, mirent en désordre Michel et ses anges. Mais à la fin, arrachant les montagnes, ils ensevelirent les forces et les machines de Satan. Cependant le tumulte ne cessant pas, Dieu, le troisième jour, envoya son fils le Messie, auquel il avait réservé la gloire de cette victoire. Le Fils, dans la puissance de son Père, venant au lieu du combat ordonnant à toutes ses légions de rester tranquilles des deux côtés, se précipitant avec son char et son tonnerre au milieu des ennemis, les poursuit, incapables qu'ils étaient de résister, vers la muraille du ciel. Le ciel s'ouvrant, ils tombent en bas avec horreur et confusion, au lieu du châtiment préparé pour eux dans l'abîme : le Messie retourne triomphant à son Père.

BOOK VI.

THE ARGUMENT.

Raphael continues to relate how Michael and Gabriel were sent forth to battle against Satan and his angels. The first fight described: Satan and his powers retire under night: he calls a council; invents devilish engines, which, in the second day's fight, put Michael and his angels to some disorder; but they at length, pulling up mountains, overwhelmed both the force and machines of Satan: yet, the tumult not so ending, God, on the third day, sends Messiah his son, for whom he had reserved the glory of that victory. He, in the power of his Father, coming to the place, and causing all his legions to stand still on either side, with his chariot and thunder driving into the midst of his enemies, pursues them, unable to resist, towards the wall of Heaven; which opening, they leap down with horrour and confusion into the place of punishment prepared for them in the deep. Messiah returns with triumph to his Father.

VI.

« Toute la nuit, l'ange intrépide, non poursuivi, continua sa route à travers la vaste plaine du ciel, jusqu'à ce que le Matin, éveillé par les Heures qui marchent en cercle, ouvrit sa main de rose les portes de la lumière. Il est sous le mont de Dieu et tout près de son trône, une grotte qu'habitent et déshabitent tour à tour la lumière et les ténèbres en perpétuelle succession, ce qui produit dans le ciel une agréable vicissitude pareille au jour et à la nuit. La lumière sort, et par l'autre porte entrent les ténèbres obéissantes, attendant l'heure de voiler les cieux, bien que là les ténèbres ressemblent au crépuscule ici.

» Maintenant l'aurore se levait telle qu'elle est dans le plus haut ciel, vêtue de l'or de l'empyrée ; devant elle s'évanouissait la nuit percée des rayons de l'orient : soudain toute la campagne, couverte d'épais et brillants escadrons rangés en bataille, de chariots, d'armes flamboyantes, de chevaux de feu, réfléchissant éclairs sur éclairs, frappe la vue d'Abdiel ; il aperçut la guerre, la guerre dans son appareil, et il

VI.

« All night the dreadless angel, unpursued,
Through Heaven's wide champain held his way; till Morn
Wak'd by the circling Hours, with rosy hand
Unbarr'd the gates of light. There is a cave
Within the mount of God, fast by his throne,
Where light and darkness in perpetual round
Lodge and dislodge by turns, wich makes through Heaven
Grateful vicissitude, like day and night;
Light issues forth, and at the other door
Obsequious darkness enters, till her hour
To veil the Heaven, though darkness there might well
Seem twilight here : and now went forth the morn,
Such as in highest Heaven, array'd in gold
Empyreal : from before her vanish'd night,
Shot through with orient beams ; when all the plain,
Cover'd with thick embattel'd squadrons bright,
Chariots, and flaming arms, and fiery steeds,
Reflecting blaze on blaze, first met his view :
War he perceiv'd, war in procinct : and found
Already known what he for news had thought

» trouva déjà connue la nouvelle qu'il croyait apporter. Il se mêla, plein
» de joie, à ces puissances amies, qui reçurent avec allégresse et avec
» d'immenses acclamations le seul qui, de tant de myriades perdues, le
» seul qui revenait sauvé. Elles le conduisent hautement applaudi à la
» montagne sacrée et le présentent au trône suprême. Une voix, du mi-
» lieu d'un nuage d'or, fut doucement entendue.

« — Serviteur de Dieu, tu as bien fait; tu as bien combattu dans le
» meilleur combat, toi, qui seul as soutenu contre des multitudes révol-
» tées la cause de la vérité, plus puissant en paroles qu'elles ne le sont en
» armes. Et pour rendre témoignage à la vérité, tu as bravé le reproche
» universel, pire à supporter que la violence; car ton unique soin était
» de demeurer approuvé du regard de Dieu, quoique des mondes te ju-
» geassent pervers. Un triomphe plus facile maintenant te reste, aidé
» d'une armée d'amis : c'est de retourner chez tes ennemis plus glorieux
» que tu n'en fus méprisé quand tu les quittas, de soumettre par la force
» ceux qui refusent la raison pour leur loi, la droite raison pour leur loi,
» et pour leur roi le Messie, régnant par droit de mérite.

» Va, Michel, prince des armées célestes, et toi immédiatement après
» lui en achèvements militaires, Gabriel : conduisez au combat ceux-ci,
» mes invincibles enfants; conduisez mes saints armés, rangés par

To have reported: gladly then he mix'd
Among those friendly powers, who him receiv'd
With joy and acclamations loud, that one,
That of so many myriads fallen, yet one
Return'd, not lost. On to the sacred hill
They led him high applauded, and present
Before the seat supreme: from whence a voice,
From midst a golden cloud, thus mild was heard:

« Servant of God, well done; well hast thou fought
The better fight, who single hast maintain'd
Against revolted multitudes the cause
Of truth, in word mightier than they in arms;
And for the testimony of truth hast borne
Universal reproach, far worse to bear
Than violence; for this was all thy care,
To stand approv'd in sight of God, though worlds
Judg'd thee perverse: the easier conquest now
Remains thee, aided by this host of friends,
Back on thy foes more glorious to return,
Than scorn'd thou didst depart; and to subdue
By force, who reason for their law refuse,
Right reason for their law, and for their King
Messiah, who by right of merit reigns.
Go, Michael, of celestial armies prince;
And thou, in military prowess next,

» milliers et millions pour la bataille, égaux en nombre à cette foule
» rebelle et sans dieu. Assaillez-les sans crainte avec le feu et les armes
» hostiles, en les poursuivant jusqu'au bord du ciel, chassez-les de
» Dieu et du bonheur vers le lieu de leur châtiment, le gouffre du
» Tartare, qui déjà ouvre large son brûlant chaos pour recevoir leur
» chute. » —
» Ainsi parla la voix souveraine, et les nuages commencèrent à obs-
» curcir toute la montagne, et la fumée à rouler en noirs torses, en
» flammes retenues, signal du réveil de la colère. Avec non moins de
» terreur, l'éclatante trompette éthérée commence à souffler d'en haut ;
» à ce commandement les puissances militantes qui tenaient pour le ciel
» (formées en puissant carré dans une union irrésistible) avancèrent en
» silence leurs brillantes légions, au son de l'instrumentale harmonie qui
» inspire l'héroïque ardeur des actions aventureuses, sous des chefs im-
» mortels, pour la cause de Dieu et de son Messie. Elles avancent fermes
» et sans se rompre : ni haute colline, ni vallée rétrécie, ni bois, ni ruis-
» seau, ne divisent leurs rangs parfaits, car elles marchent élevées au-
» dessus du sol, et l'air obéissant soutient leur pas agile : comme
» l'espèce entière des oiseaux rangés en ordre sur leur aile, furent
» appelés dans Éden pour recevoir leurs noms de toi, ô Adam, ainsi les

> Gabriel, lead forth to battle these my sons
> Invincible; lead forth my armed saints,
> By thousands and by millions, rang'd for fight
> Equal in number to that godless crew
> Rebellious: them with fire and hostile arms
> Fearless assault; and, to the brow of Heaven
> Pursuing, drive them out from God and bliss,
> Into their place of punishment, the gulf
> Of Tartarus, which ready opens wide
> His fiery chaos to receive their fall. »
>
> « So spake the sovran voice, and clouds began
> To darken all the hill, and smoke to roll
> In dusky wreaths, reluctant flames, the sign
> Of wrath awak'd; nor with less dread the loud
> Ethereal trumpet from on high 'gan blow:
> At which command the Powers militant,
> That stood for Heaven, in mighty quadrate join'd
> Of union irresistible, mov'don
> In silence their bright legions, to the sound
> Of instrumental harmony, that breath'd
> Heroic ardour to adventurous deeds
> Under their godlike leaders, in the cause
> Of God and his Messiah. On they move
> Indissolubly firm; nor obvious hill,
> Nor straitening vale, nor wood, nor stream, divides

» légions parcoururent maints espaces dans le ciel, maintes provinces dix
» fois grandes comme la longueur de la terre.

» Enfin loin à l'horizon du nord se montra, d'une extrémité à
» l'autre, une région de feu, étendue sous la forme d'une armée. Bien-
» tôt en approchant apparurent les puissances liguées de Satan, héris-
» sées des rayons innombrables des lances droites et inflexibles ; partout
» casques pressés, boucliers variés peints d'insolents emblèmes : ces
» troupes se hâtaient avec une précipitation furieuse; car elles se flat-
» taient d'emporter ce jour-là même, par combat ou surprise, le mont
» de Dieu, et d'asseoir sur son trône le superbe aspirant, envieux de
» son empire ; mais au milieu du chemin leurs pensées furent reconnues
» folles et vaines. Il nous sembla d'abord extraordinaire que l'ange fît la
» guerre à l'ange, qu'ils se rencontrassent dans une furieuse hostilité
» ceux-là accoutumés à se rencontrer si souvent unis aux fêtes de la joie
» et de l'amour comme fils d'un seul maître, et chantant l'éternel
» Père ; mais le cri de la bataille s'éleva, et le bruit rugissant de la
» charge mit fin à toute pensée plus douce.

» Au milieu des siens, l'apostat, élevé comme un dieu, était assis sur
» son char de soleil, idole d'une majesté divine, entouré de chérubins
» flamboyants et de boucliers d'or. Bientôt il descendit de ce trône

>   Their perfect ranks; for high above the ground
>   Their march was, and the passive air upbore
>   Their nimble tread: as when the total kind
>   Of birds, in orderly array on wing,
>   Came summon'd over Eden to receive
>   Their names of thee; so over many a tract
>   Of Heaven they march'd, and many a province wide,
>   Tenfold the length of this terrene.
>   » At last,
>   Far in the horizon to the north appear'd
>   From skirt to skirt a fiery region, stretch'd
>   In battailons aspect, and nearer view
>   Bristled with upright beams innumerable
>   Of rigid spears, and helmets throng'd, and shields
>   Various, with boastful argument portray'd
>   The banded powers of Satan hasting on
>   With furious expedition; for they ween'd
>   That self-same day, by fight, or by surprise,
>   To win the mount of God and on his throne
>   To set the envier of his state, the proud
>   Aspirer; but their thoughts prov'd fond and vain
>   In the mid way. Though strange to us it seem'd
>   At first, that angel should with angel war,
>   And in fierce hosting meet, who wont to meet
>   So oft in festivals of joy and love
>   Unanimous, as sons of one great Sire,

» pompeux, car il ne resta déjà plus entre les deux armées qu'un espace
» étroit (intervalle effrayant!) et front contre front elles présentaient
» arrêtées une terrible ligne d'une affreuse longueur. A la sombre
» avant-garde, sur le rude bord des bataillons, avant qu'ils se joignis-
» sent, Satan à pas immenses et superbes, couvert d'une armure d'or
» et de diamant, s'avançait comme une tour, Abdiel ne put supporter
» cette vue ; il se tenait parmi les plus braves, et se préparait aux plus
» grands exploits; il sonde ainsi son cœur résolu :

« — O ciel! une telle ressemblace avec le Très-Haut peut-elle rester
» où la foi et la réalité ne restent plus? Pourquoi la puissance ne dé-
» faut-elle pas là où la vertu a failli, ou pourquoi le plus présomptueux
» n'est-il pas le plus faible? Quoique à le voir Satan semble invincible,
» me confiant au secours du Tout-Puissant, je prétends éprouver la
» force de celui dont j'ai déjà éprouvé la raison fausse et corrompue :
« n'est-il pas juste que celui qui l'a emporté dans la lutte de la vérité
» l'emporte dans les armes, vainqueur pareillement dans les deux com-
» bats? Si le combat est brutal et honteux quand la raison se mesure
» avec la force, encore il est d'autant plus juste que la raison triom-
» phe. » —

« Ainsi réfléchissant il sort à l'opposite du milieu de ses pairs armés;

Hymning th' Eternal Father: but the shout
Of battel now began, and rushing sound
Of onset ended soon each milder thought.

» High in the midst, exalted as a god,
Th' apostate in his sun-bright chariot sat,
Idol of majesty divine, enclos'd,
With flaming cherubim and golden shields;
Then lighted from his gorgeous throne, for now
'Twixt host, and host but narrow space was left,
A dreadful interval, and front to front
Presented stood in terrible array
Of hideous length. Before the cloudy van,
On the rough edge of battle ere it join'd,
Satan, with vast and haughty strides advanc'd,
Came towering, arm'd in adamant and gold.
Abdiel that sight endur'd not, where he stood
Among the mightiest, bent on highest deeds;
And thus his own undaunted heart explores: —

« O Heaven! that such resemblance of the Highest
Should yet remain, where faith and realty
Remain not: wherefore should not strength and might
There fail where virtue fails? or weakest prove
Where boldest, though to sight unconquerable?
His puissance, trusting in th' Almighty's aid,
I mean to try, whose reason I have tried

» il rencontre à mi-voie son audacieux ennemi, qui se voyant prévenu
» en devient plus furieux ; il le défie ainsi avec assurance :

« — Superbe, vient-on au-devant de toi ? Ton espérance était d'at-
» teindre inopposé la hauteur où tu aspires, d'atteindre le trône de
» Dieu non gardé et son côté abandonné par la terreur de ton pouvoir
» ou de ta langue puissante. Insensé ! tu ne songeais pas combien il est
» vain de se lever en armes contre le Tout-Puissant, contre celui qui
» des plus petites choses aurait pu lever sans fin d'incessantes armées
» pour écraser ta folie ; ou, de sa main solitaire atteignant au delà de
» toute limite, il pourrait d'un seul coup, sans assistance, te finir, et
» ensevelir tes légions sous les ténèbres. Mais t'en aperçois-tu ? tous ne
» sont pas à ta suite ; il en est qui préfèrent la foi et piété envers Dieu,
» bien qu'ils te fussent invisibles alors qu'à ton monde je semblais être
» dans l'erreur, en différant seul de l'avis de tous. Tu la vois, ma secte
» maintenant : apprends trop tard que quelques-uns peuvent savoir,
» quand des milliers se trompent. » —

» Le grand ennemi le regardant de travers d'un œil de dédain :

« — A la male heure pour toi, mais à l'heure désirée de ma ven-
» geance, toi que je cherchais le premier, tu reviens de ta fuite, ange
» séditieux, pour recevoir ta récompense méritée, pour faire le premier

Unsound and false : nor is it aught but just,
That he, who in debate of truth hath won,
Should win in arms, in both disputes alike
Victor ; though brutish that contest and foul,
When reason hath to deal with force ; yet so
Most reason is that reason overcome. » —

» So pondering, and, from his armed peers
Forth stepping opposite, half-way he met
His daring foe, at this prevention more
Incens'd, and thus securely him defied : —

« Proud, art thou met ? thy hope was to have reach'd
The highth of thy aspiring unnoppos'd :
The throne of God unguarded, and his side
Abandor.'d, at the terrour of thy power
Or potent tongue : fool I not to think how vain
Against th' Omnipotent to rise in arms ;
Who out of smallest things could, without end,
Have rais'd incessant armies to defeat
Thy folly ; or with solitary hand
Reaching beyond all limit, at one blow,
Unaided, could have finish'd thee, and whelm'd
Thy legions under darkness : but thou seest
All are not of thy train ; there be, who faith
Prefer, and piety to God, though then
To thee not visible, when I alone
Seem'd in thy world erroneous to dissent

» essai de ma droite provoquée, puisque ta langue inspirée de la contra-
» diction osa la première s'opposer à la troisième partie des dieux réunis
» en synode pour assurer leurs divinités. Ceux qui sentent en eux une
» vigueur divine, ne peuvent accorder l'omnipotence à personne. Mais
» tu te portes en avant de tes compagnons, ambitieux que tu es de m'en-
» lever quelques plumes, pour que ton succès puisse annoncer la des-
» truction du reste : je m'arrête un moment, de peur que tu ne te
» vantes qu'on n'ait pu te répondre ; je veux t'apprendre ceci : je crus
» d'abord que liberté et ciel ne faisaient qu'un pour les âmes célestes ;
» mais je vois à présent que plusieurs, par bassesse, préfèrent servir ;
» esprits domestiques traînés dans les fêtes et les chansons ! Tels sont
» ceux que tu as armés, les ménétriers du ciel, l'esclavage pour com-
» battre la liberté : ce que sont leurs actions comparées, ce jour le prou-
» vera. » —

». Le sévère Abdiel répond brièvement :

« — Apostat, tu te trompes encore : éloigné de la voie de la vérité, tu
» ne cesseras plus d'errer. Injustement tu flétris du nom de servitude
» l'obéissance que Dieu ou la nature ordonne. Dieu et la nature com-
» mandent la même chose, lorsque celui qui gouverne est le plus digne,
» et qu'il excelle sur ceux qu'il gouverne. La servitude est de servir

From all : my sect thou seest ; now learn too late
How few sometimes may know, when thousands err. »

» Whom the grand foe, with scornful eye askance,
Thus answer'd :

« Ill for thee, but in wish'd hour
Of my revenge, first sought for, thou return'st
From flight, seditious angel ! to receive
Thy merited reward, the first assay
Of this right hand provok'd, since first that tongue,
In pir'd with contradiction, durst oppose
A third part of the gods, in synod met
Their deities to assert ; who, while they feel
Vigour divine within them, can allow
Omnipotence to none. But well thou com'st
Before thy fellows, ambitiously to win
From me some plume, that thy success may show,
Destruction to the rest : this pause between
(Unanswer'd lest thou boast), to let thee know,
At first I thought that liberty and Heaven
To heavenly souls had been all one ; but now
I see that most through sloth had rather serve,
Minist'ring spirits, train'd up in feast and song !
Such hast thou arm'd, the minstrelsy of Heaven,
Servility with freedom to contend,
As both their deeds compar'd this day shall prove. »

» l'insensé ou celui qui s'est révolté contre un plus digne que lui,
» comme les tiens te servent à présent, toi non libre, mais esclave de
» toi-même. Et tu oses effrontément insulter à notre devoir! Règne
» dans l'enfer, ton royaume; laisse-moi servir dans le ciel Dieu à jamais
» béni, obéir à son divin commandement qui mérite le plus d'être obéi;
» toutefois attends dans l'enfer, non des royaumes, mais des chaînes.
» Cependant revenu de ma fuite, comme tu le disais tout à l'heure, re-
» çois ce salut sur ta crête impie. » —

» A ces mots, il lève un noble coup qui ne resta point suspendu, mais
» tomba comme la tempête sur la crête orgueilleuse de Satan : ni la
» vue, ni le mouvement de la rapide pensée, moins encore le bouclier,
» ne purent prévenir la ruine. Dix pas énormes il recule; au dixième,
» sur son genou fléchi il est soutenu par sa lance massive, comme si,
» sur la terre, des vents sous le sol ou des eaux forçant leur passage
» eussent poussé obliquement hors de sa place une montagne, à moitié
» abîmée avec tous ses pins. L'étonnement saisit les Trônes rebelles,
» mais une rage plus grande encore, quand ils virent ainsi abattu le
» plus puissant d'entre eux. Les nôtres, remplis de joie et de l'ardent
» désir de combattre, poussèrent un cri, présage de la victoire. Michel
» ordonne de sonner l'archangélique trompette; elle retentit dans le

» To whom in brief thus Abdiel stern replied:
« Apostate, still thou err'st, nor end wilt find
Of erring, from the path of truth remote :
Unjustly thou deprav'st it with name
Of servitude, to serve whom God ordains,
Or nature : God and nature bid the same,
When he who rules is worthiest, and excels
Them whom he governs. This is servitude,
To serve th' unwise, or him whom hath rebell'd
Against his worthier, as thine now serve thee,
Thyself not free, but to thyself entrall'd,
Yet lewdly dar'st our minist'ring upbraid,
Reign thou in Hell, thy kingdom; let me serve
In Heaven God ever blest, and his divine
Behests obey, worthiest to be obey'd :
Yet chains in Hell, not realms, expect: meanwhile
From me return'd, as erst thou saidst, from flight,
This greeting on thy impious crest receive. »

» So saying, a noble stroke he lifted high,
Which hung not, but so swift with tempest fell
On the proud crest of Satan, that no sight,
Nor motion of swift thought, less could his shield,
Such ruin intercept: ten paces huge
He back recoil'd; the tenth on bended knee
His massy spear upstaid : as if on earth,

» vaste du ciel, et les anges fidèles chantent Hosanna au Très-Haut. De
» leur côté, les légions adverses ne restèrent pas à nous contempler; non
» moins terribles, elles se joignirent dans l'horrible choc.

» Alors s'élevèrent une orageuse furie et des clameurs telles qu'on
» n'en avait jamais jusqu'alors entendu dans le ciel. Les armes heurtant
» l'armure crient en horrible désaccord ; les roues furieuses des chariots
» d'airain rugissent avec rage : terrible est le bruit de la bataille ! Sur
» nos têtes les sifflements aigus des dards embrasés volent en flam-
» boyantes volées, et en volant voûtent de feu les deux osts. Sous cette
» coupole ardente, se précipitaient au combat les corps d'armées dans
» un assaut funeste et une fureur inextinguible; tout le ciel retentissait;
» si la terre eût été alors, toute la terre eût tremblé jusqu'à son
» centre.

» Faut-il s'en étonner quand de l'un et de l'autre côté, fiers adversaires,
» combattaient des millions d'anges dont le plus faible pourrait manier
» les éléments, et s'armer de la force de toutes leurs régions? Combien
» donc deux armées combattant l'une contre l'autre avaient-elles plus
» de pouvoir pour allumer l'épouvantable combustion de la guerre,
» pour bouleverser, sinon pour détruire leur fortuné séjour natal, si le
» Roi tout-puissant et éternel, tenant le ciel d'une main ferme, n'eût

    Winds under ground, or waters forcing way,
    Sidelong had push'd a mountain from his seat,
    Half sunk with all his pines. Amazement seiz'd
    The rebel Thrones, but greater rage, to see
    Thus foil'd their mightiest; ours joy fill'd, and shout,
    Presage of victory, and fierce desire
    Of battle: whereat Michael bid sound
    Th' archangel trumpet; through the vast of **Heaven**
    It sounded, and, the faithful armies rung
    Hosanna to the Highest: nor stood at gaze
    The adverse legions, nor less hideous join'd
    The horrid shock.
        » Now storming fury rose,
    And clamour such as heard in Heaven till now
    Was never; arms on armour clashing bray'd
    Horrible discord, and the madding wheels
    Of brazen chariots rag'd : dire was the noise
    Of conflict; over head the dismal hiss
    Of fiery darts in flaming vollies flew,
    And flying vaulted either host with fire.
    So under fiery cope together rush'd
    Both battles main, with ruinous assault
    And inextinguishable rage. All Heaven
    Resounded; and had earth been then, all earth
    Had to her centre shook. What wonder? when
    Millions of fierce encountering angels fought

» dominé et limité leur force! En nombre, chaque légion ressem-
» blait à une nombreuse armée; en force, chaque main armée
» valait une légion. Conduit au combat, chaque soldat paraissait un
» chef, chaque chef, un soldat; ils savaient quand avancer ou s'ar-
» rêter, quand détourner le fort de la bataille, quand ouvrir et quand
» fermer les rangs de la hideuse guerre. Ni pensée de fuite, ni pen-
» sée de retraite, ni action malséante qui marquât la peur : chacun
» comptait sur soi, comme si de son bras seul dépendait le moment de
» la victoire.

» Des faits d'une éternelle renommée furent accomplis, mais sans
» nombre; car immense et variée se déployait cette guerre; tantôt
» combat maintenu sur un terrain solide; tantôt prenant l'essor sur
» une aile puissante, et tourmentant tout l'air : alors tout l'air semblait
» un feu militant. La bataille en balance égale fut longtemps suspendue,
» jusqu'à ce que Satan, qui ce jour-là avait montré une force prodi-
» gieuse, et ne rencontrait point d'égal dans les armes; jusqu'à ce que
» Satan, courant de rang en rang à travers l'affreuse mêlée des séraphins
» en désordre, vit enfin le lieu où l'épée de Michel fauchait et abattait
» des escadrons entiers.

» Michel tenait à deux mains avec une force énorme cette épée qu'il

On either side, the least of whom could wied
These elements, and arm him with the force
Of all their regions: how much more of power
Army against army numberless to raise
Dreadful combustion warring; and disturb,
Though not destroy, their happy native seat:
Had not th' eternal King omnipotent,
From his strong hold of Heaven, high overrul'd
And limited their might: though number'd such,
As each divided legion might have seem'd
A numerous host; in strength each armed band
A legion; led in fight, yet leader, seem'd
Each warriour-single as in chief; expert
When to advance, or stand, or turn the sway
Of battle, open when, and when to close,
The ridges of grim war: no thought of flight,
None of retreat, no unbecoming deed
That argued fear; each on himself relied,
As only in his arm the moment lay
Of victory.

» Deeds of eternal fame
Were done, but infinite; for wide was spread
That war and various; sometimes on firm ground
A standing fight; then, soaring on main wing,
Tormented all the air; all air seem'd then
Conflicting fire. Long time in even scale

» brandissait en l'air : l'horrible tranchant tombait, dévastant au large.
» Pour arrêter une telle destruction, Satan se hâte et oppose au fer de
» Michel l'orbe impénétrable de dix feuilles de diamant, son ample bou-
» clier, vaste circonférence. A son approche, le grand archange sursit à
» son travail guerrier; ravi, dans l'espoir de terminer ici la guerre in-
» testine du ciel (le grand ennemi étant vaincu ou traîné captif dans les
» chaînes), il fronce un sourcil redoutable, et, le visage enflammé, il
» parle ainsi le premier :

« — Auteur du mal, inconnu et sans nom dans le ciel jusqu'à ta ré-
» volte, aujourd'hui abondant comme tu le vois, à ces actes d'une lutte
» odieuse, odieuse à tous, quoique par une juste mesure elle pèse le
» plus sur toi et sur tes adhérents. Comment as-tu troublé l'heureuse
» paix du ciel et apporté dans la nature la misère, incréée avant le crime
» de ta rébellion ! combien as-tu empoisonné de ta malice des milliers
» d'anges, jadis droits et fidèles, maintenant devenus traîtres! Mais ne
» crois pas bannir d'ici le saint repos; le ciel te rejette de toutes ses li-
» mites : le ciel, séjour de la félicité, n'endure point les œuvres de la
» violence et de la guerre. Hors d'ici donc! Que le mal, ton fils, aille
» avec toi au séjour du mal, l'enfer, avec toi et ta bande perverse! Là
» fomente des troubles; mais n'attends pas que cette épée vengeresse

The battle hung; till Satan, who that day
Prodigious power had shown, and met in arms
No equal, ranging through the dire attack
Of fighting seraphim confus'd, at length
Saw where the sword of Michael smote, and fell'd
Squadrons at once.
  » With huge two-handed sway
Brandish'd aloft, the horrid edge came down
Wide-wasting : such destruction to withstand
He hasted, and oppos'd the rocky orb
Of tenfold adamant, his ample shield,
A vast circumference. At his approach,
The great archangel from his warlike toil
Surceas'd, and glad, as hoping here to end
Intestine war in Heaven, th' arch-foe subdued
Or captive dragg'd in chains, with hostile frown
And visage all inflam'd, first thus began: —

« Authour of evil, unknown till thy revolt,
Unnam'd in Heaven; now plenteous as thou seest
These acts of hateful strife, hateful to all,
Though heaviest by just measure on thyself
And thy adherents: how hast thou disturb'd
Heaven's blessed peace, and into nature brought
Misery, uncreated till the crime
Of thy rebellion ! how hast thou instill'd

» commence ta sentence, ou que quelque vengeance plus soudaine à
» qui Dieu donnera des ailes, ne te précipite avec des douleurs redou-
» blées. » —
» Ainsi parle le prince des anges. Son adversaire répliqua :
« Ne pense pas, par le vent de tes menaces, imposer à celui à qui tu
» ne peux imposer par tes actions. Du moindre de ceux-ci as-tu causé la
» fuite? ou si tu les forças à la chute, ne se sont-ils pas relevés invain-
» cus? Espérerais-tu réussir plus aisément avec moi, arrogant, et avec
» tes menaces me chasser d'ici? Ne t'y trompe pas : il ne finira pas ainsi
» le combat que tu appelles mal, mais que nous appelons combat de
» gloire. Nous prétendons le gagner, ou transformer ce ciel dans l'enfer,
» dont tu dis des fables. Ici du moins nous habiterons libres, si nous ne
» régnons. Toutefois, je ne fuirais pas ta plus grande force, quand celui
» qu'on nomme le Tout-Puissant viendrait à ton aide : de près comme de
» loin je t'ai cherché. » —
» Ils cessèrent de parler, et tous deux se préparèrent à un combat
» inexprimable : qui pourrait le raconter, même avec la langue des
» anges? à quelles choses pourrait-on le comparer sur la terre, qui
» fussent assez remarquables pour élever l'imagination humaine à la
» hauteur d'un pouvoir semblable à celui d'un Dieu ? Car ces deux

Thy malice into thousands, once upright
And faithful, now prov'd false ! But think not here
To trouble holy rest; Heaven casts thee out
From all her confines : Heaven, the seat of bliss,
Brooks not the works of violence and war.
Hence then, and evil go with thee along,
Thy offspring, to the place of evil, Hell ;
Thou and thy wicked crew ! there mingle broils,
Ere this avenging sword begin thy doom;
Or some more sudden vengeance, wing'd from God,
Precipitate thee with augmented pain. »

» So spake the prince of angels; to whom thus
The adversary :

« Nor think thou with wind
Of aery threats to awe, whom yet with deeds
Thou canst not. Hast thou turn'd the least of these
To flight? or if to fall, but that they rise
Unvanquish'd ; easier to transact with me
That thou shouldst hope, imperious, and with threats
To chase me hence ? err not, that so shall end
The strife which thou call'st evil, but we style
The strife of glory; which we mean to win,
Or turn this Heaven itself into the Hell
Thou fablest; here however to dwell free
If not to reign : meanwhile thy utmost force,

» chefs, soit qu'ils marchassent, ou demeurassent immobiles, ressem-
» blaient à des dieux par la taille, le mouvement, les armes, faits qu'ils
» étaient pour décider de l'empire du grand ciel. Maintenant leurs flam-
» boyantes épées ondoient et décrivent dans l'air des cercles affreux ;
» leurs boucliers, deux larges soleils, resplendissent opposés, tandis que
» l'attente reste dans l'horreur. De chaque côté la foule des anges se re-
» tira précipitamment du lieu où la mêlée était auparavant la plus
» épaisse, et laissa un vaste champ où il n'y avait pas sûreté dans le
» vent d'une pareille commotion.

» Telles, pour faire comprendre les grandes choses par les petites, si
» la concorde de la nature se rompait, si parmi les constellations la
» guerre était déclarée, telles deux planètes, précipitées sous l'influence
» maligne de l'opposition la plus violente, combattraient au milieu du
» firmament, et confondraient leurs sphères ennemies.

» Les deux chefs lèvent ensemble leurs menaçants bras qui appro-
» chent en pouvoir de celui du Tout-Puissant ; ils ajustent un coup
» capable de tout terminer, et qui, n'ayant pas besoin d'être répété, ne
» laisse pas le pouvoir indécis. En vigueur ou en agilité, ils ne parais-
» sent pas inégaux ; mais l'épée de Michel, tirée de l'arsenal de Dieu,
» lui avait été donnée trempée de sorte que nulle autre, par la pointe

And join him nam'd Almighty to thy aid,
I fly not ; but have sought thee far and nigh. »

» They ended parle, and both address'd for fight
Unspeakable ; for who, though with the tongue
Of angels, can relate, or to what things
Liken on earth conspicuous, that may lift
Human imagination to such highth
Of godlike power ? for likest gods they seem'd,
Stood they or mov'd, in stature, motion, arms,
Fit to decide the empire of great Heaven,
Now wav'd their fiery swords, and in the air
Made horrid circles ; two broad suns their shields
Blaz'd opposite, while expectation stood
In horrour : from each hand with speed retir'd,
Where erst was thickest fight, the angelic throng,
And left large field, unsafe within the wind
Of such commotion.

» Such as, to set forth
Great things by small, if, nature's concord broke,
Among the constellations war were sprung,
Two planets rushing from aspect malign
Of fiercest opposition, in mid sky
Should combat, and their jarring spheres confound.

» Together both, with next t' almighty arm
Uplifted imminent, one stroke they aim'd

» ou la lame, ne pouvait résister à ce tranchant. Elle rencontre
» l'épée de Satan; et, descendant pour frapper avec une force pré-
» cipitée, la coupe net par la moitié : elle ne s'arrête pas; mais d'un
» rapide revers, entrant profondément, elle fend tout le côté droit de
» l'archange.

» Alors pour la première fois Satan connut la douleur, et se tordit çà
» et là convulsé; tant la tranchante épée, dans une blessure continue,
» passa cruelle à travers lui! Mais la substance éthérée, non longtemps
» divisible, se réunit : un ruisseau de nectar sortit de la blessure, se
» répandit, couleur de sang (de ce sang tel que les esprits célestes peu-
» vent en répandre) et souilla son armure, jusqu'alors si brillante. Aus-
» sitôt à son aide accoururent de tous côtés un grand nombre d'anges
» vigoureux qui interposèrent leur défense; tandis que d'autres l'em-
» portent sur leurs boucliers à son char, où il demeura retiré loin des
» rangs de la guerre. Là, ils le déposèrent grinçant des dents de douleur,
» de dépit et de honte, de trouver qu'il n'était pas sans égal : son orgueil
» était humilié d'un pareil échec, si fort au-dessous de sa prétention
» d'égaler Dieu en pouvoir.

» Toutefois il guérit vite; car les esprits qui vivent en totalité, vivant
» entiers dans chaque partie (non comme l'homme frêle, dans les en-

That might determine, and not need repeat,
As not of power at once; nor odds appear'd
In might or swift prevention : but the sword
Of Michael from the armoury of God
Was given him temper'd so, that neither keen
Nor solid might resist that edge : it met
The sword of Satan, with steep force to smite
Descending, and in half cut sheer; nor staid,
But with swift wheel reverse, deep entering, shar'd
All his right side.
          » Then Satan first knew pain,
And writh'd him to and fro convolv'd; so sore
The griding sword with discontinuous wound
Pass'd through him : but th' ethereal substance clos'd,
Not long divisible; and from the gash
A stream of nectarous humour issuing flow'd
Sanguine, such as celestial spirits may bleed,
And all his armour stain'd, erewhile so bright.
Forthwith on all sides to his aid was run
By angels many and strong, who interpos'd
Defence; while others bore him on their shields
Back to his chariot, where it stood retir'd
From off the files of war : there they him laid
Gnashing for anguish, and despite, and shame,
To find himself not matchless, and his pride

» trailles, le cœur ou la tête, le foie ou les reins), ne sauraient mourir
» que par l'anéantissement : ils ne peuvent recevoir de blessure mortelle
» dans leur tissu liquide, pas plus que n'en peut recevoir l'air fluide,
» ils vivent tout cœur, toute tête, tout œil, toute oreille, tout intellect,
» tout sens; ils se donnent à leur gré des membres, et ils prennent la
» couleur, la forme et la grosseur qu'ils aiment le mieux, dense ou
» rare.

» Cependant des faits semblables, et qui méritaient d'être remémorés,
» se passaient ailleurs, là où la puissance de Gabriel combattait : avec de
» fières enseignes, il perçait les bataillons profonds de Moloch, roi fu-
» rieux qui le défiait, et qui menaçait de le traîner attaché aux roues
» de son char; la langue blasphématrice de cet ange n'épargnait pas
» même l'unité sacrée du ciel. Mais tout à l'heure fendu jusqu'à la cein-
« ture, ses armes brisées, et dans une affreuse douleur, il fuit en mu-
» gissant.

» A chaque aile, Uriel et Raphaël vainquirent d'insolents ennemis,
» Adramaleck et Asmodée, quoique énormes et armés de rochers de
» diamant, deux puissants Trônes qui dédaignaient d'être moins que
» des dieux; leur fuite leur enseigna des pensées plus humbles, broyés
» qu'ils furent par des blessures effroyables, malgré la cuirasse et la

    Humbled by such rebuke : so far beneath
His confidence to equal God in power.

    » Yet soon he heal'd ; for spirits that live throughout
Vital in every part, not as frail man
In entrails, heart or head, liver or reins,
Cannot but by annihilating die ;
Nor in their liquid texture mortal wound
Receive, no more than can the fluid air :
All heart they live, all head, all eye, all ear,
All intellect, all sense ; and, as they please
They limb themselves, and colour, shape, or size
Assume, as likes them best, condense or rare.

    » Meanwhile in other parts like deeds deserv'd
Memorial, where the might of Gabriel fought,
And with fierce ensigns pierc'd the deep array
Of Moloch, furious king ; who him defied,
And at his chariot-wheels to drag him bound
Threaten'd, nor from the Holy-One of Heaven
Refrain'd his tongue blasphemous ; but anon,
Down cloven to the waist, with shatter'd arms
And uncouth painfled bellowing.

                        » On each wing,
Uriel, and Raphael, his vaunting foe,
Through huge, and in a rock of diamond arm'd,
Vanquish'd Adramelech and Asmadai,

» cotte de mailles. Abdiel n'oublia pas de fatiguer la troupe athée ; à
» coups redoublés il renversa Ariel, Arioc, et la violence de Ramiel,
» écorché et brûlé.

» Je pourrais parler de mille autres et éterniser leurs noms ici sur
» la terre ; mais ces anges élus, contents de leur renommée dans le ciel,
» ne cherchent pas l'approbation des hommes. Quant aux autres, bien
» qu'étonnants en puissance, en actions de guerre, et avides de renom-
» mée, comme ils sont par arrêt effacés du ciel et de la mémoire sacrée,
» laissons-les habiter sans nom le noir oubli. La force séparée de la
» vérité et de la justice, indigne de louange, ne mérite que reproche et
» ignominie : toutefois, vaine et arrogante, elle aspire à la gloire, et
» cherche à devenir fameuse par l'infamie : que l'éternel silence soit son
» partage !

» Et maintenant, leurs plus puissants chefs abattus, l'armée plia, par
» plusieurs charges enfoncée : la déroute informe et le honteux désordre
» y entrèrent ; le champ de bataille était semé d'armes brisées ; les
» chars et leurs conducteurs, les coursiers de flammes écumants, étaient
» renversés en monceaux. Ce qui reste debout recule et accablé de fa-
» tigue dans l'ost satanique exténué qui se défend à peine ; surpris par
» la pâle frayeur et par le sentiment de la douleur, ces anges fuient

Two potent Thrones, that to be less than gods
Disdain'd, but meaner thoughts learn'd in their flight,
Mangled with ghastly wounds through plate and mail.
Nor stood unmindful Abdiel to annoy
The atheist crew, but with redoubled blow
Ariel, and Arioch, and the violence
Of Ramiel scorch'd and blasted, overthrew.

» I might relate of thousands, and their names
Eternize here on earth ; but those elect
Angels, contended with their fame in Heaven,
Seek not the praise of men : the other sort,
In might though wondrous and in acts of war
Nor of renown less eager, yet by doom
Cancell'd from Heaven and sacred memory,
Nameless in dark oblivion let them dwell :
For strength from truth divided and from just,
Illaudable, naught merits but dispraise
And ignominy, yet to glory aspires
Vain-glorious, and through infamy seeks fame :
Therefore, eternal silence be their doom.

» And now, their mightiest quell'd, the battel swerv'd,
With many an inroad gor'd : deformed rout
Enter'd, and foul disorder ; all the ground
With shiver'd armour strown, and on a heap
Chariot and charioteer lay overturn'd,

» ignominieusement, amenés à ce mal par le péché de la désobéissance : jusqu'à cette heure, ils n'avaient été assujettis ni à la crainte, ni à la fuite, ni à la douleur.

» Il en était tout autrement des inviolables saints ; d'un pas assuré, en phalange carrée, ils avançaient entiers, invulnérables, impénétrablement armés : tel était l'immense avantage que leur donnait leur innocence sur leurs ennemis ; pour n'avoir pas péché, pour n'avoir pas désobéi, au combat ils demeuraient sans fatigue, inexposés à souffrir des blessures, bien que de leur rang par la violence écartés.

» La nuit à présent commençait sa course ; répandant dans le ciel l'obscurité, elle imposa le silence, et une agréable trêve à l'odieux fracas de la guerre : sous son abri nébuleux se retirèrent le vainqueur et le vaincu. Michel et ses anges, restés les maîtres, campent sur le champ de bataille, posent leurs sentinelles à l'entour, chérubins agitant des flammes. De l'autre part, Satan avec ses rebelles disparut, au loin retiré dans l'ombre. Privé de repos, il appelle de nuit ses potentats au conseil ; au milieu d'eux et non découragé, il leur parle ainsi :

« — O vous, à présent par le danger éprouvés, à présent connus dans

And fiery foaming steeds ; what stood, recoil'd
O'er-wearied, through the faint Satanic host,
Defensive scarce ; or with pale fear surpris'd,
Then first with fear surpris'd, and sense of pain,
Fled ignominious, to such evil brought
By sin of disobedience ; till that hour
Not liable to fear, or flight, or pain.

» Far otherwise the inviolable saints,
In cubic phalanx firm, advanc'd entire,
Invulnerable, impenetrably arm'd ;
Such high advantages their innocence
Gave them above their foes ; not to have sinn'd,
Not to have disobey'd ; in fight they stood
Unwearied, unobnoxious to be pain'd
By wound, though from their place by violence mov'd.

» Now night her course began, and, over Heaven
Inducing darkness, grateful truce impos'd,
And silence on the odious din of war :
Under her cloudy covert both retir'd,
Victor and vainquish'd. On the foughten field
Michael and his angels prevalent
Encamping, plac'd in guard their watches round,
Cherubic waving fires : on the other part,
Satan with his rebellious disappear'd,
Far in the dark dislodg'd ; and, void of rest,

» les armes pour ne pouvoir être dominés, chers compagnons, trouvés
» dignes non-seulement de la liberté (trop mince prétention), mais, ce qui
» nous touche davantage, dignes d'honneur, d'empire, de gloire et de re-
» nommée! vous avez soutenu pendant un jour dans un combat douteux
» (si pendant un jour, pourquoi pas pendant des jours éternels?) vous
» avez soutenu l'attaque de ce que le Seigneur du ciel, d'autour de son
» trône, avait à envoyer de plus puissant contre nous, ce qu'il avait jugé
» suffisant pour nous soumettre à sa volonté : il n'en est pas ainsi ar-
» rivé!... Donc, ce me semble, nous pouvons le regarder comme faillible
» lorsqu'il s'agit de l'avenir, bien que jusqu'ici on avait cru à son omni-
» science. Il est vrai, moins fortement armés, nous avons eu quelques
» désavantages, nous avons enduré quelques souffrances jusqu'alors in-
» connues; mais aussitôt qu'elles ont été connues, elles ont été mépri-
» sées, puisque nous savons maintenant que notre forme empyrée, ne
» pouvant recevoir d'atteinte mortelle, est impérissable; quoique percée
» de blessures, elle se referme bientôt, guérie par sa vigueur native. A
» un mal si léger regardez donc le remède comme facile. Peut-être des
» armes plus valides, des armes plus impétueuses, serviront dans la pro-
» chaine rencontre à améliorer notre position, à rendre pire celle de nos
» ennemis, ou à égaliser ce qui fait entre nous l'imparité, qui n'existe

His potentates to council call'd by night;
And in the midst thus undismay'd began:

« O now in danger tried, now known in arms
Not to be overpower'd, companions dear,
Found worthy not of liberty alone,
Too mean pretence! but what we more affect,
Honour, dominion, glory, and renown;
Who have sustain'd, one day in doubtful fight,
(And if one day, why not eternal days?)
Wath Heaven's Lord had powerfullest to send
Against us from about his throne, and judg'd
Sufficient to subdue us to his will,
But proves not so: then faillible, it seems,
Of future we may deem him, though till now
Omniscient thought. True is, less firmly arm'd,
Some disadvantage we endur'd, and pain
Till now not known, but, known, as soon contemn'd ;
Since now we find this our empyreal form
Incapable of mortal injury,
Imperishable, and, though pierc'd with wounds,
Soon closing, and by native vigour heal'd.
Of evil then so small, as easy think
The remedy; perhaps more valid arms,
Weapons more violent, when next we meet,
May serve to better us, and worse our foes,
Or equal what between us made the odds,

» pas dans la nature. Si quelque autre cause cachée les a laissés supé-
» rieurs, tant que nous conservons notre esprit entier et notre entende-
» ment sain, une délibération et une active recherche découvriront cette
» cause. » —

» Il s'assit, et dans l'assemblée se leva Nisroc, le chef des princi-
» pautés; il se leva comme un guerrier échappé d'un combat cruel :
» travaillé de blessures, ses armes fendues et hachées jusqu'à destruc-
» tion ; d'un air sombre il parla en répondant ainsi :

« — Libérateur, toi qui nous délivras des nouveaux maîtres, guide
» à la libre jouissance de nos droits comme dieux, il est dur cepen-
» dant pour des dieux, nous la trouvons trop inégale la tâche de
» combattre dans la douleur contre des armes inégales, contre des
» ennemis exempts de douleur et impassibles. De ce mal, notre ruine
» doit nécessairement advenir ; car que sert la valeur ou la force, quoique
» sans pareilles, lorsqu'on est dompté par la douleur qui subjugue tout
» et fait lâcher les mains aux plus puissants? Peut-être pourrions-nous
» retrancher de la vie le sentiment du plaisir et ne pas nous plaindre,
» mais vivre contents, ce qui est la vie la plus calme; mais la douleur
» est la parfaite misère, le pire des maux, et si elle est excessive, elle
» surmonte toute patience. Celui qui pourra donc inventer quelque chose

> In nature none : if other hidden cause
> Left them superiour, while we can preserve
> Unhurt our minds, and understanding sound,
> Due search and consultation will disclose. »
>
> » He sat ; and in th' assembly next upstood
> Nisroch, of principalities the prime;
> As one he stood escap'd from cruel fight,
> Sore toil'd, his riven arms to havock hewn,
> And, cloudy in aspect, thus answering spake:
>
> « Deliverer from new lords, leader to free
> Enjoyment of our right as gods ; yet hard
> For gods, and too unequal work we find,
> Against unequal arms to fight in pain,
> Against unpain'd impassive ; from which evil
> Ruin must needs ensue ; for what avails
> Valour or strength, though matchless, quell'd with pain
> Which all subdues, and makes remiss the hands
> Of mightiest? Sense of pleasure we may well
> Spare out of life perhaps, and not repine,
> But live content, which is the calmest life :
> But pain is perfect misery, the worst
> Of evils, and, excessive, overturns
> All patience. He who therefore can invent
> With what more forcible we may offend
> Our yet unwounded enemies, or arm

» de plus efficace, pour porter des blessures à nos ennemis encore invul-
» nérables, ou qui saura nous armer d'une défense pareille à la leur, ne
» méritera pas moins de moi que celui auquel nous devons notre déli-
» vrance. » —

» Satan, avec un visage composé, répliqua :

« — Ce secours, non encore inventé, que tu crois justement si essen-
» tiel à nos succès, je te l'apporte. Qui de nous contemple la brillante
» surface de ce terrain céleste sur lequel nous vivons, ce spacieux conti-
» nent du ciel, orné de plante, de fruit, de fleur d'ambroisie, de perles
» et d'or ; qui de nous regarde assez superficiellement ces choses pour ne
» pas comprendre d'où elles germent profondément sous la terre, maté-
» riaux noirs et crus d'une écume spiritueuse et ignée, jusqu'à ce que,
» touchées et pénétrées d'un rayon des cieux, elles poussent si belles et
» s'épanouissent à la lumière ambiante ?

» Ces semences, dans leur noire nativité, l'abîme nous les cédera,
» fécondées d'une flamme infernale. Foulées dans des machines creuses,
» longues et rondes, à l'autre ouverture dilatées et embrasées par le
» toucher du feu, avec le bruit du tonnerre, elles enverront de loin à
» notre ennemi de tels instruments de désastre, qu'ils abîmeront, met-
» tront en pièces tout ce qui s'élèvera à l'opposé ; nos adversaires crain-

Ourselves with like defence, to me deserves
No less than for deliverance what we owe. »

» Whereto, with look compos'd, Satan replied : —

« Not uninvented that, which thou aright
Believ'st so main to our success, I bring.
Which of us, who beholds the bright surface
Of this ethereous mould whereon we stand,
This continent of spacious Heaven, adorn'd
With plant, fruit, flower ambrosial, gems, and gold :
Whose eye so superficially surveys
These things, as not to mind from whence they grow
Deep under ground, materials dark and crude,
Of spiritous and fiery spume, till, touch'd
With Heaven's ray, and temper'd, they shoot forth
So beauteous, opening to the ambient light ?

» These in their black nativity the deep
Shall yield us, pregnant with infernal flame,
Which, into hollow engines, long and round,
Thick-ramm'd, at the other bore with touch of fire
Dilated and infuriate, shall sent forth
From far, with thundering noise, among our foes
Such implements of mischief, as shall dash
To pieces and o'erwhelm whatever stands
Adverse, that they shall fear we have disarm'd
The Thunderer of his only dreaded bolt.

» dront que nous n'ayons désarmé le Dieu tonnant de son seul trait
» redoutable. Notre travail ne sera pas long ; avant le lever du jour
» l'effet remplira notre attente. Cependant revivons ! Quittons la frayeur :
» à la force et à l'habileté réunies songeons que rien n'est difficile, en-
» core moins désespéré. » —

» Il dit : ses paroles firent briller leur visage abattu et ravivèrent leur
» languissante espérance. Tous admirent l'invention ; chacun s'étonne
» de n'avoir pas été l'inventeur ; tant paraît aisée, une fois trouvée, la
» chose qui non trouvée aurait été crue impossible ! Par hasard, dans
» les jours futurs (si la malice doit abonder), quelqu'un de ta race, ô
» Adam, appliqué à la perversité, ou inspiré par une machination dia-
» bolique, pourrait inventer un pareil instrument pour désoler les fils
» des hommes entraînés par le péché à la guerre et au meurtre.

» Les démons, sans délai, volent du conseil à l'ouvrage ; nul ne de-
» meura discourant ; d'innombrables mains sont prêtes ; en un moment
» ils retournent largement le sol céleste, et ils aperçoivent dessous les
» rudiments de la nature dans leur conception brute ; ils rencontrent des
» écumes sulfureuses et nitreuses, les marient, et par un art subtil les
» réduisent, adustes et cuites, en grains noirs, et les mettent en ré-
» serve.

Nor long shall be our labour; yet ere dawn
Effect shall end our wish. Meanwhile revive
Abandon fear; to strength and counsel join'd
Think nothing hard, much less to be despair'd. »

» He ended, and his words their drooping cheer
Enlighten'd, and their languish'd hope reviv'd:
Th' invention all admir'd, and each, how he
To be th' inventor miss'd; so easy it seem'd
Once found, which yet unfound most would have thought
Impossible: yet, haply, of thy race
In future days, if malice should abound,
Some one, intent on mischief, or inspir'd
With devilish machination, might devise
Like instrument to plague the sons of men
For sin, on war and mutual slaughter bent.

» Forthwith from council to the work they flew:
None arguing stood: innumerable hands
Were ready; in a moment up they turn'd
Wide the celestial soil, and saw beneath
The originals of nature in their crude
Conception; sulphurous and nitrous foam
They found, they mingled, and, with subtle art,
Concocted and adjusted they reduc'd
To blackest grain, and into store convey'd.

» Part hidden veins digg'd up (nor hath this earth

» Les uns fouillent les veines cachées des métaux et des pierres (cette
» terre a des entrailles assez semblables) pour y trouver leurs machines
» et leurs balles, messagères de ruine ; les autres se pourvoient de ro-
» seaux allumés, pernicieux par le seul toucher du feu. Ainsi avant le
» point du jour ils finirent tout en secret, la nuit le sachant, et se ran-
» gèrent en ordre avec une silencieuse circonspection, sans être aperçus.
» Dès que le bel et matinal orient apparut dans le ciel, les anges
» victorieux se levèrent, et la trompette du matin chanta : Aux armes!
» Ils prirent leurs rangs en panoplie d'or ; troupe resplendissante, bientôt
» réunie. Quelques-uns du haut des collines de l'aurore, regardent à
» l'entour ; et des éclaireurs légèrement armés rôdent de tous côtés dans
» chaque quartier, pour découvrir le distant ennemi, pour savoir dans
» quel lieu il a campé ou fui, si pour combattre il est en mouvement,
» ou fait halte. Bientôt ils le rencontrèrent bannières déployées, s'ap-
» prochant en bataillon lent, mais serré. En arrière, d'une vitesse
» extrême, Zophiel, des chérubins l'aile la plus rapide, vient volant et
» crie du milieu des airs :
« — Aux armes, guerriers, aux armes pour le combat ! l'ennemi est
» près ; ceux que nous croyions en fuite nous épargneront, ce jour, une
» longue poursuite : ne craignez pas qu'ils fuient ; ils viennent aussi

Entrails unlike) of mineral and stone,
Whereof to found their engines and their balls
Of missive ruin ; part incentive reed
Provide, pernicious with one touch to fire.
So all, ere day-spring, under conscious night,
Secret they finish'd, and in order set,
With silent circumspection, unespied.

» Now when fair morn orient in Heaven appear'd,
Up rose the victor-angels, and to arms
The matin trumpet sung : in arms they stood
Of golden panoply, refulgent host,
Soon banded ; others from the dawning hills
Look'd round, and scouts each coast light-armed scour,
Each quarter ; to descry the distant foe,
Where lodg'd, or whither fled ; or if for fight,
In motion or in halt : him soon the met
Under spread ensigns moving nigh, in slow
But firm battalion. Back with speediest sail,
Zophiel, of cherubim the swiftest wing,
Came flying, and in mid air aloud thus cried : —

« Arm, warriours, arm for fight ; the foe at hand,
Whom fled we thought, will save us long pursuit
This day ; fear not his flight ; so thick a cloud
He comes, and settled in his face I see
Sad resolution, and secure. Let each

» épais qu'une nuée, et je vois fixée sur leur visage la morne résolution
» et la confiance. Que chacun endosse bien sa cuirasse de diamant, que
» chacun enfonce bien son casque, que chacun embrasse fortement son
» large bouclier, baissé ou levé; car ce jour, si j'en crois mes conjectures,
» ne répandra pas une bruine, mais un orage retentissant de flèches
» barbelées de feu. » —

» Ainsi Zophiel avertissait ceux qui d'eux-mêmes étaient sur leurs
» gardes. En ordre, libres de toutes entraves, s'empressant sans trouble,
» ils vont au cri d'alarme, et s'avancent en bataille. Quand voici venir à
» peu de distance, à pas pesants, l'ennemi s'approchant épais et vaste,
» traînant dans un carré creux ses machines diaboliques enfermées de
» tous côtés par des escadrons profonds qui voilaient la fraude. Les deux
» armées s'apercevant, s'arrêtent quelque temps; mais soudain Satan pa-
» rut à la tête de la sienne, et fut entendu commandant ainsi à haute voix :

« — Avant-garde! à droite et à gauche, déployez votre front, afin que
» tous ceux qui nous haïssent puissent voir combien nous cherchons la
» paix et la conciliation, combien nous sommes prêts à les recevoir à
» cœur ouvert, s'ils accueillent nos ouvertures, et s'ils ne nous tournent
» pas le dos méchamment; mais je le crains. Cependant témoin le ciel!
» ô ciel, sois témoin à cette heure, que nous déchargeons franchement

His adamantine coat gird well, and each
Fit well his helm, gripe fast his orbed shield,
Borne even or high; for this day will pour down,
If I conjecture aught, no drizzling shower,
But rattling storm of arrows barb'd with fire. »

» So warn'd he them, aware themselves, and soon
In order, quit of all impediment,
Instant without disturb they took alarm,
And onward mov'd embattled; when, behold !
Not distant far, with heavy pace the foe
Approaching gross and huge; in hollow cube
Training his devilish enginery, impal'd
On every side with shadowing squadrons deep,
To hide the fraud. At interview both stood
Awhile; but suddenly at head appear'd
Satan, and thus was heard commanding loud: —

« Vanguard, to right and left the front unfold;
That all may see, who hate us, how we seek
Peace and composure, and with open breast
Stand ready to receive them, if they like
Our overture, and turn not back perverse:
But that I doubt; however, witness Heaven !
Heaven, witness thou anon while we discharge
Freely our part: ye, who appointed stand,
Do as you have in charge, and briefly touch

» notre cœur! Vous qui, désignés, vous tenez debout, acquittez-vous de
» votre charge; touchez brièvement ce que nous proposons, et haut,
» que tous puissent entendre. » —

» Ainsi se raillant en termes ambigus, à peine a-t-il fini de parler,
« qu'à droite et à gauche le front se divise, et sur l'un et l'autre flanc se
» retire : à nos yeux se découvre, chose nouvelle et étrange ! un triple
» rang de colonnes de bronze, de fer, de pierre, posées sur des roues,
» car elles auraient ressemblé beaucoup à des colonnes ou à des corps
» creux faits de chêne ou de sapin émondé dans le bois, ou abattu sur
» la montagne, si le hideux orifice de leur bouche n'eût bâillé largement
» devant nous, pronostiquant une fausse trêve. Derrière chaque pièce
» se tenait un séraphin; dans sa main se balançait un roseau allumé,
» tandis que nous demeurions en suspens, réunis et préoccupés dans
» nos pensées.

» Ce ne fut pas long : car soudain tous à la fois les séraphins étendent
» leurs roseaux, et les appliquent à une ouverture étroite qu'ils touchent
» légèrement. A l'instant tout le ciel apparut en flamme, mais aussitôt
» obscurci par la fumée, flamme vomie de ces machines à la gorge pro-
» fonde, dont le rugissement effondrait l'air avec un bruit furieux, et
» déchirait toutes ses entrailles, dégorgeant leur surabondance infer-

What we propound, and loud that all may hear. »
 » So scoffing in ambiguous words, he scarce
Had ended, when to right and left the front
Divided, and to either flank retir'd :
Which to our eyes discover'd, new and strange,
A triple mounted row of pillars laid
On wheels; (for like to pillars most they seem'd,
Or hollow'd bodies made of oak or fir,
With branches lopt, in wood or mountain fell'd)
Brass, iron, stony mould, had not their mouths
With hideous orifice gap'd on us wide,
Portending hollow truce : at each behind
A seraph stood, and in his hand a reed
Stood waving tipt with fire; while we, suspense,
Collected stood, within our thoughts amus'd,
Not long ; for sudden all at once their reeds
Put forth and to a narrow vent applied
With nicest touch. Immediate in a flame,
But soon obscur'd with smoke, all Heaven appear'd,
From those deep-throated engines belch'd, whose roar
Embowel'd with outrageous noise the air,
And all her entrails tore, disgorging foul
Their devilish glut, chain'd thunderbolts and hail
Of iron globes; which, on the victor host
Levell'd, with such impetuous fury smote,
That, whom they hit, none on their feet might stand,

» nale, des tonnerres ramés, des grêles de globes de fer. Dirigés contre
» l'ost victorieux, ils frappent avec une furie tellement impétueuse, que
» ceux qu'ils touchent ne peuvent rester debout, bien qu'autrement ils
» seraient restés fermes comme des rochers. Ils tombent par milliers,
» l'ange roulé sur l'archange, et plus vite encore à cause de leurs
» armes : désarmés ils auraient pu aisément, comme esprits, s'échapper
» rapide par une prompte contraction ou par un déplacement; mais
» alors il s'ensuivit une honteuse dispersion, et une déroute forcée. Il ne
» leur servit de rien de relâcher leurs files serrées : que pouvaient-ils
» faire? Se précipiteraient-ils en avant? Une répulsion nouvelle, une
» indécente chute répétée les feraient mépriser davantage et les ren-
» draient la risée de leurs ennemis; car on apercevait rangée une autre
» ligne de séraphins, en posture de faire éclater leur second tir de
» foudre : reculer battus, c'est ce qu'abhorraient le plus les anges
» fidèles. Satan vit leur détresse, et s'adressant en dérision à ses compa-
» gnons :

« — Amis, pourquoi ces superbes vainqueurs ne marchent-ils pas en
» avant? Tout à l'heure ils s'avançaient fiers, et quand, pour les bien
» recevoir avec un front et un cœur ouverts (que pouvons-nous faire de
» plus?), nous leur proposons des termes d'accommodement, soudain ils

    Though standing else as rocks, but down they fell
By thousands, angel on archangel roll'd ;
The sooner for their arms : unarm'd, they might
Have easily, as spirits, evaded swift
By quick contraction or remove; but now
Foul dissipation follow'd, and forc'd rout ;
Nor serv'd it to relax their serried files,
What should they do ? if on they rush'd, repulse
Repeated, and indecent overthrow
Doubled, would render them yet more despis'd,
And to their foes a laughter; for in view
Stood rank'd of seraphim another row,
In posture to displode their second tire
Of thunder : beack defeated to return
They worse abhorr'd. Satan beheld their plight,
And to his mates thus in derision call'd : —

    « O friends, why come not on these victors proud?
Erewhile they fierce were coming ; and when we,
To entertain them fair with open front
And breast, (what could we more ?) propounded terms
Of composition, straight they chang'd their minds,
Flew off, and into strange vagaries fell,
As they would dance ; yet for a dance they seem'd
Somewhat extravagant and wild, perhaps
For joy of offer'd peace : but I suppose,
If our proposals once again were heard,

» changent d'idée, ils fuient, et tombent dans d'étranges folies, comme
» s'ils voulaient danser! Toutefois pour une danse ils semblent un peu
» extravagants et sauvages; peut-être est-ce de joie de la paix offerte.
» Mais je suppose que si une fois de plus nos propositions étaient enten-
» dues, nous les pourrions contraindre à une prompte résolution. » —
» Bélial sur le même ton de plaisanterie :

« — Général, les termes d'accommodement que nous leur avons en-
» voyés sont des termes de points, d'un contenu solide, et pleins d'une
» force qui porte coup. Ils sont tels, comme nous pouvons le voir, que
» tous en ont été amusés et plusieurs étourdis; celui qui les reçoit en
» face est dans la nécessité, de la tête aux pieds, de les bien comprendre;
» s'ils ne sont pas compris, ils ont du moins l'avantage de nous faire con-
» naître quand nos ennemis ne marchent pas droit. » —

» Ainsi dans une veine de gaieté, ils bouffonnaient entre eux, élevés
» dans leurs pensées au-dessus de toute incertitude de victoire; ils pré-
» sumaient si facile d'égaler par leurs inventions l'éternel Pouvoir, qu'ils
» méprisaient son tonnerre, et qu'ils riaient de son armée tandis qu'elle
» resta dans le trouble. Elle n'y resta pas longtemps : la rage inspira
» enfin les légions fidèles, et leur trouva des armes à opposer à cet in-
» fernal malheur.

We should compel them to a quick result. »

» To whom thus Belial, in like gamesome mood : —

« Leader, the terms we sent were terms of weight,
Of hard contents, and full of force urg'd home;
Such as we might perceive amus'd them all,
And stumbled many: who receives them right,
Had need from head to foot well understand;
Not understood, this gift they have besides,
They shew us when our foes walk not upright. »

» So they among themselves in pleasant vein
Stood scoffing, heighten'd in their thoughts beyond
All doubt of victory; Eternal Might
To match with their inventions they presum'd
So easy, and of his thunder made a scorn,
And all his host derided, while they stood
Awhile in trouble : but they stood not long ;
Rage prompted them at length, and found them arms
Against such hellish mischief fit oppose.

» Forthwith (behold the excellence, the power,
Which God hath in his mighty angels plac'd!)
Their arms away they threw, and to the hills,
(For earth hath this variety from Heaven
Of pleasure situate in hill and dale)
Light as the lightning glimpse, they ran, they flew;

» Aussitôt (admire l'excellence et la force que Dieu a mises dans ses
» anges puissants!) ils jettent au loin leurs armes; légers comme le
» sillon de l'éclair, ils courent, ils volent aux collines (car la terre tient
» du ciel cette variété agréable de colline et de vallée) ; ils les ébranlent
» en les secouant çà et là dans leurs fondements, arrachent les montagnes
» avec tout leur poids, rochers, fleuves, forêts, et les enlevant par leurs
» têtes chevelues, les portent dans leurs mains. L'étonnement et, sois-en
» sûr, la terreur, saisirent les rebelles quand venant si redoutables vers
» eux, ils virent le fond des montagnes tourné en haut, jusqu'à ce que
» lancées sur le triple rang des machines maudites, ces machines et
» toute la confiance des ennemis furent profondément ensevelies sous le
» faix de ces monts. Les ennemis eux-mêmes furent envahis après; au-
» dessus de leurs têtes volaient de grands promontoires qui venaient
» dans l'air répandant l'ombre, et accablaient des légions entières
» armées. Leurs armures accroissaient leur souffrance : leur substance,
» enfermée dedans, était écrasée et broyée, ce qui les travaillait d'im-
» placables tourments et leur arrachait des gémissements douloureux.
» Longtemps ils luttèrent sous cette masse avant de pouvoir s'évaporer
» d'une telle prison, quoique esprits de la plus pure lumière; la plus
» pure naguère, maintenant devenue grossière par le péché.

   From their foundations loosening to and fro,
   They pluck'd the seated hills, with all their load,
   Rocks, waters, woods, and by the shaggy tops
   Uplifting, bore them in their hands. Amaze,
   Be sure, and terrour, seiz'd the rebel host,
   When coming towards them so dread they saw
   The bottom of the mountains upward turn'd ;
   Till on those cursed engines, triple row
   They saw them whelm'd, and all their confidence
   Under the weight of mountains buried deep;
   Themselves invaded next, and on their heads
   Main promontories flung, which in the air
   Came shadowing, and oppress'd whole legions arm'd.
   Their armour help'd their harm, crush'd in and bruis'd
   Into their substance pent, which wrought them pain
   Implacable, and many a dolorous groan;
   Long struggling underneath, ere they could wind
   Out of such prison, though spirits of purest light,
   Purest a first, now gross by sinning grown.

    » The rest, in imitation, to like arms
   Betook them, and the neighbouring hills uptore:
   So hills amid the air encounter'd hills,
   Hurl'd to and fro with jaculation dire ;
   That under ground they fought in dismal shade;
   Infernal noise! war seem'd a civil game
   To this uproar : horrid confusion heap'd

» Le reste de leurs compagnons, nous imitant, saisit de pareilles
» armes, et arracha les coteaux voisins : ainsi les monts rencontrent
» dans l'air les monts lancés de part et d'autre avec une projection fu-
» neste, de sorte que sous la terre on combat dans une ombre effrayante ;
» bruit infernal ! la guerre ressemble à des jeux publics, auprès de cette
» rumeur. Une horrible confusion entassée sur la confusion s'éleva, et
» alors tout le ciel serait allé en débris et se serait couvert de ruines, si
» le Père tout-puissant, qui siége enfermé dans son inviolable sanctuaire
» des cieux, pesant l'ensemble des choses, n'avait prévu ce tumulte et
» n'avait tout permis pour accomplir son grand dessein : honorer son
» Fils consacré, vengé de ses ennemis, et déclarer que tout pouvoir lui
» était transféré. A ce Fils, assesseur de son trône, il adresse ainsi la pa-
» role :

« — Splendeur de ma gloire, Fils bien-aimé, Fils sur le visage duquel
» est vu visiblement ce que je suis invisible dans ma divinité, toi dont la
» main exécute ce que je fais par décret, seconde omnipotence! deux
» jours sont déjà passés (deux jours tels que nous comptons les jours du
» ciel) depuis que Michel est parti avec ses puissances pour dompter
» ces désobéissants. Le combat a été violent, comme il était très-pro-
» bable qu'il le serait, quand deux pareils ennemis se rencontrent en

  Upon confusion rose: and now all Heaven
Had gone to wrack, with ruin overspread;
Had not th' Almighty Father, where he sits
Shrin'd in his sanctuary of Heaven secure,
Consulting on the sum of things, foreseen
This tumult, and permitted all, advis'd :
That his great purpose he might so fulfil,
To honour his anointed Son aveng'd
Upon his enemies; and to declare
All power on him transferr'd: whence to his Son,
Th' assessour of his throne, he thus began:

  « Effulgence of my glory, Son belov'd ;
Son, in whose face invisible is beheld
Visibly, what by Deity I am ;
And in whose hand what by decree I do,
Second Omnipotence! two days are past,
Two days, as we compute the days of Heaven,
Since Michael and his powers went forth to tame
These disobedient : sore hath been their fight,
As likeliest was, when two such foes met arm'd :
For to themselves I left them ; and thou know'st,
Equal in their creation they were form'd,
Save what sin hat impair'd ; which yet hath wrought
Insensibly, for I suspend their doom :
Whence in perpetual fight they needs must last
Endless, and no solution will be found.

» armes : car je les ai laissés à eux-mêmes, et tu sais qu'à leur création
» je les fis égaux, et que le péché seul les a dépareillés, lequel encore a
» opéré insensiblement, car je suspends leur arrêt : dans un perpétuel
» combat il leur faudrait donc nécessairement demeurer sans fin, et aucune solution ne serait trouvée.

» La guerre lassée a accompli ce que la guerre peut faire, et elle a
» lâché les rênes à une fureur désordonnée, se servant de montagnes
» pour armes; œuvre étrange dans le ciel et dangereuse à toute la nature. Deux jours se sont donc écoulés ; le troisième est tien : à toi je
» l'ai destiné, et j'ai pris patience jusqu'ici afin que la gloire de terminer
» cette grande guerre t'appartienne, puisque nul autre que toi ne la
» peut finir. En toi j'ai transfusé une vertu, une grâce si immense, que
» tous, au ciel et dans l'enfer, puissent connaître ta force incomparable :
» cette commotion perverse ainsi apaisée, manifestera que tu es le plus
» digne d'être héritier de toutes choses, d'être héritier et d'être roi par
» l'onction sainte, ton droit mérité. Va donc, toi, le plus puissant dans
» la puissance de ton Père; monte sur mon chariot, guide les roues rapides qui ébranlent les bases du ciel; emporte toute ma guerre, mon
» arc et mon tonnerre; revêts mes toutes-puissantes armes, et suspends
» mon épée à ta forte cuisse. Poursuis ces fils des ténèbres, chasse-les de

War wearied hath perform'd what war can do,
And to disorder'd rage let loose the reins,
With mountains, as with weapons, arm'd; which makes
Wild work in Heaven, and dangerous to the main.
Two days are therefore past, the third is thine:
For thee I have ordain'd it; and thus far
Have suffer'd, that the glory may be thine
Of ending this great war, since none but thou
Can end it. Into thee such virtue and such grace
Immense I have transfus'd, that all may know
In Heaven and Hell thy power above compare;
And, this perverse commotion govern'd thus,
To manifest thee worthiest to be heir
Of all things ; to be heir, and to be king
By sacred unction, thy deserved right.
Go then, thou Mightiest, in thy Father's might;
Ascend my chariot, guide the rapide wheels
That shake Heaven's basis, bring forth all my war,
My bow and thunder; my almighty arms
Gird on, and sword upon thy puissant thigh;
Pursue these sons of darkness; drive them out
From all Heaven's bounds into the utter deep:
There let them learn, as likes them, to despise
God, and Messiah his anointed king. »

» He said, and on his Son with rays direct
Shone full: he all his Father full express'd

» toutes les limites du ciel dans l'abîme extérieur. Là, qu'ils apprennent,
» puisque cela leur plaît, à mépriser Dieu, et le Messie son roi consa-
» cré. » —
» Il dit, et sur son Fils ses rayons directs brillent en plein ; lui reçu
» ineffablement sur son visage tout son Père pleinement exprimé, et la
» Divinité filiale répondit ainsi :
« O Père! ô Souverain des Trônes célestes! le Premier, le Très-Haut,
» le Très-Saint, le Meilleur ! tu as toujours cherché à glorifier ton Fils;
» moi toujours à te glorifier, comme il est très-juste. Ceci est ma gloire,
» mon élévation, et toute ma félicité, que, te complaisant en moi, tu
» déclares ta volonté accomplie : l'accomplir est tout mon bonheur. Le
» sceptre et le pouvoir, ton présent, je les accepte, et avec plus de joie
» je te les rendrai, lorsqu'à la fin des temps tu seras tout en tout, et
» moi en toi pour toujours, et en moi tous ceux que tu aimes.
» Mais celui que tu hais, je le hais et je puis me revêtir de tes [ter-
» reurs, comme je me revêts de tes miséricordes, image de toi en toutes
» choses. Armé de ta puissance, j'affranchirai bientôt le ciel de ces re-
» belles, précipités dans leur mauvaise demeure préparée ; ils seront
» livrés à des chaînes de ténèbres et au ver qui ne meurt point, ces
» méchants qui ont pu se révolter contre l'obéissance qui t'est due, toi

Ineffably into his face receiv'd;
And thus the Filial Godhead answering spake:

« O Father, o Supreme of heavenly Thrones,
First, Highest, Holiest, Best; thou always seek'st
To glorify thy Son; I always thee,
As is most just: this I my glory account,
My exaltation, and my whole delight,
That thou, in me well pleas'd, declar'st thy will
Fulfill'd, which to fulfil is all my bliss,
Sceptre and power, thy giving, I assume;
And gladlier shall resign, when in the end
Thou shalt be all in all, and I in thee
For ever; and in me all whom thou lov'st:
But whom thou hat'st, I hate; and can put on
Thy terrours, as I put thy mildness on,
Image of thee in all things; and shall soon,
Arm'd with thy might, rid Heaven of these rebell'd,
To their prepar'd ill mansion driven down,
To chains of darkness, and th' undying worm;
That from thy obedience could revolt,
Whom to obey is happiness entire.
Then shall thy saints unmix'd, and from th' impure
Far separate, circling thy holy mount,
Unfeigned hallelujahs to thee sing,
Hymns of high praise, and I among them chief. »

» à qui obéir est la félicité suprême! alors ces saints, sans mélange, et
» séparés loin des impurs, entoureront ta montagne sacrée, te chante-
» ront des *alleluia* sincères, des hymnes de haute louange, et avec eux,
» moi leur chef. » —

» Il dit : s'inclinant sur son sceptre, il se leva de la droite de gloire
» où il siége : et le troisième matin sacré perçant à travers le ciel, com-
» mençait à briller. Soudain s'élance, avec le bruit d'un tourbillon, le
» chariot de la Divinité paternelle, jetant d'épaisses flammes, roues dans
» les roues, char non tiré moins animé d'un esprit, et escorté de quatre
» formes de chérubins. Ces figures ont chacune quatre faces surpre-
» nantes; tout leur corps et leurs ailes sont semés d'yeux semblables à
» des étoiles; les roues de béril ont aussi des yeux, et dans leur course
» le feu en sort de tous côtés. Sur leurs têtes est un firmament de cristal
» où s'élève un trône de saphir marqueté d'ambre pur et des couleurs
» de l'arc pluvieux.

» Tout armé de la panoplie céleste du radieux Urim, ouvrage divinement
» travaillé, le Fils monte sur ce char. A sa main droite est assise la Vic-
» toire aux ailes d'aigle; à son côté pendent son arc et son carquois rem-
» pli de trois carreaux de foudre; et autour de lui roulent des flots
» furieux de fumée, de flammes belliqueuses et d'étincelles terribles.

» So said, he, o'er his sceptre bowing, rose
From the right hand of glory where he sat;
And the third sacred morn began to shine,
Dawning through Heaven. Forth rush'd with whirlwind sound
The chariot of paternal Deity,
Flashing thick flames, wheel within wheel undrawn,
Itself instinct with spirit, but convoy'd
By four cherubic shapes; four faces each
Had wondrous; as with stars, their bodies all
And wings were set with eyes; with eyes the wheel
Of beryl, and careering fires between:
Over their heads a crystal firmament,
Whereon a sapphire throne, inlaid with pure
Amber, and colours of the showery arch.

» He, in celestial panoply all arm'd
Of radiant Urim, work divinely wrought,
Ascended; at his right hand Victory
Sat eagle-wing'd: beside him hung his bow
And quiver with three-bolted thunder stor'd;
And from about him fierce effusion roll'd
Of smoke, and bickering flame, and sparkles dire.

» Attended with ten thousand thousand saints,
He onward came; far off his coming shone:
And twenty thousand (I their number heard)
Chariots of God, half on each hand, were seen:

» Accompagné de dix mille mille saints il s'avance : sa venue brille au loin, et vingt mille chariots de Dieu (j'en ai ouï compter le nombre) sont vus à l'un et à l'autre de ses côtés. Lui, sur les ailes des chérubins est porté sublime dans le ciel de cristal, sur un trône de saphir éclatant au loin. Mais les siens l'aperçurent les premiers ; une joie inattendue les surprit quand flamboya, porté par des anges, le grand étendard du Messie, son signe dans le ciel. Sous cet étendard Michel réunit aussitôt ses bataillons, répandus sur les deux ailes, et sous leur chef ils ne forment plus qu'un seul corps.

» Devant le Fils la puissance divine préparait son chemin : à son ordre les montagnes déracinées se retirèrent chacune à leur place ; elles entendirent sa voix, s'en allèrent obéissantes ; le ciel renouvelé reprit sa face accoutumée, et avec des fraîches fleurs la colline et le vallon sourirent.

» Ils virent cela les malheureux ennemis; mais ils demeurèrent endurcis, et pour un combat rallièrent leurs puissances : insensés ! concevant l'espérance du désespoir ! Tant de perversité peut-elle habiter dans des esprits célestes ? Mais pour convaincre l'orgueilleux à quoi servent les prodiges, ou quelles merveilles peuvent porter l'opiniâtre à céder ? Ils s'obstineront davantage par ce qui devait le

> He on the wings of cherub robe sublime
> On the crystalline sky, in sapphire thron'd,
> Illustrious far and wide; but by his own
> First seen : them unexpected joy surpris'd,
> When the great ensign of Messiah blaz'd
> Aloft by angels borne, his sign in Heaven ;
> Under whose conduct Michael soon reduc'd
> His army, circumfus'd on either wing,
> Under their Head imbodied all in one.
>
> » Before him Power Divine his way prepar'd ;
> At his command th' uprooted hills retir'd
> Each to his place ; they heard his voice, and went
> Obsequious: Heaven his wonted face renew'd,
> And with fresh flowerets hill and valley smil'd.
>
> « This saw his hapless foes; but stood obdur'd,
> And to rebellious fight rallied their powers,
> Insensate, hope conceiving from despair.
> In heavenly spirits could such perverseness dwell?
> But to convince the proud what signs avail,
> Or wonders move th' obdurate to relent?
> They, harden'd more by what might most reclaim,
> Grieving to see his glory, at the sight
> Took envy; and, aspiring to his highth,
> Stood re--embattled fierce, by force or fraud
> Weening to prosper, and at length prevail

» plus les ramener : désolés de la gloire du Fils, à cette vue l'envie les
» saisit; aspirant à sa hauteur, ils se remirent fièrement en bataille,
» résolus par force ou par fraude de réussir et de prévaloir à la fin
» contre Dieu et son Messie, ou de tomber dans une dernière et univer-
» selle ruine : maintenant ils se préparent au combat décisif, dédaignant
» la fuite ou une lâche retraite, quand le grand Fils de Dieu à toute son
» armée, rangée à sa droite et à sa gauche, parla ainsi :
« — Restez toujours tranquilles dans cet ordre brillant, vous, saints ;
» restez ici, vous, anges armés; ce jour reposez-vous de la bataille.
» Fidèle a été votre vie guerrière, et elle est acceptée de Dieu ; sans
» crainte dans sa cause juste, ce que vous avez reçu vous avez employé
» invinciblement. Mais le châtiment de cette bande maudite appartient
» à un autre bras : la vengeance est à lui, ou à celui qu'il en a seul
» chargé. Ni le nombre ni la multitude ne sont appelés à l'œuvre de ce
» jour; demeurez seulement et contemplez l'indignation de Dieu, versée
» par moi sur ces impies. Ce n'est pas vous, c'est moi qu'ils ont mé-
» prisé, moi qu'ils ont envié ; contre moi est toute leur rage, parce que
» le Père, à qui, dans le royaume suprême du ciel, la puissance et la
» gloire appartiennent, m'a honoré selon sa volonté. C'est donc pour
» cela qu'il m'a chargé de leur jugement, afin qu'ils aient ce qu'ils

> Against God and Messiah, or to fall
> In universal ruin last; and now
> To final battle drew, disdaining flight,
> Or faint retreat; when the great Son of God
> To all his host on either hand thus spake :
>
> « Stand still in bright array, ye saints; here stand,
> Ye angels arm'd; this day from battle rest :
> Faithful hath been your warfare, and of God
> Accepted, fearless in his righteous cause;
> And as ye receiv'd, so have ye done,
> Invincibly : but of this cursed crew
> The punishment to other hand belongs;
> Vengeance is his, or whose he sole appoints:
> Number to this day's work is not ordain'd,
> Nor multitude ; stand only, and behold
> God's indignation on these godless pour'd
> By me ; not you, but me, they have despis'd,
> Yet envied ; against me is all their rage,
> Because the Father, to whom in Heaven supreme
> Kingdom, and power, and glory appertains,
> Hath honour'd me according to his will.
> Therefore to me their doom he hath assign'd;
> That they may have their wish, to try with me
> In battle which the stronger proves; they all,
> Or I alone against them; since by strength
> They measure all, of other excellence

» souhaitent, l'occasion d'essayer avec moi, dans le combat, qui est le
» plus fort, d'eux tous contre moi, ou de moi seul contre eux. Puisqu'ils
» mesurent tout par la force, qu'ils ne sont jaloux d'aucune autre supé-
» riorité, que peu leur importe qui les surpasse autrement, je consens
» à n'avoir pas avec eux d'autre dispute. » —
» Ainsi parla le Fils, et en terreur changea sa contenance, trop sévère
» pour être regardée; rempli de colère, il marche à ses ennemis. Les
» quatre figures déploient à la fois leurs ailes étoilées avec une ombre
» formidable et continue; et les orbes de son char de feu roulèrent avec
» le fracas du torrent des grandes eaux, ou d'une nombreuse armée.
» Lui sur ses impies adversaires fond droit en avant, sombre comme la
» nuit. Sous ses roues brûlantes l'immobile empyrée trembla dans tout
» son entier; tout excepté le trône même de Dieu. Bientôt il arrive au
» milieu d'eux; dans sa main droite tenant dix mille tonnerres, il les
» envoie devant lui tels qu'ils percent de plaies les âmes des rebelles.
» Étonnés, ils cessent toute résistance, ils perdent tout courage : leurs
» armes inutiles tombent. Sur les boucliers et les casques, et les têtes
» des Trônes et des puissants séraphins prosternés, le Messie passe; ils
» souhaitent alors que les montagnes soient encore jetées sur eux comme
» un abri contre sa colère! Non moins tempestueuses, des deux côtés

Not emulous, nor care who them excells;
Nor other strife with them do I vouchsafe. »

» So spake the Son; and into terrour chang'd
His countenance, too severe to be beheld,
And full of wrath bent on his enemies.
At once the four spread out their starry wings
With dreadful shades contiguous, and the orbs
Of his fierce chariot roll'd, as with the sound
Of torrent floods, or of a numerous host.
He on his impious foes right onward drove,
Gloomy as night; under his burning wheels
The stedfast empyrean shook throughout.
All but the throne itself of God. Full soon
Among them he arriv'd; in his right hand
Grasping ten thousand thunders, which he sent
Before him, such as in their souls infix'd
Plagues: they, astonish'd, all resistance lost,
All courage; down their idle weapons dropt:
O'er shields, and helms, and helmed heads he rode
Of Thrones and mighty seraphim prostrate,
That wish'd the mountains now might be again
Thrown on them, as a shelter from his ire.
Nor less on either side tempestuous fell
His arrows, from the fourfold-visag'd four,
Distinct with eyes, and from the living wheels
Distinct alike with multitude of eyes;

» ses flèches partent des quatre figures à quatre visages semés d'yeux,
» et sont jetées par les roues vivantes également semées d'une multitude
» d'yeux. Un esprit gouvernait ces roues ; chaque œil lançait des éclairs,
» et dardait parmi les maudits une pernicieuse flamme qui flétrissait
» toute leur force, desséchait leur vigueur accoutumée, et les laissait
» épuisés, découragés, désolés, tombés. Encore le Fils de Dieu n'em-
» ploya-t-il pas la moitié de sa force, mais retint à moitié son tonnerre ;
» car son dessein n'était pas de les détruire, mais de les déraciner du
» ciel. Il releva ceux qui étaient abattus, et comme une horde de boucs,
» ou un troupeau timide pressé ensemble, il les chasse devant lui fou-
» droyés, poursuivis par les Terreurs et les Furies, jusqu'aux limites et
» à la muraille de cristal du ciel. Le ciel s'ouvre, se roule en dedans, et
« laisse à découvert, par une brèche spacieuse, l'abîme dévasté. Cette
» vue monstrueuse les frappe d'horreur ; ils reculent, mais une horreur
» bien plus grande les repousse : tête baissée, ils se jettent eux-mêmes
» en bas du bord du ciel : la colère éternelle brûle après eux dans le
» gouffre sans fond.

» L'enfer entendit le bruit épouvantable ; l'enfer vit le ciel croulant
». du ciel ; il aurait fui effrayé ; mais l'inflexible destin avait jeté trop
» profondément ses bases ténébreuses, et l'avait trop fortement lié.

   One spirit in them rul'd ; and every eye
Glar'd lightning, and shot forth pernicious fire
Among th' accurs'd, that wither'd all their strength,
And of their wonted vigour left them drain'd,
Exhausted, spiritless, afflicted, fall'n.
Yet half his strength he put not forth, but check'd
His thunder in mid volley, for he meant
Not to destroy, but root them out of Heaven :
The overthrown he rais'd ; and as a herd
Of goats or timorous flock together throng'd,
Drove them before him thunder-struck, pursued
With Terrours and with Furies to the bounds
And crystal wall of Heaven ; which, opening wide,
Roll'd inward, and a spacious gap disclos'd
Into the wasteful deep : the monstrous sight
Struck them with horrour backward, but far worse
Urg'd them behind : headlong themselves they threw
Down from the verge of Heaven : eternal wrath
Burnt after them to the bottomless pit.

  » Hell heard th' unsufferable noise ; Hell saw
Heaven ruining from Heaven, and would have fled
Affrighted ; but strict fate had cast too deep
Her dark foundations, and too fast had bound.

  » Nine days they fell : confounded Chaos roar'd,
And felt tenfold confusion in their fall

» Neuf jours ils tombèrent; le chaos confondu rugit, et sentit une
» décuple confusion dans leur chute à travers sa féroce anarchie; tant
» cette énorme déroute l'encombra de ruines! L'enfer béant les reçut
» tous enfin, et se referma sur eux; l'enfer, leur convenable demeure,
» l'enfer pénétré d'un feu inextinguible; maison de malheur et de
» tourment. Le ciel soulagé se réjouit; il répara bientôt la brèche de sa
» muraille, en retournant au lieu d'où il s'était replié.

» Seul vainqueur par l'expulsion de ses ennemis, le Messie ramena
» son char de triomphe. Tous ses saints, qui silencieux furent témoins
» oculaires de ses actes tout-puissants, pleins d'allégresse au-devant de
» lui s'avancèrent; et dans leur marche, ombragés de palmes, chaque
» brillante hiérarchie chantait le triomphe, le chantait lui, Roi victo-
» rieux, Fils, Héritier et Seigneur. A lui tout pouvoir est donné; de ré-
» gner il est le plus digne!

» Célébré, il passe triomphant au milieu du ciel, dans les parvis et
» dans le temple de son Père tout-puissant élevé sur un trône; son
» Père le reçut dans la gloire où maintenant il est assis à la droite de la
» béatitude.

» C'est ainsi que (mesurant les choses du ciel aux choses de la terre),
» à ta demande, ô Adam, et pour que tu sois en garde par ce qui s'est

Through his wild anarchy; so huge a rout
Incumber'd him with ruin: Hell at last
Yawning receiv'd them whole, and on them clos'd;
Hell, their fit habitation fraught with fire
Unquenchable, the house of woe and pain.
Disburden'd Heaven rejoic'd, and soon repair'd
Her mural breach, returning whence it roll'd.

» Sole victor, from th' expulsion of his foes,
Messiah his triumphal chariot turn'd:
To meet him all his saints, who silent stood
Eye-witnesses of his almighty acts,
With jubilee advanc'd; and, as they went,
Shaded with branching palm, each order bright,
Sung triumph, and him sung victorious King,
Son, Heir, and Lord, to him dominion given,
Worthiest to reign.

» He, celebrated, rode
Triumphant through mid Heaven, into the courts
And temple of his mighty Father thron'd
On high; who into glory him receiv'd,
Where now he sits at the right hand of bliss.

» Thus, measuring things in Heaven by things on earth,
At thy request, and that thou may'st beware
By what is past, to thee I have reveal'd

» passé, je t'ai révélé ce qui autrement aurait pu demeurer caché à la
» race humaine : la discorde survenue et la guerre dans le ciel entre les
» puissances angéliques, et la chute profonde de ceux qui aspirent trop
» haut, se révoltèrent avec Satan : il est maintenant jaloux de ton état,
» et complote pour te détourner aussi de l'obéissance, afin qu'avec lui
» privé de félicité, tu partages son châtiment, l'éternelle misère. Ce
» serait toute sa consolation et sa vengeance, s'il pouvait, comme une
» peine faite au Très-Haut, t'obtenir une fois pour compagnon de son
» malheur. Mais ne prête pas l'oreille à ses tentations ; avertis ta plus
» faible ; profite d'avoir appris d'un exemple terrible la récompense de
» la désobéissance : ils auraient pu demeurer fermes ; cependant ils tom-
» bèrent : qu'il t'en souvienne, et crains de transgresser. »

What might have else to human race been hid ;
The discord which befell, and war in Heaven
Among th' angelic powers, and the deep fall
Of those too high aspiring, who rebell'd
With Satan ; he who envies now thy state,
Who now is plotting how he may seduce
Thee also from obedience, that, with him
Bereav'd of happiness, thou may'st partake
His punishment, eternal misery ;
Which would be all his solace and revenge,
As a despite done against the Most High,
Thee once to gain companion of his woe.
But listen not to his temptations ; warn
Thy weaker : let it profit thee t' have heard,
By terrible example, the reward
Of disobedience : firm they might have stood,
Yet fell : remember, and fear to transgress. »

LIVRE SEPTIÈME.

ARGUMENT

Raphaël, à la demande d'Adam, raconte comment et pourquoi ce monde a été d'abord créé : Dieu, ayant expulsé du ciel Satan et ses anges, déclara que son plaisir était de créer un autre monde et d'autres créatures pour y habiter. Il envoie son Fils dans la gloire et avec un cortége d'anges, pour accomplir l'œuvre de la création en six jours. Les anges célèbrent par des cantiques cette création et la réascension du Fils au ciel.

BOOK VII.

THE ARGUMENT.

Raphael, at the request of Adam, relates how and wherefore this world was first created; that God, after the expelling of Satan and his angels out of Heaven, declared his pleasure to create another world, and other creatures to dwell therein; sends his Son with glory, and attendance of angels, to perform the work of creation in six days; the angels celebrate with hymns the performance thereof, and his reascension into Heaven.

VII

Descends du ciel, Uranie, si de ce nom tu es justement appelée! En suivant ta voix divine, j'ai pris mon essor au-dessus de l'Olympe, au-dessus du vol de l'aile de Pégase. Ce n'est pas le nom, c'est le sens de ce nom que j'invoque; car tu n'es pas une des neuf Muses, et tu n'habites

VII

Descend from Heaven, Urania, by that name
If rightly thou art call'd, whose voice divine
Following, above th' Olympian hill I soar
Above the flight of Pegasean wing.

pas le sommet du vieil Olympe; mais née du ciel, avant que les collines parussent ou que la fontaine coulât, tu conversais avec l'éternelle Sagesse, la Sagesse ta sœur, et tu jouais avec elle en présence du Père tout-puissant qui se plaisait à ton chant céleste. Enlevé par toi, je me suis hasardé dans le ciel des cieux, moi hôte de la terre, et j'ai respiré l'air de l'empyrée que tu tempérais : avec la même sûreté guide en bas, rends-moi à mon élément natal, de peur que, démonté par ce coursier volant sans frein (comme autrefois Bellérophon dans une région plus abaissée), je ne tombe sur le champ Alcien, pour y errer égaré et abandonné.

La moitié de mon sujet reste encore à chanter, mais dans les bornes plus étroites de la sphère diurne et visible. Arrêté sur la terre, non ravi au-dessus du pôle, je chanterai plus sûrement d'une voix mortelle; elle n'est devenue ni enrouée ni muette, quoique je sois tombé dans de mauvais jours, dans de mauvais jours quoique tombé parmi des langues mauvaises, parmi les ténèbres et la solitude, et entouré de périls. Cependant je ne suis pas seul, lorsque la nuit tu visites mes sommeils, ou lorsque le matin empourpre l'orient.

Préside toujours à mes chants, Uranie! et trouve un auditoire convenable, quoique peu nombreux. Mais chasse au loin la barbare dissonance

    The meaning, not the name, I call : for thou
Nor of the Muses nine, nor on the top
Of old Olympus dwell'st; but, heavenly-born,
Before the hills appear'd, or fountain flow'd,
Thou with Eternal Wisdom dist converse,
Wisdom thy sister, and with her dist play
In presence of th' Almighty Father, pleas'd
With thy celestial song.   Up-led by thee
Into the Heaven of Heavens I have presum'd,
An earthly guest, and drawn empyreal air,
Thy tempering : with like safely guided down,
Return me to my native element ;
Lest from this flying steed unrein'd (as once
Bellerophon, though from a lower clime),
Dismounted, on th' Alcian field I fall,
Erroneous there to wander, and forlorn.
    Half yet remains unsung, but narrower bound
Within the visible diurnal sphere :
Standing on earth, not rapt above the pole,
More safe I sing with mortal voice, unchang'd
To hoarse or mute, though fall'n on evil days,
On evil days though fall'n, and evil tongues;
In darkness, and with dangers compass'd round,
And solitude ; yet not alone, while thou
Visit'st my slumbers nightly, or when morn
Purples the east.

de Bacchus et de ses amis de la joie; race de cette horde forcenée qui déchira le barde de la Thrace sur le Rhodope, où l'oreille des bois et des rochers était ravie, jusqu'à ce que la clameur sauvage eût noyé la harpe et la voix : la muse ne put défendre son fils. Tu ne manqueras pas ainsi, Uranie, à celui qui t'implore; car, toi, tu es un songe céleste; elle, un songe vain.

Dis, ô déesse, ce qui suivit après que Raphaël, l'archange affable, eut averti Adam de se garder de l'apostasie, par l'exemple terrible de ce qui arriva dans le ciel à ces apostats, de peur qu'il n'en arrivât de même dans le paradis à Adam et à sa race (chargés de ne pas toucher à l'arbre interdit), s'ils transgressaient et méprisaient ce seul commandement si facile à observer, au milieu du choix de tous les autres goûts qui pouvaient plaire à leurs appétits, quel qu'en fût le caprice.

Adam, avec Ève sa compagne, avait écouté attentivement l'histoire; il était rempli d'admiration et plongé dans une profonde rêverie en écoutant des choses si élevées et si étranges; choses à leur pensée si inimaginables, la haine dans le ciel, la guerre si près de la paix de Dieu dans le bonheur, avec une telle confusion! Mais bientôt le mal chassé retombait comme un déluge sur ceux dont il avait jailli, impossible à mêler à la béatitude.

     Still govern thou my song,
Urania, and fit audience find, though few.
But drive far off the barbarous dissonance
Of Bacchus and his revellers, the race
Of that wild rout that tore the Thracian bard
In Rhodope, where woods and rocks had ears
To rapture, till the savage clamour drown'd
Both harp and voice; nor could the Muse defend
Her son. So fail not thou, who thee implores :
For thou art heavenly, she an empty dream.

   Say, goddess, what ensued, when Raphael,
The affable archangel, had forewarn'd
Adam, by dire example, to beware
Apostasy, by what befell in Heaven
To those apostates : lest the like befall
In Paradise to Adam or his race,
Charg'd not to touch the interdicted tree,
If they transgress, and slight that sole command,
So easily obey'd amid the choice
Of all tastes else to please their appetite,
Though wandering.

      He, with his consorted Eve,
The story heard attentive, and was fill'd
With admiration and deep muse, to hear
Of things so high and strange ; things, to their thought
So unimaginable, as hate in Heaven,

LIVRE VII. 243

Maintenant Adam réprima bientôt les doutes qui s'élevaient dans son cœur, et il est conduit (encore sans péché) par le désir de connaître ce qui le touche de plus près : comment ce monde visible du ciel et de la terre commença; quand et d'où il fut créé; pour quelle cause; ce qui fut fait en dedans ou en dehors d'Éden, avec ce dont il a souvenir. Comme un homme de qui l'altération est à peine soulagée, suit de l'œil le cours du ruisseau dont le liquide murmure entendu excite une soif nouvelle, Adam procède de la sorte à interroger son hôte céleste :

« De grandes choses et pleines de merveilles, bien différentes de celles
» de ce monde, tu as révélées à nos oreilles, interprète divin, par faveur
» envoyé de l'empyrée pour nous avertir à temps de ce qui aurait pu
» causer notre perte, s'il nous eût été inconnu, l'humaine connaissance
» n'y pouvant atteindre. Nous devons des remerciements immortels à
» l'infinie bonté, et nous recevons son avertissement avec une résolution
» solennelle d'observer invariablement sa volonté souveraine, la fin de
» ce que nous sommes. Mais puisque tu as daigné avec complaisance
» nous faire part pour notre instruction, de choses au-dessus de la
» pensée terrestre (choses qu'il nous importait de savoir comme il l'a
» semblé à la suprême sagesse); daigne maintenant descendre plus bas, et
» nous raconter ce que peut-être il ne nous est pas moins utile de savoir :

And war so near the peace of God in bliss,
With such confusion : but the evil soon,
Driven back, redounded as a flood on those
From whom it sprung ; impossible to mix
With blessedness.

    Whence Adam soon repeal'd
The doubts that in his heart arose ; and now
Led on, yet sinless, with desire to know
What nearer might concern him ; how this world
Of Heaven and earth conspicuous first began ;
When, and whereof created ; for what cause ;
What within Eden, or without, was done
Before his memory : as one, whose drought
Yet scarce allay'd, still eyes the current stream,
Whose liquid murmur heard new thirst excites,
Proceeded thus to ask his heavenly guest :

 « Great things and full of wonder in our ears,
Far differing from this world, thou hast reveal'd,
Divine interpreter ! by favour sent
Down from the empyrean, to forewarn
Us timely of what might else have been our loss,
Unknown, which human knowledge could not reach.
For which to th' infinitely Good we owe
Immortal thanks, and his admonishment
Receive, with solemn purpose to observe

» quand commença le ciel que nous voyons si distant et si haut orné de
» feux mouvants et innombrables ; qu'est-ce que cet air ambiant qui
» donne ou remplit tout espace, cet air largement répandu embrassant
» tout autour cette terre fleurie ; quelle cause mut le Créateur, dans
» son saint repos de toute éternité, à bâtir si tard dans le chaos ; et
» comment l'ouvrage commencé fut tôt achevé ? S'il ne t'est pas défendu,
» tu peux nous dévoiler ce que nous demandons, non pour sonder les
» secrets de son éternel empire, mais pour glorifier d'autant plus ses
» œuvres que nous les connaîtrons davantage.

» Et la grande lumière du jour a encore à parcourir beaucoup de sa
» carrière, quoique déjà sur son déclin ; suspendu dans le ciel, le soleil
» retenu par ta voix, écoute ta voix puissante ; il s'arrêtera plus
» longtemps pour te ouïr raconter son origine, et le lever de la nature
» du sein du confus abîme. Ou si l'étoile du soir et la lune à ton au-
» dience se hâtent, la Nuit avec elle amènera le silence ; le Sommeil
» en t'écoutant veillera, ou bien nous pourrons lui commander l'ab-
« sence jusqu'à ce que ton chant finisse, et te renvoie avant que brille
» le matin. »

Ainsi Adam supplia son hôte illustre, et ainsi l'ange, semblable à un Dieu, lui répondit avec douceur :

>   Immutably his sovran will, the end
>   Of what we are. But since thou hast vouchsaf'd
>   Gently, for our instruction, to impart
>   Things above earthly thought, which yet concern'd
>   Our knowing, as to highest Wisdom seem'd ;
>   Deign to descend now lower, and relate
>   What may no less perhaps avail us known ;
>   How first began this Heaven which we behold
>   Distant so high, with moving fires adorn'd
>   Innumerable ; and this which yields or fills
>   All space, the ambient air wide intersfus'd,
>   Embracing round this florid earth : what cause
>   Mov'd the Creator, in his holy rest
>   Through all eternity, so late to build
>   In chaos ; and the work begun, how soon
>   Absolv'd ; if unforbid thou may'st unfold
>   What we, not to explore the secrets ask
>   Of his eternal empire, but the more
>   To magnify his works, the more we know.
>
>   » And the great light of day yet wants to run
>   Much of his race, though steep : suspense in Heaven,
>   Held by thy voice, thy potent voice, he hears ;
>   And longer will delay to hear thee tell
>   His generation, and the rising birth
>   Of nature from the unapparent deep :
>   Or if the star of evening and the moon

« Que cette demande faite avec prudence te soit accordée ; mais pour raconter les œuvres du Tout-Puissant, quelle parole, quelle langue de séraphin peuvent suffire, ou quel cœur d'homme suffirait à les comprendre ? Cependant ce que tu peux atteindre, ce qui peut le mieux servir à glorifier le Créateur et à te rendre aussi plus heureux, ne sera pas soustrait à ton oreille. J'ai reçu la commission d'en haut de répondre à ton désir de savoir, dans certaines limites : au delà, abstiens-toi de demander ; ne laisse pas tes propres imaginations espérer des choses non révélées, que le Roi invisible, seul omniscient, a ensevelies dans la nuit, incommunicables à personne sur la terre ou dans le ciel : assez reste en dehors de cela à chercher et à connaître. Mais la science est comme la nourriture ; elle n'a pas moins besoin de tempérance pour en régler l'appétit et pour savoir en quelle mesure l'esprit la peut bien supporter ; autrement elle oppresse par son excès et change bientôt la sagesse en folie, comme la nourriture en fumée.

» Sache donc : après que Lucifer (ainsi appelé parce qu'il brillait autrefois dans l'armée des anges plus que cette étoile parmi les étoiles) eut été précipité du ciel dans son lieu avec ses légions brûlantes, à travers l'abîme, le Fils étant retourné victorieux avec ses saints, le

    Haste to thy audience, Night with her will bring
Silence; and Sleep, listening to thee, will watch;
Or we can bid his absence, till thy song
End, and dismiss thee ere the morning shine. »

    Thus Adam his illustrious guest besought;
And thus the godlike angel answer'd mild:

    « This also thy request, with caution ask'd,
Obtain; though to recount Almighty works
What words or tongue of seraph can suffice,
Or heart of man suffice to comprehend?
Yet what thou canst attain, which best may serve
To glorify the Maker, and infer
Thee also happier, shall not be withheld
Thy hearing; such commission from above
I have receiv'd, to answer thy desire
Of knowledge within bounds; beyond, abstain
To ask; nor let thine own inventions hope
Things not reveal'd, which th' invisible King,
Only omniscient, hath suppress'd in night,
To none communicable in earth or Heaven:
Enough is left besides to search and know:
But knowledge is as food, and needs no less
Her temperance over appetite, to know
In measure what the mind may well contain;
Oppresses else with surfeit, and soon turns
Wisdom to folly, as nourishment to wind.

» Tout-Puissant, éternel Père, contempla de son trône leur multitude,
» et parla de la sorte à son Fils :
« — Du moins notre jaloux ennemi s'est trompé, lui qui croyait que
» tous comme lui seraient rebelles : par leurs secours il se flattait (nous
» une fois dépossédés) de saisir cette inaccessible et haute forteresse,
» siége de la Divinité suprême. Dans sa trahison il a entraîné plusieurs
» dont la place ici n'est plus connue. Cependant la plus grande partie,
» je le vois, garde toujours son poste : le ciel, peuplé encore, conserve
» un nombre suffisant d'habitants pour remplir ses royaumes, quoique
» vastes, pour fréquenter ce haut temple avec des observances dues et
» des rites solennels. Mais de peur que le cœur de l'ennemi ne s'enfle
» du mal déjà fait en dépeuplant le ciel (ce qu'il estime follement être
» un dommage pour moi), je puis réparer ce dommage, si c'en est un
» de perdre ce qui est perdu de soi-même. Dans un moment je créerai
» un autre monde; d'un seul homme je créerai une race d'hommes in-
» nombrables, pour habiter là, non ici, jusqu'à ce qu'élevés par degrés
» de mérite, éprouvés par une longue obéissance, ils s'ouvrent eux-
» mêmes enfin le chemin pour monter ici, et que la terre changée dans
» le ciel, et le ciel dans la terre, ne forme plus qu'un royaume, en joie
» et en union sans fin.

» Know then, that, after Lucifer from Heaven
(So call him, brighter once amidst the host
Of angels, than that star the stars among)
Fell with his flaming legions through the deep
Into his place, and the great Son return'd
Victorious with his saints, th' omnipotent
Eternal Father from his throne beheld
Their multitude, and to his Son thus spake :

« At least our envious foe hath fail'd, who thought
All like himself rebellious ; by whose aid
This inaccessible high strength, the seat
Of Deity supreme, us dispossess'd,
He trusted to have seiz'd, an into fraud
Drew many, whom their place knows here no more;
Yet far the greater part have kept, I see,
Their station; Heaven, yet populous, retains
Number sufficient to possess her realms
Though wide, and this high temple to frequent
With ministeries due, and solemn rites :
But, lest his heart exalt him in the harm
Already done, to have dispeopled Heaven,
My damage fondly deem'd I can repair
That detriment, if such it be to lose
Self-lost; and in a moment will create
Another world, out of one man a race
Of men innumerable, there to dwell,

» En attendant, demeurez moins pressés, vous pouvoirs célestes;
» et toi mon Verbe, Fils engendré, par toi, j'opère ceci : parle, et qu'il
» soit fait! Avec toi j'envoie ma puissance et mon esprit qui couvre
» tout de son ombre. Va et ordonne à l'abîme, dans des limites fixées,
» d'être terre et ciel. L'abîme est sans bornes parce que je suis : l'infini
» est rempli par moi; l'espace n'est pas vide. Quoique je ne sois cir-
» conscrit dans aucune étendue, je me retire et n'étends pas partout ma
» bonté, qui est libre d'agir ou de n'agir pas. Nécessité et hasard n'ap-
» prochent pas de moi ; ce que je veux est destin. »

» Ainsi parla le Tout-Puissant, et ce qu'il avait dit, son Verbe, la Di-
» vinité filiale l'exécuta. Immédiats sont les actes de Dieu, plus rapides
» que le temps et le mouvement ; mais à l'oreille humaine ils ne peu-
» vent être dits que par la succession du discours, et dits de telle sorte
» que l'intelligence terrestre puisse les recevoir.

» Grand triomphe et grande réjouissance furent aux cieux, quand la
» volonté du tout-Puissant fut ainsi déclarée. Ils chantèrent :

« — Gloire au Très-Haut! bonne volonté aux hommes à venir, et
» paix dans leur demeure ! Gloire à celui dont la juste colère vengeresse
» a chassé le méchant de sa vue et des habitations du juste! A lui gloire
» et louange, dont la sagesse a ordonné de créer le bien du mal : au lieu

    Not here, till by degrees of merit rais'd,
    They open to themselves at length the way
    Up hither, under long obedience tried;
    And earth be chang'd to Heaven, and Heaven to earth,
    One kingdom, joy and union without end.

    » Meanwhile inhabit lax, ye powers of Heaven
    And thou, my Word, begotten Son, by thee
    This I perform; speak thou, and be it done ;
    My overshadowing spirit and might with thee
    I send along: ride forth, and bid the deep
    Within appointed bounds be Heaven and earth;
    Boundless the deep, because I am who fill
    Infinitude, nor vacuous the space ;
    Though I, uncircumscrib'd myself, retire,
    And put not forth my goodness, which is free
    To act or not : necessity and chance
    Approach not me, and what I will is fate. »

    » So spake th' Almighty, and to what he spake
    His Word, the filial Godhead, gave effect.
    Immediate are the acts of God, more swift
    Than time or motion : but to human ears
    Cannot without process of speech be told,
    So told as earthly notion can receive.

    » Great triumph and rejoicing was in Heaven,
    When such was heard declar'd th' Almighty's will:

» des malins esprits, une race meilleure sera mise dans leur place va-
» cante, et sa bonté se répandra dans des mondes et dans des siècles
» sans fin. » —
» Ainsi chantaient les hiérarchies.
» Cependant le fils parut pour sa grande expédition, ceint de la toute-
» puissance, couronné des rayons de la majesté divine : la sagesse et
» l'amour immense, et tout son Père brillaient en lui. Autour de son
» char se répandaient sans nombre Chérubins, Séraphins, Potentats,
» Trônes, Vertus, esprits ailés, et les chars ailés de l'arsenal de Dieu :
» ces chars de toute antiquité placés par myriades entre deux montagnes
» d'airain, étaient réservés pour un jour solennel, tout prêts, harnachés,
» équipages célestes ; maintenant ils se présentent spontanément (car en
» eux vit un esprit) pour faire cortége à leur Maître. Le ciel ouvrit,
» dans toute leur largeur, ses portes éternelles tournant sur leurs gonds
» d'or avec un son harmonieux, pour laisser passer le Roi de gloire dans
» son puissant Verbe et dans son Esprit, qui venait créer de nouveaux
» mondes.
» Ils s'arrêtèrent tous sur le sol du ciel, et contemplèrent du bord
» l'incommensurable abîme, orageux comme une mer, sombre, dévasté,
» sauvage, bouleversé jusqu'au fond par des vents furieux, enflant des

« Glory they sung, to the Most High ! good will
To future men, and in their dwellings peace !
Glory to him, whose just avenging ire
Has driven out th' ungodly from his sight
And th' habitations of the just; to him
Glory and praise ! whose wisdom had ordain'd
Good out of evil to create ; instead
Of spirits malign, a better race to bring
Into their vacant room, and thence diffuse
His good to worlds and ages infinite. »
» So sang the hierarchies.
» Meanwhile the Son
On his great expedition now appear'd,
Girt with omnipotence, with radiance crown'd
Of majesty divine: sapience and love
Immense, and all his Father in him shone.
About his chariot numberless were pour'd
Cherub and Seraph, Potentates and Thrones,
And Virtues, winged spirits, and chariots wing'd
From th' armoury of God; where stand of old
Myriads, between two brazen mountains lodg'd
Against a solemn day, harness'd at hand,
Celestial equipage; and now came forth
Spontaneous; for within them spirit liv'd,
Attendant on their Lord : Heaven open'd wide
Her ever-during gates, harmonious sound,

» vagues comme des montagnes, pour assiéger la hauteur du ciel et pour
» confondre le centre avec le pôle.

» — Silence, vous, vagues troublées! et toi, abîme, paix! dit le Verbe
» qui fait tout ; cessez vos discordes ! » —

» Il ne s'arrêta point, mais enlevé sur les ailes des Chérubins, plein
de la gloire paternelle, il entra dans le chaos et dans le monde qui
» n'était pas né ; car le chaos entendit sa voix : le cortège des anges le
» suivait dans une procession brillante, pour voir la création et les mer-
» veilles de sa puissance. Alors il arrête les roues ardentes, et prend
dans sa main le compas d'or, préparé dans l'éternel trésor de Dieu,
» pour tracer la circonférence de cet univers et de toutes les choses
» créées. Une pointe de ce compas il appuie au centre, et tourne l'autre
» dans la vaste et obscure profondeur, et il dit :

« — Jusque-là étends-toi, jusque-là vont tes limites; que ceci soit ton
» exacte circonférence, ô monde ! » —

» Ainsi Dieu créa le ciel, ainsi il créa la terre ; matière informe et
» vide. De profondes ténèbres couvraient l'abîme : mais sur le calme des
» eaux l'Esprit de Dieu étendit ses ailes paternelles, et infusa la vertu
» vitale et la chaleur vitale à travers la masse fluide ; mais il précipita
» en bas la lie noire, tartaréenne, froide, infernale, opposée à la vie.

   On golden hinges moving, to let forth
   The King of Glory, in his powerful Word
   And Spirit, coming to create new worlds.

  » On heavenly ground they stood; and from the shore
  They view'd the vast immeasurable abyss
  Outrageous as a sea, dark, wasteful, wild,
  Up from the bottom turn'd by furious winds
  And surging waves, as mountains, to assault
  Heaven's highth, and with the centre mix the pole.

  « Silence, ye troubled waves, and thou deep, peace,
  Said th' omnific Word; your discord end ! »

  » Nor staid; but, on the wings of cherubim
  Uplifted, in paternal glory rode
  Far into Chaos, and the world unborn ;
  For Chaos heard his voice : him all his train
  Follow'd in bright procession, to behold
  Creation, and the wonders of his might.
  Then staid the fervid wheels; and in his hand
  He took the golden compasses, prepared
  In God's eternal store to circumscribe
  This universe, and all created things :
  One foot he center'd, and the other turn'd
  Round through the vast profundity obscure;
  And said:

   « Thus far extend, thus far thy bounds;

» Alors il réunit, alors il congloba les choses semblables avec les choses semblables ; il répartit le reste en plusieurs places, et étendit l'air entre les objets : la terre, d'elle-même balancée, sur son centre posa.

« — Que la lumière soit » ! dit Dieu. —

» Soudain la lumière éthérée, première des choses, quintessence pure, jaillit de l'abîme, et, partie de son orient natal, elle commença à voyager à travers l'obscurité aérienne, enfermée dans un nuage sphérique rayonnant, car le soleil n'était pas encore : dans ce nuageux tabernacle elle séjourna quelque temps.

» Dieu vit que la lumière était bonne, et il sépara la lumière des ténèbres par hémisphères : il donna à la lumière le nom de jour et aux ténèbres le nom de nuit. Et du soir et du matin se fit le premier jour.

« Il ne passa pas sans être célébré, ce jour, sans être chanté par les chœurs célestes, lorsqu'ils virent l'orient pour la première fois exhalant la lumière des ténèbres ; jour de naissance du ciel et de la terre. Ils remplirent de cris de joie et d'acclamations l'orbe universel ; ils touchèrent leurs harpes d'or, glorifiant par des hymnes Dieu et ses œuvres : ils le chantèrent Créateur quand le premier soir fut, et quand fut le premier matin.

» Dieu dit derechef :

This be thy just circumference, O world ! »

» Thus God the Heaven created, thus the earth,
Matter unform'd and void: darkness profound
Cover'd th' abyss; but on the wat'ry calm
His brooding wings the Spirit of God outspread,
And vital virtue infus'd, and vital warmth,
Throughout the fluid mass: but downward purg'd
The black, tartareous, cold, infernal dregs,
Adverse to life : then founded, then conglob'd
Like things to like; the rest to several place
Disparted, and between spun out the air;
And earth, self-balanc'd, on her centre hung.

« Let there be light, » said God.

» And forthwith light
Ethereal, first of things, quintessence pure,
Sprung from the deep ; and from her native east
To journey through the aery gloom began,
Spher'd in a radiant cloud, for yet the sun
Was not ; she in a cloudy tabernacle
Sojourn'd the while.

» God saw the light was good;
And light from darkness by the hemisphere
Divided: light the day, and darkness night,
He nam'd. Thus was the first day even and morn
Nor past uncelebrated, nor unsung

« — Que le firmament soit au milieu des eaux, et qu'il sépare les
» eaux d'avec les eaux. » —

» Et Dieu fit le firmament, étendue d'air élémentaire, liquide, pur,
» transparent, répandu en circonférence jusqu'à la convexité la plus
» reculée de son grand cercle ; division ferme et sûre, séparant les eaux
» inférieures de celles qui sont au-dessus. Car, ainsi que la terre, Dieu
» bâtit le monde sur les eaux calmes circonfluentes, dans un large océan
» de cristal, et fort éloigné du bruyant désordre du chaos, de peur que
» ses rudes extrémités contiguës ne dérangeassent la structure entière de
» ce monde ; et Dieu donna au firmament le nom de ciel. Ainsi du soir
» et du matin, le chœur chanta le second jour.

» La terre était créée, mais encore ensevelie, embryon prématuré,
» dans les entrailles des eaux ; elle n'apparaissait pas : sur toute la sur-
» face de la terre le plein océan s'étendit non inutile, car par une humi-
» dité tiède et prolifique, attendrissant tout le globe de la terre, il faisait
» fermenter cette mère commune pour qu'elle pût concevoir, saturée
» d'une moiteur vivifiante.

» Dieu dit alors : — « Que les eaux qui sont sous le ciel se rassemblent
» dans un seul lieu, et que l'élément aride paraisse. — »

» Aussitôt apparaissent les montagnes énormes, émergentes, et leurs

    By the celestial quires, when orient light
    Exhaling first from darkness they beheld;
    Birth-day of Heaven and earth : with joy and shout
    The hollow universal orb they fill'd,
    And touch'd their golden harps, and hymning prais'd
    God and his works; Creator him they sung,
    Both when first evening was, and when first morn.

        » Again, God said:
                « Let there be firmament
    Amid the waters, and let it divide
    The waters from the waters. »
                         » And God made
    The firmament, expanse of liquid, pure,
    Transparent, elemental air, diffus'd
    In circuit to the uttermost convex
    Of this great round; partition firm and sure,
    The waters underneath from those above
    Dividing : for as earth, so he the world
    Built on circumfluous waters calm, in wide
    Crystalline ocean, and the loud misrule
    Of chaos far remov'd; lest fierce extremes
    Contiguous might distemper the whole frame:
    And Heaven he nam'd the firmament: so even
    And morning chorus sung the second day.

        » The earth was form'd, but in the womb as yet

» larges dos pelés se soulevant jusqu'aux nues ; leurs têtes montent dans
» le ciel. Aussi haute que s'élevèrent les collines intumescentes, aussi
» bas s'affaissa un bassin creux, vaste et profond, ample lit des eaux.
» Elles y courent avec une précipitation joyeuse, enroulées comme des
» gouttes sur la poussière, qui se forment en globules par l'aridité. Une
» partie de ces eaux avec hâte s'élève en mur de cristal, ou en monta-
» gne à pic : telle fut la vitesse que le grand commandement imprima
» aux flots agiles. Comme des armées, à l'appel des trompettes (car tu as
» entendu parler d'armées), s'attroupent autour de leurs étendards,
» ainsi la multitude liquide roule vague sur vague là où elle trouve une
» issue, dans la pente escarpée torrent impétueux, dans la plaine cou-
» rant paisible. Ni les rochers ni les collines n'arrêtent ces ondes ; mais
» sous la terre, ou en longs circuits promenant leurs sinueuses erreurs,
» elles se frayent un chemin, et percent dans le sol limoneux de profonds
» canaux ; chose facile avant que Dieu eût ordonné à la terre de devenir
» sèche partout, excepté entre ces bords où coulent aujourd'hui les fleu-
» ves qui entraînent incessamment leur humide cortége.

» Dieu appela terre l'élément aride, et le grand réservoir des eaux
» rassemblées il l'appela mer ; il vit que cela était bon, et dit :

« — Que la terre produise de l'herbe verte, l'herbe qui porte de la

Of waters, embryon immature involv'd,
Appear'd not : over all the face of earth
Main ocean flow'd, not idle ; but, with warm
Prolific humour softening all her globe,
Fermented the great mother to conceive,
Satiate with genial moisture.
   » When God said :
« Be gather'd now, ye wathers under Heaven,
Into one place, and let dry land appear. »

   » Immediately the mountains huge appear
Emergent, and their broad bare backs upheave
Into the clouds ; their tops ascend the sky :
So high as heav'd the tumid hills, so low
Down sunk a hollow bottom broad and deep,
Capacious bed of waters : thither they
Hasted with glad precipitance, uproll'd,
As drops on dust conglobing from the dry :
Part rise in crystal wall, or ridge direct,
For haste ; such flight the great command impress'd
On the swift floods : as armies at the calls
Of trumpets (for of armies thou hast heard)
Troop to their standard, so the wat'ry throng,
Wave rolling after wave, where way they found,
If steep, with torrent rapture ; if through plain,
Soft-ebbing : nor withstood them rock or hill ;
But they, or under ground, or circuit wide

» graine, et les arbres fruitiers qui portent des fruits, chacun selon
» son espèce, et qui renférment leur semence en eux-mêmes sur la
» terre. » —

» A peine a-t-il parlé que la terre nue (jusqu'alors déserte et chauve,
» sans ornement, désagréable à la vue), poussa une herbe tendre qui re-
» vêtit universellement sa surface d'une charmante verdure; alors les
» plantes de différentes feuilles, qui soudain fleurirent en déployant
» leurs couleurs variées, égayèrent son sein suavement parfumé. Et
» celles-ci étaient à peine épanouies que la vigne fleurit, chargée d'une
» multitude de grappes, la courge enflée rampa, le chalumeau du blé se
» rangea en bataille dans son champ, l'humble buisson et l'arbrisseau
» mêlèrent leur chevelure hérissée. Enfin s'élevèrent, comme en ca-
» dence, les arbres majestueux, et ils déployèrent leurs branches sur-
» chargées, enrichies de fruits ou emperlées de fleurs. Les collines se
» couronnèrent de hautes forêts; les vallées et les fontaines, de touffes
» de bois; les fleuves, de bordures le long de leurs cours. La terre à
» présent parut un ciel, séjour où les dieux pouvaient habiter, errer
» avec délices, et se plaire à fréquenter ses sacrés ombrages.

» Cependant Dieu n'avait pas encore fait tomber la pluie sur terre,
» et il n'y avait encore aucun homme pour labourer les champs; mais

With serpent errour wandering, found their way
And on the washy ooze deep channels wore;
Easy, ere God had bid the ground be dry,
All but within those banks, where rivers now
Stream, and perpetual draw their humid train.

» The dry land, earth; and the great receptacle
Of congregated waters, he call'd seas:
And saw that it was good; and said:

« Let the earth
Put forth the verdant grass, herb yielding seed,
And fruit-tree yielding fruit after her king,
Whose seed is in herself upon the earth. »

» He scarce had said, when the bare earth, till then
Desert and bare, unsightly, unadorn'd,
Brought forth the tender grass, whose verdure clad
Her universal face with pleasant green;
Then herbs of every leaf, that sudden flower'd,
Opening their various colours, and made gay
Her bosom, smelling sweet: and, these scarce blown,
Forth flourish'd thick the clustering vine, forth crept
The swelling gourd, up stood the corny reed
Embattled in her field, and th' humble shrub,
And bush with frizzled hair implicit: last
Rose, as in dance, the stately trees, and spread
Their branches hung with copious fruit, or gemm'd

» il s'élevait du sol une vapeur de rosée qui humectait toute la terre,
» et toutes les plantes des champs, que Dieu créa avant qu'elles fussent
» dans la terre, toutes les herbes avant qu'elles grandissent sur la verte
» tige. Dieu vit que cela était bon. Et le soir et le matin célébrèrent le
» troisième jour.

» Le Tout-Puissant parla encore.

« — Que des corps de lumière soient faits dans la haute étendue du
» ciel, afin qu'ils séparent le jour de la nuit : et qu'ils servent de signes
» pour les saisons et pour les jours et le cours des années, et qu'ils soient
» pour flambeaux ; comme je l'ordonne, leur office dans le firma-
» ment du ciel sera de donner la lumière à la terre ! » — Et cela fut fait
» ainsi.

» Et Dieu fit deux grands corps lumineux (grands par leur utilité
» pour l'homme), le plus grand pour présider au jour, le plus petit
» pour présider à la nuit. Et il fit les étoiles et les mit dans le firmament
» du ciel pour illuminer la terre, et pour régler le jour, et pour régler
» la nuit dans leur vicissitude, et pour séparer la lumière d'avec les té-
» nèbres. Dieu vit, en contemplant son grand ouvrage, que cela était
» bon.

» Car le soleil, sphère puissante, fut celui des corps célestes qu'il fit

With blossoms: with high woods the hills were crown'd;
With tufts the valleys, and each fountain side;
With borders long the rivers: that earth now
Seem'd like to Heaven, a seat where gods might dwell,
Or wander with delight, and love to haunt
Her sacred shades.

     » Though God had yet not rain'd
Upon the earth, and man to till the ground
None was; but from the earth a dewy mist
Went up, and water'd all the ground, and each
Plant of the field; which, ere it was in the earth,
God made, and every herb, before it grew
On the green stem: God saw that is was good:
So even and morn recorded the third day.

» Again th' Almighty spake: « Let there be lights
High in th' expanse of Heaven, to divide
The day from nigh; and let them be for signs,
For seasons, and for day, and circling years;
And let them be for lights, as I ordain
Their office in the firmament of Heaven,
To give light on the earth. » And it was so.

» And God made two great lights, great for their use
To man, the greater to have rule by day,
The less by night, altern; and made the stars,
And set them in the firmament of Heaven

» le premier, non lumineux d'abord, quoique de substance éthérée.
» Ensuite il forma la lune globuleuse et les étoiles de toutes grandeurs :
» et il sema le ciel d'étoiles comme un champ. Il prit la plus grande
» partie de la lumière dans son tabernacle de nuée, il la transplanta et
» la plaça dans l'orbe du soleil, fait poreux pour recevoir et boire la lu-
» mière liquide, fait compacte pour retenir ses rayons recueillis, aujour-
» d'hui grand palais de la lumière. Là, comme à leur fontaine, les autres
» astres se réparant, puisent la lumière dans leurs urnes d'or, et c'est là
» que la planète du matin dore ses cornes. Par impression ou par ré-
» flexion ces astres augmentent leur petite propriété, bien que, si loin de
» l'œil humain, on ne les voie que diminués. D'abord dans son orient
» se montra le glorieux flambeau, régent du jour ; il investit tout l'ho-
» rizon de rayons étincelants, joyeux de courir vers son occident sur le
» grand chemin du ciel : le pâle crépuscule et les pléiades formaient des
» danses devant lui, répandant une bénigne influence.

» Moins éclatante, mais à l'opposite, sur le même niveau dans l'ouest,
» la lune était suspendue ; miroir du soleil, elle en emprunte la lumière
» sur sa pleine face ; dans cet aspect, elle n'avait besoin d'aucune autre
» lumière, et elle garda cette distance jusqu'à la nuit ; alors elle brilla
» à son tour dans l'orient, sa révolution étant accomplie sur le grand

> To illuminate the earth, and rule the day
> In their vicissitude, and rule the night,
> And light from darkness to divide.   God saw,
> Surveying his great work, that it was good :
>
> » For of celestial bodies first the sun,
> A mighty sphere, he had fram'd, unlightsome first,
> Though of ethereal mould : then form'd the moon
> Globose, and every magnitude of stars,
> And sow'd with stars the Heaven, thick as a field
> Of light by far the greater part he took,
> Transplanted from her cloudy shrine, and plac'd
> In the sun's orb, made porous to receive
> And drink the liquid light ; firm to retain
> Her gather'd beams, great palace now of light.
> Hither, as to their fountain, others stars
> Repairing, in their golden urns draw light,
> And hence the morning-planet gilds her horns ;
> By tincture or reflection they augment
> Their small peculiar, though from human sight
> So far remote, with diminution seen.
> First in his east the glorious lamp was seen,
> Regent of day, and all the horizon round
> Invested with bright rays, jocund to run
> His longitude through Heaven's high road ; the gray
> Dawn, and the Pleiades, before him danc'd,
> Shedding sweet influence : less bright the moon,

» axe des cieux, elle régna dans son divisible empire avec mille plus
» petites lumières, avec mille et mille étoiles ! elles apparurent alors se-
» mant de paillettes l'hémisphère qu'ornaient, pour la première fois,
» leurs luminaires radieux qui se couchèrent et se levèrent. Le joyeux
» soir et le joyeux matin couronnèrent le quatrième jour.

« Et Dieu dit :

» — Que les eaux engendrent les reptiles, abondants en frai, créatu-
» res vivantes. Et que les oiseaux volent au-dessus de la terre, les ailes
» déployées sous le firmament ouvert du ciel : » —

» Et Dieu créa les grandes baleines et tous les animaux qui ont la vie,
» tous ceux qui glissent dans les eaux et qu'elles produisent abondam-
» ment chacun selon son espèce ; il créa aussi les oiseaux pourvus d'ailes,
» chacun selon son espèce : et il vit que cela était bon, et il le bénit en
» disant :

« — Croissez et multipliez ; remplissez les eaux de la mer, des lacs et
» des rivières ; que les oiseaux se multiplient sur la terre. » —

» Aussitôt les détroits et les mers, chaque golfe et chaque baie, four-
» millent de frai innombrable et d'une multitude de poissons qui, avec
» leurs nageoires et leurs brillantes écailles, glissent sous la verte vague ;
» leurs troupes forment souvent des bancs au milieu de la mer. Ceux-ci,

> But opposite in levell'd west was set,
> His mirrour, with full face borrowing her light
> From him; for other light she needed none
> In that aspect, and still that distance keeps
> Till night ; then in the east her turn she shines,
> Revolv'd on Heaven's great axle, and her reign
> With thousand lesser lights dividual holds,
> With thousand thousand stars, that then appear'd
> Spangling the hemisphere : then first adorn'd
> With their bright luminaries that set and rose,
> Glad evening and glad morn crown'd the fourth day.
>
> » And God said : —
> « Let the waters generate
> Reptiles with spawn abundant, living soul :
> And let fowl fly above the earth, with wings
> Display'd on th' open firmament of Heaven. »
> » And God created the great whales, and each
> Soul living, each that crept, which plenteously
> The waters generated by their kinds:
> And every bird of wing after his kind;
> And saw that it was good, and bless'd them, saying: —
>
> « Be fruitful, multiply, and in the seas,
> And lakes, and running streams, the waters fill;
> And let the fowl be multiplied on th' earth. »
>
> » Forthwith the sounds and seas, each creek and bay

LIVRE VII. 257

» solitaires ou avec leurs compagnons, broutent l'algue leur pâture,
» et s'égarent dans des grottes de corail, ou se jouant, éclair rapide,
» montrent au soleil leur robe ondée parsemée de gouttes d'or ; ceux-
» là, à l'aise dans leur coquille de nacre, attendent leur humide ali-
» ment, ou, dans une armure qui les couvre, épient leur proie sous les
» rochers.

» Le veau marin et les dauphins voûtés folâtrent sur l'eau calme; des
» poissons d'une masse prodigieuse, d'un port énorme, se vautrant pe-
» samment, font une tempête dans l'océan. Là Léviathan, la plus grande
» des créatures vivantes, étendu sur l'abîme comme un promontoire,
» dort ou nage, et semble une terre mobile; ses ouïes attirent en dedans
» et ses naseaux rejettent au dehors une mer.

» Cependant les antres tièdes, les marais, les rivages, font éclore leur
» couvée nombreuse de l'œuf qui bientôt se brisant, laisse apercevoir
» par une favorable fracture les petits tout nus; bientôt emplumés, et
» en état de voler, ils ont toutes leurs ailes ; et avec un cri de triomphe,
» prenant l'essor dans l'air sublime, ils dédaignent la terre qu'ils voient
» en perspective sous un nuage. Ici l'aigle et la cigogne, sur les roches
» escarpées et sur la cime des cèdres, bâtissent leurs aires.

» Une partie des oiseaux plane indolemment dans la région de l'air;

With fry innumerable swarm, and shoals
Of fish that with their fins, and shining scales,
Glide under the green wave, in sculls that oft
Bank the mid sea: part single, or with mate,
Graze the sea-weed their pasture, and through groves
Of coral stray ; or, sporting with quick glance,
Show to the sun their wav'd coats dropt with gold;
Or, in their pearly shells at ease, attend
Moist nutriment ; or under rocks their food
Injointed armour watch : on smooth the seal
And bended dolphins play ; part huge of bulk,
Wallowing unwieldy, enormous in their gait,
Tempest the ocean: there Leviathan,
Hugest of living creatures, on the deep
Stretch'd like a promontory, sleeps, or swims,
And seems a moving land ; and at his gills
Draws in, and at his trunk spouts out, a sea.

» Meanwhile the tepid caves, and fens, and shores,
Their brood as numerous hatch, from th' egg that soon
Bursting with kindly rupture forth disclos'd
Their callow young; but feather'd soon and fledge,
They summ'd their pens; and, soaring th' air sublime,
With clang despis'd the ground, under a cloud
In prospect; there the eagle and the stork
On cliffs and cedar-tops their eyries build :
Part loosely wing the region; part, more wise,

» d'autres plus sages, formant une figure, tracent leur chemin en com-
» mun : intelligents des saisons, ils font partir leurs caravanes aériennes
» qui volent au-dessus des terres, et des mers, et d'une aile mutuelle
» facilitent leur fuite : ainsi les prudentes cigognes, portées sur les vents,
» gouvernent leur voyage de chaque année ; l'air flotte tandis qu'elles
» passent, vanné par des plumes innombrables.

» De branche en branche les oiseaux plus petits solacient les bois de
» leur chant, et déploient jusqu'au soir leurs ailes peinturées : alors
» même le rossignol solennel ne cesse pas de chanter, mais toute la nuit
» il soupire ses tendres lais.

» D'autres oiseaux encore baignent dans les lacs argentés et dans les
» rivières leur sein duveteux. Le cygne, au cou arqué, entre deux ailes
» blanches, manteau superbe, fait nager sa dignité avec ses pieds en
» guise de rames : souvent il quitte l'humide élément, et s'élevant sur
» ses ailes tendues, il monte dans la moyenne région de l'air. D'autres
» sur la terre marchent fermes : le coq crêté dont le clairon sonne les
» heures silencieuses, et cet oiseau qu'orne sa brillante queue, enrichie
» des couleurs vermeilles de l'arc-en-ciel et d'yeux étoilés. Ainsi les
» eaux remplies de poissons et l'air d'oiseaux, le matin et le soir solen-
» nisèrent le cinquième jour.

> In common, rang'd in figure, wedge their way,
> Intelligent of seasons, and set forth
> Their aery caravan, high over seas
> Flying, and over lands with mutual wing
> Easing their flight ; so steers the prudent crane
> Her annual voyage, borne on winds ; the air
> Floats as they pass, fann'd with unnumber'd plumes.
>
> » From branch to branch the smaller birds with song
> Solac'd the woods, and spread their painted wings
> Till even ; nor then the solemn nightingale
> Ceas'd warbling, but all night tun'd her soft lays.
>
> » Others, on silver lakes and rivers, bath'd
> Their downy breast : the swan with arched neck,
> Between her white wings mantling proudly, rows.
> Her state with oary feet ; yet oft they quit
> The dank, and, rising on stiff pennons, tower
> The mid aereal sky : others on ground
> Walk'd firm ; the crested cock whose clarion sounds
> The silent hours, and th' other whose gay train
> Adorns him, colour'd with the florid hue
> Of rainbows and starry eyes. The waters thus
> With fish replenish'd, and the air with fowl,
> Evening and morn solemniz'd the fifth day.
>
> » The sixth, and of creation last arose
> With evening harps and matin ; when God said : —

LIVRE VII.   259

» Le sixième et dernier jour de la création se leva enfin au son des
» harpes du soir et du matin, quand Dieu dit :
  « — Que la terre produise des animaux vivants, chacun selon son
» espèce; les troupeaux, et les reptiles, et les bêtes de la terre, chacun
» selon son espèce! » —
  » La terre obéit : et soudain, ouvrant ses fertiles entrailles, elle
» enfanta dans une seule couche d'innombrables créatures vivantes, de
» formes parfaites, pourvues de membres et en pleine croissance. Du sol
» comme de son gîte, se leva la bête fauve là où elle se tient d'ordinaire,
» dans la forêt déserte, le buisson, la fougeraie ou la caverne ; elles se
« levèrent par couple sous les arbres : elles marchèrent, le bétail dans
» les champs et les prairies vertes, ceux-ci rares et solitaires, ceux-là en
» troupeaux pâturant à la fois, et jaillis du sol en bandes nombreuses.
» Tantôt les grasses mottes de terre mettent bas une génisse ; tantôt pa-
» raît à moitié un lion roux, grattant pour rendre libre la partie posté-
» rieure de son corps : alors il s'élance comme échappé de ses liens, et,
» se dressant, secoue sa crinière tavelée. L'once, le léopard et le tigre,
» se soulevant comme la taupe, jettent par-dessus eux en monticules la
» terre émiettée. Le cerf rapide de dessous le sol lève sa tête branchue.
» A peine Béhémoth, le plus gros des fils de la terre, peut dégager de son

« Let th' earth bring forth soul living in her kind,
Cattle, and creeping things, and beast of the earth,
Each in their kind. »   The earth obey'd, and straight
Opening her fertile womb, teem'd at a birth
Innumerous living creatures, perfect forms,
Limb'd and full grown : out of the ground up rose,
As from his lair, the wild beast, where he wons
In forest wild, in thicket, brake, or den :
Among the trees in pairs they rose, they walk'd :
The cattle in the fields and meadows green :
Those rare and solitary, these in flocks
Pasturing at once, and in broad herds upsrung.
The grassy clods now calv'd ; now half appear'd
The tawny lion, pawing to get free
His hinder parts, then springs, as broke from bonds,
And rampant shakes his brinded mane : the ounce
The libbard and the tiger, as the mole
Rising, the crombled earth above them threw
In billocks : the swift stag from under ground
Bore up his branching head : scarce from his mould,
Behemoth, biggest born of earth, upheav'd
His vastness : fleec'd the flocks and bleating, rose
As plants ; ambiguous between sea and land
The river-horse, and scaly crocodile.
  » At once came forth whatever creeps the ground,
Insect or worm ; those wav'd their limber fans

» moule son vaste corps. Les brebis laineuses et bêlantes poussent comme
» des plantes : le cheval marin et le crocodile écailleux restent indécis
» entre la terre et l'eau.

» A la fois fut produit tout ce qui rampe sur la terre, insecte ou ver :
» les uns, en guise d'ailes agitent leurs souples éventails, et déco-
» rent leurs plus petits linéaments réguliers de toutes les livrées de
» l'orgueil de l'été, taches d'or et de pourpre, d'azur et de vert ; les
» autres tirent comme une ligne leur longue dimension, rayant la
» terre d'une sinueuse trace. Ils ne sont pas tous les moindres de la
» nature : quelques-uns de l'espèce du serpent, étonnants en longueur
» et en grosseur, entrelacent leurs tortueux replis, et y ajoutent des
» ailes.

» D'abord chemine l'économe fourmi, prévoyante de l'avenir ; dans
» un petit corps elle renferme un grand cœur ! modèle peut-être à l'a-
» venir de la juste égalité, elle unit en communauté ses tribus populai-
» res. Ensuite parut en essaim l'abeille femelle qui nourrit délicieuse-
» ment son mari fainéant, et bâtit ses cellules de cire remplies de miel.
» Le reste est sans nombre, et tu sais leur nature, et tu leur donnas des
» noms inutiles à te répéter. Il ne t'est pas inconnu, le serpent (la bête
» la plus subtile des champs) ; d'une énorme étendue quelquefois, il a

For wings, and smallest lineaments exact
In all the liveries deck'd of summer's pride,
With spots of gold and purple, azure and green:
These as a line, their long dimension drew,
Streaking the ground with sinuous trace ; not all
Minims of nature ; some of serpent-kind,
Wondrous in length and corpulence, involv'd
Their snaky folds, and added wings.

» First crept
The parcimonious emmet, provident
Of future ; in small room large heart enclos'd ;
Pattern of just equality, perhaps
Hereafter, join'd in her popular tribes
Of commonalty : swarming next appear'd
The female bee, that feeds her husband-drone
Deliciously, and builds her waxen cells
With honey stor'd : the rest are numberless,
And thou their natures know'st, and gav'st them names
Needless to thee repeated ; nor unknown
The serpent, subtlest beast of all the field,
Of huge extent sometimes, with brazen eyes
And hairy mane terrific, though to thee
Not noxious, but obedient at thy call.

» Now Heaven in all her glory shone, and roll'd
Her motions, as the great first Mover's hand

» des yeux d'airain, une crinière hirsute et terrible, quoiqu'il ne te soit
» point nuisible, et qu'il obéisse à ton appel.

» Les cieux brillaient maintenant dans toute leur gloire, et roulaient
» selon les mouvements que la main du grand premier moteur imprima
» d'abord à leur cours. La terre achevée dans son riche appareil, sou-
» riait charmante; l'air, l'eau, la terre, étaient fréquentés par l'oiseau
» qui vole, le poisson qui nage, la bête qui marche : et le sixième jour
» n'était pas encore accompli.

» Il y manquait le chef-d'œuvre, la fin de tout ce qui avait été fait,
» un être non courbé, non brute comme les autres créatures, mais qui,
» doué de la sainteté de la raison, pût dresser sa stature droite, et avec
» un front serein, se connaissant soi-même, gouverner le reste; un être
» qui, magnanime, pût correspondre d'ici avec le ciel, mais reconnaître,
» dans sa gratitude, d'où son bien descend, et le cœur, la voix, les yeux
» dévotement dirigés là, adorer, révérer le Dieu suprême qui le fit chef
» de tous ses ouvrages. C'est pourquoi le Père tout-puissant, éternel
» (car où n'est-il pas présent ?) distinctement à son Fils parla de la
» sorte :

« — Faisons à présent l'homme à notre image et à notre ressem-
» blance; et qu'il commande aux poissons de la mer, aux oiseaux du

> First wheel'd their course : earth, in her rich attire
> Consummate lovely smil'd ; air, water, earth,
> By fowl, fish, beast, was flown, was swum, was walk'd,
> Frequent; and of the sixth day yet remain'd:
> There wanted yet the master-work, the end
> Of all yet done ; a creature, who, not prone
> And brute as other creatures, but endued
> With sanctity of reason, might erect
> His stature, and upright with front serene
> Govern the rest, self-knowing ; and from thence
> Magnanimous to correspond with Heaven,
> But grateful to acknowledge whence his good
> Descends, thither with heart, and voice, and eyes,
> Directed in devotion, to adore
> And worship God Supreme, who made him chief
> Of all his works : therefore th' Omnipotent
> Eternal Father (for where is not he
> Present ?) thus to his Son audibly spake : —
>
> « Let us make now man in our image, man
> In our similitude : and let them rule
> Over the fish and fowl of sea and air,
> Beast of the field and over all the earth,
> And every creeping thing that creeps the ground. »
>
> » This said, he form'd thee, Adam ; thee, O man !
> Dust of the ground, and in thy nostrils breath'd

» ciel, aux bêtes des champs, à toute la terre et à tous les reptiles qui
» se remuent sur la terre. »

» Cela dit, il te forma toi, Adam ; toi, ô homme poussière de la terre !
» et il souffla dans tes narines le souffle de vie : il te créa à sa propre
» image, à l'image exacte de Dieu, et tu devins une âme vivante. Mâle
» il te créa, mais il créa femelle ta compagne, pour ta race. Alors il bé-
» nit le genre humain, et dit :

« Croissez, multipliez ; et remplissez la terre et vous l'assujettissez, et
» dominez sur les poissons de la mer, sur les oiseaux du ciel, et sur tous
» les animaux vivants qui se meuvent sur la terre, partout où ils ont
» été créés, car aucun lieu n'est encore désigné par un nom. — De là,
» comme tu sais, il te porta dans ce délicieux bocage, dans ce jardin
» planté des arbres de Dieu, délectables à voir et à goûter. Et il te donna
» libéralement tout leur fruit agréable pour nourriture (ici sont réunies
» toutes les espèces que porte toute la terre, variété infinie !) ; mais du
» fruit de l'arbre qui goûté produit la connaissance du bien et du mal,
» tu dois t'abstenir ; le jour où tu en manges, tu meurs. La mort est la
» peine imposée ; prends garde, et gouverne bien ton appétit, de peur
» que le péché ne te surprenne, et sa noire suivante, la mort. »

» Ici Dieu finit : et tout ce qu'il avait fait, il le regarda, et vit que

> The breath of life ; in his own image he
> Created thee, in the image of God
> Express ; and thou becam'st a living soul.
> Male he created thee ; but thy consort
> Female, for race ; then bless'd mankind, and said : —
>
> « Be fruitful, multiply, and fill the earth ;
> Subdue it, and throughout dominion hold
> Over fish of the sea, and fowl of the air,
> And every living thing that moves on th' earth,
> Wherever thus created (for no place
> Is yet distinct by name). Thence, as thou know'st,
> He brought thee into this delicious grove,
> This garden, planted with the trees of God,
> Delectable both to behold and taste ;
> And freely all their pleasant fruit for food .
> Gave thee : all sorts are here that all th' earth yields,
> Variety without end ; but of the tree,
> Which, tasted, works knowledge of good and evil,
> Thou may'st not ; in the day thou eat'st, thou diest :
> Death is the penalty impos'd ; beware,
> And govern well thy appetite ; lest Sin
> Surprise thee, and her black attendant, Death. »
>
> » Here finish'd he, and all that he had made
> View'd, and behold all was entirely good ;
> So even and morn accomplish'd the sixth day :

» tout était entièrement bon : ainsi le soir et le matin accomplirent le
» sixième jour; toutefois non pas avant que le Créateur cessant son tra-
» vail, quoique non fatigué, retournât en haut, en haut au ciel des
» cieux, sa sublime demeure, pour contempler de là ce monde nouvelle-
» ment créé, cette addition à son empire, pour voir comment il se mon-
» trait en perspective de son trône, combien bon, combien beau, répon-
» dant à sa grande idée.

» Il s'enleva, suivi d'acclamations, et au son mélodieux de dix mille
» harpes qui faisaient entendre d'angéliques harmonies. La terre, l'air,
» résonnaient (tu t'en souviens, car tu les entendis) ; les cieux et toutes
» les constellations retentirent, les planètes s'arrêtèrent dans leur station
» pour écouter, tandis que la pompe brillante montait en jubilation. Ils
» chantaient :

« — Ouvrez-vous, portes éternelles ; ouvrez, ô cieux, vos portes vi-
» vantes ! laissez entrer le grand Créateur, revenu magnifique de son
» ouvrage, de son ouvrage de six jours, un monde! Ouvrez-vous, et dé-
» sormais ouvrez-vous souvent; car Dieu délecté daignera souvent visiter
» les demeures des hommes justes, et par une fréquente communication
» il y enverra ses courriers ailés, pour les messages de sa grâce su-
» prême. » —

  Yet not till the Creator, from his work
Desisting, though unwearied, up return'd,
Up to the Heaven of Heavens, his high abode;
Thence to behold this new-created world,
Th' addition of his empire, how it show'd
In prospect from his throne, how good, how fair,
Answering his great idea.
     » Up he rode,
Follow'd with acclamation, and the sound
Symphonious of ten thousand harps, that tun'd
Angelic harmonies : the earth, the air
Resounded (thou remember'st, for thou heard'st),
The Heavens and all the constellations rung,
The planets in their station listening stood,
While the bright pomp ascended jubilant : —

  « Open, ye everlasting gates! they sung;
Open, ye Heavens ! your living doors ; let in
The great Creator, from his work return'd
Magnificent, his six days' work, a world !
Open, and henceforth oft ; for God will deign
To visit oft the dwellings of just men,
Delighted ; and with frequent intercourse
Thither will send his winged messengers
On errands of supernal grace. »
     » So sung

» Ainsi chantait le glorieux cortége dans son ascension : le Verbe
» à travers le ciel, qui ouvrit dans toute leur grandeur ses portes
» éclatantes, suivit le chemin direct jusqu'à la maison éternelle de
» Dieu ; chemin large et ample dont la poussière est d'or et le pavé
» d'étoiles, comme les étoiles que tu vois dans Galaxie, cette voie
» lactée que tu découvres, la nuit, comme une zone poudrée d'é-
» toiles.

» Et maintenant, sur la terre, le septième soir se leva dans Éden, car
» le soleil s'était couché, et le crépuscule, avant-coureur de la nuit, ve-
» nait de l'orient, quand au saint mont, sommet élevé du ciel, trône im-
» périal de la Divinité, à jamais fixé, ferme et sûr, la puissance filiale
» arriva et s'assit avec son Père. Car lui aussi, quoiqu'il demeurât à la
» même place (tel est le privilége de l'omniprésence), était allé invisible
» à l'ouvrage ordonné, lui commencement et fin de toutes choses. Et se
» reposant alors du travail, il bénit et sanctifia le septième jour, parce
» qu'il se reposa ce jour-là de tout son ouvrage. Mais il ne fut pas chômé
» dans un sacré silence ; la harpe eut du travail, ne se reposa pas ; la
» flûte grave, le tympanon, toutes les orgues au clavier mélodieux, tous
» les sons touchés sur la corde ou le fil d'or, confondirent de doux ac-
» cords entremêlés de voix en chœur ou à l'unisson. Des nuages d'en-

> The glorious train ascending: he through Heaven,
> That open'd wide her blazing portals, led
> To God's eternal house direct the way;
> A broad and ample road, whose dust is go'd
> And pavement stars, as stars to thee appear,
> Seen in the galaxy, that milky way,
> Which nightly, as a circling zone, thou seest
> Powder'd with stars.
>
> » And now on earth the seventh
> Evening arose in Eden, for the sun
> Was set, and twilight from the east came on,
> Forerunning night; when at the holy mount
> Of Heaven's high-seated top, th' imperial throne
> Of Godhead, fix'd for ever firm and sure,
> The Filial Power arriv'd, and sat him down
> With his great Father; for he also went
> Invisible, yet staid (such privilege
> Hath Omnipresence), and the work ordain'd,
> Authour and End of all things; and, from work
> Now resting, bless'd and hallow'd the seventh day,
> As resting on that day from all his work,
> But not in silence holy kept: the harp
> Had work, and rested not; the solemn pipe,
> And dulcimer, all organs of sweet stop,
> All sounds on fret by string or golden wire,

» cens, fumant dans des encensoirs d'or, cachèrent la montagne. La
» création et l'œuvre de six jours furent chantées.

« — Grands sont tes ouvrages, ô Jéhovah ! infini ton pouvoir ! quelle
» pensée te peut mesurer, quelle langue te raconter ? Plus grand main-
» tenant dans ton retour, qu'après le combat des anges géants : toi, ce
» jour-là tes foudres te magnifièrent, mais il est plus grand de créer que
» de détruire ce qui est créé. Qui peut te nuire, Roi puissant, ou borner
» ton empire? Facilement as-tu repoussé l'orgueilleuse entreprise des
» esprits apostats et dissipé leurs vains conseils, lorsque dans leur im-
» piété ils s'imaginèrent te diminuer, te retirer de toi la foule de tes
» adorateurs. Qui cherche à t'amoindrir ne sert, contre son dessein, qu'à
» manifester d'autant plus ta puissance; tu emploies la méchanceté de
» ton ennemi, et tu en fais sortir le bien : témoin ce monde nouvelle-
» ment créé, autre ciel non loin de la porte du ciel, fondé, en vue, sur
» le pur cristallin, la mer de verre; d'une étendue presque immense,
» ce ciel a de nombreuses étoiles, et chaque étoile a peut-être un monde
» destiné à être habité : mais tu connais leurs temps. Au milieu de ces
» mondes se trouve la terre, demeure des hommes, leur séjour agréable
» avec son océan inférieur répandu à l'entour. Trois fois heureux les
» hommes et les fils des hommes que Dieu a favorisés ainsi ! qu'il a créés

Temper'd soft tunings, intermix'd with voice
Choral or unison : of incense clouds,
Fuming from golden censers, hid the mount.
Creation and the six days' acts they sung :

« Great are thy works, Jehovah ! infinite
Thy power ! what thought can measure thee, or tongue
Relate thee? Greater now in thy return
Than from the giant angels: thee that day
Thy thunders magnified; but to create
Is greater than created to destroy.
Who can impair thee, Mighty King, or bound
Thy empire? easily the proud attempt
Of spirits apostate, and their counsels vain,
Thou hast repell'd ; while impiously they thought
Thee to diminish, and from thee withdraw
The number of thy worshippers. Who seeks
To lessen thee, against his purpose serves
To manifest the more thy might : his evil
Thou usest, and from thence creat'st more good,
Witness this new-made world, another heaven
From Heaven-gate not far, founded in view
On the clear hyaline, the glassy sea ;
Of amplitude almost immense, with stars
Numerous, and every star perhaps a world
Of destin'd habitation; but thou know'st
Their seasons: among these the seat of men,

» à son image, pour habiter là et pour l'adorer, et en récompense régner
» sur toutes ses œuvres, sur la terre, la mer ou l'air, et multiplier une
» race d'adorateurs saints et justes ! Trois fois heureux s'ils connaissent
» leur bonheur, et s'ils persévèrent dans la justice ! » —

» Ils chantaient ainsi, et l'empyrée retentit d'*alleluia* ; ainsi fut
» gardé le jour du sabbat.

» Je pense maintenant, ô Adam ! avoir pleinement satisfait à ta re-
» quête qui demanda comment ce monde, et la face des choses, com-
» mencèrent d'abord, et ce qui fut fait avant ton souvenir, dès le com-
» mencement, afin que la postérité, instruite par toi, le pût apprendre.
» Si tu as à rechercher quelque autre chose ne surpassant pas l'intelli-
» gence humaine, parle. »

> Earth, with her nether ocean circumfus'd,
> Their pleasant dwelling-place. Thrice happy men,
> And sons of men, whom God hath thus advanc'd !
> Created in his image, there to dwell
> And worship him ; and in reward to rule
> Over his works, on earth, in sea, or air,
> And multiply a race of worshippers
> Holy and just : thrice happy, if they know
> Their happiness, and persevere upright ! »
>
> » So sung they, and the empyrean rung
> With hallelujahs : thus was sabbath kept.
>
> » And thy request think now fulfill'd, that ask'd
> How first this world and face of things began,
> And what before thy memory was done
> From the beginning ; that posterity,
> Inform'd by thee, might know : if else thou seek'st
> Aught, not surpassing human measure, say. »

LIVRE HUITIÈME.

ARGUMENT.

Adam s'enquiert des mouvements célestes ; il reçoit une réponse douteuse et est exhorté à chercher de préférence des choses plus dignes d'être connues. Adam y consent ; mais désirant encore retenir Raphaël, il lui raconte les choses dont il se souvient, depuis sa propre création ; sa translation dans le paradis ; son entretien avec Dieu touchant la solitude et une société convenable; sa première rencontre et ses noces avec Ève. Son discours là-dessus avec l'Ange, qui part après des admonitions répétées.

BOOK VIII.

THE ARGUMENT.

Adam inquires concerning celestial motions : is doubtfully answered, and exhorted to search rather things more worthy of knowledge : Adam assents; and, still desirous to detain Raphael, relates to him what he remembered since his own creation, his placing in Paradise ; his talk with God concerning solitude and fit society ; his first meeting nuptials with Eve; his discourse with the angel thereupon ; who, after admonitions repeated, departs

VIII

L'ange finit, et dans l'oreille d'Adam laisse sa voix si charmante que, pendant quelque temps, croyant qu'il parlait encore, il restait encore immobile pour l'écouter. [Enfin, comme nouvellement éveillé, il lui dit, plein de reconnaissance :

VIII

The angel ended ; and in Adam's ear
So charming left his voice, that he awhile
Thought him still speaking, still stood fix'd to hear;
Then, as new wak'd, thus gratefully replied:

« Quels remerciements suffisants, ou quelle récompense proportion-
» née ai-je à t'offrir, divin historien, qui as si abondamment étanché la
» soif que j'avais de connaître, qui as eu cette condescendance amicale
» de raconter des choses autrement pour moi inscrutables, maintenant
» entendues avec surprise, mais avec délice, et comme il est dû, avec
» une gloire attribuée au souverain Créateur ! Néanmoins quelque
» doute me reste que ton explication peut seule résoudre.

» Lorsque je vois cette excellente structure, ce monde, composé du
» ciel et de la terre, et que je calcule leurs grandeurs, cette terre est une
» tache, un grain, un atome, comparée avec le firmament, et tous ses
» astres comptés, qui semblent rouler dans des espaces incompréhensi-
» bles, car leur distance et leur prompt retour diurne le prouvent. Quoi !
» uniquement pour administrer la lumière l'espace d'un jour et d'une
» nuit autour de cette terre opaque, de cette tache d'un point, eux, dans
» toute leur vaste inspection d'ailleurs inutiles ! En raisonnant j'admire
» souvent comment la nature sobre et sage a pu commettre de pareilles
» disproportions, a pu, d'une main prodigue, créer les corps les plus
» beaux, multiplier les plus grands pour ce seul usage (à ce qu'il paraît),
» et imposer à leurs orbes de telles révolutions sans repos, jour par jour
» répétées. Et cependant la terre sédentaire (qui pourrait se mouvoir

« What thanks sufficient, or what recompense
Equal, have I to render thee, divine
Historian! who thus largely hast allay'd
The thirst I had of knowledge, and vouchsaf'd
This friendly condescension to relate
Things, else by me unsearchable ; now heard
With wonder, but delight, and, as is due,
With glory attributed to the high
Creator? Something yet of doubt remains,
Which only thy solution can resolve.

» When I behold this goodly frame, this world,
Of Heaven and earth consisting, and compute
Their magnitudes; this earth, a spot, a grain,
An atom, with the firmament compar'd
And all her number'd stars, that seem to roll
Spaces incomprehensible (for such
Their distance argues, and their swift return
Diurnal), merely to officiate light
Round this opacous earth, this punctual spo
One day and night; in all their vast survey
Useless besides; reasoning I oft admire,
How Nature, wise and frugal, could commit
Such disproportions, with superfluous hand
So many nobler bodies to create,
Greater so manifold, to this one use,
For aught appears, and on their orbs impose

» mieux dans un cercle beaucoup moindre), servie par plus noble qu'elle,
» atteint ses fins sans le plus petit mouvement, et reçoit la chaleur et
» la lumière, comme le tribut d'une course incalculable, apporté avec
» une rapidité incorporelle, rapidité telle que les nombres manquent
» pour l'exprimer. »

Ainsi parla notre premier père, et il sembla par sa contenance entrer dans des pensées studieuses et abstraites ; ce qu'Ève apercevant du lieu où elle était assise retirée en vue, elle se leva avec une modestie majestueuse et une grâce qui engageaient celui qui la voyait à souhaiter qu'elle restât. Elle alla parmi ses fruits et ses fleurs pour examiner comment ils prospéraient, bouton et fleur, ses élèves : ils poussèrent à sa venue, et, touchés par sa belle main, grandirent plus joyeusement. Cependant elle ne se retira point comme non charmée de tels discours, ou parce que son oreille n'était pas capable d'entendre ce qui était élevé ; mais elle se réservait ce plaisir, Adam racontant, elle seule auditrice ; elle préférait à l'ange son mari le narrateur, et elle aimait mieux l'interroger ; elle savait qu'il entremêlerait d'agréables digressions, et résoudrait les hautes difficultés par des caresses conjugales : des lèvres de son époux les paroles ne lui plaisaient pas seules ! Oh ! quand se rencontre à présent un pareil couple, mutuellement uni en dignité et en amour ?

Such restless revolution day by day
Repeated; while the sedentary earth,
That better might with far less compass move,
Serv'd by more noble than herself, attains
Her end without least motion, and receives,
As tribute, such a sumless journey brought
Of incorporeal speed, her warmth and light;
Speed, to describe whose swiftness number fails. »

So spake our sire, and by his countenance seem'd
Entering on studious thoughts abstruse; which Eve
Perceiving, where she sat retir'd in sight,
With lowliness majestic from her seat,
And grace that won who saw to wish her stay,
Rose, and went forth among her fruits and flowers
To visit how they prosper'd, but and bloom,
Her nursery; they at her coming sprung,
And, touch'd by her fair tendance, gladlier grew.
Yet went she not, as not with such discourse
Delighted, or not capable her ear
Of what was high: such pleasure she reserv'd,
Adam relating, she sole auditress:
Her husband the relater she preferr'd
Before the angel, and of him to ask
Chose rather; he, she knew, would intermix
Grateful digressions, and solve high dispute
With conjugal caresses: from his lip

Ève s'éloigna avec la démarche d'une déesse ; elle n'était pas sans suite, car près d'elle comme une reine, un cortége de grâces attrayantes se tient toujours; et d'autour d'elle jaillissaient dans tous les yeux des traits du désir qui faisait souhaiter encore sa présence.

Et Raphaël, bienvieillant et facile, répond à présent au doute qu'Adam avait proposé :

« De demander ou de t'enquérir, je ne te blâme pas, car le ciel est
» comme le livre de Dieu ouvert devant toi, dans lequel tu peux lire
» ses merveilleux ouvrages et apprendre ses saisons, ses heures, ou ses
» mois, ou ses années ; pour atteindre à ceci, que le ciel ou la terre se
» meuvent, peu importe si tu comptes juste. Le grand Architecte a fait
» sagement de cacher le reste à l'homme ou à l'ange, de ne pas divulguer
» ses secrets pour être scrutés par ceux qui doivent plutôt les admirer ;
» ou s'ils veulent hasarder des conjectures, il a livré son édifice des
» cieux à leurs disputes, afin peut-être d'exciter son rire par leurs opi-
» nions vagues et subtiles, quand dans la suite ils viendront à mouler le
» ciel et à calculer les étoiles. Comme ils manieront la puissante struc-
» ture ! comme ils bâtiront, débâtiront, s'ingénieront pour sauver les
» apparences ! comme ils ceindront la sphère de cercles concentriques
» et excentriques, de cycles et d'épicycles, d'orbes dans des orbes, mal

Not words alone pleas'd her. O! when meet now
Such pairs, in love and mutual honour join'd?
With goddess like demeanour forth she went,
Not unattended; for on her, as queen,
A pomp of winning graces waited still,
And from about her shot darts of desire
Into all eyes, to wish her still in sight.

And Raphael now, to Adam's doubt propos'd,
Benevolent and facile thus replied :

« To ask or search, I blame thee not; for Heaven
Is as the book of God before thee set,
Wherein to read his wondrous works, and lear
His seasons, hours, or days, or months, or years :
This to attain, whether Heaven move or earth,
Imports not, if thou reckon right; the rest
From man or angel the great Architect
Did wisely to conceal, and not divulge
His secrets to be scann'd by them, who ought
Rather admire; or, if they list to try
Conjecture, he his fabric of the Heavens
Hath left to their disputes, perhaps to move
His laughter at their quaint opinions wide
Hereafter, when they come to model Heaven
And calculate the stars; how they will wield
The mighty frame; how build, unbuild, contrive,
To save appearances; how gird the sphere

» écrits sur elle ! Déjà je devine ceci par ton raisonnement, toi qui dois
» guider ta postérité, et qui suppose que des corps plus grands et lumi-
» neux n'en doivent pas servir de plus petits privés de lumière, ni le
» ciel parcourir de pareils espaces, tandis que la terre, assise tranquille,
» reçoit seule le bénéfice de cette course.

» Considère d'abord que grandeur ou éclat ne supposent pas excel-
» lence : la terre, bien qu'en comparaison du ciel, si petite et sans lu-
» mière, peut contenir des qualités solides en plus d'abondance que le
» soleil qui brille stérile, et dont la vertu n'opère pas d'effet sur lui-
» même, mais sur la terre féconde : là ses rayons reçus d'abord (inactifs
» ailleurs) trouvent leur vigueur. Encore, ces éclatants luminaires ne
» sont pas serviables à la terre, mais à toi, habitant de la terre.

» Quant à l'immense circuit du ciel, qu'il raconte la haute magnifi-
» cence du Créateur, lequel a bâti d'une manière si vaste, et étendu
» ses lignes si loin, afin que l'homme puisse savoir qu'il n'habite pas
» chez lui ; édifice trop grand pour qu'il le remplisse, logé qu'il est dans
» une petite portion : le reste est formé pour des usages mieux connus
» de son souverain Seigneur. Attribue la vitesse de ces cercles, quoique
» sans nombre, à l'omnipotence de Dieu, qui pourrait ajouter à des subs-
» tances matérielles une rapidité presque spirituelle. Tu ne me crois pas

> With centric and eccentric scribbled o'er,
> Cycle and epicycle, orb in orb.
> Already by thy reasoning this I guess,
> Who art to lead thy offspring, and supposest
> That bodies bright and greater should not serve
> The less not bright; nor Heaven such journeys run,
> Earth sitting still, when she alone receives
> The benefit.
>
> » Consider first, that great
> Or bright infers not excellence: the earth,
> Though, in comparison of Heaven, so small,
> Nor glistering, may of solid good contain
> More plenty than the sun that barren shines,
> Whose virtue on itself works no effect,
> But in the fruitful earth ; there first receiv'd,
> His beams, unactive else, their vigour find.
> Yet not to earth are those bright luminaries
> Officious; but to thee, earth's habitant.
>
> » And for the Heaven's wide circuit, let it speak
> The Maker's high magnificence, who built
> So spacious, and his line stretch'd out so far,
> That man may know he dwells not in his own;
> An edifice too large for him to fill,
> Lodg'd in a small partition; and the rest
> Ordain'd for uses to his Lord best known.

» lent, moi qui, depuis l'heure matinale parti du ciel où Dieu réside,
» suis arrivé dans Éden avant le milieu du jour, distance inexprimable
» dans des nombres qui aient un nom.

» Mais j'avance ceci, en admettant le mouvement des cieux, pour
» montrer combien a peu de valeur ce qui te porte à en douter ; non
» que j'affirme ce mouvement, quoiqu'il te semble tel, à toi qui as ta
» demeure ici sur la terre. Dieu, pour éloigner ses voies du sens hu-
» main, a placé le ciel tellement loin de la terre, que la vue terrestre, si
» elle s'aventure, puisse se perdre dans des choses trop sublimes, et n'en
» tirer aucun avantage.

» Quoi? si le soleil est le centre du monde, et si d'autres astres (par
» sa vertu attractive et par la leur même incités) dansent autour de lui
» des rondes variées? Tu vois dans six planètes leur course errante,
» maintenant haute, maintenant basse, tantôt cachée, progressive, ré-
» trograde ou demeurant stationnaire : que serait-ce si la septième pla-
» nète, la terre (quoiqu'elle semble si immobile), se mouvait insensible-
» ment par trois mouvements divers ? Sans cela ces mouvements, ou tu
» les dois attribuer à différentes sphères mues en sens contraire croisant
» leurs obliquités, ou tu dois sauver au soleil sa fatigue, ainsi qu'à ce
» rhombe rapide supposé nocturne et diurne, invisible d'ailleurs au-des-

 The swiftness of those circles attribute,
 Though numberless, to his omnipotence,
 That to corporeal substances could add
 Speed almost spiritual : me thou think'st not slow,
 Who since the morning-hour set out from Heaven
 Where God resides, and ere mid-day arriv'd
 In Eden ; distance inexpressible
 By numbers that have name.

 » But this I urge,
 Admitting motion in the Heavens, to show
 Invalid that which thee to doubt it mov'd;
 Not that I so affirm, though so it seem
 To thee, who hast thy dwelling here on earth.
 God, to remove his ways from human sense,
 Plac'd Heaven from earth so far, that earthly sight,
 If it presume, might err in things too high,
 And no advantage gain.

 » What if the sun
 Be centre to the world; and other stars,
 By his attractive virtue and their own
 Incited, dance about him various rounds?
 Their wandering course, now high, now low, then hid,
 Progressive, retrograde, or standing still,
 In six thou seest ; and what if seventh to these
 The planet earth, so stedfast though she seem,

» sus de toutes les étoiles; roue du jour et de la nuit. Tu n'aurais plus
» besoin d'y croire si la terre, industrieuse d'elle-même, cherchait le jour
» en voyageant à l'orient, et si de son hémisphère opposé au rayon
» du soleil elle rencontrait la nuit, son autre hémisphère étant encore
» éclairé de la lumière du jour. Que serait-ce si cette lumière reflé-
» tée par la terre à travers la vaste transparence de l'air, était comme
» la lumière d'un astre pour le globe terrestre de la lune, la terre
» éclairant la lune pendant le jour, comme la lune éclaire la terre
» pendant la nuit? Réciprocité dans le cas où la lune aurait une terre,
» des champs et des habitants. Tu vois ses taches comme des nuages;
» les nuages peuvent donner de la pluie, et la pluie peut produire
» des fruits dans le sol amolli de la lune, pour nourrir ceux qui sont
» placés là.

» Peut-être découvriras-tu d'autres soleils accompagnés de leurs lu-
» nes, communiquant la lumière mâle et femelle; ces deux grands sexes
» animent le monde, peut-être rempli dans chacun de ses orbes par
» quelque créature qui vit. Car qu'une aussi vaste étendue de la nature
» soit privée d'âmes vivantes; qu'elle soit déserte, désolée, faite seule-
» ment pour briller, pour payer à peine à chaque orbe une faible étin-
» celle de lumière envoyée si loin, en bas à cet orbe habitable qui lui

Insensibly three different motions move?
Which else to several spheres thou must ascribe,
Mov'd contrary with thwart obliquities;
Or save the sun his labour, and that swift
Nocturnal and diurnal rhomb suppos'd,
Invisible else above all stars, the wheel
Of day and night; which needs not thy belief,
If earth, industrious of herself, fetch day
Travelling east, and with her part averse
From the sun's beam meet night, her other part
Still luminous by his ray. What if that light
Sent from her through the wide transpicuous air,
To the terrestrial moon be as a star,
Enlightening her by day, as she by night
This earth? reciprocal, if land be there,
Fields and inhabitants: her spots thou seest
As clouds, and clouds may rain, and rain produce
Fruits in her soften'd soil, for some to eat
Allotted there.

    » And other suns perhaps,
With their attendant moons, thou wilt descry,
Communicating male and female light;
Which two great sexes animate the world,
Stor'd in each orb perhaps with some that live.
For such vast room in nature unpossess'd
By living soul, desert and desolate.

» renvoie cette lumière, c'est ce qui sera une éternelle matière de dis-
» pute.

» Mais que ces choses soient ou ne soient pas ainsi; que le soleil do-
» minant dans le ciel se lève sur la terre, ou que la terre se lève sur le
» soleil; que le soleil commence dans l'orient sa carrière ardente, ou que
» la terre s'avance de l'occident dans une course silencieuse, à pas inof-
» fensifs, dorme sur son axe doux, tandis qu'elle marche d'un mouve-
» ment égal et t'emporte mollement avec l'atmosphère tranquille; ne
» fatigue pas tes pensées de ces choses cachées; laisse-les au Dieu d'en
» haut; sers-le et crains-le. Qu'il dispose comme il lui plaît des autres
» créatures, quelque part qu'elles soient placées. Réjouis-toi dans ce
» qu'il t'a donné, ce paradis et ta belle Ève. Le ciel est pour toi trop
» élevé pour que tu puisses savoir ce qui s'y passe. Sois humblement
» sage: pense seulement à ce qui concerne toi et ton être; ne rêve point
» d'autres mondes, des créatures qui y vivent de leur état, de leur con-
» dition ou degré: sois content de ce qui t'a été révélé jusqu'ici, non-
» seulement de la terre, mais du plus haut ciel. »

Adam, éclairci sur ses doutes, lui répliqua:

« Combien pleinement tu m'as satisfait, pure intelligence du ciel,
» ange serein! et combien, délivré de sollicitudes, tu m'as enseigné,

    Only to shine, yet scarce to contribute
  Each orb a glimpse of light, convey'd so far
  Down to this habitable, which returns
  Ligth back to them, is obvious to dispute.

  » But whether thus these things, or whether not;
  Whether the sun, predominant in Heaven,
  Rise on the earth; or earth rise on the sun;
  He from the east his flaming road begin;
  Or she from west her silent course advance,
  With inoffensive pace that spinning sleeps
  On her soft axle, while she paces even,
  And bears thee soft with the smooth air along,
  Solicit not thy thoughts with matters hid;
  Leave them to God above; him serve and fear.
  Of other creatures, as him pleases best,
  Wherever plac'd, let him dispose; joy thou
  In what he gives to thee, this Paradise
  And thy fair Eve; Heaven is for thee too high
  To know what passes there; be lowly wise:
  Think only what concerns thee, and thy being;
  Dream not of other worlds; what creatures there
  Live, in what state, condition, or degree:
  Contented that thus far hath been reveal'd,
  Not of earth only, but of highest Heaven. »

    To whom thus Adam, clear'd of doubt, replied:

» pour vivre, le chemin le plus aisé! tu m'as appris à ne point interrom-
» pre avec des imaginations perplexes la douceur d'une vie dont Dieu a
» ordonné à tous soucis pénibles d'habiter loin, et de ne pas nous trou-
» bler, à moins que nous ne les cherchions nous-mêmes par des pensées
» errantes et des notions vaines. Mais l'esprit, ou l'imagination, est apte
» à s'égarer sans retenue ; il n'est point de fin à ses erreurs, jusqu'à ce
» que avertie, ou enseignée par l'expérience, elle apprenne que la pre-
» mière sagesse n'est pas de connaître amplement les matières obscures,
» subtiles et d'un usage éloigné, mais ce qui est devant nous dans la vie
» journalière; le reste est fumée, ou vanité, ou folle extravagance, et
« nous rend, dans les choses qui nous concernent le plus, sans expé-
» rience, sans habitude, et cherchant toujours. Ainsi descendons de cette
» hauteur, abaissons notre vol et parlons des choses utiles près de nous,
» d'où, par hasard, peut naître l'occasion de te demander quelque chose
» non hors de saison, m'accordant ta complaisance et ta faveur accou-
» tumée.

» Je t'ai entendu raconter ce qui a été fait avant mon souvenir ; à
» présent écoute-moi raconter mon histoire que tu ignores peut-être. Le
» jour n'est pas encore dépensé; jusqu'ici tu vois de quoi je m'avise
» subtilement pour te retenir, t'invitant à entendre mon récit ; folie ! si

« How fully hast thou satisfied me, pure
Intelligence of Heaven, angel serene !
And, freed from intricacies, taught to live
The easiest way ; nor with perplexing thoughts
To interrupt the sweet of life, from which
God hath bid dwell far off all anxious cares,
And not molest us; unless we ourselves
Seek them with wandering thoughts and notions vain.
But apt the mind or fancy is to rove
Uncheck'd, and of her roving is no end;
Till warn'd, or by experience taught, she learn,
That not to know at large of things remote
From use, obscure and subtle; but to know
That which before us lies in daily life,
Is the prime wisdom : what is more, is fume,
Or emptiness, or fond impertinence;
And renders us, in things that most concern,
Unpractis'd, unprepar'd, and still to seek.
Therefore, from this high pitch let us descend
A lower flight, and speak of things at hand
Useful ; whence, haply, mension may arise
Of something not unseasonable to ask,
By sufferance, and thy wonted favour, deign'd.

» Thee I have heard relating what was done
Ere my remembrance; now, hear me relate
My story, which perhaps thou hast not heard;

» ce n'était dans l'espoir de ta réponse : car tandis que je suis assis avec
» toi, je me crois dans le ciel ; ton discours est plus flatteur à mon
» oreille que les fruits les plus agréables du palmier ne le sont à la faim
» et à la soif, après le travail, à l'heure du doux repas : ils rassasient et
» bientôt lassent, quoique agréables; mais tes paroles, imbues d'une
» grâce divine, n'apportent à leur douceur aucune satiété. »

Raphaël répliqua célestement doux :

« Tes lèvres ne sont pas sans grâce, père des hommes, ni ta langue
» sans éloquence, car Dieu avec abondance a aussi répandu ses dons sur
» toi extérieurement et intérieurement, toi sa brillante image : parlant
» ou muet, toute beauté et toute grâce t'accompagnent, et forment cha-
» cune de tes paroles, chacun de tes mouvements. Dans le ciel, nous ne
» te regardons pas moins que comme notre compagnon de service sur la
» terre, et nous nous enquérons avec plaisir des voies de Dieu dans
» l'homme ; car Dieu, nous le voyons, t'a honoré, et a placé dans l'homme
» son égal amour.

» Parle donc, car il arriva que le jour où tu naquis, j'étais absent,
» engagé dans un voyage difficile et ténébreux, au loin dans une excur-
» sion vers les portes de l'enfer. En pleine légion carrée (ainsi nous en
» avions reçu l'ordre), nous veillâmes à ce qu'aucun espion ou aucun

  And day is not yet spent, till then thou seest
  How subtly to detain thee I devise;
  Inviting thee to hear while I relate;
  Fond! were it not in hope of thy reply:
  For, while I sit with thee, I seem in Heaven;
  And sweeter thy discourse is to my ear
  Than fruits of palm-tree pleasantest to thirst
  And hunger both, from labour, at the hour
  Of sweet repast; they satiate, and soon fill,
  Though pleasant; but thy words, with grace divine
  Imbued, bring to their sweetness no satiety.

  To whom thus Raphael answer'd heavenly meek:

  « Nor are thy lips ungraceful, sire of men,
  Nor tongue ineloquent; for God on thee
  Abundantly his gifts hath also pour'd
  Inward and outward both, his image fair:
  Speaking or mute, all comeliness and grace
  Attends thee; and each word, each motion forms.
  Nor less think we in Heaven of thee on earth
  Than of our fellow-servant, and inquire
  Gladly into the ways of God with man:
  For God, we see, hath honour'd thee, and set
  On man his equal love.
      » Say therefore on;
  For I that day was absent, as befell,

» ennemi ne sortît de là, tandis que Dieu était à son ouvrage, de peur
» que lui, irrité par cette irruption audacieuse, ne mêlât la destruction
» à la création. Non que les esprits rebelles osassent sans sa permission
» rien tenter, mais il nous envoya pour établir ses hauts commandements
» comme souverain Roi, et pour nous accoutumer à une prompte obéis-
» sance.

» Nous trouvâmes étroitement fermées les horribles portes, étroite-
» ment fermées et barricadées fortement ; mais longtemps avant notre
» approche, nous entendîmes au dedans un bruit autre que le son de la
» danse et du chant : tourment, et haute lamentation, et rage furieuse !
» Contents, nous retournâmes aux rivages de la lumière avant le soir du
» sabbat : tel était notre ordre. Mais ton récit à présent : car je l'attends,
» non moins charmé de tes paroles que toi des miennes. »

Ainsi parla ce pouvoir semblable à un Dieu, et alors notre premier père :

« Pour l'homme, dire comment la vie humaine commença, est diffi-
» cile, car qui connut soi-même son commencement ? Le désir de con-
» verser plus longtemps encore avec toi m'induit à parler.

» Comme nouvellement éveillé du plus profond sommeil, je me trou-
» vai couché mollement sur l'herbe fleurie, dans une sueur embaumée,

>Bound on a voyage uncounth and obscure,
Far on excursion toward the gates of Hell;
Squar'd in full legion (such command we had),
To see that none thence issued forth a spy,
Or enemy, while God was in his work;
Lest he, incens'd at such eruption bold,
Destruction with creation might have mix'd.
Not that they durst without his leave attempt:
But us he sends upon his high behests
For state, as sovran King; and to inure
Our prompt obedience.
» Fast we found, fast shut,
The dismal gates, and barricado'd strong;
But long ere our approaching, heard within
Noise, other than the sound of dance or song,
Torment, and loud lament, and furious rage.
Glad we return'd up to the coasts of light
Ere sabbath-evening: so we had in charge.
But thy relation now; for I attend,
Pleas'd with thy words no less than thou with mine: »

So spake the godlike power, and thus our sire:

« For man to tell how human life began
Is hard; for who himself beginning knew?
Desire with thee still longer to converse
Induc'd me.

» que par ses rayons le soleil sécha en se nourrissant de la fumante hu-
» midité. Droit vers le ciel, je tournai mes yeux étonnés, et contemplai
» quelque temps le firmament spacieux, jusqu'à ce que levé par une ra-
» pide et instinctive impulsion, je bondis, comme m'efforçant d'atteindre
» là, et je me tins debout sur mes pieds.

» Autour de moi, j'aperçus une colline, une vallée, des bois ombreux,
» des plaines rayonnantes au soleil, et une liquide chute de ruisseaux
» murmurants ; dans ces lieux j'aperçus des créatures qui vivaient et se
» mouvaient, qui marchaient ou volaient ; des oiseaux gazouillant sur
» les branches : tout souriait; mon cœur était noyé de joie et de par-
» fum.

» Je me parcours alors moi-même, et membre à membre je m'exa-
» mine, et quelquefois je marche, et quelquefois je cours avec des join-
» tures flexibles, selon qu'une vigueur animée me conduit ; mais qui
» j'étais, où j'étais, par quelle cause j'étais, je ne le savais pas. J'essayai
» de parler, et sur-le-champ je parlai; ma langue obéit et put nommer
» promptement tout ce que je voyais.

» Toi, soleil, dis-je, belle lumière! et toi, terre éclairée, si fraîche et
» si riante ! vous, collines et vallées ; vous, rivières, bois et plaines ; et
» vous, qui vivez et vous mouvez, belles créatures, dites, dites, si vous

» As new wak'd from soundest sleep,
Soft on the flowery herb I found me laid,
In balmy sweet; which with his beams the sun
Soon dried, and on the reeking moisture fed,
Straight toward Heaven my wondering eyes I turn'd,
And gaz'd awhile the ample sky; till, rais'd
By quick instinctive motion, up I sprung
As thitherward endeavouring, and upright
Stood on my feet.

» About me round I saw
Hill, dale, and shady woods, and sunny plains,
And liquid lapse of murmuring streams ; by these
Creatures that liv'd and mov'd and walk'd, or flew;
Birds on the branches warbling ; all things smil'd ;
With fragrance and with joy my heart o'erflow'd.

» Myself I then perus'd, and limb by limb
Survey'd, and sometimes went, and sometimes ran
With supple joints, as lively vigour led:
But who I was, or where, or from what cause,
Knew not: to speak I tried, and forthwith spake;
My tongue obey'd, and readily could name
Whate'er I saw.

» Thou sun, said I, fair light,
And thou enlighten'd earth, so fresh and gay,
Ye hills, and dales, ye rivers, woods, and plains,

» l'avez vu, comment suis-je ainsi venu, comment suis-je ici ? Ce n'est
» de moi-même ; c'est donc par quelque grand créateur prééminent en
» bonté et en pouvoir. Dites-moi comment je puis le connaître, com-
» ment l'adorer celui par qui je me meus, je vis, et sens que je suis plus
» heureux que je ne le sais ?

» Pendant que j'appelais de la sorte et que je m'égarais je ne sais où,
» loin du lieu où j'avais d'abord respiré l'air et vu d'abord cette lumière
» fortunée, comme aucune réponse ne m'était faite, je m'assis pensif sur
» un banc vert, ombragé et prodigue de fleurs. Là, un agréable sommeil
» s'empara de moi pour la première fois, et accabla d'une douce oppres-
» sion mes sens assoupis, non troublés, bien qu'alors je me figurasse re-
» passer à mon premier état d'insensibilité et me dissoudre.

» Quand soudain à ma tête se tint un songe dont l'apparition inté-
» rieure inclina doucement mon imagination à croire que j'avais encore
» l'être et que je vivais. Quelqu'un vint, ce me semble, de forme divine,
» et me dit :

« — Ta demeure te manque, Adam : lève-toi, premier homme, toi
» destiné à devenir le premier père d'innombrables hommes ! Appelé
» par toi, je viens, ton guide au jardin de béatitude, ta demeure pré-
» parée. » —

      And ye that live and move, fair creatures, tell,
      Tell, if ye saw, how I came thus, how here?
      Not of myself; by some great Maker then,
      In goodness and in power pre-eminent:
      Tell me, how may I know him, how adore;
      From whom I have that thus I move and live,
      And feel that I am happier than know.

        » While thus I call'd, and stray'd I knew not whither,
      From where I first drew air, and first beheld
      This happy light; when answer none return'd,
      On a green shady bank, profuse of flowers,
      Pensive I sat me down : there gentle sleep
      First found me, and with soft oppression seiz'd
      My drowsed sense; untroubled, though I thought
      I then was passing to my former state
      Insensible, and forthwith to dissolve
      When suddenly stood at my head a dream,
      Whose inward apparition gently mov'd
      My fancy to believe I yet had being,
      And liv'd: one came, methought, of shape divine,
      And said:

          « Thy mansion wants thee, Adam; rise
      First man, of men innumerable ordain'd
      First father! call'd by thee, I come thy guide
      To the garden of bliss, thy seat prepar'd. »

» Ainsi disant, il me prit par la main et me leva : et sur les campagnes
» et les eaux doucement glissant comme dans l'air sans marcher, il me
» transporta enfin sur une montagne boisée, dont le sommet était une
» plaine; circuit largement clos, planté d'arbres les meilleurs, de pro-
» menades et de bosquets ; de sorte que ce que j'avais vu sur la terre
» auparavant semblait à peine agréable. Chaque arbre chargé du plus
» beau fruit, qui pendait en tentant l'œil, excitait en moi un désir sou-
» dain de cueillir et de manger. Sur quoi je m'éveillai, et trouvai devant
» mes yeux, en réalité, ce que le songe m'avait vivement offert en
» image. Ici aurait recommencé ma course errante, si celui qui était
» mon guide à cette montagne n'eût apparu parmi les arbres; présence
» divine! Rempli de joie, mais avec une crainte respectueuse, je tombai
» soumis en adoration à ses pieds. Il me releva, et :
— « Je suis celui que tu cherches, me dit-il avec douceur ; auteur de
» tout ce que tu vois au-dessus, ou autour de toi, ou au dessous. Je te
» donne ce paradis; regarde-le comme à toi pour le cultiver et le bien
» tenir, et en manger le fruit. De chaque arbre qui croît dans le jardin,
» mange librement et de bon cœur ; ne crains point ici de disette; mais
» de l'arbre dont l'opération apporte la connaissance du bien et du mal,
» arbre que j'ai planté, comme le gage de ton obéissance et de ta foi,

    « So saying, by the hand he took me rais'd,
And over fields and waters, as in air
Smooth-sliding without step, last led me up
A woody mountain; whose high top was plain,
A circuit wide, enclos'd with goodliest trees,
Planted with walks and bowers; that what I saw
Of earth before scarce pleasant seem'd. Each tree
Loaden with fairest fruit that hung to th' eye
Tempting, stirr'd in me sudden appetite
To pluck and eat; whereat I walk'd, and found
Before mine eyes all real, as the dream
Had lively shadow'd; here had new begun
My wandering, had not he, who was my guide
Up hither, from among the trees appear'd
Presence divine! Rejoicing, both with awe,
In adoration at his feet I fell
Submiss. He rear'd me, and :
                      « Whom thou sought'st I am,
Said midly, authour of all this thou seest
Above, or round about thee, or beneath.
This Paradise I give thee; count it thine
To till and keep, and of the fruit to eat:
Of every tree that in the garden grows
Eat freely with glad heart ; fear here no dearth :
But of the tree whose operation brings
Knowledge of good and ill, which I have set

» dans le jardin auprès de l'arbre de vie (souviens-toi de ce dont je
» t'avertis), évite de goûter et évite la conséquence amère. Car sache
» que le jour où tu en mangeras, ma seule défense étant transgres-
» sée, inévitablement tu mourras, mortel de ce jour; et tu perdras ton
» heureuse situation, chassé d'ici dans un monde de malheur et de mi-
» sère. » —
« Il prononça sévèrement cette rigoureuse sentence qui résonne en-
» core terrible à mon oreille, bien qu'il ne dépende que de moi de ne
» pas l'encourir. Mais il reprit bientôt son aspect serein, et renouvela
» de la sorte son gracieux propos :
« Non-seulement cette belle enceinte, mais la terre entière, je la
» donne à toi et à ta race. Possédez-la comme seigneurs, et toutes les
» choses qui vivent dedans, ou qui vivent dans la mer, ou dans l'air,
» animaux, poissons, oiseaux. En signe de quoi, voici les animaux et les
» oiseaux, chacun selon son espèce ; je te les amène pour recevoir leurs
» noms de toi, et pour te rendre foi et hommage avec une soumission
» profonde. Entends la même chose des poissons dans leur aquatique
» demeure, non semoncés ici, parce qu'ils ne peuvent changer leur élé-
» ment pour respirer un air plus subtil. » —
» Comme il parlait, voici les animaux et les oiseaux s'approchant deux

    The pledge of thy obedience and thy faith,
    Amid the garden, by the tree of Life,
    Remember what I warn thee, shun to taste
    And shun the bitter consequence: for know,
    The day thou eat'st thereof, my sole command
    Transgress'd, inevitably thou shalt die;
    From that day mortal ; and this happy state
    Shalt lose, expell'd from hence into a world
    Of woe and sorrow. » —
            » Sternly he pronounc'd
    The rigid interdiction, which resounds
    Yet dreadful in mine ear, though in my choice
    Not to incur: but soon his clear aspect
    Return'd, and gracious purpose thus renew'd:

    « Not only these fair bounds, but all the earth
    To thee and to thy race I give ; as lord
    Posses it, and all things that therein live,
    Or live in sea or air ; beast, fish, and fowl.
    In sign whereof, each bird and beast behold
    After their kinds ; I bring them to receive
    From thee their names, and pay thee fealty
    With low subjection ; understand the same
    Of fish within their wat'ry residence,
    Not hither summon'd, since they cannot change
    Their element, to draw the thinner air. » —

» à deux ; les animaux fléchissant humblement le genou avec des flatte-
» ries, les oiseaux abaissés sur leurs ailes. Je les nommai à mesure qu'ils
» passaient, et je comprenais leur nature (tant était grand le savoir dont
» Dieu avait doué ma soudaine intelligence !) ; mais, parmi ces créatures,
» je ne trouvai pas ce qui me semblait manquer encore, et je m'adressai
» ainsi à la céleste vision.

» — Oh! de quel nom t'appeler ! car toi au-dessus de toutes ces créa-
» tures, au-dessus de l'espèce humaine, ou au-dessus de ce qui est plus
» haut que l'espèce humaine, tu surpasses beaucoup tout ce que je puis
» nommer. Comment puis-je t'adorer, auteur de cet univers et de tout ce
» bien donné à l'homme, pour le bien-être duquel, si largement et d'une
» main libérale, tu as pourvu à toutes choses ? Mais avec moi, je ne vois
» personne qui partage. Dans la solitude est-il un bonheur! qui peut
» jouir seul ! ou en jouissant de tout, quel contentement trouver ? —

» Ainsi je parlais présomptueux, et la vision comme avec un sourire,
» plus brillante, répliqua ainsi :

« — Qu'appelles-tu solitude ? La terre et l'air ne sont-ils pas remplis
» de diverses créatures vivantes, et toutes celles-ci ne sont-elles pas à ton
» commandement pour venir jouer devant toi? ne connais-tu pas leur
» langage et leurs mœurs ? elles savent aussi, et ne raisonnent pas d'une

    » As thus he spake, each bird and beast behold
Approaching two and two; these cowering low
With blandishment : each bird stoop'd on his wing.
Unam'd them as they pass'd, and understood
Their nature: with such knowledge God endued
My sudden apprehension: but in these
I found not what methought I wanted still;
And to the heavenly Vision thus presum'd : —

    « O, by what name, for thou above all these,
Above mankind, or aught than mankind higher,
Surpassest far my naming ; how may I
Adore thee, Authour of this universe,
And all this good to man? for whose well being
So amply, and with hands so liberal,
Thou hast provided all things: but with me
I see not who partakes. In solitude
What happiness? who can enjoy alone:
Or, all enjoying, what contentment find? » —

    » Thus I presumptuous ; and the Vision bright,
As with ! a smile more brighten'd, thus replied : —

    « What call'st thou solitude? Is not the earth
With various living creatures, and the air
Replenish'd, and all these at thy command
To come and play before thee ? Know'st thou not
Their language and their ways? They also know,

» manière méprisable. Trouve un passe-temps avec elles et domine sur
» elles ; ton royaume est vaste. » —
» Ainsi parla l'universel Seigneur et sembla dicter des ordres. Moi,
ayant imploré par une humble prière la permission de parler, je ré-
» pliquai :
« — Que mes discours ne t'offensent pas, céleste puissance ; mon
» Créateur, sois propice tandis que je parle. Ne m'as-tu pas fait ici ton
» représentant, et n'as-tu pas placé bien au-dessous de moi ces inférieu-
» res créatures ? Entre inégaux quelle société, quelle harmonie, quel
» vrai délice peuvent s'assortir ? Ce qui doit être mutuel doit être donné
» et reçu en juste proportion ; mais en disparité, si l'un est élevé, l'autre
» toujours abaissé, ils ne peuvent bien se convenir l'un à l'autre, mais
» ils se deviennent bientôt également ennuyeux. Je parle d'une société
» telle que je la cherche, capable de participer à tout délice rationnel,
» dans lequel la brute ne saurait être la compagne de l'homme. Les
» brutes se réjouissent chacune avec leur espèce ; le lion avec la lionne ;
» si convenablement tu les as unies deux à deux ! L'oiseau peut encore
» moins converser avec le quadrupède, le poisson avec l'oiseau, le singe
» avec le bœuf ; l'homme peut donc encore moins s'associer à la bête, et
» il le peut le moins de tous.

And reason not contemptibly : with these
Find pastime, and bear rule ; thy realm is large. »
» So spake the Universal Lord, and seem'd
So ordering ; I, with leave of speech implor'd,
And humble deprecation, thus replied : —
« Let not my words offend thee, heavenly Power ;
My Maker, be propitious while I speak.
Hast thou not made me here thy substitute,
And these inferiour far beneath me set ?
Among unequals what society
Can sort ; what harmony, or true delight ?
Which must be mutual, in proportion due
Given and receiv'd : but, in disparity,
The one intense, the other still remiss,
Cannot well suit with either, but soon prove
Tedious alike : of fellowship I speak,
Such as I seek, fit to participate
All rational delight ; wherein the brute
Cannot be human consort : they rejoice
Each with their kind, lion with lioness ;
So fitly them in pairs thou hast combin'd :
Much less can bird with beast, or fish with fowl
So well converse, nor with the ox the ape ;
Worse then can man with beast, and least of all. »
» Whereto th' Almighty answer'd, not displeas'd:

» A quoi le Tout-Puissant, non offensé, répondit :

« — Tu te proposes, je le vois, un bonheur fin et délicat dans le choix
» de tes associés, Adam, et dans le sein du plaisir, tu ne goûteras aucun
» plaisir, étant seul. Que penses-tu donc de moi et de mon état ! te sem-
» blé-je, ou non, posséder suffisamment de bonheur, moi qui suis seul
« de toute éternité ? car je ne me connais ni second, ni semblable, d'é-
» gal beaucoup moins. Avec qui donc puis-je converser, si ce n'est avec
» les créatures que j'ai faites, et celles-ci, à moi inférieures, descendent
» infiniment plus au-dessous de moi, que les autres créatures au-dessous
» de toi. — »

» Il se tut ; je repris humblement :

» — Pour atteindre la hauteur et la profondeur de tes voies éternelles,
» toutes pensées humaines sont courtes. Souverain des choses ! tu es
» parfait en toi-même, et on ne trouve rien en toi de défectueux :
» l'homme n'est pas ainsi ; il ne se perfectionne que par degrés : c'est la
» cause de son désir de société avec son semblable pour aider ou conso-
» ler ses insuffisances. Tu n'as pas besoin de te propager, déjà infini, et
» accompli dans tous les nombres, quoique tu sois un. Mais l'homme
» par le nombre doit manifester sa particulière imperfection, et engen-
» drer son pareil de son pareil, en multipliant son image défectueuse en

« A nice and subtle happiness, I see,
Thou to thyself proposest, in the choice
Of thy associates, Adam, and wilt taste
No pleasure, though in pleasure, solitary.
What think'st thou then of me, and this my state?
Seem I to thee sufficiently possess'd
Of happiness, or not? who am alone
From all eternity; for none I know
Second to me or like, equal much less.
How have I then with whom to hold converse,
Save with the creatures which I made, and those
To me inferiour, infinite descents
Beneath what other creatures are to thee? » —

» He ceased; I lowly answer'd: — « To attain
The highth and depth of thy eternal ways
All human thoughts come short, Supreme of things
Thou in thyself art perfect, and in thee
Is no deficience found: not so is man,
But in degree; the cause of his desire
By conversation with his like to help,
Or solace his defects. No need that thou
Shouldst propagate, already Infinite,
And through all numbers absolute, though One:
But man by number is to manifest
His single imperfection, and beget

LIVRE VIII.

» unité, ce qui exige un amour mutuel et la plus tendre amitié. Toi dans
» ton secret, quoique seul, supérieurement accompagné de toi-même,
» tu ne cherches pas de communication sociale : cependant, si cela te
» plaisait, tu pourrais élever ta créature déifiée à quelque hauteur d'u-
» nion ou de communion que tu voudrais : moi en conversant je ne puis
» redresser ces brutes courbées, ni trouver ma complaisance dans leurs
» voies.

» Ainsi enhardi, je parlai ; et j'usai de la liberté accordée, et je trou-
» vai accueil : ce qui m'obtint cette réponse de la gracieuse voix di-
» vine :

« — Jusqu'ici, Adam, je me suis plu à t'éprouver, et j'ai trouvé que
» tu connaissais non-seulement les bêtes, que tu as proprement nommés,
» mais toi-même; exprimant bien l'esprit libre en toi, mon image, qui
» n'a point été départie à la brute, dont la compagnie pour cela ne peut
» te convenir; tu avais une bonne raison pour la désapprouver franche-
» ment : pense toujours de même. Je savais, avant que tu parlasses, qu'il
» n'est pas bon pour l'homme d'être seul ; une compagnie telle que tu la
» voyais alors, je ne t'ai pas destinée ; je te l'ai présentée seulement
» comme une épreuve, pour voir comment tu jugerais du juste et du con-
» venable. Ce que je te vais maintenant apporter te plaira, sois-en sûr,

    Like of his like, his image multiplied,
    In unity defective; which requires
    Collateral love, and dearest amity.
    Thou in thy secresy, although alone
    Best with thyself accompanied, seek'st not
    Social communication; yet, so pleas'd,
    Canst raise thy creature to what highth thou wilt
    Of union or communion, deified :
    I, by conversing, cannot these erect
    From prone; nor in their ways complacence find. »

    » Thus I embolden'd spake, and freedom us'd
    Permissive, and acceptance found; which gain'd
    This answer from the gracious Voice divine :

    « Thus far to try thee, Adam, I was pleas'd;
    And find thee knowing, not of beasts alone ;
    Which thou hast rightly nam'd, but of thyself;
    Expressing well the spirit within thee free,
    My image, not imparted to the brute,
    Whose fellowship therefore unmeet for thee;
    Good reason was thou freely shouldst dislike ;
    And be son minded still : I, ere thou spak'st,
    Knew it not good for man to be alone ;
    And no such company as then thou saw'st
    Intended thee; for trial only brought,
    To see how thou couldst judge of fit and meet

» c'est ta ressemblance, ton aide convenable, ton autre toi-même, ton
» souhait exactement selon le désir de ton cœur. » —
» Il finit ou je ne l'entendis plus, car alors ma nature terrestre acca-
» blée par sa nature céleste (sous laquelle elle s'était tenue longtemps
» exaltée à la hauteur de ce colloque divin et sublime), ma nature éblouie
» et épuisée comme quand un objet surpasse les sens, s'affaissa, et cher-
» cha la réparation du sommeil qui tomba à l'instant sur moi, appelé
» comme en aide par la nature, et il ferma mes yeux.
» Mes yeux il ferma, mais laissa ouverte la cellule de mon imagina-
» tion, ma vue intérieure, par laquelle, ravi comme en extase, je vis, à
» ce qu'il me sembla, quoique dormant où j'étais, je vis la forme tou-
» jours glorieuse devant qui je m'étais tenu éveillé, laquelle se baissant,
» m'ouvrit le côté gauche, y prit une côte toute chaude des esprits du
» cœur, et le sang de la vie coulant frais : large était la blessure, mais
» soudain remplie de chair et guérie.
» La forme pétrit et façonna cette côte avec ses mains ; sous ses mains
» créatrices se forma une créature semblable à l'homme, mais de sexe
» différent, si agréablement belle que ce qui semblait beau dans tout le
» monde semblait maintenant chétif, ou paraissait réuni en elle, con-
» tenu en elle et dans ses regards, qui depuis ce temps ont épanché dans

      What next I bring shall please thee, be assur'd,
      Thy likeness, thy fit help, thy other self,
      Thy wish exactly to thy heart's desire. »

    » He ended, or I heard no more : for now
    My earthly by his heavenly overpower'd,
    Which it had long stood under, strain'd to th' highth
    In that celestial colloquy sublime,
    As with an object that excels the sense,
    Dazzled and spent, sunk down; and sought repair
    Of sleep, which instantly fell on me, call'd
    By nature as in aid, and clos'd mine eyes.
    Mine eyes he clos'd, but open left the cell
    Of fancy, my internal sight; by which,
    Abstract as in a trance, methought I saw
    Though sleeping, where I lay, and saw the shape
    Still glorious before whom awake I stood ;
    Who stooping, open'd my left side, and took
    From thence a rib, with cordial spirits warm,
    And life-blood streaming fresh ; wide was the wound,
    But suddenly with flesh fill'd up and heal'd :
    The rib he form'd and fashion'd with his hands ;
    Under his forming hands a creature grew,
    Man-like, but different sex ; so lovely fair,
    That what seem'd fair in all the world, seem'd now
    Mean, or in her summ'd up, in her contain'd
    And in her looks ; which from that time infus'd

» mon cœur une douceur jusqu'alors non éprouvée ; son air inspira à
» toutes choses l'esprit d'amour et un amoureux délice. Elle disparut,
» et me laissa dans les ténèbres. Je m'éveillai pour la trouver, ou pour
» déplorer à jamais sa perte, et abjurer tous les autres plaisirs.

» Lorsque j'étais hors d'espoir, la voici non loin, telle que je la vis
» dans mon songe, ornée de ce que toute la terre ou le ciel pouvaient
» prodiguer pour la rendre aimable. Elle vient conduite par son céleste
» Créateur (quoique invisible) et guidée par sa voix. Elle n'était pas
» ignorante de la nuptiale sainteté et des rites du mariage : la grâce était
» dans tous ses pas, le ciel, dans ses yeux ; dans chacun de ses mouve-
» ments, la dignité et l'amour. Transporté de joie, je ne pus m'empê-
» cher de m'écrier à voix haute.

» — Cette fois tu m'as dédommagé ! tu as rempli ta promesse, Créa-
» teur généreux et plein de bénignité, donateur de toutes les choses
» belles ; mais celui-ci est le plus beau de tous tes présents ! et tu ne me
» l'as pas envié. Je vois maintenant l'os de mes os, la chair de ma chair,
» moi-même devant moi. La femme est son nom ; son nom est tiré de
» l'homme : c'est pourquoi l'homme quittera son père et sa mère, et
» s'attachera à sa femme, et ils seront une chair, un cœur, une âme. —

» Ma compagne m'entendit : et quoique divinement amenée, cepen-

Sweetness into my heart, unfelt before,
And into all things from her air inspir'd
The spirit of love and amorous delight.
She disappear'd, and left me dark ; I wak'd
To find her, or for ever to deplore
Her loss, and other pleasures all abjure :
When out of hope, behold her, not far off,
Such as I saw her in my dream, adorn'd
With what all earth or Heaven could bestow
To make her amiable : on she came
Led by her heavenly Maker, though unseen,
And guided by his voice ; nor uniform'd
Of nuptial sanctity, and marriage rites :
Grace was in all her steps. Heaven in her eye,
In every gesture dignity and love.
I, overjoy'd, could not forbear aloud :

    « This turn hath made amends; thou hast fulfill'd
Thy words, Creator bounteous and benign,
Giver of all things fair ! but fairest this
Of all thy gifts ! nor enviest. I now see
Bone of my bone, flesh of my flesh, myself
Before me : Woman is her name ; of man
Extracted : for this cause he shall forego
Father and mother, and t' his wife adhere ;
And they shall be one flesh, one heart, one soul.

» dant l'innocence, et la modestie virginale, sa vertu, et la conscience
» de son prix (prix qui doit être imploré, et ne doit pas être accordé sans
» être recherché, qui ne s'offrant pas, ne se livrant pas de lui-même,
» est d'autant plus désirable qu'il est plus retiré), pour tout dire enfin,
» la nature elle-même (quoique pure de pensée pécheresse) agit telle-
» ment en elle, qu'en me voyant elle se détourna. Je la suivis; elle con-
» nut ce que c'était qu'honneur, et avec une condescendante majesté
» elle approuva mes raisons alléguées. Je la conduisis au berceau nuptial
» rougissante comme le matin : tout le ciel, et les constellations fortu-
» nées, versèrent sur cette heure leur influence la plus choisie; la terre
» et ses collines donnèrent un signe de congratulation ; les oiseaux furent
» joyeux; les fraîches brises, les vents légers murmurèrent cette union
» dans les bois, et leurs ailes en se jouant nous jetèrent des roses, nous
» jetèrent les parfums du buisson embaumé, jusqu'à ce que l'amoureux
» oiseau de la nuit chantât les noces, et ordonnât à l'étoile du soir de
» hâter ses pas sur le sommet de sa colline, pour allumer le flambeau
» nuptial.

» Ainsi je t'ai raconté toute ma condition, et j'ai amené mon histoire
» jusqu'au comble de la félicité terrestre dont je jouis : je dois avouer
» que, dans toutes les autres choses, je trouve à la vérité du plaisir,

« She heard me thus; and though divinely brought,
Yet innocence, and virgin modesty,
Her virtue, and the conscience of her worth
That would be woo'd, and not unsought be won,
Not obvious, not obtrusive, but retir'd,
The more desirable; or, to say all,
Nature herself, though pure of sinful thought,
Wrought in her so, that seeing me, she turn'd:
I follow'd her; she what was honour knew,
And with obsequious majesty approv'd
My pleaded reason. To the nuptial bower,
I led her blushing like the morn: all Heaven
And happy constellations, on that hour
Shed their selectest influence; the earth
Gave sign of gratulation, and each hill;
Joyous the birds; fresh gales and gentle airs
Whisper'd it to the woods, and from their wing
Flung rose, flung odours from the spicy shrub,
Sisporting, till the amorous bird of night
Sung spousal, and bid haste the evening-star
On his hill-top, to light the bridal lamp.

» Thus have I told thee all my state, and brought
My story to the sum of earthly bliss,
Which I enjoy; and must confess to find
In all things else delight indeed, but such

» mais tel que goûté ou non, il n'opère dans mon esprit ni changement
» ni véhément désir : je parle de ces délicatesses de goût, de vue, d'odo-
» rat, d'herbes, de fruits, de fleurs, de promenades et de mélodie des
» oiseaux.
» Mais ici bien autrement : transporté je vois, transporté je touche !
» Ici pour la première fois je sentis la passion, commotion étrange ! su-
» périeur et calme dans toutes les autres jouissances, ici faible unique-
» ment contre le charme du regard puissant de la beauté. Ou la nature
» a failli en moi, et m'a laissé quelque partie non assez à l'épreuve pour
» résister à un pareil objet ; ou dans ce qu'on a soustrait de mon côté,
» on m'a peut-être pris plus qu'il ne fallait : du moins on a prodigué à
» la femme trop d'ornement, à l'extérieur achevée, à l'intérieur moins
» finie. Je comprends bien que, selon le premier dessein de la nature,
» elle est l'inférieure par l'esprit et les facultés intérieures qui excellent
» le plus ; extérieurement aussi elle ressemble moins à l'image de celui
» qui nous fit tous deux, et elle exprime moins le caractère de cette do-
» mination donnée sur les autres créatures. Cependant, quand j'appro-
» che de ses séductions, elle me semble si parfaite et en elle-même si ac-
» complie, si instruite de ses droits, que ce qu'elle veut faire ou dire
» paraît le plus sage, le plus vertueux, le plus discret, le meilleur. Toute

>   As, us'd or not, works in the mind no change,
>   Nor vehement desire; these delicacies
>   I mean of taste, sight, smell, herbs, fruit, and flowers,
>   Walks, and the melody of birds :
>   But here
>   Far otherwise, transported I behold,
>   Transported touch; here passion first I felt,
>   Commotion strange! in all enjoyments else
>   Superiour and unmov'd : here only weak
>   Against the charm of beauty's powerful glance.
>   Or nature fail'd in me, and left some part
>   Not proof enough such object to sustain ;
>   Or, from my side subducting, took perhaps
>   More than enough ; at least on her bestow'd
>   Too much of ornament, in outward show
>   Elaborate, of inward less exact :
>   For well I understand in the prime end
>   Of nature her th' inferiour, in the mind
>   And inward faculties, which most excel :
>   In outward also her resembling less
>   His image who made both, and less expressing
>   The character of that dominion given
>   O'er other creatures : yet, when I approach
>   Her loveliness, so absolute she seems,
>   And in herself complete, so well to know
>   Her own, that what she wills to do or say,

» science plus haute tombe abaissée en sa présence; la sagesse, discou-
» rant avec elle, se perd déconcertée et paraît folie. L'autorité et la rai-
» son la suivent, comme si elle avait été projetée la première, non faite
» la seconde occasionnellement : pour achever tout, la grandeur d'âme
» et la noblesse établissent en elle leur demeure la plus charmante, et
» créent autour d'elle un respect mêlé de frayeur, comme une garde an-
» gélique. »

L'ange fronçant le sourcil, lui répondit :

« N'accuse point la nature ; elle a rempli sa tâche ; remplis la tienne,
» et ne te défie pas de la sagesse ; elle ne t'abandonnera pas, si tu ne la
» renvoies quand tu aurais le plus besoin d'elle près de toi, alors que tu
» attaches trop de prix à des choses moins excellentes, comme tu t'en
» aperçois toi-même.

» Aussi bien qu'admires-tu ? qu'est-ce qui te transporte ainsi ? Des
» dehors ! beaux sans doute et bien dignes de ta tendresse, de ton hom-
» mage, et de ton amour, non de ta servitude. Pèse-toi avec la femme,
» ensuite évalue · souvent rien n'est plus profitable que l'estime de soi-
» même bien ménagée, et fondée en justice et en raison. Plus tu connaî-
» tras de cette science, plus ta compagne te reconnaîtra pour son chef, à
» des réalités cédera toutes ses apparences. Elle est faite ainsi ornée pour

Seems wisest, virtuousest, discreetest, best:
All higher knowledge in her presence falls
Degraded ; wisdom in discourse with her
Loses discount'nanc'd, and like folly shows;
Authority and reason on her wait,
As one intended first, not after made
Occasionally ; and to consummate all
Greatness of mind, and nobleness, their seat
Build in her loveliest, and create an awe
About her, as a guard angelic plac'd. »

To whom the angel with contracted brow:

« Accuse not nature ; she hath done her part;
Do thou but thine ; and be not diffident
Of wisdom ; she desert thee not, if thou
Dismiss not her, when most thou need'st her nigh,
By attributing overmuch to things
Less excellent, as thou thyself perceiv'st.

» For, what admir'st thou, what transports thee so?
An outside? fair, no doubt, and worthy well
Thy cherishing, thy honouring, and thy love;
Not thy subjection ; weigh with her thyself ;
Then value : oft-times nothing profits more
Than self-esteem, grounded on just and right
Well manag'd ; of that skill the more thou know'st,
The more she will acknowledge thee her head,

» te plaire davantage, ainsi imposante pour que tu puisses aimer avec
» honneur ta compagne, qui voit quand tu parais le moins sage.

» Mais si le sens du toucher, par lequel l'espèce humaine est propa-
» gée, te paraît un délice cher au-dessus de tout autre, songe que le
» même sens a été accordé au bétail et à chaque bête : lequel ne leur
» aurait pas été révélé et rendu commun si quelque chose existait là de-
» dedans, digne de subjuguer l'âme de l'homme ou de lui inspirer la
» passion.

» Ce que tu trouves d'élevé, d'attrayant, de doux, de raisonnable,
» dans la société de ta compagne, aime-le toujours ; en aimant tu fais
» bien ; dans la passion, non, car en celle-ci le véritable amour ne con-
» siste pas. L'amour épure les pensées et élargit le cœur ; il a son siège
« dans la raison, et il est judicieux ; il est l'échelle par laquelle tu peux
» monter à l'amour céleste, n'étant pas plongé dans le plaisir charnel :
» c'est pour cette cause que parmi les bêtes aucune compagne ne t'a été
» trouvée. »

Adam, à demi honteux répliqua :

« Ni l'extérieur de la femme, formé si beau, ni rien de la procréation
» commune à toutes les espèces (quoique je pense du lit nuptial d'une
» manière beaucoup plus élevée et avec un mystérieux respect), ne me

And to realities yield all her shows:
Made to adorn for thy delight the more,
So awful, that with honour thou may'st love
Thy mate, who sees when thou art seen least wise

» But if the sense of touch, whereby mankind
Is propagated, seem such dear delight
Beyond all other; think the same vouchsaf'd
To cattle and each beast; which would not be
To them made common and divulg'd, if aught
Therein enjoy'd were worthy to subdue
The soul of man, or passion in him move.

» What higher in her society thou find'st
Attractive, human, rational, love still;
In loving thou dost well, in passion not,
Wherein true love consists not : love refines
The thoughts, and heart enlarges : hath his seat
In reason, and is judicious; is the scale
By which to heavenly love thou may'st ascend,
Not sunk in carnal pleasure; for which cause,
Among the beasts no mate for thee was found. »

To whom thus, half abas'hd, Adam replied :

« Neither her outside form'd so fair, nor aught
In procreation common to all kinds
(Though higher of the genial bed by far,

» plaisent autant dans ma compagne que ces manières gracieuses, ces
» mille décences sans cesse découlant de toutes ses paroles, de toutes ses
» actions mêlées d'amour, de douce complaisance, qui révèlent une
» union sincère d'esprit, ou une seule âme entre nous deux : harmonie
» de deux époux, plus agréable à voir qu'un son harmonieux à enten-
» dre.

» Toutefois ces choses ne me subjuguent pas : je te découvre ce que
» je sens intérieurement, sans pour cela que je sois vaincu, moi qui ren-
» contre des objets divers, diversement représentés par les sens; cepen-
» dant, toujours libre, j'approuve le meilleur, et je suis ce que j'ap-
» prouve. Tu ne me blâmes pas d'aimer, car l'amour, tu le dis, nous
» élève au ciel ; il en est à la fois le chemin et le guide. Souffre-moi
» donc, si ce que je demande est permis : les esprits célestes n'aiment-ils
» point ? Comment expriment-ils leur amour ? Par regards seulement ?
» Ou mêlent-ils leur lumière rayonnante par un toucher virtuel ou im-
» médiat ? »

L'ange, avec un sourire qu'animait la rougeur des roses célestes, propre couleur de l'amour, lui répondit :

« Qu'il te suffise de savoir que nous sommes heureux, et que sans
» amour il n'y a point de bonheur. Tout ce que tu goûtes de plaisir pur

> And with mysterious reverence I deem),
> So much delights me, as those graceful acts,
> Those thousand decencies, that daily flow
> From all her words and actions, mix'd with love
> And sweet compliance, which declare unfeign'd
> Union of mind, or in us both one soul;
> Harmony to behold in wedded pair
> More grateful than harmonious sound to th' ear.
>
> » Yet these subject not: I to thee disclose
> What inward thence I feel, not therefore foil'd,
> Who meet with various objects, from the sense
> Variously representing; yet, still free,
> Approve the best, and follow what I approve.
> To love, thou blam'st me not; for love, thou say'st,
> Leads up to Heaven, is both the way and guide;
> Bear with me then, if lawful what I ask:
> Love not the heavenly spirits, and how their love
> Express they? by looks only? or do they mix
> Irradiance, virtual or immediate touch? »
>
> To whom the angel, with a smile that glow'd
> Celestial rosy red, love's proper hue,
> Answer'd:
>
> « Let it suffice thee that thou know'st
> Us happy, and without love no happiness.
> Whatever pure thou in the body enjoy'st

» dans ton corps (et tu fus créé pur), nous le goûtons dans un degré plus
» éminent : nous ne trouvons point d'obstacles de membrane, de join-
» ture, ou de membre, barrières exclusives. Plus aisément que l'air avec
» l'air, si les esprits s'embrassent, ils se confondent, le pur désirant l'u-
» nion avec le pur : ils n'ont pas besoin d'un moyen de transmission
» borné, comme la chair pour s'unir à la chair ou l'âme à l'âme.

» Mais je ne puis à présent rester davantage : le soleil, s'abaissant au
» delà des terres du cap Vert et des îles ondoyantes de l'Hespérie, se
» couche : c'est le signal de mon départ. Sois ferme ; vis heureux et
» aime ! mais aime Dieu avant tout ; lui obéir, c'est l'aimer. Observe son
» grand commandement : prends garde que la passion n'entraîne ton ju-
» gement à faire ce qu'autrement ta volonté libre n'admettrait pas. Le
» malheur ou le bonheur de toi et de tes fils est en toi placé. Sois sur tes
» gardes ; moi, et tous les esprits bienheureux, nous nous réjouirons
» dans ta persévérance. Tiens-toi ferme : rester debout ou tomber dé-
» pend de ton libre arbitre. Parfait intérieurement, ne cherche pas de
» secours extérieur, et repousse toute tentation de désobéir. »

Il dit, et se leva. Adam le suivait avec des bénédictions :

« Puisqu'il te faut partir, va, hôte céleste, messager divin, envoyé de
» celui dont j'adore la bonté souveraine ! Douce et affable a été pour moi

(And pure thou wert created), we enjoy
In eminence; and obstacle find none
Of membrane, joint. or limb, exclusive bars:
Easier than air with air, if spirits embrace,
Total they mix, union of pure with pure
Desiring ; nor restain'd conveyance need,
As flesh to mix with flesh, or soul with soul.

» But I can now no more; the parting sun,
Beyond the earth's Green cape and verdant isles
Hesperian sets, my signal to depart.
Be strong, live happy, and love ! but, first of all,
Him whom to love is to obey, and keep
His great command; take heed lest passion sway
Thy judgment to do aught, which else free will
Would not admit: thine, and of all thy sons,
The weal or woe in thee is plac'd ; beware!
I in thy persevering shall rejoice,
And all the blest ; stand fast ; to stand or fall
Free in thine own arbitrement it lies.
Perfect within, no outward aid require;
And all temptation to transgress repel. »

So saying, he arose; whom Adam thus
Follow'd with benediction :

« Since to part,
Go, heavenly guest, ethereal messenger,

» ta condescendance ; elle sera honorée à jamais dans ma reconnaissante
» mémoire. Sois toujours bon et amical pour l'espèce humaine, et re-
» viens souvent ! »

Ainsi ils se séparèrent : de l'épais ombrage l'ange retourna au ciel, et Adam à son berceau.

Sent from whose sov'ran goodness I adore!
Gentle to me and affable hath been
Thy condescension, and shall be honour'd ever
With grateful memory: thou to mankind
Be good and friendly still, and oft return ! »

So parted they ; the angel up to Heaven
From the thick shade, and Adam to his bower

LIVRE NEUVIÈME.

ARGUMENT.

Satan ayant parcouru la terre avec une fourberie méditée, revient de nuit comme un brouillard dans le paradis; il entre dans le serpent endormi. Adam et Ève sortent au matin pour leurs ouvrages, qu'Ève propose de diviser en différents endroits, chacun travaillant à part. Adam n'y consent pas, alléguant le danger, de peur que l'ennemi dont ils ont été avertis ne la tentât quand il la trouverait seule. Ève offensée de n'être pas crue ou assez circonspecte, ou assez ferme, insiste pour aller à part, désireuse de mieux faire preuve de sa force. Adam cède enfin ; le serpent la trouve seule : sa subtile approche, d'abord contemplant, ensuite parlant, et avec beaucoup de flatterie élevant Ève au-dessus de toutes les autres créatures. Ève étonnée d'entendre le serpent parler, lui demande comment il a acquis la voix humaine et l'intelligence qu'il n'avait pas jusqu'alors. Le serpent répond qu'en goûtant d'un certain arbre dans le paradis il a acquis à la fois la parole et la raison qui lui avaient manqué jusqu'alors. Ève lui demande de la conduire à cet arbre, et elle trouve que c'est l'arbre de la science défendue. Le serpent, à présent devenu plus hardi, par une foule d'astuces et d'arguments, l'engage à la longue à manger. Elle, ravie du goût, délibère un moment si elle en fera

BOOK IX.

THE ARGUMENT.

Satan having compassed the earth, with meditated guile returns, as a mist, by night into Paradise; enters into the serpent sleeping. Adam and Eve in the morning go forth to their labours, which Eve proposes to divide in several places, each labouring apart : Adam consents not, alleging the danger, lest that enemy, of whom they were forewarned, should attempt her found alone: Eve, loth to be thought not circumspect or firm enough, urges her going apart, the rather desirous to make trial of her strength : Adam at last yields. The serpent finds her alone: his subtle approach, first gazing, then speaking; with much flattery extolling Eve above all other creatures. Eve, wondering to hear the serpent speak, asks how he attained to human speech, and such understanding, not till now; the serpent answers, that by tasting of a certain tree in the garden he attained both to speech and reason, till then void of both. Eve requires him to bring her to that tree, and finds it to be the tree of knowledge forbidden ; the serpent now grown bolder, with many wiles and arguments induces her at length to eat; she, pleased with the taste, deliberates awhile whether to impart thereof to Adam or not ; at part ou non à Adam; enfin elle lui porte du fruit, elle raconte ce qui l'a persuadée d'en manger. Adam, d'abord consterné, mais voyant qu'elle était perdue, se résout par véhémence d'amour, à périr avec elle, et atténuant la faute, il mange aussi du fruit: ses effets sur tous deux. Ils cherchent à couvrir leur nudité, ensuite ils tombent en désaccord et s'accusent l'un l'autre.

last brings him of the fruit; relates what persuaded her to eat thereof: Adam, at first amazed, but perceiving her lost, resolves, through vehemence of love, to perish with her; and extenuating the trespass, eats also of the fruit: the effects thereof in them both; they seek to cover their nakedness, then fall to variance and accusation of one another.

IX

Plus de ces entretiens dans lesquels Dieu ou l'ange, hôtes de l'homme, comme avec leur ami avaient accoutumé de s'asseoir, familiers et indulgents, et de partager son champêtre repas, durant lequel ils lui permettaient sans blâme des discours excusables. Désormais il me faut passer de ces accents aux accents tragiques: de la part de l'homme, honteuse défiance et rupture déloyale, révolte et désobéissance; de la part du ciel (maintenant aliéné) éloignement et dégoût, colère et juste réprimande, et arrêt prononcé, lequel arrêt fit entrer dans ce monde un monde de calamités, le péché, et son ombre la mort, et la misère, avant-coureur de la mort.

Triste tâche! cependant sujet non moins élevé, mais plus héroïque que

IX

No more of talk where God or angel guest
With man, as with his friend, familiar us'd
To sit indulgent, and with him partake
Rural repast; permitting him the while
Venial discourse unblam'd. I now must change
Those notes to tragic; foul distrust, and breach
Disloyal on the part of man, revolt,
And disobedience: on the part of Heaven
Now alienated, distance and distate,
Anger and just rebuke, and judgment given,
That brought into this world, a world of woe,
Sin and her shadow death, and misery,
Death's harbinger.
    Sad task! yet argument
Not less, but more heroic, than the wrath

la colère de l'implacable Achille contre son ennemi, poursuivi trois fois fugitif autour des murs de Troie, ou que la rage de Turnus pour Lavinie démariée, ou que le courroux de Neptune et celui de Junon qui, si longtemps, persécuta le Grec et le fils de Cythérée; sujet non moins élevé, si je puis obtenir de ma céleste patronne un style approprié, de cette patronne qui daigne, sans être implorée, me visiter la nuit, et qui dicte à mon sommeil, ou inspire facilement mon vers non prémédité.

Ce sujet me plut d'abord pour un chant héroïque, longtemps choisi, commencé tard. La nature ne m'a point rendu diligent à raconter les combats, regardés jusqu'ici comme le seul sujet héroïque. Quel chef-d'œuvre! disséquer avec un long et ennuyeux ravage des chevaliers fabuleux dans des batailles feintes (et le plus noble courage de la patience, et le martyre héroïque demeurant non chantés!), ou décrire des courses et des jeux, des appareils de pas d'armes, des boucliers blasonnés, des devises ingénieuses, des caparaçons et des destriers, des housses et des harnais de clinquant, de superbes chevaliers aux joutes et aux tournois, puis des festins ordonnés, servis dans une salle par des écuyers tranchants et des sénéchaux! L'habileté dans un art ou dans un travail chétif n'est pas ce qui donne justement un nom héroïque à l'auteur ou au poëme.

Pour moi (de ces choses ni instruit ni studieux), un sujet plus haut

> Of stern Achilles on his foe pursued
> Thrice fugitive about Troy-wall; or rage
> Of Turnus for Lavinia disespous'd;
> Or Neptune's ire, or Juno's, that so long
> Perplex'd the Greek and Cytherea's son:
> If answerable style I can obtain
> Of my celestial patroness, who deigns
> Her nightly visitation unimplor'd,
> And dictates to me slumbering; or inspires
> Easy my unpremeditated verse:
> Since first this subject for heroic song
> Pleas'd me, long choosing and beginning late;
> Not sedulous by nature to indite
> Wars, hitherto the only argument
> Heroic deem'd; chief mastery to dissect
> With long and tedious havoc fabled knights,
> In battles feign'd; the better fortitude
> Of patience and heroic martyrdom
> Unsung: or to describe races and games,
> Or tilting furniture, imblazon'd shields,
> Impresses quaint, caparisons and steeds,
> Bases and tinsel trappings, gorgeous knights
> At joust and tournament; then marshall'd feast
> Serv'd up in hall with sewers and seneschals;
> The skill of artifice or office mean,
> Not that which justly gives heroic name
> To person or to poem

me reste, suffisant de lui-même pour immortaliser mon nom, à moins qu'un siècle trop tardif, le froid climat ou les ans n'engourdissent mon aile humiliée : ils le pourraient, si tout cet ouvrage était le mien, non celui de la Divinité qui chaque nuit l'apporte à mon oreille.

Le soleil s'était précipité, et après lui l'astre d'Hespérus, dont la fonction est d'amener le crépuscule à la terre, conciliateur d'un moment entre le jour et la nuit, et à présent l'hémisphère de la nuit avait voilé d'un bout à l'autre le cercle de l'horizon, quand Satan, qui dernièrement s'était enfui d'Éden devant les menaces de Gabriel, maintenant perfectionné en fraude méditée et en malice, acharné à la destruction de l'homme, malgré ce qui pouvait arriver de plus aggravant pour lui-même, revint sans frayeur. Il s'envola de nuit, et revint à minuit, ayant achevé le tour de la terre, se précautionnant contre le jour, depuis qu'Uriel, régent du soleil, découvrit son entrée dans Éden et en prévint les chérubins qui tenaient leur veille. De là chassé plein d'angoisse, il rôda pendant sept nuits continues avec les ombres. Trois fois il circula autour de la ligne équinoxiale ; quatre fois il croisa le char de la nuit de pôle en pôle, en traversant chaque colure. A la huitième nuit il retourna, et du côté opposé de l'entrée du paradis, ou de la garde des chérubins, il trouva d'une manière furtive un passage non suspecté.

                Me, of these
Nor skill'd nor studious, higher argument
Remains ; sufficient of itself to raise
That name, unless an age too late, or cold
Climate, or years, damp my intended wing
Depress'd ; and much they may, if all be mine,
Not hers, who brings it nightly to my ear.

    The sun was sunk, and after him the star
Of Hesperus, whose office is to bring
Twilight upon the earth, short arbiter
Twixt day and night; and now from end to end
Night's hemisphere had veil'd the horizon round:
When Satan, who late fled before the threats
Of Gabriel out of Eden, now improv'd
In meditated fraud and malice, bent
On man's destruction, maugre what might hap
Of heavier on himself, fearless return'd,
By night he fled, and at midnight return'd
From compassing the earth; cautious of day,
Since Uriel, regent of the sun, descried
His entrance, and forewarn'd the cherubim
That kept their watch ; thence full of anguish driven,
The space of seven continued nights he rode
With darkness ; thrice the equinoctial line
He circled ; four times cross'd the car of night
From pole to pole, traversing each colure ;

Là était un lieu qui n'existe plus (le péché, non le temps, opéra d'abord ce changement), d'où le Tigre, du pied du Paradis, s'élançait dans un gouffre sous la terre, jusqu'à ce qu'une partie de ses eaux ressortît en fontaine auprès de l'arbre de vie. Satan s'abîme avec le fleuve, et se relève avec lui, enveloppé dans la vapeur émergente. Il cherche ensuite où se tenir caché : il avait exploré la mer et la terre depuis Éden jusqu'au Pont-Euxin et les Palus-Méotides, par delà le fleuve d'Oby, descendant aussi loin que le pôle antarctique ; en longueur à l'occident, depuis l'Oronte jusqu'à l'Océan que barre l'isthme de Darien, et de là jusqu'au pays où coulent le Gange et l'Indus.

Ainsi il avait rôdé sur le globe avec une minutieuse recherche, et considéré avec une inspection profonde chaque créature, pour découvrir celle qui serait la plus propre de toutes à servir ses artifices ; et il trouva que le serpent était le plus fin de tous les animaux des champs. Après un long débat, irrésolu et tournoyant dans ses pensées, Satan, par une détermination finale, choisit la plus convenable greffe du mensonge, le vase convenable dans lequel il pût entrer et cacher ses noires suggestions au regard le plus perçant : car dans le rusé serpent toutes les finesses ne seraient suspectes à personne, comme procédant de son esprit et de sa subtilité naturelle, tandis que, remarquées dans d'autres ani-

> On th' eighth return'd; and, on the coast averse
> From entrance or cherubic watch, by stealth
> Found unsuspected way.
>   There was a place,
> Now not, though sin, not time, first wrought the change,
> Where Tigris, at the foot of Paradise,
> Into a gulf shot under ground ; till part
> Rose up a fountain by the tree of Life:
> In with the river sunk, and with it rose,
> Satan, involv'd in rising mist ; then sought
> Where to lie hid : sea he had search'd, and land,
> From Eden over Pontus, and the Pool
> Mæotis, up beyong the river Oby ;
> Downward as far antarctic ; and in length,
> West from Orontes to the ocean barr'd
> At Darien ; thence to the land where flows
> Ganges and Indus.
>   Thus the orb he roam'd
> With narrow search ; and with inspection deep
> Consider'd every creature, which of all
> Most opportune might serve his wiles ; and found
> The serpent subtlest beast of all the field.
> Him, after long debate irresolute
> Of thoughts revolv'd, his final sentence chose;
> Fit vessel, fittest imp of fraud, in whom
> To enter, and his dark suggestions hide

maux, elles pourraient engendrer le soupçon d'un pouvoir diabolique, actif en eux et surpassant l'intelligence de ces brutes. Satan prit cette résolution ; mais d'abord de sa souffrance intérieure, sa passion éclatant, s'exhala en ces plaintes :

« O terre! combien tu ressembles au ciel, si tu ne lui es plus juste-
» ment préférée! Demeure plus digne des dieux, comme étant bâtie par
» les secondes pensées, réformant ce qui était vieux. Car, quel Dieu
» voudrait élever un pire ouvrage, après en avoir bâti un meilleur? Ter-
» restre ciel autour duquel se meuvent d'autres cieux qui brillent : en-
» core leurs lampes officieuses apportent-elles lumière sur lumière, pour
» toi seul, comme il semble, concentrant en toi tous leurs précieux
» rayons d'une influence sacrée! De même que dans le ciel Dieu est cen-
» tre et toutefois s'étend à tout, de même toi centre tu reçois de tous
» ces globes : en toi, non en eux-mêmes toute leur vertu connue appa-
» raît productive dans l'herbe, dans la plante et dans la plus noble nais-
» sance des êtres animés d'une graduelle vie : la végétation, le senti-
» ment, la raison, tous réunis dans l'homme.

» Avec quel plaisir j'aurais fait le tour de la terre, si je pouvais jouir
» de quelque chose! Quelle agréable succession de collines, de vallées,
» de rivières, de bois et de plaines! à présent la terre, à présent la mer,

    From sharpest sight; for, in the wily snake
Whatever sleights, none would suspicious mark,
As from his wit and native sublety
Proceeding; which, in other beasts observ'd,
Doubt might beget of diabolic power
Active within, beyond the sense of brute.
Thus he resolv'd, but first from inward grief
His bursting passion into plaints thus pour'd :

    « O earth, how like to Heaven, if not preferr'd
More justly, seat worthier of gods, as built
With second thoughts, reforming what was old!
For what God, after better, worse would build?
Terrestrial Heaven, danc'd round by other Heavens
That shine, yet bear their bright officious lamps,
Light above light, for thee alone, as seems;
In thee concentring all their precious beams
Of sacred influence! As God in Heaven
Is centre, yet extends to all; so thou,
Centring, receiv'st from all those orbs: in thee,
Not in themselves, all their known virtue appears
Productive in herb, plant, and nobler birth
Of creatures animate with gradual life,
Of growth, sense, reason, all summ'd up in man.

    » With what delight could I have walk'd thee round
If I could joy in aught! sweet interchange
Of hill, and valley, rivers, woods, and plains,

» des rivages couronnés de forêts, des rochers, des antres, des grottes!
» Mais je n'y ai trouvé ni demeure ni refuge; et plus je vois de félicités
» autour de moi, plus je sens de tourments en moi, comme si j'étais le
» siége odieux des contraires : tout bien pour moi devient poison, et
» dans le ciel ma condition serait encore pire.

« Mais, je ne cherche à demeurer ni ici, ni dans le ciel, à moins que
» je n'y domine le souverain Maître des cieux. Je n'espère point être
» moins misérable par ce que je cherche; je ne veux que rendre d'au-
» tres tels que je suis, dussent par là redoubler mes maux; car c'est seu-
» lement dans la destruction que je trouve un adoucissement à mes pen-
» sées sans repos. L'homme, pour qui tout ceci a été fait, étant détruit,
» ou porté à faire ce qui opérera sa perte entière, tout ceci le suivra
» bientôt, comme enchaîné à lui en bonheur ou malheur : en malheur
» donc! Qu'au loin la destruction s'étende! à moi seul, parmi les pou-
» voirs infernaux, appartiendra la gloire d'avoir corrompu dans un seul
» jour ce que celui nommé le Tout-Puissant continua de faire pendant
» six nuits et six jours. Et qui sait combien de temps auparavant il
» l'avait médité? Quoique peut-être ce ne soit que depuis que dans une
» seule nuit j'ai affranchi d'une servitude inglorieuse près de la moitié
» des races angéliques, et éclairci la foule de ses adorateurs.

Now land, now sea, and shores with forest crown'd,
Rocks, dens, and caves! But I in none of these
Find place or refuge; and the more I see
Pleasures about me, so much more I feel
Torment within me, as from the hateful siege
Of contraries: all good to me becomes
Bane, and in Heaven much worse would be my state.

» But neither here seek I, no, nor in Heaven
To dwell, unless by mastering Heaven's Supreme:
Nor hope to be myself less miserable
By what I seek, but others to make such
As I, though thereby worse to me redound:
For only in destroying I find ease
To my relentless thoughts; and, him destroy'd,
Or won to what may work his utter loss,
For whom all this was made; all this will soon
Follow, as to him link'd in weal or woe:
In woe then; that destruction wide may range:
To me shall be the glory sole among
Th' infernal powers, in one day to have marr'd
What he, Almighty styl'd, six nights and days
Continued making; and who knows how long
Before had been contriving? though perhaps
Not longer than since I, in one night, freed
From servitude inglorious well nigh half
Th' angelic name, and thinner left the throng

» Lui, pour se venger, pour réparer ses nombres ainsi diminués, soit
» que sa vertu de longtemps épuisée lui manquât maintenant pour créer
» d'autres anges (si pourtant ils sont sa création), soit que pour nous dé-
» piter davantage il se déterminât à mettre en notre place une créature
» formée de terre : il l'enrichit (elle sortie d'une si basse origine!) de
» dépouilles célestes, nos dépouilles. Ce qu'il décréta, il l'accomplit : il
» fit l'homme, et lui bâtit ce monde magnifique, et de la terre, sa de-
» meure, il le proclama seigneur, Oh! indignité ! il assujettit au service
» de l'homme les ailes de l'ange, il astreignit des ministres flamboyants
» à veiller et à remplir leur terrestre fonction.

» Je crains la vigilance de ceux-ci; pour l'éviter, enveloppé ainsi
» dans le brouillard et la vapeur de minuit, je glisse obscur, je fouille
» chaque buisson, chaque fougeraie où le hasard peut me faire trouver
» le serpent endormi, afin de me cacher dans ses replis tortueux, moi et
» la noire intention que je porte. Honteux abaissement! moi qui naguère
» combattis les dieux pour siéger le plus haut, réduit aujourd'hui à
» m'unir à un animal, et, mêlé à la fange de la bête, à incarner cette es-
» sence, à abrutir celui qui aspirait à la hauteur de la Divinité! Mais à
» quoi l'ambition et la vengeance ne peuvent-elles pas descendre! Qui
» veut monter, doit ramper aussi bas qu'il a volé haut, exposé tôt ou

Of his adorers.
    » He, to be aveng'd,
And to repair his numbers thus impair'd;
Whether such virtue spent of old now fail'd
More angels to create, if they at least
Are his created; or, to spite us more,
Determined to advance into our room
A creature form'd of earth; and him endow,
Exalted from so base original,
With heavenly spoils, our spoils: what he decreed,
Be effected; man he made, and for him built
Magnificent this world, and earth his seat,
Him lord pronounc'd; and, O indignity!
Subjected to his service angel-wings,
And flaming ministers to watch and tend
Their earthly charge.
                 » Of these the vigilance
I dread; and, to elude, thus wrapt in mist
Of midnight vapour glide obscure; and pry
In every brush and brake, where hap may find
The serpent sleeping; in whose mazy folds
To hide me, and the dark intent I bring.
O foul descent! that I, who erst contended
With gods to sit the highest, am now constrain'd
Into a beast; and, mix'd with bestial slime,
This essence to incarnate and imbrute,

» tard aux choses les plus viles. La vengeance, quoique douce d'abord,
» amère avant peu, sur elle-même recule. Soit, peu m'importe, pourvu
» que le coup éclate bien miré : puisque en ajustant plus haut je suis
» hors de portée, je vise à celui qui le second provoque mon envie, à
» ce nouveau favori du ciel, à cet homme d'argile, à ce fils du dépit,
» que, pour nous marquer plus de dédain, son auteur éleva de la pous-
» sière : la haine par la haine est mieux payée. »

Il dit : à travers les buissons humides ou arides, comme un brouillard noir et rampant, il poursuit sa recherche de minuit pour rencontrer le serpent le plus tôt possible. Il le trouva bientôt profondément endormi, roulé sur lui-même dans un labyrinthe de cercles, sa tête élevée au milieu et remplie de fines ruses. Non encore dans une ombre horrible ou un repaire effrayant, non encore nuisible, sur l'herbe épaisse, sans crainte et non craint, il dormait. Le démon entra par sa bouche, et s'emparant de son instinct brutal dans la tête ou dans le cœur, il lui inspira bientôt des actes d'intelligence; mais il ne troubla point son sommeil, attendant, ainsi renfermé, l'approche du matin.

Déjà la lumière sacrée commençait de poindre dans Éden parmi les fleurs humides qui exhalaient leur encens matinal, alors que toutes les choses qui respirent sur le grand autel de la terre élèvent vers le Créa-

>   That to the highth of deity aspir'd !
>   But what will not ambition and revenge
>   Descend to? Who aspires, must down as low
>   As high he soar'd; obnoxious, first or last,
>   To basest things.   Revenge, at first though sweet,
>   Bitter ere long, back on itself recoils:
>   Let it; I reck not, so it light well aim'd,
>   Since higher I fall short, on him who next
>   Provokes my envy, this new favourite
>   Of Heaven, this man of clay, son of despite,
>   Whom, us the more to spite his Maker rais'd
>   From dust: spite then with spite is best repaid. »
>
>   So saying, through each thicket dank or dry,
>   Like a black mist low-creeping, he held on
>   His midnight search, where soonest he might find
>   The serpent: him fast sleeping soon he found
>   In labyrinth of many a round self-roll'd
>   His head the midst, well stor'd with subtle wiles:
>   Not yet in horrid shade or dismal den,
>   Nor nocent yet; but, on the grassy herb,
>   Fearless unfear'd he slep: in at his mouth
>   The devil enter'd ; and his brutal sense,
>   In heart or head, possessing, soon inspir'd
>   With act intelligential ; but his sleep
>   Disturb'd, not waiting close th' approach of morn.
>
>   Now, when as sacred light began to dawn

teur des louanges silencieuses et une odeur qui lui est agréable : le couple humain sortit de son berceau, et joignit l'adoration de sa bouche au chœur des créatures privées de voix. Cela fait, nos parents profitent de l'heure, la première pour les plus doux parfums et les plus douces brises. Ensuite ils délibèrent comment ce jour-là ils peuvent le mieux s'appliquer à leur croissant ouvrage, car cet ouvrage dépassait de beaucoup l'activité des mains des deux créatures qui cultivaient une si vaste étendue. Ève la première parla de la sorte à son mari :

« Adam, nous pouvons nous occuper encore à parer ce jardin, à re-
» lever encore la plante, l'herbe et la fleur, agréable tâche qui nous est
» imposée. Mais jusqu'à ce qu'un plus grand nombre de mains viennent
» nous aider, l'ouvrage sous notre travail augmente, prodigue par con-
» trainte : ce que, pendant le jour, nous avons taillé de surabondant, ou
» ce que nous avons élagué, ou appuyé, ou lié, en une nuit ou deux, par
» un fol accroissement, se rit de nous et tend à redevenir sauvage. Avise
» donc à cela maintenant, ou écoute les premières idées qui se présentent
» à mon esprit.

». Divisons nos travaux : toi, va où ton choix te guide, ou du côté qui
» réclame le plus de soin, soit pour tourner le chèvrefeuille autour de
» ce berceau, soit pour diriger le lierre grimpant là où il veut monter ;

In Eden on the humid flowers, that breath'd
Their morning incense, when all things, that breathe
From th' earth's great altar send up silent praise
To the Creator, and his nostrils fill
With grateful smell, forth came the human pair,
And join'd their vocal worship to the quire
Of creatures wanting voice ; that done, partake
The season, prime for sweetest scents and airs :
Then commune, how that day the best may ply
Their growing work ; for much their work outgrew
The hands' dispatch of two, gardening so wide ;
And Eve first to her husband thus began :

« Adam, well may we labour still to dress
This garden, still to tend plant, herb, and flower,
Our pleasant task enjoin'd ; but, till more hands
Aid us, the work under our labour grows,
Luxurious by restraint : what we by day
Lop overgrown, or prune, or prop, or bind,
One night or two with wanton growth derides,
Tinding to wild. Thou therefore now advise,
Or hear what to my mind first thoughts present.

» Let us divide our labours ; thou, where choice
Leads thee, or where most needs ; whether to wind
The woodbine round this arbour, or direct
The clasping ivy where to climb : while I,
In yonder spring of roses intermix'd

» tandis que moi, là bas, dans ce plant de roses entremêlées de myrtes,
» je trouverai jusqu'à midi des choses à redresser. Car lorsque ainsi nous
» choisissons tout le jour notre tâche si près l'un de l'autre, faut-il s'é-
» tonner qu'étant si près, des regards et des sourires interviennent, ou
» qu'un objet nouveau ramène un entretien imprévu qui réduit notre
» travail du jour interrompu à peu de chose, bien que commencé matin?
» alors arrive l'heure du souper non gagnée. »

Adam lui fit cette douce réponse :

« Ma seule Ève, ma seule associée, à moi sans comparaison plus chère
» que toutes les créatures vivantes, bien as-tu proposé, bien as-tu em-
» ployé tes pensées pour découvrir comment nous pourrions accomplir
» le mieux ici l'ouvrage que Dieu nous a assigné. Tu ne passeras pas
» sans être louée de moi, car rien n'est plus aimable dans une femme
» que d'étudier le devoir de famille et de pousser son mari aux bonnes
» actions. Cependant notre Maître ne nous a pas si étroitement imposé
» le travail, qu'il nous interdise le délassement quand nous en avons be-
» soin, soit par la nourriture, soit par la conversation entre nous (nour-
» riture de l'esprit), soit par ce doux échange des regards et des sou-
» rires; car les sourires découlent de la raison ; refusés à la brute, ils
» sont l'aliment de l'amour : l'amour n'est pas la fin la moins noble de

With myrtle, find what to redress till noon:
For, while so near each other thus all day
Our task we choose, what wonder if so near
Looks intervene and smiles, or object new
Casual discourse draw on; which intermits
Our day's work, brought to little, though begun
Early, and th' hour of supper comes unearn'd ? »

To whom mild answer Adam thus return'd:

« Sole Eve, associate sole, to me beyond
Compare above all living creatures dear!
Well hast thou motion'd, well thy thoughts employ'd
How we might best fulfil the work which here
God hath assign'd us ; nor of me shalt pass
Unprais'd; for nothing lovelier can be found
In woman, than to study household good,
And good works in her husband to promote.
Yet not so strictly hath our Lord impos'd
Labour, as to debar us when we need
Refreshment, whether food, or talk between,
Food of the mind, or this sweet intercourse
Of looks and smiles; for smiles from reason flow,
To brute denied, and are of love the food;
Love, not the lowest end of human life.
For not to irksome toil, but to delight,
He made us, and delight to reason join'd.

» la vie humaine. Dieu ne nous a pas faits pour un travail pénible, mais
» pour le plaisir, et pour le plaisir joint à la raison. Ne doute pas que
» nos mains unies ne défendent facilement contre le désert ces sentiers
» et ces berceaux, dans l'étendue dont nous avons besoin pour nous pro-
» mener, jusqu'à ce que de plus jeunes mains viennent avant peu nous
» aider.

» Mais si trop de conversation peut-être te rassasie, je pourrais con-
» sentir à une courte absence, car la solitude est quelquefois la meil-
» leure société, et une courte séparation précipite un doux retour. Mais
» une autre inquiétude m'obsède; j'ai peur qu'il ne t'arrive quelque
» mal quand tu seras sevrée de moi; car tu sais de quoi nous avons été
» avertis, tu sais quel malicieux ennemi, enviant notre bonheur et dé-
» sespérant du sien, cherche à opérer notre honte et notre misère par
» une attaque artificieuse; il veille sans doute quelque part près d'ici,
» dans l'avide espérance de trouver l'objet de son désir et son plus grand
» avantage, nous étant séparés; il est sans espoir de nous circonvenir
» réunis, parce qu'au besoin nous pourrions nous prêter l'un à l'autre
» un rapide secours. Soit qu'il ait pour principal dessein de nous dé-
» tourner de la foi envers Dieu, soit qu'il veuille troubler notre amour
» conjugal, qui excite peut-être son envie plus que tout le bonheur dont

    These paths and bowers doubt not but our joint hands
    Will keep from wilderness with ease, as wide
    As we need walk, till younger hands ere long
    Assist us: but if much converse perhaps
    Thee satiate, to short absence I could yield;
    For solitude sometimes is best society,
    And short retirement urges sweet return.
    But other doubt possesses me, lest harm
    Befall thee sever'd from me, for thou know'st
    What hath been warn'd us; what malicious foe,
    Envying our happiness, and of his own
    Despairing, seeks to work us woe and shame
    By sly assault; and somewhere nighth and
    Watches, no doubt, with greedy hope to find
    His wish and best advantage, us asunder;
    Hopeless to circumvent us join'd, where each
    To other speedy aid might lent at need:
    Whether his first design be to withdraw
    Our fealty from God; or to disturb
    Conjugal love, than which perhaps no bliss
    Enjoy'd by us excites his envy more;
    Or this, or worse, leave not the faithful side
    That gave the being, still shades thee, and protects.
    The wife, where danger or dishonour lurks,
    Safest and seemliest by her husband stays,
    Who guards her, or with her the worst endures. »

» nous jouissons; que ce soit là son dessein, ou quelque chose de pis,
» ne quitte pas le côté fidèle qui t'a donné l'être, qui t'abrite encore et
» te protége. La femme, quand le danger ou le déshonneur l'épie, de-
» meure plus en sûreté et avec plus de bienséance auprès de son mari
» qui la garde ou endure avec elle toutes les extrémités. »

La majesté virginale d'Ève, comme une personne qui aime et qui rencontre quelque rigueur, lui répondit avec une douce et austère tranquillité :

« Fils de la terre et du ciel, et souverain de la terre entière, que nous
» ayons un ennemi qui cherche notre ruine, je l'ai su de toi et de l'ange,
» dont je surpris les paroles à son départ, lorsque je me tenais en ar-
» rière dans un enfoncement ombragé, tout juste alors revenue au fer-
» mer des fleurs du soir. Mais que tu doutes de ma constance envers
» Dieu ou envers toi, parce que nous avons un ennemi qui la peut ten-
» ter, c'est ce que je ne m'attendais pas à ouïr. Tu ne crains pas la vio-
» lence de l'ennemi; étant tels que nous sommes, incapables de mort et
» de douleur, nous ne pouvons recevoir ni l'une ni l'autre, ou nous
» pouvons les repousser. Sa fraude cause donc ta crainte? d'où résulte
» clairement ton égale frayeur de voir mon amour et ma constante fidé-
» lité ébranlés ou séduits par sa ruse. Comment ces pensées ont-elles

To whom the virgin majesty of Eve,
As one who loves, and some unkindness meets,
With sweets austere composure thus replied:

« Offspring of Heaven and earth, and all earth's lord!
That such an enemy we have, who seeks
Our ruin, both by thee inform'd I learn,
And from the parting angel overheard,
As in a shady nook I stood behind,
Just then return'd at shut of evening flowers.
But that thou shouldst my firmness therefore doubt
To God or thee, because we have a foe
May tempt it. I expected not to hear.
His violence thou fear'st not; being such
As we, not capable of death or pain,
Can either not receive, or can repel.
His fraud is then thy fear; which plain infers
Thy equal fear, that my firm faith and love
Can by his fraud be shaken or seduc'd;
Thoughts, which how found they harbour in thy breast,
Adam, mis-thought of her to thee so dear? »

To whom with healing words Adam replied:

« Daughter of God and man, immortal Eve!
For such thou art; from sin and blame entire:
Not diffident of thee do I dissuade
Thy absence from my sight, but to avoid

» trouvé place dans ton sein, ô Adam? as-tu pu mal penser de celle qui
» t'est si chère? »

Adam, par ces paroles propres à la guérir, répliqua:

« Fille de Dieu et de l'homme, immortelle Ève, car tu es telle, non
» encore entamée par le blâme et le péché; ce n'est pas en défiance de
» toi que je te dissuade de l'absence loin de ma vue, mais pour éviter
» l'entreprise de notre ennemi. Celui qui tente, même vainement, ré-
» pand du moins le déshonneur sur celui qu'il a tenté; il a supposé sa
» foi non incorruptible, non à l'épreuve de la tentation. Toi-même tu
» ressentirais avec dédain et colère l'injure offerte, quoique demeurée
» sans effet. Ne te méprends donc pas si je travaille à détourner un pa-
» reil affront de toi seule; un affront qu'à nous deux à la fois l'ennemi,
» bien qu'audacieux, oserait à peine offrir, ou s'il l'osait, l'assaut s'adres-
» serait d'abord à moi : ne méprise pas sa malice et sa perfide ruse; il
» doit être astucieux, celui qui a pu séduire des anges. Ne pense pas
» que le secours d'un autre soit superflu. L'influence de tes regards me
» donne accès à toutes les vertus : à ta vue, je me sens plus sage, plus
» vigilant, plus fort; s'il était nécessaire de force extérieure, tandis que
» tu me regarderais, la honte d'être vaincu ou trompé soulèverait ma
» plus grande vigueur, et la soulèverait tout entière. Pourquoi ne sen-

   Th' attempt itself intended by our four foe.
   For he who tempts, though in vain, at least asperses
   The tempted with dishonour foul; suppos'd
   Not incorruptible of faith, not proof
   Against temptation: thou thyself with scorn
   And anger wouldst resent the offer'd wrong,
   Though ineffectual found: misdeem not then,
   If such affront I labour to avert
   From thee alone, which on us both at once
   The enemy, though bold, will hardly dare;
   Or daring, first on me th' assault shall light.
   Nor thou his malice and false guile contemn:
   Subtle he needs must be, who could seduce
   Angels; nor think superfluous others' aid.
   I, from the influence of thy looks, receive
   Access in every virtue; in thy sight
   More wise, more watchful; stronger, if need were
   Of outward strength; while shame, thou looking on,
   Shame to be overcome or over-reach'd,
   Would utmost vigour raise, and rais'd unite.
   Why shouldst not thou like sense within thee feel
   When I am present, and thy trial choose
   With me, best witness of thy virtue tried? »

    So spake domestic Adam in his care
   And matrimonial love; but Eve, who thought

» trrais-je pas au dedans de toi la même impression quand je suis pré-
» sent, et ne préférerais-tu pas subir ton épreuve avec moi, moi le meil-
» leur témoin de ta vertu éprouvée? »

Ainsi parla Adam, dans sa sollicitude domestique et son amour conjugal; mais Ève qui pensa qu'on n'accordait pas assez à sa foi sincère, renouvela sa repartie avec un doux accent :

» Si notre condition est d'habiter ainsi dans une étroite enceinte, res-
» serrés par un ennemi subtil ou violent (nous n'étant pas doués sépa-
» rément d'une force égale pour nous défendre partout où il nous ren-
» contrera), comment sommes-nous heureux, toujours dans la crainte
» du mal? mais le mal ne précède point le péché : seulement notre en-
» nemi, en nous tentant, nous fait un affront par son honteux mépris de
» notre intégrité. Son honteux mépris n'attache point le déshonneur à
» notre front, mais retombe honteusement sur lui.

» Pourquoi donc serait-il évité et craint par nous qui gagnons plutôt
» un double honneur de sa prénotion prouvée fausse, qui trouvons dans
» l'événement la paix intérieure et la faveur du ciel, notre témoin? Et
» qu'est-ce que la fidélité, l'amour, la vertu, essayés seuls, sans être
» soutenus d'un secours extérieur? Ne soupçonnons donc pas notre heu-
» reux état d'avoir été laissé si imparfait par le sage Créateur, que cet

Less attributed to her faith sincere,
Thus her reply with accent sweet renew'd:

« If this be our condition, thus to dwell
In narrow circuit straiten'd by a foe
Subtle or violent, we not endued
Single with like defence, wherever met;
How are we happy, still in fear of harm?
But harm precedes not sin: only our foe,
Tempting, affronts us with his foul esteem
Of our integrity: his foul esteem
Sticks no dishonour on our front, but turns
Foul on himself: then wherefore shunn'd or fear'd
By us? who rather double honour gain
From his surmise prov'd false; find peace within,
Favour from Heaven, our witness, from th' event.
And what is faith, love, virtue, unassay'd
Alone, without exteriour help sustain'd?
Let us not then suspect our happy state
Left so imperfect by the Maker wise,
As not secure to single or combin'd.
Frail is our happiness, if this be so,
And Eden were no Eden, thus expos'd. »

To whom thus Adam fervently replied:

« O woman, best are all things the will
Of God ordain'd them: his creating hand

» état ne soit pas assuré, soit que nous soyons séparés ou réunis. Fragile
» est notre félicité s'il en est de la sorte! Ainsi exposé, Éden ne serait
» plus Éden. »

Adam, avec ardeur, répliqua :

« Femme, toutes choses sont pour le mieux, comme la volonté de
» Dieu les a faites. Sa main créatrice n'a laissé rien de défectueux ou
» d'incomplet dans tout ce qu'il a créé, et beaucoup moins dans l'homme
» ou dans ce qui peut assurer son heureux état, garanti contre la force
» extérieure. Le péril de l'homme est en lui-même, et c'est aussi dans
» lui qu'est sa puissance : contre sa volonté, il ne peut recevoir aucun
» mal; mais Dieu a laissé la volonté libre; car qui obéit à la raison est
» libre; et Dieu a fait la raison droite; mais il lui a commandé d'être sur
» ses gardes, et toujours debout, de peur que surprise par quelque belle
» apparence de bien, elle ne dicte faux et n'informe mal la volonté, pour
» lui faire faire ce que Dieu a défendu expressément.

» Ce n'est donc point la méfiance, mais un tendre amour qui ordonne,
» à moi de t'avertir souvent, à toi aussi de m'avertir. Nous subsistons
» affermis; cependant il est possible que nous nous égarions, puisqu'il
» n'est pas impossible que la raison, par l'ennemi subornée, puisse ren-
» contrer quelque objet spécieux, et tomber surprise dans une déception

                Nothing imperfect or deficient left
                Of all that he created, much less man,
                Or aught that might his happy state secure,
                Secure from outward force: within himself
                The danger lies, yet lies within his power:
                Against his will he can receive no harm.
                But God left free the will; for what obeys
                Reason, is free; and reason he made right,
                But bid her well beware, and still erect;
                Lest, by some fair-appearing good surpris'd
                She dictate false, and mis-inform the will
                To do what God expressly hath forbid.

                » Not then mistrust, but tender love, enjoins,
                That I should mind thee oft; and mind thou me.
                Firm we subsist, yet possible to swerve;
                Since reason not impossibly may meet
                Some specious object by the foe suborn'd,
                And fall into deception unaware,
                Not keeping strictest watch, as she was warn'd.
                Seek not temptation then, which to avoid
                Were better, and most likely, if from me
                Thou sever not; trial will come unsought.
                Wouldst thou approve thy constancy? approve
                First thy obedience; th' other who can know,
                Not seeing thee attempted, who attest?
                But if thou think, trial unsought may find

» imprévue, faute d'avoir conservé l'exacte vigilance, comme elle en
» avait été avertie. Ne cherche donc point la tentation qu'il serait mieux
» d'éviter, et tu l'éviteras probablement si tu ne te sépares pas de moi :
» l'épreuve viendra sans être cherchée. Veux-tu prouver ta constance?
» prouve d'abord ton obéissance. Mais qui connaîtra la première, si tu
» n'as point été tentée? qui l'attestera ? Si tu penses qu'une épreuve non
» cherchée peut nous trouver tous deux plus en sûreté qu'il ne te sem-
» ble que nous le sommes, toi ainsi avertie... va! car ta présence, contre
» ta volonté, te rendrait plus absente : va dans ton innocence native!
» appuie-toi sur ce que tu as de vertu! réunis-la toute! car Dieu envers
» toi a fait son devoir, fais le tien. »

Ainsi parla le patriarche du genre humain ; mais Ève persista. Et quoique soumise, elle répliqua la dernière :

« C'est donc avec ta permission, ainsi prévenue et surtout à cause de
» ce que tes dernières paroles pleines de raison n'ont fait que toucher :
» l'épreuve, étant moins cherchée, nous trouverait peut-être moins pré-
» parés; c'est pour cela que je m'éloigne plus volontiers. Je ne dois pas
» beaucoup m'attendre qu'un ennemi aussi fier s'adresse d'abord à la
» plus faible; s'il y était enclin, il n'en serait que plus honteux de sa
» défaite. »

    Us both securer, than thus warn'd thou seem'st,
    Go; for thy stay, not free, absents the more;
    Go in thy native innocence, rely
    On what thou hast of virtue ; summon all !
    For God towards thee hath done his part, do thine. »

    So spake the patriarch of mankind ; but Eve
    Persisted; yet submiss, though last, replied:

    « With thy permission then, and thus forewarn'd
    Chiefly by what thy own last reasoning words
    Touch'd only; that our trial, when least sought,
    May find us both perhaps far less prepar'd ;
    The willinger I go, nor much expect
    A foe so proud will first the weaker seek ;
    So bent, the more shall shame him his repulse.

    Thus saying, from her husband's hand her hand
    Soft she withdrew, and, like a wood-nymph light
    Oread or Dryad, or of Delia's train,
    Betook her to the groves; but Delia's self
    In gait surpass'd, and goddess-like deport,
    Though not as she with bow and quiver arm'd,
    But with such gardening tools as art, yet rude,
    Guiltless of fire, had form'd, or angels brought,
    To Pales, or Pomona, thus adorn'd,
    Likest she seem'd ; Pomona, when she fled
    Vertumnus; or to Ceres in her prime,

312 LE PARADIS PERDU.

Ainsi disant, elle retire doucement sa main de celle de son époux, et comme une nymphe légère des bois, Oréade, ou Dryade, ou du cortége de la déesse de Délos, elle vole aux bocages. Elle surpassait Diane elle-même par sa démarche et son port de déesse, quoiqu'elle ne fût point armée comme elle de l'arc et du carquois, mais de ces instruments de jardinage, tels que l'art, simple encore et innocent du feu, les avait formés, ou tels qu'ils avaient été apportés par les anges. Ornée comme Palès ou Pomone, elle leur ressemblait : à Pomone quand elle fuit Vertumne, à Cérès dans sa fleur, lorsqu'elle était vierge encore de Proserpine qu'elle eut de Jupiter. Adam était ravi, son œil la suivit longtemps d'un regard enflammé; mais il désirait davantage qu'elle fût restée. Souvent il lui répète l'ordre d'un prompt retour; aussi souvent elle s'engage à revenir à midi au berceau, à mettre toute chose dans le meilleur ordre, pour inviter Adam au repas du milieu du jour ou au repos de l'après-midi.

Oh! combien déçue, combien trompée, malheureuse Ève, sur ton retour présumé! événement pervers! à compter de cette heure, jamais tu ne trouveras dans le paradis ni doux repas ni profond repos! une embûche est dressée parmi ces fleurs et ces ombrages; tu es attendue par une rancune infernale qui menace d'intercepter ton chemin, ou de te renvoyer dépouillée d'innocence, de fidélité, de bonheur!...

   Yet virgin of Proserpina from Jove.
   Her long with ardent look his eye pursu'd
   Delighted, but desiring more her stay.
   Oft he to her his charge of quick return
   Repeated: she to him as oft engag'd
   To be return'd by noon amid the bower,
   And all things in best order to invite
   Noontide repast, or afternoon's repose.
   O much deceiv'd, much failing! hapless Eve,
   Of thy presum'd return! event perverse!
   Thou never from that hour in Paradise
   Found'st either sweet repast or sound repose;
   Such ambush, hid among sweet flowers and shades,
   Waited with hellish rancour imminent
   To intercept thy way, or send thee back
   Despoil'd of innocence, of faith, of bliss!

   For now, and since first break of dawn, the fiend,
   Mere serpent in appearance, forth was come;
   And on his quest, where likeliest he might find
   The only two of mankind, but in them
   The whole included race, his purpos'd prey:
   In bower and field he sought, where any tuft
   Or grove or garden-plot more pleasant lay,
   Their tendance, or plantation for delight;
   By fountain or by shady rivulet
   He sought them both, but wish'd his hap might find

LIVRE IX.   313

Car maintenant, et depuis l'aube du jour, l'ennemi (simple serpent en apparence) était venu, cherchant le lieu où il pourrait rencontrer plus vraisemblablement les deux seuls de l'espèce humaine, mais en eux toute leur race, sa proie projetée. Il cherche dans le bocage et dans la prairie, là où quelque bouquet de bois, quelque partie de jardin, objet de leur soin ou de leur plantation, se montrent plus agréables pour leurs délices ; au bord d'une fontaine ou d'un petit ruisseau ombragé, il les cherche tous deux ; mais il désirerait que son destin pût rencontrer Ève séparée d'Adam ; il le désirait, mais non avec l'espérance de ce qui arrivait si rarement, quand selon son désir et contre son espérance, il découvre Ève seule voilée d'un nuage de parfums, là où elle se tenait à demi aperçue, tant les roses épaisses et touffues rougissaient autour d'elle ; souvent elle se baissait pour relever les fleurs d'une faible tige, dont la tête quoique d'une vive carnation, empourprée, azurée ou marquetée d'or, pendait sans support ; elle les redressait gracieusement avec un lien de myrte, sans songer qu'elle-même, la fleur la plus belle, était non soutenue, son meilleur appui si loin, la tempête si proche.

Le serpent s'approchait ; il franchit mainte avenue du plus magnifique couvert, cèdre, pin, ou palmier : tantôt ondoyant et hardi, tantôt caché,

> Eve separate ; he wish'd, but not with hope
> Of what so seldom chanc'd ; when to his wish,
> Beyond his hope, Eve separate her spies,
> 'Veil'd in a cloud of fragrance, where she stood
> Half spied, so thick the roses blushing round
> About her glow'd, oft stooping to support
> Each flower of slender stalk, whose head, though gay
> Carnation, purple, azure, or speck'd with gold,
> Hung drooping unsustain'd ; them she upstays
> Gently with myrtle-band', mindless the while
> Herself, though fairest unsupported flower,
> From her best prop so far, and storm so nigh !
>
> Nearer he drew, and many a walk travers'd
> Of stateliest covert, cedar, pine, or palm ;
> Then voluble and bold, now hid, now seen,
> Among thick-woven arborests, and flowers
> Imborder'd on each bank, the hand of Eve :
> Spot more delicious than those gardens feign'd
> Or of reviv'd Adonis, or renown'd
> Alcinous, host of old Laertes' son ;
> Or that, not mystic, where the sapient king
> Held dalliance with his fair Egyptian spouse.
>
> Much he the place admir'd, the person more.
> As one who long in populous city pent,
> Where houses thick and sewers annoy the air,
> Forth issuing on a summer's morn, to breathe
> Among the pleasant villages and farms

tantôt vu parmi les arbustes entrelacés et les fleurs formant bordure des deux côtés, ouvrage de la main d'Ève : retraite plus délicieuse que ces fabuleux jardins d'Adonis ressuscité, ou d'Alcinoüs rénommé, hôte du fils du vieux Laërte; ou bien encore que ce jardin, non mystique, dans lequel le sage roi se livrait à de mutuelles caresses avec la belle Égyptienne, son épouse.

Satan admire le lieu, encore plus la personne. Comme un homme longtemps enfermé dans une cité populeuse dont les maisons serrées et les égouts corrompent l'air : par un matin d'été, il sort pour respirer dans les villages agréables et dans les fermes adjacentes ; de toutes choses qu'il rencontre il tire un plaisir, l'odeur des blés ou de l'herbe fauchée, ou celle des vaches et des laiteries, chaque objet rustique, chaque bruit champêtre, tout le charme ; si d'aventure une belle vierge, au pas de nymphe, vient à passer, ce qui plaisait à cet homme lui plaît davantage à cause d'elle; elle l'emporte sur tout, et dans son regard elle réunit toutes les délices : le serpent prenait un pareil plaisir à voir ce plateau fleuri, doux abri d'Ève ainsi matineuse, ainsi solitaire! Sa forme angélique et céleste, mais plus suave et plus féminine, sa gracieuse innocence, toute la façon de ses gestes, ou de ses moindres mouvements, intimident la malice de Satan, et par un doux larcin dépouillent sa violence de l'in-

Adjoin'd, from each thing met conceives delight,
The smell of grain, or tedded grass, or kine,
Or dairy, each rural sight, each rural sound ;
If chance, with nymph-like step, fair virgin pass,
What pleasing seem'd, for her now pleases more.
She most, and in her look sums all delight :
Such pleasure took the serpent to behold
This flowery plat, the sweet recess of Eve
Thus early, thus alone : her heavenly form,
Angelic, but more soft and feminine,
Her graceful innocence, her every air
Of gesture, or least action, overaw'd
His malice, and with rapine sweet, bereaw'd
His fierceness of the fierce intent it brought :
That space the evil-one abstracted, stood
From his own evil, and for the time remain'd
Stupidly good; of enmity disarm'd,
Of guile, of hate, of envy, of revenge :
But the hot hell that always in him burns,
Though in mid Heaven, soon ended his delight,
And tortures him now more, the more he sees
Of pleasure, not for him ordain'd : then soon
Fierce hate he recollects, and all his thoughts
Of mischief, gratulating thus excites:

« Thoughts, whither have ye led me ! with what sweet Compulsion thus transported, to forget tention violente qu'il apportait. Dans cet intervalle le mal unique demeure abstrait de son propre mal, et pendant ce temps demeura stupidement bon, désarmé qu'il était d'inimitié, de fourberie, de haine, d'envie, de vengeance. Mais l'enfer ardent qui brûle toujours en lui, quoique dans un demi-ciel, finit bientôt ses délices, et la torture d'autant plus qu'il voit plus de plaisir non destiné pour lui. Alors il rappelle la haine furieuse, et, caressant ses pensées de malheur, il s'excite de la sorte :

« Pensées, où m'avez-vous conduit! par quelle douce impulsion ai-je
» été poussé à oublier ce qui nous a amené ici! La haine! non l'amour,
» ni l'espoir du paradis pour l'enfer, ni l'espoir de goûter ici le plaisir,
» mais de détruire tout plaisir, excepté celui qu'on éprouve à détruire :
» toute autre joie pour moi est perdue. Ainsi ne laissons pas échapper
» l'occasion qui me rit à présent : voici la femme seule, exposée à toutes
» les attaques; son mari (car je vois au loin tout à l'entour) n'est pas au-
» près d'elle : j'évite davantage sa plus haute intelligence et sa force;
» d'un courage fier, bâti de membres héroïques quoique moulés en
» terre, ce n'est point un ennemi peu redoutable; lui exempt de bles-
» sures, moi non! tant l'enfer m'a dégradé, tant la souffrance m'a fait
» déchoir de ce que j'étais dans le ciel! Ève est belle, divinement belle,

  What hitter brought us! hate, not love; nor hope
  Of Paradise for Hell, hope here to taste
  Of pleasure; but all pleasure to destroy,
  Save what is in destroying : other joy
  To me is lost. Then, let me not let pass
  Occasion which now smiles; behold alone
  The woman, opportune to all attempt
  Her husband (for I wiew far round) not nigh,
  Whose higher intellectual more I shun,
  And strength, of courage haughty and of limb
  Heroic built, though of terrestrial mould;
  Foe not informidable! exempt from wound,
  I not; so much hath Hell debas'd, and pain
  Enfeebled me, to what I was in Heaven.
  She fair, divinely fair, fit love for gods!
  Not terrible, though terror be in love
  And beauty, not approach'd by stronger hate,
  Hate stronger, under show of love well feign'd,
  The way which to her ruin now I tend. »

   So spake the enemy of mankind, enclos'd
  In serpent, inmate bad! and toward Eve
  Adress'd his way : not with intented way
  Prone on the ground, as since; but on his rear,
  Circular base of rising folds, that tower'd
  Fold above fold, a surging maze! his head
  Crested aloft, and carbuncle his eyes.

» faite pour l'amour des dieux ; elle n'a rien de terrible, bien qu'il y ait
» de la terreur dans l'amour et dans la beauté, quand elle n'est pas ap-
» prochée par une haine plus forte ; haine d'autant plus forte qu'elle est
» mieux déguisée sous l'apparence de l'amour : c'est le chemin que je
» tente pour la ruine d'Ève. »

Ainsi parle l'ennemi du genre humain, mauvais hôte du serpent dans lequel il était renfermé, et vers Ève il poursuit sa route. Il ne se traînait pas alors sur la terre en ondes dentelées comme il a fait depuis; mais il se dressait sur sa croupe, base circulaire de replis superposés qui montaient en forme de tour, orbe sur orbe, labyrinthe croissant ! Une crête s'élevait haute sur sa tête ; ses yeux étaient d'escarboucle ; son cou était d'un or vert bruni ; il se tenait debout au milieu de ses spirales arrondies qui sur le gazon flottaient redondantes. Agréable et charmante était sa forme : jamais serpents depuis n'ont été plus beaux, ni celui dans lequel furent changés en Illyrie Hermione et Cadmus, ni celui qui fut le dieu d'Épidaure, ni ceux en qui transformés furent vus Jupiter Ammon et Jupiter Capitolin, le premier avec Olympias, le second avec celle qui enfanta Scipion, la grandeur de Rome.

D'une course oblique, comme quelqu'un qui cherche accès auprès d'une personne, mais qui craint de l'interrompre, il trace d'abord son

        With burnish'd neck of verdant gold, erect
        Amidst his circling spires, that on the grass
        Floated redundant : pleasing was his shape
        And lovely ; never since of serpent-kind
        Lovelier ; not those that in Illyria chang'd
        Hermione and Cadmus, or the god
        In Epidaurus ; nor to which transform'd
        Ammonian Jove, or Capitoline, was seen ;
        He with Olympias ; this with her who bore
        Scipio, the highth of Rome. With tract oblique
        At first, as one who sought access, but fear'd
        To interrupt, side-long he works his way.
        As when a ship, by skilful steersman wrought
        Nigh river's mouth or foreland, where the wind
        Veers oft, as oft so steers, and shifts her sail :
        So varied he, and of his tortuous train
        Curl'd many a wanton wreath in sight of Eve,
        To lure her eye.
                  She, busied, heard the sound
        Of rustling leaves, but minded not, as us'd
        To such disport before her through the field,
        From every beast ; more duteous at her call,
        Than at Circean call the herd disguis'd.

        He, bolder now, uncall'd before her stood,
        But as in gaze admiring : oft he bow'd

chemin de côté : tel qu'un vaisseau manœuvré par un pilote habile à l'embouchure d'une rivière ou près d'un cap, autant de fois que le vent tourne, autant de fois il vire de bord et change sa voile; ainsi Satan variait ses mouvements, et de sa queue formait de capricieux anneaux à la vue d'Ève pour amorcer ses regards.

Occupée, elle entendit le bruit des feuilles froissées ; mais elle n'y fit aucune attention, accoutumée qu'elle était dans les champs à voir se jouer devant elle toutes les bêtes, plus soumises à sa voix que ne le fut à la voix de Circé le troupeau métamorphosé.

Plus hardi alors, le serpent non appelé se tint devant Ève, mais comme dans l'étonnement de l'admiration, souvent d'une manière caressante il abaissait sa crête superbe, son cou poli et émaillé, et léchait la terre qu'Ève avait foulée. Sa gentille expression muette amène enfin les regards d'Ève à remarquer son badinage. Ravi d'avoir fixé son attention, Satan avec la langue organique du serpent, ou par l'impulsion de l'air vocal, commença de la sorte sa tentation astucieuse :

« Ne sois pas émerveillée, maîtresse souveraine, si tu peux l'être,
» toi qui es la seule merveille. Encore moins n'arme pas de mépris ton
» regard, ciel de la douceur, irritée que je m'approche de toi et que je
» te contemple insatiable : moi ainsi seul, je n'ai pas craint ton front,

>His turret crest, and sleek enamell'd neck,
>Fawning ; and lick'd the ground whereon she trod.
>His gentle dumb expression turn'd at length
>The eye of Eve, to mark his play ; he, glad
>Of her attention gain'd, with serpent-tongue
>Organic, or impulse of vocal air,
>His fraudulent temptation thus began:

>« Wonder not, sovran mistress, if perhaps
>Thou canst, who art sole wonder ! much less arm
>Thy looks, the Heaven of mildness, with disdain,
>Displeas'd that I approach thee thus, and gaze
>Insatiate; I thus single; nor have fear'd
>Thy awful brow, more awful thus retir'd.
>Fairest resemblance of thy Maker fair,
>Thee all things living gaze on, all things thine
>By gift, and thy celestial beauty adore
>With ravishment beheld ! there best beheld,
>Where universally admir'd ; but here
>In this enclosure wild, these beasts among,
>Beholders rude, and shallow to discern
>Half what in thee is fair, one man except,
>Who sees thee? (and what is one?) who shouldst be seen
>A goddess among gods, ador'd and serv'd
>By angels numberless, thy daily train. »

>So gloz'd the tempter, and his proem tun'd:

» plus imposant encore ainsi retirée. O la plus belle ressemblance de
» ton beau Créateur! toi, toutes les choses vivantes t'admirent, toutes
» les choses qui t'appartiennent en don adorent ta beauté céleste con-
» templée avec ravissement. La beauté considérée davantage là où elle
» est universellement admirée; mais ici, dans cet enclos sauvage, parmi
» ces bêtes (spectateurs grossiers et insuffisants pour discerner la moitié
» de ce qui en toi est beau), un homme excepté qui te voit? Et qu'est-ce
» qu'un seul à te voir, toi qui devrais être vue déesse parmi les dieux,
» adorée et servie des anges sans nombre, ta cour journalière! »

Telles étaient les flatteries du tentateur, tel fut le ton de son prélude : ses paroles firent leur chemin dans le cœur d'Ève, bien qu'elle s'étonnât beaucoup de la voix. Enfin, non sans cesser d'être surprise, elle répondit :

« Qu'est-ce que ceci? le langage de l'homme prononcé, la pensée hu-
» maine exprimée par la langue d'une brute? je croyais du moins que la
» parole avait été refusée aux animaux, que Dieu au jour de leur créa-
» tion les avait faits muets pour tout son articulé. Quant à la pensée, je
» doutais; car dans les regards et dans les actions des bêtes, souvent pa-
» raît beaucoup de raison. Toi, serpent, je te connaissais bien pour le
» plus subtil des animaux des champs, mais j'ignorais que tu fusses doué

Into the heart of Eve his words made way,
Though at the voice much marvelling; at length,
Not unamaz'd, she thus in answer spake :

« What may this mean? language of man pronounc'd
By tongue of brute, and human sense express'd?
The first, at least, of these I thought denied
To beast; whom God, on their creation-day,
Created mute to all articulate sound :
The latter I demur; for in their looks
Much reason, and in their actions oft appears.
Thee, serpent, subtlest beast of all the field
I knew, but not with human voice endued :
Redouble then this miracle, and say,
How cam'st thou speakable of mute, and how
To me so friendly grown above the rest
Of brutal kind, that daily are in sight?
Say, for such wonder claims attention due. »

To whom the guileful tempter thus replied :

« Empress of this fair world, resplendent Eve!
Easy to me it is to tell thee all
What thou command'st; and right thou shouldst be obey'd.

» I was at first as other beasts that graze
The trodden herb, of abject thoughts and low
As was my food : nor aught but food discern'd

» de la voix humaine. Redouble donc ce miracle, et dis comment tu es
» devenu parlant de muet que tu étais, et comment tu es devenu plus
» mon ami que le reste de l'espèce brute qui est journellement sous
» mes yeux. Dis, car une telle merveille réclame l'attention qui lui est
» due. »

L'astucieux tentateur répliqua de la sorte :

« Impératrice de ce monde beau, Ève resplendissante, il m'est aisé de
» te dire tout ce que tu ordonnes; il est juste que tu sois obéie.

» J'étais d'abord comme sont les autres bêtes qui paissent l'herbe
» foulée aux pieds; mes pensées étaient abjectes et basses comme l'était
» ma nourriture; je ne pouvais discerner que l'aliment ou le sexe, et
» ne comprenais rien d'élevé : jusqu'à ce qu'un jour, roulant dans la
» campagne, je découvris au loin, par hasard, un bel arbre chargé de
» fruits des plus belles couleurs mêlées, pourpre et or. Je m'en appro-
» chais pour le contempler, quand des rameaux s'exhala un parfum sa-
» voureux, agréable à l'appétit; il charma mes sens plus que l'odeur du
» doux fenouil, plus que la mamelle de la brebis, ou de la chèvre, qui
» laisse échapper le soir le lait non sucé de l'agneau ou du chevreau oc-
» cupés de leurs jeux.

» Pour satisfaire le vif désir que je ressentais de goûter à ces belles

Or sex, and apprehended nothing high:
Still, on a day roving the field, I chanc'd
A goodly tree far distant to behold
Loaden with fruit of fairest colours mix'd,
Ruddy and gold: I nearer drew to gaze ;
When from the boughs a savoury odour blown,
Grateful to appetite, more pleas'd my sense
Than smell of sweetest fennel, or the teats
Of ewe or goat dropping with milk at even,
Unsuck'd of lamb or kid, that tend their play.

» To satisfy the sharp desire I had
Of tasting those fair apples, I resolv'd
Not to defer; hunger and thirst at once,
Powerful persuaders, quicken'd at the scent
Of that alluring fruit, urg'd me so keen.
About the mossy trunk I wound me soon;
For, high from ground, the branches would require
Thy utmost reach or Adam's : round the tree
All other beasts that saw, with like desire
Longing and envying stood, but could not reach.
Amid the tree now got, where plenty hung
Tempting so nigh, to pluck and eat my fill
I spar'd not; for such pleasure till that hour,
At feed or fountain, never had I found.

» Sated at length, ere long I might perceive

» pommes, je résolus de ne pas différer : la faim et la soif, conseillères
» persuasives, aiguisées par l'odeur de ce fruit séducteur, me pressaient
» vivement. Soudain je m'entortille au tronc moussu, car pour atteindre
» aux branches élevées au-dessus de la terre, cela demanderait ta haute
» taille ou celle d'Adam. Autour de l'arbre se tenaient toutes les autres
» bêtes qui me voyaient ; languissant d'un pareil désir elles me portaient
» envie, mais ne pouvaient arriver au fruit. Déjà parvenu au milieu
» de l'arbre où pendait l'abondance si tentante et si près, je ne me
» fis faute de cueillir et de manger à satiété, car jusqu'à cette heure
» je n'avais jamais trouvé un pareil plaisir aux aliments ou à la fon-
» taine.

» Rassasié enfin, je ne tardai pas d'apercevoir en moi un changement
» étrange au degré de raison de mes facultés intérieures ; la parole ne me
» manqua pas longtemps, quoique je conservasse ma forme. Dès ce mo-
» ment je tournai mes pensées vers des méditations élevées ou profon-
» des, et je considérai d'un esprit étendu toutes les choses visibles dans
» le ciel, sur la terre ou dans l'air, toutes les choses bonnes et belles.
» Mais tout ce qui est beau et bon, dans ta divine image et dans le rayon
» céleste de ta beauté je le trouve réuni. Il n'est point de beauté à la
» tienne pareille ou seconde ! elle m'a contraint, quoique importun peut-

Strange alteration in me, to degree
Of reason in my inward powers : and speech
Wanted not long ; though to this shape retain'd.
Thenceforth to speculations high or deep
I turn'd my thoughts, and with capacious mind
Consider'd all things visible in Heaven,
Or earth, or middle ; all things fair and good :
But all that fair and good in thy divine
Semblance, and in thy beauty's heavenly ray,
United I beheld ; no fair to thine
Equivalent or second ! which compell'd
Me thus, though importune perhaps, to come
And gaze, and worship thee, of right declar'd
Sovran of creatures, universal dame ! »

So talk'd the spirited sly snake ; and Eve,
Yet more amaz'd, unwary thus replied :

Serpent, thy overpraising leaves in doubt
The virtue of that fruit, in thee first prov'd :
But say : where grows the tree ? from hence how far ?
For many are the trees of God that grow
In Paradise, and various, yet unknown
To us ; in such abundance lies our choice,
As leaves a greater store of fruit untouch'd
Still hanging incorruptible, till men

» être, à venir, te contempler, à t'adorer, toi qui de droit es déclarée
» souveraine des créatures, dame universelle! »

Ainsi parle l'animé et rusé serpent ; et Ève, encore plus surprise, lui répliqua, imprudente :

« Serpent, tes louanges excessives me mettent en doute de la vertu de
» ce fruit sur toi le premier éprouvée. Mais, dis-moi, où croît l'arbre?
» est-il loin d'ici? Car nombreux sont les arbres de Dieu qui croissent
» dans le paradis, et plusieurs nous sont encore inconnus : une telle abon-
» dance s'offre à notre choix, que nous laissons un grand trésor de fruits
» sans les toucher; ils restent suspendus incorruptibles jusqu'à ce que
» les hommes naissent pour les cueillir, et qu'un plus grand nombre de
» mains nous aident à soulager la nature de son enfantement. »

L'insidieuse couleuvre joyeuse et satisfaite :

« Impératrice, le chemin est facile et n'est pas long; il se trouve au
» delà d'une allée de myrtes, sur une pelouse, tout près d'une fontaine,
» quand on a passé un petit bois exhalant la myrrhe et le baume. Si tu
» m'acceptes pour conducteur, je t'y aurai bientôt menée. »

« Conduis-moi donc, » dit Ève.

Le serpent, guide, roule rapidement ses anneaux, et les fait paraître droits quoique entortillés, prompt qu'il est au crime. L'espérance l'élève,

Grow up to their provision, and more hands
Help to disburden Nature of her birth. »

To whom the wily adder, blithe and glad:

« Empress, the way is ready, and not long;
Beyond a row of myrtless, on a flat,
Fast by a fountain, one small thicket past
Of blowing myrrh and balm ; if thou accept
My conduct, I can bring thee thither soon. »

« Lead then, » said Eve. He, leading, swiftly roll'd
In tangles, and made intricate seem straight,
To mischief swift. Hope elevates, and joy
Brightens his crest. As when a wandering fire,
Compact of unctuous vapour, which the night
Condenses, and the cold environs round,
Kindled through agitation to a flame,
Which oft, they say, some evil spirit attends,
Hovering and blazing with delusive light,
Misleads th' amaz'd night-wanderer from his way
To bogs and mires, and oft through pond or pool;
There swallow'd up and lost, from succour far
So glister'd the dire snake, and, into fraud
Led Eve, our credulous mother, to the tree
Of prohibition, root of all our woe ;
Which when she saw, thus to her guide she spake:

et la joie enlumine sa crête : comme un feu follet, formé d'une onctueuse vapeur que la nuit condense et que la frigidité environne, s'allume en une flamme par le mouvement (lequel feu accompagne souvent, dit-on, quelque malin esprit) ; voltigeant et brillant d'une lumière trompeuse, il égare de sa route le voyageur nocturne étonné ; il le conduit dans des marais et des fondrières, à travers des viviers et des étangs où il s'engloutit et se perd loin de tout secours : ainsi reluisait le serpent fatal, et par supercherie menait Ève, notre mère crédule, à l'arbre de prohibition, racine de tout notre malheur. Dès qu'elle le vit, elle dit à son guide :

« Serpent, nous aurions pu éviter notre venir ici, infructueux pour
» moi, quoique le fruit soit ici en abondance. Le bénéfice de sa vertu
» sera seul pour toi ; vertu merveilleuse en effet, si elle produit de pareils
» effets ! Mais nous ne pouvons à cet arbre ni toucher ni goûter : ainsi
» Dieu l'a ordonné, et il nous a laissé cette défense, la seule fille de sa
» voix : pour le reste, nous vivons loi à nous-mêmes ; notre raison est
» notre loi. »

Le tentateur, plein de tromperie, répliqua :

« En vérité ! Dieu a donc dit que du fruit de tous les arbres de ce jar-
» din vous ne mangerez pas, bien que vous soyez déclarés seigneurs de
» tout sur la terre et dans l'air ? »

« Serpent, we might have spar'd our coming hither,
Fruitless to me, though fruit be here t' excess,
The credit of whose virtue rest with thee;
Wondrous indeed, if cause of such effects.
But of this tree we may not taste nor touch;
God so commanded, and left that command
Sole daughter of his voice : the rest, we live
Law to ourselves ; our reason is our law. »

To whom the tempter guilefully replied :

« Indeed ! hath God then said that of the fruit
Of all these garden-trees ye shall not eat,
Yet lords declar'd of all in earth or air ? »

To whom thus Eve, yet sinless :

« Of the fruit
Of each tree in the garden we may eat ;
But of the fruit of this fair tree amidst
The garden, God hath said, Ye shall not eat
Thereof, nor shall ye touch it, lest ye die. »

She scarce had said, though brief, when now more bold
The tempter, but with show of zeal and love
To man, and indignation at his wrong,
New part puts on ; and, as to passion mov'd.
Fluctuates disturb'd, yet comely and in act

Ève, encore sans péché :

« Du fruit de chaque arbre de ce jardin nous pouvons manger, mais du fruit de ce bel arbre dans le jardin Dieu a dit : Vous n'en mangerez point ; vous n'y toucherez point, de peur que vous ne mouriez. »

A peine a-t-elle dit brièvement, que le tentateur, maintenant plus hardi (mais avec une apparence de zèle et d'amour pour l'homme, d'indignation pour le tort qu'on lui faisait), joue un rôle nouveau. Comme touché de compassion, il se balance troublé, pourtant avec grâce, et il se lève posé comme prêt à traiter quelque matière importante : au vieux temps dans Athènes et dans Rome libre, où florissait l'éloquence (muette depuis), un orateur renommé, chargé de quelque grande cause, se tenait debout en lui-même recueilli, tandis que chaque partie de son corps, chacun de ses mouvements, chacun de ses gestes obtenaient audience avant sa parole ; quelquefois il débutait avec hauteur, son zèle pour la justice ne lui permettant pas le délai d'un exorde : ainsi s'arrêtant, se remuant, se grandissant de toute sa hauteur, le tentateur tout passionné, s'écria :

« O plante sacrée, sage et donnant la sagesse, mère de la science, à présent je sens au dedans de moi mon pouvoir qui m'éclaire, non-seulement pour discerner les choses dans leurs causes, mais pour décou-

> Rais'd, as of some great matter to begin.
> As when of old some orator renown'd
> In Athens, or free Rome, where eloquence
> Flourish'd, since mute, to some great cause address'd,
> Stood in himself collected : while each part
> Motion, each act, won audience ere the tongue;
> Sometimes in highth began, as no delay
> Of preface brooking, through his zeal of right:
> So standing, moving, or to highth up grown,
> The tempter, all impassion'd, thus began:
>
>   « O sacred wise, and wisdom-giving plant,
>   Mother of science ! now I feel thy power
>   Within me clear; not only to discern
>   Things in their causes, but to trace the ways
>   Of highest agents, deem'd however wise.
>   Queen of this universe ! do not believe
>   Those rigid threats of death : ye shall not die;
>   How should you? by the fruit? it gives you life
>   To knowledge ; by the threatener? look on me,
>   Me, who have touch'd and tasted ; yet both live,
>   And life more perfect have attain'd than fate
>   Meant me, by venturing higher than my lot.
>   Shall that be shut to man, which to the beast
>   Is open? or will God incense his ire
>   For such a petty trespass? and not praise

» vrir les voies des agents suprêmes, réputés sages cependant. Reine de
» cet univers, ne crois pas ces rigides menaces de mort : vous ne mour-
» rez point : comment le pourriez-vous? Par le fruit? Il vous donnera
» la vie de la science. Par l'auteur de la menace? Regardez-moi, moi
» qui ai touché et goûté ; cependant je vis, j'ai même atteint une vie
» plus parfaite que celle que le sort me destinait, en osant m'élever au-
» dessus de mon lot. Serait-il fermé à l'homme, ce qui est ouvert à la
» bête? Ou Dieu allumera-t-il sa colère pour une si légère offense? Ne
» louera-t-il pas plutôt votre courage indompté qui, sous la menace de
» la mort dénoncée (quelque chose que soit la mort), ne fut point dé-
» tourné d'achever ce qui pouvait conduire à une plus heureuse vie, à
» la connaissance du bien et du mal. Du bien? quoi de plus juste! Du
» mal (si ce qui est mal est réel) : pourquoi ne pas le connaître, puis-
» qu'il en serait plus facilement évité! Dieu ne peut donc vous frap-
» per et être juste : s'il n'est pas juste, il n'est pas Dieu ; il ne faut alors
» ni le craindre, ni lui obéir. Votre crainte elle-même écarte la crainte
» de la mort.

» Pourquoi donc fut ceci défendu? Pourquoi, sinon pour vous effrayer?
» Pourquoi, sinon pour vous tenir bas et ignorants, vous ses adorateurs?
» il sait que le jour où vous mangerez du fruit, vos yeux, qui semblent

        Rather your dauntless virtue, whom the pain
Of death denounc'd, whatever thing death be,
Deterr'd not from achieving what might lead
To happier life, knowledge of good and evil;
Of good, how just? of evil, if what is evil
Be real, why not known, since easier shunn'd?
God therefore cannot hurt ye, and be just;
Not just, not God; not fear'd then, nor obey'd:
Your fear itself of death removes the fear.

        « Why then was this forbid? Why, but to awe?
Why, but to keep ye low and ignorant,
His worshippers? He knows, that in the day
Ye eat thereof, your eyes, that seem so clear,
Yet are but dim, shall perfectly be then
Open'd and clear'd and ye shall be as gods,
Knowing both good and evil, as they know.
That ye shall be as gods, since I as man,
Internal man, is but proportion meet:
I, of brute, human ; ye, of human, gods.

        » So ye shall die perhaps, by putting off
Human, to put on gods; death to be wish'd,
Though threaten'd, wich no worse than this can bring
And what are gods, that man may not become
As they, participating godlike food?
The gods are first, and that advantage use

» si clairs, et qui cependant sont troubles, seront parfaitement ouverts et
» éclaircis, et vous serez comme des dieux, connaissant à la fois le bien
» et le mal, comme ils le connaissent. Que vous soyez comme des dieux,
» puisque je suis comme un homme, comme un homme intérieurement,
» ce n'est qu'une juste proportion gardée, moi de brute devenu homme,
» vous d'hommes devenus dieux.

» Ainsi, vous mourrez peut-être, en vous dépouillant de l'homme
» pour revêtir le dieu : mort désirable quoique annoncée avec menaces,
» puisqu'elle ne peut rien de pis que ceci ! Et que sont les dieux pour
» que l'homme ne puisse devenir comme eux, en participant à une nour-
» riture divine? Les dieux existèrent les premiers, et ils se prévalent de
» cet avantage pour nous faire croire que tout procède d'eux : j'en doute;
» car je vois cette belle terre échauffée par le soleil, et produisant toutes
» choses; eux, rien. S'ils produisent tout, qui donc a renfermé la con-
» naissance du bien et du mal dans cet arbre, de manière que quicon-
» que mange de son fruit acquiert aussitôt la sagesse sans leur permis-
» sion? En quoi serait l'offense que l'homme parvint ainsi à connaître !
» En quoi votre science pourrait-elle nuire à Dieu, ou que pourrait
» communiquer cet arbre contre sa volonté, si tout est à lui? Agirait-il
» par envie? L'envie peut-elle habiter dans les cœurs célestes? Ces rai-

    On our belief, that all from then proceeds:
I question it; for this fair earth I see,
Warm'd by the sun, producing every kind;
Them, nothing: if they all things, who enclos'd
Knowledge of good and evil in this tree,
That whose eats thereof, forthwith attains
Wisdom without their leave: and wherein lies
Th' offence, that man should thus attain to know?
What can your knowledge hurt him, or this tree
Impart against his will, if all be his?
Or is it envy? and can envy dwell
In heavenly breasts? These, these, and many more
Causes import your need of this fair fruit.
Goddess humane, reach then, and freely taste. »

    He ended; and his words, replete with guile,
Into her heart too easy entrance won:
Fix'd on the fruit she gaz'd, which to behold
Might tempt alone, and in her ears the sound
Yet rung of his persuasive words, impregn'd
With reason, to her seeming, and with truth:
Meanwhile the hour of noon drew on, and walk'd
An eager appetite, rais'd by the smell
So savoury of that fruit, which with desire,
Inclinable now grown to touch or taste,
Solicited her longing eye; yet first

» sons, ces raisons et beaucoup d'autres prouvent le besoin que vous
» avez de ce beau fruit. Divinité humaine, cueille et goûte librement. »

Il dit, et ses paroles, grosses de tromperie, trouvèrent dans le cœur d'Ève une entrée trop facile. Les yeux fixes, elle contemplait le fruit qui, rien qu'à le voir, pouvait tenter : à ses oreilles retentissait encore le son de ces paroles persuasives qui lui paraissaient remplies de raison et de vérité. Cependant l'heure de midi approchait et réveillait dans Ève un ardent appétit qu'excitait encore l'odeur si savoureuse de ce fruit ; inclinée qu'elle était maintenant à le toucher et à le goûter, elle y attachait avec désir son œil avide. Toutefois elle s'arrête un moment et fait en elle-même ces réflexions :

« Grandes sont tes vertus sans doute, ô le meilleur des fruits! Quoique
» tu sois interdit à l'homme, tu es digne d'être admiré, toi dont le suc,
» trop longtemps négligé, a donné dès le premier essai la parole au
» muet, et a enseigné à une langue incapable de discours, à publier ton
» mérite. Celui qui nous interdit ton usage ne nous a pas caché non plus
» ton mérite en te nommant l'arbre de la science à la fois du bien et du
» mal. Il nous a défendu de te goûter, mais sa défense te recommande
» davantage, car elle conclut le bien que tu communiques et le besoin
» que nous en avons : le bien inconnu assurément on ne l'a point, ou si

    Pausing awhile, thus to herself she mus'd :

« Great are thy virtues, doubtless, best of fruits,
Though kept from man, and worthy to be admir'd,
Whose taste, too long forbone, at first assay
Gave elocution to the mute, and taught
The tongue not made for speech to speak thy praise :
Thy praise he also, who forbids thy use,
Conceals not from us, naming thee the tree
Of Knowledge, Knowledge both of good and evil;
Forbids us then to taste! but his forbidding
Commends thee more, while it infers the good
By thee communicated, and our want :
For good unknown sure is not had; or, had
And yet unknown, is, as not had at all.

» In plain then, what forbids he but to know,
Forbids us good, forbids us to be wise?
Such prohibitions bind not. But, if death
Bind us with after-bands what profits then
Our inward freedom? In the day we eat
Of this fair fruit, our doom is, we shall die!
How dies the serpent? he hath eaten and lives,
And knows, and speaks, and reasons, and discerns,
Irrational till then. For us alone
Was death invented? or to us denied
This intellectual food, for beasts reserv'd?

» on l'a, et qu'il reste encore inconnu, c'est comme si on ne l'avait pas
» du tout.
» En termes clairs, que nous défend-il lui? de connaître; il nous dé-
» fend le bien; il nous défend d'être sages. De telles prohibitions ne
» lient pas.... Mais si la mort nous entoure des dernières chaînes, à quoi
» nous profitera notre liberté intérieure? Le jour où nous mangerons de
» ce beau fruit, tel est notre arrêt, nous mourrons.... Le serpent est-il
» mort? il a mangé et il vit, et il connaît, et il parle, et il raisonne, et
» il discerne, lui jusqu'alors irraisonnable. La mort n'a-t-elle été inven-
» tée que pour nous seuls? ou cette intellectuelle nourriture, à nous
» refusée, n'est-elle réservée qu'aux bêtes? qu'aux bêtes ce semble : mais
» l'unique brute qui la première en a goûté, loin d'en être avare, com-
» munique avec joie le bien qui lui en est échu, conseillère non suspecte,
» amie de l'homme, éloignée de toute déception et de tout artifice.
» Que crains-je donc? ou plutôt sais-je ce que je dois craindre dans cette
» ignorance du bien ou du mal, de Dieu ou de la mort, de la loi ou de la
» punition? Ici croît le remède à tout, ce fruit divin, beau à la vue, at-
» trayant au goût, et dont la vertu est de rendre sage. Qui empêche
» donc de le cueillir et d'en nourrir à la fois le corps et l'esprit? »
Elle dit, et sa main téméraire, dans une mauvaise heure, s'étend vers

>   For beast it seems: yet that one beasts which first
>   Hath tasted envies not, but brings with joy
>   The good befall'n him, authour unsuspect,
>   Friendly to man, far from deceit or guile.
>   What fear I then? rather, what know to fear
>   Under this ignorance of good or evil,
>   Of God or death, of law penalty?
>   Here grows the cure of all, this fruit divine.
>   Fair to the eye, inviting to the taste,
>   Of virtue to make wise. What hinders then
>   To reach, and feed at once both body and mind? »
>   So saying, her rash hand in evil hour
>   Forth reaching to the fruit, she pluck'd, she eat!
>   Earth felt the wound; and nature from her seat,
>   Sighing through all her works, gave signs of woe,
>   That all was lost.
>   Back to the thicket slunk
>   The guilty serpent, and well might; for Eve
>   Intent now wholly on her taste, nought else
>   Regarded; such delight till then, as seem'd,
>   In fruit she never tasted, whether true
>   Or fancied so, through expectation high
>   Of knowledge: nor was godhead from her thought,
>   Greedily she ingorg'd without restraint,

le fruit : elle arrache ! elle mange ! La terre sentit la blessure ; sa nature, sur ses fondements, soupirant à travers tous ses ouvrages, par des signes de malheur annonça que tout était perdu.

Le serpent coupable s'enfuit dans un hallier, et il le pouvait bien, car maintenant Ève, attachée au fruit tout entière, ne regardait rien autre chose. Il lui semblait que jusque-là elle n'avait jamais goûté dans un fruit un pareil délice ; soit que cela fût vrai, soit qu'elle se l'imaginât dans la haute attente de la science : sa divinité ne sortait point de sa pensée. Avidement et sans retenue, elle se gorgea du fruit, et ne savait pas qu'elle mangeait la mort. Enfin rassasiée, exaltée comme par le vin, joyeuse et folâtre, pleine de satisfaction d'elle-même, elle se parle ainsi :

« O roi de tous les arbres du paradis, arbre vertueux, précieux, dont
» l'opération bénie est la sagesse ! arbre jusqu'ici ignoré, dégradé, ton
» beau fruit demeurait suspendu comme n'étant créé à aucune fin ! Mais
» dorénavant mon soin matinal sera pour toi, non sans le chant et la
» louange qui te sont dus à chaque aurore ; je soulagerai tes branches du
» poids fertile offert libéralement à tous, jusqu'à ce que, nourrie par toi,
» je parvienne à la maturité de la science comme les dieux qui savent
» toutes choses, quoiqu'ils envient aux autres ce qu'ils ne peuvent leur
» donner. Si le don eût été un des leurs, il n'aurait pas crû ici.

And knew not eating death. Satiate at length,
And heighten'd as with wine, jocund and boon,
Thus to herself she pleasingly began:

« O sovran, virtuous, precious of all trees
In Paradise ! of operation blest
To sapience, hitherto obscur'd, infam'd,
And thy fair fruit let hang ; as to no end
Created : but henceforth my early care,
Not without song, each morning, and due praise,
Shall tend thee, and the fertile burden ease
Of thy full branches offer'd free to all ;
Till, dieted by thee, I grow mature
In knowledge, as the gods, who all things know
Though others envy what they cannot give:
For, had the gift been their, it had not here
Thus grown.

» Experience, next, to thee I owe,
Best guide ; not following thee. I had remain'd
In ignorance ; thou open'st wisdom's way,
And giv'st access, though secret she retire.

» And I perhaps am secret : Heaven is high,
High, and remote to see from thence distinct
Each thing on earth ; and other care perhaps
May have diverted from continual watch

» Expérience, que ne te dois-je pas, ô le meilleur des guides! En ne
» te suivant pas, je serais restée dans l'ignorance; tu ouvres le chemin
» de la sagesse, et tu donnes accès auprès d'elle, malgré le secret où elle
» se retire.

» Et moi peut-être aussi suis-je cachée? Le ciel est haut, haut, trop
» éloigné pour voir de là distinctement chaque chose sur la terre : d'au-
» tres soins peut-être peuvent avoir distrait d'une continuelle vigilance
» notre grand prohibiteur, en sûreté avec tous ses espions autour de lui...
» Mais de quelle manière paraîtrai-je devant Adam? lui ferai-je connaître
» à présent mon changement? lui donnerai-je en partage ma pleine féli-
» cité, ou plutôt non? Garderai-je les avantages de la science en mon
» pouvoir, sans copartner, afin d'ajouter à la femme ce qui lui manque,
» pour attirer d'autant plus l'amour d'Adam, pour me rendre plus égale
» à lui, et peut-être (chose désirable) quelquefois supérieure? car infé-
» rieur, qui est libre? Ceci peut bien être.... Mais quoi? si Dieu a vu?
» si la mort doit s'ensuivre? alors je ne serai plus, et Adam, marié à
» une autre Ève, vivra en joie avec elle, moi éteinte : le penser, c'est
» mourir! Confirmée dans ma résolution, je me décide : Adam parta-
» gera avec moi le bonheur ou la misère. Je l'aime si tendrement qu'a-
» vec lui je puis souffrir toutes les morts : vivre sans lui n'est pas la vie. »

Our great forbidder, safe with all his spies
About him. But to Adam in what sort
Shall I appear? shall I to him make known
As yet my change, and give him to partake
Full happiness with me; or rather not,
But keep the odds of knowledge in my power
Without copartner? so to add what wants
In female sex, the more to draw his love,
And render me more equal; and perhaps,
A thing not undesirable, sometime
Superiour; for, inferiour, who is free?
This may be well: but what if God have seen,
And death ensue? then I shall be no more!
And Adam, wedded to another Eve,
Shall live with her enjoying, I extinct;
A death to think! Confirm'd then I resolve,
Adam shall share with me in bliss or woe:
So dear I love him, that with him all deaths
I could endure, without him live no life. »

So saying, from the tree her step she turn'd
But first low reverence done, as to the power
That dwelt within, whose presence had infus'd
Into the plant sciential sap, deriv'd
From nectar, drink of gods.

Adam the whi.

Ainsi disant, elle détourna ses pas de l'arbre ; mais auparavant elle lui fait une révérence profonde comme au pouvoir qui habite cet arbre, et dont la présence a infusé dans la plante une sève savante découlée du nectar, breuvage des dieux.

Pendant ce temps-là Adam, qui attendait son retour avec impatience, avait tressé une guirlande des fleurs les plus choisies, pour orner sa chevelure et couronner ses travaux champêtres, comme les moissonneurs ont souvent accoutumé de couronner leur reine des moissons. Il se promettait une grande joie en pensée et une consolation nouvelle dans un retour si longtemps différé. Toutefois devinant quelque chose de malheureux, le cœur lui manquait ; il en sentait les battements inégaux : pour rencontrer Ève, il alla par le chemin qu'elle avait pris le matin, au moment où ils se séparèrent.

Il devait passer près de l'arbre de la science ; là il la rencontra à peine revenant de l'arbre ; elle tenait à la main un rameau du plus beau fruit couvert de duvet qui souriait, nouvellement cueilli, et répandait l'odeur de l'ambroisie. Elle se hâta vers Adam ; l'excuse parut d'abord sur son visage comme le prologue de son discours, et une prompte apologie ; elle adresse à son époux des paroles caressantes qu'elle avait à volonté.

« N'as-tu pas été étonné, Adam, de mon retard ? je t'ai regretté ! et

> Waiting desirous her return, had wove
> Of choicest flowers a garland, to adorn
> Her tresses, and her rural labours crown;
> As reapers oft are wont their harvest-queen,
> Great joy he promis'd to his thoughts and new
> Solace in her return, so long delay'd:
> Yet oft his heart, divine of something ill,
> Misgave him; he the faltering measure felt,
> And forth to meet her went, the way she took
> That morn when first they parted.
>   By the tree
> Of Knowledge he must pass; there he her met,
> Scarce from the tree returning ; in her hand
> A bough of fairest fruit, that downy smil'd,
> New gather'd, and ambrosial smell diffus'd.
> To him she hasted : in her face excuse
> Came prologue, and apology too prompt ;
> Which, with bland words at will, she thus address'd:
>
> « Hast thou not wonder'd, Adam, at my stay?
> Thee I have miss'd, and thought it long, depriv'd
> Thy presence ; agony of love till now
> Not felt, nor shall be twice ; for never more
> Mean I to try, what rash untried I sought,
> The pain of absence from thy sight. But strange
> Hath been the cause, and wonderful to hear.

» j'ai trouvé long le temps privée de ta présence ; agonie d'amour, jus-
» qu'à présent non sentie et qui ne le sera pas deux fois ; car jamais je
» n'aurai l'idée d'éprouver (ce que j'ai cherché téméraire et sans expé-
» rience) la peine de l'absence, loin de ta vue. Mais la cause en est
» étrange, et merveilleuse à entendre.

» Cet arbre n'est pas, comme on nous le dit, un arbre de danger,
» quand on y goûte ; il n'ouvre pas la voie à un mal inconnu ; mais il
» est d'un effet divin pour ouvrir les yeux, et il fait dieux ceux qui y
» goûtent ; il a été trouvé tel en y goûtant. Le sage serpent (non retenu
» comme nous, ou n'obéissant pas) a mangé du fruit : il n'y a pas trouvé
» la mort dont nous sommes menacés ; mais dès ce moment il est doué
» de la voix humaine et du sens humain, raisonnant d'une manière ad-
» mirable. Et il a agi sur moi avec tant de persuasion, que j'ai goûté, et
» que j'ai trouvé aussi les effets répondant à l'attente : mes yeux, trou-
» bles auparavant, sont plus ouverts ; mon esprit, plus étendu, mon
» cœur plus ample. Je m'élève à la divinité, que j'ai cherchée principa-
» lement pour toi ; sans toi je puis la mépriser. Car la félicité dont tu as
» ta part est pour moi la félicité, ennuyeuse bientôt et odieuse, avec toi
» non partagée. Goûte donc aussi à ce fruit ; qu'un sort égal nous unisse
» dans une égale joie, comme dans un égal amour, de peur que si tu

» This tree is not, as we are told, a tree
Of danger tasted, nor to evil unknown
Opening the way ; but of divine effect
To open eyes, and make them gods who taste ;
And hath been tasted such : the serpent wise,
Or not restrain'd as we, or not obeying,
Hath eaten of the fruit ; and is become,
Not dead, as we are threaten'd, but thenceforth
Endued with human voice and human sense,
Reasoning to admiration ; and with me
Persuasively hath so prevail'd, that I
Have also tasted, and have also found
Th' effects to correspond : opener mine eyes,
Dim erst, dilated spirits, ampler heart,
And growing up to godhead ; which for thee,
Chiefly I sought, without thee can despise.
For bliss, as thou hast part, to me is bliss ;
Tedious, unshar'd with thee, and odious soon.
Thou therefore also taste, that equal lot
May join us, equal joy, as equal love ;
Lest, thou not tasting different degree
Disjoin us, and I then too late renounce
Deity for thee, when fate will not permit. »

Thus Eve with countenance blithe her story told,
But in her cheek distemper flushing glow'd.

» t'abstiens, un différent degré de condition ne nous sépare, et que je
» ne renonce trop tard pour toi à la divinité, quand le sort ne le per-
» mettra plus. »

Ève ainsi raconte son histoire d'un air animé ; mais sur sa joue le désordre monte et rougit. Adam, de son côté, dès qu'il est instruit de la fatale désobéissance d'Ève, interdit, confondu, devient blanc, tandis qu'une froide horreur court dans ses veines et disjoint tous ses os. De sa main défaillante la guirlande tressée pour Ève tombe, et répand les roses flétries : il demeure pâle et sans voix, jusqu'à ce qu'enfin d'abord en lui-même il rompt son silence intérieur :

« O le plus bel être de la création, le dernier et le meilleur de tous les
» ouvrages de Dieu, créature en qui excellait pour la vue ou la pensée,
» ce qui fut jamais formé de saint, de divin, de bon, d'aimable et de
» doux ! comment es-tu perdue ! comment soudain perdue, défigurée,
» flétrie et maintenant dévolue à la mort? ou plutôt comment as-tu cédé
» à la tentation de transgresser la stricte défense, de violer le sacré fruit
» défendu ? Quelque maudit artifice d'un ennemi t'a déçue, d'un ennemi
» que tu ne connaissais pas ; et moi avec toi, il m'a perdu ; car certaine-
» ment ma résolution est de mourir avec toi. Comment pourrai-je vivre
» sans toi ? comment quitter ton doux entretien et notre amour si ten-

On th' other side, Adam, soon as he heard
The fatal trespass done by Eve, amaz'd,
Astonied stood and blank, while horrour chill
Ran through his veins, and all his joints relax'd;
From his slack hand the garland wreath'd for Eve
Down dropt, and all the faded roses shed:
Speechless he stood and pale; till thus at length
First to himself he inward silence broke:

« O fairest of creation, last and best
Of all God's works! creature in whom excell'd
Whatever can to sight or thought be form'd,
Holy, divine, good, amiable, or sweet!
How art thou lost! how on a sudden lost,
Defac'd, deflower'd, and now to death devoted!
Rather, how hast thou yielded to transgress
The strict forbiddance? how to violate
The sacred fruit forbidd'n? Some cursed fraud
Of enemy hath beguil'd thee, yet unknown:
And me with thee hath ruin'd: for with thee
Certain my resolution is to die:
How can I live without thee? how forego
Thy sweet converse, and love so dearly join'd,
To live again in these wild woods forlorn?
Should God create another Eve, and I
Another rib afford, yet loss of thee
Would never from my heart: no, no! I feel

» drement uni, pour survivre abandonné dans ces bois sauvages? Dieu
» créât-il une autre Ève, et moi fournirais-je une autre côte, ta perte
» encore ne sortirait jamais de mon cœur. Non, non ! je me sens attiré
» par le lien de la nature; tu es la chair de ma chair, l'os de mes os; de
» ton sort le mien ne sera jamais séparé, bonheur ou misère ! »

Ayant dit ainsi, comme un homme revenu d'une triste épouvante, et après des pensées agitées se soumettant à ce qui semble irrémédiable, il se tourne vers Ève, et lui adresse ces paroles d'un ton calme :

« Une action hardie tu as tentée, Ève aventureuse! un grand péril
» tu as provoqué, toi qui non-seulement as osé convoiter des yeux ce
» fruit sacré, objet d'une sainte abstinence, mais qui, bien plus hardie
» encore, y as goûté, malgré la défense d'y toucher ! Mais qui peut rap-
» peler le passé et défaire ce qui est fait? Ni le Dieu tout-puissant, ni le
» destin ne le pourraient. Cependant, peut-être ne mourras-tu point;
» peut-être l'action n'est-elle pas si détestable, à présent que le fruit a été
» goûté et profané par le serpent, qu'il en a fait un fruit commun,
» privé de sainteté, avant que nous y ayons touché. Le serpent n'a pas
» trouvé qu'il fût mortel ; le serpent vit encore; il vit, ainsi que tu le dis,
» et il a gagné de vivre comme l'homme, d'un plus haut degré de vie;
» puissante induction pour nous d'atteindre pareillement, en goûtant ce

The link of nature draw me : flesh of flesh,
Bone of my bone thou art, and from thy state
Mine never shall be parted, bliss or woe. »

So having said, as one from sad dismay
Recomforted, and after thoughts disturb'd
Submitting to what seem'd remediless,
Thus in calm mood his words to Eve he turn'd:

« Bold deed thou hast presum'd, adventurous Eve,
And peril great provok'd, who thus hast dar'd,
Had it been only coveting to eye
That sacred fruit, sacred to abstinence,
Much more to taste it, under ban to touch.
But past who can recall, or done undo ?
Not God omnipotent, nor fate : yet so
Perhaps thou shalt not die, perhaps the fact
Is not so heinous now, foretasted fruit,
Profan'd first by the serpent, by him first
Made common, and unhallow'd, ere our taste ;
Nor yet on him found deadly; he yet lives:
Lives, as thou saidst, and gains to live, as man,
Higher degree of life; inducement strong
To us, as likely tasting to attain
Proportional ascent; which cannot be
But to be gods, or angels, demi-gods.

» fruit, une élévation proportionnée qui ne peut être que de devenir
» dieux, anges ou demi-dieux.

» Je ne puis penser que Dieu, sage créateur, quoique menaçant,
» veuille ainsi sérieusement nous détruire, nous ses premières créatures,
» élevées si haut en dignité et placées au-dessus de tous ses ouvrages, les-
» quels, créés pour nous, doivent tomber nécessairement avec nous dans
» notre chute, puisqu'ils sont faits dépendants de nous. Ainsi Dieu dé-
» créerait, serait frustré, ferait et déferait, et perdrait son travail : cela
» ne se concevrait pas bien de Dieu, qui, quoique son pouvoir pût répéter
» la création, cependant répugnerait à nous détruire, de peur que l'ad-
» versaire ne triomphât et ne dît : — Inconstant est l'état de ceux que
» Dieu favorise le plus! qui peut lui plaire longtemps? Il m'a ruiné le
» premier. Maintenant c'est l'espèce humaine. Qui ensuite? — Sujet de
» raillerie qui ne doit pas être donné à un ennemi. Quoi qu'il en soit, j'ai
» lié mon sort au tien, résolu à subir le même arrêt. Si la mort m'associe
» avec toi, la mort est pour moi comme la vie : tant dans mon cœur je
» sens le lien de la nature m'attirer puissamment à mon propre bien, à
» mon propre bien en toi; car ce que tu es m'appartient, notre état ne
» peut être séparé ; nous ne faisions qu'un, une même chair : te perdre
» c'est me perdre moi-même. »

» Nor can I think that God Creator wise,
Though threatening, will in earnest so destroy
Us his prime creatures, dignified so high,
Set over all his works ; which in our fall,
For us created, needs with us must fail,
Dependent made ; so God shall uncreate,
Be frustrate, do, undo, and labour lose ;
Not well conceiv'd of God, who, though his power
Creation could repeat, yet would be loth
Us to abolish, lest the adversary
Triumph, and say. — Fickle their state, whom God
Most favours; who can please him long ? Me first
He ruin'd, now mankind; whom will he next ? —
Matter of scorn, not to be given the foe.
However I with thee have fix'd my lot,
Certain to undergo like doom : if death
Consort with thee, death is to me as life;
So forcible within my heart I feel
The bond of nature draw me to my own;
My own in thee, for what thou art is mine ;
Our state cannot be sever'd, we are one,
One flesh; to lose thee were to lose myself. »

So Adam, and thus Eve to him replied:

« O glorious trial of exceeding love,
Illustrious evidence, example high !

Ainsi parla Adam ; ainsi Ève lui répliqua :

« O glorieuse épreuve d'un excessif amour, illustre témoignage, noble
» exemple qui m'engage à l'imiter! Mais n'approchant pas de ta perfec-
» tion comment l'atteindrai-je, ô Adam! moi qui me vante d'être issue
» de ton côté, et qui t'entends parler avec joie de notre union, d'un cœur
» et d'une âme entre nous deux ? Ce jour fournit une bonne preuve de cette
» union, puisque tu déclares que, plutôt que la mort, ou quelque chose
» de plus terrible que la mort, nous sépare (nous liés d'un si tendre amour),
» tu es résolu à commettre avec moi la faute, le crime (s'il y a crime) de
» goûter ce beau fruit dont la vertu (car le bien toujours procède du
» bien, directement ou indirectement) a offert cette heureuse épreuve à
» ton amour qui sans cela n'eût jamais été si excellemment connu.

» Si je pouvais croire que la mort annoncée dût suivre ce que j'ai tenté,
» je supporterais seule le pire destin, et ne chercherais pas à te persuader :
» plutôt mourir abandonnée que de t'obliger à une action pernicieuse
» pour ton repos, depuis surtout que je suis assurée d'une manière re-
» marquable de ton amour si vrai, si fidèle et sans égal. Mais je sens bien
» autrement l'événement : non la mort, mais la vie augmentée, des yeux
» ouverts, de nouvelles espérances, des joies nouvelles, un goût si divin
» que, quelque douceur qui ait auparavant flatté mes sens, elle me sem-

```
            Engaging me to emulate; but short
         Of thy perfection, how shall I attain,
         Adam? from whose dear side I boast me sprung,
         And gladly of our union hear thee speak,
         One heart, one soul in both; whereof good proof
         This day affords, declaring thee resolv'd,
         Rather than death, or aught than death more dread,
         Shall separate us, link'd in love so dear,
         To undergo with me one guilt, one crime,
         If any be, of tasting this fair fruit:
         Whose virtue (for of good still good proceeds,
         Direct, or by occasion), hath presented
         This happy trial of thy love, which else
         So eminently never had been known.
         Were it I thought death menac'd would ensue
         This my attempt, I would sustain atone
         The worst, and not persuade thee ; rather die
         Deserted, than oblige thee with a fact
         Pernicious to thy peace: chiefly, assur'd
         Remarkably so late of thy so true,
         So faithful, love unequall'd: but I feel
         Far otherwise th' event ; not death but life
         Augmented, open'd eyes, new hopes, new joys,
         Taste so divine, that what of sweet before
         Hath touch'd my sense, flat seems to this, and harsh.
         On my experience, Adam, freely taste,
```

» ble, auprès de celle-ci âpre ou insipide. D'après mon expérience, Adam,
» goûte franchement, et livre aux vents la crainte de la mort. »

Elle dit, l'embrasse et pleure de joie tendrement; c'était avoir beaucoup gagné qu'Adam eût ennobli son amour au point d'encourir pour elle le déplaisir divin ou la mort. En récompense (car une complaisance si criminelle méritait cette haute récompense), d'une main libérale elle lui donne le fruit de la branche attrayant et beau. Adam ne fit aucun scrupule d'en manger malgré ce qu'il savait; il ne fut pas trompé; il fut follement vaincu par le charme d'une femme.

La terre trembla jusque dans ses entrailles, comme de nouveau dans les douleurs, et la nature poussa un second gémissement. Le ciel se couvrit, fit entendre un sourd tonnerre, pleura quelques larmes tristes, quand s'acheva le mortel péché originel!

Adam n'y prit pas garde, mangeant à satiété. Ève ne craignit point de réitérer sa transgression première, afin de mieux charmer son époux par sa compagnie aimée. Tous deux à présent, comme enivrés d'un vin nouveau, nagent dans la joie; ils s'imaginent sentir en eux la divinité qui leur fait naître des ailes avec lesquelles ils dédaigneront la terre. Mais ce fruit perfide opéra un tout autre effet, en allumant pour la première fois le désir charnel. Adam commença d'attacher sur Ève des regards lascifs; Ève

> And fear of death deliver to the winds. »
> So saying, she embrac'd him, and for joy
> Tenderly wept; much won, that he his love
> Had so ennobled, as of choice t' incur
> Divine displeasure for her sake, or death,
> In recompense (for such compliance bad
> Such recompense best merits), from the bough
> She gave him of that fair enticing fruit
> With liberal hand: he scrupled not to eat,
> Against his better knowledge; not deceiv'd,
> But fondly overcome with female charm.
>
> Earth trembled from her entrails, as again
> In pangs; and nature gave a second groan;
> Sky lour'd, and, muttering thunder, some sad drops
> Wept at completing of the mortal sin
> Original:
>
> While Adam took no thought,
> Eating his fill; nor Eve to iterate
> Her former trespass fear'd, the more to soothe
> Him with her lov'd society that now,
> As with new wine intoxicated both,
> They swim in mirth, and fancy that they feel
> Divinity within them breeding wings,
> Wherewith to scorn the earth: but that false fruit
> Far other operation first display'd,

les lui rendit aussi voluptueusement : ils brûlent impudiques. Adam excite ainsi Ève aux molles caresses :

« Eve, à présent je le vois, tu es d'un goût sûr et élégant, ce n'est pas
« la moindre partie de la sagesse, puisque à chaque pensée, nous appli-
» quons le mot saveur, et que nous appelons notre palais judicieux : je
» t'en accorde la louange, tant tu as bien pourvu à ce jour! Nous avons
» perdu beaucoup de plaisir en nous abstenant de ce fruit délicieux ; jus-
» qu'ici en goûtant nous n'avions pas connu le vrai goût. Si le plaisir est
» tel dans les choses à nous défendues, il serait à souhaiter qu'au lieu
» d'un seul arbre, on nous en eût défendu dix. Mais viens, si bien ré-
» parés, jouons maintenant comme il convient après un si délicieux re-
» pas. Car jamais ta beauté, depuis le jour que je te vis pour la première
» fois et t'épousai ornée de toutes les perfections, n'enflamma mes sens de
» tant d'ardeur pour jouir de toi, plus charmante à présent que jamais ?
» O bonté de cet arbre plein de vertu ! »

Il dit, et n'épargna ni regard, ni badinage d'une intention amoureuse. Il fut compris d'Ève dont les yeux lançaient des flammes contagieuses. Il saisit sa main, et vers un gazon ombragé, qu'un toit de feuillage épais et verdoyant couvrait en berceau, il conduisit son épouse nullement résistante. De fleurs était la couche, pensées, violettes, asphodèles, hyacinthes!

Carnal desire inflaming: he on Eve
Began to cast lascivious eyes; she him
As wantonly repaid: in lust they burn;
Till Adam thus 'gan Eve to dalliance move:

« Eve, now I see thou art exact of taste,
And elegant, of sapience no small part;
Since to each meaning savour we apply,
And palate call judicious: I the praise
Yield thee, so well this day thou hast purvey'd.
Much pleasure we have lost, while we abstain'd
From this delightful fruit, nor known till now
True relish, tasting: if such pleasure be
In things to us forbidd'n, it might be wish'd,
For this one tree had been forbidden ten.
But come, so well refresh'd, now let us play,
As meet is, after such delicious fare ;
For never did thy beauty, since the day
I saw thee first and weddet thee, adorn'd
With ardour to enjoy thee : fairer now
Than ever; bounty of this virtuous tree ! »

So said he, and forebore not glance or toy
Of amorous intent; well understood
Of Eve, whose eye darted contagious fire.
Her hand he seiz'd ; and to a shady bank,
Thick over-head with verdant roof imbower'd,

le plus doux, le plus frais giron de la terre. Là, ils s'assouvirent largement d'amour et de jeux d'amour ; sceau de leur mutuel crime, consolation de leur péché, jusqu'à ce que la rosée du sommeil les opprimât, fatigués de leur amoureux déduit.

Sitôt que se fut exhalée la force de ce fruit fallacieux, dont l'enivrante et douce vapeur s'était jouée autour de leurs esprits, et avait fait errer leurs facultés intérieures ; dès qu'un sommeil plus grossier, engendré de malignes fumées et surchargé de songes remémoratifs, les eut quittés, ils se lèvent comme d'une veille laborieuse. Ils se regardèrent l'un l'autre, et bientôt ils connurent comment leurs yeux étaient ouverts, comment leurs âmes, obscurcies! L'innocence, qui de même qu'un voile leur avait dérobé la connaissance du mal, avait disparu. La juste confiance, la native droiture, l'honneur, n'étant plus autour d'eux, les avaient laissés nus à la honte coupable : elle les couvrit, mais sa robe les découvrit davantage. Ainsi le fort Danite, l'herculéen Samson se leva du sein prostitué de Dalila, la Philistine, et s'éveilla tondu de sa force : Ève et Adam s'éveillèrent nus et dépouillés de toute leur vertu. Silencieux et la confusion sur le visage, longtemps ils restèrent assis comme devenus muets, jusqu'à ce qu'Adam, non moins honteux que sa compagne, donnât enfin passage à ces paroles contraintes :

>   He led her, nothing loth ; flowers were the couch,
>   Pansies, and violets, and asphodel,
>   And hyacinth ; earth's freshest softest lap.
>   There they their fill of love and love's disport
>   Took largely, of their mutual guilt the seal,
>   The solace of their sin ; till dewy sleep
>   Oppress'd them, wheuried with their amorous play.
>
>   Soon as the force of that fallacious fruit,
>   That with exhilarating vapour bland
>   About their spirits had play'd, and inmost powers
>   Made err. was now exhal'd ; and grosser sleep,
>   Bred of unkindly fumes, with conscious dreams
>   Incumber'd, now had left them ; up they rose
>   As from unrest ; and, each the other viewing,
>   Soon found their eyes how open'd, and their minds
>   How darken'd ; innocence, that as a veil
>   Had shadow'd them from knowing, ill, was gone,
>   Just confidence, and native righteousness,
>   And honour, from about them, naked left
>   To guilty shame : he cover'd, but his robe
>   Uncover'd more. So rose she Danite strong,
>   Herculean Samson, from the harlot-lap
>   Of Philistean Dalilah, and wak'd
>   Shorn of his strength ; they destitute and bare
>   Of all their virtue : silent, and in face
>   Confounded, long they sat, as stricken mute :

« O Ève, dans une heure mauvaise tu prêtas l'oreille à ce reptile trompeur : de qui que ce soit qu'il ait appris à contrefaire la voix de l'homme, il a dit vrai sur notre chute, faux sur notre élévation promise, puisque en effet nous trouvons nos yeux ouverts, et trouvons que nous connaissons à la fois le bien et le mal, le bien perdu, le mal gagné ! Triste fruit de la science, si c'est science de savoir ce qui nous laisse ainsi nus, privés d'honneur, d'innocence, de foi, de pureté, notre parure accoutumée, maintenant souillée et tachée, et sur nos visages les signes évidents d'une infâme volupté, d'où s'amasse un méchant trésor, et même la honte, le dernier des maux ! Du bien perdu soit donc sûre... Comment pourrais-je désormais regarder la face de Dieu ou de son ange, qu'auparavant avec joie et ravissement j'ai si souvent contemplée ? Ces célestes formes éblouiront maintenant cette terrestre substance par leurs rayons d'un insupportable éclat. Oh ! que ne puis-je ici, dans la solitude, vivre sauvage en quelque obscure retraite où les plus grands bois, impénétrables à la lumière de l'étoile ou du soleil, déploient leur vaste ombrage, bruni comme le soir ! Couvrez-moi vous pins, vous cèdres, sous vos rameaux innombrables; cachez-moi là où je ne puisse jamais voir ni Dieu, ni son ange ! Mais délibérons, en cet état déplorable, sur le meilleur moyen de nous cacher à présent l'un à l'autre ce

Till Adam, though not less than Eve abash'd,
At length gave utterance to these words constrain'd:

« O Eve, in evil hour thou didst give ear
To that false worm, of whomsoever taught
To counterfeit man's voice; true in our fall,
False in our promis'd rising ; since our eyes
Open'd we find indeed, and find we know
Both good and evil ; good lost, and evil got:
Bad fruit of knowledge, if this be to know ;
Which leaves us naked thus, of honour void,
Of innocence, of faith, of purity,
Our wonted ornaments now soil'd and stain'd,
And in our faces evident the signs
Of foul concupiscence; whence evil store ;
Even shame, the last of evils: of the first
Be sure then. How shall I behold the face
Henceforth of God or angel, erst with joy
And rapture so oft beheld ? Those heavenly shapes
Will dazzle now this earthly, with their blaze
Insufferably bright. O ! might I here
In solitude live savage; in some glade
Obscur'd, where highest woods, impenetrable
To star or sun-light, spread their umbrage broad
And brown as evening ! cover me, ye pines !
Ye cedars, with innumerable boughs

» qui semble le plus sujet à la honte et le plus indécent à la vue. Les
» feuilles larges et satinées de quelque arbre, cousues ensemble et
» ceintes autour de nos reins, nous peuvent couvrir, afin que cette com-
» pagne nouvelle, la honte, ne siége pas là et ne nous accuse pas comme
» impurs. »

Tel fut le conseil d'Adam; ils entrèrent tous deux dans le bois le plus épais : là ils choisirent bientôt le figuier, non cette espèce renommée pour son fruit, mais celui que connaissent aujourd'hui les Indiens du Malabar et du royaume de Decan; il étend ses bras, et ses branches poussent si amples et si longues que leurs tiges courbées prennent racine; filles qui croissent autour de l'arbre mère; monument d'ombre à la voûte élevée, aux promenades pleines d'échos: là souvent le pâtre indien, évitant la chaleur, s'abrite au frais et surveille ses troupeaux paissants, à travers les entaillures pratiquées dans la plus épaisse ramée.

Adam et Ève cueillirent ces feuilles larges comme un bouclier d'amazone : avec l'art qu'ils avaient, ils les cousirent pour en ceindre leurs reins; vain tissu! si c'était pour cacher leur crime et la honte redoutée. Oh! combien ils différaient de leur première et glorieuse nudité ! Tels, dans ces derniers temps, Colomb trouva les Américains portant une ceinture de plumes, nus du reste, et sauvages parmi les arbres, dans les

    Hide me, where I may never see them more!
    But let us now, as in bad plight, devise
    What best may for the present serve to hide
    The parts of each from other, that seem most
    To shame obnoxious, and unseemliest seen
    Some tree, whose broad smooth leaves together sew'd,
    And girded on our loins, may cover round
    Those middle parts; that this new comer, shame,
    There sit not, and reproach us as unclean. »
      So counsell'd he, and both together went
    Into the thickest wood; there soon they chose
    The fig-tree, not that kind for fruit renown'd,
    But such as at this day, to Indians known,
    In Malabar or Deccan spreads her arms
    Branching so broad and long, that in the ground
    The bended twigs take root, and daughters grow
    About the mother-tree, a pillar'd shade
    High over-arch'd, and echoing walks between:
    There oft Indian herdsman, shunning heat,
    Shelters in cool, and tends his pasturing herds
    At loop-holes cut through thickest shade.
              Those leaves
    They gather'd, broad as Amazonian targe;
    And, with what skill they had, together sew'd,
    To gird their waist; vain covering, if to hide

îles et sur les rivages couverts de bois : ainsi nos premiers parents étaient enveloppés, et, comme ils le croyaient, leur honte en partie voilée ; mais n'ayant l'esprit ni à l'aise ni en repos, ils s'assirent à terre pour pleurer.

Non-seulement des larmes débordèrent de leurs yeux, mais de grandes tempêtes commencèrent à s'élever au dedans d'eux-mêmes, de violentes passions, la colère, la haine, la méfiance, le soupçon, la discorde ; elles ébranlèrent douloureusement l'état intérieur de leur esprit, région calme naguère et pleine de paix maintenant agitée et turbulente, car l'entendement ne gouvernait plus et la volonté n'écoutait plus sa leçon ; ils étaient assujettis tous deux à l'appétit sensuel dont l'usurpation, venue d'en bas, réclamait sur la souveraine raison une domination supérieure.

D'un cœur troublé, avec un regard aliéné et une parole altérée, Adam reprit ainsi son discours interrompu :

« Que n'écoutas-tu mes paroles et ne restas-tu avec moi, comme je
» t'en suppliais, lorsque dans cette malheureuse matinée tu étais possédée
» de cet étrange désir d'errer qui te venait je ne sais d'où ! Nous serions
» alors restés encore heureux, et non, comme à présent, dépouillés de
» tout notre bien, honteux, nus, misérables. Que personne ne cherche
» désormais une inutile raison pour justifier la fidélité due : quand on

Their guilt and dreaded shame! O! how unlike
To that first naked glory! Such of late
Columbus found th' American, so girt
With feather'd cincture; naked else, and wild
Among the trees on isles and woody shores.
Thus fenc'd, and, as they thought, their shame in part
Cover'd, but not at rest or ease of mind,
They sat them down to weep:

       Nor only tears
Rain'd at their eyes, but high winds worse within
Began to rise, high passions, anger, hate,
Mistrust, suspicion, discord; and shook sore
Their inward state of mind, calm region once
And full of peace, now tost and turbulent:
For understanding rul'd not, and the will
Heard not her lore; both in subjection now
To sensual appetite, who from beneath
Usurping over sovran reason claim'd
Superiour sway: from thus distemper'd breast,
Adam, estrang'd in look and alter'd style,
Speech intermitted thus to Eve renew'd:

« Would thou hadst hearken'd to my words, and staid
With me, as I besought thee, when that strange
Desire of wandering, this unhappy morn,
I know not whence possess'd thee; we had then

» cherche ardemment une pareille preuve, concluez que l'on commence à
» faillir. »

Ève aussitôt émue de ce ton de reproche :

« Quels mots sévères sont échappés de tes lèvres, Adam ? imputes-tu à
» ma faiblesse ou à mon envie d'errer, comme tu l'appelles, ce qui aurait
» pu arriver aussi mal, toi présent (qui sait ?) ou à toi-même peut-être ?
» Eusses-tu été là, ou l'attaque ici, tu n'aurais pu découvrir l'artifice du
» serpent, parlant comme il parlait. Entre lui et nous aucune cause d'ini-
» mitié n'étant connue, pourquoi m'aurait-il voulu du mal et cherché à
» me faire du tort ? Ne devais-je jamais me séparer de ton côté ? Autant
» aurait valu croître là toujours, côte sans vie. Étant ce que je suis, toi,
» le chef, pourquoi ne m'as-tu pas défendu absolument de m'éloigner,
» puisque j'allais à un tel péril, comme tu le dis ? Trop facile alors, tu
» ne te fis pas beaucoup contredire ; bien plus tu me permis, tu m'ap-
» prouvas, tu me congédias de bon accord. Si tu eusses été ferme et ar-
» rêté dans ton refus, je n'aurais pas transgressé, ni toi avec moi. »

Adam, irrité pour la première fois, lui répliqua :

« Est-ce là ton amour ; est-ce là la récompense du mien, Ève ingrate ; de
» mon amour que je t'ai déclaré inaltérable lorsque tu étais perdue, et
» que je ne l'étais pas ; moi qui aurais pu vivre et jouir d'un éternel bon-

Remain'd still happy: not, as now, despoil'd
Of all our good, sham'd, naked, miserable!
Let none henceforth seek needless cause t' approve
The faith they owe; when earnestly they seek
Such proof, conclude they then begin to fail. »

To whom, soon mov'd with touch of blame, thus Eve:

« What words have pass'd thy lips, Adam, severe ?
Imput'st thou that to my default, or will
Of wandering, as thou call'st it, which who knows
But might as ill have happen'd, thou being by,
Or to thyself perhaps ? Hadst thou been there,
Or here th' attempt, thou couldst not have discern'd
Fraud in the serpent, speaking as he spake;
No ground of enmity between us known,
Why he should mean me ill, or seek to harm.
Was I to have never parted from thy side ?
As good have grown there still a lifeless rib,
Being as I am, why didst not thou, the head,
Command me absolutely not to go,
Going into such danger, as thou saidst ?
Too facile then, thou didst not much gainsay;
Nay, didst permit, approve, and fair dismiss.
Hadst thou been firm and fix'd in thy dissent,
Neither had I transgressed, nor thou with me. »

To whom, then first incens'd, Adam replied :

» heur, et qui toutefois ai volontairement préféré la mort avec toi ? Et
» maintenant tu me reproches d'être la cause de ta transgression ! il te
» semble que je ne t'ai pas retenue avec assez de sévérité ! Que pou-
» vais-je de plus ? je t'avertis, je t'exhortai, je te prédis le danger, l'ennemi
» aux aguets placé en embuscade. Au delà de ceci, il ne restait que la
» force, et la force n'a point lieu contre une volonté libre. Mais la con-
» fiance en toi-même t'a emportée, certaine que tu étais ou de ne pas
» rencontrer de péril, ou d'y trouver matière d'une glorieuse épreuve.
» Peut-être aussi ai-je erré en admirant si excessivement ce qui semblait
» en toi si parfait que je croyais que le mal n'oserait attenter sur toi ; mais
» je maudis maintenant cette erreur devenue mon crime, et toi l'accusa-
» trice. Ainsi il en arrivera à celui qui, se fiant trop au mérite de la
» femme, laissera gouverner la volonté de la femme : contrariée, la
» femme ne supportera aucune contrainte ; laissée à elle-même, si le mal
» s'ensuit, elle accusera d'abord la faible indulgence de l'homme. »

Ainsi dans une mutuelle accusation, Ève et Adam dépensaient les heures infructueuses ; mais ni l'un ni l'autre ne se condamnant soi-même, à leur vaine dispute il semblait n'y avoir de fin.

« Is this the love, is this the recompense
Of mine to thee, ungrateful Eve ? express'd
Immutable, when thou wert lost, not I ;
Who might have liv'd and joy'd immortal bliss,
Yet willingly chose rather death with thee ?
And am I now upbraided as the cause
Of thy transgressing ? not enough severe,
It seems, in thy restraint : what could I more ?
I warn'd thee, I admonish'd thee, foretold
The danger, and the lurking enemy
That lay in wait ; beyond this, had been force ;
And force upon free will hath here no place.
But confidence then bore thee on, secure
Hither to meet no danger, or to find
Matter of glorious trial : and perhaps
I also err'd, in overmuch admiring
What seem'd in thee so perfect, that I thought
No evil durst attempt thee ; but I rue
That errour now, which is become my crime,
And thou th' accuser. Thus it shall befall
Him, who, to worth in woman overtrusting,
Lets her will rule : restraint she will not brook,
And, left to herself, if evil thence ensue
She first his weak indulgence will accuse. »

    Thus they in mutual accusation spent
The fruitless hours, but neither self-condemning :
And of their vain contest appear'd no end.

LIVRE DIXIÈME.

ARGUMENT.

La transgression de l'homme étant connue, les anges de garde quittent le paradis et retournent au ciel pour justifier leur vigilance ; ils sont approuvés, Dieu déclarant que l'entrée de Satan n'a pu être prévenue par eux. Dieu envoie son Fils pour juger les transgresseurs ; il descend et prononce conformément la sentence. Alors il en a pitié, les vêt tous deux et remonte vers son Père. Le Péché et la Mort, assis jusqu'alors aux portes de l'enfer, par une merveilleuse sympathie sentant le succès de Satan dans ce nouveau monde, et la faute que l'homme y a commise, se résolvent de ne pas rester longtemps confinés dans l'enfer et de suivre Satan, leur père, dans la demeure de l'homme. Pour faire une route plus commode pour aller et venir de l'enfer à ce monde, ils pavent çà et là un large grand chemin ou un pont au-dessus du chaos en suivant la première trace de Satan. Ensuite se préparant à gagner la terre, ils le rencontrent, fier de son succès, revenant à l'enfer. Leurs mutuelles félicitations. Satan arrive à

BOOK X.

THE ARGUMENT.

Man's transgression known, the guardian-angels forsake Paradise, and return up to Heaven to approve their vigilance, and are approved ; God declaring that the entrance of Satan could not be by them prevented. He sends his Son to judge the transgressours ; who descends and gives sentence accordingly ; then in pity clothes them both, and reascends. Sin and Death, sitting till then at the gates of Hell, by wondrous sympathy feeling the success of Satan in this new world, and the sin by man there committed, resolve to sit no longer confined in Hell, but to follow Satan, their sire, up to the place of man : to make the way easier from Hell to this world to and fro, they pave a broad highway or bridge over chaos, according to the track that Satan first made ; then, preparing for earth, they meet him, proud of his success, returning to Hell ; their mutual

Pandæmonium. Il raconte avec jactance, en pleine assemblée, son succès sur l'homme. Au lieu d'applaudissements il est accueilli par un sifflement général de tout son auditoire, transformé tout à coup, ainsi que lui-même, en serpents, selon sa sentence prononcée dans le paradis. Alors trompés par une apparence de l'arbre défendu qui s'élève devant eux, ils cherchent avidement à atteindre le fruit et mâchent de la poussière et des cendres amères. Progrès du péché et de la Mort. Dieu prédit la victoire finale de son Fils sur eux et le renouvellement de toutes choses; mais pour le moment il ordonne à ses anges de faire divers changements dans les cieux et les éléments. Adam apercevant de plus en plus sa condition dégradée, se lamente tristement, et rejette la consolation d'Ève. Elle persiste, et l'apaise à la fin. Alors pour empêcher la malédiction de tomber probablement sur leur postérité, elle propose à Adam des moyens violents, qu'il n'approuve pas. Mais concevant une meilleure espérance, il lui rappelle la dernière promesse qui leur fut faite, que sa race se vengera du serpent, et il l'exhorte à chercher avec lui la réconciliation de la Divinité offensée, par le repentir et l prière.

gratulation. Satan arrives at Pandæmonium; in full assembly relates with boasting, his success against man; instead of applause is entertained with a general hiss by all his audience, transformed with himself also suddenly into serpents, according to his doom given in Paradise; then, deluded with a show of the forbidden tree springing up before them, they, greedily reaching to take of the fruit, chew dust and bitter ashes. The proceedings of Sin and Death; God foretels the final victory of his Son over them, and the renewing of all things; but for the present commands his angels to make several alterations in the Heavens and elements. Adam, more and more perceiving his fallen condition, heavily bewails, rejects the condolement of Eve; she persists, and at length appeases him: then, to evade the curse likely to fall on their offspring, proposes to Adam violent ways, which he approves not; but, conceiving better hope, puts her in mind of the late promise made them, that her seed should be revenged on the serpent; and exhorts her with him to seek peace of the offended Deity, by repentance and supplication.

X

Cependant l'action haineuse et méchante que Satan avait faite dans Éden était connue du ciel ; on savait comment dans le serpent il avait séduit Ève, elle son mari, et l'avait engagé à goûter le fruit fatal. Car qui peut échapper à l'œil de Dieu qui voit tout, ou tromper son esprit qui

X

Meanwhile the heinous and despiteful act
Of Satan done in Paradise, and how
He, in the serpent, had perverted Eve,
Her husband she, to taste the fatal fruit,

sait tout? Sage et juste en toutes choses, l'Eternel n'empêcha point Satan de tenter l'esprit de l'homme armé d'une force entière et d'une volonté libre, parfaites pour découvrir et repousser les ruses d'un ennemi ou d'un faux ami. Car Adam et Ève connaissaient et devaient toujours se rappeler l'importante injonction de ne jamais toucher au fruit, qui que ce fût qui les tentât. N'obéissant pas, ils encoururent la peine : que pouvaient-ils attendre de moins? La complication de leur péché méritait leur chute.

Les gardes angéliques du paradis se hâtèrent de monter au ciel, mornes et abattus en songeant à l'homme, car par ceci ils connaissaient son état ; ils s'étonnaient beaucoup que le subtil ennemi sans être vu, leur eût dérobé son entrée.

Sitôt que ces fâcheuses nouvelles arrivèrent de la terre à la porte du ciel, tous ceux qui les entendirent furent affligés, une sombre tristesse n'épargna pas dans ce moment les visages divins; cependant mêlée de pitié, elle ne voila pas leur béatitude. Autour des nouveaux arrivés, le peuple éthéré accourut en foule, pour écouter et apprendre comment tout était advenu. Ils se hâtèrent vers le trône suprême, responsables qu'ils étaient, afin d'exposer dans un juste plaidoyer leur extrême vigilance, aisément approuvée. Quand le Très-Haut, l'éternel Père, du fond de son secret nuage fit sortir ainsi sa voix dans le tonnerre.

> Was known in Heaven; for what can 'scape the eye
> Of God all-seeing, or deceive his heart
> Omniscient? who, in all things wise and just,
> Hinder'd not Satan to attempt the mind
> Of man, with strength entire, and free-will arm'd
> Complete to have discover'd and repuls'd
> Whatever wiles of foe or seeming friend.
> For still they knew, and ought t' have still remember'd
> The high injunction not to taste that fruit,
> Whoever tempted; which they not obeying,
> Incurr'd (what could they less?) the penalty;
> And, manifold in sin, deserv'd to fall.
>
>   Up into Heaven from Paradise in haste
> Th' angelic guards ascended, mute and sad
> For man ; for of his state by this they knew,
> Much wondering how the subtle fiend had stol'n
> Entrance unseen.
>
>   Soon as th' unwelcome news
> From earth arriv'd at Heaven-gate, displeas'd
> All were who heard, dim sadness did not spare
> That time celestial visages, yet, mix'd
> With pity, violated not their bliss.
> About the new arriv'd in multitudes
> Th' ethereal people ran, to hear and know
> How all befell : they towards the throne supreme,

« Anges assemblés, et vous puissances revenues d'une commission in-
» fructueuse, ne soyez ni découragés, ni troublés de ces nouvelles de la
» terre que vos soins les plus sincères ne pouvaient prévenir? J'avais
» prédit dernièrement ce qui arriverait, lorsque pour la première fois le
» tentateur sorti de l'enfer, traversait l'abîme. Je vous ai annoncé qu'il
» prévaudrait, prompt dans son mauvais message ; que l'homme serait
» séduit, perdu par la flatterie, et croyant le mensonge contre son
» Créateur. Aucun de mes décrets concourant n'a nécessité sa chute,
» ou touché du plus léger mouvement d'impulsion sa volonté libre
» laissée à sa propre inclination dans un juste équilibre. Mais l'homme
» est tombé, et maintenant que reste-t-il à faire, sinon à prononcer l'ar-
» rêt mortel contre sa transgression, la mort dénoncée pour ce jour
» même? Il la présume déjà vaine et nulle, parce qu'elle ne lui a
» pas encore été infligée, comme il le craignait, par quelque coup
» subit; mais bientôt il trouvera, avant que le jour finisse, que sursis
» n'est pas acquittement : la justice ne reviendra pas dédaignée comme
» la bonté.

» Mais qui enverrai-je pour juger les coupables? qui, sinon toi, vice-
» régent, mon Fils? A toi j'ai transféré tout jugement au ciel, sur la
» terre et dans l'enfer. On verra facilement que je me propose de don-

    Accountable, made haste, to make appear,
With righteous plea, their utmost vigilance,
And easily approv'd ; when the Most High
Eternal Father, from his secret cloud
Amidst, in thunder utter'd thus his voice :

  « Assembled angels, and ye powers return'd
From unsuccessful charge, be not dismay'd,
Nor troubled at these tidings from the earth,
Which your sincerest care could not prevent;
Foretold so lately what would come to pass,
When first this tempter cross'd the gulf from Hell.
I told ye then, he should prevail, and speed
On his bad errand ; man should be seduc'd,
And flatter'd out of all, believing lies
Against his Maker : no decree of mine
Concurring, to necessitate his fall,
Or touch with lightest moment of impulse
His free-will, to her own inclining left
In even scale. But fall'n he is ; and now
What rests, but that the mortal sentence pass
On his transgression, death denounc'd that day ?
Which he presumes already vain and void,
Because not yet inflicted, as he fear'd,
By some immediate stroke ; but soon shall find
Forbearance no acquittance, ere day end,

» ner la miséricorde pour collègue à la justice en t'envoyant, toi l'ami
» de l'homme, son médiateur, à la fois désigné rançon et rédemp-
» teur volontaire, en t'envoyant, toi destiné à devenir homme pour ju-
» ger l'homme tombé. »

Ainsi parla le Père; il entr'ouvrit brillante la droite de sa gloire, et rayonna sur son Fils sa divinité dévoilée. Le Fils, plein de splendeur, exprima manifestement tout son père, et lui répondit ainsi divinement doux :

« Eternel Père! à toi d'ordonner, à moi de faire dans le ciel et sur
» la terre ta volonté suprême, afin que tu puisses toujours mettre ta
» complaisance en moi, ton Fils bien-aimé: Je vais juger sur la terre
» ceux-ci tes pécheurs; mais tu le sais, quel que soit le jugement, la
» peine la plus grande doit tomber sur moi, quand le temps sera ac-
» compli. Car je m'y suis engagé en ta présence; je ne m'en repens pas,
» et par cela j'obtiens le droit d'adoucir leur sentence sur moi dérivée :
» je tempérerai la justice par la miséricorde, de manière qu'elles seront
» les plus glorifiées, en étant pleinement satisfaites et toi apaisé. Il n'y
» aura besoin ni de suite ni de cortége, là où personne ne doit assister
» au jugement, excepté les deux qui seront jugés; le troisième coupable,
» absent, n'en est que mieux condamné; convaincu par sa suite et

Justice shall not return as bounty scorn'd.
» But whom send I to judge them ? whom but thee,
Vicegerent Son ? To thee I have transferr'd
All judgment, whether in Heaven, or earth, or Hell.
Easy it may be seen that I intend
Mercy colleague with justice, sending thee,
Man's friend, his mediator, his design'd
Both ransom and redeemer voluntary,
And destin'd man himself to judge man fall'n. »

So spake the Father; and, unfolding bright
Toward the right hand his glory, on the Son
Blaz'd forth unclouded deity : he full
Resplendent all his Father manifest
Express'd and thus divinely answer'd mild :

« Father Eternal, thine is to decree ;
Mine, both in Heaven and earth, to do thy will
Supreme ; that thou in me, thy Son belov'd,
May'st ever rest well pleas'd. I go to judge
On earth these thy transgressours; but thou know'st,
Whoever judg'd, the worst on me must light,
When time shall be; for so I undertook
Before thee ; and, not repenting, this obtain
Of right, that I may mitigate their doom
On me deriv'd : yet I shall temper so
Justice with mercy, as may illustrate most

» rebelle à toutes les lois : la conviction du serpent n'importe à per-
» sonne. »

Il dit, et se leva de son siége rayonnant d'une haute gloire collatérale;
les Trônes, les Puissances, les Principautés, les Dominations, ses ministres, l'accompagnèrent jusqu'à la porte du ciel, d'où l'on aperçoit Éden
et toute la côte en perspective : soudain il est descendu ; le temps ne
mesure point la promptitude des dieux, bien qu'il soit ailé des plus rapides minutes.

Le soleil dans sa chute occidentale, était alors descendu du midi ; les
vents légers, à leur heure marquée pour souffler sur la terre, s'éveillaient,
et introduisaient en elle la tranquille fraîcheur du soir. Dans ce moment,
avec une colère plus tranquille, vint l'intercesseur, et doux Juge, pour
sentencier l'homme. La voix de Dieu qui se promenait dans le jardin fut
portée par les suaves brises à l'oreille d'Adam et d'Ève, au déclin du
jour; ils l'entendirent, et ils se cachèrent parmi les arbres les plus touffus.
Mais Dieu s'approchant appelle Adam à haute voix :

« Adam, où es-tu, toi accoutumé à rencontrer avec joie ma venue,
» dès que tu la voyais de loin? Je ne suis pas satisfait de ton absence ici.
» T'entretiens-tu, avec la solitude, là où naguère un devoir empressé
» te faisait paraître sans être cherché? Me présenté-je avec moins

> Them fully satisfied, and thee appease.
> Attendance none shall need, nor train, where none
> Are to behold the judgment but the judg'd,
> Those two; the third best absent is condemn'd,
> Convict by flight, and rebel to all law:
> Conviction to the serpent none belongs. »
>
> Thus saying, from his radiant seat he rose
> Of high collateral glory. Him Thrones, and Powers,
> Princedoms, and Dominations ministrant,
> Accompanied to Heaven-gate: from whence
> Eden, and all the coast, in prospect lay.
> Down he descended straight; the speed of gods
> Time counts not, with swiftest minutes wing'd.
>
> Now was the sun in western cadence low
> From noon; and gentle airs, due at their hour,
> To fan the earth now, wak'd, and usher in
> The evening cool; when he, from wrath more cool,
> Came the mild Judge and Intercessour both
> To sentence man. The voice of God the heard
> Now walking in the garden, by soft winds
> Brought to their ears, while day declin'd they heard,
> And from his presence hid themselves among
> The thickest trees, both man and wife; till God,
> Approaching, thus to Adam call'd aloud:
>
> « Where art thou, Adam, wont with joy to meet

» d'éclat? Quel changement cause ton absence? Quel hasard t'arrête?
» Viens. »

Il vint, et Ève à regret avec lui, quoiqu'elle eût été la première à offenser, tous deux interdits et décomposés. L'amour n'était dans leurs regards ni pour Dieu, ni pour l'un l'autre ; mais on y apercevait le crime, la honte, le trouble, le désespoir, la colère, l'obstination, la haine et la tromperie. Adam, après avoir longtemps balbutié répond en peu de mots :

« Je t'ai entendu dans le jardin, et j'ai eu peur de ta voix parce que
» j'étais nu : c'est pourquoi je me suis caché. »

A quoi le Juge miséricordieux répliqua sans lui faire de reproche.

« Tu as souvent entendu ma voix et tu n'en as pas eu peur, mais
» elle t'a toujours réjoui : comment est-elle devenue pour toi si terrible?
» Tu es nu, qui te l'a dit? As-tu mangé du fruit de l'arbre dont je t'avais
» défendu de manger? »

Adam assiégé de misères, répondit :

« O ciel, dans quelle voie étroite je comparais ce jour devant mon
» Juge, ou pour me charger moi-même de tout le crime, ou pour accu-
» ser mon autre moi-même, la compagne de ma vie ! Je devrais cacher
» sa faute, pendant que sa fidélité me reste, et ne pas l'exposer au blâme

My coming seen far off? I miss thee here ;
Not pleas'd, thus entertain'd thus with solitude,
Where obvious duty ere while appear'd unsought :
Or come I less conspicuous? or what change
Absents thee, or what chance detains? Come forth! »

He came ; and with him Eve, more loth, though first
T' offend ; discountenanc'd both and discompos'd.
Love was not in their looks, either to God
Or to each other ; but apparent guilt,
And shame, and perturbation, and despair,
Anger, and obstinacy, and hate, and guile.
Whence Adam, falter'ing long, thus answer'd brief :

« I heard thee in the garden ; and of thy voice
Afraid, being naked, hid myself. »

To whom
The gracious Judge, without revile, replied :

« My voice thou oft hast heard, and hast not fear'd,
But still rejoic'd ; how is it now become
So dreadful to thee? That thou art naked, who
Hath told thee? Hast thou eaten of the tree,
Whereof I gave thee charge thou shouldst not eat? »

To whom thus Adam, sore beset, replied :

« O Heaven ! in evil strait this day I stand

» par ma plainte : mais une rigoureuse nécessité, une contrainte déplo-
» rable, m'obligent à parler, de peur que sur ma tête à la fois le péché
» et le châtiment, néanmoins insupportables, ne soient dévolus tout en-
» tiers. Quand je garderais mon silence, tu découvrirais aisément ce que
» je cacherais.
» Cette femme que tu fis pour être mon aide, que tu m'as donnée
» comme ton présent accompli, qui était si bonne, si convenable, si ac-
» ceptable, si divine, de la main de laquelle je n'aurais pu soupçonner
» aucun mal, qui dans tout ce qu'elle faisait semblait justifier son action
» par la manière de la faire; cette femme m'a donné du fruit de l'arbre,
» et j'ai mangé. »

La souveraine Présence répliqua ainsi :

« Était-elle ton Dieu, pour lui obéir plutôt qu'à la voix de ton Créa-
» teur? Avait-elle été faite pour être ton guide, ton supérieur, même
» ton égal, pour que tu lui résignasses ta virilité et le rang où Dieu
» t'avait assis au-dessus d'elle, elle faite de toi et pour toi, dont les
» perfections surpassaient de si loin les siennes en réelle dignité? A la
» vérité elle était ornée et charmante pour attirer ton amour, non ta
» dépendance. Ses qualités étaient telles qu'elles semblaient bonnes à être
» gouvernées, peu convenables pour dominer; l'autorité était ton lot,

Before my Judge; either to undergo
Myself the total crime, or to accuse
My other self, the partner of my life;
Whose failing, while her faith to me remains,
I should conceal, and not expose to blame
By my complaint: but strict necessity
Subdues me, and calamitous constraint:
Lest on my head both sin and punishment,
However insupportable, be all
Devolv'd; though should I hold my peace, yet thou
Whoulds easily detect what I conceal.

« This woman, whom thou mad'st to be my help,
And gav'st me as thy perfect gift, so good,
So fit, so acceptable, so divine,
That from her hand I could suspect no ill,
And what she did, whatever in itself,
Her doing seem'd to justify the deed:
She have me of the tree, and I did eat. »

To whom the Sovran Presence thus replied:

« Was she thy God, that her thou didst obey
Before his voice? or was she made thy guide,
Superiour, or but equal, that to her
Thou didst resign thy manhood, and the place
Wherein God set thee above her, made of thee,
And for thee, whose perfection far excell'd

» appartenant à ta personne, si tu l'eusses toi-même bien connue. »
Dieu ayant ainsi parlé, adressa à Ève ce peu de mots.

« Dis, femme, pourquoi as-tu fait cela? »

La triste Ève, presque abîmée dans la honte, se confessant vite, ne fut devant son Juge ni hardie, ni diserte; elle répondit confuse :

« Le serpent m'a trompée, et j'ai mangé. »

Ce que le Seigneur Dieu ayant entendu, il procéda sans délai au jugement du serpent accusé, bien qu'il fût brute, incapable de rejeter son crime sur celui qui le fit l'instrument du mal et le déprava dans les fins de sa création, justement maudit alors comme vicié dans sa nature. Il n'importait pas à l'homme d'en connaître davantage, puisqu'il ne savait rien de plus; cela n'eût pas diminué sa faute. Cependant Dieu appliqua la sentence à Satan, le premier dans le péché, mais en termes mystérieux qu'il jugea alors les meilleurs, et il laissa tomber ainsi sa malédiction sur le serpent :

« Parce que tu as fait cela tu es maudit entre tous les animaux et
» toutes les bêtes de la terre. Tu ramperas sur le ventre et tu mangeras
» la terre tous les jours de ta vie. Je mettrai une inimitié entre toi et la
» femme, entre sa race et la tienne; elle te brisera la tête, et tu tâcheras
» de la mordre par le talon. »

    Hers in all real dignity? Adorn'd
She was indeed, and lovely, to attract
Thy love, not thy subjection; and her gifts
Were such, as under government well seem'd;
Unseemly to bear rule; which was thy part
And person, hadst thou known thyself aright. »

    So having said, he thus to Eve in few:

    « Say, woman, what is this which thou hast done? »

    To whom sad Eve, with shame nigh overwhelm'd,
Confessing soon, yet not before her Judge
Bold or loquacious, thus abash'd replied :

    « The serpent me beguil'd, and I did eat. »

    Which when the Lord God heard, without delay
To judgment he proceeded on th' accus'd
Serpent; though brute, unable to transfer
The guilt on him, who made him instrument
Of mischief, and polluted from the end
Of his creation : justly then accurs'd,
As vitiated in nature : more to know
Concern'd not man (since he no further knew),
Nor alter'd his offence, yet God at last
To Satan, first in sin, his doom applied,
Though in mysterious terms, judg'd as then best:
And on the serpent thus his curse let fall:

Ainsi, fut prononcé l'oracle, vérifié quand Jésus, fils de Marie, seconde Eve, vit comme un éclair tomber du ciel Satan prince de l'air. Alors Jésus, sortant du tombeau, dépouilla les principautés et les puissances infernales, et triompha ouvertement en pompe : et dans une ascension glorieuse il emmena à travers les airs la captivité captive, le royaume même long-temps usurpé par Satan. Celui-là enfin brisera Satan sous nos pieds, celui-là même qui prédit à présent cette fatale meurtrissure.

Il se tourna vers la femme pour lui prononcer sa sentence :

« Je t'affligerai de plusieurs maux pendant ta grossesse, tu enfanteras
» dans la douleur, tu seras sous la puissance de ton mari, et il te domi-
» nera. »

A Adam, le dernier, il prononce ainsi son arrêt :

« Parce que tu as écouté la voix de ta femme, et que tu as mangé du
» fruit de l'arbre dont je t'avais défendu de manger en te disant : — Tu
» n'en mangeras point ; la terre sera maudite à cause de ce que tu as fait.
» Tu n'en tireras de quoi te nourrir pendant toute ta vie qu'avec beau-
» coup de travail : elle te produira des épines et des ronces, et tu te nour-
» riras de l'herbe de la terre. Tu mangeras ton pain à la sueur de ton
» visage, jusqu'à ce que tu retournes en la terre d'où tu as été tiré. Car
» tu es poudre et tu retourneras en poudre. »

    « Because thou hast done this, thou art accurs'd
Above all cattle, each beast of the field :
Upon thy belly groveling thou shalt go,
And dust shalt eat all the days of thy life.
Between thee and the woman I will put
Enmity ; and between thine and her seed :
Her seed shall bruise thy head, thou bruise his heel. »

    So spake this oracle, then verified,
When Jesus, son of Mary, second Eve,
Saw Satan fall, like lightning, down from Heaven,
Prince of the air ; then, rising from his grave,
Spoil'd principalities and powers, triumph'd
In open show ; and, with ascension bright,
Captivity led Captive through the air,
The realm itself of Satan, long usurp'd ;
Whom he shall tread at last under our feet ;
Ev'n he, who now foretold his fatal bruise.

    And to the woman thus his sentence turn'd :

    « Thy sorrow I will greatly multiply
By thy conception ; children thou shalt bring
In sorrow forth, and to thy husband's will
Thine shall submit ; he over thee shall rule. »

    On Adam last thus judgment he pronounc'd :

    « Because thou hast hearken'd to the voice of thy wife,

Ainsi jugea l'homme celui qui fut envoyé à la fois Juge et Sauveur : il recula bien loin le coup subit de la mort annoncée pour ce jour-là : ensuite ayant compassion de ceux qui se tenaient nus devant lui, exposés à l'air qui maintenant allait souffrir de grandes altérations, il ne dédaigna pas de commencer à prendre la forme d'un serviteur, comme quand il lava les pieds de ses serviteurs ; de même à présent, comme un père de famille, il couvrit leur nudité de peaux de bêtes, ou tuées, ou qui, de même que le serpent, avaient rajeuni leur peau. Il ne réfléchit pas longtemps pour vêtir ses ennemis : non-seulement il couvrit leur nudité extérieure de peaux de bêtes, mais leur nudité intérieure beaucoup plus ignominieuse ; il l'enveloppa de sa robe de justice et la déroba aux regards de son Père. Puis il s'éleva rapidement vers lui ; reçu dans son sein bien-heureux, il rentra dans la gloire comme autrefois : à son Père apaisé il raconta (quoique le Père sût tout) ce qui s'était passé avec l'homme, entremêlant son récit d'une douce intercession.

Cependant avant qu'on eût péché et jugé sur la terre, le Péché et la Mort étaient assis en face l'un de l'autre en dedans des portes de l'enfer ; ces portes étaient restées béantes vomissant au loin dans le chaos une flamme impétueuse, depuis que l'ennemi les avait passées, le Péché les ouvrant. Bientôt celui-ci commença de parler à la Mort :

And eaten of the tree, concerning which
I charg' thee, saying : « Thou shalt not eat thereof ;
Curs'd is the ground for thy sake : thou in sorrow
Shalt eat thereof all the days of thy life ;
Thorns also and thistles it shall bring thee forth
Unbid : and thou shalt eat the herb of the field :
In the sweat of thy face shalt thou eat bread,
Till thou return into the ground : for thou
Out of the ground wast taken ; known thy birth ;
For dust thou art, and shat to dust return. »

So judg'd he man, both Judge and Saviour sent ;
And th' instant stroke of death, denounc'd that day
Remov'd far off : then, pitying how they stood
Before him naked to the air, that now
Must suffer change, disdain'd not to begin
Thenceforth the form of servant to assume ;
As when he wash'd his servants' feet ; so now,
As father of his family, he clad
Their nakedness with skins of beasts, or slain,
Or, as the snake, with youthful coat repaid ;
And thought not much to clothe his enemies :
Nor he their outward only with skins
Of beasts, but inward nakedness, much more
Opprobrious, with his robe of righteousness
Arraying, cover'd from his Father's sight,
To him with swift ascent he hup return'd,
Into his blissful bosom reassum'd,

« O mon fils, pourquoi sommes-nous assis oisifs à nous regarder l'un
» l'autre, tandis que Satan, notre grand auteur, prospère dans d'autres
» mondes et cherche à nous pourvoir d'un séjour plus heureux, nous,
» sa chère engeance? Le succès l'aura sans doute accompagné : s'il lui
» était mésavenu, avant cette heure il serait retourné, chassé par la furie
» de ses persécuteurs, puisque aucun autre lieu ne peut autant que celui-
» ci convenir à son châtiment ou à leur vengeance.

» Je crois sentir qu'une puissance nouvelle s'élève en moi, qu'il me
» croît des ailes, qu'une vaste domination m'est donnée au delà de cet
» abîme. Je ne sais quoi m'attire, soit sympathie, soit une force conatu-
» relle pleine de puissance, pour unir, à la plus grande distance, dans une
» secrète amitié, les choses de même espèce par les routes les plus secrè-
» tes. Toi, mon ombre inséparable, tu dois me suivre, car aucun pouvoir
» ne peut séparer la Mort du Péché. Mais dans la crainte que notre père
» ne soit arrêté peut-être par la difficulté de repasser ce golfe impassable,
» impraticable, essayons (travail aventureux, non pourtant dispropor-
» tionné à ta force et à la mienne), essayons de fonder sur cet océan
» un chemin depuis l'enfer jusqu'au monde nouveau où Satan mainte-
» nant l'emporte; monument d'un grand avantage à toutes légions in-
» fernales, qui leur rendra d'ici le trajet facile pour leur communication

In glory, as of old : to him appeas'd,
All, though all-knowing, what had pass'd with man
Recounted, mixing intercession sweet.

Meanwhile, ere thus was sinn'd and judg'd on earth,
Within the gates of Hell sat Sin and Death,
In counterview within the gates, that now
Stood open wide, belching outrageous flame
Far into chaos, since the fiend pass'd through,
Sin opening ; who thus now to Death began :

« O son, why sit we here each other viewing
Idly, while Satan, our great authour, thrives
In other worlds, and happier seat provides
For us, his offspring dear? It cannot be
But that success attends him ; if mishap,
Ere this he had return'd, with fury driven
By his avengers; since no place like this
Can fit his punishment, or their revenge.

» Methinks I feel new strength within me rise,
Wings growing, and dominion given me large,
Beyond this deep ; whatever draws me on,
Or sympathy, or some connatural force,
Powerful at greatest distance to unite
With secret amity, things of like kind,
By secretest conveyance. Thou, my shade
Inseparable, must with me along :

» ou leur transmigration, selon que le sort les conduira. Je ne puis
» manquer le chemin, tant je suis attiré avec force par cette nouvelle
» attraction et ce nouvel instinct. »

L'ombre maigre lui répondit aussitôt :

« Va où le destin et la force de l'inclination te conduisent. Je ne
» traînerai pas derrière, ni ne me tromperai de chemin, toi servant
» de guide; tant je respire l'odeur de carnage, proie innombrable; tant
» je goûte la saveur de la mort de toutes les choses qui vivent là ! Je
» ne manquerai pas à l'ouvrage que tu entreprends, mais je te prêterai un
» mutuel secours. »

En parlant de la sorte, le monstre avec délices, renifla le parfum du mortel changement arrivé sur la terre : comme quand une bande d'oiseaux carnassiers, malgré la distance de plusieurs lieues, vient volant, avant le jour d'une bataille, au champ où campent les armées, alléchée qu'elle est par la senteur des vivantes carcasses promises à la mort le lendemain, dans un sanglant combat : ainsi éventait les trépas la hideuse figure qui, renversant dans l'air empoisonné sa large narine, flairait de si loin sa curée.

Soudain hors des portes de l'enfer, dans la vaste et vide anarchie du chaos sombre et humide, les deux fantômes s'envolèrent en sens contraire.

> For Death from Sin no power can separate,
> But, lest the difficulty of passing back
> Stay his return perhaps over this gulf
> Impassable, impervious, let us try
> Adventurous work, yet to thy power and mine
> Not unagreeable, to found a path
> Over this main, from Hell to that new world,
> Where Satan now prevails; a monument
> Of merit high to all th' infernal host,
> Easing their passage hence, for intercourse,
> Or transmigration, as their lot shall lead.
> Nor can I miss the way, so strongly drawn
> By this new-felt attraction and instinct.
>
> Whom thus the meagre shadow answer'd soon:
>
> « Go, whither fate and inclination strong
> Leads thee ; I shall not lag behind, nor err
> The way, thou leading ; such a scent I draw
> Of carnage, prey innumerable, and taste
> The savour of death from all things there that live:
> Nor shall I to the work thou enterprisest
> Be wanting, but afford thee equal aid. »
>
> So saying, with delight he snuff'd the smell
> Of mortal change on earth. As when a flock
> Of ravenous fowl, though many a league remote
> Against the day of battle, to a field

Avec force (leur force était grande), planant sur les eaux, ce qu'ils rencontrèrent de solide ou de visqueux, ballotté haut et bas comme dans une mer houleuse, ils le chassent ensemble amassé, et de chaque côté l'échouent vers la bouche du Tartare : ainsi deux vents polaires soufflant opposés sur la mer Cronienne, poussent ensemble des montagnes de glaces qui obstruent le passage présumé au delà de Petzora à l'orient, vers la côte opulente du Cathai.

La Mort, de sa massue pétrifiante, froide et sèche, frappe comme d'un trident la matière agglomérée, la fixe aussi ferme que Délos, jadis flottante; le reste fut enchaîné immobile par l'inflexibilité de son regard de Gorgone.

Les deux fantômes cimentèrent avec un bitume asphaltique le rivage ramassé, large comme les portes de l'enfer et profond comme ses racines. Le môle immense, courbé en avant, forma une arche élevée sur l'écumant abîme, pont d'une longueur prodigieuse, atteignant à la muraille inébranlable de ce monde, à présent sans défense, confisqué au profit de la Mort : de là un chemin large, doux, commode, uni, descendit à l'enfer. Tel, si les petites choses peuvent être comparées aux grandes, Xerxès, parti de son grand palais memnonien, vint de Suze jusqu'à la mer pour

> Where armies lie encamp'd, come flying, lur'd
> With scent of living carcasses, design'd
> For death, the following day, in bloody fight:
> So scented the grim feature, and upturn'd
> His nostril wide into the murky air,
> Sagacious of his quarry from so far.
>
> Then both from out Hell gates, into the waste
> Wide anarchy of chaos, damp and dark,
> Flew diverse; and with power (their power was great)
> Hovering upon the waters, what they met
> Solid or slimy, as in raging sea.
> Tost up and down, together crowded drove,
> From each side shoaling towards the mouth of Hell :
> As when two polar winds, blowing adverse
> Upon the Cronian sea, together drive
> Mountains of ice, that stop the imagin'd way
> Beyond Petsora erstward, to the rich
> Cathaian coast.
>
> The aggregated soil
> Death with his mace petrific, cold and dry,
> As with a trident, smote, and fix'd as firm
> As Delos, floating once ; the rest his look
> Bound with Gorgonian rigour not to move ;
> And with asphaltic slime, broad as the gate.
> Deep to the roots of Hell the gather'd beach
> They fasten'd, and the mole immense wrought on,
> Over the foaming deep high-arch'd, a bridge

enchaîner la liberté de la Grèce; il se fit, par un pont, un chemin sur l'Hellespont, joignit l'Europe à l'Asie et frappa de verges les flots indignés.

La Mort et le Péché, par un art merveilleux, avaient maintenant poussé leur ouvrage (chaîne de rochers suspendus sur l'abîme tourmenté, en suivant la trace de Satan) jusqu'à la place même où Satan ploya ses ailes, et s'abattit, au sortir du chaos, sur l'aride surface de ce monde sphérique. Ils affermirent le tout avec des clous et des chaînes de diamant : trop ferme ils le firent et trop durable! Alors, dans un petit espace, ils rencontrèrent les confins du ciel empyrée et de ce monde; sur la gauche était l'enfer avec un long gouffre interposé. Trois différents chemins en vue conduisaient à chacune de ces trois demeures. Et maintenant les monstres prirent le chemin de la terre qu'ils avaient aperçue, se dirigeant vers Éden : quand voici Satan, sous la forme d'un ange de lumière gouvernant sur son zénith entre le Centaure et le Scorpion, pendant que le soleil se levait dans le Bélier. Il s'avançait déguisé; mais ceux-ci, ses chers enfants, reconnurent vite leur père, bien que travesti.

Satan, après avoir séduit Ève, s'était jeté non remarqué dans le bois voisin, et changeant de forme pour observer la suite de l'événement, il vit son action criminelle répétée par Ève, quoique sans méchante intention.

Of lenght prodigious, joining to the wall
Immoveable of this now fenceless world,
Forfeit to Death; from hence a passage broad,
Smooth, easy, inoffensive, down to Hell.
So, if great things to small may be compar'd,
Xerxes, the liberty of Greece to yoke,
From Susa, his Memnonian palace high,
Came to the sea; and, over Hellespont
Bridging his way, Europe with Asia join'd,
And scourg'd with many a stroke the indignant waves.

Now had they brought the work by wondrous art
Pontifical, a ridge of pendant rock,
Over the vex'd abyss, following the track
Of Satan to the self-same place where he
First lighted from his wing, and landed safe
From out of chaos, to the outside bare
Of this round world : with pins of adamant
And chains they made all fast; too fast they made
And durable! And now in little space
The confines met of empyrean Heaven,
And of this world, and, on the left hand, Hell
With long reach interpos'd; three several ways
In sight, to each of these three places led,
And now their way to earth they had descried,
To Paradise first tending; when, behold!
Satan, in likeness of an angel bright,

auprès de son mari ; il vit leur honte chercher des voiles inutiles ; mais quand il vit descendre le Fils de Dieu pour les juger, frappé de terreur, il fuit; non qu'il espérât échapper, mais il évitait le présent, craignant, coupable qu'il était, ce que la colère du Fils lui pouvait soudain infliger. Cela passé, il revint de nuit, et écoutant au lieu où les deux infortunés étaient assis, leur triste discours, et leur diverse plainte, il en recueillit son propre arrêt ; il comprit que l'exécution de cet arrêt n'était pas immédiate, mais pour un temps à venir : chargé de joie et de nouvelle il retourna alors à l'enfer. Sur les bords du chaos, près du pied de ce nouveau pont merveilleux, il rencontra inespérément ceux qui venaient pour le rencontrer, ses chers rejetons. L'allégresse fut grande à leur jonction ; la vue du pont prodigieux accrut la joie de Satan. Il demeura longtemps en admiration, jusqu'à ce que le Péché, sa fille enchanteresse, rompît ainsi le silence :

« O mon père, ce sont là tes magnifiques ouvrages, tes trophées que tu
» contemples comme n'étant pas les tiens : tu en es l'auteur et le pre-
» mier architecte. Car je n'eus pas plutôt deviné dans mon cœur (mon
» cœur qui par une secrète harmonie bat avec le tien, uni dans une douce
» intimité) ; je n'eus pas plutôt deviné que tu avais prospéré sur la terre,
» ce que tes regards manifestent à présent, que je me sentis (quoique

  Betwixt the Centaur and the Scorpion steering
  His zenith, while the sun in Aries rose:
  Disguis'd he came ; but those his children dear
  Their parent soon discern'd, though in disguise.
   He, after Eve seduc'd, unminded slunck
  Into the wood fast by ; and, changing shape,
  To observe the sequel, saw his guileful act
  By Eve, though all unweeting, seconded
  Upon her husband ; saw their shame that sought.
  Vain covertures ; but when he saw descend
  The Son of God to judge them, terrified
  He fled ; not hoping to escape, but shun
  The present ; fearing, guilty, what his wrath
  Might suddenly inflict ; that past, return'd
  By night, and listening where the hapless pair
  Sat in their sad discourse and various plaint,
  Thence gather'd his own doom ; understood
  Not instant, but of future time ; with joy
  And tidings fraught, to Hell he now return'd :
  And at the brink of chaos, near the foot
  Of this new wondrous pontifice, unhop'd
  Met, who to meet him came, his offspring dear.
  Great joy was at their meeting, and at sight
  Of that suspendous bridge his joy increas'd.
  Long he admiring stood ; till Sin, his fair

» séparée de toi par des mondes) attirée vers toi avec celui-ci, ton fils ;
» tant une fatale conséquence nous unit tous trois ! Ni l'enfer ne put nous
» retenir plus longtemps dans ses limites, ni ce gouffre obscur et impra-
» ticable nous empêcher de suivre ton illustre trace. Tu as achevé notre
» liberté : confinés jusqu'à présent au-dedans des portes de l'enfer, tu
» nous as donné la force de bâtir ainsi au loin, et de surcharger de cet
» énorme pont le sombre abîme.

» Tout le monde est tien désormais ; ta vertu a gagné ce que ta main
» n'a point bâti, ta sagesse a recouvré avec avantage ce que la guerre
» avait perdu, et vengé pleinement notre défaite dans le ciel. Ici tu ré-
» gneras monarque, là tu ne régnais pas : qu'il domine encore là ton vain-
» queur, comme le combat l'a décidé, en se retirant de ce monde nou-
» veau, aliéné par sa propre sentence. Désormais qu'il partage avec toi la
» monarchie de toutes choses divisées par les frontières de l'empyrée : à
» lui la cité de forme carrée, à toi le monde orbiculaire ; ou qu'il ose
» t'éprouver, toi à présent plus dangereux pour son trône. »

Le prince des ténèbres lui répondit avec joie :

« Fille charmante, et toi, mon fils et petit-fils à la fois, vous avez
» donné aujourd'hui une grande preuve que vous êtes la race de Satan,
» car je me glorifie de ce nom, antagoniste du Roi tout puissant du ciel.

    Enchanting daughter, thus the silence broke :
« O parent, these are thy magnific deeds,
Thy trophies ! Which thou view'st as not thine own :
Thou art their authour, and prime architect :
For I no sooner in my heart divin'd
 My heart, which by a secret harmony
 till moves with thine, join'd in connexion sweet),
That thou on earth hadst prosper'd, which thy looks
Now also evidence, but straight I felt,
Though distant from the worlds between, yet felt
That I must after thee, with this thy son ;
Such fatal consequence unites us tree,
Hell could no longer hold us in our bounds,
Nor this unvoyageable gulf obscure
Detain from following thy illustrious track
Thou hast achiev'd our liberty, confin'd
Within Hell-gates till now; thou us impower'd
To fortify thus far, and overlay,
With this portentous ridge, the dark abyss.

  « Thine now is all this world ; thy virtue hath won
What thy hands builded not ; thy wisdom gain'd
With odds what war hath lost ; and fully aveng'd
Our foil in Heaven : here thou shalt monarch reign
There didst not ; there let him still victor sway,
As battle hath adjudg'd ; from this new world

» Bien avez-vous mérité de moi et de tout l'infernal empire, vous qui si
» près de la porte du ciel avez répondu à mon triomphe par un acte triom-
» phal, à mon glorieux ouvrage par cet ouvrage glorieux, et qui avez fait
» de l'enfer et de ce monde un seul royaume (notre royaume), un seul
» continent de communication facile.

» Ainsi pendant qu'à travers les ténèbres je vais descendre aisément par
» votre chemin chez mes puissances associées, pour leur apprendre ces
» succès et me réjouir avec elles; vous deux, le long de cette route, parmi
» ces orbes nombreux (tous à vous), descendez droit au paradis; habitez-y,
» et régnez dans la félicité. De là, exercez votre domination sur la terre
» et dans l'air, principalement sur l'homme, déclaré le seigneur de tout :
» faites-en d'abord votre vassal assuré, et à la fin tuez-le. Je vous envoie
» mes substituts et je vous crée sur la terre plénipotentiaires d'un pouvoir
» sans pareil émanant de moi. — Maintenant de votre force unie dé-
» pend tout entière ma tenure du nouveau royaume que le Péché
» a livré à la Mort par mes exploits. Si votre puissance combinée prévaut,
» les affaires de l'enfer n'ont à craindre aucun détriment : allez, et soyez
» forts. »

Ainsi disant il les congédie ; avec rapidité ils prennent leur course à travers les constellations les plus épaisses, en répandant leur poison : les étoi-

    Retiring, by his own doom alienated;
And henceforth monarchy with thee divide
Of all things, parted by th' empyreal bounds,
His quadrature, from thy orbicular world;
Or try thee now more dangerous to his throne.

    Whom thus the prince of darkness answer'd glad:

    « Fair daughter, and thou son and grandchild both,
High proof ye now have given to be the race
Of Satan (for I glory in the name,
Antagonist of Heaven's Almighty King):
Amply have merited of me, of all
Th' infernal empire, that so near Heaven's door
Triumphal with triumphal act have met,
Mine, with this glorious work; and made one realm,
Hell and this world, our realm, one continent
Of easy thoroughfare.

    » Therefore, while I
Descend through darkness; on your road, with ease,
To my associate powers, them to acquaint
With these successes, and with them rejoice:
You two this way, among these numerous orbs,
All yours, right down to Paradise descend;
There dwell, and reign in bliss; thence on the earth
Dominion exercise and in the air,
Chiefly on man, sole lord of all declar'd:

les infectées pâlirent, et les planètes, frappées de la maligne influence qu'elles répandent elles-mêmes, subirent alors une éclipse réelle. Par l'autre chemin, Satan descendit la chaussée jusqu'à la porte de l'enfer. Des deux côtés le chaos, divisé et surbâti, s'écria, et d'une houle rebondissante assaillit les barrières qui méprisaient son indignation.

A travers la porte de l'enfer, large ouverte et non gardée, Satan passe et trouve tout désolé à l'entour ; car ceux qui avaient été commis pour siéger là avaient abandonné leur poste, s'étaient envolés vers le monde supérieur. Tout le reste s'était retiré loin dans l'intérieur, autour des murs de Pandæmonium, ville et siége superbe de Lucifer (ainsi nommé par allusion à cette étoile brillante comparée à Satan). Là veillaient les légions, tandis que les grands siégeaient au conseil, inquiets du hasard qui pouvait retenir leur empereur par eux envoyé : en partant il avait ainsi donné l'ordre, et ils l'observaient.

Comme lorsque le Tartare, loin du Russe son ennemi, par Astracan, à travers les plaines neigeuses, se retire ; ou comme quand le sophi de la Bactriane, fuyant devant les cornes du croissant turc, laisse tout dévasté au delà du royaume d'Aladule, dans sa retraite vers Tauris ou Casbin : ainsi ceux-ci (l'ost, dernièrement banni du ciel) laissèrent désertes plusieurs lieues de ténèbres, dans le plus reculé de l'enfer, et se concen-

    Him first make sure your thrall, and lastly kill.
My substitutes I send ye, and create
Plenipotent on earth, of matchless might
Issuing from me ; on your joint, vigour now
My hold of this new kingdom all depends,
Through Sin to Death expos'd by my exploit.
If your joint power prevail, th' affairs of Hell
No detriment need fear: go, and be strong ! »

    So saying, he dismiss'd them ; they with speed
Their course through thickest constellations held,
Spreading their bane ; the blasted stars look'd wan ;
And planets, planet struck, real eclipse
Then suffer'd. Th' other way Satan went down
The causey to Hell-gate : on either side
Disparted chaos overbuilt exclaim'd,
And with rebounding surge the bars assail'd,
That scorn'd his indignation.

              Through the gate,
Wide open and unguarded, Satan pass'd,
And all about found desolate ; for those,
Appointed to sit there, had left their charge,
Flown to the upper world ; the rest were all
Far to th' inland retir'd, about the walls
Of Pandæmonium, city and proud seat
Of Lucifer ; so by allusion call'd

trèrent en garde vigilante autour de leur métropole : ils attendaient d'heure en heure le grand aventurier revenant de la recherche des mondes étrangers.

Il passa au milieu de la foule, sans être remarqué, sous la figure d'un ange militant plébéien, du dernier ordre ; de la porte de la salle Plutonnienne il monta invisible sur son trône élevé, lequel sous la pompe du plus riche tissu déployé, était placé au haut bout de la salle, dans une royale magnificence. Il demeura assis quelque temps, et autour de lui il vit sans être vu : enfin, comme d'un nuage, sa tête radieuse et sa forme d'étoile étincelante apparurent ; ou plus brillant encore, il était revêtu d'une gloire de permission ou de fausse splendeur, qui lui avait été laissée depuis sa chute. Tout étonnée à ce soudain éclat, la troupe stygienne y porte ses regards, et reconnaît celui qu'elle désirait ; son puissant chef revenu. Bruyante fut l'acclamation ; en hâte se précipitèrent les pairs qui délibéraient : levés de leur sombre divan, ils s'approchèrent de Satan dans une égal joie, pour le féliciter. Lui avec la main obtient le silence et l'attention par ces paroles :

« Trônes, Dominations, Principautés, Vertus, Puissances, car je vous
» appelle ainsi, et je vous déclare tels à présent, non-seulement de droit,
» mais par possession. Après un succès au delà de toute espérance, je

> Of that bright star to Satan paragon'd:
> There kept their watch the legions, while the grand
> In council sat, solicitous what chance
> Might intercept their emperour sent: so he
> Departing gave command, and they observ'd.
>
> As when the Tartar from his Russian foe,
> By Astracan, over the snowy plains,
> Retires ; or Bactrian Sophi from the horns
> Of Turkish crescent, leaves all waste beyond
> The realm of Aladule, in his retreat
> To Tauris or Casbeen ; so these, the late
> Heaven-banish'd host, left desert utmost Hell
> Many a dark league, reduc'd in careful watch
> Round their metropolis ; and now expecting
> Each hour their great adventurer, from the search
> Of foreign worlds.
>   He, through the midst unmark'd,
> In show plebeian angel militant
> Of lowest order, pass'd ; and from the door
> Of that Plutonian hall, invisible
> Ascended his high throne ; which, under state
> Of richest texture spread, at th' upper end
> Was plac'd in regal lustre. Down awhile
> He sat, and round about him saw, unseen :
> At last, as from a cloud, his fulgent head

» suis revenu pour vous conduire triomphants hors de ce gouffre infernal,
» abominable, maudit; maison de misère, donjon de notre tyran? Pos-
» sédez maintenant comme seigneurs un monde spacieux, peu inférieur à
» notre ciel natal, et que je vous ai acquis avec de grands périls, par mon
» entreprise ardue.

» Long serait à vous raconter ce que j'ai fait, ce que j'ai souffert, avec
» quelle peine j'ai voyagé dans la vaste profondeur de l'horrible confu-
» sion, sans bornes, sans réalité, sur laquelle le Péché et la Mort vien-
» nent de paver une large voie pour faciliter votre glorieuse marche;
» mais moi, je me suis laborieusement ouvert un passage non frayé, forcé
» de monter l'indomptable abîme, de me plonger dans les entrailles de la
» Nuit sans origine et du farouche Chaos, qui, jaloux de leurs secrets,
» s'opposèrent violemment à mon étrange voyage par une furieuse cla-
» meur protestant devant le destin suprême.

» Je ne vous dirai point comment j'ai trouvé ce monde nouvellement
» créé que la renommée depuis longtemps avait annoncé dans le ciel;
» merveilleux édifice d'une perfection achevée, où l'homme, par notre
» exil, placé dans un paradis, fut fait heureux. J'ai éloigné l'homme, par
» ruse, de son Créateur; je l'ai séduit et pour accroître votre surprise,
» avec une pomme! De cela le Créateur offensé (pouvez-vous n'en point

And shape star-bright appear'd, or brighter; clad
With what permissive glory since his fall
Was left him, or false glitter: all amaz'd
At that so sudden blaze, the Stygian throng
Bent their aspect, and whom they wish'd beheld,
Their mighty chief return'd: loud was the acclaim;
Forth rush'd in haste the great consulting peers,
Rais'd from their dark divan, and with like joy
Congratulant approach'd him; who with hand
Silence, and with these words attention won:

« Thrones, Dominations, Princedoms, Virtues, Powers,
For in possession such, not only of right,
I call ye, and declare ye now; return'd
Successful beyond hope, to lead ye forth
Triumphant out of this infernal pit
Abominable, accurs'd, the house of woe,
And dungeon of our tyrant: now possess,
As lords, a spacious world, to our native Heaven
Little inferiour, by my adventure hard
With peril great achiev'd.

» Long were to tell
What I have done, what suffer'd; with what pain
Voyag'd th' unreal, vast, unbounded deep
Of horrible confusion; over which
By Sin and Death a broad way now is pav'd,

rire?) a donné l'homme son bien-aimé, et tout le monde en proie au Péché et à la Mort, et par conséquent à nous qui l'avons gagné sans risque, sans travail ou alarmes, pour le parcourir, l'habiter, et dominer sur l'homme, comme sur tout ce qu'il aurait dominé.

» Il est vrai que Dieu m'a aussi jugé; ou plutôt il ne m'a pas jugé, mais le brute serpent, sous la forme duquel j'ai séduit l'homme. Ce qui m'appartient dans ce jugement est l'inimitié qu'il établira entre moi et le genre humain : je lui mordrai le talon, et sa race, on ne dit pas quand, me meurtrira la tête. Qui n'achèterait un monde au prix d'une meurtrissure, ou pour une peine beaucoup plus grande? Voilà le récit de mon ouvrage. Que vous reste-t-il à faire, à vous dieux? à vous lever, et à entrer à présent en pleine béatitude. »

Ayant parlé de la sorte, il s'arrête un moment, attendant leur universelle acclamation et leur haut applaudissement pour remplir son oreille, quand au contraire il entend de tous côtés un sinistre et universel sifflement de langues innombrables, bruit du mépris public. Il s'étonne, mais il n'en eut pas longtemps le loisir, car à présent il s'étonne plus de lui-même. Il sent son visage détiré s'effiler et s'amaigrir; ses bras se collent à ses côtés, ses jambes s'entortillent l'une dans l'autre, jusqu'à ce que, privé

> To expedite your glorious march; but I
> Toil'd out my uncouth passage, forced to ride
> Th' untractable abyss, plung'd in the womb
> Of unoriginal Night and Chaos wild;
> That, jealous of their secrets, fiercely oppos'd
> My journey strange, with clamorous uproar
> Protesting fate supreme: thence how I found
> The new-created world, which fame in Heaven
> Long had foretold, a fabric wonderful
> Of absolute perfection! therein man
> Plac'd in a Paradise, by our exile
> Made happy: him by fraud I have seduc'd
> From his Creator; and, the more to increase
> Your wonder, with an apple; he, thereat
> Offended, worth your laughter! hath given up
> Both his beloved man and all his world,
> To Sim and Death a prey; and so to us,
> Without our hazard, labour, or alarm,
> To range in, and to dwell, and over man
> To rule, as over all he should have rul'd.
>
> » True is, me also he hath judg'd, or rather
> Me not, but the brute serpent, in whose shape
> Man I deceiv'd: that which to me belongs
> Is enmity, which he will put between
> Me and mankind; I am to bruise his heel;
> His seed, when is not set, shall bruise my head.
> A world who would not purchase with a bruise,

de ses pieds, il tombe serpent monstrueux sur son ventre rampant; il résiste, mais en vain ; un plus grand pouvoir le domine, puni selon son arrêt, sous la figure dans laquelle il avait péché. Il veut parler, mais avec une langue fourchue à des langues fourchues il rend sifflement pour sifflement : car tous les démons étaient pareillement transformés, tous serpents, comme complices de sa débauche audacieuse. Terrible fut le bruit du sifflement dans la salle remplie d'une épaisse fourmilière de monstres compliqués de têtes et de queues ; scorpion, aspic, amphisbène cruelle, céraste armé de cornes, hydre, élope sinistre, et dipsade : non jamais un tel essaim de reptiles ne couvrit ou la terre arrosée du sang de la Gorgone, ou l'île d'Ophiuse.

Mais encore le plus grand au milieu de tous, Satan était devenu dragon, surpassant en grosseur l'énorme Python, que le soleil engendra du limon dans la vallée pythienne : il n'en paraissait pas moins encore conserver sa puissance sur le reste. Ils le suivirent tous, quand il sortit pour gagner la campagne ouverte : là ceux qui restaient des bandes rebelles tombées du ciel, étaient stationnés, ou en ordre de bataille, ravis dans l'attente de voir s'avancer en triomphe leur prince glorieux : mais ils virent un tout autre spectacle, une multitude de laids serpents ! L'horreur les saisit, et en même temps une horrible sympathie; ce qu'ils voyaient ils le de-

> Or much more grievous pain ? Ye have the account
> Of my performance : what remains, ye gods,
> But up, and enter now into full bliss ? »
>   So having said, awhile he stood, expecting
> Their universal shout, and high applause,
> To fill his ear : when, contrary, he hears
> On all sides, from innumerable tongues,
> A dismal universal hiss, the sound
> Of public scorn : he wonder'd, but not long
> Had leisure, wondering at himself now more :
> His visage drawn he felt to sharp and spare :
> His arms clung to his ribs : his legs entwining
> Each other, till supplanted down he fell
> A monstrous serpent on belly prone,
> Reluctant, but in vain ; a greater power
> Now rul'd him, punish'd in the shape he sinn'd,
> According to his doom. He would have spoke,
> But hiss for hiss return'd with forked tongue
> To forked tongue ; for now were all transform'd
> Alike, to serpents all, as accessories
> To his bold riot : dreadful was the din
> Of hissing through the hal, thick-swarming now
> With complicated monsters head and tail,
> Scorpion, and asp, and amphisbæna dire,
> Cerastes horn'd, hydrus, and elops drear,
> And dipsas (not so thick swarm'd once the soil

vinrent, subitement transformés : tombent leurs bras, tombent leurs lances et leurs boucliers, et tombent eux-mêmes aussi vite : et ils renouvellent l'affreux sifflement, et ils prennent la forme affreuse qu'ils gagnent par contagion, égaux dans la punition comme dans le crime. Aussi l'applaudissement qu'ils préparaient fut changé en une explosion de sifflements ; triomphe de la honte qui de leurs propres bouches, rejaillissait sur eux-mêmes.

Près de là était un bois élevé tout à coup au moment même de leur métamorphose, par la volonté de celui qui règne là-haut ; pour aggraver leur peine, il était chargé d'un beau fruit, semblable à celui qui croissait dans Éden, amorce d'Ève employée par le tentateur. Sur cet objet étrange les démons fixèrent leurs yeux ardents, s'imaginant qu'au lieu d'un arbre défendu il en était sorti une multitude, afin de les engager plus avant dans la honte ou au malheur. Cependant dévorés d'une soif ardente et d'une faim cruelle, qui ne leur furent envoyées que pour les tromper, ils ne peuvent s'abstenir, ils roulent en monceaux, grimpent aux arbres, attachés là plus épais que les nœuds de serpents qui formaient des boucles sur la tête de Mégère. Ils arrachent avidement le fruitage beau à la vue, semblable à celui qui croît près de ce lac de bitume où Sodome brûla. Le fruit infernal, plus décevant encore, trompe

Bedropt with blood of Gorgon, or the isle
Ophiusa).
  But still greates he the midst,
Now dragon grown, larger than whom the sun
Ingender'd in the Pythian vale of slime,
Huge Python, and his power no less he seem'd
Above the rest still to retain. They all
Him follow'd, issuing forth to th' open field,
Where all yet left of that revolted rout,
Heaven-fall'n, in station stood or just array ;
Sublime with expectation when to see
In triumph issuing forth their glorious chief.
They saw, but other sight instead ! a crowd
Of ugly serpents ; horrour on them fell,
And horrid sympathy ; for what they saw,
They felt themselves, now changing : down their arms,
Down fell both spear and shield ; down they as fast ;
And the dire hiss renew'd, and the dire form
Catch'd, by contagion ; like in punishment,
As in their crime. Thus was th' applause they meant
Turn'd to exploding hiss triumph to shame
Cast on themselves from their own mouths.
        There stood
A grove hard by, sprung up with this their change,
His will who reigns above, to aggravate

le goût, non le toucher. Les mauvais esprits, espérant follement apaiser leur faim, au lieu de fruit, mâchent d'amères cendres que leur goût offensé rejette avec éclaboussure et bruit. Contraints par la faim et la soif, ils essayent d'y revenir; autant de fois empoisonnés, un abominable dégoût tord leurs mâchoires, remplies de suie et de cendres. Ils tombèrent souvent dans la même illusion, non comme l'homme dont ils triomphèrent, qui n'y tomba qu'une fois. Ainsi ils étaient tourmentés, épuisés de faim et d'un long et continuel sifflement, jusqu'à ce que par permission ils reprissent leur forme perdue. On dit qu'il fut ordonné que chaque année ils subiraient, pendant un certain nombre de jours, cette annuelle humiliation, pour briser leur orgueil et leur joie d'avoir séduit l'homme. Toutefois ils répandirent dans le monde païen quelque tradition de leur conquête; ils racontèrent, dans des fables, comment le serpent qu'ils appelèrent Ophion, avec Eurynome, qui peut-être dans des temps éloignés usurpa le nom d'Ève, régna le premier sur le haut Olympe d'où il fut chassé par Saturne et par Ops, avant même que Jupiter Dictéen fût né.

Cependant le couple infernal arriva trop tôt dans le paradis: le Péché y avait été d'abord potentiel, ensuite actuel, maintenant il y entrait corporel pour y demeurer continuel habitant. Derrière lui la Mort le suivait

> Their penance, laden with fair fruit, like that
> Which grew in Paradise, the bait of Eve
> Us'd by the tempter: on that prospect strange
> Their earnest eyes they fix'd, imagining
> For one forbidden tree a multitude
> Now risen, to work them further woe or shame;
> Yet, parch'd with scalding thirst and hunger fierce
> Though to delude them sent, could not abstain;
> But on they coll'd in heaps, and, up the trees
> Climbing sat thicker than the snaky locks
> That curl'd Megæra. Greedily they pluck'd
> The fruitage fair to sight, like that which grew
> Near that bituminous lake where Sodom flam'd;
> This more delusive, not the touch, but taste
> Deceiv'd: they fondly thinking to allay
> Their appetite with gust, instead of fruit
> Chew'd bitter ashes, which th' offended taste
> With spattering noise rejected: oft they assay'd,
> Hunger and thirst constraining; drugg'd as oft,
> With hatefullest disrelish writh'd their jaws,
> With soot and cinders fill'd; so oft they fell
> Into the same illusion, not as man
> Whom they triumph'd once laps'd. Thus were they plagu'd,
> And worn with famine long and ceaseless hiss,
> Till their lost shape, permitted, they resum'd;
> Yearly enjoin'd, some say, to undergo

de près pas à pas, non encore montée sur son cheval pâle. Le Péché lui dit:

« Second rejeton de Satan, Mort, qui dois tout conquérir, que penses-
» tu de notre empire nouveau, quoique nous l'ayons gagné par un travail
» difficile? Ne vaut-il pas beaucoup mieux être ici que de veiller encore
» assis au seuil du noir enfer, sans noms, sans être redoutés, et toi-
» même à demi morte de faim? »

Le monstre né du Péché lui répondit aussitôt:

« Quant à moi qui languis d'une éternelle faim, enfer, terre ou ciel,
» tout m'est égal: je suis le mieux là où je trouve le plus de proie; la-
» quelle quoique abondante ici, semble en tout petite pour bourrer cet
» estomac, ce vaste corps que ne resserre point la peau. »

La mère incestueuse répliqua:

« Nourris-toi donc d'abord de ces herbes, de ces fruits, de ces fleurs,
» ensuite de chaque bête, et poisson, et oiseau, bouchées friandes; dévore
» sans les épargner toutes les choses que la faux du temps moissonne,
» jusqu'au jour où, après avoir résidé dans l'homme et dans sa race,
» après avoir infecté ses pensées, ses regards, ses paroles, ses actions, je
» l'aie assaisonné pour ta dernière et la plus douce proie. »

Cela dit, les monstres prirent l'un et l'autre des routes différentes,

This annual humbling certain number'd days,
To dash their pride and joy for man seduc'd.
However, some tradition they dispers'd
Among the heathen of their purchase got,
And fabled how the serpent, whom they call'd
Ophion, with Eurynome, the wide
Encroaching Eve perhaps, had first the rule
Of high Olympus; thence by Saturn driven
And Ops, ere yet Dictæan Jove was born.

Meanwhile in Paradise the hellish pair
Too soon arriv'd; Sin, there in power before,
Once actual; now in body, and to dwell
Habitual habitant, behind her Death,
Close following, pace for pace, not mounted yet
On his pale horse; to whom Sin thus began:

« Second of Satan sprung, all-conquering Death!
What think'st thou of our empire now, though earn'd
With travail difficult? not better far,
Than still at Hell's dark threshold to have sat watch,
Unnam'd, undreaded, and thyself half starv'd? »

Whom thus the Sin-born monster answer'd soon:

« To me, who with eternal famine pine
Alike is Hell, or Paradise, or Heaven;
There best, where most with ravine I may meet:

l'un et l'autre afin de détruire ou de désimmortaliser les créatures, de les mûrir pour la destruction plus tôt ou plus tard ; ce que le Tout-Puissant voyant du haut de son trône sublime au milieu des saints, à ces ordres brillants il fit entendre ainsi sa voix :

« Voyez avec quelle ardeur ces dogues de l'enfer s'avancent pour déso-
» ler et ravager ce monde, que j'avais créé si bon et si beau, et que j'au-
» rais encore maintenu tel, si la folie de l'homme n'y eût laissé entrer ces
» furies dévastatrices qui m'imputent cette folie: ainsi font le prince de
» l'enfer et ses adhérents, parce que je souffre avec tant de facilité qu'ils
» prennent et possèdent une demeure aussi céleste, que je semble conniver
» à la satisfaction de mes insolents ennemis qui rient, comme si transporté
» d'un accès de colère, je leur avais tout abandonné, j'avais tout livré à
» l'aventure, à leur désordre, ils ignorent que j'ai appelé et attiré ici eux,
» mes chiens infernaux, pour lécher la saleté et l'immondice, dont le pé-
» ché souillant de l'homme a répandu la tache sur ce qui était pur ; jus-
» qu'à ce que rassasiés, gorgés, prêts à crever de la desserte sucée et ava-
» lée par eux, d'un seul coup de fronde de ton bras vainqueur, ô Fils bien
» aimé, le Péché, la Mort et le tombeau béant soient enfin précipités à
» travers le chaos, la bouche de l'enfer étant à jamais fermée, et scellées
» ses mâchoires voraces. Alors la terre et le ciel renouvelés seront puri-

Which here, though plenteous, all too little seems
To stuff this maw, this vast un-hidebound corpse. »
    To whom th' incestuous mother thus replied :
« Thou therefore on these herbs, and fruits, and flowers,
Feed first ; on each beast next, and fish, and fowl ;
No homely morsels ! and whatever thing
The scythe of time mows down, devour unspar'd ;
Till I, in man residing, through the race,
His thoughts, his looks, words, actions, all infect ;
And season him thy last and sweetest prey. »
    This said, they both betook them several ways,
Both to destroy, or unimmortal make
All kinds, and for destruction to mature
Sooner or later, which th' Almighty seeing,
From his transcendent seat the saints among,
To those bright orders utters'd thus his voice.
    « See, with what heat these dogs of Hell advance
To waste and havoc yonder world, which I
So fair and good created ; and had still
Kept in that state, had not the folly of man
Let in these wastefull furies, who impute
Folly to me ; so doth the prince of Hell
And his adherents, that with so much ease
I suffer them to enter and possess

» fiés, pour sanctifier ce qui ne recevra plus de tache. Jusqu'à ce mo-
» ment la malédiction prononcée contre les deux coupables précèdera. »

Il finit, et le céleste auditoire entonna des *alleluia* semblables au bruit des mers; la multitude chanta :

» Justes sont tes voies, équitables tes décrets sur toutes tes œuvres!
» Qui pourrait t'affaiblir? »

Ensuite ils chantèrent le Fils, destiné rédempteur de l'humaine race, par qui un nouveau ciel, une nouvelle terre, s'élèveront dans les âges ou descendront du ciel.

Tel fut leur chant.

Cependant le Créateur appelant par leurs noms ses anges puissants, les chargea de diverses commissions qui convenaient le mieux à l'état présent des choses. Le soleil reçut le premier l'ordre de se mouvoir de sorte, de briller de manière à affecter la terre d'un froid et d'une chaleur à peine supportables, d'appeler du nord l'hiver décrépit et d'amener du midi l'ardeur du solstice d'été. Les anges prescrivirent à la blanche lune ses fonctions, et aux cinq autres planètes leurs mouvements et leurs aspects en sextile, quadrat, trine et opposite d'une efficacité nuisible ; ils leur enseignèrent quand elles devaient se réunir dans une conjonction défavorable, et ils enseignèrent aux étoiles fixes comment verser leur influence

> A place so heavenly; and, conniving, seem
> To gratify my scornful enemies,
> That laugh, as if, transported with some fit
> Of passion, I to them had quitted all,
> At random yielded up to their misrule;
> And know not that I call'd and drew them thither,
> My Hell-hounds, to lick up the draff and filth
> Which man's polluting sin with taint hat shed
> On what was pure; till, cramm'd and gorg'd, nigh burst
> With suck'd and glutted offal, at one sling
> Of thy victorious arm, well-pleasing Son,
> Both Sin and Death, and yawning grave, at last,
> Through chaos hurl'd, obstruct the mouth of Hell
> For ever, and seal up his ravenous jaws.
> Then Heaven and earth renew'd shall be made pure
> To sanctify, that shall receive no stain :
> Till then, the curse pronounc'd on both procedes. »
>
> He ended, and the heavenly audience loud
> Sung halleluiah, as the sound of seas,
> Through multitude that sung:
>
> « Just are thy ways,
> Righteous are thy decrees on all thy works;
> Who can extenuate thee ? »
>
> Next, to the Son,
> Destin'd restorer of mankind, by whom

maligne; quelles seraient celles d'entre elles qui, se levant ou se couchant avec le soleil, deviendraient orageuses. Aux vents ils assignèrent leurs quartiers, et quand avec fracas ils devaient troubler la mer, l'air et le rivage. Au tonnerre ils apprirent à rouler avec terreur dans les salles ténébreuses de l'air.

Les uns disent que le Tout-Puissant commanda à ses anges d'incliner les pôles de la terre deux fois dix degrés et plus sur l'axe du soleil ; avec effort ils poussèrent obliquement ce globe central : les autres prétendent qu'il fut ordonné au soleil de tourner ses rênes dans une largeur également distante de la ligne équinoxiale, entre le Taureau et les sept Sœurs atlantiques, et les Jumeaux de Sparte, en s'élevant au tropique du Cancer ; de là en descendant au Capricorne par le Lion, la Vierge et la Balance, afin d'apporter à chaque climat la vicissitude des saisons. Sans cela le printemps perpétuel, avec de vernales fleurs, aurait souri à la terre égal en jours et en nuits, excepté pour les habitants au delà des cercles polaires : pour ceux-ci le jour eût brillé sans nuit, tandis que le soleil abaissé, en compensation de sa distance, eût tourné à leur vue autour de l'horizon, et ils n'auraient connu ni orient ni occident; ce qui au nord eût écarté la neige de l'Estotiland glacé, et au sud, des terres magellaniques.

    New Heaven and earth shall to the ages rise,
Or down from Heaven descend.
                           Such was their song
While the Creator, calling forth by name
His mighty angels, gave them several charge,
As sorted best with present things. The sun
Had first his precept so to move, so shine,
As might affect the earth with cold and heat
Scarce tolerable, and from the north to call
Decrepit winter; from the south to bring
Solstitial summers' heat. To the blank moon
Her office they prescribed; to the other five
Their planetary motions, and aspects,
In sextile, square, and trine, and opposite,
Of noxious efficacy, and when to join
In synod unbenign; and taught the fix'd
Their influence malignant when to shower;
Which of them rising with the sun, or falling,
Should prove tempestuous: to the winds they set
Their corners, when with bluster to confound
Sea, air, and shore; the thunder when to roll
With terrour through the dark aëreal hall.

    Some say, he bid his angels turn askance
The poles of earth, twice ten degrees and more,
From the sun's axle; they with labour push'd
Oblique the centric globe: some say the sun

À l'heure où le fruit fut goûté, le soleil, comme du banquet de Thyeste, détourna sa route proposée. Autrement, comment le monde habité, quoique sans péché, aurait-il pu éviter, plus qu'aujourd'hui, le froid cuisant et la chaleur ardente? Ces changements dans les cieux, bien que lents, en produisirent de pareils dans la mer et sur la terre : tempête sidérale, vapeur, et brouillard, et exhalaison brûlante, corrompue et pestilentielle.

Maintenant du septentrion de Norumbeca et des rivages des Samoïèdes, forçant leur prison d'airain, armés de glace, et de neige, et de grêle, et d'orageuses rafales et de tourbillons, Borée et Cœcias, et le bruyant Argeste et Thracias, déchirent les bois et les mers bouleversées ; elles le sont encore par les souffles contraires du midi, de Notus et d'Afer noircis des nuées tonnantes de Serraliona. Au travers de ceux-ci, avec non moins de furie, se précipitent les vents du levant et du couchant, Eurus et Zéphire et leurs collatéraux bruyants, Siroc et Libecchio. Ainsi la violence commença dans les choses sans vie : mais la Discorde, première fille du Péché, introduisit la Mort parmi les choses irrationnelles, au moyen de la furieuse antipathie : la bête alors fit la guerre à la bête, l'oiseau à l'oiseau, le poisson au poisson : cessant de paître l'herbe, tous les animaux vivants se dévorèrent les uns les autres et n'eurent plus de l'homme une

> Was bid turn reins from th' equinoctial road
> Like-distant breadth to Taurus with the seven
> Atlantic Sisters, and the Spartan Twins
> Up to the tropic Crab; thence down amain
> By Leo, and the Virgin, and the Scales,
> As deep as Capricorn, to bring in change
> Of seasons to each clime; else had the spring
> Perpetual smil'd on earth with verdant flowers,
> Equal in days and nights, except to those
> Beyond the polar circles; to them day
> Had unbenighted shone, while the low sun,
> To recompense his distance, in their sight
> Had rounded still th' horizon, and not known
> Or east or west; which had forbid the snow
> From cold Estotiland, and south as far
> Beneath Magellan.
>   At that tasted fruit,
> The sun, as from Thyestean banquet, turn'd
> His course intended; else, how had the world
> Inhabited, though sinless, more than now,
> Avoided pinching cold and scorching heat?
> These changes in the Heavens, though slow, produce
> Like change on sea and land; sideral blast,
> Vapour, and mist, and exhalation hot,
> Corrupt and pestilent.

crainte mêlée de respect, mais ils le fuirent, ou dans une contenance farouche ils le regardèrent quand il passait.

Telles étaient au dehors les croissantes misères qu'Adam entrevit déjà en partie, bien que caché dans l'ombre la plus ténébreuse et au chagrin abandonné. Mais en dedans de lui il sentit un plus grand mal ; balloté dans une orageuse mer de passions, il cherche à soulager son cœur par ces tristes plaintes :

« Oh ! quelle misère après quelle félicité ! Est-ce donc la fin de ce
» monde glorieux et nouveau ? et moi, si récemment la gloire de cette
» gloire, suis-je devenu à présent maudit, de béni que j'étais ? Cachez-
» moi de la face de Dieu, dont la vue était alors le comble du bonheur!
» Encore si c'était là que devait s'arrêter l'infortune : je l'ai méritée et je
» supporterais mes propres démérites ; mais ceci ne servirait à rien. Tout
» ce que je mange, ou bois, tout ce que j'engendrerai est une malédic-
» tion propagée. O parole ouïe jadis avec délices : *Croissez et multi-*
» *pliez !* aujourd'hui mortelles à entendre ! Car que puis-je faire croître
» et multiplier, si ce n'est des malédictions sur ma tête ? Qui, dans les
» âges à venir, sentant les maux par moi répandus sur lui, ne maudira
» pas ma tête ? — Périsse notre impur ancêtre ! ainsi nous te remercions,
» Adam ! — Et ces remerciements seront une exécration !

     Now, from the north
Of Norumbega, and the Samoid shore,
Bursting their brazen dungeon, arm'd with ice,
And snow, and hail, and stormy gust and flaw,
Boreas, and Cæcias and Argestes loud,
And Thracias, rend the woods, and seas upturn ;
With adverse blast upturns them from the south
Notus, and Afer black with thunderous clouds
From Serraliona : thwart of these, as fierce,
Forth rush the Levant and the Ponent winds,
Eurus and Zephyr, with their lateral noise
Sirocco and Libecchio. Thus began
Outrage from lifeless things ; but Discord first,
Daughter of Sin, among th' irrational
Death introduc'd, through fierce antipathy :
Beast now with beast' gan ward, and fowl with fowl,
And fish with fish : to graze the herb all leaving,
Devour'd each other ; nor stood much in awe
Of man, but fled him ; or, with countenance grim
Glar'd on him passing

     These were from without
The growing miseries, which Adam saw
Already in part, though in gloomiest shade,
To sorrow abandon'd, but worse felt within ;
And, in a troubled sea of passion tost,
Thus to disburden sought with sad complaint :

» Ainsi outre la malédiction qui habite en moi, toutes celles venues
» de moi me reviendront par un violent reflux ; elles se réuniront en moi
» comme dans leur centre naturel, et avec quelle pesanteur, quoique à
» leur place! O joies fugitives du paradis, chèrement achetées par des
» malheurs durables! T'avais-je requis dans mon argile, ô Créateur, de
» me mouler en homme? T'ai-je sollicité de me tirer des ténèbres, ou de
» me placer ici dans ce délicieux jardin ? Comme ma volonté n'a pas con-
» couru à mon être, il serait juste et équitable de me réduire à ma pous-
» sière, moi désireux de me résigner, de rendre ce que j'ai reçu, inca-
» pable que je suis d'accomplir tes conditions trop dures, desquelles je
» devais tenir un bien que je n'avais pas cherché. A la perte de ce bien,
» peine suffisante, pourquoi as-tu ajouté le sentiment d'un malheur sans
» fin? Inexplicable paraît ta justice.....

» Mais pour dire la vérité, trop tard je conteste ainsi ; car j'aurais dû
» refuser les conditions, quelconques, quand elles me furent proposées.
» Tu les as acceptées, Adam ; jouiras-tu du bien, et pointilleras-tu sur les
» conditions ? Dieu t'a fait sans ta permission : quoi ! si ton fils devient
» désobéissant, et si, reprimandé par toi, il te répond : — Pourquoi m'as-
» tu engendré? je ne te le demandais pas. — Admettrais-tu, en mépris
» de toi, cette orgueilleuse excuse? Cependant ton élection ne l'aurait

« O miserable of happy! is this the end
Of this new glorious world, and me, so late
The glory of that glory, who now become
Accurs'd, of blessed? Hide me from the face
Of God, whom to behold was then my highth
Of happiness! Yet well, if here would end
The misery; I deserv'd it, and would bear
My own deservings; but this will not serve :
All that I eat or drink, or shall beget,
Is propagated curse. O voice, once heard
Delightfully, *Increase and multiply*;
Now death to hear! for what can I increase
Or multiply, but curses on my head?
Who of all ages to succeed, but, feeling
The evil on him brought by me, will curse
My head? Ill fare our ancestor impure!
For this we may thank Adam! but his thanks
Shall be the execration: so, besides
Mine own that bide upon me, all from me
Shall with a fierce reflux on me rebound;
On me, as on their natural centre, light
Heavy, though in their place. O fleeting joys
Of Paradise, dear bought with lasting woes!
Did I request thee, Maker, from my clay
To mould me man? Did I solicit thee
From darkness to promote me, or here place
In this delicious garden? As my will

» pas engendré, mais la nécessité de la nature. Dieu t'a fait de son propre
» choix, et de son propre choix pour le servir : ta récompense était de
» sa grâce; ton châtiment est donc justement de sa volonté. Qu'il en soit
» ainsi; car je me soumets; son arrêt est équitable : poussière je suis, et je
» retournerai en poussière.

» O heure bienvenue, en quelque temps qu'elle vienne! Pourquoi
» la main du Tout-Puissant tarde-t-elle à exécuter ce que son décret
» fixa pour ce jour? Pourquoi faut-il que je survive? Pourquoi la mort
» se rit-elle de moi, et pourquoi suis-je prolongé pour un tourment im-
» mortel? Avec quel plaisir je subirais la mortalité, ma sentence, et se-
» rais une terre insensible! avec quelle joie je me coucherais comme
» dans le sein de ma mère ! Là je reposerais et dormirais en sûreté. La
» terrible voix de Dieu ne tonnerait plus à mon oreille; la crainte d'un
» mal pire pour moi et pour ma postérité ne me tourmenterait plus par
» une cruelle attente.....

» Cependant un doute me poursuit encore : s'il m'était impossible
» de mourir; si le pur souffle de la vie, l'esprit de l'homme que Dieu lui
» inspira, ne pouvait périr avec cette corporelle argile? Alors dans le
» tombeau, ou dans quelque autre funeste lieu, qui sait si je ne mourrais
» pas d'une mort vivante? O pensée horrible, si elle est vraie! Mais pour-

> Concurr'd not to my being, it were but right
> And equal to reduce me to my dust·
> Desirous to resign and render back
> All I receiv'd; unable to perform
> Thy terms too hard, by which I was to hold
> The good I sought not. To the loss of that,
> Sufficient penalty, why hast thou added
> The sense of endless woes? Inexplicable
> Thy justice seems.
>
> « Yet, to say truth, too late
> I thus contest; then, should have been refus'd
> Those terms, whatever, when they were propos'd:
> Thou didst accept them; wilt thou enjoy the good,
> Then cavil the conditions? and though God
> Made thee without thy leave, what if thy son
> Prove disobedient, and, reprov'd, retort,
> Wherefore didst thou beget me? I sought it not
> Wouldst thou admit for his contempt of thee
> That proud excuse? yet him not thy election,
> But natural necessity, begot.
> God made thee of choice his own and of his own
> To serve him; thy reward was of his grace;
> Thy punishment then justly is at his will.
> Be it so, for I submit; his doom is fair,
> That dust I am, and shall to dust return.
>
> » O welcome hour whenever! Why delays

» quoi le serait-elle? Ce n'est que le souffle de la vie qui a péché ; qui
» peut mourir si ce n'est ce qui eut vie et péché ? le corps n'a proprement eu part ni à la vie ni au péché : tout mourra donc de moi : que
» ceci apaise mes doutes, puisque la portée humaine ne peut savoir rien
» au delà.

» Et parce que le Seigneur de tout est infini, sa colère le serait-elle
» aussi ? Soit ! l'homme ne l'est pas, mais il est destiné à la mort. Comment le Très-Haut exercerait-il une colère sans fin sur l'homme que
» la mort doit finir ? peut-il faire la mort immortelle ? ce serait tomber
» dans une contradiction étrange, tenue pour impossible à Dieu, comme
» arguant de faiblesse, non de puissance. Par amour de sa colère, étendrait-il le fini jusqu'à l'infini dans l'homme puni, pour satisfaire sa
» rigueur jamais satisfaite ? Ce serait prolonger son arrêt au delà de la
» poussière et de la loi de nature, par laquelle toutes les causes agissent
» selon la capacité des êtres sur lesquels agit leur matière, non selon
» l'étendue de leur propre sphère.

» Mais penser que la mort n'est pas, comme je l'ai supposé, un
» coup qui nous prive du sentiment, mais qu'elle est, à compter de
» ce jour, une misère interminable que je commence à sentir à la
» fois en moi et hors de moi, et ainsi à perpétuité... Hélas ! cette crainte

  His hand to execute what his decree
Fix'd on this day? Why do I overlive?
Why am I mock'd with death, and lengthen'd out
To deathless pain? How gladly would I meet
Mortality my sentence, and be earth
Insensible! How glad would lay me down,
As in my mother's lap! There I should rest,
And sleep secure; his dreadful voice no more
Would thunder in my ears; no fear of worse
To me, and to my offspring, would torment me
With cruel expectation.
    » Yet one doubt
Pursues me still, lest all I cannot die;
Lest that pure breath of life, the spirit of man
Which God inspir'd, cannot together perish
With this corporeal clod: then, in the grave,
Or in some other dismal place, who knows
But I shall die a living death? O thought
Horrid, if true! Yet why? It was but breath
Of life that sinn'd: what dies but what had life
And sin? The body properly hath neither.
All of me then shall die: let this appease
The doubt, since human reach no farther knows.

 » For though the Lord of all be infinite,
Is his wrath also? Be it, man is not so,
But mortal doom'd. How can he exercise

» redevient foudroyante, comme une révolution terrible sur ma tête sans
» défense.

» La mort et moi nous sommes éternels et incorporés ensemble. Je
» n'ai pas ma part seul : en moi toute la postérité est maudite ; beau pa-
» trimoine que je vous lègue, mes fils! Oh! que ne le puis-je consumer
» tout entier et ne vous en laisser rien! Ainsi déshérités, combien vous
» me béniriez, moi aujourd'hui votre maudit! Ah! pour la faute
» d'un seul homme, la race humaine innocente serait-elle condamnée,
» si toutefois elle est innocente? Car, que peut-il sortir de moi qui
» ne soit corrompu, d'un esprit et d'une volonté dépravées, qui ne
» soit non-seulement prêt à faire, mais à vouloir faire la même chose que
» moi? Comment pourraient-ils donc demeurer acquittés en présence
» de Dieu?

» Lui, après tous ces débats, je suis forcé de l'absoudre. Toutes mes
» vaines évasions, tous mes raisonnements, à travers leurs labyrinthes me
» ramènent à ma propre conviction. En premier et en dernier lieu, sur
» moi, sur moi seul comme la source et l'origine de toute corruption,
» tout le blâme dûment retombe : puisse aussi sur moi retomber toute
» la colère ! Désir insensé ! pourrais-tu soutenir ce fardeau plus pesant
» que la terre à porter, beaucoup plus pesant que l'univers, bien que

    Wrath without end on man, whom death must end?
    Can he make deathless death? That were to make
    Strange contradiction, which to God himself
    Impossible is held; as argument
    Of weakness, not of power. Will he draw out,
    For anger's sake, finite to infinite,
    In punish'd man, to satisfy his rigour
    Satisfied never! That were to extend
    His sentence beyond dust and nature's law;
    By which all causes else, according still
    To the reception of their matter, act;
    Not to th' extent of their own sphere. But say
    That death be not one stroke, as I suppos'd,
    Bereaving sense, but endless misery
    From this day onward; which I feel begun
    Both in me, and without me; and so last
    To perpetuity : — Ay me! that fear
    Comes thundering back with dreadful revolution
    On my defenceless head.

        » Both death and I
    Are found eternal, and incorporate both.
    Nor I on my part single; in me all
    Posterity stands curs'd : fair patrimony
    That I must leave ye, sons! O! were I able
    To waste it all myself, and leave ye none!
    So disinherided, how would you bless

» partagé entre moi et cette mauvaise femme ! Ainsi ce que tu désires
» et ce que tu crains détruit pareillement toute espérance de refuge,
» et te déclare misérable au delà de tout exemple passé, et futur, sem-
» blable seulement à Satan en crime et en destinée. O conscience ! dans
» quelle gouffre de craintes et d'horreurs m'as-tu poussé ? Pour en
» sortir je ne trouve aucun chemin, plongé d'un abîme dans un plus
» profond abîme. »

Ainsi à haute voix se lamentait Adam dans la nuit calme, nuit qui n'était plus (comme avant que l'homme tombât) saine, fraîche et douce ; mais accompagnée d'un air sombre avec d'humides et redoutables ténèbres, qui à la mauvaise conscience de notre premier père présentaient toutes les choses avec une double terreur. Il était étendu sur la terre, sur la froide terre ; et il maudissait souvent sa création ; aussi souvent il accusait la mort d'une tardive exécution, puisqu'elle avait été dénoncée le jour même de l'offense.

« Pourquoi la mort, disait-il, ne vient-elle pas m'achever d'un coup
» trois fois heureux ? La vérité manquera-t-elle de tenir sa parole ? la
» justice divine ne se hâtera-t-elle pas d'être juste ? Mais la mort ne
» vient point à l'appel ; la justice divine ne presse point son pas le plus
» lent pour des prières ou des cris. Bois, fontaines, collines, vallées, bo-

   Me, now your curse ! Ah ! why should all mankind
   For one man's fault, thus guiltless be condemn'd
   If guiltless ? But from me what can proceed
   But all corrupt ; both mind and will deprav'd,
   Not to do only, but to will the same
   With me ? How can they then acquitted stand
   In sight of God ?
      » Him, after all disputes,
   Forc'd I absolve : all my evasions vain,
   And reasonings, though through mazes, lead me still
   But to my own conviction : first and last
   On me, me only, as the source and spring
   Of all corruption, all the blame lights due,
   So might the wrath ! Fond wish ! couldst thou support
   That burden, heavier than the earth to bear,
   Than all the world much heavier, though divided
   With that bad woman ? Thus, what thou desir'st
   And what thou fear'st, alike destroys all hope
   Of refuge, and concludes thee miserable
   Beyond all past example and future :
   To Satan only like both crime and doom.
   O conscience ! into what abyss of fears,
   And horrours hast thou driven me ? out of which
   I find no way, from deep to deeper plung'd ! »

  Thus Adam to himself lamented loud,

» cages, par un autre écho naguère j'instruisais vos ombrages à me ré-
» pondre, à retentir au loin d'un autre chant! »

Lorsque la triste Ève, de l'endroit où elle était assise désolée, vit l'affliction d'Adam, s'approchant de près, elle essaya de douces paroles contre sa violente douleur. Mais il la repoussa d'un regard sévère.

« Loin de ma vue, toi serpent !... ce nom te convient le mieux à toi
» liguée avec lui, toi-même aussi fausse et aussi haïssable. Il ne te man-
» que rien que d'avoir une figure semblable à la sienne et la couleur
» du serpent, pour annoncer ta fourberie intérieure, afin de mettre à
» l'avenir toutes les créatures en garde contre toi, de crainte que cette
» trop céleste forme, couvrant une fausseté infernale, ne les prenne
» au piège. Sans toi j'aurais continué d'être heureux, n'eussent ton
» orgueil et ta vanité vagabonde, quand tu étais le moins en sûreté, re-
» jeté mon avertissement et ne se fussent irrités qu'on ne se confiât pas
» en eux. Tu brûlais d'être vue du démon lui-même que, présomp-
» tueuse, tu croyais duper; mais l'étant rencontrée avec le serpent, tu
» as été jouée et trompée, toi par lui, moi par toi pour m'être confié à
» toi sortie de mon côté. Je te crus sage, constante, d'un esprit mûr, à
» l'épreuve de tous les assauts, et je ne compris pas que tout était chez
» toi apparence plutôt que solide vertu, que tu n'étais qu'une côte re-

Through the still night; not now, as ere man fell,
Wholesome, and cool, and mild, but with black air
Accompanied; with damps and dreadful gloom;
Which to his evil conscience represented
All things with double terrour: on the ground
Outstretch'd he lay, on the cold ground; and oft
Curs'd his creation; death as oft accus'd
Of tardy execution, since denounc'd
The day of his offence.

» Why comes not death,
Said he, with one thrice-acceptable stroke
To end me? Shall truth fail to keep her word?
Justice divine not hasten to be just?
But death comes not at call; justice divine
Mends not her slowest pace for prayers or cries.
O woods, O fountains, hillocks, dales, and bowers!
With other echo late I taught your shades
To answer, and resound far other song. »

Whom thus afflicted when sad Eve beheld,
Desolate where she sat, approaching nigh,
Soft word to his fierce passion she assay'd;
But her with stern regard he thus repell'd;

« Out of my sight, thou serpent! That name best
Befits thee with him leagu'd; thyself as false
And hateful; nothing wants, but that thy shape,

» courbée de sa nature, plus inclinée (comme à présent je le vois) vers
» la partie gauche d'où elle fut tirée de moi. Bien si elle eût été jetée
» dehors, comme trouvée surnuméraire dans mon juste nombre.

 », Oh! pourquoi Dieu, créateur sage, qui peupla les plus hauts cieux
» d'esprits mâles, créa-t-il à la fin cette nouveauté sur la terre, ce beau
» défaut de la nature? Pourquoi n'a-t-il pas tout d'un coup rempli le
» monde d'hommes comme il a rempli le ciel d'anges, sans femmes? Pour-
» quoi n'a-t-il pas trouvé une autre voie de perpétuer l'espèce humaine?
» Ce malheur ni tous ceux qui suivront ne seraient pas arrivés; troubles in-
» nombrables causés sur la terre par les artifices des femmes et par l'étroit
» commerce avec ce sexe. Car ou l'homme ne trouvera jamais la compa-
» gne qui lui convient, mais il l'aura telle que la lui amènera quelque in-
» fortune ou quelque méprise ; ou celle qui désirera le plus, il l'obtiendra
» rarement de sa perversité, mais il la verra obtenue par un autre moins
» méritant que lui ; ou si elle l'aime, elle sera retenue par ses parents ;
» ou le choix le plus heureux se présentera trop tard à lui déjà engagé,
» et enchaîné par les liens du mariage à une cruelle ennemie, sa haine
» ou sa honte. De là une calamité infinie se répandra sur la vie humaine
» et troublera la paix du foyer. »

Adam n'ajouta plus rien, et se détourna d'Ève. Mais Ève non rebutée,

      Like his, and colour serpentine, may show
Thy inward fraud; to warn all creatures from thee
Henceforth; lest that too-heavenly form, pretended
To hellish falsehood snare them! But for thee
I had persisted happy: had not thy pride
And wandering vanity, when least was safe,
Rejected my forewarning, and disdain'd
Not to be trusted; longing to be seen,
Though by the devil himself, him overweening
To over-reach; but, with the serpent meeting,
Fool'd and beguil'd; by him thou, I by thee,
To trust thee from my side; imagin'd wise,
Constant, mature, proof against all assaults;
And understood not all was but a show,
Rather than solid virtue; all but a rib
Crooked by nature, bent, as now appears,
More to the part sinister, from me drawn;
Well if thrown out, as supernumerary
To my just number found.
      » O! why did God,
Creator wise, that peopled highest Heaven
With spirits masculine, created at last
This novelty on earth, this fair defect
Of nature, and not fill the world at once
With men, as angels without feminine;
Or find some other way to generate

avec des larmes qui ne cessaient de couler et les cheveux tout en désordre, tomba humble à ses pieds, et les embrassant, elle implora sa paix et fit entendre sa plainte :

« Ne m'abandonne pas ainsi, Adam ; le ciel est témoin de l'amour sin-
» cère et du respect que je te porte dans mon cœur. Je t'ai offensé sans
» intention, malheureusement trompée ! Ta suppliante, je mendie la mi-
» séricorde et j'embrasse tes genoux. Ne me prive pas de ce dont je vis,
» de tes doux regards, de ton secours, de ton conseil, qui dans cette extrême
» détresse sont ma seule force et mon seul appui. Délaissée de toi, où
» me retirer ? où subsister ? tandis que nous vivons encore (à peine une
» heure rapide peut-être), que la paix soit entre nous deux ! Unis
» dans l'offense, unissons-nous dans l'inimitié contre l'ennemi qui nous
» a été expressément désigné par arrêt, ce cruel serpent. Sur moi
» n'exerce pas ta haine pour ce malheur arrivé, sur moi déjà perdue, moi
» plus misérable que toi. Nous avons péché tous les deux ; mais toi
» contre Dieu seulement, moi contre Dieu et toi. Je retournerai au
» lieu même du jugement ; là par mes cris j'importunerai le ciel, afin
» que la sentence écartée de ta tête, tombe sur moi, l'unique cause
» pour toi de toute cette misère ! moi seule, juste objet de la colère de
» Dieu ! »

Mankind? This mischief had not then befall'n,
And more that shall befall; innumerable
Disturbances on earth through female snares,
And strait conjunction with this sex : for either
He never shall find out fit mate, but such
As some misfortune brings him, or mistake;
Or whom he wishes most shall seldom gain,
Through her perverseness, but shall see her gain'd
By a far worse : or, if she love, withheld
By parents; or his happiest choice too late
Shall meet, already link'd and wedlock-bound
To a fell adversary, his hate or shame :
Which infinite calamity shall cause
To human life, and household peace confound. »

He added not, and from her turn'd ; but Eve,
Not so repuls'd with, tears that ceas'd not flowing,
And tresses all disorder'd, at his feet
Fell humble ; and embracing them, besought
His peace, and thus proceeded in her plaint :

« Forsake me not thus, Adam ! witness, Heaven,
What love sincere, and reverence in my heart
I bear thee, and unweeting have offended,
Unhappily deceiv'd ! Thy suppliant,
I beg, and clasp thy knees : bereave me not,
Whereon I live, thy gentle looks, thy aid,

Elle finit en pleurant, et son humble posture, dans laquelle elle demeura immobile jusqu'à ce qu'elle eût obtenu la paix pour sa faute reconnue et déplorée, excita la commisération dans Adam. Bientôt son cœur s'attendrit pour elle naguère sa vie et son seul délice, maintenant soumis à ses pieds dans la détresse ; créature si belle, cherchant la réconciliation, le conseil et le secours de celui à qui elle avait déplu. Tel qu'un homme désarmé, Adam perd toute sa colère ; il relève son épouse, et bientôt avec ces paroles pacifiques :

« Imprudente, trop désireuse (à présent comme auparavant) de ce
» que tu ne connais pas, tu souhaites que le châtiment entier tombe
» sur toi ! hélas ! souffre d'abord ta propre peine, incapable tu serais de
» supporter la colère entière de Dieu, dont tu ne sens encore que la
» moindre partie, toi qui supportes si mal mon déplaisir ! Si les prières
» pouvaient changer les décrets du Très-Haut, je me hâterais de me
» rendre, avant toi, à cette place de notre jugement, je me ferais entendre
» dre avec plus de force afin que ma tête fût seule visitée de Dieu, qu'il
» pardonnât ta fragilité, ton sexe plus infirme à moi confié, par moi
» exposé.

» Mais lève-toi ; ne disputons plus, ne nous blâmons plus mutuellement,
» nous assez blâmés ailleurs ! Efforçons-nous par les soins de l'amour

    Thy counsel, in this uttermost distress
    My only strength and stay: forlorn of thee,
    Whither shall I betake me, where subsist?
    While yet we live, scarce one short hour perhaps,
    Between us two let there be peace ; both joining,
    As join' in injuries, one enmity
    Against a foe by doom express assign'd us,
    That cruel serpent : on me exercise not
    Thy hatred for this misery befall'n ;
    On me already lost, me than thyself
    More miserable ! both have sinn'd ; but thou
    Against God only, I against God and thee ;
    And to the place of judgment will return,
    There with my cries importune Heaven ; that all
    The sentence, from thy head remov'd, may light
    On me, sole cause to thee of all this woe ;
    Me, me only, just object of his ire ! »

      She ended weeping ; and her lowly plight,
    Immovable, till peace obtain'd from fault
    Acknowledg'd and deplor'd, in Adam wrought
    Commiseration : soon his hearth relented
    Towards her, his life so late, and sole delight,
    Now at his feet submissive in distress ;
    Creature so fair his reconcilement seeking,
    His counsel, whom she had displeas'd, his aid :
    As one disarm'd, his anger all he lost

» d'alléger l'un pour l'autre, en le partageant, le poids du malheur, puis-
» que ce jour de la mort dénoncée (comme je l'entrevois), n'arrivera pas
» soudain ; mais il viendra comme un mal au pas tardif, comme un jour
» qui meurt longuement afin d'augmenter notre misère ; misère trans-
» mise à notre race : ô race infortunée ! »

Ève, reprenant cœur, répliqua :

« Adam, je sais par une triste expérience le peu de poids que peuvent
» avoir auprès de toi mes paroles trouvées si pleines d'erreur, et de là,
» par un juste événement, trouvées si fatales ; néanmoins, tout indi-
» gne que je suis, puisque tu m'accueilles de nouveau et me rends ma
» place, pleine d'espoir de regagner ton amour (seul contentement de
» mon cœur, soit que je meure ou que je vive), je ne te cacherai pas
» les pensées qui se sont élevées dans mon sein inquiet : elles tendent à
» soulager nos maux ou à les finir : quoiqu'elles soient poignantes et
» tristes, toutefois elles sont tolérables, comparées à nos souffrances, et
» d'un choix plus aisé.

» Si l'inquiétude touchant notre postérité est ce qui nous tourmente le
» plus ; si cette postérité doit être née pour un malheur certain, et fina-
» lement dévorée par la mort ; il serait misérable d'être la cause de la
» misère des autres, de nos propres fils ; misérable de faire descendre

And thus with peaceful words uprais'd her soon :

« Unwary, and too desirous, as before
So now, of what thou know'st not, who desir'st
The punishment all on thyself ; alas !
Bear thine own first, ill able to sustain
His full wrath, whose thou feel'st as yet least part,
And my displeasure bear'st so ill. If prayers
Could alter high decrees, I to that place
Would speed before thee, and be louder heard,
That on my head all might be visited ;
Thy frailty and infirmer sex forgiven,
To me committed, and by me expos'd.

» But rise ; let us no more contend, nor blame
Each other, blam'd enough elsewhere ; but strive
In offices of love, how we may lighten
Each other's burden, in our share of woe ;
Since this day's denounc'd, if aught I see,
Will prove no sudden, but a slow-pac'd, evil ;
A long day's dying, to augment our pain,
And to our seed (O hapless seed !) deriv'd. »

To whom thus Eve, recovering heart, replied :

« Adam, by sad experiment I know
How little weight my words with thee can find,
Found so erroneous ; thence by just event
Found so unfortunate ; nevertheless,

» de nos reins dans ce monde maudit une race infortunée, laquelle,
» après une déplorable vie, doit être la pâture d'un monstre si impur :
» il est en ton pouvoir, du moins avant la conception, de supprimer
» la race non bénie n'étant pas encore engendrée. Sans enfants tu es,
» sans enfants tu demeures : ainsi la Mort sera déçue dans son insatia-
» bilité, et ses voraces entrailles seront obligées de se contenter de nous
» deux.

» Mais si tu penses qu'il est dur et difficile en conversant, en regar-
» dant, en aimant, de s'abstenir des devoirs de l'amour et du doux em-
» brassement nuptial, de languir de désir sans espérance, en présence
» de l'objet languissant du même désir (ce qui ne serait pas une misère
» et un tourment moindre qu'aucun de ceux que nous appréhendons);
» alors afin de nous délivrer à la fois nous et notre race de ce que nous
» craignons pour tous les deux, coupons court. — Cherchons la mort,
» ou si nous ne la trouvons pas, que nos mains fassent sur nous-mêmes
» son office. Pourquoi restons-nous plus longtemps frissonnant de ces
» craintes qui ne présentent d'autre terme que la mort, quand il est en
» notre pouvoir (des divers chemins pour mourir choisissant le plus court)
» de détruire la destruction par la destruction ?...... »

Elle finit là son discours, où un véhément désespoir en brisa le reste.

>> Restor'd by thee, vile as I am, to place
Of new acceptance, hopeful to regain
Thy love, the sole contentment of my heart,
Living or dying, from thee I will not hide
What thoughts in my unquiet breast are risen
Tending to some relief of our extremes,
Or end; though sharp and sad, yet tolerable,
As in our evils, and of easier choice.

» If care of our descent perplex us most,
Which must be born to certain woe, devour'd
By Death at last; and miserable it is,
To be to others cause of misery,
Our own begotten, and of our loins to bring
Into his cursed world a woful race,
That after wretched life must be at last
Food for so foul a monster; in thy power
It lies, yet ere conception, to prevent
The race unblest, to being yet unbegot.
Childless thou art, childless remain : so Death
Shall be deceiv'd his glut, and with us two
Be forc'd to satisfy his ravenous maw.

» But if thou judge it hard and difficult,
Conversing, 1 oking, loving, to abstain
From love's due rites nuptial embraces sweet;
And with desire to languish without hope,

Ses pensées l'avaient tellement nourrie de mort, qu'elles teignirent ses joues de pâleur. Mais Adam, qui ne se laissa dominer en rien par un tel conseil, s'était élevé en travaillant son esprit plus attentif, à de meilleures espérances. Il répondit :

« Ève, ton mépris de la vie et du plaisir semble prouver en toi quel-
» que chose de plus sublime et de plus excellent que ce que ton âme dé-
» daigne ; mais la destruction de soi-même, par cela qu'elle est recher-
» chée, détruit l'idée de cette excellence supposée en toi, et implique
» non ton mépris, mais ton angoisse, et ton regret de la perte de la vie,
» et du plaisir trop aimé. Ou si tu convoites la mort comme la dernière
» fin de la misère, t'imaginant éviter par là la punition prononcée, ne
» doute pas que Dieu n'ait trop sagement armé son ire vengeresse, pour
» qu'il puisse être ainsi surpris. Je craindrais beaucoup plus qu'une
» mort ainsi ravie ne nous exemptât pas de la peine que notre arrêt nous
» condamne à payer, et que de tels actes de contumace ne provoquassent
» plutôt le Très-Haut à faire vivre la mort en nous. Cherchons donc une
» résolution plus salutaire, que je crois apercevoir, lorsque je rappelle
» avec attention à mon esprit cette partie de notre sentence : — *Ta race*
» *écrasera la tête du serpent.* — Réparation pitoyable, si cela ne devait
» s'entendre, comme je le conjecture, de notre grand ennemi, Satan,

    Before the present object languishing
With like desire; which would be misery
And torment less than none of what we dread:
Then, both ourselves and seed at once to free
From what we fear for both, let us make short,
Let us seek death ; — or, he not found, supply
With our own hands his office on ourselves.
Why stand we longer shivering under fears,
That show no end but death; and have the power,
Of many ways to die the shortest choosing,
Destruction with destruction to destroy? »

  She ended here, or vehement despair
Broke off the rest, so much of death her thoughts
Had entertain'd, as dy'd her cheeks with pale.
But Adam, with such counsel nothing sway'd,
To better hopes his more attentive mind
Labouring had rais'd; and thus to Eve replied :

  « Eve, thy contempt of life and pleasure seems
To argue in thee something more sublime
And excellent, than what thy mind contemns;
But self-destruction therefore sought refutes
That excellence thought in thee; and implies,
Not thy contempt, but anguish and regret
For loss of life and pleasure overlov'd.
Or if thou covet death, as utmost end
Of misery, so thinking to evade

» qui dans le serpent a pratiqué contre nous cette fraude. Ecraser sa
» tête serait vengeance, en vérité, laquelle vengeance sera perdue par
» la mort amenée sur nous-mêmes, ou par des jours écoulés sans enfants,
» comme tu le proposes; ainsi notre ennemi échapperait à sa punition
» ordonnée, et nous, au contraire, nous doublerions la nôtre sur nos
» têtes.

» Qu'il ne soit donc plus question de violence contre nous-mêmes ni
» de stérilité volontaire qui nous séparerait de toute espérance, qui ne
» ferait sentir en nous que rancune et orgueil, qu'impatience et dépit, ré-
» volte contre Dieu et contre son juste joug, sur notre cou imposé. Rap-
» pelle-toi avec quelle douce et gracieuse bonté il nous écouta tous les
» deux, et nous jugea sans colère et sans reproche. Nous attendions une
» dissolution immédiate, que nous croyions ce jour-là exprimée par le
» mot mort; eh bien ! à toi furent seulement prédites les douleurs de la
» grossesse et de l'enfantement, bientôt récompensées par la joie du fruit
» de tes entrailles : sur moi la malédiction ne faisant que m'effleurer a
» frappé la terre. Je dois gagner mon pain par le travail : quel mal à
» cela? L'oisiveté eût été pire; mon travail me nourrira. Dans la
» crainte que le froid ou la chaleur ne nous blessât, sa sollicitude, sans
» être implorée, nous a pourvus à temps; ses mains nous ont vêtus,

> The penalty pronounc'd; doubt not but God
> Hath wiselier arm'd his vengeful ire, than so
> To be forestall'd; much more I fear lest death
> So snatch'd, will not exempt us from the pain
> We are by doom to pay; rather, such acts
> Of contumacy will provoke the Highest
> To make death in us live : then let us seek
> Some safer resolution, which methinks
> I have in view, calling to mind with heed
> Part of our sentence, that thy seed shall bruise
> The serpent's head; piteous amends! unless
> Be meant, whom I conjecture, our grand foe,
> Satan, who in the serpent hath contriv'd
> Against us this deceit: to crush his head
> Would be revenge indeed! which will be lost
> By death brought on ourselves, or childless days
> Resolv'd, as thou proposest : so our foe
> Shall 'scape his punishment ordain'd, and we
> Instead shall double ours upon our heads.
>
> » No more be mention'd then of violence
> Against ourselves; and wilful barrenness,
> That cuts us off from hope; and savours only
> Rancour and pride, impatience and despite,
> Reluctance against God and his just yoke
> Laid on our necks. Remember with what mild
> And gracious temper he both heard, and judg'd,

» nous, indignes, ayant pitié de nous quand il nous jugeait ! Oh ! com-
» bien davantage, si nous le prions, son oreille s'ouvrira et son cœur
» inclinera à la pitié ! Il nous enseignera de plus les moyens d'éviter
» l'inclémence des saisons, la pluie, la glace, la grêle, la neige, que le
» ciel à présent, avec une face variée, commence à nous montrer sur
» cette montagne, tandis que les vents soufflent perçants et humides, en-
» dommageant la gracieuse chevelure de ces beaux arbres qui étendent
» leurs rameaux. Ceci nous ordonne de chercher quelque meilleur abri,
» quelque chaleur meilleure pour ranimer nos membres engourdis, avant
» que cet astre du jour laisse le froid à la nuit ; cherchons comment
» nous pouvons, avec ses rayons recueillis et réfléchis, animer une ma-
» tière sèche, ou comment, par la collision de deux corps rapidement
» tournés, le frottement peut enflammer l'air : ainsi tout à l'heure les
» nuages se heurtant, ou poussés par les vents, rudes dans leur choc, ont
» fait partir l'eclair oblique dont la flamme, descendue en serpentant, a
» embrasé l'ecorce résineuse du pin et du sapin et répandu au loin une
» agréable chaleur qui peut suppléer le soleil. User de ce feu, et de ce
» qui d'ailleurs peut soulager ou guérir les maux que nos fautes ont
» produits, c'est ce dont nous instruira notre Juge, en le priant et en
» implorant sa merci : nous n'avons donc pas à craindre de passer incom-

   Without wrath or reviling: we expected
   Immediate dissolution, which we thought
   Was meant by death that day; when, lo! to thee
   Pains only in child-bearing were foretold,
   And bringing forth ; soon recompens'd with joy,
   Fruit of thy womb: on me the curse aslope
   Glanc'd on the ground ; with labour I must earn
   My bread ; what harm ? Idleness had been worse :
   My labour will sustain me; and, lest cold
   Or heat should injure thus, his timely care
   Hath, unbesought, provided ; and his hands
   Cloth'd us, unworthy, pitying while he judg'd;
   How much more, if we pray him, will his ear
   Be open, and his heart to pity incline,
   And teach us further by what means to shun
   Th' inclement seasons, rain, ice, hail, ond snow!
   Which now the sky, with various face, begins
   To show us in this mountain ; while the winds
   Blow moist and keen, shattering the graceful looks
   Of these fair spreading trees, which bids us seek
   Some better shroud, some better warmth to cherish
   Our limbs benumb'd, ere this diurnal star
   Leave cold the night, how we his gather'd beams
   Reflected may with matter sere froment;
   Or, by collision of two bodies, grind
   The air attrite to fire ; as late the clouds
   Justling, or push'd with winds, rude in their shook,

» modément cette vie, soutenus de lui par divers conforts, jusqu'à ce
» que nous finissions dans la poussière, notre dernier repos et notre
» demeure natale.

» Que pouvons-nous faire de mieux que de retourner au lieu où il
» nous a jugés, de tomber prosternés révérencieusement devant lui, là
» de confesser humblement nos fautes, d'implorer notre pardon, bai-
» gnant la terre de larmes, remplissant l'air de nos soupirs poussés par
» des cœurs contrits, en signe d'une douleur sincère et d'une humilia-
» ton profonde? Sans doute il s'apaisera, et reviendra de son déplaisir.
» Dans ses regards sereins lorsqu'il semblait être le plus irrité et le plus
» sévère, y brillait-il autre chose que faveur, grâce, et merci? »

Ainsi parla notre père pénitent; Ève ne sentit pas moins de remords:
ils allèrent aussitôt à la place où Dieu les avait jugés; ils tombèrent
prosternés révérencieusement devant lui, et tous deux confessèrent humblement leur faute, et implorèrent leur pardon, baignant la terre de larmes, remplissant l'air de leurs soupirs poussés par des cœurs contrits, en
signe d'une douleur sincère et d'une humiliation profonde.

Tine the slant lightning; whose thwart flame driven down,
Kindles the gummy bark of fir or pine
And sends a comfortable heat from far,
Which might supply the sun: such fire to use,
And what may else be remedy or cure
To evils which our own misdeeds have wrought,
He will instruct us praying, and of grace
Beseeching him; so as we need not fear
To pass commodiously this life, sustain'd
By him with many comforts, till we end
In dust, our final rest and native home.

  » What better can we do, than, to the place
Repairing where he judg'd us, prostrate fall
Before him reverent; and there confess
Humbly our faults, and pardon beg; with tears
Watering the ground, and with our sighs the air
Frequenting, sent from hearts contrite, in sign
Of sorrow unfeign'd, and humiliation meek?
Undoubtedly he will relent, and turn
From his displeasure: in whose look serene,
When angry most he seem'd and most severe,
What else but favour, grace, and mercy, shone? »

  So spake our father penitent; nor Eve
Felt less remorse: they, forthwith to the place
Repairing where he judg'd them, prostrate fell
Before him reverend; and both confess'd
Humbly their faults and pardon begb'd; with tears
Watering the ground, and with their sighs the air
Frequenting, sent from hearts contrite, in sign
Of sorrow unfeign'd, and humiliation meek.

LIVRE ONZIÈME.

ARGUMENT.

Le fils de Dieu présente à son Père les prières de nos premiers parents maintenant repentants, et il intercède pour eux. Dieu les exauce, mais il déclare qu'ils ne peuvent habiter plus longtemps dans le paradis. Il envoie Michel avec une troupe de chérubins pour les en déposséder et pour révéler d'abord à Adam les choses futures. Descente de Michel. Adam montre à Ève certains signes funestes : il discerne l'approche de Michel, va à sa rencontre : l'ange leur annonce leur départ. Lamentations d'Ève. Adam s'excuse, mais se soumet : l'ange le conduit au sommet d'une haute colline, et lui découvre, dans une vision, ce qui arrivera jusqu'au déluge.

BOOK XI.

THE ARGUMENT.

The Son of God presents to his Father the prayers of our first parents, now repenting, and intercedes for them : God accepts them, but declares that they must no longer abide in Paradise ; sends Michael with a band of cherubim to dispossess them ; but first to reveal to Adam future things. Michael's coming down. Adam shows to Eve certain ominous signs ; he discerns Michael's approach ; goes out to meet him ; the angel denounces their departure. Eve's lamentation. Adam pleads, but submits: the angel leads him up to a high hill; sets before him in vision what shall happen till the flood

XI.

Ils priaient ; dans l'état le plus humble ils demeuraient repentants ; car du haut du trône de la miséricorde la grâce prévenante descendue, avait ôté la pierre de leurs cœurs, et fait croître à sa place une nouvelle chair régénérée qui exhalait à présent d'inexprimables soupirs ; inspirés par l'esprit de prière, ces soupirs étaient portés au ciel sur des ailes d'un vol plus rapide que la plus impétueuse éloquence. Toutefois le maintien d'Adam et d'Ève n'était pas celui de vils postulants : leur demande ne parut pas moins importante que l'était celle de cet ancien couple des fables antiques (moins anciens pourtant que celui-ci), de Deucalion et de la chaste Pyrrha, alors que pour rétablir la race humaine submergée, il se tenait religieusement devant le sanctuaire de Thémis.

Les prières d'Adam et d'Ève volèrent droit au ciel ; elles ne manquèrent pas le chemin, vagabondes ou dispersées par les vents envieux ; toutes spirituelles, elles passèrent la porte divine ; alors revêtues, par

XI.

Thus they, in lowliest plight, repentant stood,
Praying; for from the mercy-seat above
Prevenient grace descending had remov'd
The stony from their hearts, and made new flesh
Regenerate grow instead, that sighs now breath'd
Unutterable; which the Spirit of prayer
Inspir'd, and wing'd for Heaven with speedier flight
Than loudest oratory: yet their port
Not of mean suitors; nor important less
Seem'd their petition, than when th' ancient pair
Of fables old, less ancient yet than these,
Deucalion and chaste Pyrrha, to restore
The race of mankind drown'd, before the shrine
Of Themis stood devout.
     To Heaven their prayers
Flew up, nor miss'd the way, by envious winds
Blown vagabond or frustrate: in they pass'd
Dimensionless through Heavenly doors; then clad
With incense, where the golden altar fum'd,

leur grand Médiateur de l'encens qui fumait sur l'autel d'or, elles arrivèrent jusqu'à la vue du Père, devant son trône. Le Fils, plein de joie en les présentant, commence ainsi à intercéder :

« Considère, ô mon Père, quels premiers fruits sur la terre sont sor-
» tis de ta grâce implantée dans l'homme, ces soupirs et ces prières, que
» mêlés à l'encens dans cet encensoir d'or, moi, ton prêtre, j'apporte
» devant toi : fruits provenus de la semence jetée avec la contriction dans
» le cœur d'Adam, fruits d'une saveur plus agréable que ceux (l'homme
» les cultivant de ses propres mains) qu'auraient pu produire tous les
» arbres du paradis, avant que l'homme fût déchu de l'innocence. In-
» cline donc à présent l'oreille à sa supplication ; entends ses soupirs
» quoique muets : ignorant des mots dans lesquelles il doit prier, laisse-
» moi les interpréter pour lui, moi son avocat, sa victime de propitiation ;
» greffe sur moi toutes ses œuvres bonnes ou non bonnes ; mes mérites
» perfectionneront les premières, et ma mort expiera les secondes. Ac-
» cepte-moi, et par moi reçois de ces infortunés une odeur de paix favora-
» ble à l'espèce humaine. Que l'homme réconcilié vive au moins de-
» vant toi ses jours comptés quoique tristes jusqu'à ce que la mort, son
» arrêt (dont je demande l'adoucissement, non la révocation), le rende
» à la meilleure vie où tout mon peuple racheté habitera avec moi dans la

By their great Intercessòur, came in sight
Before the Father's throne: them the glad Son
Presenting, thus to intercede began :
« See, Father, what first-fruits on earth are sprung
From thy implanted grace in man ; these sighs
And prayers, which in this golden censer, mix'd
With incense, I thy priest before thee bring ;
Fruits of more pleasing savour, from thy seed
Sown with contrition in his heart, than those
Which, his own and manuring, all the trees
Of Paradise could have produc'd, ere fall'n
From innocence.   Now therefore bent thine ear
To supplication ; bear his sighs, though mute
Unskilful with what words to pray, let me
Interpret for him ; me, his advocate
And propitiation ; all his works on me,
Good, or not good, ingraft ; my merit those
Shall perfect, and for these my death shall pay.
Accept me ; and, in me, from these receive
The smell of peace toward mankind : let him live
Before thee reconcil'd, at least his days
Number'd, though sad ; till death, his doom (which I
To mitigate thus plead, not to reverse),
To better life shall yield him ; where with me
All my redeem'd may dwell in joy and bliss ;
Made one with me, as I with thee am one. »

» joie et la béatitude, ne faisant qu'un avec moi, comme je ne fais qu'un
» avec toi. »

Le père, sans nuage, serein :

« Toutes tes demandes pour l'homme, Fils agréable, sont obtenues,
» toutes tes demandes étaient mes décrets. Mais d'habiter plus long-
» temps dans le paradis, la loi que j'ai donnée à la nature le défend à
» l'homme. Ces purs et immortels éléments, qui ne connaissent rien de
» matériel, aucun mélange inharmonieux et souillé, le rejettent, main-
» tenant infecté ; ils veulent s'en purger comme d'une maladie grossière,
» le renvoyer à un air grossier, à une nourriture mortelle comme à ce
» qui peut le mieux le disposer à la dissolution opérée par le Péché, le-
» quel altéra le premier toutes les choses, et d'incorruptibles les rendit
» corruptibles.

» Au commencement j'avais créé l'homme doué de deux beaux pré-
» sents, de bonheur et d'immortalité : le premier il l'a follement perdu ;
» la seconde n'eût servi qu'à éterniser sa misère ; alors je l'ai pourvu de
» la mort; ainsi la mort est devenue son remède final. Après une vie
» éprouvée par une cruelle tribulation, épurée par la foi et par les œuvres
» de cette foi, éveillé à une seconde vie dans la rénovation du juste, la
» mort élèvera l'homme vers moi avec le ciel et la terre renouvelés.

To whom the Father, without cloud, serene :

« All thy request for man, accepted Son,
Obtain; all thy request was my decree:
But, longer in that Paradise to dwell,
The law I gave to nature him forbids:
Those pure immortal elements, that know
No gross, no unharmonious mixture foul,
Eject him, tainted now; and purge him off,
As a distemper, gross, to air as gross,
And mortal food ; as may dispose him best
For dissolution wrought by sin ; that first
Distemper'd all things, and of incorrupt
Corrupted.

« I, at first, with two fair gifts
Created him endow'd; with happiness,
And immortality : that fondly lost,
This other serv'd but to eternize woe:
Till I provided death : so death becomes
His final remedy : and, after life,
Tried in sharp tribulation, and refin'd
By faith and faithful works, to second life,
Wak'd in the renovation of the just,
Resigns him up with Heaven and earth renew'd.

But let us call to synod all the blest,

« Mais appelons maintenant en congrégation tous les bénis, dans
les vastes enceintes du ciel; je ne veux pas leur cacher mes jugements; qu'ils voient comment je procède avec l'espèce humaine,
ainsi qu'ils ont vu dernièrement ma manière d'agir avec les anges
pécheurs : mes saints, quoique stables dans leur état, en sont demeurés
plus affermis. »

Il dit, et le Fils donna le grand signal au brillant ministre qui veillait; soudain il sonna de sa trompette (peut-être entendue depuis sur Oreb quand Dieu descendit, et qui retentira peut-être encore une fois au jugement dernier). Le souffle angélique remplit toutes les régions : de leurs bosquets fortunés qu'ombrageait l'amarante, du bord de la source, ou de la fontaine, du bord des eaux de la vie, partout où ils se reposaient en société de joie, les fils de la lumière se hâtèrent, se rendant à l'impérieuse sommation; et ils prirent leurs places, jusqu'à ce que du haut de son trône suprême, le Tout-Puissant annonça ainsi sa souveraine volonté.

« Enfants, l'homme est devenu comme l'un de nous; il connaît le bien
et le mal depuis qu'il a goûté de ce fruit défendu ; mais qu'il se glorifie
de connaître le bien perdu et le mal gagné : plus heureux s'il lui avait
suffi de connaître le bien par lui-même, et le mal pas du tout. A pré-

> Trough Heaven's wide bounds: from them I will not hide
> My judgments; how with mankind I proceed,
> As how with peccant angels late they saw;
> And in their state, though firm, stood more confirm'd. »
>
> He ended, and the Son gave signal high
> To the bright minister that watch'd: he blew
> His trumpet, heard'in Oreb since perhaps
> When God descended, and perhaps once more
> To sound at general doom. Th' angelic blast
> Fill'd all the regions : from their blissful bowers
> Of amaranthine shade, fountain or spring,
> By the waters of life, where'er they sat
> In fellowships of joy, the sons of light
> Hasted, resorting to the summons high ;
> And took their seats: till from his throne supreme
> Th' Almighty thus pronounc'd his sovran will:
>
> « O sons! like one of us man is become,
> To know both good and evil, since his taste
> Of that defended fruit; but let him boast
> His knowledge of good lost, and evil got;
> Happier ! had it suffic'd him to have known
> Good by itself, and evil not at all.
> He sorrows, now, repents, and prays contrite,
> My motions in him ; longer than they move,
> His heart I know how variable and vain,

» sent il s'afflige, se repent et prie avec contrition : mes mouvements
» sont en lui ; ils agissent plus longtemps que lui ; je sais combien son
» cœur est variable et vain, abandonné à lui-même. Dans la crainte qu'à
» présent sa main, devenue plus audacieuse, ne se porte aussi sur l'arbre
» de vie, qu'il n'en mange, qu'il ne vive toujours, ou qu'il ne rêve du
» moins de vivre toujours, j'ai décidé de l'éloigner, de l'envoyer hors
» du jardin labourer la terre d'où il a été tiré ; sol qui lui convient
» mieux.

» Michel, je te charge de mon ordre : avec toi prends à ton choix de
» flamboyants guerriers parmi les chérubins, de peur que l'ennemi, ou
» en faveur de l'homme, ou pour envahir sa demeure vacante, n'élève
» quelque nouveau trouble. Hâte-toi, du paradis de Dieu chasse sans pi-
» tié le couple pécheur, chasse de la terre sacrée les profanes, et dé-
» nonce-leur et à toute leur postérité le perpétuel bannissement de ce
» lieu. Cependant, de peur qu'ils ne s'évanouissent en entendant leur
» triste arrêt rigoureusement prononcé (car je les vois attendris et
» déplorant leurs excès avec larmes), cache-leur toute terreur. S'ils
» obéissent patiemment à ton commandement, ne les congédie pas in-
» consolés ; révèle à Adam ce qui doit arriver dans les jours futurs,
» selon les lumières que je te donnerai ; entremêle à ce récit mon al-

Self-left. Lest therefore his now bolder hand
Reach also of the tree of Life, and eat,
And live for ever, dream at least to live
For ever, to remove him I decree,
And send him from the garden forth to till
The ground whence he was taken ; fitter soil.

» Michael, this my behest have thou in charge:
Take to thee from among the cherubim
Thy choice of flaming warriors, lest the fiend,
Or in behalf of man, or to invade
Vacant possession, some new trouble raise :
Haste thee and from the Paradise of God
Without remorse drive out the sinful pair ;
From hallow'd ground th' unholy ; and denounce
To them, and to their progeny, from thence
Perpetual banishment. Yet, lest they faint
At the sad sentence rigorously urg'd
(For I behold them soften'd, and with tears
Bewailing their excess), all terrour hide.
If patiently thy bidding they obey,
Dismiss them not disconsolate ; reveal
To Adam what shall come in future days,
As I shall thee enlighten ; intermix
My covenant in the woman's seed renew'd ;
So send them forth, though sorrowing, yet in peace:

» liance renouvelée avec la race de la femme : ainsi renvoie-les, quoi-
» que affigés, cependant en paix.

 » A l'orient du jardin du côté où il est plus facile de gravir Éden,
» place une garde de chérubins et la flamme largement ondoyante d'une
» épée, afin d'effrayer au loin quiconque voudrait approcher, et inter-
» dire tout passage à l'arbre de vie, de peur que le paradis ne devienne
» le réceptacle d'esprits impurs, que tous mes arbres ne soient leur
» proie, dont ils déroberaient le fruit, pour séduire l'homme encore
» une fois. »

Il se tut : l'archangélique pouvoir se prépare à une descente rapide, et avec lui la cohorte brillante des vigilants chérubins. Chacun d'eux, ainsi qu'un double Janus, avait quatre faces ; tout leur corps était semé d'yeux comme des paillettes, plus nombreux que les yeux d'Argus ; et plus vigilants que ceux-ci qui s'assoupirent, charmés par la flûte arcadienne, par le roseau pastoral d'Hermès, ou par sa baguette soporifique.

Cependant pour saluer de nouveau le monde avec la lumière sacrée, Leucothoé s'éveillait et embaumait la terre d'une fraîche rosée, alors qu'Adam et Ève notre première mère finissaient leur prière, et trouvaient leur force augmentée d'en haut : ils sentaient de leur désespoir sourdre

And on the east side of the garden place,
Where entrance up from Eden easiest climbs,
Cherubic watch : and of a sword the flame
Wide-waving : all approach far off to fright,
And guard all passage to the tree of Life;
Lest Paradise a receptacle prove
To spirits foul, and all my trees their prey;
With whose stol'n fruit man once more to delude. »

 He ceas'd; and th' archangelic power prepar'd
For swift descent; with him the cohort bright
Of watchful cherubim : four faces each
Had, like a double Janus; all their shape
Spangled with eyes more numerous than those
Of Argus, and more wakeful than to drowse,
Charm'd with Arcadian pipe, the pastoral reed
Of Hermes, or his opiate rod. Meanwhile,
To resolute the world with sacred light,
Leucothea wak'd, and with fresh dews embalm'd
The earth ; when Adam and first matron Eve
Had ended now their orisons, and found
Strength added from above ; new hope to spring
Out of despair; joy, but with fear yet link'd;
Which thus to Eve his welcome words renew'd :

 « Eve, easily may faith admit, that all
The good which we enjoy from Heaven descents;

LIVRE XI. 397

une nouvelle espérance, une joie, mais encore liée à la frayeur. Adam renouvela à Ève ses paroles bienvenues :

« Ève, la foi peut aisément admettre que tout le bien dont nous jouis-
» sons descend du ciel ; mais que de nous quelque chose puisse monter
» au ciel, assez prévalant pour occuper l'esprit de Dieu souverainement
» heureux, ou pour incliner sa volonté, c'est ce qui paraît difficile à
» croire. Cependant cette prière du cœur, un soupir rapide de la poi-
» trine de l'homme volent jusqu'au trône de Dieu : car depuis que j'ai
» cherché par la prière à apaiser la Divinité offensée, que je me suis
» agenouillé, et que j'ai humilié tout mon cœur devant Dieu, il me
» semble que je le vois placable et doux me prêtant l'oreille. Je sens
» naître en moi la persuasion qu'avec faveur j'ai été écouté. La paix est
» rentrée au fond de mon sein, et dans ma mémoire la promesse que ta
» race écrasera notre ennemi. Cette promesse, que je ne me rappelai
» pas d'abord dans mon épouvante, m'assure à présent que l'amer-
» tume de la mort est passée et que nous vivrons. Salut donc à toi,
» Ève justement appelée la mère de tout le genre humain, la mère
» de toutes choses vivantes, puisque par toi l'homme doit vivre, et
» que toutes choses vivent pour l'homme.

Ève, dont le maintien était doux et triste :

  But that from us aught should ascend to Heaven
  So prevalent, as to concern the mind
  Of God high-blest, or to incline his will,
  Hard to believe may seem; yet this will prayer,
  Or one short sigh of human breath, upborne
  Even to the seat of God : for since I sought
  By prayer the offended Deity to appease,
  Kneel'd, and before him humbled all my heart,
  Methought I saw him placable and mild
  Bending his ear; persuasion in me grew
  That I was heard with favour; peace return'd
  Home to my breast, and to my memory
  His promise, that thy seed shall bruise our foe;
  Which, then not minded in dismay, yet now
  Assures me that the bitterness of death
  Is past, and we shall live. Whence hail to thee,
  Eve, rightly call'd mother of all mankind,
  Mother of all things living, since by thee
  Man is to live; and all things live for man. »

  To whom thus Eve, with sad demeanour meek :

  « Ill-worthy I such title should belong
  To me transgressour; who, for thee ordain'd
  A help, became thy snare; to me reproach
  Rather belongs, distrust, and all dispraise :
  But infinite in pardon was my Judge,

« Je suis peu digne d'un pareil titre, moi pécheresse, moi qui ayant
» été ordonnée pour être ton aide, suis devenue ton piége : reproche,
» défiance et tout blâme, voilà plutôt ce qui m'appartient. Mais infini
» dans sa miséricorde a été mon juge, de sorte que moi qui apportai la
» première la mort à tous, je suis qualifiée la source de vie ! Tu m'es en-
» suite favorable quand tu daignes m'appeler hautement ainsi, moi qui
» mérite un tout autre nom ! Mais les champs nous appellent au travail
» maintenant imposé avec sueur quoique après une nuit sans sommeil.
» Car vois ! le matin tout indifférent à notre insomnie, recommence en
» souriant sa course de roses. Marchons ! désormais je ne m'éloignerai
» plus jamais de ton côté, en quelque endroit que notre travail journa-
» lier soit situé, quoique maintenant il nous soit prescrit pénible jus-
» qu'au tomber du jour. Tandis que nous demeurons ici, que peut-il y
» avoir de fatigant dans ces agréables promenades ? Vivons donc ici con-
» tents, bien que dans un état déchu. »

Ainsi parla, ainsi souhaita la très-humiliée Ève ; mais le destin ne souscrivit pas à ses vœux. La nature donna d'abord des signes exprimés par l'oiseau, la brute et l'air : l'air s'obscurcit soudainement après la courte rougeur du matin ; à la vue d'Eve l'oiseau de Jupiter fondit de la hauteur de son vol sur deux oiseaux du plus brillant plumage, et les

> That I, who first brought death on all, am grac'd
> The source of life ; next favourable thou,
> Who highly thus to entitle me vouchsaf'st
> Far other name deserving. But the field
> To labour calls us, now with sweat impos'd,
> Though after sleepless night : for see ! the morn,
> All unconcern'd with our unrest, begins
> Her rosy progress smiling : let us forth ;
> I never from thy side henceforth to stray,
> Where'er our day's work lies, though now enjoin'd
> Laborious till day droop : while here dwell,
> What can be toilsome in these pleasant walks ?
> Here let us live, though in fall'n state, content. »
>
> So spake, so wish'd much-humbled Eve ; but fate
> Subcrib'd not : nature first gave signs, impress'd
> On bird, beast, air : air suddenly eclips'd,
> After short blush of morn : nigh in her sight
> The bird of Jove, stoop'd from his aery tour,
> Two birds of gayest plume before him drove ;
> Down from a hill the beast that reigns in woods,
> First hunter then, pursued a gentle brace,
> Goodliest of all the forest, hart and hind :
> Direct to th' eastern gate was bent their flight
> Adam observ'd : and with his eye the chase
> Pursuing, not unmov'd, to Eve thus spake :

chassa devant lui ; descendu de la colline, l'animal qui règne dans les bois (premier chasseur alors), poursuivit un joli couple, le plus charmant de toute la forêt, le cerf et la biche : leur fuite se dirigeait vers la porte orientale. Adam les observa, et suivant des yeux cette chasse, il dit à Ève non sans émotion :

« O Ève, quelque changement ultérieur nous attend bientôt : le ciel,
» par ces signes muets dans la nature, nous montre les avant-coureurs de
» ses desseins, ou il nous avertit que nous comptons peut-être trop sur
» la remise de la peine, parce que la mort est reculée de quelques jours.
» De quelle longueur, et quelle sera notre vie jusque-là, qui le sait ?
» Savons-nous plus que ceci : nous sommes poudre, et nous retourne-
» rons en poudre et nous ne serons plus ? Autrement, pourquoi ce dou-
» ble spectacle offert à notre vue, cette poursuite dans l'air et sur
» la terre d'un seul côté, et à la même heure ? Pourquoi cette obscu-
» rité dans l'orient avant que le jour soit à mi-cours ? Pourquoi la lu-
» mière du matin brille-t-elle davantage dans une nue de l'occident qui
» déploie sur le bleu firmament une blancheur rayonnante, et descend
» avec lenteur chargée de quelque chose de céleste ? »

Adam ne se trompait pas, car dans ce temps les cohortes angéliques descendaient à présent d'un nuage de jaspe dans le paradis, et firent

    « O Eve, some further change awaits us nigh,
Which Heaven, by these mute signs in nature, shows
Forerunners of his purpose, or to warn
Us, haply too secure of our discharge
From penalty, because from death relas'd
Some days : how long, and what till then our life,
Who knows ? or more than this, that we are dust,
And thither must return, and be no more ?
Why else this double object in our sight,
Of flight pursued in th' air, and o'er the ground,
One way the self-same hour ? why in the east
Darkness ere day's mid-course, and morning-light
More orient in yon western cloud, that draws
O'er the blue firmament a radiant white,
And slow descends, with something heavenly fraught ?

    He err'd not ; for by this the heavenly bands
Down from a sky of jasper lighted now
In Paradise, and on a hill made halt ;
A glorious apparition, had not doubt
And carnal fear that day dimm'd Adam's eye.
Not that more glorious, when the angels met
Jacob in Mahanaim, where he saw
The field pavilion'd with his guardians bright ;
Nor that, which on the flaming mount appear'd
In Dothan, cover'd with a camp of fire,
Against the Syrian king, who to surprise

halte sur une colline ; apparition glorieuse, si le doute et la crainte de la chair n'eussent ce jour-là obscurci les yeux d'Adam ! Elle ne fut pa. plus glorieuse cette autre vision, quand à Manahin les anges rencontrèrent Jacob qui vit la campagne tendue des pavillons de ces gardiens éclatants ; ou cette vision à Dothaïn sur une montagne enflammée, couverte d'un camp de feu prêt à marcher contre le roi syrien, lequel, pour surprendre un seul homme, avait, comme un assassin, fait la guerre, la guerre non déclarée.

Le prince hiérarche laissa sur la colline à leur brillant poste, ses guerriers pour prendre possession du jardin. Seul pour trouver l'endroit où Adam s'était abrité, il s'avança non sans être aperçu de notre premier père, qui dit à Ève pendant que la grande visite s'approchait :

« Ève, prépare-toi maintenant à de grandes nouvelles, qui peut-être
» vont bientôt décider de nous, ou nous imposer l'observation de nou-
» velles lois : car je découvre là-bas, descendu du nuage étincelant qui
» voile la colline, quelqu'un de l'armée céleste, et, à en juger par son
» port, ce n'est pas un des moindres : c'est un grand potentat ou l'un des
» Trônes d'en haut, tant il est dans sa marche revêtu de majesté ! Ce-
» pendant il n'a ni un air terrible que je doive craindre, ni comme Ra-
» phaël cet air sociablement doux qui fasse que je puisse beaucoup me

          One man, assassin-like, had levied war,
          War unproclaim'd.
                    The princely hierarch
          In their bright stand there left his powers, to seize
          Possession of the garden : he alone,
          To find where Adam shelter'd, took his way,
          Not unperceiv'd of Adam, who to Eve,
          While the great visitant approach'd, thus spake:
              « Eve, now expect great tidings, which perhaps
          Of us will soon determine, or impose
          New laws to be observ'd; for I descry,
          From yonder blazing cloud that veils the hill,
          One of the heavenly host; and, by his gait,
          None of the meanest: some great potentate,
          Or of the Thronest above; such majesty
          Invest him coming: yet not terrible,
          That I should fear; nor sociably mild,
          As Raphael, that I should much confide;
          But solemn and sublime; whom, not to offend,
          With reverence I must meet, and thou retire. »

          He ended; and the archangel soon drew nigh,
          Not in his shape celestial, but as man
          Clad to meet man: over his lucid arms
          A military vest of purple flow'd,
          Livelier than Melibœan, or the grain

» confier à lui : mais il est solennel et sublime. Afin de ne pas l'offen-
» ser, il faut que je l'aborde avec respect et toi que tu te retires. »

Il dit et l'archange arriva vite près de lui, non dans sa forme céleste, mais comme un homme vêtu pour rencontrer un homme : sur ses armes brillantes flottait une cotte de mailles d'une pourpre plus vive que celle de Melibée ou de Sarra, que portaient les rois et les héros antiques dans les temps de trêve : Iris en avait teint la trame. Le casque étoilé de l'archange, dont la visière n'était pas baissée, le faisait voir dans cette primeur de virilité où finit la jeunesse. Au côté de Michel, comme un éclatant zodiaque, pendait l'épée, terreur de Satan, et dans sa main, une lance. Adam fit une inclination profonde ; Michel royalement n'incline pas sa grandeur, mais explique ainsi sa venue :

« Adam, le commandant suprême du ciel n'a besoin d'aucun
» préambule : il suffit que tes prières aient été écoutées, et que la Mort
» (qui t'était due par sentence, quand tu transgressas) soit privée de son
» droit de saisie pour plusieurs jours de grâce, à toi accordés, pendant
» lesquels tu pourras te repentir et couvrir de bonnes œuvres un mé-
» chant acte. Il se peut alors que ton Seigneur apaisé te rédime entiè-
» rement des avares réclamations de la Mort. Mais il ne permet pas
» que tu habites plus longtemps ce paradis : je suis venu pour t'en faire

Of Sarra, worn by kings and heroes old
In time of truce; Iris had dipt the woof;
His starry helm, unbuckled, show'd him prime
In manhood where youth ended: by his side,
As in a glistering zodiac, hung the sword,
Satan's dire dread; and the spear.
Adam bow'd low: he, kingly, from his state
Inclin'd not, but his coming thus declar'd

« Adam, Heaven's high hehest no preface needs:
Sufficient that thy prayers are heard; and Death,
Then due by sentence when thou disdt transgress,
Defeated of his seizure many days,
Given thee of grace; wherein thou may'st repent,
And one bad act with many deeds well done
May'st cover: well may then thy Lord, appeas'd,
Redeem thee quite from Death's rapacious claim;
But longer in this Paradise to dwell
Permits not: to remove thee I am come,
And sent thee from the garden forth, to till
The ground whence thou wast taken; fitter soil. »

He added not; for Adam, at the news
Heart-struck, with chilling gripe of sorrow stood
That all his senses bound : Eve, who unseen,
Yet all had heard, with audible lament
Discover'd soon the place of her retire:

» sortir et t'envoyer hors de ce jardin, labourer la terre d'où tu as été
» tiré, sol qui te convient mieux. »

L'archange n'ajouta rien de plus, car Adam, frappé au cœur par ces nouvelles, demeura sous le serrement glacé de la douleur, qui le priva de ses sens. Ève qui, sans être vue, avait cependant tout entendu, découvrit bientôt par un éclatant gémissement le lieu de sa retraite.

« O coup inattendu, pire que la mort ! faut-il donc te quitter, ô pa-
» radis ! vous quitter ainsi, ô toi, terre natale, ô vous promenades
» charmantes, ombrages dignes d'être fréquentés des dieux ! Ici j'avais
» espéré passer tranquille, bien que triste, répit de ce jour qui doit être
» mortel à tous deux. O fleurs qui ne croîtrez jamais dans un autre
» climat, qui le matin receviez ma première visite et le soir ma der-
» nière ; vous que j'ai élevées d'une tendre main depuis le premier
» bouton entr'ouvert, et à qui j'ai donné des noms ! ô fleurs ! qui
» maintenant vous tournera vers le soleil ou rangera vos tribus, et
» vous arrosera de la fontaine d'ambroisie ! Toi enfin, berceau nup-
» tial, orné par moi de tout ce qui est doux à l'odorat ou à la vue,
» comment me séparerai-je de toi ? Où m'égarerai-je dans un monde
» inférieur qui, auprès de celui-ci, est obscur et sauvage ? Com-

« O unexpected stroke, worse than of death!
Must I thus leave thee, Paradise? thus leave
Thee, native soil! these happy walks and shades,
Fit haunt of gods? where I had hope to spend,
Quiet though sad, the respite of that day
That must be mortal to us both. O flowers,
That never will in other climate grow,
Me early visitation, and my last
At even, which I bred up with tender hand
From the first opening bud, and gave ye names!
Who now shall rear ye to the sun, or rank
Your tribes, and water from th' ambrosial fount?
Thee lastly, nuptial bower! by me adorn'd
With what to sight or smell was sweet! from thee
How shall I part, and whither wander down
Into a lower world, to this obscure
And wild? how shall we breathe in other air
Less pure, accustom'd to immortal fruits? »

Whom thus the angel interrupted mild :

« Lament not, Eve; but patiently resign
What justly thou hast lost; nor set thy heart,
Thus over-fond, on that which is not thine:
Thy going is not lonely; with thee goes
Thy husband; him to follow thou art bound;
Where he abides, think there thy native soil. »

» ment pourrons-nous respirer dans un autre air moins pur, nous,
» accoutumés à des fruits immortels? »

L'ange interrompit doucement :

« Ève, ne te lamente point, mais résigne patiemment ce que tu as
» justement perdu : ne mets pas ton cœur ainsi trop passionné dans ce
» qui n'est pas à toi. Tu ne t'en vas point solitaire ; avec toi s'en va
» ton mari. Tu es obligée de le suivre : songe que là où il habite, là est
» ton pays natal. »

Adam, revenant alors de son saisissement subit et glacé, rappela ses esprits confus, et adressa à Michel ces humbles paroles :

« Être céleste, soit que tu siéges parmi les Trônes ou qu'on te nomme
» le plus grand d'entre eux, car une telle forme peut paraître celle
» d'un prince au-dessus des princes, tu as redit doucement ton mes-
» sage, par lequel autrement tu aurais pu en l'annonçant nous blesser et
» en l'accomplissant nous tuer. Ce qu'en outre de chagrin, d'abattement
» de désespoir, notre faiblesse peut soutenir, tes nouvelles l'apportent,
» le partir de cet heureux séjour, notre tranquille retraite, seule con-
» solation laissée familière à nos yeux ! Toutes les autres demeures nous
» paraissent inhospitalières et désolées, inconnus d'elles, de nous in-
» connues.

> Adam, by this from the cold sudden damp
> Recovering, and his scatter'd spirits return'd,
> To Michael thus his humble words address'd :
>
> « Celestial, whether among the Thrones, or nam'd
> Of them the highest ; for such of shape may seem
> Prince above princes ! gently hast thou told
> Thy message, which might else in telling wound,
> And in performing end us what besides
> Of sorrow, and dejection, and despair,
> Our frailty can sustain, thy tidings bring ;
> Departure from this happy place, our sweet
> Recess, and only consolation left
> Familiar to our eyes: all places else
> Inhospitable appear, and desolate ;
> Nor knowing us, nor known :
>
> » And, if by prayer
> Incessant I could hope to change the will
> Of him who all things can, I would not cease
> To weary him with my assiduous cries:
> But prayer against his absolute decree
> No more avails than breath against the wind,
> Blown stifling back on him that breathes it forth :
> Therefore to his great bidding I submit.
> This most afflicts me ; that, departing hence ;
> As from his face I shall be hid, depriv'd

« Si par l'incessante prière je pouvais espérer changer la volonté de
» celui qui peut toutes choses, je ne cesserais de le fatiguer de mes cris
» assidus : mais contre son décret absolu la prière n'a pas plus de force
» que notre haleine contre le vent, refoulée suffocante en arrière sur
» celui qui l'exhale au dehors.

» Je me soumets donc à son grand commandement. Ce qui m'afflige le
» plus, c'est qu'en m'éloignant d'ici je serai caché de sa face, privé de sa
» protection sacrée. Ici j'aurais pu fréquenter en adoration, de place en
» place, les lieux où la divine présence daigna se montrer; j'aurais dit
» à mes fils :

« Sur cette montagne il m'apparut ; sous cet arbre il se rendit visi-
» ble ; parmi ces pins j'entendis sa voix ; ici au bord de cette fontaine,
» je m'entretins avec lui. »

» Ma reconnaissance aurait élevé plusieurs autels de gazon, et j'au-
» rais entassé les pierres lustrées du ruisseau, en souvenir ou monu-
» ment pour les âges ; sur ces autels j'aurais offert les suaves odeurs
» des gommes doucement parfumées, des fruits et des fleurs. Dans le
» monde ici-bas, au-dessous, où chercherai-je ses brillantes apparitions et
» les vestiges de ses pieds ? Car bien que je fuie sa colère, cependant
» rappelé à la vie prolongée et une postérité m'étant promise, à présent,

    His blessed countenance: here I could frequent
With worship place by place where he vouchsaf'd
Presence Divine; and to my sons relate:
On this mount he appear'd; under this tree
Stood visible; among these pines his voice
I heard; here with him at this fountain talk'd:
So many grateful altars I would rear
Of grassy turf, and pile up every stone
Of lustre from the brook, in memory
Or monument to ages; and thereon
Offer sweet-smelling gums, and fruits, and flowers:
In yonder nether world where shall I seek
His bright appearances, or foot-step trace?
For though I fled him angry, yet, recall'd
To life prolong'd and promis'd race, I now
Gladly behold though but his utmost skirts
Of glory; and far off his steps adore. »

    To whom thus Michael with regard benign :

« Adam, thou know'st Heaven his, and all the earth;
Not this rock only; his omnipresence fills
Land, sea, and air, and every kind that lives,
Fomented by his virtual power and warm'd:
All th' earth he gave thee to possess and rule,
No despicable gift; surmise not then
His presence to these narrow bounds confin'd

» je contemple avec joie l'extrémité des bords de sa gloire, et j'adore
» de loin ses pas. »

Michel, avec des regards pleins de bénignité :

« Adam, tu le sais, le ciel et toute la terre sont à Dieu, et non pas
» ce roc seulement : son omniprésence remplit la terre, la mer, l'air et
» toutes les choses qui vivent fomentées et chauffées par son pouvoir
» virtuel. Il t'a donné toute la terre pour la posséder et la gouverner ;
» présent non méprisable ! N'imagine donc pas que sa présence soit
» confinée dans les bornes étroites de ce paradis ou d'Éden. Éden au-
» rait peut-être été ton siége principal, d'où toutes les générations se
» seraient répandues, et où elles seraient revenues de toutes les extré-
» mités de la terre pour te célébrer et te révérer, toi leur grand auteur.
» Mais cette prééminence tu l'as perdue, descendu que tu es pour habi-
» ter maintenant la même terre que tes fils.

» Cependant ne doute pas que Dieu ne soit dans la plaine et dans
» la vallée comme il est ici, qu'il ne s'y trouve également présent : les
» signes de sa présence te suivront encore ; tu seras encore environné
» de sa bonté, de son paternel amour, de son image expresse et de la
» trace divine de ses pas. Afin que tu puisses le croire et t'en assurer
» avant ton départ d'ici, sache que je suis envoyé pour te montrer ce

Of Paradise, or Eden: this had been
Perhaps thy capital seat, from whence had spread
All generations ; and had hither come
From all the ends of th' earth, to celebrate
And reverence thee, their great progenitor.
But this pre-eminence thou hast lost, brought down
To dwell on even ground now with thy sons.

» Yet doubt not but in valley and in plain,
God is, as here ; and will be found alike
Present ; and of his presence many a sign
Still following thee. Still compassing thee round
With goodness and paternal love, his face
Express, and of his steps the track divine.
Which that thou may'st believe, and be confirm'd
Ere thou from hence depart; know, I am sent
To show thee what shall come in future days
To thee and to thy offspring: good with bad
Expect to hear, supernal grace contending
With sinfulness of men ; thereby to learn
True patience, and to temper joy with fear
And pious sorrow; equally inur'd
By moderation either state to bear,
Prosperous or adverse: so shalt thou lead
Safest thy life, and best prepar'd endure
Thy mortal passage when it comes. Ascend

» qui, dans les jours futurs doit arriver à toi et à ta race. Prépare-toi à
» entendre le bien et le mal, à voir la grâce surnaturelle lutter avec
» la méchanceté des hommes : de ceci tu apprendras la vraie patience,
» et à tempérer la joie par la crainte et par une sainte tristesse, accou-
» tumé par la modération à supporter également l'une et l'autre for-
» tune, prospère ou adverse. Ainsi tu conduiras le plus sûrement ta
» vie, et tu seras mieux préparé à endurer ton passage de la mort,
» quand il arrivera. Monte sur cette colline ; laisse ton épouse (car j'ai
» éteint ses yeux) dormir ici en bas, tandis que tu veilleras pour la pro-
» vision de l'avenir, comme tu dormis autrefois quand Ève fut formée
» pour la vie. »

Adam plein de reconnaissance lui répondit :

« Monte ; je te suis, guide sûr dans le sentier où tu me conduis ; et
» sous la main du ciel je m'abaisse, quoiqu'elle me châtie. Je présente
» mon sein au-devant du mal, en l'armant de souffrance pour vaincre
» et gagner le repos acquis par le travail, si de la sorte j'y puis attein-
» dre. »

Tous deux montent dans les visions de Dieu : c'était une montagne, la plus haute du paradis, du sommet de laquelle l'hémisphère de la terre, distinct à la vue, s'offrait étendu à la plus grande portée de la

This hill; let Eve (for I have drench'd her eyes)
Here sleep below, while thou to foresight wak'st;
As once thou sleep'st, while she to life was form'd. »
  To whom thus Adam gratefully replied:
« Ascend ; I follow thee, safe guide, the path
Thou lead'st me ; and to the and of Heaven submit,
However chastening ; to the evil turn
My obvious breast ; arming to overcome
By suffering, and earn rest from labour won,
If so I may attain. »
              So both ascend
In the visions of God. It was a hill,
Of Paradise the highest; from whose top,
The hemisphere of earth, in clearest ken,
Stretch'd out to th' amplest reach of propect lay.
Not higher that hill, nor wider looking round,
Whereon, for different cause, the tempter set
Our second Adam, in the wilderness;
To show him all earth's kingdoms, and their glory.

His eye might there command, wherever stood
City of old or modern fame, the seat
Of mightiest empire, from the destin'd walls
Of Cambalu, seat of Cathaian Can,
And Samarchand by Oxus, Temir's throne,
To Paquin of Sinæan kings, and thence

perspective. Elle n'était pas plus haute, elle ne commandait pas une plus large vue à l'entour, cette montagne sur laquelle (par une raison différente) le tentateur transporta notre second Adam dans le désert pour lui montrer tous les royaumes de la terre et leur gloire.

Là, l'œil d'Adam pouvait dominer, quelque part qu'elles fussent assises, les cités d'antique ou moderne renommée, les capitales des empires les plus puissants, depuis les murs destinés pour Cambalu, siége du Kan de Cathai, et depuis Samarcande, trône de Témir, près de l'Oxus, jusqu'à Pékin, séjour des rois de la Chine ; et de là jusqu'à Agra et Lahor, du Grand Mogol ; descendant jusqu'à la Chersonèse d'Or, ou bien vers le lieu qu'habitait jadis le Perse dans Ecbatane, ou depuis dans Ispahan, ou vers Moscow, du czar de Russie, ou dans Byzance soumise au sultan, né Turkestan. Son œil pouvait voir encore l'empire de Négus jusqu'à Erecco, son port plus éloigné, et les plus petits rois maritimes de Montbaza, de Quiloa, de Melinde et de Sofala qu'on croit être Ophir, jusqu'au royaume de Congo, et celui d'Angola, le plus éloigné vers le sud. De là depuis le fleuve Niger jusqu'au mont Atlas, les royaumes d'Almanzor, de Fez, de Sus, de Maroc, d'Alger et de Tremizen, et ensuite en Europe les lieux d'où Rome devait dominer le monde. Peut-être vit-il aussi en esprit la riche Mexico, siége de Montezume, et

> To Agra and Lahor of Great Mogul,
> Down to the Golden Chersonese ; or where
> The Persian in Ecbatan sat, or since
> In Hispahan ; or where the Russian ksar
> In Mosco ; or the sultan in Byzance,
> Turchestan-born : nor could his eye not ken
> Th' empire of Negus to his utmost port
> Ercoco, and the less maritime kings,
> Mombaza, and Quiloa, and Melind,
> And Sofala, thought Ophir to the realm
> Of Congo, and Angola farthest south ;
> Or thence from Niger flood to Atlas mount,
> The kingdoms of Almansor, Fez and Sus,
> Morocco, and Algiers, and Tremisen ;
> On Europe thence, and where Rome was to sway
> The world : in spirit perhaps he also saw
> Rich Mexico, the seat of Montezume,
> And Cusco in Peru, the richer seat
> Of Atabalipa ; and yet unspoil'd
> Guiana, whose great city Geryon's sons
> Call El-Dorado.
>   But to nobler sights
> Michael from Adam's eyes the film remov'd,
> Which that false fruit that promis'd clearer sight
> Had bred : then purg'd with euphrasy and rue
> The visual nerve, for he had much to see ;

dans le Pérou, Cusco siége plus riche d'Atabalipa, et la Guyane non encore dépouillée, et dont la grande cité est appelée El-Dorado par les enfants de Géryon.

Mais pour de plus nobles spectacles, Michel enleva la taie formée sur les yeux d'Adam par le fruit trompeur qui avait promis une vue plus perçante. L'ange lui nettoya le nerf optique avec l'enfraise et la rue, car il avait beaucoup à voir, et versa dans ses yeux trois gouttes de l'eau du puits de vie. La vertu de ces collyres pénétra si avant, même dans la partie la plus intérieure de la vue mentale, qu'Adam, forcé alors de fermer les yeux, tomba, et tous ses esprits s'engourdirent; mais l'ange gracieux le releva aussitôt par la main, et rappela ainsi son attention :

« Adam, ouvre maintenant les yeux, et vois d'abord les effets que
» ton péché originel a opérés dans quelques-uns de ceux qui doivent
» naître de toi, qui n'ont jamais ni touché à l'arbre défendu, ni cons-
» piré avec le serpent, ni péché de ton péché. Et cependant de ce
» péché dérive la corruption qui doit produire des actions plus violen-
» tes. »

Adam ouvrit les yeux, et vit un champ : dans une partie de ce champ, arable et labourée, étaient des javelles nouvellement moissonnées ; dans l'autre partie, des parcs et des pâturages de brebis : au

And from the well of life three drops instill'd.
So deep the power of these ingredients pierc'd,
Ev'n to th' immost seat of mental sight,
That Adam, now enforc'd to close his eyes,
Sunk down, and all his spirits became entranc'd;
But him the gentle angel by the hand
Soon rais'd, and his attention thus recall'd:

« Adam, now ope thine eyes; and first behold
Th' effects, which thy original crime hath wrought
In some to spring from thee, who never touch'd
Th' excepted tree; nor with the snake conspir'd;
Nor sinn'd thy sin ; yet from that sin derive
Corruption, to bring forth more violent deeds. »

His eyes he open'd, and beheld a field,
Part arable and tilth, whereon were sheaves
New-reap'd; the other part sheep-walks and folds:
I' th' midst an altar as the land-mark stood
Rustic, of grassy sward : thither anon
A sweaty reaper from his tillage brought
First-fruits, the green ear, and the yellow sheaf,
Uncull'd, as came to hand ; a shepherd next,
More meek, came with the firstlings of his flock,
Choicest and best; then, sacrificing, laid
The inwards and their fat, with incense strow'd,
On the cleft wood, and all due rites perform'd:

milieu, comme une borne d'héritage, s'élevait un autel rustique de gazon. Là tout à l'heure un moissonneur, couvert de sueur, apporta les premiers fruits de son labourage, l'épi vert et la gerbe jaune, non triés, et comme ils s'étaient trouvés sous la main. Après lui un berger plus doux vint, avec les premiers-nés de son troupeau, les meilleurs et les mieux choisis : alors les sacrifiant, il en étendit les entrailles et la graisse parsemées d'encens sur du bois fendu, et il accomplit tous les rites convenables. Bientôt un feu propice du ciel consuma son offrande avec une flamme rapide et une fumée agréable ; l'autre offrande ne fut pas consumée, car elle n'était pas sincère : de quoi le laboureur sentit une rage intérieure ; et comme il causait avec le berger, il le frappa au milieu de la poitrine d'une pierre qui lui fit rendre la vie : il tomba et mortellement pâle, exhala son âme gémissante avec un torrent de sang, répandue.

A ce spectacle, Adam fut épouvanté dans son cœur, et en hâte cria à l'Ange :

« Oh ! maître, quelque grand malheur est arrivé à ce doux homme
» qui avait bien sacrifié ! Est-ce ainsi que la piété et une dévotion pure
» sont récompensées ? »

Michel, ému aussi, répliqua :

His offering soon propitious fire from Heaven
Consum'd with nimble glance, and grateful steam;
The other's not, for his was not sincere;
Whereat he inly rag'd, and, as they talk'd,
Smote him into the midriff with a stone
That beat out life: he fell; and, deadly pale,
Groan'd out his soul with gushing blood effus'd.
Much at that sight was Adam in his heart
Dismay'd, and thus in haste to th' angel cried:

« O teacher, some great mischief hath befall'n
To that meek man, who well had sacrific'd :
Is piety thus and pure devotion paid ? »

T' whom Michael thus, he also mov'd, replied :

« These two are brethen, Adam, and to come
Out of thy loins; th' unjust the just hath slain,
For envy that his brother's offering found
From Heaven acceptance; but the bloody fact
Will be aveng'd; and th' other's faith, approv'd,
Lose no reward; though here thou see him die,
Rolling in dust and gore. »

To which our sire:

« Alas! both for the deed, and for the cause!
But have I now seen death? Is this the way
I must return to native dust? O sight
Of terrour, foul and ugly to behold,

« Ces deux-ci sont frères, Adam, et ils sortiront de tes reins : l'injuste a tué le juste par envie de ce que le ciel avait accepté l'offrande de son frère. Mais l'action sanguinaire sera vengée ; et la foi du juste approuvée ne perdra pas sa récompense, bien que tu le voies ici mourir, se roulant dans la poussière et le sang caillé. »

Notre premier père :

« Hélas ! pour quelle action ! et par quelle cause ! mais ai-je vu maintenant la mort ? Est-ce par ce chemin que je dois retourner à ma poussière natale ? O spectacle de terreur ! mort difforme et affreuse à voir ! horrible à penser ! combien horrible à souffrir ! »

Michel :

« Tu as vu la mort sous la première forme dans laquelle elle s'est montrée à l'homme ; mais variées sont les formes de la mort, nombreux les chemins qui conduisent à sa caverne effrayante ; tous sont funestes. Cependant cette caverne est plus terrible pour les sens à l'entrée, qu'elle ne l'est au dedans. Quelques-uns, comme tu l'as vu, mourront d'un coup violent ; quelques autres par le feu, l'eau, la famine ; un bien plus grand nombre par l'intempérance du boire et du manger, qui produira sur la terre de cruelles maladies dont une troupe monstrueuse va paraître devant toi, afin que tu puisses con-

Horrid to think, how horrible to feel! »

To whom thus Michael:

« Death thou hast seen
In his first shape on man; but many shapes
Of death, and many are the ways that lead
To his grim cave, all dismal; yet to sense
More terrible at th' entrance, than within,
Some, as thou saw'st, by violent stroke shall die;
By fire, flood, famine, by intemp'rance more
In meats and drinks, which on the earth shall bring
Diseases dire, of which a monstrous crew
Before thee shall appear; that thou may'st know
What misery th' inabstinence of Eve
Shall bring on men. »

Immediately a place
Before his eyes appear'd, sad, noisome, dark;
A lazar-house it seem'd; wherein were laid
Numbers of all diseas'd: all maladies
Of ghastly spasm, or racking torture, qualms
Of heart-sick agony, all fevorous kinds
Convulsions, epilepsies, fierce catharrhs,
Intestine stone and ulcer, colic pangs,
Demoniac phrensy, moping melancholy,
And moon-struck madness, pining atrophy,
Marasmus, and wide-wasting pestilence,

» naître quelles misères l'inabstinence d'Ève apportera aux hommes. »

Aussitôt parut devant ses yeux un lieu triste, infect, obscur, qui ressemblait à un lazaret. Dans ce lieu étaient des multitudes de malades, toutes les maladies qui causent d'horribles spasmes, de déchirantes tortures, des défaillances de cœur, souffrant l'agonie, les fièvres de toute espèce, les convulsions, les épilepsies, les cruels catarrhes, la pierre intestine, et l'ulcère, la colique aiguë, la frénésie démoniaque, la mélancolie songeresse et la lunatique démence, la languissante atrophie, le marasme, la peste qui moissonne largement, les hydropisies, les asthmes et les rhumatismes qui brisent les joints. Cruelles étaient les secousses, profonds les gémissements. Le Désespoir, empressé de lit en lit, visitait les malades, et sur eux la Mort triomphante brandissait son dard ; mais elle différait de frapper, quoique souvent invoquée par leurs vœux comme leur premier bien et leur dernière espérance.

Quel cœur de rocher aurait pu voir longtemps d'un œil sec un spectacle si horrible ? Adam ne le put, et il pleura, quoiqu'il ne fût pas né de la femme : la compassion vainquit ce qu'il y a de meilleur dans l'homme, et pendant quelques moments le livra aux pleurs : jusqu'à ce que de plus fermes pensées en modérèrent enfin l'excès. Recouvrant à peine la parole, il renouvela ses plaintes :

>   Dropsies, and asthmas, and joint-racking rheums.
>   Dire was the tossing, deep the groans; Despair
>   Tended the sick, busiest from couch to couch;
>   And over them triumphant Death his dart
>   Shook, but delay'd to strike, though oft invok'd
>   With vows, as their chief good, and final hope.
>
>   Sight so deform what heart of rock could long
>   Dry-ey'd behold? Adam could not, but wept,
>   Though not of woman born; compassion quell'd
>   His best of man, and gave him up to tears
>   A space, till firmer thoughts restrain'd excess;
>   And, scarce recovering words, his plaint renew'd:
>
>   « O miserable mankind, to what fall
>   Degraded, to what wretched state reserv'd !
>   Better end here unborn. Why is life given
>   To be thus wrested from us? rather, why
>   Obtruded on us thus? who, if we knew
>   What we receive, would either not accept
>   Life offer'd, or soon beg to lay it down ;
>   Glad to be so dismiss'd in peace. Can thus
>   Th' image of God in man, created once
>   So goodly and erect, though faulty since,
>   To such unsightly sufferings be debas'd
>   Under inhumans pains? Why should not man,
>   Retaining still divine similitude

« O malheureuse espèce humaine, à quel abaissement descendue !
» à quel misérable état réservé ? Mieux vaudrait n'être pas né ! Pour-
» quoi la vie nous a-t-elle été donnée, si elle nous doit être ainsi ar-
» rachée ? plutôt, pourquoi nous a-t-elle été ainsi imposée ? Qui,
» si nous connaissions ce que nous recevons, ou voudrait accepter
» la vie offerte, ou aussitôt ne demanderait à la déposer, content
» d'être renvoyé en paix ? L'image de Dieu, créée d'abord dans
» l'homme si belle et si droite, quoique depuis fautive, peut-elle être
» ravalée à des souffrances hideuses à voir, à des tortures inhu-
» maines ! Pourquoi, l'homme retenant encore une partie de la res-
» semblance divine, ne serait-il pas affranchi de ces difformités ?
» pourquoi n'en serait-il pas exempté, par égard pour l'image de son
» Créateur ? »

« L'image de leur Créateur, répondit Michel, s'est retirée d'eux,
» quand ils se sont avilis eux-mêmes pour satisfaire des appétits déré-
» glés ; ils prirent alors l'image de celui qu'ils servaient, du vice bru-
» tal qui principalement induisit Ève au péché. C'est pour cela que leur
» châtiment est si abject ; ils ne défigurent pas la ressemblance de Dieu,
» mais la leur ; ou si cette ressemblance est par eux-mêmes effacée lors-
» qu'ils pervertissent les règles saines de la pure nature en maladie

In part, from such deformities be free,
And, for his Maker's image sake, exempt? »

« Their Maker's image, answer'd Michael, the
Forsook them, when themselves they vilified
To serve ungovern'd appetite; and took
His image whom they serv'd, a brutish vice,
Inductive mainly to the sin of Eve
Therefore so abject is their punishment,
Disfiguring not God's likeness, but their own;
Or if his likeness, by themselves defac'd ;
While they pervert pure natur's healthful rules
To loathsome sickness; worthily, since they
God's image dit not reverence in themselves. »

« I yield it just, said Adam, and submit.
But is there yet no other way, besides
These painful passages, how we may come
To death, and mix with our connatural dust ? »

« There is, said Michael, if thou well observe
The rule of *Not too much*: by temp'rance taught,
In what thou eat'st and drink'st; seeking from thence
Due nourishment, not gluttonous delight ;
Till many years over thy head return,
So may'st thou live ; till, like ripe fruit, thou drop
Into thy mother's lap ; or be with ease
Gather'd, not harshly pluck'd, for death mature ;

» dégoûtante, ils sont punis convenablement, puisqu'ils n'ont pas
» respecté en eux-mêmes l'image de Dieu. »

« Je reconnais que cela est juste, dit Adam, et je m'y soumets ; mais
» n'est-il d'autre voie que ces pénibles sentiers pour arriver à la mort
» et nous mêler à notre poussière consubstantielle ? »

« Il en est une, dit Michel, si tu observes la règle: *Rien de trop;* règle
» enseignée par la tempérance dans ce que tu manges et bois ; cher-
» chant une nourriture nécessaire et non de gourmandes délices : jus-
» qu'à ce que les années reviennent nombreuses sur ta tête, puisses-tu
» vivre ainsi, jusqu'à ce que, comme un fruit mûr, tu tombes dans le
» sein de ta mère, ou que tu sois cueilli avec facilité ; non arraché
» avec rudesse, étant mûr pour la mort : ceci est le vieil âge. Mais alors
» tu survivras à ta jeunesse, à ta force, à ta beauté devenue fanée, fai-
» ble et grise. Alors tes sens émoussés perdront tout goût de plaisir
» pour ce que tu as. Au lieu de ce souffle de jeunesse, de gaieté et d'es-
» pérance, circulera dans ton sang une vapeur mélancolique, froide et
» stérile pour appesantir tes esprits et consumer enfin le baume de ta vie. »

Notre grand ancêtre :

« Désormais je ne fuis point la mort, ni ne voudrais prolonger beau-
» coup ma vie, incliné plutôt à m'enquérir comment je puis le plus dou-

> This is old age; but then, thou must outlive
> Thy youth, thy strength, thy beauty; which will change
> To wither'd, weak, and gray; thy senses then,
> Obtuse, all taste of pleasure must forego,
> To what thou hast; and, for the air of youth,
> Hopeful and cheerful, in thy blood will reign
> A melancholy damp of cold and dry
> To weigh thy spirits down, and last consume
> The balm of life. »
>
> To whom our ancestor :
>
> « Henceforth I fly not death, nor would prolong
> Life much ; bent rather, how I mays be quit,
> Fairest and easiest, of this umbrous charge ;
> Which I must keep till my appointed day
> Of rendering up, and patiently attend
> My dissolution. »
>
> Michael replied :
>
> « Nor love thy life, nor hate; but what thou liv'st
> Live well : how long, or short permit to Heaven !
> And now prepare thee for another sight. »
>
> He look'd, and saw a spacious plain, whereon
> Were tents of various hue ; by some, were herds
> Of cattle grazing ; others, whence the sound
> Of instruments, that made melodious chime,

» cement et le plus aisément quitter cet incommode fardeau qu'il me
» faudra porter jusqu'au jour marqué pour le rendre, et attendre avec
» patience ma dissolution ! »

Michel répliqua :

« N'aime ni ne hais ta vie : mais ce que tu vivras, vis-le bien. Ta
» vie sera-t-elle longue ou courte ? laisse faire au ciel ! Prépare-toi
» maintenant à un autre spectacle. »

Adam regarda, et il vit une plaine spacieuse, couverte de tentes de différentes couleurs ; près de quelques-unes paissaient des troupeaux de bétail. De plusieurs autres on entendait s'élever le son d'instruments qui produisaient les mélodieux accords de la harpe et de l'orgue : on voyait celui qui faisait mouvoir les touches et les cordes ; sa main légère, par toutes les proportions, volait inspirée en bas et en haut, et poursuivait en travers la fugue sonore.

Dans un autre endroit se tenait un homme qui, travaillant à la forge, avait fondu deux massifs blocs de fer et de cuivre; (soit qu'il les eût trouvés là où un incendie fortuit avait consumé les bois sur une montagne ou dans une vallée, embrasement descendu dans les veines de la terre, et de là faisant couler la matière brûlante par la bouche de quelque cavité ; soit qu'un torrent eût dégagé ces masses de dessous la

      Was heard, of harp and organ; and who mov'd
Their stops and chords was seen ; his volant touch
Instinct through all proportions, low and high,
Fled and pursued transverse the resonant fugue.

    In other part stood one who, at the forge
Labouring, two massy clods of iron and brass
Had melted (whether found where casual fire
Had wasted woods on mountain or in vale,
Down to the veins of earth; thence gliding hot
To some cave's mouth ; or whether wash'd by stream
From under ground); the liquid ore he drain'd
Into fit moulds prepar'd ; from which he form'd
First his own tools; then, what might else be wrought
Fusil or graven in metal.

              After these,
But on the hither side, a different sort
From the high neighbouring hills, which was their sea
Down to the plain descended ; by their guise
Just men they seem'd, and all their study bent
To worship God aright, and know his works
Not hid; nor those things last, which might preserve
Freedom and peace to men.

                 They on the plain
Long had not walk'd, when from the tents, behold!
A bevy of fair women, richly gay

terre) : l'homme versa le minéral liquide dans des moules exprès préparés : il en forma d'abord ses propres outils, ensuite ce qui pouvait être façonné par la fonte ou gravé en métal.

Après ces personnages, mais du côté le plus rapproché d'eux, des hommes d'une espèce différente, du sommet des montagnes voisines, leur séjour ordinaire, descendirent dans la plaine : par leurs manières ils semblaient des hommes justes, et toute leur étude les portait à adorer Dieu en vérité, à connaître ses ouvrages non cachés et ces choses qui peuvent maintenir la liberté et la paix parmi les hommes.

Ils n'eurent pas longtemps marché dans la plaine, quand voici venir des tentes une volée de belles femmes richement parées de pierreries et de voluptueux atours : elles chantaient sur la harpe de douces et amoureuses ballades, et s'avançaient en dansant. Les hommes, quoique graves, les regardèrent et laissèrent leurs yeux errer sans frein ; pris tout d'abord au filet amoureux ils aimèrent, et chacun choisit celle qu'il aimait : ils s'entretinrent d'amour jusqu'à ce que l'étoile du soir, avant-coureur de l'amour, parut. Alors pleins d'ardeur, ils allument la torche nuptiale et ordonnent d'invoquer l'hymen, pour la première fois aux cérémonies du mariage invoqué alors : de fête et de musique toutes les tentes retentissent.

In gems and wanton dress; to th' harp they sung
Soft amorous ditties, and in dance came on.
The men, though grave, ey'd them, and let their eyes
Rove without rein; till, in the amorous net
Fast caught, they lik'd; and each his liking chose:
And now of love they treat, till th' evening star,
Love's harbinger, appear'd; then, all in heat,
They light nuptial torch, and bid invoke
Hymen, then first to marriage-rites invok'd:
With feast and music all the tents resound.

Such happy interview, and fair event
Of love and youth not lost, songs, garlands, flowers
And charming symphonies attach'd the heart
Of Adam, soon inclined to admit delight,
The bent of nature; which he thus express'd :

« True opener of mine eyes, prime angel blest;
Much better seems this vision, and more hope
Of peaceful days portends, than those two past
Those were of hate and death, or pain much worse;
Here nature seems fulfill'd in all her ends. »

To whom thus Michael:

« Judge not what is best
By pleasure, though to nature seeming meet;
Created, as thou art, to nobler end
Holy and pure, conformity divine.

Cette entrevue si heureuse, cette rencontre charmante d'amour et de jeunesse, non perdues ; ces chants, ces guirlandes, ces fleurs, ces agréables symphonies attachent le cœur d'Adam (promptement incliné à se rendre à la volupté, penchant de la nature !) ; sur quoi il s'exprime de cette manière :

« O toi qui m'as véritablement ouvert les yeux, premier ange béni, cette vision me paraît bien meilleure, et présage plus d'espérance de jours pacifiques que les deux visions précédentes : celles-là étaient des visions de haine et de mort, ou de souffrances pires : ici la nature semble remplie dans toutes ses fins. »

Michel :

« Ne juge point de ce qui est meilleur par le plaisir, quoique paraissant convenir à la nature : tu es créé pour une plus noble fin, une fin sainte et pure, conformité divine.

» Ces tentes que tu vois si joyeuses sont les tentes de la méchanceté, sous lesquelles habitera la race de celui qui tua son frère. Ces hommes paraissent ingénieux dans les arts qui polissent la vie, inventeurs rares ; oublieux de leur Créateur, quoique enseignés de son Esprit ; mais ils ne reconnaissent aucun de ses dons ; toutefois ils engendreront une superbe race : car cette belle troupe de femmes

» Those tents thou saw'st so pleasant, were the tents
Of wickedness, herein shall dwell his race
Who slew his brother; studious they appear
Of arts that polish life, inventors rare;
Unmindful of their Maker, though his Spirit
Taught them; but his gifts acknowledg'd none.
Yet they a beauteous offspring shall beget;
For that fair female troop thou saw'st, that seem'd
Of goddesses, so blithe, so smooth, so gay,
Yet empty of all good, wherein consists
Woman's domestic honour and chief praise ;
Bred only and completed to the taste
Of lustful appetence, to sing, to dance,
To dress, and troll the tongue, and roll the eye;
To these that sober race of men, whose lives
Religious, titled them the sons of God,
Shall yield up all their virtue, all their fame,
Ignobly, to the trains and to the smiles
Of these fair atheists; and now swim in joy,
Ere long to swim at large; and laugh, for which
The world ere long a world of tears must weep. »

To whom thus Adam, of short joy bereft:

« O pity and shame, that they, who to live well
Enter'd so fair, should turn aside to tread
Paths indirect, or in the midway faint !

» que tu as vue, qui semblaient des divinités, si enjouées, si attrayan-
» tes, si gaies, sont cependant vides de ce bien, dans lequel consiste
» l'honneur domestique de la femme, et sa principale gloire ; nourries
» et accomplies seulement pour le goût d'une appétence lascive, pour
» chanter, danser, se parer, remuer la langue, et rouler les yeux.
» Cette sobre race d'hommes, dont les vies religieuses leur avaient ac-
» quis le titre d'enfants de Dieu, sacrifieront ignoblement toute leur
» vertu, toute leur gloire, aux amorces et aux sourires de ces belles
» athées ; ils nagent maintenant dans la joie, et ils nageront avant peu
» dans un plus large abîme : ils rient, et pour ce rire, la terre avant
» peu versera un monde de pleurs. »

Adam privé de sa courte joie :

« O pitié ! ô honte ! que ceux qui pour bien vivre débutèrent si
» parfaitement, se jettent à l'écart, suivent des sentiers détournés, ou
» défaillent à moitié chemin ! Mais je vois toujours que le malheur
» de l'homme tient de la même cause : il commence à la femme. »

« Il commence, dit l'Ange, à la mollesse efféminée de l'homme qui
» aurait dû mieux garder son rang par la sagesse, et par les dons su-
» périeurs qu'il avait reçus. Mais à présent prépare-toi pour une autre
» scène. »

But still I see the tenour of man's woe
Holds on the same, from woman to begin. »

« From man's effeminate slackness it begins,
Said th' angel, who should better hold his place
By wisdom, and superior gifts receiv'd.
But now prepare thee for another scene. »

He look'd, and saw wide territory spread
Before him, towns, and rural works between;
Cities of men with lofty gates and towers,
Concourse in arms, fierce faces threatening war,
Giants of mighty bone, and bold emprise:
Part wield their arms, part curb the foaming steed,
Single or in array of battel rang'd
Both horse and foot, nor idly mustering stood.

One way a band select from forage drives
A herd of beeves, fair oxen and fair kine,
From a fat meadow-ground; or fleecy flock,
Ewes and their bleating lambs over the plain,
Their booty ; scarce with life the shepherds fly,
But call in aid, which makes a bloody fray:
With cruel tournament the squadrons join;
Where cattle pastur'd late, now scatter'd lies
With carcasses and arms th' ensanguin'd field,
Deserted.

Adam regarda, et il vit un vaste territoire déployé devant lui, entrecoupé de villages et d'ouvrages champêtres : cités pleines d'hommes avec des portes et des tours élevées, concours de peuple en armes, visages hardis menaçant la guerre, géants aux grands os et d'une entreprenante audace ! Ceux-ci manient leurs armes, ceux-là domptent le coursier écumant : isolés ou rangés en ordre de bataille, cavaliers et fantassins, ne sont pas là pour une montre oisive.

D'un côté un détachement choisi amène du fourrage, un troupeau de gros bétail, de beaux bœufs et de belles vaches, enlevés des gras pâturages, ou une multitude laineuse, des brebis et leurs bêlants agneaux butinés dans la plaine. Le berger échappe à peine avec la vie, mais il appelle au secours ; de là une rencontre sanglante. Dans une cruelle joute les escadrons se joignent ; là où ils paissaient tout à l'heure, les troupeaux sont maintenant dispersés avec les carcasses et les armes, sur le sol sanglant changé en désert.

D'autres guerriers campés mettent le siége devant une forte cité ; ils l'assaillent par la batterie, l'escalade et la mine : du haut des murs les assiégés se défendent avec le dard et la javeline, avec des pierres et un feu de soufre ; de part et d'autre carnages et faits gigantesques.

Ailleurs les hérauts qui portent le sceptre convoquent le conseil aux por-

>   Others to a city strong
> Lay siege, encamp'd ; by battery, scale, and mine,
> Assaulting : others from the wall defend
> With dart and javelin, stones, and sulphurous fire ;
> On each hand slaughter, and gigantic deeds.
>
>   In other part the scepter'd heralds call
> To council in the city-gates ; anon
> Gray headed men and grave, with warriours mix'd,
> Assemble, and harangues are heard, but soon
> In factious opposition ; till at last
> Of middle age one rising', eminent
> In wise deport, spake much of right and wrong,
> Of justice, of religion, truth, and peace,
> And judgment from above in old and young
> Exploded, and had seiz'd with violent hands,
> Had not a cloud descending snatch'd him thence,
> Unseen amid the throng : so violence
> Proceeded, and oppression, and sword-law,
> Through all the plain, and refuge none was found.
>
>   Adam was all in tears, and to his guide
> Lamenting turn'd full sad:
>
>   « O ! what are these,
> Death's ministers, not men ? who thus deal death
> Inhumanly to men, and multiply

tes d'une ville : aussitôt des hommes graves et à tête grise, confondus avec des guerriers, s'assemblent : des harangues sont entendues ; mais bientôt elles éclatent en opposition factieuse ; enfin se levant, un personnage de moyen âge, éminent par son sage maintien, parle beaucoup de droit et de tort, d'équité, de religion, de vérité, et de paix, et de jugement d'en haut. Vieux et jeunes le frondent ; ils l'eussent saisi avec des mains violentes, si un nuage descendant ne l'eût enlevé sans être vu du milieu de la foule. Ainsi procédaient la force, et l'oppression et la loi de l'épée dans toute la plaine, et nul ne trouvait un refuge.

Adam était tout en pleurs ; vers son guide il tourne gémissant, et plein de tristesse :

« Oh ! qui sont ceux-ci ? des ministres de la mort, non des hom-
» mes, eux qui distribuent ainsi la mort inhumainement aux hommes,
» et qui multiplient dix mille fois le péché de celui qui tua son frère.
» Car de qui font-ils un tel massacre, sinon de leurs frères ? Hommes,
» ils égorgent des hommes ! Mais quel était ce juste qui, si le ciel ne
» l'eût sauvé, eût été perdu dans toute sa droiture ? »

Michel :

« Ceux-ci sont le fruit de ces mariages mal assortis que tu as vus,
» dans lesquels le bon est appareillé au mauvais qui d'eux-mêmes ab-

Ten thousand-fold the sin of him who slew
His brother: for of whom such massacre
Make they, but of their brethren; men of men?
But who was that just man, whom had not Heaven
Rescued, had in his righteousness been lost? »

To whom thus Michael:

« These are the product
Of those ill-mated marriages thou saw'st;
Where good with bad were match'd, who of themselves
Abhor to join; and by imprudence mix'd,
Produce prodigious births of body or mind.
Such were these giants, men of high renown ;
For in those days might only shall be admir'd,
And valour and heroic virtue call'd:
To overcome in battel, and subdue
Nations, and bring home spoils with infinite
Man-slaughter, shall be held the highest pitch
Of human glory; and for glory done
Of triumph, to be styl'd great conquerours,
Patrons of mankind, gods, and sons of gods;
Destroyers rightlier call'd, and plagues of men.
Thus fame shall be achiev'd, renown on earth ;
And what most merits fame in silence hid.
But he, the seventh from thee, whom thou beheld'st
The only righteous in a world perverse,

» horrent de s'unir ; mêlés par imprudence, ils ont produit ces en-
» fantements monstueux de corps ou d'esprit. Tels seront ces géants,
» hommes de haute renommée ; car dans ces jours, la force seule sera
» admirée, et s'appellera valeur et héroïque vertu : vaincre dans les
» combats, subjuguer les nations, rapporter les dépouilles d'une infinité
» d'hommes massacrés, sera regardé comme le faîte le plus élevé de la
» gloire humaine ; et pour la gloire obtenue du triomphe, seront ré-
» putés conquérants, patrons de l'espèce humaine, dieux et fils de
» dieux, ceux-là qui seraient nommés plus justement destructeurs et
» fléaux des hommes. Ainsi s'obtiendront la réputation, la renommée
» sur la terre ; et ce qui mériterait le plus la gloire, restera caché dans
» le silence. Mais lui, ce septième de tes descendants que tu as vu,
» l'unique juste dans un monde pervers, pour cela haï, pour cela obsédé
» d'ennemis, parce qu'il a seul osé être juste et annoncer cette odieuse
» vérité que Dieu viendrait les juger avec ses saints ; lui, le Très-Haut
» l'a fait ravir par des coursiers ailés sur une nue embaumée ; il l'a reçu
» pour marcher avec Dieu dans la haute voie du salut, dans les ré-
» gions de bénédictions, exempt de mort. Afin de te montrer quelle
» récompense attend les bons, quelle punition les méchants, dirige ici à
» présent tes regards et contemple. »

And therefore hated, therefore so beset
With foes, for daring single to be just,
And utter odious truth, that God would come
To judge them with his saints; him the Most High,
Rapt in a balmy cloud with winged steeds,
Did, as thou saw'st, receive, to walk with God
High in salvation and the climes of bliss,
Exempt from death; to show thee what reward
Awaits the good, the rest what punishment;
Which now direct thine eyes, and soon behold. »

He look'd, and saw the face of things quite chang'd
The brazen throat of war had ceas'd to roar;
All now was turn'd to jollity and game,
To luxury and riot, feast and dance;
Marrying or prostituting, as befell;
Rape or adultery, where passing fair
Allur'd them; thence from cups to civil broils.
At length a reverent sire among them came,
And of their doings great dislike declar'd,
And testifield against their ways: he oft
Frequented their assemblies whereso met,
Triumphs or festivals, and to them preach'd
Conversion and repentance, as to souls
In prison, under judgments imminent;
But all in vain: which when he saw, he ceas'd

Adam regarda, et il vit la face des choses entièrement changée : la gorge de bronze de la guerre avait cessé de rugir ; tout alors était devenu folâtrerie et jeu, luxure et débauche, fête et danse, mariage ou prostitution au hasard, rapt ou adultère partout où une belle femme, venant à passer, amorçait les hommes ; de la coupe des plaisirs sortirent des discordes civiles. A la fin un personnage vénérable vint parmi eux, leur déclara la grande aversion qu'il avait de leurs actions, et protesta contre leurs voies. Il fréquentait souvent leurs assemblées où il ne rencontrait que triomphes ou fêtes, et il leur prêchait la conversion et le repentir, comme à des âmes emprisonnées sous le coup d'arrêts imminents : mais le tout en vain ! Quand il vit cela, il cessa ses remontrances, et transporta ses tentes au loin.

Alors abattant sur la montagne de hautes pièces de charpente, il commença à bâtir un vaisseau d'une étrange grandeur ; il le mesura par coudées en longueur, largeur et hauteur. Il l'enduisit de bitume, et dans un côté il pratiqua une porte. Il le remplit en quantité de provisions pour l'homme et les animaux. Quand, voici un étrange prodige ! chaque espèce d'animaux, d'oiseaux et de petits insectes vinrent sept et par paires, et entrèrent dans l'arche comme ils en avaient reçu l'ordre. Le père et ses trois fils et leurs quatre femmes entrèrent les derniers, et Dieu ferma la porte.

Contending, and remov'd his tents far off.
 Then, from the mountain hewing timber tall,
Began to build a vessel of huge bulk;
Measur'd by cubit, length, and breadth, and highth;
Smear'd round with pitch; and in the side a door
Contriv'd; and of provisions laid in large,
For man and beast: when lo, a wonder strange!
Of every beast, and bird, and insect small,
Came sevens, and pairs, and enter'd in, as taught
Their order: last the sire and his three sons,
With their four wives; and God made fast the door.
 Meanwhile the south-wind rose, and, with black wings
Wide-hovering, all the clouds together drove
From under Heaven; the hills to their supply
Vapour, and exhalation, dusk and moist,
Sent up amain: and now the thicken'd sky
Like a dark ceiling stood; down rush'd the rain
Impetuous; and continued, till the earth
No more was seen: the floating vessel swum
Uplifted, and secure with beaked prow
Rode tilting o'er the waves; all dwellings else
Flood overwhelm'd, and them with all their pomp
Deep under water roll'd: sea cover'd sea,
Sea without shore; and in their palaces,
Where luxury late reign'd, sea-monsters whelp'd

En même temps le vent du midi s'élève, et avec ses noires ailes volant au large, il rassemble toutes les nuées de dessous le ciel. A leur renfort les montagnes envoient vigoureusement les vapeurs et les exhalaisons sombres et humides, et alors le firmament épaissi se tient comme un plafond obscur : en bas se précipite la pluie impétueuse, et elle continua jusqu'à ce que la terre ne fût plus vue. L'arche flottante nagea soulevée, et en sûreté avec le bec de sa proue alla luttant contre les vagues. L'inondation monta par-dessus toutes les habitations qui roulèrent avec toute leur pompe au fond sous l'eau. La mer couvrit la mer, mer sans rivages ! Dans les palais, où peu auparavant régnait le luxe, les monstres marins mirent bas et s'établirent. Du genre humain naguère si nombreux, tout ce qui reste surnage embarqué dans un petit vaisseau.

Combien tu souffris alors, ô Adam, de voir la fin de toute ta postérité, fin si triste, dépopulation ! Toi-même autre déluge, déluge de chagrins et de larmes, toi aussi fus noyé et toi aussi abîmé comme tes fils, jusqu'à ce que par l'ange doucement relevé, tu te tins debout enfin, bien que désolé, comme quand un père pleure ses enfants tous à sa vue détruits à la fois ; à peine tu pus exprimer ainsi ta plainte à l'ange :

« O visions malheureusement prévues ! mieux j'aurais vécu igno-

 And stabled ; of mankind, so numerous late,
All left in one small bottom swum imbark'd.

 How didst thou grieve then, Adam, to behold
The end of all thy offspring, end so sad,
Depopulation ! Thee another flood
Of tears and sorrow a flood, thee also drown'd,
And sunk thee as thy sons ; till, gently rear'd
By th' angel, on thy feet thou stood'st at last,
Though comfortless ; as when a father mourns
His children all in view destroy'd at once
And scarce to th' angel utter'dst thus thy plaint :

 « O visions ill foreseen ! Better had I
Liv'd ignorant of future ! so had borne
My part of evil only, each day's lot
Enough to bear ; those now, that were dispens'd
The burden of many ages, on me light
At once, by my foreknowledge gaining birth
Abortive, to torment me ere their being,
With thought that they must be. Let no man seek
Henceforth to be foretold, what shall befall
Him or his children : evil he may be sure,
Which neither his foreknowing can prevent ;
And he the future evil shall no less
In apprehension than in substance, feel

» rant de l'avenir ! je n'aurais eu du mal que ma seul part : c'est assez
» de supporter le lot de chaque jour. A présent ces peines qui, divisées,
» sont le fardeau de plusieurs siècles, pèsent à la foi sur moi par ma
» connaissance antérieure ; elles obtiennent une naissance prématurée
» afin de me tourmenter avant leur existence, par l'idée de ce qu'elles
» seront. Que nul homme ne cherche désormais à savoir d'avance ce
» qui arrivera à lui ou à ses enfants ; il peut se tenir bien assuré du
» mal que sa prévoyance ne peut prévenir ; et le mal futur il ne le sentira
» pas moins pénible à supporter en appréhension qu'en réalité ;
» mais ce soin est à présent inutile, il n'y a plus d'hommes à avertir !
» Ce petit nombre échappé sera consumé à la longue par la famine et
» les angoisses, en errant dans ce désert liquide. J'avais espéré, quand
» la violence et la guerre eurent cessé sur la terre, que tout alors irait
» bien, que la paix couronnerait l'espèce humaine d'une longue suite
» d'heureux jours. Mais j'étais bien trompé ; car je le vois maintenant,
» la paix ne corrompt pas moins que la guerre ne dévaste. Comment en
» arrive-t-il de la sorte ? apprends-le-moi, céleste guide, et dis si la race
» des hommes doit ici finir. »

Michel :

« Ceux que tu as vus dernièrement en triomphe et dans une luxu-

> Grievous to bear : but that care now is past,
> Man is not whom to warn : those few escap'd
> Famine and anguish will at last consume,
> Wandering that watery desert : I had hope,
> When violence was ceas'd, and war on earth,
> All would have then gone well ; peace would have crown'd
> With length of happy days the race of man ;
> But I was far deceiv'd ; for now I see
> Peace to corrupt, no less than war to waste.
> How comes it thus unfold, celestial guide,
> And whether here the race of man will end. »
>
> To whom thus Michael :
>
> « Those, whom last thou saw'st
> In triumph and luxurious wealth, are they
> First seen in acts of prowess eminent,
> And great exploits, but of true virtue void ;
> Who, having spilt much blood, and done much waste,
> Subduing nations, and achiev'd thereby
> Fame in the world, high titles, and rich prey,
> Shall change their course to pleasure, ease, and sloth
> Surfeit, and lust ; till wantonness and pride
> Raise out of friendship hostile deeds in peace.
>
> The conquer'd also, and enslav'd by war,

» rieuse opulence, sont ceux que tu vis d'abord faisant des actes
» d'éminente prouesse et de grands exploits, mais ils étaient vides de
» la véritable vertu. Après avoir répandu beaucoup de sang, commis
» beaucoup de ravages pour subjuguer les nations, et acquis par là
» dans le monde une grande renommée, de hauts titres et un riche
» butin, ils ont changé leur carrière en celle du plaisir, de l'aisance, de
» la paresse, de la crapule et de la débauche, jusqu'à ce qu'enfin l'in-
» continence et l'orgueil aient fait naître, de l'amitié, d'hostiles actions
» dans la paix.

» Les vaincus aussi et les esclaves par la guerre avec leur liberté
» perdue, perdront toute vertu et la crainte de Dieu, auprès de qui
» leur hypocrite piété dans la cruelle contention des batailles ne trouvera
» point de secours contre les envahisseurs. Par cette raison refroidis
» dans leur zèle, ils ne songeront plus désormais qu'à vivre tranquilles,
» mondains ou dissolus avec ce que leurs maîtres leur laisseront pour
» en jouir. Car la terre produira toujours plus qu'assez pour mettre à
» l'épreuve la tempérance. Ainsi tout dégénérera, tout se dépravera.
» La justice et la tempérance, la vérité et la foi, seront oubliées! Un
» homme sera excepté, fils unique de lumière dans un siècle de ténè-
» bres, bon malgré les exemples, malgré les amorces, les coutumes et

```
          Shall, with their freedom lost, all virtue lose
          And fear of God; from whom their piety feign'd
          In sharp contest of battel found no aid
          Against invaders; therefore, cool'd in zeal,
          Thenceforth shall practise how to live secure,
          Worldly or dissolute, on what their lords
          Shall leave them to enjoy; for th' earth shall bear
          More than enough, that temperance may be tried:
          So all shall turn degenerate, all deprav'd;
          Justice and temperance, truth and faith, forgot;
          One man except, the only son of light
          In a dark age, against example good,
          Against allurement, custom, and a world
          Offended: fearless of reproach and scorn,
          Or violence, he of their wicked ways
          Shall them admonish; and before them set
          The paths of righteousness, how much more safe,
          And full of peace, denouncing wrath to come
          On their impenitence; and shall return
          Of them derided: but of God observ'd
          The one just man alive: by his command
          Shall build a wondrous ark, as thou beheld'st,
          To save himself and household, from amidst
          A world devote to universal wrack.
          No sooner he, with them of man and beast
          Select for life, shall in the ark be lodg'd,
```

» un monde irrité. Sans craindre le reproche et le mépris ou la vio-
» lence, il avertira les hommes de leurs uniques voies ; il tracera devant
» eux les sentiers de la droiture beaucoup plus sûrs et pleins de paix,
» leur annonçant la colère prête à visiter leur impénitence ; et il se re-
» tirera d'entre eux insulté, mais aux regards de Dieu le seul homme
» juste vivant.

» Par son ordre il bâtira une arche merveilleuse (comme tu l'as vue)
» pour se sauver lui et sa famille, du milieu d'un monde dévoué à un
» naufrage universel. Il ne sera pas plutôt logé dans l'arche et à couvert
» avec les hommes et les animaux choisis pour la vie, que toutes les ca
» taractes du ciel s'ouvrant verseront la pluie jour et nuit sur la terres
» tous les réservoirs de l'abîme crèveront et enfleront l'océan qui usur-
« pera tous les rivages, jusqu'à ce que l'inondation s'élève au-dessus
» des plus hautes montagnes.

» Alors ce mont du paradis sera emporté par la puissance des vague ;
» hors de sa place, poussé par le débordement cornu, dépouillé de
» toute sa verdure, et ses arbres en dérive, il descendra vers le grand
» fleuve jusqu'à l'ouverture du golfe, et là il prendra racine ; île
» salée et nue, hantise des phoques, des orques et des mouettes au
» cri perçant. Ceci doit t'apprendre que Dieu n'attache la sainteté

And shelter'd round, but all the cataracts
Of Heaven set open on the earth shall pour
Rain, day and night; all fountains of the deep,
Broke up, shall heave the ocean to usurp
Beyond all bounds; till inundation rise
Above the highest hills.

» Then shall this mount
Of Paradise by might of waves be mov'd
Out of his place, push'd, by the horned flood,
With all his verdure spoil'd, and trees adrift,
Down the great river to the opening gulf,
And there take root; an island salt and bare,
The haunt of seals, and orcs, and sea-mew's clang
To teach thee that God attributes to place
No sanctify, if none be thither brought
By men who there frequent, or therein dwell.
And now, what further shall ensue behold. »

He look'd, and saw the ark hull on the flood,
Which now abated ; fro the clouds were fled,
Driven by a keen north wind, that, blowing dry,
Wrinkled the face of deluge, as decay'd ;
And the clear sun on his wide watery glass
Gaz'd hot, and of the fresh wave largely drew
As after thirst ; which made their flowing shrink
From standing lake to tripping ebb, that stole

» à aucun lieu, si elle n'y est apportée par les hommes qui le fréquen
» tent ou l'habitent. Et regarde maintenant ce qui doit s'ensuivre. »

Adam regarda, et il vit l'arche flotter sur l'amas des eaux qui maintenant s'abaissaient, car les nuages avaient fui, chassés par un vent aigu du nord qui, soufflant sec, ridait la face du déluge à mesure qu'il se desséchait. Le soleil clair sur son miroir liquide, dardait ses chauds regards et buvait largement la fraîche vague, comme ayant soif : ce qui fit que d'un lac immobile, les eaux, en rétrécissant leur inondation, devinrent un ebbe agile qui se déroba d'un pas léger vers l'abîme, lequel avait maintenant baissé ses écluses, comme le ciel fermé ses cataractes.

L'arche ne flotte plus ; mais elle paraît atterrie et fixée fortement au sommet de quelque haute montagne. A présent les cimes des collines apparaissent comme des rochers ; les courants rapides conduisent à grand bruit leur furieuse marée dans la mer qui se retire. Aussitôt s'envole de l'arche un corbeau, et après lui une colombe, plus sûre messagère, envoyée une fois et derechef pour découvrir quelque arbre verdoyant, ou quelque terre sur laquelle elle pût poser son pied : revenue la seconde fois elle rapporte dans son bec un rameau d'olivier, signe pacifique. Bientôt la terre paraît sèche et l'antique père descend de son arche avec toute sa suite. Alors, plein de gratitude levant ses mains et ses

With soft foot towards the deep: who now had stopt
His sluices, as the Heaven his windows shut.

    The ark no more now floats, but seems on ground,
Fast of the top of some high mountain fix'd.
And now the tops of hills, as rocks, appear;
With clamour thence the rapid currents drive,
Towards the retreating sea, their furious tide.
Forthwith from out the ark a raven flies;
And, after him, the surer messenger,
A dove, sent forth once and again to spy
Green tree or ground, whereon his foot may light:
The second time returning, in his bill
An olive-leaf he brings, pacific sign;
Anon, dry ground appears, and from his ark
The ancient sire descends, with all his train.
Then with uplifted hands, and eyes devout,
Grateful to Heaven, over his head beholds
A dewy cloud, and in the cloud a bow
Conspicuous with three listed colours gay,
Betokening peace from God, and covenant new:
Whereat the heart of Adam, erst so sad,
Greatly rejoic'd; and thus his joy broke forth:

    « O thou, who future things canst represent
As present, heavenly instructor, I revive
At   is last sight; assur'd that man shall live,

pieux regards vers le ciel, il vit sur sa tête un nuage de rosée, et dans ce nuage un arc remarquable par trois bandes de brillantes couleurs, annonçant la paix de Dieu et une alliance nouvelle. A cette vue, le cœur d'Adam, auparavant si triste, grandement se réjouit, et il éclate ainsi dans sa joie :

« O toi, qui peux offrir les choses futures comme étant présentes,
» instructeur céleste, je renais à cette dernière vision, assuré que
» l'homme vivra avec toutes les créatures et que leur race sera conser-
» vée. Je gémis beaucoup moins à présent de la destruction d'un monde
» entier d'enfants coupables, que je ne me réjouis de trouver un homme
» si parfait et si juste, que Dieu ait daigné faire sortir un autre monde
» de cet homme, et oublier sa colère. Mais dis-moi ce que signifient
» ces bandes colorées dans le ciel, dessinées comme le sourcil de Dieu
» apaisé ? Servent-elles comme une hart fleurie à lier les fluides bords
» de cette même nuée d'eau, de peur qu'elle ne se dissolve encore, et
» n'inonde la terre ? »

L'archange :

« Ingénieusement tu as conjecturé : oui, Dieu a bien voulu calmer
» sa colère, quoiqu'il se soit dernièrement repenti d'avoir créé l'homme
» dépravé ; il s'était affligé dans son cœur ; lorsque abaissant ses regards

With all the creatures, and their seed preserve.
Far less I now lament for one whole world
Of wicked sons destroy'd, than I rejoice
For one man found so perfect, and so just,
That God vouchsafes to raise another world
From him, and all his anger to forget.
But say, what mean those colour'd streaks in Heaven
Distended, as the brow of God appeas'd ?
Or serve they, as a flowery verge, to bind
The fluid skirts of that same watery cloud,
Lest it again dissolve, and shower the earth ? »

To whom th' archangel :

« Dextrously thou aim'st ;
So willingly doth God remit his ire ;
Though late repenting him of man deprav'd ;
Griev'd at his heart when looking down he saw
The whole earth fill'd with violence, and all flesh
Corrupting each their way ; yet, those remov'd,
Such grace shall one just man find in his sight,
That he relents, not to blot out mankind ;
And makes a covenant never to destroy
The earth again by flood ; nor let the sea
Surpass his bounds ; nor rain to drown the world,
With man therein or beast ; but, when he brings
Over the earth a cloud, will therein set

» il avait vu la terre entière remplie de violence, et toute chair corrom-
» pant ses voies. Cependant les méchants écartés, un homme juste
» trouve tellement grâce à ses yeux qu'il s'apaise et n'efface pas du
» monde le genre humain ; il fait la promesse de ne jamais détruire en-
» core la terre par un déluge, de ne laisser jamais l'océan franchir ses
» bornes, ni la pluie noyer le monde avec l'homme et les animaux
» dedans ; mais quand il ramènera un nuage sur la terre, il y placera
» son arc de triple couleur, afin qu'on le regarde et qu'il rappelle son
» alliance à l'esprit. Le jour et la nuit, le temps de la semaille et de la
» moisson, la chaleur et la blanche gelée suivront leur cours, jusqu'à
» ce que le feu purifie toutes les choses nouvelles, avec le ciel et la terre
» où le juste habitera. »

His triple-colour'd bow ; whereon to look
And call to mind his covenant : day and night,
Seed-time and harvest, heat and hoary frost,
Shall hold their course ; till fire purge all things new,
Both Heaven and earth, wherein the just shall dwell. »

LIVRE DOUZIÈME.

ARGUMENT.

L'ange Michel continue de raconter ce qui arrivera depuis le déluge. Quand il est question d'Abraham, il en vient à expliquer par degrés quel sera celui de la race de la femme promis à Adam et à Ève dans leur chute : son incarnation, sa mort, sa résurrection et son ascension. État de l'Église jusqu'à son second avénement. Adam, grandement satisfait et rassuré par ces récits et ces promesses, descend de la montagne avec Michel. Il éveille Ève, qui avait dormi pendant tout ce temps-là, mais que des songes paisibles avaient disposée à la tranquillité d'esprit et à la soumission. Michel les conduit tous deux par la main hors du paradis, l'épée flamboyante s'agitant derrière eux, et les chérubins prenant leur station pour garder le lieu.

BOOK XII.

THE ARGUMENT.

The angel Michael continues, from the flood, to relate what shall succeed; then, in the mention of Abraham, comes by degrees to explain who that seed of the woman shall be, which was promised Adam and Eve in the fall; his incarnation, death, resurrection, and ascension; the state of the church till his second coming. Adam, greatly satisfied and recomforted by these relations and promises, descends the hill with Michael; wakens Eve, who all this while had slept, but with gentle dreams composed to quietness of mind and submission. Michael in either hand leads them out of Paradise, the fiery sword waving behind them, and the cherubim taking their stations to guard the place.

XII

Comme un voyageur qui, dans sa route, s'arrête à midi, quoique pressé d'arriver, ainsi l'archange fit une pause entre le monde détruit et le monde réparé, dans la supposition qu'Adam avait peut-être quelque chose à exprimer. Il reprit ensuite son discours par une douce transition :

« Ainsi tu as vu un monde commencer et finir, et l'homme sortir
» comme d'une seconde souche. Tu as encore beaucoup à voir ; mais
» je m'aperçois que ta vue mortelle défaut. Les objets divins doivent
» nécessairement affaiblir et fatiguer les sens humains. Dorénavant je te
» raconterai ce qui doit advenir ; écoute donc avec une application con-
» venable, et sois attentif.

» Tant que cette seconde race des hommes sera peu nombreuse, et tant
» que la crainte du jugement passé demeurera fraîche dans leur esprit,
» craignant la Divinité, ayant quelque égard à ce qui est juste et droit, ils
» régleront leur vie et multiplieront rapidement. Ils laboureront la terre,

XII

As one who in his journey bates at noon,
Though bent on speed; so here th' archangel paus'd
Betwixt the world destoy'd and world restor'd,
If Adam aught perhaps might interpose;
Then, with transition sweet, new speech resumes:

« Thus thou hast seen one world begin, and end;
And man, as from a second stock, proceed.
Much thou hast yet to see; but I perceive
Thy mortal sight to fail; objects divine
Must needs impair and weary human sense:
Henceforth what is to come I will relate;
Thou therefore give due audience, and attend.

» This second source of men, while yet but few,
And while the dread of judgment past remains
Fresh in their minds, fearing the Deity,
With some regard to what is just and right
Shall lead their lives, and multiply apace;

» recueilleront d'abondantes récoltes de blé, de vin, d'huile, et sacrifiant
» souvent de leurs troupeaux un taureau, un agneau, un chevreau avec
» de larges libations de vin, et des fêtes sacrées, ils passeront leurs jours
» pleins dans une innocente joie ; ils habiteront longtemps en paix par
» familles et tribus sous le sceptre paternel, jusqu'à ce qu'il s'élève un
» homme d'un cœur fier et ambitieux, qui (non satisfait de cette égalité
» belle, fraternel état) voudra s'arroger une injuste domination sur ses
» frères, et ôter entièrement à la concorde et à la loi de nature la posses-
» sion de la terre. Il fera la chasse (les hommes, non les bêtes, seront sa
» proie) par la guerre et les piéges ennemis à ceux qui refuseront de se
» soumettre à son tyrannique empire. De là il sera appelé un fort chas-
» seur devant le Seigneur, prétendant tenir ou du ciel, ou en dépit du
» ciel, cette seconde souveraineté ; son nom dérivera de la rébellion,
» quoique de rébellion il accusera les autres.

» Cet homme, avec une troupe qu'une égale ambition unit à lui,
» ou sous lui, pour tyranniser marchant d'Éden vers l'occident, trou-
» vera une plaine où un gouffre noir et bitumineux, bouche de l'enfer,
» bouillonne en sortant de la terre. Avec des briques et avec cette ma-
» tière, ces hommes se préparent à bâtir une ville et une tour dont le
» sommet puisse atteindre le ciel et leur faire un nom, de peur que,

> Labouring the soil, and reaping plenteous crop,
> Corn, wine, and oil; and from the herd or flock
> Oft sacrificing bullock, lamb, or kid,
> With large wine-offerings pour'd, and sacred feast,
> Shall spend their days in joy unblam'd; and dwell
> Long time in peace, by families and tribes,
> Under paternal rule : till one shall rise
> Of proud ambitious heart; who, not content
> With fair equality, fraternal state,
> Will arrogate dominion undeserv'd
> Over his brethren, and quite dispossess
> Concord and law of nature from the earth;
> Hunting (and men, not beast shall be his game)
> With war, and hostile snare, such as refuse
> Subjection to his empire tyrannous:
> A mighty hunter thence he shall be styled
> Before the Lord; as in despite of Heaven,
> Or from Heaven, claiming second sovranty;
> And from rebellion shall derive his name,
> Though of rebellion others he accuse.
>
> » He with a crew, whom like ambition joins
> With him or under him to tyrannize,
> Marching from Eden towards the west, shall find
> The plain, wherein a black bituminous gurge
> Boils out from under ground, the mouth of Hell;
> Of brick, and of that stuff, they cast to build

» dispersés dans les terres étrangères, leur mémoire ne soit perdue,
» sans se soucier que leur renommée soit bonne ou mauvaise. Mais
» Dieu, qui sans être vu, descend souvent pour visiter les hommes et
» qui se promène dans leurs habitations afin d'observer leurs œuvres, les
» apercevant bientôt, vint en bas considérer leur cité avant que la
» tour offusquât les tours du ciel. Par dérision il met sur leurs langues,
» un esprit de variété pour effacer tout à fait leur langage naturel, et
» pour semer à sa place un bruit discordant de mots inconnus. Aussi-
» tôt un hideux babil se propage parmi les architectes; ils s'appellent
» les uns les autres sans s'entendre, jusqu'à ce que enroués et tous en
» fureur comme étant bafoués, ils se battent. Une grande risée fut dans
» le ciel, en voyant le tumulte étrange et en entendant la rumeur :
» ainsi la ridicule bâtisse fut abandonnée et l'ouvrage nommé Con-
» fusion. »

Alors Adam paternellement affligé :

« O fils exécrable ! aspirer à s'élever au-dessus de ses frères, s'attri-
» buant une autorité usurpée qui n'est pas donnée de Dieu ! L'Éternel
» nous accorda seulement une domination absolue sur la bête, le poisson
» et l'oiseau ; nous tenons ce droit de sa concession ; mais il n'a pas
» fait l'homme seigneur des hommes ; se réservant ce titre à lui-même,

> A city and tower, whose top may reach to Heaven,
> And get themselves a name; lest, far dispersed
> In foreign lands, their memory be lost;
> Regardless whether good or evil fame.
> But God, who oft descends to visit men
> Unseen, and through their habitations walks.
> To mark their doings, them beholding soon,
> Comes down to see their city, ere the tower
> Obstruct Heaven-towers; and in derision sets
> Upon their tongues a various spirit, to raze
> Quite out their native language; and, instead,
> To sow a jangling noise of words unknown.
> Forthwith a hideous gabble rises loud
> Among the builders; each to other calls,
> Not understood; till hoarse, and all in rage,
> As mock'd they storm: great laughter was in Heaven,
> And looking down, to see the hubbub strange,
> And hear the din: thus was the building left
> Ridiculous, and the work Confusion nam'd. »

Whereto thus Adam, fatherly displeas'd:

« O execrable son! so to aspire
Above his brethren; to himself assuming
Authority usurp'd, from God not given!
He gave us only over beast, fish, fowl,
Dominion absolute, that right we hold

» il a laissé ce qui est humain libre de ce qui est humain. Mais cet usur-
» pateur ne s'arrête pas à son orgueilleux empiétement sur l'homme :
» sa tour prétend défier et assiéger Dieu : homme misérable! Quelle
» nourriture ira-t-il porter si haut, pour s'y soutenir lui et sa téméraire
» armée, là au-dessus des nuages, où l'air subtil ferait languir ses en-
» trailles grossières, et l'affamerait de respiration, sinon de pain ? »
Michel :
« Tu abhorres justement ce fils qui apportera un pareil trouble dans l'état
» tranquille des hommes, en s'efforçant d'asservir la liberté rationnelle.
» Toutefois apprends de plus que depuis ta faute originelle, la vraie liberté
» a été perdue ; cette liberté jumelle de la droite raison, habite toujours
» avec elle, et hors d'elle n'a point d'existence divisée : aussitôt que la rai-
» son dans l'homme est obscurcie ou non obéie, les désirs désordonnés et
» les passions vives saisissent l'empire de la raison, et réduisent en servi-
» tude l'homme, jusqu'alors libre. Conséquemment, puisque l'homme per-
» met, au dedans de lui-même, à d'indignes pouvoirs de régner sur la rai-
» son libre, Dieu, par un juste arrêt, l'assujettit au dehors à de violents
» maîtres qui souvent aussi asservissent indûment son extérieure li-
» berté : il faut que la tyrannie soit, quoique le tyran n'ait point
» d'excuse. Cependant quelquefois les nations tomberont si bas au-dessous

> By his donation ; but man over men
> He made not lord ; such title to himself
> Reserving, human left from human free.
> But this usurper his encroachment proud
> Stays not on man ; to God his tower intends
> Siege and defiance : wretched man ! what food
> Will he convey up thither, to sustain
> Himself and his rash army ; where then air
> Above the clouds will pine his entrails gross,
> And famish him of breath, if not of bread ? »
>
> To whom thus Michael :
> « Justly thou abhorr'st
> That son, who on the quiet state of men
> Such trouble brought, affecting to subdue
> Rational liberty ; yet know withal,
> Since thy original lapse, true liberty
> Is lost, which always with right reason dwells
> Twinn'd, and from her hath no dividual being :
> Reason in man obscur'd, or not obey'd,
> Immediately inordinate desires
> And upstart passions, catch the government
> From reason ; and to servitude reduce
> Man, till then free. Therefore, since he permits
> Within himself unworthy powers to reign
> Over free reason, God, in judgment just,
> Subjects him from without to violent lords ;

» de la vertu (qui est la raison) que non l'injustice, mais la justice, et
» quelque fatale malédiction annexée, les privera de leur liberté exté-
» rieure, leur liberté intérieure étant perdue : témoin le fils irrévé-
» rent de celui qui bâtit l'arche, lequel, pour l'affront qu'il fit à son
» père, entendit contre sa vicieuse race cette pesante malédiction : *Tu*
» *seras l'esclave des esclaves.*

» Ainsi ce dernier monde, comme le premier, ira sans cesse de mal
» en pis, jusqu'à ce que Dieu, fatigué enfin de leurs iniquités, retire sa
» présence du milieu d'eux, et détourne ses saints regards résolu d'a-
» bandonner désormais les hommes à leurs propres voies corrompues,
» et de se choisir parmi toutes les nations un peuple de qui il sera
» invoqué, un peuple à naître d'un homme plein de foi. Cet homme,
» résident encore sur le bord de l'Euphrate, aura été élevé dans l'idolâ-
» trie.

» Oh! pourras-tu croire que les hommes, tandis que le patriarche
» sauvé du déluge existait encore, soient devenus assez stupides pour
» abandonner le Dieu vivant, pour s'abaisser à adorer comme dieux
» leurs propres ouvrages de bois et de pierre! Cependant le Très-Haut
» daignera, par une vision, appeler cet homme de la maison de son
» père, du milieu de sa famille et des faux dieux, dans une terre, qu'il

    Who oft as undeservedly enthral
    His outward freedom: tyranny must be;
    Though to the tyrant thereby no excuse.
    Yet sometimes nations will decline so low
    From virtue, which is reason, that no wrong,
    But justice, and some fatal curse annex'd,
    Deprives them of their outward liberty;
    Their inward lost: witness th' irreverent son
    Of him who built the ark; who, for the shame
    Done to his father, heard this heavy curse,
    Servant of servants, on his vicious race.

    » Thus will this latter, as the former world,
    Still tend from bad to worse; till God at last,
    Wearied with their iniquities, withdraw
    His presence from among them, and avert
    His holy eyes, resolving from thenceforth
    To leave them to their own polluted ways;
    And one peculiar nation to select
    From all the rest, of whom to be invok'd,
    A nation from one faithful man to spring:
    Him on this side Euphrates yet residing,
    Bred up in idol-worship.

        » O! that men
    (Canst thou believe?) should be so stupid grown,
    While yet the patriarch liv'd who 'scap'd the flood

» lui montrera : il fera sortir de lui un puissant peuple et répandra sur
» lui sa bénédiction, de façon que dans sa race toutes les nations seront
» bénies.

» Il obéit ponctuellement ; il ne connaît point la terre où il va,
» cependant il croit ferme. Je le vois (mais tu ne le peux voir) avec
» quelle foi il laisse ses dieux, ses amis, son sol natal, Ur de Chaldée ;
» il passe maintenant le gué à Haran ; après lui marche une suite em-
» barrassante de bestiaux, de troupeaux, et de nombreux serviteurs : il
» n'erre pas pauvre, mais il confie toute sa richesse à Dieu qui l'appelle
» dans une terre inconnue. Maintenant il atteint Chanaan : je vois ses
» tentes plantées aux environs de Sichem et dans la plaine voisine de
» Moreh : là il reçoit la promesse du don de toute cette terre à sa posté-
» rité, depuis Hamath, au nord, jusqu'au désert, au sud (j'appelle ces
» lieux par leurs noms, quoiqu'ils soient encore sans noms) : depuis
» Hermon au levant, jusqu'à la grande mer occidentale. Ici le mont
» Hermon ; là la mer. Regarde chaque lieu en perspective comme je te
» les indique de la main : sur le rivage, le mont Carmel ; ici le fleuve
» à deux sources, le Jourdain, vraie limite à l'orient ; mais les fils de
» cet homme habiteront à Senir cette longue chaîne de collines.

» Pèse ceci : toutes les nations de la terre seront bénies dans la race

As to forsake the living God, and fall
To worship their own work in wood and stone,
For gods! Yet him God the Most High vouchsafes
To call by vision, from his father's house,
His kindred, and false gods, into a land
Which he will show him; and from him will raise
A mighty nation, and upon him shower
His benediction, so that in his seed
All nations shall be blest.

» He straight obeys;
Not knowing to what land, yet firm believes:
I see him, but thou canst not, with what faith
He leaves his gods, his friends, and native soil,
Ur of Chaldæa, passing now the ford
To Haran; after him a cumbrous train
Of herds and flocks, and numerous servitude ;
Not wandering poor, but trusting all his wealth
With God, who call'd him, in a land unknown.
Chanaan he now attains: I see his tents
Pitch'd about Sichem, and the neighbouring plain
Of Moreh; there by promise he receives
Gifts to his progeny of all that land,
From Hamath northward to the desert south
(Things by their names I call, though yet unnam'd);
From Hermon east to the great western sea;

» de cet homme. Par cette race est désigné ton grand libérateur qui
» écrasera la tête du serpent, ce qui te sera bientôt plus clairement
» révélé.

» Ce patriarche béni (qui dans un temps prescrit sera appelé le
» fidèle Abraham) laissera un fils, et de ce fils un petit-fils, égal à lui
» en foi, en sagesse et en renom. Le petit-fils avec ses douze enfants,
» part de Chanaan pour une terre appelée Égypte dans la suite, que
» divise le fleuve le Nil. Vois où ce fleuve coule et se décharge dans la
» mer par sept embouchures. Le père vint habiter cette terre dans
» un temps de disette, invité par un de ses plus jeunes enfants, fils que
» de dignes actions ont élevé au second rang dans ce royaume de
» Pharaon.

» Il meurt, et laisse sa postérité qui devient une nation. Cette nation
» maintenant accrue cause de l'inquiétude à un nouveau roi qui cher-
» che à arrêter leur accroissement excessif, comme aubains trop nom-
» breux : pour cela, contre les droits de l'hospitalité, de ses hôtes il
» fait des esclaves, et met à mort leurs enfants mâles ; jusqu'à ce que
» deux frères (ces deux frères nommés Moïse et Aaron) soient suscités
» de Dieu pour tirer ce peuple de la captivité, pour le reconduire avec
» gloire et chargé de dépouilles vers leur terre promise.

     Mount Hermon, yonder sea; each place behold
     In prospect, as I point them; on the shore
     Mount Carmel; here, the double-founted stream,
     Jordan, true limit eastward; but his sons
     Shall dwell to Senir, that long ridge of hills.

     » This ponder, that, all nations of the earth
     Shall in his seed be bless'd : by that seed
     Is meant thy great Deliverer, who shall bruise
     The serpent's head; whereof to thee anon
     Plainlier shall be reveal'd.

         » This patriarch blest,
     Whom faithful Abraham due time shall call,
     A son, and of his son a grandchild, leaves ;
     Like him in faith, in wisdom, and renown.
     The grandchild, with twelve sons increas'd, departs
     From Chanaan, to a land hereafter call'd
     Egypt, divided by the river Nile ;
     See where it flows, disgorging at seven mouths
     Into the sea : to sojourn in that land
     He comes, invited by a younger son
     In time of death ; a son, whose worthy deeds
     Raise him to be the second in that realm
     Of Pharaon.

        » There he dies, and leaves his race

» Mais d'abord le tyran sans lois (qui refuse de reconnaître leur
» Dieu ou d'avoir égard à son message) doit y être forcé par des signes et
» des jugements terribles : les fleuves doivent être convertis en sang
» qui n'aura point été versé ; les grenouilles, la vermine, les mouche-
» rons doivent remplir tout le palais du roi et remplir tout le pays de
» leur intrusion dégoûtante. Les troupeaux du roi doivent mourir du
» tac et de la contagion ; les tumeurs et les ulcères doivent boursoufler
» toute sa chair et toute celle de son peuple ; le tonnerre mêlé de grêle,
» la grêle mêlée de feu, doivent déchirer le ciel d'Égypte, et tour-
» billonner sur la terre, dévorant tout, là où ils roulent. Ce qu'ils ne
» dévoreront pas en herbe, fruit ou graine, doit être mangé d'un
» nuage épais de sauterelles descendues en fourmilière et ne laissant
» rien de vert sur la terre. L'obscurité doit faire disparaître toutes
» les limites (palpable obscurité), et effacer trois jours; enfin d'un
» coup de minuit tous les premiers-nés d'Égypte doivent être frappés de
» mort.

» Ainsi dompté par dix plaies, le dragon du fleuve se soumet enfin
» à laisser aller les étrangers, et souvent humilie son cœur obstiné, mais
» comme la glace toujours plus durcie après le dégel. Dans sa rage pour-
» suivant ceux qu'il avait naguère congédiés, la mer l'engloutit avec son

  Growing into a nation; and, now grown
Suspected to a sequent king, who seeks
To stop their overgrowth, as immate guests
Too numerous ; whence of guests he makes them slaves
Inhospitably, and kills their infant males:
Till by two brethren (these two brethren call
Moses and Aaron) sent from God to claim
His people from enthralment, they return,
With glory and spoil, back to their promis'd land.

  But first, the lawless tyrant, who denies
To know their God, or message to regard,
Must be compell'd by signs and judgments dire ;
To blood unshed the rivers must be turn'd ;
Frogs, lice, and flies must all his palace fill
With loath'd intrusion, and fill all the land ;
His cattle must of rot and murrain die ;
Botches and blains must all his flesh emboss,
And all his people; thunder mix'd with hail,
Hail mix'd with fire, must rend th' Egyptian sky,
And wheel on th' earth, devouring where it rolls ;
What it devours not, herb, or fruit, or grain,
A darksome cloud of locusts swarming down
Must eat, and on the ground leave nothing green;
Darkness must overshadow all his bounds,
Palpable darkness, and blot out three days;
Last, with one midnight-stroke, all the first-born

» armée, et laisse passer les étrangers comme sur un terrain sec entre
» deux murs de cristal. Les vagues, tenues en respect par la verge de
» Moïse, demeurent ainsi divisées jusqu'à ce que le peuple délivré ait
» gagné leur rivage. Tel est le prodigieux pouvoir que Dieu prêtera à
» son prophète, quoique toujours présent de son ange qui marchera de-
» vant ses peuples dans une nuée, et dans une colonne de feu ; le jour une
» nuée, la nuit une colonne de feu, afin de les guider dans leur voyage
» et d'écarter derrière eux le roi obstiné qui les poursuit. Le roi les
» poursuivra toute la nuit, mais les ténèbres s'interposent et les défen-
» dent de son approche jusqu'à la veille du matin. Alors Dieu regar-
» dant entre la colonne de feu et la nue, troublera les ennemis et
» brisera les roues de leurs chariots ; quand Moïse, par ordre, étend
» encore une fois sa verge puissante sur la mer ; la mer obéit à sa verge :
» les vagues retombent sur les bataillons de l'Egypte, et ensevelissent
» leur guerre.

» La race choisie et délivrée s'avance du rivage vers Chanaan à tra-
» vers l'inhabité désert ; elle ne prend pas le chemin le plus court, de
» peur qu'en entrant chez les Chananéens alarmés, la guerre ne l'effraye,
» elle inexpérimentée, et que la crainte ne la fasse retourner en Égypte
» préférant une vie inglorieuse dans la servitude ; car la vie inaccou-

    Of Egypt must lie dead.
                    » Thus with ten wounds
The river-dragon tam'd at length submits
To let his sojourners depart, and oft
Humbles his stubborn heart: but still, as ice
More harden'd after thaw; till, in his rage
Pursuing whom he late dismiss'd, the sea
Swallows him with his host; but them lets pass,
As on dry land, between two crystal walls;
Aw'd by the rod of Moses so to stand
Divided till his rescued gain their shore,
Such wondrous power God to his saint will lend,
Though present in his angel; who shall go
Before them in a cloud, and pillar of fire;
By day a cloud, by night a pillar of fire:
To guide them in their journey, and remove
Behind them, while th' obdurate king pursues
All night he will pursue; but his approach
Darkness defends between till morning watch;
Then through the fiery pillar and the cloud,
God looking forth will trouble all his host,
And craze their chariot-wheells: when by command
Moses once more his potent rod extends
Over the sea; the sea his rod obeys;
On their embattel'd ranks the waves return,
And overwhelm their war.

» tumée aux armes est plus douce au noble et au non noble, quand la
» témérité ne les conduit pas.

» Ce peuple gagnera encore ceci par son séjour dans la vaste soli-
» tude : il y fondera son gouvernement et choisira parmi les douze
» tribus son grand sénat pour commander selon des lois prescrites.
» Du mont Sinaï (dont le sommet obscur tremblera à la descente de
» Dieu) Dieu, lui-même, au milieu du tonnerre, des éclairs et du
» bruit éclatant des trompettes, donnera des lois à ce peuple. Une
» partie de ces lois appartiendra à la justice civile, une autre partie
» aux cérémonies religieuses du sacrifice ; ces cérémonies apprendront
» à connaître par des types et des ombres celui qui, de cette race,
» est destiné à écraser le serpent, et les moyens par lesquels il achè-
» vera la délivrance du genre humain.

» Mais la voix de Dieu est terrible à l'oreille mortelle : les tribus
» choisies le supplient de faire connaître sa volonté par Moïse et de
» cesser la terreur ; il accorde ce qu'elles implorent, instruites qu'on
» ne peut avoir accès auprès de Dieu sans médiateur, de qui Moïse
» remplit alors la haute fonction en figure, afin de préparer la voie
» à un plus grand Médiateur dont il prédira le jour ; et tous les pro-
» phètes, chacun dans leur âge, chanteront le temps du grand Messie.

» The race elect
Safe towards Chanaan from the shore advance
Through the wild desert; not the readiest way,
Lest, entering on the Chanaanite alarm'd,
War terrify them inexpert, and fear
Return them back to Egypt, choosing rather
Inglorious life with servitude; for life
To noble and ignoble is more sweet
Untrain'd in arms, where rashness leads not on.

» This also shall they gain by their delay
In the wide wilderness; there they shall found
Their government, and their great senate choose
Through the twelve tribes, to rule by laws ordain'd:
God from the mount of Sinai, whose gray top
Shall tremble, he descending, will himself
In thunder, lightning, and loud trumpet's sound,
Ordain them laws: part, such as appertain
To civil justice; part, religious rites
Of sacrifice; informing them, by types
And shadows, of that destin'd Seed to bruise
The serpent, by what means he shall achieve
Mankind's deliverance.

» But the voice of God
To mortal ear is dreadful: they beseech
That Moses might report to them his will,

» Ces lois et ces rites établis, Dieu se plaira tant aux hommes obéis-
» sants à sa volonté, qu'il daignera placer au milieu d'eux son taber-
» nacle, pour que le Saint et l'Unique habite avec les hommes mortels.
» Dans la forme qu'il a prescrite, un sanctuaire de cèdre est fabriqué et
» revêtu d'or. Dans ce sanctuaire est une arche, et dans cette arche,
» son témoignage, titres de son alliance. Au-dessus s'élève le trône d'or
» de la miséricorde, entre les ailes de deux brillants chérubins. Devant
» lui brûlent sept lampes représentant, comme dans un zodiaque,
» les flambeaux du ciel. Sur la tente reposera un nuage pendant le
» jour, un rayon de feu pendant la nuit, excepté quand les tribus
» seront en marche. Et conduites par l'ange du Seigneur, elles arrivent
» enfin à la terre promise à Abraham et à sa race.

» Le reste serait trop long à te raconter : combien de batailles li-
» vrées, combien de rois domptés et de royaumes conquis; comment le
» soleil s'arrêtera immobile, un jour entier, au milieu du ciel, et
» retardera la course ordinaire de la nuit, à la voix d'un homme
» disant : — « Soleil, arrête-toi sur Gabaon, et toi, lune, sur la vallée
» d'Ajalon, jusqu'à ce qu'Israël ait vaincu. » — Ainsi s'appellera le
» troisième descendant d'Abraham, fils d'Isaac, et de lui ce nom pas-
» sera à sa postérité, qui sera victorieuse ainsi de Chanaan. »

    And terrour cease: he grants what they besought,
Instructed that to God is no access
Without mediator, whose high office now
Moses in figure bears ; to introduce
One greater, of whose day he shall foretell ;
And all the prophets in their age the times
  Of great Messiah shall sing.
                        » Thus, laws and rites
Establish'd, such delight hath God in men
Obedient to his whill, that he vouchsafes
Among them to set up his tabernacle ;
The Holy One with mortal men to dwell.
By his prescript a sanctuary is fram'd
Of cedar, overlaid with gold ; therein
An ark, and in the ark his testimony,
The records of his covenant ; over these
A mercy-seat of gold, between the wings
Of two bright cherubim ; before him burn
Seven lamps, as in a zodiac representing
The heavenly fires ; over the tent a cloud
Shall rest by day, a fiery gleam by night:
Save when they journey, and at length they come.
Conducted by his angel, to the land
Promis'd to Abraham and his seed.
                      » The rest

LIVRE XII.

Ici Adam interrompit l'Ange :

« O envoyé du ciel, flambeau de mes ténèbres, de belles choses
» tu m'as révélées, particulièrement celles qui regardent le juste Abra-
» ham et sa race ! A présent pour la première fois je trouve mes yeux
» véritablement ouverts et mon cœur beaucoup soulagé. J'étais aupa-
» ravant troublé par la pensée de ce qui m'arriverait à moi et à tout
» le genre humain ; mais à présent je vois son jour, le jour de celui
» en qui toutes les nations seront bénies : faveur pour moi imméritée,
» moi qui cherchai la science défendue par des moyens défendus.
» Cependant je ne comprends pas ceci : pourquoi à ceux parmi les-
» quels Dieu daignera habiter sur la terre, tant et de si diverses lois
» ont-elles été données ? Tant de lois supposent parmi eux autant de
» péchés : comment Dieu peut-il résider au milieu de ces hommes ? »

Michel :

« Ne doute pas que le péché ne règne parmi eux, comme engendré
» de toi : et ainsi la loi leur a été donnée pour démontrer leur déprava-
» tion native, qui excite sans cesse le péché à combattre contre la loi.
» De là, quand ils verront que la loi peut bien découvrir le péché, mais
» ne peut l'écarter (sinon par ces faibles ombres d'expiation, le sang
» des taureaux et des boucs), ils en concluront que quelque sang plus

    Were long to tell ; how many battels fought ;
    How many kings destroy'd, and kingdoms won ;
    Or how the sun shall in mid Heaven stand still
    A day entire, and night's due course adjourn,
    Man's voice commanding. — Sun, in Gibeon stand,
    And thou, moon, in the vale of Ajalon,
    Till Israel overcome ! — so call the third
    From Abraham, son of Isaac ; and from him
    His whole descend, who thus shall Chanaan win. »

        Here Adam interpos'd :

                « O sent from Heaven,
    Enlightener of my darkness, gracious things
    Thou hast reveal'd ; those chiefly, which concern
    Just Abraham and his seed : now first I find
    Mine eyes true opening, and my heart much eas'd
    Erewhile perplex'd with thoughts, what would become
    Of me and all mankind : but now I see
    His day, in whom all nations shall be blest ;
    Favour unmerited by me, who sought
    Forbidden knowledge by forbidden means.
    This yet I apprehend not ; why to those
    Among whom God will deign to dwell on earth,
    So many and so various laws are given :
    So many laws argue so many sins
    Among them : how can God with such reside ? »

» précieux doit payer la dette humaine, celui du juste pour l'injuste,
» afin que dans cette justice à eux appliquée par la foi, ils trouvent
» leur justification auprès de Dieu et la paix de la conscience que la
» loi par des cérémonies ne peut calmer, puisque l'homme ne peut
» accomplir la partie morale de la loi, et que ne l'accomplissant pas
» il ne peut vivre.

» Ainsi la loi paraît imparfaite et seulement donnée pour livrer les
» hommes, dans la plénitude des temps, à une meilleure alliance; pour
» les faire passer, disciplinés, de l'ombre des figures à la vérité, de la
» chair à l'esprit, de l'imposition des lois étroites à la libre acception
» d'une large grâce, de la servile frayeur à la crainte filiale, des œuvres
» de la loi aux œuvres de la foi.

» A cause de cela Moïse (quoique si particulièrement aimé de Dieu),
» n'étant que le ministre de la loi, ne conduira pas le peuple dans
» Chanaan : ce sera Josué, appelé Jésus, par les Gentils; Jésus qui aura
» le nom et fera l'office de celui qui doit dompter le serpent ennemi,
» et ramener en sûreté, à l'éternel paradis du repos, l'homme longue-
» ment égaré dans la solitude du monde.

» Cependant placé dans leur Chanaan terrestre, les Israélites y
» demeureront et y prospéreront longtemps ; mais quand les péchés de la

To whom thus Michael:
           « Doubt not but that sin
Will reign among them, as of thee begot;
And therefore was law given them, to evince
Their natural pravity, by stirring up
Sin against law to fight; that when they see
Law can discover sin, but not remove,
Save by those shadowy expiations weak,
The blood of bulls and goats; they may conclude
Some blood more precious must be paid for man,
Just for unjust; that in such righteousness
To them by faith imputed, they may find
Justification towards God, and peace
Of conscience; which the law by ceremonies
Cannot appease; nor man the moral part
Perform; and, not performing, cannot live.

  » So law appears imperfect; and but given
With purpose to resign them, in full time,
Up to a better covenant; disciplin'd
From shadowy types to truth; from flesh to spirit;
From imposition of strict laws to free
Acceptance of large grace; from servile fear
To filial; works of law to works of faith.

  » And therefore shall not Moses, though of God

» nation auront troublé leur paix publique, ils provoqueront Dieu à
» leur susciter des ennemis dont il les délivrera aussi souvent qu'ils
» se montreront pénitents, d'abord au moyen des juges, ensuite par
» les rois; le second desquels (renommé pour sa piété et ses grandes
» actions), recevra la promesse irrévocable que son trône subsistera
» à jamais. Toutes les prophéties chanteront de même, que de la
» souche royale de David (j'appelle ainsi ce roi) sortira un Fils, ce
» Fils de la race de la femme, à toi prédit, prédit à Abraham comme
» celui en qui espèrent toutes les nations, celui qui est prédit aux rois,
» des rois le dernier, car son règne n'aura point de fin.

» Mais d'abord passera une longue succession de rois: le premier des
» fils de David, célèbre par son opulence et sa sagesse, renfermera
» dans un temple superbe l'arche de Dieu couverte d'une nue, qui
» jusqu'alors avait erré sous des tentes. Ceux qui succèderont à ce prince
» seront inscrits partie au nombre des bons, partie au nombre des
» mauvais rois; la plus longue liste sera celle des mauvais. Les hon-
» teuses idolâtries et les autres péchés de ces derniers, ajoutés à la
» somme des iniquités du peuple, irriteront tellement Dieu qu'il se
» retirera d'eux, qu'il abandonnera leur terre, leur cité, son temple,
» son arche sainte avec toutes les choses sacrées, objets du mépris et

  Highly belov'd, being but the minister
Of law, his people into Chanaan lead;
But Joshua, whom the Gentiles Jesus call;
His name and office bearing, who shall quell
The adversary-serpent, and bring back
Through the world's wilderness long-wander'd man
Safe to eternal Paradise of rest.

  » Meanwhile they, in their earthly Chanaan plac'd,
Long time shall dwell and prosper, but when sins
National interrupt their public peace,
Provoking God to raise them enemies;
From whom as oft he saves them penitent
By judges first, then under kings; of whom
The second, both for piety renown'd
And puissant deeds, a promise shall receive
Irrevocable, that his regal throne
For ever shall endure; the like shall sing
All prophecy, that of the royal stock
Of David (so I name this king) shall rise
A son, the woman's seed to thee foretold,
Foretold to Abraham, as in whom shall trust
All nations; and to kings foretold, of kings
The last; for of his reign shall be no end.

  » But first, a long succession must ensue,
And his next son, for wealth and wisdom fam'd,

» proie de cette orgueilleuse cité dont tu as vu les hautes murailles
» laissées dans la confusion, d'où elle fut appelée Babylone.

» Là Dieu laisse son peuple habiter en captivité l'espace de soixante-
» dix ans; ensuite il l'en retire, se souvenant de sa miséricorde et de
» son alliance jurée à David, invariable comme les jours du ciel.
» Revenus de Babylone avec l'agrément des rois, leurs maîtres, qu
» Dieu disposera en faveur des Israélites, ils réédifieront d'abord la
» maison de Dieu. Pendant quelque temps ils vivront modérés dans
» un état médiocre ; jusqu'à ce que augmentés en nombre et en
» richesse, ils deviennent factieux; mais la dissension s'engendrera
» d'abord parmi les prêtres, hommes qui servent l'autel et qui
» devraient le plus s'efforcer à la paix : leur discorde amènera l'abo-
» mination dans le temple même; ils saisiront enfin le sceptre sans
» égard pour le fils de David; et ensuite ils le perdront, et il passera
» à un étranger, afin que le véritable roi par l'onction, le Messie puisse
» naître dépouillé de son droit.

» Cependant, à sa naissance, une étoile qui n'avait pas été vue aupa-
» ravant dans le ciel proclame sa venue et guide les sages de l'orient,
» qui s'enquièrent de sa demeure pour offrir de l'encens, de la myrrhe
» et de l'or. Un ange solennel dit le lieu de sa naissance à de simples

> The clouded ark of God, till then in tents
> Wandering, shall in a glorious temple enshrine.
> Such follow him, as shall be register'd
> Part good, part bad; of bad the longer scroll:
> Whose foul idolatries, and other faults
> Heap'd to the popular sum, will so incense
> God, as to leave them, and expose their land,
> Their city, his temple, and his holy ark,
> With all his sacred things, a scorn and prey
> To that proud city, whose high walls thou saw'st
> Left in confusion; Babylon thence call'd.

» There in captivy he lets them dwell
The space of seventy years; then brings them back,
Remembering mercy, and his covenant sworn
To David, stablish'd as the days of Heaven:
Return'd from Babylon by leave of kings
Their lords, whom God dispos'd, the house of God
They first re-edify; and for a while
In mean estate live moderate; till, grown
In wealth and multitude, factious they grow:
But first among the priests dissension springs,
Men who attend the altar, and should most
Endeavour peace: their strife pollution brings
Upon the temple itself: at last, they seize
The sceptre, and regard not David's sons:
Then lose it to a stranger, that the true

» bergers qui veillaient pendant la nuit. Ils y courent en hâte pleins
» de joie, et ils entendent son Noël chanté par un chœur d'anges. —
» Une vierge est sa mère, mais son père est le pouvoir du Très-Haut.
» Il montera sur le trône héréditaire ; il bornera son règne par les
» larges limites de la terre, sa gloire par les cieux. »

Michel s'arrêta, apercevant Adam accablé d'une telle joie, qu'il était, comme dans la douleur, baigné de larmes, sans respiration et sans paroles; il exhala enfin celles-ci :

« O prophète d'agréables nouvelles ! toi qui achèves les plus hautes
» espérances ! à présent je comprends clairement ce que souvent
» mes pensées les plus appliquées ont cherché en vain : pourquoi l'objet
» de notre grande attente sera appelé la race de la femme. Vierge
» mère je te salue ! toi haute dans l'amour du ciel ! Cependant tu sor-
» tiras de mes reins, et de tes entrailles sortira le Fils du Dieu Très-
» Haut : ainsi Dieu s'unira avec l'homme. Le serpent doit attendre
» maintenant l'écrasement de sa tête avec une mortelle peine. Dis où
» et quand leur combat ? quel coup blessera le talon du vainqueur ? »

Michel :

« Ne rêve pas de leur combat comme d'un duel, ni ne songe de blessu-
» res locales à la tête ou au talon : le Fils ne réunit point l'humanité à

Anointed King Messiah might be born
Barr'd of his right.
    » Yet at his birth a star,
Unseen before in Heaven, proclaims him come,
And guides the eastern sages, who inquire
His place, to offer incense, myrrh, and gold:
His place of birth a solemn angel tells
To simple shepherds, keeping watch by night:
They gladly thither haste, and by a quire
Of squadron'd angels hear his carol sung: —
A virgin is his mother, but his sire
The power of the Most High: he shall ascend
The throne hereditary, and bound his reign
With earth's wide bounds, his glory with the Heavens. »

He ceas'd, discerning Adam with such joy
Surcharg'd, as had like grief been dew'd in tears,
Without the vent of words; which these he breath'd:

« O prophet of glad tidings, finisher
Of utmost hope ; now clear I understand
What oft my steadiest thoughts have search'd in vain ;
Why our great expectation should be call'd
The seed of woman: Virgin-mother, hail
High in the love of Heaven; yet from my loins
Thou shalt proceed, and from thy womb the Son
Of God Most High; so God with man unites.

» la divinité, pour vaincre ton ennemi avec plus de force; ni Satan ne
» sera dominé de la sorte lui que sa chute du ciel (blessure bien plus
» mortelle), n'a pas rendu incapable de te donner ta blessure de mort.
» Celui qui vient ton Sauveur te guérira, non en détruisant Satan, mais
» ses œuvres en toi et dans ta race. Ce qui ne peut être qu'en accom-
» plissant (ce à quoi tu as manqué) l'obéissance à la loi de Dieu, imposée
» sous peine de mort, et en souffrant la mort, peine due à la trans-
» gression et due à ceux qui doivent naître de toi.

» Ainsi seulement la souveraine justice peut être satisfaite : ton
» Rédempteur remplira exactement la loi de Dieu à la fois par obéis-
» sance et par amour, bien que l'amour seul remplisse la loi. Il subira
» ton châtiment en se présentant dans la chair à une vie outragée et
» à une mort maudite, annonçant la vie à tous ceux qui croiront en
» sa rédemption, qui croiront que son obéissance leur sera imputée,
» qu'elle deviendra la leur par la foi, que ses mérites les sauveront,
» non leurs propres œuvres, quoique conformes à la loi. Pour cela haï
» il sera blasphémé, saisi par force, jugé, condamné à mort comme
» infâme et maudit, cloué à la croix par sa propre nation, tué pour
» avoir apporté la vie. Mais à sa croix il clouera tes ennemis; le juge-
» ment rendu contre toi, les péchés de tout le genre humain, seront

   Needs must the serpent now his capital bruise
   Expect with mortal pain : say where and when
   Their fight, what stroke shall bruise the victor's heel? »
    To whom thus Michael:
        « Dream not of their fight,
As of a duel, or the local wounds
Of head or heel: not therefore joins the Son
Manhood to godhead, with more strength to foil
Thy enemy; nor so is overcome
Satan, whose fall from Heaven, a deadlier bruise,
Disabled not to give thee thy death's wound:
Which he, who comes thy Saviour, shall recure,
Not by destroying Satan, but his works
In thee, and in thy seed: nor can this be
But by fulfilling that which thou didst want,
Obedience to the law of God, impos'd
On penalty of death, and suffering death
The penalty to thy transgression due,
And due to theirs which out of thine will grow :
So only can high justice rest appaid.
The law of God exact he shall fulfil
Both by obedience and by love, thoughlove
Alone fulfil the law; thy punishment
He shall endure, by coming in the flesh
To a reproachful life, and cursed death,

» crucifiés avec lui; et rien ne nuira plus à ceux qui se confieront juste-
» ment dans sa satisfaction.

» Il meurt, mais bientôt revit. La mort sur lui n'usurpera pas long-
» temps le pouvoir : avant que la troisième aube du jour revienne,
» les étoiles du matin le verront se lever de sa tombe, frais comme la
» lumière naissante, ta rançon qui rachète l'homme de la mort, étant
» payée. Sa mort satisfera pour l'homme aussi souvent qu'il ne négli-
» gera point une vie ainsi offerte, et qu'il en embrassera le mérite par
» une foi non dénuée d'œuvres. Cet acte divin annule ton arrêt, cette
» mort dont tu serais mort dans le péché pour jamais perdu à la vie;
» cet acte brisera la tête de Satan, écrasera sa force par la défaite du
» Péché et de la Mort, ses deux armes principales, enfoncera leur
» aiguillon dans sa tête beaucoup plus profondément que la mort tem-
» porelle ne brisera le talon du vainqueur, ou de ceux qu'il rachète
» mort comme un sommeil, passage doux à une immortelle vie.

» Après sa résurrection il ne restera sur la terre que le temps suffisant
» pour apparaître à ses disciples, hommes qui le suivirent toujours pen-
» dant sa vie. Il les chargera d'enseigner aux nations ce qu'ils appri-
« rent de lui et sa rédemption, baptisant dans le courant de l'eau
» ceux qui croiront : signe qui, en les lavant de la souillure du péché

Proclaiming life to all who shall believe
In his redemption; and that his obedience,
Imputed, becomes theirs by faith; his merits
To save them, not their own, though legal, works
For this he shall live hated, be blasphem'd,
Seiz'd on by force, judg'd, and to death condemn'd,
A shameful and accurs'd, nail'd to the cross
By his own nation; slain for bringing life:
But to the cross he nails thy enemies,
The law that is against thee, and the sins
Of all mankind with him there crucified
Never to hurt them more who rightly trust
In this his satisfaction.
    » So he dies,
But soon revives; death over him no power
Shall long usurp; ere the third dawning light
Return, the stars of morn shall see him rise
Out of his grave, fresh as the dawning light,
Thy ransom paid, which man from death redeems,
His death for man, as many as offer'd life
Neglect not, and the benefit embrace
By faith not void of works: this goodlike act
Annuls thy doom, the death thou shouldst have died,
In sin for ever lost from life; this act
Shall bruise the head of Satan, crush his strength,
Defeating Sin and Death his two main arms;

» pour une vie pure, les préparera en esprit (s'il en arrivait ainsi) à
» une mort pareille à celle dont le Rédempteur mourut. Ces disciples
» instruiront toutes les nations ; car, à compter de ce jour, le salut
» sera prêché, non-seulement aux fils sortis des reins d'Abraham,
» mais aux fils de la foi d'Abraham par tout le monde; ainsi dans
» la race d'Abraham toutes les nations seront bénies.

» Ensuite le Sauveur montera dans le ciel des cieux avec la victoire,
» triomphant au milieu des airs de ses ennemis et des tiens : il y sur-
» prendra le serpent, prince de l'air; il le traînera enchaîné à travers
» tout son royaume, et l'y laissera confondu. Alors il entrera dans la
» gloire, reprendra sa place, à la droite de Dieu, exalté hautement
» au-dessus de tous les noms dans le ciel. De là, quand la dissolution
» de ce monde sera mûre, il viendra dans la gloire et la puissance,
» juger les vivants et les morts, juger les infidèles morts, mais récompen-
» ser les fidèles et les recevoir dans la béatitude, soit au ciel ou sur
» la terre; car la terre alors sera toute paradis; bien plus heureuse
» demeure que celle d'Éden, et bien plus heureux jours! »

Ainsi parla l'archange Michel, et il fit une pause comme s'il était
à la grande période du monde; notre père, rempli de joie et d'admiration, s'écria :

    And fix far deeper in his head their stings
Than temporal death shall bruise the victor's heel,
Or theirs whom he redeems; a death, like sleep,
A gentle wafting to immortal life.

  » Nor after resurrection shall he stay
Longer on earth, than certain times to appear
To his disciples, men who in his life
Still follow'd him : to them shall leave in charge
To teach all nations what of him they learn'd
And his salvation : them who shall believe
Baptizing in the profluent stream, the sign
Of washing them from guilt of sin to life
Pure, and in mind prepar'd if so befall,
For death, like that which the Redeemer died.
All nations they shall teach ; for, from that day,
Not only to the sons of Abraham's loins
Salvation shall be preach'd, but to the sons
Of Abraham's faith wherever through the world;
So in his seed all nations shall be blest.
Then to the Heaven of Heavens he shall ascend
With victory, triumphing through the air
Over his foes and thine : there shall surprise
The serpent, prince of air, and drag in chains
Through all his realm, and there confounded leave;
Then enter into glory, and resume
His seat at God's righ hand, exalted high

« O bonté infinie, bonté immense! qui du mal produira tout ce
» bien, et le mal changera en bien merveille plus grande que celle
» qui d'abord par la création fit sortir la lumière des ténèbres. Je suis
» rempli de doute : dois-je me repentir à présent du péché que j'ai
» commis et occasionné, ou dois-je m'en réjouir beaucoup plus, puisqu'il
» en résultera beaucoup de bien : à Dieu plus de gloire, aux hommes,
» plus de bonne volonté de la part de Dieu, et la grâce surabondant
» où avait abondé la colère? Mais, dis-moi, si notre libérateur doit
» remonter aux cieux, que deviendra le peu de ses fidèles, laissé parmi
» le troupeau infidèle, les ennemis de la vérité? Qui alors guidera son
» peuple? Qui le défendra? Ne traiteront-ils pas plus mal ses disci-
» ples qu'ils ne l'ont traité lui-même? »

« Sois sûr qu'ils le feront, dit l'ange : mais du ciel il enverra aux
» siens un Consolateur, la promesse du Père, son Esprit qui habitera
» en eux, et écrira la loi de la foi dans leur cœur, opérant par l'amour
» pour les guider en toute vérité. Il les revêtira encore d'une armure spi-
» rituelle, capable de résister aux attaques de Satan et d'éteindre ses
» dards de feu. Ils ne seront point effrayés de tout ce que l'homme
» pourra faire contre eux, pas même de la mort. Ils seront dédomma-
» gés de ces cruautés par des consolations intérieures, et souvent

    Above all names in Heaven; and thence shall come,
When this world's dissolution shall be ripe,
With glory and power to judge both quick and dead;
To judge the unfaithful dead, but to reward
His faithful, and receive them into bliss,
Whether in Heaven or earth; for then the earth
Shall all be Paradise, far happier place
Than this of Eden, and far happier days. »
  So spake th' archangel Michael; then paus'd,
As at the world's great period; and our sire,
Replete with joy and wonder, thus replied:

  « O goodness infinite, goodness immense!
That all this good of evil shall produce,
And evil turn to good; more wonderful
Than that which by creation first brought forth
Light out of darkness! Full of doubt I stand,
Whether I should repent me now of sin
By me done, and occasion'd; or rejoice
Much more, that much more good thereof shall spring;
To God more glory, more good-will to men
From God, and over wrath grace shall abound!
But say, if our Deliverer up to Heaven
Must reascend, what will betide the few
His faithful, left among th' unfaithful herd,
The enemies of truth? Who then shall guide
His people, who defend? Will they not deal

» soutenus au point d'étonner leurs plus fiers persécuteurs : car l'Es-
» prit (descendu d'abord sur les apôtres que le Messie envoya évan-
» géliser les nations, et descendu ensuite sur tous les baptisés) remplira
» ces apôtres de dons merveilleux pour parler toutes les langues et faire
» tous les miracles que leur Maître faisait devant eux. Ils détermineront
» ainsi une grande multitude dans chaque nation à recevoir avec joie
» les nouvelles apportées du ciel. Enfin, leur ministère étant accompli,
» leur course achevée, leur doctrine et leur histoire laissées écrites,
» ils meurent.

» Mais à leur place, comme ils l'auront prédit, des loups succéde-
» ront aux pasteurs, loups ravissants qui feront servir les sacrés mys-
» tères du ciel à leurs propres et vils avantages, à leur cupidité, à leur
» ambition : et par des superstitions des traditions humaines, ils infec-
» teront la vérité déposée pure seulement dans ces actes écrits, mais qui
» ne peut être entendue que par l'Esprit.

» Ils chercheront à se prévaloir de noms, de places, de titres, et à
» joindre à ceux-ci la temporelle puissance, quoiqu'en feignant d'agir
» par la puissance spirituelle, s'appropriant l'Esprit de Dieu, promis
» également et donné à tous les croyants. Dans cette prétention,
» des lois spirituelles seront imposées par la force charnelle à chaque

Worse with his followers than with him they dealt? »
« Be sure they will, said th' angel; but from Heaven
He to his own a Comforter will send,
The promise of the Father, who shall dwell
His Spirit within them; and the law of faith,
Working through love, upon their hearts shall write,
To guide them in all truth; and also arm
With spiritual armour, able to resist
Satan's assaults, and quench his fiery darts;
What man can do against them, not afraid,
Though to the death: against such cruelties
With inward consolations recompens'd,
And oft supported so as shall amaze
Their proudest persecutors: for the Spirit,
Pour'd first on his apostles, whom he sends
To evangelize the nations, then on all
Baptiz'd, shall them with wondrous gifts endue
To speak all tongues, and do all miracles,
As did their Lord before them. Thus they win
Great numbers of each nation, to receive
With joy the tidings brought from Heaven: at length,
Their ministry perform'd, and race well run,
Their doctrine and their story written left,
They die.

» But in their room, as they forewarn,

» conscience, lois que personne ne trouvera sur le rôle de celles
» qui ont été laissées, ou que l'Esprit grave intérieurement dans le cœur.

» Que voudront-ils donc, sinon contraindre l'Esprit de la grâce même
» et lier la liberté sa compagne? Que voudront-ils, sinon démolir les
» temples vivants de Dieu, bâtis pour durer par la foi, leur propre
» foi, non celle d'un autre? (Car sur terre, qui peut être écouté comme
» infaillible contre la foi et la conscience!) Cependant plusieurs se pré-
» sumeront tels : de là une accablante persécution s'élèvera contre tous
» ceux qui persévèreront à adorer en esprit et en vérité. Le reste,
» ce sera le plus grand nombre, s'imaginera satisfaire à la religion par
» des cérémonies extérieures et des formalités spécieuses. La vérité se
» retirera percée des traits de la calomnie, et les œuvres de la foi
» seront rarement trouvées.

» Ainsi ira le monde, malveillant aux bons, favorable aux méchants,
» et sous son propre poids gémissant, jusqu'à ce que se lève le jour du
» repos pour le juste, de vengeance pour le méchant; jour du retour
» de celui si récemment promis à ton aide, de ce Fils de la femme, alors
» obscurément annoncé, à présent plus amplement connu pour ton
» Sauveur et ton Maître.

» Enfin, sur les nuages il viendra du ciel, pour être révélé dans la

Wolves shall succeed for teachers, grievous wolves,
Who all the sacred mysteries of Heaven
To their own vile advantages shall turn
Of lucre and ambition; and the truth
With superstitions and traditions taint,
Left only in those written records pure,
Though not but by the Spirit understood.

» Then shall they seek to avail themselves of names,
Places, and titles, and with these to join
Secular power; though feigning still to act
By spiritual, to themselves appropriating
The Spirit of God, promis'd alike, and given
To all believers; and, from that pretence,
Spiritual laws by carnal power shall force
On every conscience; laws, which none shall find
Left them inroll'd, or what the Spirit within
Shal on the heart engrave.

» What will they then
But force the Spirit of grace itself, and bind
His consort liberty? what, but unbuild
His living temples, built by faith to stand,
Their own faith, not another's? for, on earth
Who against faith and conscience can be heard
Infallible? yet many will presume:
Whence heavy persecution shall arise

» gloire du Père, pour dissoudre Satan avec son monde pervers. Alors
» de la masse embrasée, purifiée et raffinée, il élèvera de nouveaux
» cieux, une nouvelle terre, des âges d'une date infinie, fondés sur la
» justice, la paix, l'amour, et qui produiront pour fruits la joie et
» l'éternelle félicité. »

L'ange finit, et Adam lui répliqua, pour la dernière fois :

« Combien ta prédiction, ô bienheureux voyant, a mesuré vite ce
» monde passager, la course du temps jusqu'au jour où il s'arrêtera
» fixé! au delà, tout est abîme, éternité dont l'œil ne peut atteindre
» la fin! Grandement instruit, je partirai d'ici, grandement en paix
» de pensée, et je suis rempli de connaissance autant que ce vase peut
» en contenir ; aspirer au delà a été ma folie. J'apprends de ceci que
» le mieux est d'obéir, d'aimer Dieu seul avec crainte, de marcher
» comme en sa présence, de reconnaître sans cesse sa providence, de
» ne dépendre que de lui miséricordieux pour tous ses ouvrages sur-
» montant toujours le mal par le bien, par de petites choses accomplis-
» sant les grandes, par des moyens réputés faibles renversant la force
» du monde, et le sage du monde, par la simplicité de l'humble : je
» sais désormais que souffrir pour la cause de la vérité c'est s'élever
» par la force à la plus haute victoire, et que pour le fidèle la mort

> On all, who in the worship persevere
> Of spirit and truth; the rest, far greater part,
> Will deem in outward rites and specious forms
> Religion satisfied; truth shall retire
> Bestuck with slanderous darts, and works of faith
> Rarely be found.
> » So shall the world go on,
> To good malignant, to bad men benign;
> Under her own weight groaning; till the day
> Appear of respiration to the just,
> And vengeance to the wicked, at return
> Of him so lately promis'd to thy aid,
> The woman's seed, obscurely then foretold,
> Now ampler known, thy Saviour and thy Lord :
> Last, in the clouds, from Heaven to be reveal'd
> In glory of the Father, to dissolve
> Satan with his perverted world; then raise
> From the conflagrant mass, purg'd and refin'd,
> New Heavens, new earth, ages of endless date,
> Founded in righteousness, and peace, and love
> To bring forth fruits, joy and eternal bliss! »
>
> He ended; and thus Adam last replied:
>
> « How soon hath thy prediction, seer blest,
> Measur'd this transient world, the race of time,
> Till time stand fix'd! Beyond is all abyss,

» est à la porte de la vie; je suis instruit de cela par l'exemple de
» celui que je reconnais à présent pour mon Rédempteur à jamais
» béni. »

L'Ange à Adam répliqua aussi pour la dernière fois.

« Ayant appris ces choses, tu as atteint la somme de la sagesse. N'es-
» père rien de plus haut quand même tu connaîtrais toutes les étoiles
» par leurs noms, et tous les pouvoirs éthérés, tous les secrets de l'abîme,
» tous les ouvrages de la nature, ou toutes les œuvres de Dieu dans
» le ciel, l'air, la terre ou la mer; tu jouirais de toutes les richesses
» de ce monde, et le gouvernerais comme un seul empire. Ajoute seu-
» lement à tes connaissances des actions qui y répondent; ajoute la
» vertu, la patience, la tempérance; ajoute l'amour, dans l'avenir
» nommé charité, âme de tout le reste. Alors tu regretteras moins
» de quitter ce paradis, puisque tu posséderas en toi-même un paradis
» bien plus heureux.

» Descendons maintenant de cette cime de spéculation; car l'heure
» précise exige notre départ d'ici. Regarde! ces gardes que j'ai cam-
» pés sur cette colline attendent l'ordre de se mettre en marche : à
» leur front, une épée flamboyante, en signal du bannissement, ondoie
» avec violence. Nous ne pouvons rester plus longtemps. Va éveiller

Eternity, whose end no eye can reach.
Greatly instructed I shall hence depart;
Greatly in peace of thought, and have my fill
Of knowledge, what his vessel can contain;
Beyond which was my folly to aspire.
Henceforth I learn, that to obey is best,
And love with fear the only God; to walk
As in his presence; ever to observe
His providence; and on him sole depend,
Merciful over all his works, with good
Still overcoming evil, and by small
Accomplishing great things; by things deem'd weak
Subverting worldly strong, and worldly wise
By simply meek: that suffering for truth's sake
Is fortitude to highest victory;
And, to the faithful, death the gate of life;
Taught this by his example, whom I now
Acknowledge my Redeemer ever blest. »

To whom thus also th' angel last replied:

« This having learn'd, thou hast attain'd the sum
Of wisdom: hope no higher, though all the stars
Thou knew'st by name, and all th' ethereal powers,
All secrets of the deep, all nature's works,
Or works of God in Heaven, air, earth, or sea,
And all the riches of this world enjoy'dst

» Ève : elle aussi je l'ai calmée par de doux rêves, présages du bien
» et j'ai disposé tous ses esprits à une humble soumission. Dans
» un moment convenable tu lui feras part de ce que tu as entendu,
» surtout de ce qu'il importe à sa foi de connaître, la grande déli-
» vrance du genre humain, qui doit venir de sa race, de la race de la
» femme. Puissiez-vous vivre (vos jours seront nombreux) dans une
» foi unanime, quoique tristes, à cause des maux passés, cepen-
» dant encore beaucoup plus consolés par la méditation d'une heureuse
» fin. »

Il finit, et tous deux descendent la colline. Arrivé au bas, Adam courut en avant au berceau où Ève s'était endormie ; mais il la trouva éveillée ; elle le reçut avec ces paroles qui n'étaient plus tristes :

« D'où tu reviens et où tu étais allé, je le sais, car Dieu est aussi
» dans le sommeil et instruit les songes : il me les a envoyés propices,
» présageant un grand bien, depuis que fatiguée de chagrin et de détresse
» de cœur, je tombai endormie ; mais à présent, guide-moi : en moi,
» plus de retardement : aller avec toi, c'est rester ici ; rester sans toi
» ici, c'est sortir d'ici involontairement. Tu es pour moi toutes choses
» sous le ciel, tu es tous les lieux pour moi, toi qui pour mon crime
» volontaire es banni d'ici. Cependant j'emporte d'ici cette dernière

And all the rule, one empire : only add
Deeds to thy knowledge answerable ; add faith,
Add virtue, patience, temperance ; add love,
By name to come call'd charity, the soul
Of all the rest : then wilt thou not be loth
To leave this Paradise, but shalt possess
A Paradise within thee, happier far.

» Let us descend now therefore from this top
Of speculation ; for the hour precise
Exacts our parting hence ; and see ! the guards,
By me encamp'd on yonder hill, expect
Their motion ; at whose front a flaming sword
In signal of remove, waves fiercely round.
We may no longer stay : go, waken Eve ;
Her also I with gentle dreams have calm'd,
Portending good, and all her spirits compos'd
To meek submission : thou, at season fit,
Let her with thee partake what thou hast heard ;
Chiefly, what may concern her faith to know,
The great deliverance by her seed to come
(For by the woman's seed) on all mankind ;
That ye may live, which will be many days,
Both in one faith unanimous, though sad,
With cause, for evils past : yet much more cheer'd
With meditation on the happy end. »

He ended, and they both descend the hill.

» consolation qui me rassure : bien que par moi tout ait été perdu,
» malgré mon indignité, une faveur m'est accordée : par moi la Race
» promise réparera tout. »

Ainsi parla Ève notre mère, et Adam l'entendit charmé, mais ne répondit point; l'archange était trop près, et de l'autre colline à leur poste assigné, tous dans un ordre brillant les chérubins descendaient : ils glissaient météores sur la terre, ainsi qu'un brouillard du soir élevé d'un fleuve glisse sur un marais, et envahit rapidement le sol sur les talons du laboureur qui retourne à sa chaumière. De front ils s'avançaient; devant eux le glaive brandissant du Seigneur flamboyait furieux, comme une comète : la chaleur torride de ce glaive, et sa vapeur telle que l'air brûlé de la Libye, commençaient à dessécher le climat tempéré du paradis ; quand l'Ange hâtant nos languissants parents, les prit par la main, les conduisit droit à la porte orientale; de là aussi vite jusqu'au bas du rocher, dans la plaine inférieure, et disparut.

Ils regardèrent derrière eux, et virent toute la partie orientale du paradis, naguère leur séjour, ondulée par le brandon flambant : la porte était obstruée de figures redoutables et d'armes ardentes.

Adam et Ève laissèrent tomber quelques naturelles larmes qu'ils

  Descended, Adam to the bower, where Eve
Lay sleeping, ran before; but found her wak'd;
And thus with words not sad she him receiv'd:

  « Whence thou return'st, and whither went'st, I know;
For God is also in sleep ; and dreams advise,
Which he hath sent propitious, some great good
Presaging, since with sorrow and heart's distress
Wearied I fell asleep : but now lead on;
In me is no delay; with thee to go,
Is to stay here ; without thee here to stay,
Is to go hence unwilling: thou to me
Art all things under Heaven, all places thou,
Who for my wilful crime art banish'd hence.
This further consolation yet secure
I carry hence; though all by me is lost,
Such favour I unworthy am vouchsaf'd,
By me the promis'd Seed shall all restore. »

  So spake our mother Eve, and Adam heard
Well pleas'd, but answer'd not: for now, too nigh
Th' archangel stood; and from the other hill
To their fix'd station, all in bright array
The cherubim descended; on the ground
Gliding meteorous, as evening-mist
Risen from a river o'er the marish glides,
And gathers ground fast at the labourer's heel

essuyèrent vite. Le monde entier était devant eux, pour y choisir le lieu de leur repos, et la Providence était leur guide. Mais main en main, à pas incertains et lents, ils prirent à travers Éden leur chemin solitaire.

> Homeward returning. High in front advanc'd,
> The brandish'd sword of God before them blaz'd,
> Fierce as a comet; which with torrid heat,
> And vapours as the Libyan air adust,
> Began to parch that temperate clime: whereat
> In either hand the hastening angel caught
> Our lingering parents, and to th' eastern gate
> Led them direct, and down the cliff as fast
> To the subjected plain; then disappear'd.
>
> They, looking back, all th' eastern side beheld
> Of Paradise, so late their happy seat,
> Wav'd over by that flaming brand; the gate
> With dreadful faces throng'd, and fiery arms.
>
> Some natural tears they dropt, but wip'd them soon.
> The world was all before them, where to choose
> Their place of rest, and Providence their guide.
> They, hand in hand, with wandering steps and slow,
> Through Eden took their solitary way.

FIN DU PARADIS PERDU.